개정판

리더십

수신제가 치국평천하의 길(道)

김 재 득

도서출판 대영문화사

개정판 머리말

이 책은 리더십에 관심을 가진 학생들을 위한 교재다. 그래서 행정철학, 경영철학과 같은 사회과학적 관점으로 리더십 철학과 이론을 정리함과 동시에 실천 부문을 강화해 학생들이 실제로 적용할 수 있도록 이끌고 있다. 사실 시중에는 리더십에 관한 책과 담론 서적으로 차고 넘친다. 2012년 1월 현재, 아마존닷컴(amazon.com)에서 리더십(leadership)이란 단어로 검색한 결과 50만 권이 넘는 책이 나왔고, 구글(Google)에서 구글링한 결과 5억 1천만 개의 내용이 검색되었다. 이미 서점에는 리더십에 관한 책들로 넘쳐나고 있는 것이다.

이와 같은 현실에서 필자가 굳이 리더십 책을 한 권 더한 이유는 무엇일까? 필자는 딱딱하고 어려운 이론을 배제하고 현재 학생들에게 필요한 리더십의 덕목과 졸업 후 필요한 미래형 리더십에 초점을 두었다. 그래서 굳이 더 이상 새로운 리더십 이론을 찾을 필요가 없었다. 지금 필요한 것은 자신의 리더십 능력을 키우고 검증된 방법을 찾는 일이라고 판단했기 때문에 특별한 꼼수도 사용하지 않았다.

대부분의 사람은 자신을 판단할 때와 남을 판단할 때, 완전히 다른 이중 잣대를 적용한다. 남의 판단할 때는 그의 '행동'을 기준으로 삼으며 그 기준은 가혹하기 이를 데 없다. 반면에 자신을 판단할 때는 '의도'를 기준으로 삼는다. 그러다 보니 자신이 잘못을 범하더라도, 자신의 의도는 훌륭했다면 쉽게 용서한다. 그리고 자신이 변화를 요구받을 때까지 '실수'와 '용서'를 반복한다. 영국의 수필가 포스터(John Foster)는 "어리석은 사람은 세계를 정복하고 싶어하지만, 현명한 사람은 자신을 정복하고 싶어한다"는 뜻의 말을 했다. 우리가 어떤 기분 상태라 해도 반드시 해야만 하는 일을 시작할 때는 먼저 자신의 정복에서 시작되어야 한다는 대전제와 사명감으로 이 글을 다시 쓰게 되었다.

이번 개정판은 '황홀한 글 감옥'의 출소 기념으로 나온 28번째 책이다. 작은 연구실의 '글 감옥' 속에서 힘들고 어려운 작업이었지만 "가슴 뛰게, 흔들림 없이, 멀리, 깊이 있게, 함께!"라는 슬로건을 간직한 채 마음으로 적어 내려간 글이다. 그동안 필자는 막걸리 한잔 술에 바람이 되고, 비가 되고, 신선이 되었던 2011년 여름에서 겨울까지를 잊지 못할 것이다. 왜냐하면 이 글은 오직 리더십에 대한 열정 하나만으로 '시인의 심정'으로 적은 글이기 때문이다.

개정판에는 초판 5쇄까지 출간하면서 느낀 점과 부족한 점을 반영했다. 그리하여 '위대한 리더, 탁월한 팔로어가 되는 길(道)', '수신제가의 길(道)', '치국평천하의 길(道)', '살아 숨쉬는 리더십을 찾아서' 등 4부로 나눔으로써 초판의 구성을 리세팅하여 리더십의 실제적 접근법과 이론적 접근법 간의 간격을 메웠다. 그리고 '생각의 장(coaching point)', '행동(practice)과 습관(habit)의 장'은 리더십 역량을 함양해 개인과 조직 발전에 기여할 것이다. 거기에는 냉철하되 냉혹하지 않은 판단력과 나와 다른 것을 이해하는 마음, 화를 다스릴 줄 아는 관용의 정신이 깃들여 있기 때문이다.

필자는 촛불을 보고 감사할 줄 아는 이에게 별빛을, 별빛을 보고 감사할 줄 아는 이에게 햇빛을 준다는 사실을 믿는다. 그래서 나의 숨겨진 은인들에게 감사한다. 특히 바람과 바다를 좋아하는 사람에게 이 책을 보여 주고 싶다. 그동안 리더십에 대한 깊은 관심과 후원을 아끼지 않은 대영문화사의 임춘환 사장님께 진정으로 감사의 뜻을 보낸다. 바쁜 일정임에도 불구하고 항상 마음에 드는 디자인과 편집, 교정 등 치밀하게 끝맺음을 하는 편집부 여러분께도 거듭 감사의 뜻을 전한다. 무엇보다 지금까지 한없는 애정으로 이 책을 주교재로 선정하고 아껴 주신 전국의 독자와 교수님께 다시 한 번 이 책을 다듬어 바친다.

2012년 1월
침묵과 영혼의 소리를 찾는 사람
김 재 득

초판 머리말

리더십은 오늘날 모든 이의 입에 오르내리는 인기검색어다. 청소년들은 리더십에 도전하고, 어른들은 리더십을 열망한다. 부모들은 리더십을 잃은 지 오래고, 권력자는 리더십을 찾으려 애쓴다. 교수들은 리더십을 갈구하고, 법학자들은 리더십에 문제를 제기하며, 예술가들은 리더십을 희화화한다. 철학자들은 리더십과 자유와의 소통을 시도하고, 신학자들은 리더십과 영적 가치의 병립 가능성을 밝히려 한다.

행정가들은 리더십을 가진 척하며, 정치가들은 리더십을 가질 수 있기를 갈망한다. 그러나 우리 사회에 리더십이 필요한 만큼 진정한 리더십을 가지고 있는 사람이 없다는 사실에는 누구나 동의한다. '리더십이 산산이 부서져 버렸다'고 해도 과언이 아니다. 이제껏 이처럼 리더십이 필요한 시기는 없었다.

리더가 된다는 것은 자격증을 따는 것과는 다르다. 운전면허증을 취득하거나 변호사, 의사가 되는 것은 한 번의 시험을 통과하면 된다. 그러나 '리더의 힘', 진정한 리더가 된다는 것은 이것과는 전혀 다르다. 일정한 시험을 통과하든가 리더십 교육, 자기개발 프로그램 훈련을 받았다고 해서 곧바로 리더가 되는 것은 결코 아니다. 설령 어느 단체가 일정한 과정을 거친 사람들에게 '리더 자격증'을 발부하더라도 그것은 실제 아무런 의미를 갖지 못한다. 리더가 된다는 것은 자격증을 따는 것같이 단편적인 일이 아니기 때문이다.

세상의 주인공이 되고픈 독자에게 말한다. 리더는 타고난 것이 아니라 만들어지는 것이다. 이것은 스스로의 노력이나 일정한 훈련을 통해 리더가 될 수 있다는 점에서 상당한 장점과 매력이 있다. 그럼에도 불구하고 필자의 주장은 리더는 타고나거나 육성되는 것이 아니라 다른 사람들에 의해 선택된다는 사실에 주안점을 두고 이 책을 집필했다.

이 책은 '박제된 리더'가 아닌 '살아 있는 리더'가 되는 길로서, 올바른 인격과 성품, 감성 지능, 열정과 자신감, 성과 창출 능력, 인간 관계 능력, 동기 부여 능력을 리더로서 갖춰야 하는 여섯 가지 기본 자질로 보고 여기에 집중해 집필했다. 그리고 진정으로 살아 있는 리더의 역할로는 셀프 리더, 성취 리더, 코칭 리더, 서번트 리더, 비전 제시 리더, 글로벌 리더 등을 강조했다. 그래서 이 책은 리더십 트렌드를 통해 '살아 있는 리더'를 위한 불변의 법칙을 찾기 위한 노력으로 쓰여진 것이다.

필자가 리더십을 강의할 때마다 던지는 질문이 있다. "리더가 갖춰야 할 구체적인 덕목은 무엇인가?"라는 것이다. 이 질문에 수강생들의 응답은 정직, 감성, 용기, 인내, 배려, 솔선수범, 경청, 국제적 감각, 설득과 협상, 도전 정신, 유머, 창조, 사랑, 카리스마, 책임감, 통합, 도덕성, 균형 감각, 중용, 성과, 겸손 등등의 여러 덕목을 나열한다. 이어진 필자의 질문은 이 덕목들은 한 개인이 다 가질 수 있는 것인가? 리더십 훈련을 통해 배운다고 키워지는 것인가로 질문이 이어진다.

매 학기 리더십을 가르치면서 개인적으로 얻은 수확이 무엇인가를 생각해 본 적이 있었다. 과연 현실 세계에서 이런 상반되는 특성을 모두 다 가지고 있으면서 효율적으로 활용하는 사람을 본 적이 있는가? 확률적으로 이러한 덕목을 전부 갖춘 리더들이 얼마나 될까? 0.1%는 될까? '합성의 오류'는 아닐까? 이 말뜻은 관념의 세계가 아닌 현실 세계에서 이러한 리더들은 정말 찾아보기 어렵다는 말이다.

사람을 움직이는 데는 수많은 방법이 있다. 총이나 칼을 가지고 무력으로 움직일 수 있고, 권력으로 사람을 몰아붙일 수도 있고, 금전적 보상 또는 법을 만들어 일정한 방향으로 유도해 나갈 수도 있다. 하지만 이러한 방식은 '자발적 추종'과는 거리가 멀다. 따라서 리더십은 나를 늘 개입시켜서 파악해야 한다. 나와 관련이 없을 때에는 이러한 덕목들이 추상적인 수준에서 이해되지만, 내가 개입되는 구체적인 맥락 속에서 이런 덕목들은 전혀 다른 의미가 된다. 이 모든 것은 상황적이기 때문에 리더십도 관계의 그물망 속에서 파악되고 이해되어야 한다.

정리해 보면, 인생에서 성공만을 목표로 시간을 소비해 온 사람들은 결국 임종 시에 후회한다고 한다. 그렇다면 과연 진정으로 성공 리더의 조건은 무엇일까? 성공 리더들의 공통점을 살펴보면 인생에서 분명한 목표를 가지고 살아가되, 자신의 삶이 누군가에게 만족을 주면서 자연에서 지저귀는 새소리와 풀벌레 소리도 듣고 또한 나와 관계를 맺고 있는 사람들이 얼마나 중요한가를 생각하며, 어떠한 환경에 놓여 있든지 범사에 감사한 생활을 할 줄 아는 사람이었다.

이런 이유로 리더십 개발은 내가 처해 있는 구체적인 상황에서, 나의 리더십 강점과 보완점을 인식하고 이를 정확하게 이해하는 데서 출발해야 한다. 모든 상황에서 모든 사람에게 맞는 이상적인 리더십 이론과 기법은 존재하지 않는다. 따라서 정확한 '자기 이해'가 효과적인 리더십 발휘의 출발점이 된다. 자기 이해가 없는 리더십의 발휘는 사상누각이 될 가능성이 높다. 위대한 리더십은 완전한 리더상(像)의 유혹을 떨쳐내야만 더 효과적인 리더십을 발휘할 수 있기 때문이다.

이 책은 수신제가치국평천하(修身齊家治國平天下)의 입장에서 총 6부 18개의 장으로 구성되었다. 제1부는 '리더가 되는 길'로서 1장과 2장으로 구성되었다. 1장은 리더십 패러다임의 변신은 무죄라는 제목으로 리더십 이론의 학문적 성격을 중심으로 리더십이 무엇인지를 개략적으로 소개한다. 그리고 리더십 교육훈련기관에서 어떠한 프로그램으로 훈련하는가를 제시한다. 2장은 21세기 리더의 기본 자질을 제시한 것으로 올바른 인격과 성품, 감성 지능 등 여섯 가지와 이 책의 기본 분류인 수신제가치국평천하에 대한 필자의 견해와 기준을 제시한다.

3장부터 7장까지는 리더십의 제2부 '수신(修身)' 차원의 주제를 다룬다. 3장 이미지와 감성 리더십, 4장 시간관리와 셀프 리더십, 5장 신뢰와 도덕적 리더십, 6장 겸손과 서번트(servant) 리더십, 7장 성취와 피그말리온 리더십을 다룬다. 제3장은 깔끔하고 세련된 외모(apperance)가 속빈 강정이 아니고, 이미지 관리도 이제는 리더십이라는 점을 다룬다. 제4장에서는 셀프 리더의 핵심인 목표(goal)와 성공하는 리더의 시간관리 프로젝트를 다룬다. 그리고 목표 이루기 12단계 및 내 안의 카이로스(kairos)를 조명한다. 제5장에서는 신뢰받는 리더의 기준과 신뢰에 목숨을 거는 삶을 존중하라는 메시지를 전함과 동시에 인간을 위한 리더십인 도덕적 리더십을 다룬다. 제6장에서는 서번트 리더십과 예수의 섬김 리더십 그리고 자신을 낮추라는 내용을 다룬다. 제7장에서는 모든 조직의 숙제인 성취적 리더십과 자기 사명선언서(Personal Mission Statement), NLP(Neuro-Linguistic Programming)이론을 포함하고 있다.

제3부 '제가(齊家)' 차원의 주제는 제8장부터 11장까지의 4개 장으로 구성되었다. 제8장은 인간 관계의 근본인 경청(傾聽)의 기술과 모든 성공은 대화의 물꼬를 트는 질문에 달려 있다고 보는 질문 리더십을 다룬다. 제9장은 리더를 리더답게 재탄생시키는 팔로어십(followership), 세컨드 리더(second leader), 사람을 활용하는 기술인 임파워먼트, 이슈 리더십의 3P 행위, 인재 육성과 수퍼 리더십 등 새로운 리더십을

검토한다. 제10장에서는 펀 리더십(fun leadership), 진정한 리더의 표본인 유머, 사람의 마음을 사로잡는 칭찬 기법들을 논의한다. 제11장에서는 대학생의 인맥관리 훈련과 남성 리더와 여성 리더의 비교를 통한 여성 리더십을 검토한다.

제12장부터 13장까지는 제4부로서 '치국(治國)' 차원의 리더십을 검토한다. 제12장은 국가 통치를 위한 통합의 리더십과 조직을 창조적으로 이끌기 위한 리더의 기술을 다뤘다. 제13장은 조직의 흥망성쇠를 좌우하는 능력인 위기관리 리더십, 섀클턴(E. H. Shackleton)의 서바이벌 리더십을 소개한다.

제5부 '평천하(平天下)' 차원의 주제는 제14장부터 16장까지의 3개 장으로 이뤄진다. 제14장에서는 진정한 리더의 무대는 세계임을 강조하는 글로벌 리더십, 글로벌 리더가 전하는 글로벌 리더십의 조건 등을 다룬다. 제15장은 성공 리더와 리더 실패를 비교하면서 리더가 저지르기 쉬운 열 가지 실수 등 리더 실패와 성공 함정(success trap)을 다룬다. 그리고 손자가 말하는 리더 실패도 살펴본다. 제16장은 제가백가(諸子百家)들의 리더인 공자(孔子)의 도덕적 리더십, 노자(老子)의 겸손 리더십, 순자(荀子)의 전문가형 리더십, 손자(孫子)의 전략 리더십, 오자(吳子)의 현실 전략형 리더십, 한비자(韓非子)의 법치 리더십 등을 다룬다.

마지막으로 제6부 '진정한 리더로 가는 리더십 여행' 편인 제16장은 개인 차별로 본 리더십(리더십과 에니어그램[enneagram], 리더십과 MBTI), 리더십과 라이벌(히틀러와 처칠의 리더십, 조조와 유비의 리더십 등) 리더십과 MC, 리더십과 게임 등 흥미로운 리더십 스타일을 비교하며 다뤘다. 제17장에서는 음악, 영화, 드라마 속에서 리더십을 재조명했다. 노래 가사의 의미와 영화 속의 명대사를 통한 리더십 탐색, 동화 속의 리더십, 동물 세계의 리더십 등을 검토하고, 마지막으로 제18장은 리더십 자기 진단 코너로서 리더십 수강 신청 테스트용, 리더십 토론문 등 리더십 트렌드와 관련한 여러 가지 측정 문항을 다뤘다.

이제 면면히 흐르는 인간 관계에 대한 깊은 음미와 통찰을 통해 리더와 팔로어, 인간 관계와 소통에 관한 관심과 사랑을 가져보자! 우리 시대의 핵심 인재, 셀프 리더, 서번트 리더, 팔로어십, 글로벌 리더, 코칭 리더, 수신제가치국평천하로 가기 위한 지식 정보화 사회에 부합되는 '21세기형 신언서판(身言書判)의 정립', '살아 있는 리더, 불변의 법칙을 찾아서!' 이것은 바로 나의 목표이기도 하다. 이 책을 통해 자신은 어떤 사람이며, 리더로서 갖춰야 할 덕목은 무엇인지, 그래서 목표했지만 세월과 함께 나약해진 패기에 대해, 새로운 자극과 회복의 기회를 갖게 되길 간절히 바란다.

이 책이 출간되기까지는 많은 분의 가득한 사랑과 관심, 공감과 배려가 있었기에 감사를 드리고자 한다. 먼저 '나누고 비우는' 사제들의 모임인 인천교구 사제 수요모임의 오경환, 호인수, 김일회, 김영욱 신부님의 헌신과 희생에 깊이 감사드린다.

무엇보다 함께 연구하며 고민을 같이한 서강대 김녕 교수님, 발간을 격려해 주신 한국외대의 이정희 한국정치학회 회장님과 인하대 박병원 교수님, 서강대의 김어상, 홍성방 교수님 그리고 교정을 도와 준 서강대 석사 과정의 조세희 조교에게 무한한 감사의 뜻을 전한다. 또한 필자의 의도를 정확히 경청하고 공감하면서 흔쾌히 배려하신 대영문화사의 임춘환 사장님과 임직원 모든 분께 신뢰와 감사한 마음을 전한다. 마지막으로 '나의 휴식처' 류연순, 김영훈, 김가윤과 저를 아끼는 모든 분께 깊은 존경과 애정의 마음을 보내고 싶다.

2008년 6월 새벽에 쓰다

김 재 득

차 례

제 3 부 치국평천하(治國平天下)의 길(道)

제 4 부 살아 숨쉬는 리더십을 찾아서

제 1 부

위대한 리더, 탁월한 팔로어가 되는길

제 1 장 리더십 패러다임의 변신은 무죄다

● 코칭(coaching)

리더십이 무엇이라고 생각하는가? 왜 리더십을 찾을까? 언제 리더가 필요할까? 하지만 리더는 어디에 있는가? 어디로 갔는가? 우리는 리더를 찾고 있지만, 위대하고 참 좋은 리더는 찾아보기 힘들다. 우리가 찾는 위대한 리더는 어디에 있는가? 살아 있는 리더십, 불변의 법칙을 찾아서 각자가 생각하는 참 좋은 리더를 찾아서 내 삶의 영적 스승(guru)으로, 코칭 리더로 섬기자. 하지만 세상은 리더만의 것이 아니다. 역사는 리더만이 화려하게 조명받는 리더의 무대였지만, 팔로어 또한 리더만큼 중요하다. 예측 불허의 사회에서 '잠재적 리더'인 팔로어십의 등장이 필요한 이유이기도 하다. 만약 당신이 리더라면, 혹은 리더를 꿈꾸는 사람이라면 이 말을 마음에 새길 것을 권고한다. 사람들이 아무 이유 없이 조직을 떠날 때, "사람들은 조직을 떠나는 것이 아니라, 그들의 리더를 떠나는 것"이라고…….

제 1 절 리더가 된다는 것은?

1 누가 리더이며, 무엇이 리더십인가?

1) 왜 리더십을 찾는가?

지금처럼 리더십이 필요한 시기는 없다. 리더십(leadership)이란 무엇이며, 왜 리더십을 찾는가, 리더는 어떤 사람인가? 이에 대한 해답을 찾기 위해 오래전부터 많은 학자가 노력했지만 학자들 간에도 일정한 합의점을 찾지 못하고 있다. 따라서 리더십에 대한 개념을 학자별로 나열하는 것은 큰 의미가 없다.[1)] 인류 역사상 심지어 동물과 곤충에 이르기까지 '리더'가 없었던 경우는 드물다. 그만큼 리더의 능력에 대한 갖가지 이론이 쏟아져 나왔고, 리더들이 갖춰야 할 리더십의 조건에 관한 정의도 숱하게 등장했다. 리더십 연구에 의하면 850가지 이상의 정의가 있다고 한다.

리더와 리더십에 관심을 많이 가지는 이유는 빛의 속도로 빠른 변화의 시대에 리더와 구성원 모두가 만족과 보람을 느끼면서 의미 있는 삶을 영위하기 위해서다. 자발적이며 능동적으로 업무에 참여해 자신의 개성도 살리고, 조직의 목표도 달성하는 상생(win-win)의 관계를 만들기 위해서다. 이를 위해 과거의 강제적이고 지시적인 '폭포수형' 리더십으로는 실현 불가능하다. 정태적 모습의 사물은 관리가 가능하지만, 생동하는 공조직이나 사람을 더 이상 관리에만 머물러 있게 해서는 안 된다. 과거에는 통했던 리더십이 이제는 안 통한다! 이제는 아랫사람의 의견을 경청하고 참여시키는 '분수형' 리더십이 요구된다.

돌은 꽃잎처럼 물 위에 뜰 수 없지만, 큰 배를 만들어 그 배 위에 실으면 수백 톤의 돌도 띄울 수 있다. 심지어 항공모함을 띄우면 수만 톤의 쇳덩이도 실을 수 있다. 그 항공모함이 바로 '리더십'이라는 배(ship)다. 그래서 빈부의 격차보다도 더 무서운 것은 리더십의 격차다. 리더십 없는 성공은 제한된 결과를 낳는다. 자신이 더 높이 오르기를 원하면 원할수록 더욱더 리더십이 필요하다. 더 큰 효력을 원한다면, 자신의 격(格)을 더욱 업 그레이드할 필요가 있다. 리더십의 능력은 사람의 격조(格調)를 결정하기 때문이다.

리더십의 개념을 학문적으로 풀이하면 "조직 내에서 다양한 유인 제공을 통해 조직 구성원들을 동기부여시켜 자발적 참여를 유도하고, 조직의 목표를 달성하는 능력"이라 정의할 수 있다.[2] 쉽게 풀이하자면, 리더십이란 어떤 상황에서도 길을 잃지 않는 것이다. '리더'가 제 방향을 가리켜 주는 사람이라면, '리더십'이란 "캄캄한 밤에 방향을 알 수 없을 때 무리를 이끌고 어둠을 건너는 것이다." 끝으로 리더는 마지막

---

1) 2012년 1월 현재, 아마존닷컴(amazon.com)에서 리더십(leadership이란 단어로 검색한 결과 50만 권이 넘는 책이 나왔고, 구글(Google)에서 구글링한 결과 5억 1천만 개의 내용이 검색되었다. 이미 시중에 리더십에 관한 담론과 책이 차고 넘치는 것이다. 그래서 가끔 실용서의 가치를 낮게 보는 사람들도 있지만, 누군가의 경험을 배워 그것 가운데 단 몇 가지라도 자신을 변화시키는 데 적용할 수 있다면 충분한 값어치는 있다.

2) 따라서 리더십이란 "리더와 팔로어 간의 상호 과정에서 어떤 정해진 목표를 성취하기 위해 조직 구성원들과 함께 공유된 목표를 향해 나아가게 하는 영향력(influence)"이라고 할 수 있다. 즉, 어떤 자리나 직분을 취득하는 것이 아니라 목표를 추구하는 것이다. 물론 리더는 경청하고(listen), 권한은 위임하고(empowerment), 문제 해결을 지원하고(assist), 부하의 꿈(dream)을 이뤄주는 자세가 리더십이라고 풀이하는 학자도 있다.

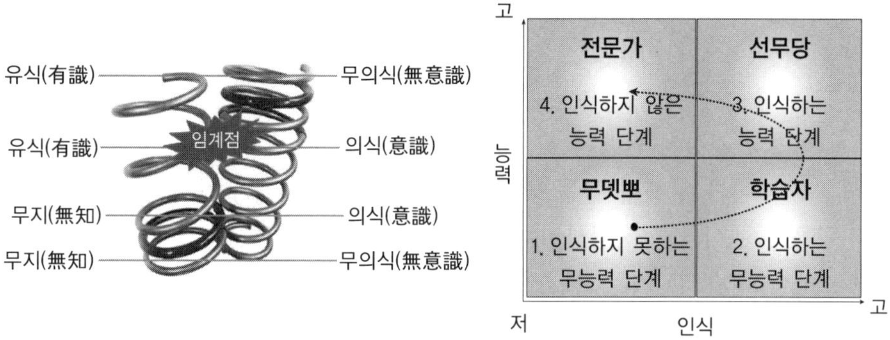

그림 1-1 리더십 여정의 4단계

까지 책임을 지는 것이다. 그러나 필자에게 "리더란 무엇이냐?"고 질문한다면 주저 없이 "같이 있으면 즐겁고 같이 일하고 싶은 사람"이라고 말하고 싶다. 또는 "우리 ○○○"라고 붙일 수 있는 사람이라고 하고 싶다.[3)]

이제 우리는 리더십을 찾아가는 긴 여정에 들어섰다. 리더십 여정을 떠난 사람이라면 다음과 같은 4단계를 거치게 된다. 과거 리더십에 대해 전혀 모르는 '무뎃뽀(無鐵砲: 막무가내식)'의 단계(무지- 무의식)를 지나, 무언가 알기 시작했지만 자신의 무지를 알기 시작하는 '학습자'의 단계(무지-의식)를 거친다. 학습자의 단계를 거치면 저 멀리 여겨졌던 리더십에 대해 인식하기 시작했지만, 그것은 인식할 경우에만 능력을 발휘할 수 있고 어쩌면 안하무인격인 '선무당' 단계(유식-의식)를 거친 다음 진정한 리더의 단계(유식-무의식)로 돌입하게 된다.

이제 리더십이 무엇이고 누가 리더인가를 찾는가는 끝없는 질문 속에 자신의 리더십을 깨닫기 바란다. 리더십을 생각할 때 맥박이 빨리 뛰고, 심장이 두근거린다면 당신은 변하게 될 것이고, 그런 변화를 바탕으로 다른 사람의 삶까지 변화시킬 수 있을 것이다.

2) 나를 깨고 리더십을 얻다!

리더십에 관한 재미난 일화가 있다. 아이젠하워(Dwight David Eisenhower) 대통

---

3) 리더십은 까다롭고 복잡하다. 리더십은 다음과 같이 정의 내릴 수 있다. 리더십은 위험을 기꺼이 감수하겠다는 의리다. 현실에 안주하지 않는 정신이다. 열린 정신이고 열린 마음이다. 최선을 위해 자신의 욕심을 억누르는 희생정신이다. 마음과 머리와 영혼을 하나로 통합시키는 힘이다. 꿈을 실현 시키는 힘이다(존 맥스웰, 리더십골드. 2009: 12-13).

령에게 기자들이 리더십의 비법을 물었다고 한다. 그랬더니 아이젠하워는 50센티미터의 실을 책상 위에 늘어놓고는 기자들에게 실을 뒤에서 밀어보라고 말했다. 기자들이 실을 뒤에서 밀었지만 실은 구부러지기만 할 뿐이었다. 그때 아이젠하워는 실을 앞에서 끌어당겼고 실은 곧게 앞쪽으로 이동하기 시작했다. 그는 이 모습을 가리키며 "리더십은 이와같이 앞에서 행동으로 끌어 주어야 합니다. 짐승은 뒤에서 몰아도 되지만 사람은 앞에서 솔선수범하며 인도해야 합니다"라고 말했다고 한다.

지난 세월 리더란 양떼를 지키는 목동처럼, 리더가 팔로어들을 조정하고 통제하는 것쯤으로 판단한 적이 있었다. 당시 사람들은 리더십을 "내가 일을 시키면 그들은 내 뜻에 따라 움직이는 것"이라고 생각했다. 그리하여 "나는 카리스마를 지닌 리더가 되어야 한다"라고 착각했다. 그래서 이러한 리더가 되고자 더욱더 강하게, 더욱더 밀어붙이는, 힘 있는 자가 되고자 했다. 이러한 리더십 경향은 21세기 유비쿼터스 시대 이전까지는 어느 정도 먹혔지만, 이제는 시대가 변했고 트렌드(trend) 자체가 완전히 변했다. 예전의 버전(version)으로는 이제 통하지 않는 것이다.

리더십의 시작은 '나'부터 출발한다. 자기 계발은 자기 변화를 전제로 한다. 자기 스스로 변하지 않으면 아무도 나를 따르지 않는다. 영화 「친절한 금자씨」에서 일침을 가하는 통쾌한 명대사가 있다. "너나 잘 하세요." 우리는 정치지도자에 대한 인사 청문회와 언론을 통해 논문 중복 게재와 책 표절, 부동산 이면 계약서, 공금 유용 등 각종 편법·탈법 사례들을 수없이 보아 왔다. 지시하기 이전에 리더가 진짜로 해야 할 일은 '자신을 아는 것'이다. 솔선수범이다.[4] 나를 깨면 그때 리더십을 얻을 수 있는 것이다. 그래서 수신제가치국평천하(修身齊家治國平天下)라고 한다.

리더의 철학은 조직의 문화가 되고, 리더의 언어는 조직의 명분이 되며, 리더의 꿈은 조직의 비전이 된다. 그래서 방향키를 잡고 있는 리더가 굳은 결의와 강한 행동력을 갖추지 못하면 조직의 경쟁력은 곧 바닥을 친다. 또 이러한 현상은 조직원의 사기를 떨어뜨리고 인재의 이탈로도 이어진다. 따라서 나를 깨고 리더십을 얻기 위해서는 철저한 자기 이해, 자기 인정, 자기 개방과 같은 내적 수련을 통해서만 리더십 '자기 완성'의 단계로 이어질 수 있다. 리더십 자기 완성의 3단계는 다음과 같다.

첫째, 자신의 갈망, 욕구에 대한 진실된 자기 발견 속에 내가 어떤 사람인지 알아차리고, 항상 깨어 있어야 한다. 바로 이것이 객관적 자기 인식의 단계다. 그 다음 자기 자신을 인정하는 것이다. 자신의 약점과 단점을 인정함으로써 타인을 수용할 수 있

4) 리더의 어원이 '먼지를 뒤집어 쓰는 일'이다.

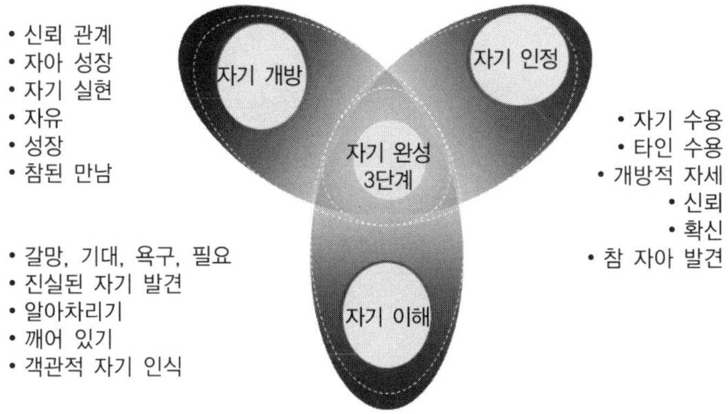

그림 1-2 리더십 자기 완성의 3단계

고 참 자아를 발견할 수 있는 것이다. 바로 그것은 자신에 대한 신뢰와 확신에서 나온다. 셋째 단계는 자기를 개방하는 것이다. 나를 개방함으로써 신뢰 관계를 형성할 수 있으며 자유와 성장이 가능하다. 이것은 곧 참된 만남으로 이어지면서 리더십 자기 완성으로 가는 마지막 단계다.

2 리더십 이론의 변신은 무죄다

리더십 이론에 대한 변화의 바람은 여지없이 불어왔지만 체계적이고 과학적 연구는 20세기 이후에야 시작되었다. 그동안 리더십 연구는 오래전부터 존재해 왔지만 주관적인 측면이 강했다. 리더십 연구의 초기 이론들은 리더의 유효성을 발생시키는 요인들, 다시 말해 리더의 자질, 행동 및 상황들을 인식하는 데 관심이 집중되어 있었다. 그래서 전통적 리더십 이론은 특성론, 행위론, 상황적합론 등이 있다.

지금까지 나온 이론들을 변화 순서와 연구 초점 순으로 나열하면 리더, 상황, 비전, 팔로어, 코칭과 초정체성으로 분류가 가능하다. 리더십에 대한 이론은 그 범위가 넓고 방대하지만 21세기 최신식 리더십 강좌에서 크게 부각되고 있는 주요 테마를 먼저 짚어보기로 한다. 최근의 초점별 리더십 이론의 변천을 정리해 보면 <표 1-1>과 같다.

표 1-1 연구 초점별 리더십 이론의 변천

변화 순서	연구 초점	경향	이론	연구자 및 저자
I	리더, 영향력	특성 행위	특성론 미시간 연구 OSU 연구	Stogdill(1948)
II	상황	상황적합성 대체성	상황론 성숙도이론 목표-경로이론 대체이론	Fiedler(1963) Hersey & Blanchard(1969) House(1971) Kerr & Jermier(1978)
III	비전	변혁(변화) 비전(목표) 인식 전략	리더십 귀인이론 전략적 리더십 변혁적 리더십 카리스마적 리더십	Calder(1977) Hambrick & Mason(1984) Bass(1985) Conger & Kanungo(1987)
IV	팔로어	팔로어 교환 육성	LMX 이론 팔로어십 이론 수퍼 리더십	Dansereau et al.(1975) Kelley(1988) Manz & Sims(1989)
V	코치 셀프, 초정체성	코칭[5] 셀프 영성	코치론 셀프론 영성(초정체성)	Leornard(1980) Maxwell(1997)

1) 특성론

특성론(trait theory of leadership)적 접근 방법에 의하면 역사적으로 훌륭한 리더들은 보통 사람과 다른 그 무엇을 소유하고 있고 그들은 선천적인 특성 또는 자질에 의해 비롯된다는 이론이다. 이러한 자질로는 정력, 키, 몸무게, 차림새, 어휘구사력, 자신감, 성실, 전문성, 야망, 정직, 대인관계 등을 들 수 있다. 그래서 효과적인 리더십이란 이러한 자질을 갖춰 있는 리더에 의해 가능해진다는 것이다. 따라서 특성이론

5) "사람은 어떤 것도 가르칠 수 없다. 자신이 가지고 있는 잠재 능력을 발휘할 수 있도록 도와 줄 수 있을 뿐이다"라는 갈릴레이(Galileo Galilei)의 말처럼 코칭의 기본 철학은 누구나 잠재력을 갖고 있다고 전제한다. 그런 점에서 컨설팅(consulting), 카운슬링(counseling), 테라피(therapy), 멘토링(mentoring)과는 차이점이 있다. 코치는 컨설팅처럼 진단하고 해결책을 제시하지 않는다. 컨설팅이 해결책을 제시하는 것이 목적이라면 코칭은 그 해결책을 스스로 발견하게 하는 것이다. 카운슬링이나 테라피가 문제 해결을 위해 한 개인의 과거를 여행하는 과거 지향적이라면, 코칭은 철저히 미래 지향적이다. 멘토링은 멘토(mentor: 도움을 주는 자)와 멘티(mentee, 도움을 받는 자)의 관계에서 수직적이고 상호 인격적 개입이 깊이 일어나지만, 코칭은 수평적 파트너십이며, 일방적인 개입은 금기사항으로 깊숙한 개입이 있을 필요가 없다. 일종의 넛지(nudge)처럼 가벼운 개입, 부드러운 개입을 하는 것이다.

은 리더에 초점을 맞춰, 리더 성공과 리더 실패, 리더인 자와 아닌 자를 구분시켜 주는 특성이 무엇인지를 규명하는 데 중점을 둔다.

이 접근법은 리더란 다분히 타고나는 것으로 인식하고 있다. 그래서 특성론은 리더십에 대한 가장 오래된 접근 방법임에도 불구하고 가장 많은 비판을 받고 있는 리더십이다. 주요 비판 내용으로 첫째, 리더와 리더 아닌 자를 구분할 수 있는 여러 가지 특성을 경험적으로 확인할 수 없다는 점이다. 특성론에서 제시하는 리더의 특성들이 보통 사람보다 리더에게 더 강하게 발견되는지는 아직까지도 의문시되고 있다. 예를 들어 나폴레옹, 간디, 강감찬, 박정희 등은 모두 작은 체구였음에도 불구하고 훌륭한 리더였다. 둘째, 리더로서 갖춰야 할 특성들 간에는 공통 분모가 적고, 서로 상대적 우선순위를 정한다는 것이 현실적으로 불가능하다. 셋째, 설령 그러한 특성을 지니고 있다 해도 이것들을 제대로 발휘할 수 있겠는가 하는 의문과 리더의 특성만이 조직 목표 달성에 결정적인 영향을 미친다는 주장은 논리적 무리다. 넷째, '영웅은 시대가 만든다'라는 말이 있듯이 한 시대의 영웅이 다른 시대에도 반드시 그럴 것이라고 장담할 수 없다는 것처럼 조직 구성원의 성격이나 상황 변화에 따른 리더십의 변화와 후천적 학습에 의한 리더십 변화를 고려하지 않은 점이다.

2) 행위론

행위론(behavioral style theory of leadership)은 조직의 목표 달성이나 집단 유지를 위해 구성원들의 자발적인 참여를 유도해 내는 지도자의 행태적 능력을 강조하는 이론이다. 이 이론에 의하면, 효과적인 지도자란 높은 생산성을 올리며 구성원들에게는 높은 만족감을 주는 지도자라고 전제한다. 따라서 효과적인 지도자와 그렇지 못한 지도자나 일반 구성원 사이에는 뚜렷한 행태적 차이점이 있으며, 지도자에게 요구되는 특정한 행태는 훈련을 통해 갖출 수 있다고 주장한다.

행위론으로는 오하이오주립대학교의 리더십 연구, 미시간대학교의 리더십 연구가 있다. 하지만 행위이론 역시 한계점이 있다. 첫째, 연구 팀마다 서로 다른 견해와 관점을 가지고 지도자의 행태를 분석했다. 예를 들면 오하이오주립대학교 연구 팀은 지도자의 입장을, 미시간대학교 연구팀은 조직 구성원의 입장을 강조했다. 둘째, 이들은 리더의 행동을 너무 단순하고 추상적으로 분류한 나머지 거의 도표를 제시하는 데 그쳤다. 셋째, 구성원의 업무 수행 능력이나 훈련 정도 등 기타 상황적 요소들을 고려하지 않고 구성원 중심적 행동이 항상 효과적이라는 주장은 문제가 있다.

3) 상황론

특성론과 행위론은 1970년대를 전후해 리더십 연구에서 상황 변수 혹은 상황적 차이를 강조하는 상황론(contingency theory of leadership)에 의해 비판을 받게 된다. 상황론은 리더의 자질이나 행태에 초점을 둔 초기의 연구와는 다르게 대규모 조직 상황에서 리더십의 동태성을 설명하려고 시도하고 있다.[6)]

리더는 수퍼맨처럼 다방면에 뛰어난 사람이 아님에도 불구하고 많은 사람이 오해하고 있다. 모든 상황과 시대를 관통하는 리더십의 원형이 있는 것은 더더욱 아니다. 만능의 리더가 있기보다는, 시대적 상황이나 조직과 구성원의 성숙도, 일의 특징 등 리더에게 요구되는 역할에 따라 그것에 상응하는 최적의 리더와 리더십만이 있는 것이다. 세계적인 경영 석학인 드러커(Peter Drucker)도 "모든 환경에 들어맞는 리더십 역량은 존재하지 않는다"라고 했다. 훌륭한 리더는 전지전능한 사람이나 성인(聖人)이라기보다는 오히려 자신이 처한 상황에서 식견과 사명감을 가지고 있으면서 아래 사람과 파트너십을 형성해 소기의 목표를 달성하는 사람이라고 할 수 있다.

당신에게 "태진아의 라이벌은 누구입니까?'라는 질문에 "송대관입니다", "나이키의 라이벌은?"이라는 질문에 "아디다스, 퓨마", "노래방의 라이벌은 누구?"에 대해 "건너편 노래방"이라고 응답했다면 앞으로 넓은 식견과 통찰력을 갖춰야 할 것이다. 사실 가수 태진아와 송대관은 라이벌이라기보다는 같은 음악 영역을 공유하고 더 많은 수요를 창출할 수 있는 파트너다. 오히려 장르 자체가 전혀 다른 2PM, 동방신기, 소녀시대 등이 라이벌이 될 것이다.[7)] 이를테면, 나이키(Nike)의 진정한 라이벌은 소니 플레이스테이션 혹은 닌텐도와 같은 오락게임기나 인터넷 스포츠 게임기가 될 것이다. 아이들이 운동화를 신고 뛰어놀아야 1년에 운동화를 많이 판매할 텐데 오락하느라고 놀지 않기 때문에 운동복과 운동화가 적게 팔리는 것이다.

당신의 진짜 라이벌은 누구인가? 좁은 시야에서 벗어나고 당장 눈앞의 라이벌만을 바라보는 사람이라면 이제 좀 더 넓은 시야를 갖춰야 한다. 상황 파악 능력을 갖춰야

---

6) 상황론으로는 피들러(F. E. Fiedler)의 상황이론모형(contingency theory of leadership)과 하우스(Robert J. House)의 경로-목표이론(path-goal theory) 등이 있다. 이들이 말하는 고려할 상황에는 팔로어의 특성, 리더와 팔로어와의 관계, 주어진 과업의 특성, 조직구조의 성격 등을 이야기하고 있다.

7) 지금껏 라이벌이라고 하면 나이키 : 아디다스(퓨마), E-마트 : 홈 플러스, 맥도날드 : 롯데리아(KFC), 박카스 : 비타500(비타1000), 삼성전자 : LG전자, 코카콜라: 펩시콜라 등의 구도를 그려왔다. 이처럼 라이벌에 대한 개념은 과거의 구도와는 전혀 다른 방향으로 급속히 이동하고 있다.

한다는 말이다. 지금은 시대는 사격으로 비유하면 실내 사격, 클레이 사격(clay pigeon shooting)이 아니라 서바이벌 경기(survival game)처럼 치열한 환경이다. 지금 이대로는 안 된다. "변화는 결코 변화 없이는 이뤄지지 않는다"고 했다.

3 탄생론에서 육성론, 선택론까지

21세기는 신유목민(neo-nomadism)의 시대다. 시간과 공간의 제약을 뛰어넘는 유비쿼터스 시대로서 노하우(know-how)의 시대가 가고 노웨어(know-where)의 시대가 온 것이다. 고인 물은 썩는다. 이제 관리자에서 진정한 리더로 변신해야 한다. 이런 측면에서 리더십 이론이 어떻게 진화해 왔는지 지나온 리더십 이론의 발전 과정을 살펴보는 것은 의미가 있을 것이다. 그래서 리더십 패러다임의 변신은 무죄라고 할 수 있다. 리더의 탄생론부터 최근의 흐름까지 살펴보면 다음과 같다.

1) 탄생론, 오늘 태어난 아이가 리더인가?

리더는 타고나는가, 육성되는가? 아주 고전적인 문제이지만 조직과 리더십에 관심을 갖고 있는 사람이라면 누구나 한번쯤은 고민하는 질문이다. 서구 봉건영주 시대에는 리더의 직위와 출생, 혈통의 자격 기준에 의해 대물림되는 과정에서 실제로 리더와 팔로어들의 신체적인 특성(신장, 체구), 능력적 특성(창의력, 지성, 지식), 심리·성격적 특성(자신감, 정직성)도 달라지는 '탄생론'이 가능했다.

역사적으로 훌륭한 리더들은 보통 사람과 다른 그 무엇을 소유하고 있으며, 이는 선천적인 특성 또는 자질에 의해 비롯된다는 이론이다. 이러한 자질로는 외모, 건강상태, 지능, 어휘구사력, 자신감, 성실, 전문성, 야망, 정직, 대인관계, 전문성, 카리스마(charisma) 등을 들 수 있다. 버츄 카드(virtue card)에 나오는 52개의 미덕이 태어날 때부터 가능하다는 뜻이다. 물론 불가능하지만 말이다.[8)]

---

8) 버츄 카드에 나오는 52개의 미덕은 버츄카드에 나오는 52가지의 미덕은 ① 감사, ② 결의, ③ 겸손, ④ 관용, ⑤ 근면, ⑥ 기뻐함, ⑦ 기지, ⑧ 협동, ⑨ 화합, ⑩ 끈기, ⑪ 너그러움, ⑫ 도움, ⑬ 명예, ⑭ 목적의식, ⑮ 믿음직함, ⑯ 배려, ⑰ 확신, ⑱ 초연, ⑲ 봉사, ⑳ 사랑, ㉑ 사려, ㉒ 상냥함, ㉓ 소신, ㉔ 신뢰, ㉕ 신용, ㉖ 충직, ㉗ 친절, ㉘ 열정, ㉙ 예의, ㉚ 용기, ㉛ 용서, ㉜ 우의, ㉝ 유연성, ㉞ 이상품기, ㉟ 탁월함, ㊱ 평온함, ㊲ 이해, ㊳ 인내, ㊴ 인정, ㊵ 자율, ㊶ 절도, ㊷ 정돈, ㊸ 정의로움, ㊹ 한결같음, ㊺ 헌신, ㊻ 정직, ㊼ 존중, ㊽ 중용, ㊾ 진실함, ㊿ 창의성, ⑤① 책임감, ⑤② 청결 등이다.

2) 육성론, 리더는 길러진다

육성론은 사람은 인위적으로 리더십 기술을 교육시키면 얼마든지 개발이 가능하다는 이론으로 1950년대 이후 리더십 연구에서 '불변의 진리'로 받아들여 왔다. 이러한 육성론의 장점과 매력은 어느 누구라도 스스로의 노력이나 일정한 훈련을 통해 리더가 될 수 있다는 점이다.

리더는 고정되어 있는 특성이 아니라 얼마든지 키워낼 수 있다는 유동적인 기술로 보았기 때문이다. 우리가 운전 연습을 하고, 컴퓨터를 배우고, 영어를 배우듯이 리더십 테크닉도 후천적 노력을 통해 습득·함양할 수 있다는 것이다. 리더는 타고나는 것이 아니라 길러진다. 이것은 21세기에는 누구나 리더가 될 수 있다는 의미이기도 하다. 오늘 태어난 아이가 대통령이 아니고, 오늘 태어난 아이가 판·검사는 아니다. 하지만 대통령과 판·검사는 나온다. 이런 점에서 탄생론에 비해 훨씬 매력도 있고, 사람들로 하여금 큰 기대감을 갖게 한다는 점에서 유력한 이론이기도 하다. 그렇지 않다면 우리 모두는 실망해 학습 의욕이 떨어질 것이다.

하지만 리더십의 크기는 시간과 노력에 정비례해서 나타나지는 않는다. 오히려 후퇴하기도 한다. 때로는 전혀 반응이 없을 수도 있다. 보통의 사람은 그 기다림을 참지 못하고 그냥 포기하거나 그 자리에 머무는 경우도 허다하다. 어쩌면 리더십의 크기는 '계단형'으로 진행되기 때문이다. 리더십의 함양은 '에스컬레이터(escalator)'처럼 정비례해 정직하게 나타나거나 '엘리베이터(elevator)'처럼 어느 날 갑자기 무공(武功)이 상승하는 그런 것이 아니다. 수없는 반복과 노력 속에 조금씩 조금씩 성장하는 것이다. 마치 계단(stairs)처럼 단계적으로 올라간다는 뜻이다.

하지만 이러한 기대에도 불구하고 지금까지의 육성 노력이 성공하고 있다는 확고한 증거가 약하다는 주장이 있는 것을 보면 교육 훈련만으로 안 되는 그 무엇을 밝혀야 할 것이다.[9] 그래서 리더십 이론에서 '선택론'이 점차 설득력을 얻고 있다.

---

9) "더 노력해라"라든지 "힘내라"라고 격려할 때는 주의를 해야 한다. 그 말 속에는 "노력하지 않으니까 너는 안 되는거야!" "지금처럼 하면 또 실패할거야!"라는 무서운 마이너스 사고가 숨어 있다. 우울증이 그 전형이다. 불황일 때는 우울증 환자가 증가한다. 노력하거나 더 열심히 하는 것을 좋아하는 사람이 빠지기 쉽다. 우울증인 사람에게 "힘내라"라든가 "확실히 해" 등의 격려가 좋지 않은 것은 그 말 속에 숨어 있는 마이너스 사고가 환자를 더욱 압박하기 때문이다. 그들에게는 오히려 위로가 필요하다.

3) 선택론, 리더는 팔로어의 선택이다!

필자는 리더십 관련 서적만 해도 그동안 수백 권을 읽었다. 수많은 천재적인 사상가들이 리더가 되기 위해 필요한 것이 무엇인지를 정의하려고 노력해 왔고, 리더십의 위기와 리더의 부재를 이야기하고 있었다. 어떤 거물급 인사들은 마치 '타고난 리더' 처럼 보인다. 하지만 사실은 상대방의 기선을 제압하기 위해 마치 타고난 리더인 것(탄생론)처럼 행동하는 것일 뿐이었다.

리더는 타고난 것이 아니라 만들어지는 것(육성론)이다. 이것은 스스로의 노력이나 일정한 훈련을 통해 리더가 될 수 있다는 점에서 상당한 장점과 매력이 있다. 그럼에도 불구하고 필자의 주장은 리더는 타고나거나 육성되는 것이 아니라 다른 사람들에 의해 선택된다는 사실에 더 강한 주안점을 두고 이 책을 집필했다.

어떤 사람이 특징적 자질이나 스타일을 보여 준다고 해서 그 자체만으로 리더로 인정받게 되는 것은 아니기 때문이다. 다른 사람이 그(녀)를 리더로 인정해 줄 때, 비로소 리더가 되는 것이다. 당연히 사람들은 자신의 리더를 선택할 때 다양한 요소를 고려한다.[10)]

매튜(A. M. Matthews) 등의 학자에 따르면, 어린이들도 초등학교 1학년이 되면, 리더와 리더가 아닌 사람(non-leaders)을 분명히 구분해 낼 수 있는 능력을 갖게 된다고 한다. 초등학교 저학년 시절에는 주로 구체적 모형에 입각해서 리더 선택을 한다. 즉, 달리기에서 1등을 했거나 경시대회에서 돋보이는 성과를 낸 아이를 리더로 선택하는 경향이 있다. 이와 같은 '귀납적' 선택 방식을 상향식(bottom-up) 또는 '자극 중심'의 선택이라고 한다.

고학년이 되고 중·고등학생이 되면 리더를 선택하는 방식도 달라진다. 이때는 소위 '연역법'을 쓰기 시작한다. 즉, 자신이 갖고 있는 바람직한 리더의 전형(prototype) 또는 틀에 입각해서 선택하는 경향이 생겨난다. 이것을 '하향식(top-down)' 선택 방식이라고 부를 수 있다. 그리고 어른이 되면 상황(contexts)을 중시해 그에 맞는 리더를 선택하려는 성향이 높아지게 된다(백기복, 2007: 26).

선택론의 입장에서 보면, 리더십의 행위 스타일은 선택의 도구가 된다. 지적인 특

---

10) 대한민국 인구 5천 100만 명 모두 한 번씩은 참여해 선택을 요구받아 본 질문이 하나 있다. '부동의 난감 질문' 베스트 1위는 "엄마가 좋아, 아빠가 좋아?"라는 질문이다. 리더의 선택을 묻는 질문인 것이다. 하지만 현실은 대부분 '엄마'다. 그런 것이다! 그렇다고 화내거나 삐치는 아빠는 거의 없다. 서운하더라도 흐뭇하게 아이를 지켜본다. 그것이 아빠의 사랑법이기도 하고, 우리 시대가 바라는 아버지의 리더십이기도 하다. 리더는 그런 것이다.

성을 가진 사람은 지적 능력을 필요로 하는 분야에 리더로 선택될 가능성이 높고, 감성적인 사람은 감성을 요구하는 분야에서 리더로서 역할을 수행할 것이다. 그러나 어떤 사람이 한 가지 특성이 뛰어나다고 해서 그를 항상 리더로 내세워서는 안 된다. 사실 위대한 리더는 태어나는 것이 아니라, 선택과 훈련에 의해 만들어지기 때문이다. 필자는 이것을 증명해 줄 사람을 수천 명도 더 찾을 수 있다.

개인적으로 선택론에 많은 점수를 주고 싶다. 필자의 경험상 서강대학교에서 잘 나가는 교수라 해도 다른 장소, 다른 모임(예: 전통주 만들기 동호회)에서는 전혀 리더가 되지 못하는 이런 경험은 누구나 한번쯤 겪었을 것이다. 원래 그런 것이다. 오늘 나의 모습, 나의 리더십 스타일은 지난 과거 내가 선택한 교육, 내가 선택하고 읽은 책, 내가 선택해 만나고 대화한 사람과의 결과물에서 나의 리더십이 형성되기 때문이다.

제 2 절 리더십 이론의 진화

리더십 이론은 시대의 여건에 따라 다양하게 진화되고 있다. 필자는 리더십 이론이 '변화'되고 있다는 표현보다 '진화'되고 있다고 말하고 싶다. 리더십의 진화는 1980년대 이후 새로운 리더십 이론(new leadership theories) 또는 새로운 장르의 리더십 이론(new genre of leadership theories)이라 불리면서 새로운 접근이 시도되었다. 그 원인은 조직 내외적 환경의 변화와 전통적 리더십의 한계 때문이다. 그 진화의 과정을 소개한다.

1 새로운 리더십이 필요하다!

18세기 산업 시대 이후 "나를 따르라" 식의 관료주의자형 리더십이 통했다. 관료주의자형 리더들은 목표를 제시하고 그것을 추종자가 명령에 따라 실시하고 나중에 결과를 평가한다. 그러나 새로운 환경에서 성장한 사람들은 비디오게임을 하며 자랐다. 그들은 규칙이 분명하고 목적이 의미 있으면 일을 게임하듯 즐기며 이기려는 마음으로 한다. 또한 자신의 결정에 대해 책임을 지며 자기 개발에도 관심이 많다. 리더십은 목적지가 아니라 여정이며 머리로 아는 지식이 아니라 가슴으로 느끼는 지혜이기 때문이다.

1) 새로운 리더십의 시대적 요청

머리(head)에서 가슴(heart)으로, 베스트 원(Best One)이 아닌 온리 원(Only One), '평생직장' 개념에서 '평생학습'의 시대로 진입한 21세기 '변화의 시대'에 새로운 리더십은 시대적 요청이다. 사실 우리나라는 1990년대 들어서면서 새로운 형태의 리더십에 대한 연구 결과가 보고되기 시작했다. 이 시기는 한국의 조직환경이 그 어느 때보다 급변하기 시작한 때다.[11]

이러한 거버넌스(governance) 시대의 외적 환경 변화는 새로운 거버넌스적 리더십을 필요로 하게 되었고, 그 핵심은 조직의 유연성과 혁신성에 있다. 또한 혁신적 조직 패러다임들은 리더십에도 영향을 미쳐 리더십의 새로운 패러다임을 요구하게 되었다. 이러한 새로운 패러다임들은 인본주의 철학에 입각해 구성원의 신념, 욕구, 가치 등을 변화시켜 급변하는 조직환경에 능동적으로 대처하고 개척할 수 있는 구성원의 능력을 향상시키고자 하는 것이다.

과거의 전통적 리더십 이론들은 부하에게 강한 영향을 미칠 수 있어야 함에도 불구하고 지나치게 합리적인 가치만을 추구함으로써 현상을 유지하거나 기대되는 성과를 이끌어 내는 리더십에 치중해 왔다. 이러한 리더십 형태는 안정된 환경 속에서는 유효할지 몰라도 급변하는 행정환경 속에서는 조직이 성장·발전하는 데 한계에 직면할 수밖에 없다.

새로운 리더십은 '장기식' 방법보다는 '바둑식'으로 진화해야 한다. 필자는 장기와 바둑에 관한 한 애호가다. 장기와 바둑을 둘 줄 아는 독자라면 장기의 알은 각자의 위치와 가는 길이 정해져 있지만 바둑돌은 아무데로 가서 자리를 잡을 수 있다는 규칙을 잘 알 것이다. 장기는 장군에서 졸(卒)까지 수직 계층화되어 있는데 비해 바둑돌은 돌 하나하나가 모두 존재의 의미를 가지고 있으며 평등하다. 그렇다고 하더라도 바둑돌은 완전 독립해 각자 따로 행동하는 것이 아니라 서로 유기적으로 연결되어 전체 목표를 위해 멀티 포지션, 멀티 플레이어, 전술 기능을 종합적으로 수행한다.

---

11) 1990년대 초반 세계무역기구(WTO) 체제의 출범과 자유무역주의의 확산으로 인한 세계화를 필두로 정보 및 지식 기술의 급격한 발달, 지식 소비자층의 확산으로 인한 요구의 다양화, 인터넷이라는 새로운 가상 세계의 형성, 국가 간 경쟁의 격화 등은 이에 대한 대비가 충분치 못한 조직들이 당황하기에 충분하다.

이처럼 새로운 리더십의 요청은 두 가지 모순된 힘으로 특징지어지는데, 그 힘은 '상호의존성'과 '다양성'이라는 모순된 두 방향으로 나아가고 있다. 이러한 상황 속에서 경쟁적이거나 권위적인 리더들은 몰락할 수밖에 없다. 좀 더 확실하게 말하자면 기존의 틀을 벗어나지 못한 채 의무적 협력만을 강조하는 권위주의는 리더십을 병들게 하는 질병에 대한 처방전이 될 수 없다.

2) 전통적 리더십의 한계와 새로운 리더십의 대두

새로운 바람이 불고 있다. 그 바람은 전세계적으로 리더십의 분위기를 바꾸고 있다. 권위적이고 경쟁적이며 지극히 개인적인 특성을 지닌 진부한 개념의 리더십은 사라지고 있다. 이러한 바람은 분석 수준이나 내용면에서 조금씩 차이를 보이고 있으나 전통적 리더십 이론(classical theory)들과는 분명한 차별적 특성을 지니고 있는데, 이것을 요약하면 다음과 같다.

첫째, 전통적 리더십은 현상을 유지하거나 통상적으로 기대되는 수준의 성과를 이끌어 내는 데 치중한 반면, 새로운 리더십은 구성원의 흥분과 열정을 불러일으키는 정서적 고양을 중요시하며 실제적이며 실천적이고 강력한 영향을 강조한다.

둘째, 전통적 리더십은 변화를 주도하기보다 현상 유지와 관련된 리더십에 치중해 온 반면 새로운 리더십은 집단이나 조직이 궁극적으로 지향해야 할 비전을 창출하고 이를 구성원에게 구체화해서 구성원의 변화와 혁신을 추구한다.

셋째, 전통적 리더십에서는 리더십의 상징적 기능과 의미 창출 기능에 대해 별다른 관심을 보이지 않고 있으나, 새로운 리더십은 리더의 상징적 행동과 하위자에 대한 의미 부여 기능을 중요시하고 또한 이를 설명하는 데 많은 노력을 기울인다.

넷째, 전통적 리더십에서는 다분히 상사와 부하 간의 수직적 상호 관계에 초점을 두는 반면 새로운 리더십에서는 팔로어의 중요성을 인식해 리더와 팔로어 간의 신뢰를 바탕으로 한 수평적 상호 관계를 강조한다.

다섯째, 전통적 리더십은 리더십 환경의 변화를 경시하는 반면, 새로운 리더십에서는 조직적·집단적 측면의 리더십 환경 변화를 고려한다.

여섯째, 새로운 리더십 이론들은 전통적 연구에서 리더십 유효성에 대한 판단 기준으로 다루지 못했던 임파워먼트(empowerment), 자아 개념, 혁신 행동, 자발적 행동 등의 변수를 분석한다. 이를 통해 새로운 리더십은 전통적 리더십 이론 내에서 충분히 연구되지 못했던 내용들을 다룸으로써 기존의 리더십 이론들을 보완해 준다.

표 1-2 전통적 리더십과 새로운 리더십 이론

<table>
<tr><th>유형</th><th>이론의 성격</th><th>주요 이론명</th><th>주요 저자</th></tr>
<tr><td rowspan="3">전통적
리더십</td><td>특성론</td><td>특성이론</td><td>Stogdill(1948)</td></tr>
<tr><td>행위론</td><td>미시간대 연구
OSU 연구
관리격자론</td><td>Likert(1947)
Hemphill & Coons(1957)
Blake & Mouton(1964)</td></tr>
<tr><td>상황론</td><td>피들러의 상황적합론
성숙도 이론
하우스의 경로-목표이론
리더십 대체이론</td><td>Fiedler(1967)
Hersey & Blanchard(1969)
House(1971)
Kerr & Jermier(1978)</td></tr>
<tr><td rowspan="5">20세기
리더십</td><td>비전론</td><td>카리스마적 리더십</td><td>House(1977)
Conger & Kanungo(1987)
Shamir(1991)</td></tr>
<tr><td>변화론</td><td>변혁적 리더십</td><td>Bass(1985)
Bennis & Nanus(1985)
Ticky & DeVanna(1986)</td></tr>
<tr><td>교환론</td><td>LMX 이론</td><td>Dansereau et al.(1975)
Northouse(1997)</td></tr>
<tr><td>팔로어
중심론</td><td>팔로어십</td><td>Kelley(1988)</td></tr>
<tr><td>희생론</td><td>자기 희생적 리더십</td><td>Choi & Mai-Dalton(1998)</td></tr>
<tr><td rowspan="2">21세기
새로운
리더십</td><td>코치론</td><td>코칭 리더십, 코칭</td><td>Hargrove(2002)[12]
Dilts(2009)[13]</td></tr>
<tr><td>영성론</td><td>영성적 리더십
셀프 리더십</td><td>Blanchard(2000)
Maxwell(1997)[14]</td></tr>
</table>

12) 코칭 분야의 학장(Dean of Executive Coaching)으로 불리는 하그로브(Robert Hargrove)는 마스터풀 코칭사(Masterful Coaching, Inc.)의 설립자이자 공동 CEO다. 하버드대학 '리더십 연구 프로젝트'의 책임자였으며, MIT 교수인 센게(Peter Senge)와 함께 'Innovation Association'을 설립해 학습조직을 연구했다.

13) 딜츠(Robert Dilts)는 1970년 이후부터 행동 변화 트레이너, 코치, 조직 컨설턴트로 세계적인 명성을 얻고 있는 인물로, 인간의 행동과 학습, 커뮤니케이션 모델인 신경언어 프로그래밍(NLP Neuro-Linguistic Programming)의 세계적인 개발자이자 저자로 유명하다.

14) 맥스웰(John C. Maxwell)은 리더십구루스닷넷(Leadershipgurus.net)이 선정한 세계 최고의 리더십 지도자다. 1,300만의 미국인이 선택하고, 「뉴욕 타임스」, 「월스트리트 저널」, 「비즈니스 위크」 등이 선정한 베스트셀러 저자로, '아마존닷컴 10주년 명예의 전당' 작가와 예술가 25명 중 한 명이기도 하다.

3) 새로운 리더십의 경향

최근 리더십 관련 서적의 베스트셀러를 보면 대부분 어려운 역경을 이겨내고 성공적으로 조직을 이끈 정치지도자나 경영자의 리더십에 관한 것들이다. 또한 이들의 리더십 행동은 대부분 새로운 리더십 이론들에서 다루는 주제를 몇 가지 이상 보이고 있다. 즉 비전 제시, 목표 공유, 신뢰를 바탕으로 한 수평적 상호 관계, 구성원의 열정 중시, 창의적이고 혁신적 사고 및 행동 등이 그것이다. 이것은 기존의 전통적 리더십 이론의 한계를 보여 주는 실례이기도 하다.

전통적 리더십 이론들은 그 연구 대상을 대부분 중간관리층의 리더십에 초점을 맞춰 왔다. 그러나 리더는 조직의 성패를 좌우하는 가장 중요한 위치에 있는 존재이며 조직 내에서 가장 중요하고 어려운 의사 결정을 내리고 실천하게 하는 실체다. 따라서 이들의 리더십은 전통적 리더십 안에서 연구되어 온 리더십 행동과는 다른 형태로 나타날 수밖에 없다. 이에 대한 갈망은 새로운 리더십을 출현시키는 촉매제로 작용했다.

<표 1-2>에 나타난 바와 같이 1960년대 후반 이전에는 특성이론과 행위이론이 리더십 연구의 주류를 이루다가 1967년 피들러(F. E. Fiedler)의 상황이론이 발표되면서 1970년대까지 상황이론이 리더십 연구의 주류를 차지하고 있다. 그러다가 1977년 하우스(R. J. House)의 카리스마적 리더십과 1978년 번스(B. M. Burns)의 변혁적 리더십이 발표되고, 이들 연구 성과들이 콩거(J. A. Conger)와 카눙고(R. N. Kanungo), 배스(B. M. Bass)에 의해 정교화되면서 이에 대한 연구가 다시 촉발되었다.

1980년 이후 수퍼 리더십, 전략적 리더십, 팔로어십, 감성 리더십, 서번트 리더십, 겸손 리더십, 영적 리더십 이외에 비저너리 리더십(visionary leadership), 문화적 리더십, 거버넌스 리더십, 자기희생적 리더십, 빅토리 리더십, 행복 리더십, 아빠 리더십, 셀프코칭 등 수많은 신이론과 책들이 쏟아져 나오고 있다. 리더십에 대한 수많은 책이 무슨 특별한 비법을 담고 있는 것처럼 현혹하지만, 리더십을 기르는 탁월한 비법은 따로 없다. 오히려 기본기와 원칙을 지켜 나가는 것이 비법이라면 비법이다. 다양한 리더십 관점들을 섭렵하고, 이를 나만의 경험적 지식과 결부시킬 때 내게 맞는 최적의 리더십을 찾을 수 있을 뿐이다.

4) 새로운 리더의 조건

그럼 새로운 리더의 조건은 무엇인가? 새로운 리더는 누구인가? 현재 우리가 목격하고 있는 리더십의 변화는 단순한 리더의 개성이나 새로운 리더의 탄생과 같은 문제가 아니다. 또한 일에 서투른 사람이나 일 못하는 사람들을 배척하려는 의도도 아니다. 새로운 리더의 조건으로 몇 가지 제시해 본다.

첫째, 행동의 유연성을 지녀라. 새로운 리더는 리더십이 다양한 측면의 행동으로 구성되어 있음을 이해하기 때문에, 자신의 비전을 이루기 위해 다양한 스타일의 리더십을 결합해야 한다. 그래서 행동의 유연성이 요구된다. 그래야 자신의 정책을 혁신적이고 융통성 있게 실행할 수 있다.

둘째, 쌍방향의 소통 채널을 갖춰라. 새로운 리더십은 리더와 구성원을 통합하고, 리더와 또 다른 리더를 통합해서 행동, 가치 그리고 책임감이 공유되는 공동체를 창조해야 한다. 이런 쌍방향의 흐름은 리더들의 네트워크를 형성시킨다. 이처럼 책임과 의무를 공유하는 네트워크는 공동의 문제를 해결하기 위해 협력하게 한다.

셋째, 동반자들로 구성된 네트워크를 활용하라. 새로운 리더는 사람과 조직의 복잡한 통합적 관계를 인식해야 하므로 수직적인 관계나 위계 질서에 가치를 두지 않아야 한다. 주변 환경을 '계급적 질서'가 아닌 '동반자'들로 구성된 네트워크로 간주한다. 그들은 다른 사람을 '상사', '고용주', '추종자' 또는 '부하'라고 생각하지 않고, '동료', '협력자', '동반자', '구성원', '후원자' 등으로 생각한다.

넷째, 상호 의존성을 띠어라. 새로운 리더는 정복하기보다는 통합을 모색하고, 경쟁하기보다는 협력하며, 통제하기보다는 위임하고, 요구하기보다는 헌신하는 전략을 선택해야 한다. 리더와 구성원의 힘을 잘 인식하고, 쉽게 조언을 구하기도 하고 또한 해 주기도 해야 한다. 새로운 리더는 직접적으로 참여하지 않고서도 자부심을 느껴야 한다. 모든 종류의 관계를 통해 비전 달성을 위한 동맹 관계를 형성해야 한다.

다섯째, 미래를 위해 자원을 배분하라. 미래에 발생할 수도 있는 문제를 미연에 방지하기 위해 현재의 자원을 동원하는 일에는 장기적이고 공동체적인 안목이 필요하다. 그래서 새로운 시대, 통합의 리더는 장기적인 협력 체제를 구축해 놓았기 때문에 기꺼이 그렇게 할 수 있어야 한다.

이처럼 새로운 역사적 환경의 요구는 리더십의 가장 중요한 부분인 기본 형태마저 변화하는 것이다. 새로운 리더들은 동일한 스타일의 충성스러운 추종자 집단을 고집하지 않고, 여러 색깔을 가진 모자이크와 같은 구성원들을 창출해 내고 통합하고 있다.

■ 코칭 팁(tip): 언리더십(unleadership)

필자가 책의 마지막 탈고 직전까지 고민한 리더십이 바로 닐스 플레깅(Niels Pflaging)의 『언리더십(*Un-Leadership*)』이란 책이다. 언리더십이란 기존의 리더십으로 인한 문제와 병폐를 날카롭게 지적하고, 부하들이 자발적으로 일하는 조직, 유연하고 개방적인 조직을 이끄는 21세기형 리더십이다. 변화의 흐름에 발맞추기 위해 갖춰야 할 것은 무엇인지에 대해 구체적인 행동지침을 제시한 책의 내용을 필자가 재구성해 소개한다. 'Un'은 영어의 접두사로 '부정'을 의미하기도 하지만 상식 파괴이자, 과감한 발상을 뜻한다.

스티브 잡스(Steve Jobs)의 언싱킹(unthinking)은 '무모하거나 생각이 없는'이라는 뜻이 아니라 '이전에 옳고 바르다고 믿었던 생각(thinking)과는 다른, 본질적으로 최선인 생각'을 말한다.[15] 'Un리더십'의 위력은 미래 인간관계가 예전에는 볼 수 없었던(Unseen) 새 양상으로 전개될 것을 예상하고 글로벌 소셜네트워크서비스(SNS)인 페이스북을 설립해 세계 최연소 억만장자가 된 마크 저커버그(Mark Zuckerberg)가 대표적이다. 가수는 노래만 잘하면 된다는 고정 관념을 부수고 무한한(Unlimited) 기획력으로 실력 있는 아이돌 그룹들을 길러내 전 세계에 신한류 열풍을 몰고 온 이수만 SM엔터테인먼트 대표도 주목받는 인물이다.[16] 한국에는 존재하지 않는 펭귄을 소재로 성공에 대한 멈추지 않는(Unstoppable) 확신으로 뽀로로 캐릭터를 만들어 '뽀통령'이라는 애칭을 얻을 정도로 대성공을 거둔 최종일 아이코닉스 대표도 언리더십의 전형이다. '언리더십'의 전형을 보여 주는 리더는 다른 사람과 차별화된 통찰력, 한번 결정한 것은 포기하지 않는 도전정신, 그리고 현재에 안주하지 않고 변화의 흐름을 잘 파악한다는 공통점을 가지고 있다.

2 위대한 리더의 여정

1) 영웅의 여행 10단계

필자는 탁월한 리더, 위대한 인간의 삶을 '여행' 혹은 '순례'로 표현하고 싶다. 즉,

15) 잡스가 아이폰 화면에 어린아이들이나 좋아할 법한 유치한 색깔을 넣어 전 세계인을 매료시킨 사고의 출발이 바로 언싱킹이다.

16) 물론 상업주의와 성(性의) 상품화 등등 자본주의 논리를 접목한 윤리적 도덕적 문제를 수반하고 있다.

개인의 성장과 삶의 변화와 인생의 프로세스를 관리하는 것은 '영웅의 여행', '영웅의 순례', '리더의 여정'에 비유될 수 있다고 보았다. 세계 각지에는 다양한 신화가 존재하며, 다양한 신화 속에서도 특정한 주제들이 발견되는데, 유명한 신화학자(mythologist)인 캠벨(Joseph Campbell)은 개인의 깨달음과 집단의 부활에 관한 공통된 신화(myth)를 영웅의 여행(hero's journey)이라고 불렀다.

이러한 원형 신화(monomyth)는 완성도 높은 문학과 영화에 공통적으로 나타나는 기본적인 스토리다.[17] 필자는 이러한 내용을 근거로 주인공의 여정을 10단계 구조로 분류했다. 아마도 우리의 삶도 이러한 여정을 가고 있기 때문이다. '내 삶의 여행 10단계'는 다음과 같다.

첫째, 일상의 세계(Ordinary World): 스토리의 시작 부분으로 일상의 평범한 세계에서 영웅의 평범함을 보여 주고 영웅이 가게 될 특별한 세계(Special World)와의 차별성을 보여 준다. 즉, 아직 자신의 잠재력을 모른 채 그저 평범하게 살아가고 있는 것이다.

둘째, 모험으로의 부름(Call to Adventure): 어떤 사건 등을 통해 영웅이 일상세계를 떠나 특별한 세계로 모험을 떠나게 될 것이라는 사실을 암시해 준다. 신화 속의 영웅은 일상의 터전인 오두막이나 성에 안주하지 않는다. 그는 무엇인가에 끌리거나, 타인에 의해, 혹은 자발적으로 모험의 문턱에 들어서게 된다. 영웅이 자신의 세계가 변화하고 있음을 인지하고 그 변화에 반응했을 때에만 우리는 이것을 모험에 대한 '부름' 혹은 '소명'이라 한다.

셋째, 부름에 대한 거절(Refused of the Call): 누구든지 모험으로의 부름에 대해 금방 나서거나 재빠른 판단을 주저하게 된다. 불안, 의심, 두려움 등으로 인해 부름에 일차적으로 거절하게 된다. 잘못 들었다고 판단하거나 자신감 부족, 실패에 대한 두려움에 휩싸여 고민하고 주저하게 된다.

넷째, 멘토와의 만남(Meeting with the Mentor): 3단계에서 행동을 취하지 못하거나 앞으로 못 나가고 있을 때 향후 영웅이 가야 할 방향을 제시해 줄 수 있는 멘토(선지자, 선각자)를 만난다. 이때 멘토는 주인공이 소명을 받아들일 수 있도록 도와주는 역할을 한다. 그는 영웅에게 조언이나 보호를 통해 '걸림돌'을 제거하게 된다. 한편, 멘토는 주위 사람일 수도 있으며 갑자기 나타난 사람일 수도 있다.

---

17) '영웅의 여행'에 대한 캠벨의 주장은 영웅 신화의 보편적인 기본 구조는 '분리', '입문', '회귀'라고 하면서, 전반적인 이야기의 패턴은 여행이 어떻게 해서 이뤄지고, 여행의 지도는 어디에 있으며, 마침내 그 여행에서 돌아오면 그는 다른 사람이 되어 있다는 것이 기본 패턴이라는 것이다.

그림 1-3 영웅의 여행(hero's journey)

다섯째, 첫째 관문의 통과(Crossing the first Threshold): 마침내 두려움의 걸림돌의 제거되고 선지자로부터 배움을 받은 '초보 영웅'은 부름을 받아들여 새로운 특별한 세계로 진입하게 된다. 이 단계에서 영웅은 모험을 떠나게 되는 첫 계기가 마련된다.

여섯째, 시험, 동맹, 적(Tests, Allies, Enemies): 몇 가지 시험을 통과하게 되면, 동맹군과 적들이 자연스럽게 생긴다. 이 과정에서 특별한 세계에 대한 습성을 배우고 터득하게 된다. 이때 주인공은 여신과의 만남(Meeting with the Godness)이 이뤄진다. 어머니상을 보여 주는 여신은 대체로 긍정적인 면을 가지고 있으며, 주인공이 목표에 도달하도록 특별한 능력으로 도와 준다. 한편, 아버지의 보상(Atonement with the Father)도 동시에 일어난다. 이 말은 아버지의 이미지를 연상시키는 인물과의 만남을 의미한다. 어머니가 후원과 격려를 공급하는 인물이라면, 아버지는 주인공을 시험하고 판단한 후 가치가 있다고 판단되면 상을 주는 역할을 하는 것이다. 이때 아버지와 어머니는 성별의 차이는 아니며 역할의 차이일 수 있다.

일곱째, 깊숙한 동굴로의 접근(Approaching the Cave): 시험 과정을 성공적으로 끝낸 영웅이 향후 다가올 엄청난 시련에 대비하는 과정이다. 이 과정을 통해 적의 깊은 성채(citadel)를 상상해 볼 수 있다. 주인공의 리더십 기술이 쌓이면 쌓일수록 위험 수위는 더 커지며 주인공이 위험에 직접 직면해서 대결해야 함을 암시한다. 마침내 그곳에서 그는 길목을 지키고 있는 어둠의 존재(shadow presence)와 마주치게 된다. 영웅은 그 어둠의 힘에 맞서 싸우거나 혹은 그를 회유시켜 어둠의 왕국(kingdom of the dark: 형제 간의 전쟁, 용과의 전투, 제물, 마법의 주문 등이 존재하는)으로 들어가거나 아니면 그에 의해 살해당해 죽음의 나락으로 떨어지는 고통을 당할지도 모른다. 이 단계에서 비로소 진정한 신화 구현(Common Mythological

Embodiment)이 발생한다.

여덟째, 호된 시련(Ordeal): 이러한 문턱을 지나면 그는 전혀 생소한, 하지만 왠지 친근한 힘이 느껴지는 세상으로 들어서게 된다. 그 힘은 그를 시험에 들게 하여 심각하게 위협하기도 하고, 협력자로서 마술적인 도움을 주기도 한다. 그가 수많은 위험을 뚫고 어둠의 왕국 최종 기착지에 도착했을 때 그 앞에는 최대의 난관이 기다리고 있다. 마지막 최후의 전투가 벌어지는 것이다. 영웅은 적진 깊숙한 곳에서 도저히 이길 수 없는 어둠(악마)의 실체와 만나게 되는 것이다. 이러한 시련의 직면은 반드시 악하거나 나쁜 것만은 아니다. 우리가 맞서 싸우거나 수용하는 것을 필요로 하는 '에너지'이거나 '힘', '내적 두려움'이거나 '그림자'의 반영일 수도 있고, 자신이나 부모, 동료로부터의 부정적 메시지일 수도 있다. 이러한 죽음에 직면한 상황을 극복하고 나면, 영웅은 비로소 다시 태어난다. 재탄생의 순간이다.

아홉째, 보상(Reward): 그는 여기에서 승리하고 드디어 보상을 손에 쥐게 된다. 승리에 대한 보상은 여러 형태로 주어진다.[18] 이런 보상은 본질적으로 자기 존재와 자의식의 연장이다(교화, 변모, 자유). 이러한 보상은 시련을 극복한 영웅에게만 수여되는 특별한 영광이다. 승리를 위한 영감, 불멸의 영약, 중요한 정보, 행복한 결혼 등을 얻는 것이다. 바로 그것은 지식과 경험, 특별한 기술과 자원, 도구의 발견일 수도 있다.

열 번째, 귀환(Returning the Road Back): 이제 마지막으로 해야 할 일은 현실 세계로 귀환해야 하는 일이다. 만약 어둠의 힘이 그를 축복한다면 그는 특사가 되어 그 힘의 보호 아래 앞으로 나아갈 것이고, 그렇지 않다면 그는 쫓기게 되고 변신 비행(transformation flight), 장애물 비행(obstacle flight) 등 탈출을 시도한다. 하지만 대부분의 영웅은 두려움의 왕국으로부터 당당하게 다시 현실 세계로 돌아온다. 그가 가져온 혜택은 세상을 구제한다. 즉, 여행 중에 얻은 보상(육체적·정신적 성숙)을 가지고 고향으로 돌아오거나 새로운 모험을 시작하거나 또는 고향에서 후학을 양성하거나, 행복한 죽음으로 끝이 난다.

2) 현재의 자아를 버려야 한다

영웅의 여행은 개인의 변혁, 즉 정체성의 변화에 대한 이야기다. 영웅의 여행을 시작하면서 우리는 확실성의 세계를 떠나야 한다. 우리는 수많은 모험과 삶을 담보로

18) 보상의 형태는 세상의 모신(母神, goddess-mother of the world)과의 성적 결합(신성한 결혼), 아버지로부터의 인정(아버지의 보상), 왕으로 추대 등이 보상으로 주어질 것이다.

한 위험들이 기다리고 있는 낯선 곳으로, 새로운 방식으로 생각하지 않으면 안 될 새로운 문제가 기다리고 있는 곳으로 용감하게 여행을 시작해야만 한다.

삶을 담보로 한 만큼 우리는 우리 앞에 놓여진 문제에 도전하고 해결해야만 한다. 이것을 성공적으로 이끌어 내기 위해 현재의 자아를 버려야 한다. 낡은 패러다임에서 벗어나야 한다. 현재의 자아로부터 벗어나는 이런 모험은 우리에게 지금과 전혀 다른 방식으로 생각할 것을 요구한다. 이 여행을 계속하는 것은 자아를 재창조하는 것이다. 그렇게 되면 패러다임에 변화가 생기고 '의식의 확장(expansion of consciousness)'을 경험하게 되며, 자기를 둘러싼 환경에 자기 자신을 재조율하기 시작한다. 세상을 다른 각도에서 볼 뿐만 아니라 좀 더 깊게 볼 수 있게 되는 것이다.

세상을 바라보는 눈이 달라지면 자신을 보는 눈도 달라지게 된다. 우리의 존재 양태에 변화가 생기고 자아에 변화가 일어난다. 이런 재조율의 결과 우리는 좀 더 지혜롭게 주변 환경에 자기의 영향력을 비출 수 있다. 성공은 또 다른 성공으로 이어지면서 강력한 추진력과 에너지로 충만하게 된다. 이런 방법으로 우리는 다른 사람들을 임파워시킬 수 있고, 조직과 사회에 유용한 선물이 되는 것이다.

우리는 임파워되고, 다른 사람을 돕거나 영감을 불어넣을 수도 있다. 이런 자기 재조율이 성공적으로 이뤄질 때 우리는 비로소 리더가 되고 변화의 추진자가 된다.

이처럼 우리의 인생은 미약한 시작, 모험에로의 부름, 도전, 멘토와의 만남, 역경과 시험 그리고 영웅의 승리, 보상과 함께 이 여행은 끝을 맺는다. 사람은 누구나 이 모험의 길을 떠난다. 이 이야기를 해묵은 이야기로 무시할 것인지 새로운 이야기를 찾아 도전과 모험의 길로 나갈지는 스스로가 결정해야 한다.

결국 리더가 된다는 것은 과거의 패러다임에 얽매이거나 현실에 안주하지 않고, 자신의 신념과 야심찬 미래를 향해 기꺼이 모험을 감행하는 것이다. 그 과정에서 무수히 많은 실패와 좌절도 겪게 되지만, 그 모든 과정이 자신을 단련시키고, 학습시키고, 성장시키는 소중한 자원임을 이해해야 한다. 따라서 이러한 도전과 모험 없이는 결코 리더가 될 수 없음을 이해하고, 더 과감하게, 더 용기 있게 세상을 향해 나아가야 할 것이다.

생각의 장(場: coaching point)

행복의 햄버거 모형

하바드대학교의 '행복학' 강의로 유명한 탈 벤 샤하르(Tal Ben-Shahar)가 주장한 것이다. 그는 저서 『해피어(*Happier*)』에서 현재와 미래의 이익과 손실을 어떻게 생각해고 행동하느냐에 따라 삶을 '행복 4분면'으로 나눴다. 그는 좀 더 이해하기 쉽게 햄버거에 삶을 정의하면서 비교했다.

첫째, 쾌락주의자(순간의 노예)다. 오로지 현재에 초점을 맞추고 즉각적인 만족을 얻기 위해 나중에 피해가 되는 행동도 한다. 쾌락주의자에게 노력은 고통이고, 쾌락은 행복이라고 생각한다. 이것은 정크푸드 햄버거의 맛이다. 즉 현재의 이익+미래의 손실 유형으로 지금 당장은 맛있으나 몸에는 좋지 않은 '정크푸드 햄버거'에 비유한 것이다.

둘째, 성취주의자(미래의 노예)다. 어려서부터 '성적이 성공의 척도'라고 생각하고 하루하루를 버틴다. 원하던 대학에 입학하면 마침내 행복해질 거라고 생각했지만 이내 안도감은 사라지고 치열한 경쟁이 시작된다. 직장에서도 마찬가지다. 우수한 학생이었고 성공했지만 행복하지 않다. 현재를 희생+미래의 이익을 추구하는 유형으로 몸에는 좋을지는 모르지만 맛은 전혀 느낄 수 없는 '야채 햄버거'와 같은 것이다.

셋째, 허무주의자(과거의 노예)다. 잠깐이든 오래든 인생의 허무함을 느끼고 현재의 불행 그 너머를 보지 못하는 경우가 있다. 이것은 최악의 햄버거로서 현재도 즐기지 못하고, 미래에 대한 목적 의식도 없는 유형이다. 이것은 맛도 없고 몸에도 안 좋은 '최악의 햄버거'로 비유했다.

넷째, 행복한 사람(현재와 미래의 주인)이다. 현재의 즐거움도 느끼면서 먼 미래도 동시에 추구하는 사람이다. 긍정적인 감정에 초점을 맞추고 진정한 행복을 누릴 줄 아는 사람이다. 그래서 현재의 즐거움과 미래의 만족을 다 추구하는 이 유형은 진실로 행복한 사람으로 맛도 있고 몸에도 좋은 '이상적인 햄버거'에 해당한다.

지속적인 행복을 얻으려면 목적지도 여행도 포기하는 허무주의자나, 목적지에 도달하면 그때부터 '영원히 행복할 거야!'라고 생각하는 성취주의자나, 오로지 여행 자체가 중요하다고 생각하는 쾌락주의자가 아닌, 원하는 목적지를 향해 가면서 여행을 즐길 줄 아는 진정 행복한 사람이 되어야 한다. 미래에 대한 믿음만으로 현재를 치열하게 만나지 않는 것과 미래가 없다는 이유만으로 살아 있는 동안에 쾌락에 탐닉하는 것도 너무나 허무한 노릇이다. 당신은 어느 쪽인가? 물론 정답은 자신만 안다.

한편, 플라톤(Platon)이 말하는 다섯 가지 행복(幸福)은 다음과 같은 것이다. 첫째, 먹고 입고 살고 싶은 수준에서 조금 부족한 듯한 재산, 둘째, 모든 사람이 칭찬하기에 약간 부족한 용모, 셋째, 자신이 자만하고 있는 것에서 사람들이 절반 정도밖에

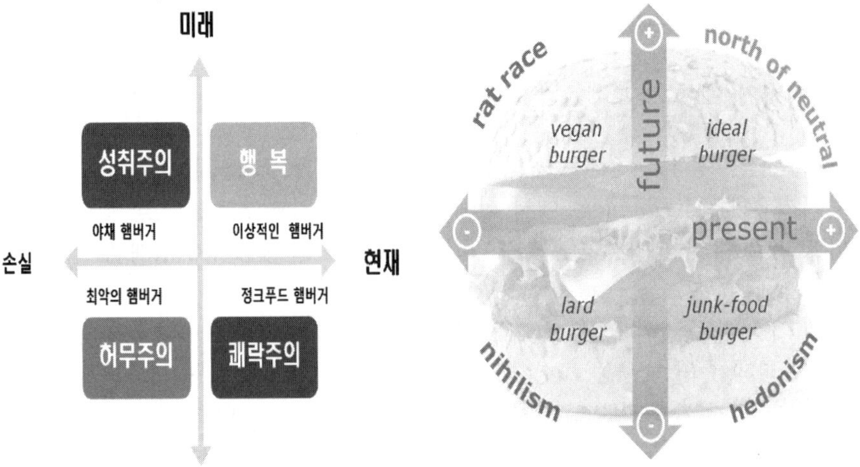

그림 1-4 행복의 햄버거 모형(Tal Ben-Shahar)

알아 주지 않는 명예, 넷째, 겨뤄서 한 사람에게 이기고 두 사람에게 질 정도의 체력, 다섯째, 연설을 듣고서 청중의 절반은 손뼉을 치지 않는 말솜씨 등 다섯 가지였다. 그가 생각하는 행복의 조건들은 완벽하고 만족할 만한 것들이 아니다. 조금은 부족하고 모자란 상태다. 재산이든 외모든 명예든 모자람이 없는 완벽한 상태에 있으면 바로 그것 때문에 근심과 불안과 긴장과 불행이 교차하는 생활을 하게 될 것이다. 적당히 모자란 가운데 그 부족한 부분을 채우기 위해 노력하는 나날의 삶 속에 행복이 있다고 플라톤은 생각했던 것 같다.[19]

행동(practice)과 습관(habit)의 장

＊ 당신의 리더십 여정을 위한 첫 질문

(1) 왜 리더가 되고자 하는가?

(2) 당신이 생각하는 리더는 어떤 사람이며, 평소 존경하는 사람의 라이프 스타일은 어떠했는가?

19) 최근 행복에 영향을 미치는 요인을 '태도'에서 찾는 경우가 많다. 소위 긍정심리학이다.

(3) 내가 생각하는 '리더십'은 무엇인가? 혹은 무엇이 리더십이 아니라고 생각하는가? 리더십에 대한 나름대로의 정의와 이미지를 내려 보라.

(4) 언제부터 리더십 교육이 필요하다고 생각했는가?

(5) 귀하의 과거 경험 중에서 자신의 리더십 능력을 발견한 적이 있을 것이다. 당신도 리더가 될 수 있다고 느꼈던 사건이나 경험을 작성해 보라.

(6) 리더십과 관련된 서적 중에서 가장 기억에 남는 책은 무엇인가? 그리고 어떤 부분이 가장 감명 깊었는지 느낌을 나눠 보라.

(7) 리더 역할을 잘 수행한다는 것이 나에게 어떤 의미(가치)가 있는가? 그리고, 이런 역할을 수행하기 위해 리더가 갖춰야 할 덕목은 무엇인가?

(8) 당신은 자기 자신의 주인인가?

(9) 오늘에 모든 것을 걸어본 적이 있었는가?

(10) 나는 사람들에게 어떻게 기억되고 싶은가?

제 2 장 리더십 여정의 방향 설정 (pathfinding)

코칭(coaching)

인생은 '속도'가 아니라 '방향'이 결정한다! 방향 설정(pathfinding)은 구성원들이 꼭 얻고 싶어 하는 것과 리더가 반드시 주고 싶어하는 것을 이어 주는 비전을 만들기 때문이다. 리더가 방향성 없이 우왕좌왕한다면 팔로어들은 리더에 대한 신뢰가 떨어질 수밖에 없다. 리더십은 위기의 시대에 인생의 방향을 잃지 않고, 역경을 만나더라도 용기를 주며 자신의 잠재 능력을 최대한 끌어올린다.

나의 꿈과 나의 방향에 대해 자문자답(自問自答)하면서 내공을 키워나가라! 자기 목표를 추구하는 방식에는 개인차가 존재한다. 따라서 리더십 여정의 첫걸음은 자신에 대한 충분한 이해가 필요하다. 이제 진정한 나를 찾기 위한 '리더십 여행'을 시작해 보자.

제 1 절 시대가 요구하는 리더십 5대 요소

1 리더십 구성 요소 다섯 가지

리더십을 이야기하기에 앞서 전제 조건으로 다섯 가지를 결코 간과해서는 안 된다. 이것은 매우 중요하다. 첫째, 상황, 둘째, 비전(목표)을 빼놓고는 리더십을 함부로 논할 수 없다. 나머지 세 개는 리더와 팔로어, 그리고 리더와 팔로어 간의 영향력(influence)이다. 오늘날 리더십에 관한 많은 책이 위와 같은 다섯 가지 전제를 말하는 것 같지만 필자의 눈에는 별로 그렇지 못하다. 그들은 리더십의 중요성에 대해 역설하지만 정작 자신이 말하는 리더십이 뭔지 분명치 않다. 리더십의 정의를 말하는 학

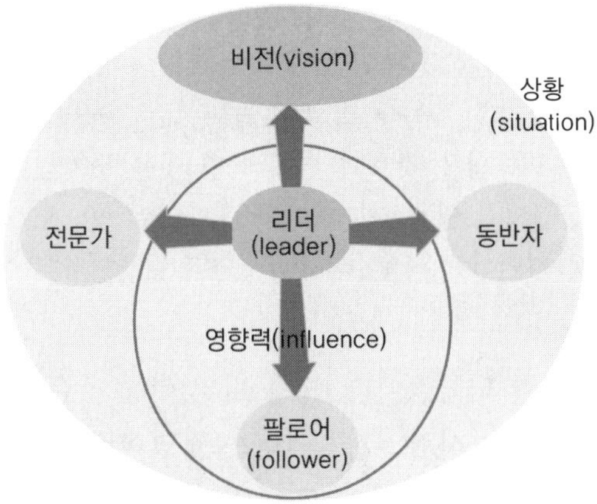

그림 2-1 리더십의 5대 구성 요소

자조차도 개인의 주관적 경험이나 특수한 사례를 근거로 이야기하는 경우가 많다. 이 다섯 가지는 아주 본질적인 문제로서 필자는 계속 다뤄 갈 것이다.

1) 상황

리더십을 논할 때 가장 놓치기 쉬운 것이 조직에 대한 현실 직시, 상황 판단 능력이다.[1] 어떤 조직에서는 눈부신 성공을 거둔 리더가 다른 조직에서는 완전히 실패하는 경우도 있다. 리더의 능력은 환경에 따라 크게 달라진다. 모든 상황(situation)에서 성공하는 리더는 없다. 간디, 칭기즈칸(成吉思汗), 공자(孔子)도 그러했다. 많은 구성원이 완벽(perfect)한 리더에 대한 환상을 가지고 있다. 완벽한 리더는 없다. 완벽한 리더의 환상은 깨어져야 한다. 어쩌면 이러한 환상이 리더를 실패한 리더로 몰아간다. 리더십 설문에서 나오는 질문과 응답을 몇 가지 소개해 보겠다.

첫째, 리더는 어떤 리더십을 갖춰야 통할까? 정직, 사랑, 대화력, 초연, 관대, 시간관리, 비전, 인격적, 헌신, 소통, 용서, 겸손, 유머, 지혜로운 계획, 감화력, 소명, 경청(들어 줌),

---

1) 이것을 상황대응형 리더십(situational leadership)이라 하고, 리더라면 상황에 따라 지시형, 코치형, 지원형, 위임형으로 유연하게 대처해야 한다. 리더들의 54%는 전형적으로 오직 한 가지 리더십 스타일을 활용하며, 25%는 두 가지, 20%만이 세 가지를 적절하게 배합할 줄 안다. 전체 리더의 단 1%만이 위에서 언급한 네 가지 리더십 스타일을 자유롭게 구사할 수 있다. 『칭찬은 고래도 춤추게 한다』 『경호』 등 초베스트셀러의 저자이자 조직관리와 리더십 분야의 권위자인 블랜차드(Ken H. Blanchard)가 2007년 재강조한 바 있다.

다가감, 낮아짐, 섬김, 기다림, 승부욕, 혜안, 인맥, 전략사고, 자기믿음 등등……

둘째, 리더가 통하는 리더십을 갖추기 위해 어떤 유혹을 이겨야 하나? 게으름, 분주함, 권력, 분노, 독선, 비판, 자존심, 시시콜콜한 문제들, 교만, 허영심, 탐욕 등등……

셋째, 리더가 통하는 리더십을 갖추기 위해 어떤 것을 포기해야 하나? 금전적 보상, 편안한 삶, 자기 시간, 경제적 이익, 현재의 즐거움 등등……

넷째, 리더가 통하는 리더십을 갖추기 위해 치러야 할 대가는? 자기 희생, 외로움, 피로, 비난, 압력, 난처함, 책임 등등…….

모두 리더로서 갖춰야 할 덕목들이다. 모두 다 갖추는 것은 가능한가? 리더는 엄친아(엄마친구아들)처럼 완벽한 사람인가? 리더는 정녕 신의 반열에 속하는 존재인가? 퍼펙트한 리더는 허상이다.

리더는 자신의 고유한 리더십을 파악한 후 더욱 계발하고 확충하는 방법을 터득해야 한다. 자신의 타고난 리더십을 지렛대 삼아 조직 상황에 맞춰 구성원의 뜻과 일치하는 방법을 찾는 감을 잡아야 한다. 탁월한 구성원들이라면 오히려 불완전한 리더를 인정하고 칭찬해 잠재력을 키워 줘야 한다. 리더 스스로도 자신이 먼저 완벽한 리더에 대한 환상을 버려야 한다. 그래야 공동체와 조직이 건강해진다.

구성원들은 황희 정승의 평화, 세종대왕의 통합, 테레사 수녀의 헌신, 빌 게이츠의 책임감, 다윗의 용기, 스티브 잡스의 창조, 솔로몬의 지혜, 안철수의 변혁적 사고, 칭기즈칸의 능력, 예수의 사랑을 지닌 리더를 원한다. 모든 문제를 갈등 없이 처리하는 수퍼맨 같은 리더는 어디에도 없다. 그런데 조직의 리더에게 이러한 덕목을 들이대는 구성원들이 있다. 팔방미인의 해결사 리더를 원한다. 그때그때 필요한 모든 것을 해결해 주는 완벽한 리더를 갈망한다. 세속적인 리더십의 원칙과 방법들이 모든 조직을 점령한 느낌이다.

(1) 리더, 팔로어, 상황의 트로이카가 같이 호흡해야 한다

리더십에 관심을 가진 리더라면 심포지엄이나 리더십 교육을 부지런히 쫓아다니고 리더십 대가들이 쓴 책도 읽는다. 인터넷 자료도 뒤지고 강의 CD도 들으면서 배운다. 교육중독자가 있다. 이때 주의해야 점은 다른 곳에서 성공한 리더십을 살짝 오려 오거나 갖다 붙이는 소위 '짜깁기' 교육에 유의해야 한다. 그 교육이 생겨난 배경이나 원칙을 모른 채 도입해서는 시간 낭비, 돈 낭비가 되기 십상이다. 그것은 마치 환자의 혈액형을 잘 확인하지 않고 수혈하는 것과 같은 자살행위다. 누구도 모든 것을 가질 수도 없고, 다 가질 필요도 없다. 다만, 다양한 스타일을 이해하고 각 스타일의 장단점을 알아야 한다. 어떤 리더는 한쪽이 강하고 어떤 리더는 몇 가지 복합적 요소를 함께 지니고 있을 것이다.

리더로서 결단과 리더십을 발휘하기 전에 "만일 신(god)이라면 어떻게 했을까?"를 먼저 식별하고 고민해야 한다. 신처럼 한다는 것은 지금 여기서 그냥 고개만 끄덕이고 이해한다고 넘어갈 만큼 간단한 이론이 아니다. 상황과 분야의 차이점을 무시하면 치명적인 약점으로 작용하기 쉽다. 정치와 경영 분야의 리더십 방법론을 자신이 속한 리더십에 그대로 적용한다면 문제가 생긴다.[2]

지역마다, 조직마다 변수가 너무 많이 존재한다. 아무리 마음씨가 착한 절정의 초고수라 해도 따르는 구성원이 제대로 반응하지 않으면 무용지물이다. 그래서 리더십은 "이렇게 하면 되고 저렇게 하면 안 된다"라는 칼 같은 결론을 내리는 성급함은 자제할 필요가 있다. 리더십은 리더인 리더, 팔로어인 구성원도 중요하지만 상황을 읽는 능력은 정말 중요하다. 그래서 리더십은 리더, 팔로어, 상황의 트로이카가 같이 호흡할 때 비전이 이뤄진다.

(2) 오늘 상황을 파악하지 못한 리더, 내일 믿음을 줄 수 없다

리더가 제대로 된 리더십을 발휘하려면 조직 상황을 철저히 연구해야 한다. 유능하고 혈기 왕성한 리더들이 흔히 빠지는 함정이 현 상황을 직시하지 못하고 비전만을 외치고 추진하려는 과욕이다. 탁월한 리더는 미래 지향적이면서도 동시에 현실 직시형이다. 상황 직시와 현실 점검은 긍정적 변화를 위한 전초전으로 거쳐야 할 필수 코스다. 만일 현실을 제대로 파악하지 못하면 정말 필요한 체인지업(change-up)을 시도할 수 없다. 오늘 현실을 파악하지 못한 리더는 내일 구성원들에게 믿음을 줄 수 없다. 그날부터 그 조직과 구성원들에게는 고난의 시간이 시작된다.

어쩌면 상황을 파악하는 것이 리더로서 자존심 상하고 기분 나쁠 때도 있겠지만 반드시 필요하다. 구성원 중에는 말도 안 되는 소리로 비난하는 사람이 항상 있음을 익히 알고 있다. 현실은 리더에게 항상 존경심을 표하고 좋은 소리만 하는 사람이 있는 것이 아니다. 현실을 외면하고 싶은 유혹이 있겠지만 리더로서 취한 말과 행위에는 반드시 결과가 따르기 마련이다. 비현실적인 비전을 고집하고, 낭만적인 삶을 꾸려가고 싶겠지만 언젠가 그 대가는 구성원뿐만 아니라 리더가 치러야 한다. 이처럼

2) 필자가 우려하는 것은 일반 세상에서 "탁월한 리더가 되려면 어떻게 하라"는 인스턴트식 방법론이 리더십의 전부인 냥 착각해서는 안 된다는 것이다. 이것은 경영과 정치 분야에서 많은 기본 원리를 배울 수 있긴 하지만 깊은 숙고와 여과 없이 그대로 적용해서는 곤란하다. 심지어 같은 행정부서에서도 다르다.

비현실적인 사고방식을 경계하려면 다음과 같은 세 가지 대책이 필요하다.

첫째, 구성원들에게 진솔한 의견을 청하라. "가장 진솔한 시가 가장 아름다운 시"라고 했다. 세상에는 내가 듣고 싶은 이야기만 듣는 게 아니다. 세상에는 내가 듣고 싶은 이야기만 들을 수는 없다. 조직 속에서 편안하게 보내고 싶은 리더라면 그렇게 지낼 수 있다. 따지지도 않고 덤비는 구성원이 없으니 얼마나 좋겠는가? 그러나 리더로서 조직과 구성원들을 올바로 이끌고자 한다면 결코 바람직한 선택은 아니다.

나의 취약한 리더십 부문을 보완해 줄 사람들로 삼각편대를 구성해야 한다. 하지만 많은 리더가 불안한 때문인지 구성원들에게 솔직한 의견을 구하지 못하고 시간을 지체하거나 우선순위에서 빼거나 변명하는 경우가 있다. 구성원은 진실을 듣고 싶어하지 그런 변명의 목소리를 듣고 싶어하지 않는다. 그래서 나를 점검해 줄 '외부 코칭 리더'가 필요하다.

현실을 직시하지 않는다면 어떤 리더도 탁월한 리더십을 연속적으로 발휘할 수는 없다. 몇몇 사람 정도는 처음부터 끝까지 속일 수 있고, 많은 사람을 잠시 잠깐 동안은 속일 수 있다. 하지만 그것으로 리더는 끝장이다. 그렇다고 리더의 기(氣)를 꺾는 사람이 필요한 것은 아니다. 리더에게 상황 파악 능력과 객관적으로 판단하게 도와줄 멘토형의 사람이 필요할 뿐이다. 없다면 당장 찾아나서야 한다.

둘째, 리더 자신의 취약점을 인정하고 극복하라. "나는 알코올 중독자입니다"라고 자신의 모습을 고백한 자와 그렇지 않은 자는 심리적 고통이 10배 이상의 차이가 있다고 한다. 자신의 모습을 그대로 받아들이고 고백한다는 것은 그리 쉬운 일은 아니지만 자신을 솔직히 인정하고 고백하는 자신감을 가져야 한다.[3)]

셋째, 상황을 바꾸거나 적응하라. 상황이 맞지 않을 때는 적응하려는 노력을 해야 한다. 리더마다 상황 적응 능력에 차이가 있을 것이다. 어떤 리더는 변화에 잘 적응하지만 어떤 리더는 몹시 힘들어 할 것이다. 저마다 잠재 능력과 기질이 다르기 때문이다. 만일 적응을 시도했음에도 불구하고 잘 안 된다면 상황을 바꿔라. 구성원의 태도를 바꾸던지 자신의 리더십 스타일을 바꿔라. 고(故) 김수환 추기경이 "리더는 쓰레기통이 되어야 합니다"라고 말씀하신 것처럼 자신이 겪어보지 못한 여러 가지 상

---

3) 예를 들어 디스크(DISC)에서 S타입의 리더라면 문제에 뛰어들어 활기차게 살려고 하지 않고 안일하게 살려고 하는 행동, 있는 상태 그대로 만족하며 변화를 싫어한다. 따라서 성숙한 S타입의 리더라면 새로운 지식과 기술을 습득하는 데 게으른 자신을 솔직히 인정하고 약점을 보완하는 것이 첫걸음이다. 시간관리와 비전에 취약한 리더라면 확고한 신념으로 목적을 설정하고 목적을 향해 과감히 행동화하는 것, 타성에 젖어 있는 습관을 인식하고 자기 계발을 시도해야 하는 것이다.

황에 부닥친다.

구성원의 태도를 바꾸기는 쉽지 않다. 바뀐다고 해도 시간이 오래 걸린다. 바뀐다는 보장도 없다. 차라리 리더 자신의 리더십 계발에 노력하거나 구성원들에게 리더십 교육을 실시하고 각 분야의 리더를 배출해 보라.

지금까지 리더십의 다섯 가지 전제 조건 중에서 탐색 차원에서 첫째 조건인 상황에 관한 이야기를 했다. 상황을 탓하라는 말은 아니다. 상황을 탓하거나 팔로어를 비난해서는 안 된다. 모든 것을 리더인 리더 스스로 책임져야 한다. 이처럼 상황을 제대로 파악한다면 당장에 명쾌한 해답을 낼 수는 없어도 훨씬 지혜롭고 명확한 대처 능력이 생길 것이다. 그리하면 구성원 뜻과 일치하는 방향 설정(pathfinding)은 된 것이다. 방향 설정은 구성원들이 꼭 얻고 싶어하는 것과 리더가 반드시 주고 싶어하는 것을 이어 주는 비전을 만들기 때문이다.

2) 비전

리더십 5대 구성 요소 중 두 번째는 비전(vision: 목표, 꿈)이다[4] '빈부의 격차'보다도 더 무서운 것이 '비전의 격차'라고 생각한다. 그래서 현재 가난하고 힘들다고 해서 비전조차 가난해야 할 이유는 없다고 본다. 비록 지치고 힘들어서 작은 방에서 '새우잠'을 잘지언정 미래를 향한 꿈만은 '고래꿈'을 꿔야 삶이 행복해지는 것이다.

리더의 막연한 희망과 허술한 준비는 어느새 사람들을 지치게 하고 포기하게 만든다. 그래서 리더는 구성원의 삶을 올바른 방향으로 정렬시켜 줄 비전이 필요하다. 하지만 일부 리더는 리더십보다 '내적 성찰'에 깊은 관심을 가지고 있다. 그래서 성공적 인간보다 가치 있는 인간, 성장보다 성숙, 성공보다 섬김, 인기보다 인격, 성취보다 성품에 더 큰 가치를 두고 있다. 물론 그렇게 되어야 한다.

하지만 필자가 경험한 바에 의하면 착하고 성실한 생활 태도와 인품을 갖춘 리더임에도 불구하고 조직의 구성원들로부터 리더십이 부족하다는 소리와 함께 구체적인 비전을 성숙시키지 못하고 어려움을 겪은 리더들의 사례를 보게 된다. 그 이유는 비전과 구체적 목표의 설정과 달성법을 배우지 못했기 때문이다. 그렇다! 착한 인품만으로는 현장의 문제를 해결할 수 없다. '착함'과 함께 '유능함'을 겸비해야 한다. 그래서 유능함은 훌륭한 성품과 함께 비전을 성취하는 능력에 있다.

---

4) 비전(vision)은 동사형으로 envisage, see, 명사형으로 sight, eyesight, view, dream 등과 같은 의미로 사용한다. 따라서 시각(sight), 시력(eyesight), 광경(view), 꿈(dream), 환영(幻影, phantom)과 직감력, 상상력, 통찰력, 공상 등으로 풀이하면 된다.

(1) 비전이 없는 사명은 고된 노동이다

탁월한 리더십을 발휘하는 모든 조직에는 절대적인 공통점 한 가지가 있다. 바로 비범한 리더가 있다는 사실이다. 그래서 잘 나가는 조직에는 탁월한 리더가 있다. 조직 구성원들이 확고한 목표를 중심으로 혼연일체가 되어 지속적인 성과를 내도록 진두지휘하는 것, 눈앞의 이익을 넘어 조직 전체의 꿈과 비전을 창출해 내는 것, 이 모두가 리더의 역할이다.

비전은 희망(hope)과 통찰력(insight)을 함께 지니고 있다. 신중한 리더는 역사 속에서 가치 있는 교훈을 찾아내지만 과거에 얽매이게 되는 위험성을 내포하고 있다. 그래서 어려움만을 바라보는 리더는 자기를 따르는 구성원들에게 감동을 줄 수 없다. 비전은 위험을 무릅쓰게 해 주며 역사는 위험을 무릅쓴 자의 편에 서 왔다. 따라서 비전을 가진 리더는 급변하는 상황 속에서도 확신을 가지고 미래를 바라본다. 사명이 없는 비전은 공상가를 만들고, 비전이 없는 사명은 고된 노동이다. 그래서 사명을 가진 비전만이 진정한 리더를 만든다.

리더라면 인간의 심금(心琴)을 볼 수 있는 통찰력을 지녀야 한다. 위대한 선지자 중에 비전이 없는 사람은 없었다. 사람들이 보지 못하는 것을 보았고 넓은 비전을 지닌 사람이었다. 따라서 시력을 통해 보는 눈은 흔하고 평범하다. 그러나 마음을 통해 보는 눈은 다르다.[5)]

비전이 있는 리더에게는 열정이 있다. 그 열정은 구성원들에게 사기와 의욕, 또 다른 열정과 꿈을 불러일으킨다. 비전이 있는 리더는 주위에 있는 많은 구성원을 꿈꾸게 만든다. 비전을 바라보는 리더는 현실에 좌절하거나 안주하지 않는다. 때가 되면 마음속에 품은 비전이 이뤄질 것임을 잘 알고 있기 때문이다. 또 비록 조금은 늦고 더딘 걸음이라도 참된 승리를 향한 옳은 길을 가고 있기에 그 누구보다도 당당하고 자신감이 넘친다.

아무리 명궁사라 해도 과녁이 있어야 명중할 수 있듯이 내 삶에 북극성이 있으면 길을 잃지 않는다. 그래서 끝을 생각하면 리더십의 형태가 달라진다. 하지만 비전만 꾸는 리더가 아니라 비전을 실현하는 리더가 되어야 한다.

한편, 구성원들의 마음을 얻으려면 리더를 리더로 받아들일 때만 가능하다. 또한 아무리 비전이 감동적이고 열정적이어도 지역이나 조직 구성원 자신이 구체적으로 그 비전을 실천하는 데 교육을 받지 못해서, 리더의 비전을 이해하지 못한다면 아무

---

5) 이방인들의 눈을 통해 베드로를 보면 그는 그저 무식한 어부이자 하찮은 존재다. 그러나 예수의 눈으로 보면 예언자, 선지자, 세상을 뒤집어놓을 지도자로서 베드로를 발견하게 된다.

리 뜻이 좋아도 조직에서 그냥 흐지부지되기 십다. 조직의 비전을 구성원들에게 나눠 주고 공감해야 공동체 전체가 일어서게 되고 리더의 비전 깃발 아래 모일 것이다.

(2) 비전 제시형 리더와 비전 실천형 리더

1995년 IQ라는 돋보기만으로는 초점이 맞지 않던 세상에게 EQ라는 다른 렌즈를 들이대 원근과 입체감을 준 감성 지능(EQ)의 전도사 골먼(Daniel Goleman)은 "EQ라는 안경을 쓰고 볼 때, 어떤 리더십이 좋은 리더십이라고 볼 수 있나요?"라는 인터뷰에서 "가장 좋은 리더십은 비전을 가진 리더십이라고 볼 수 있습니다"라고 했다.[6] 반면 "가장 안 좋은 리더십의 하수는 독재자(지시형 리더십)입니다"라고 한 바 있다.

그 후 비전 제시형 리더십에 대해 웬만한 리더들은 중요하다는 것쯤은 이미 다 알고 있는 내용이다. 다만, 비전 제시형 리더와 비전 실현 리더만 있을 뿐이다. 꿈꾸는 사람이 될 것인가? 꿈을 이루는 사람이 될 것인가? 리더십을 크게 두 가지 영역으로 나눈다면 비전 제시(vision casting)와 비전 실천(vision implementation)이라고 할 수 있다. 21세기가 요구하는 리더십은 직위에서 나오는 권력을 통해 인도하는 지도자가 아니라 자신이 속한 지역이나 공동체 모임의 비전과 핵심 가치를 명확히 제시하고 실천하는 능력을 가진 리더다. 희망의 땅으로 간다는 비전이 있다면 구성원들의 의욕이 높아진다. 이때 구성원 사랑이 함께하는 비전이면 더욱 좋다.

리더십에서 자주 등장하는 비전(VISION)을 영문 철자로 재해석하면 다음과 같이 풀이할 수 있다.

V: Valuable= 현재 이것이 가치 있는 것인가?
I: Inspired= 리더와 구성원들이 이것을 생각하면 열정적이고 고무되는가?
S: Situational= 지역이나 조직 상황에 맞는 것인가?
I: Illustrate= 비전을 구체화시켜서 리더나 구성원들에게 잘 설명할 수 있는가?
O: Obtainable= 리더나 구성원들이 노력하면 달성할 수 있는가?
N: Need= 리더나 구성원들이 진정으로 원하고 필요한 것인가?

리더는 펄펄 살아 숨쉬는 비전을 정확한 언어로 사람들에게 전달해야 한다. 비전이라는 것은 리더의 머릿속에만 머물러 있어서는 안 된다. 선거에 참여하는 많은 국민이 자신들이 살고 있는 지역의 구체적인 비전이 무엇인지 잘 모르고 있는 경우처럼 조직마다 희미한 불기둥, 희미한 구름기둥처럼 '희미한 비전'들이 많다.

비전 성취는 갑자기 구름을 뚫고 번개가 번쩍하면서 어느 순간 새로운 비전이 나

6) 그의 저서 『감성의 리더십』에서는 '전망 제시형 리더십'이라고 했다.

오고 이뤄지는 것이 아니다. 뛰어난 리더는 자신과 같이 봉사하는 구성원들을 연구해서 비전의 출처로 삼는다. 마찬가지로 리더가 비전만 제시하고 구체적인 실행에 대해서는 희미하게 행하는 경우도 있다.7) 조직 리더로 부임되자마자 새로운 비전부터 제시한다면 그 리더는 세상 물정 모르는 순진한 리더로 보일 것이다.

조직이 진정성을 갖추기 위해서는 그 조직에 소속된 모든 사람이 그 비전을 자신의 것으로 인식하고 있어야 한다. 하지만 이러한 결과를 이뤄내는 과정은 기나긴 여행과도 같다. 통상적으로 그러한 단계로 진입하는 데에는 최소한 6개월 이상 걸린다. 정부조직은 아마 1년도 더 걸린다. 따라서 리더십의 진정한 마무리는 리더가 가치 있는 비전을 얼마나 명확하게 제시하고 실천해 나가는가에 달려 있다.

(3) 성취하는 리더와 추락하는 리더의 차이

성취하는 리더와 추락하는 리더의 차이는 어디서 오는 것일까? 성취적인 리더가 있는 반면에 탈락, 추락하는 리더 역시 어렵지 않게 찾아볼 수 있다. 비전과 가치를 수행하는 과정은 매우 고통스럽다. 그러나 대부분의 사람은 긍정적으로 성취한 리더에 대해서만 관심을 갖고, 실패한 리더에 대해서는 무관심하다. 리더십의 존재 목적은 비전과 목표를 달성하는 것으로서 그렇지 못한 리더십은 실패한 것이다. 비전을 성취하는 리더십이 절대 필요하다. 리더로서 성공을 이루기 위해 성공적인 리더십의 사례들을 살펴보는 것도 중요하지만, 무엇이 리더의 앞길을 막아 리더십 실패로 이어졌는지에 대한 깊은 분석도 필요하다.

실패한 리더가 될 가능성이 높은 리더는 비전 제시력과 실행력이 떨어지는 리더다. 필자는 리더가 가질 덕목으로 철학, 비전, 실행력을 꼽는다. 왜냐하면 관리자로만 넘치는 이 시대에 리더십 철학을 가진 진정한 리더는 드문 시대다. 현실에서 많은 리더가 어려움을 겪는 부분이 바로 '비전에 맞춰 행하기'다.

리더의 철학은 조직의 문화가 되고, 리더의 말은 조직의 명분이 되며, 리더의 꿈은 조직의 비전이 된다. 방향키를 잡고 있는 리더의 굳은 결의와 강한 행동력을 갖추지 못하면 조직의 열정과 참석률은 바닥을 친다. 이는 구성원의 사기를 떨어뜨리고, 구성원의 이탈로도 이어진다.

---

7) 사실 모든 리더에게 비전 정도는 하나씩 가지고 있다. 그러나 비전을 품은 리더가 모두 리더는 아니다. 필자가 경험한 바 비전을 품은 리더는 많으나 사람들을 모으지 못해 리더십을 포기하거나 혹은 리더로서 탈락한 사람도 있다. 그럴듯한 비전만으로 리더가 될 수 없다. 탁월한 비전을 제시한다고 해서 무조건 실현되는 것도 아니다. 구성원들은 리더를 리더로 받아들이기 이전에 리더의 비전만 보고 뛰어들지 않는다.

서양 속담에 "죽은 물고기는 물에 떠내려가지만, 살아 있는 고기는 물결을 거슬러 헤엄쳐 간다"는 말이 있다. 이 속담은 목표 없이 세상을 살아가는 사람에게는 시사하는 바가 크다. 너나 할 것 없이 많은 사람이 그럭저럭 한 세상을 살아간다. 그러나 정상에 서 있는 사람이나 '비전'을 가지고 성장하려는 사람들은 그렇지가 않다. 이들은 현실에 적응하면서 변화에 잘 헤엄쳐 나간다. 또한, 성장하려는 사람들에게는 누구에게나 '목표가 뚜렷하다'는 공통점이 있다. 인생의 목표가 뚜렷한 사람! 생의 설계가 계획되어 있는 사람! 이런 사람들은 하나같이 '성공할 수 있는 사이클에 들어 있는 사람'으로 보아도 틀림이 없다.

지금까지 비전에 관해 세 가지를 살펴보았다. 정리하면 도전하는 리더가 되라는 것이다. 그러한 리더의 모습을 통해 세상이 살아 있음을 느낄 것이다.

3) 팔로어

'리더'-'팔로어'-'영향력' 중에서 필자가 가장 많은 흥미와 관심을 갖고 있는 '팔로어(follower)'와 '팔로어십(followership)'에 대해 언급하고자 한다.

리더십의 '수난' 또는 리더십 '부재'의 시대라고 한다. "훌륭한 리더는 이러해야 한다", "리더가 조직의 분위기를 주도한다"는 등 많은 주장이 있긴 하지만 정작 리더를 돕는 이론이나 방법이 제시된 바는 드물다. 필자는 조직의 대형화와 행정의 전문화·복잡화 속에서 리더십에만 매달리는 것은 결코 현명한 일이 아니라는 인식에 따라 '따르는 사람', '돕는 사람들'에 훨씬 많은 매력을 느끼고 주목하게 되었다.

흔히 리더십(leadership)과 팔로어십(followership)을 별개의 개념으로 생각하는 경향이 있다. 그러나 팔로어는 리더의 반대되는 개념도 아니고, 단순한 주종 관계나 수직적 관계도 아니다.[8] 그래서 리더십의 또 다른 이름이 팔로어십이다. 사람의 몸에서 발생하는 모든 질병의 원인이 감기 바이러스 때문일 수 없듯이 조직에서 발생하는 문제 역시 오로지 리더의 리더십에 의한 것으로만 볼 수 없다.

리더십은 말 그대로 리더(leader)+ 십(ship)이라는 말로 나눌 수 있다. 리더십은 결국 배를 이끌고 목적지에 도달하게 하는 능력이다. 고로 배의 선장인 리더의 역할은 매우 중요하다. 그러나 선장의 역할도 중요하지만 그것은 리더십의 한 부분에 지나지 않는다. 그러함에도 불구하고 우리는 너무 선장(최고결정자, 혹은 리더)에게만 시선

8) '따르는 사람'의 영어 단어는 '돕다, 후원하다'라는 뜻의 고어(古語) 독일어 'follaziohan'이라는 어원에서 나온 것이다. 그래서 팔로어는 '리더에게 없어서는 안 되는 돕는 존재'라는 뜻이다. 따라서 두 단어는 원래 평등한 관계임을 알 수 있다.

이 집중되어 있다. 모두가 선장에게만 의존하면 배가 어찌 되겠는가?

팔로어도 잘해야 한다. 어느 공동체든 공식적 선장은 한 명이면 족하다. 배가 전복되지 않으려면 절대 다수를 이루는 팔로어가 잘해야 한다. 팔로어란 리더를 좇아 업무를 하고 보좌해서 원하는 방향으로 판단을 유도하기도 하며, 때로는 반대편에 서서 리더의 판단이 잘못된 길로 들어서는 것을 바로잡아 주는 사람이다. 팔로어는 힘없는 비서이므로 단순히 아래 사람으로서 리더를 떠받드는 것이 아니라 사명과 조직 목표를 향해 리더를 물심양면으로 돕는 당당히 한 위치를 차지하는 '버금이'(참모)다.

(1) 모든 사람이 리더이자 팔로어다!

현실적으로 우리 주변을 살펴보아도 리더십과 팔로어십은 전혀 다른 차원의 개념이 아니다. 동전의 양면처럼 긴밀하게 공존하면서 지속적인 상호작용을 통해 존재를 지켜 나가는 것임을 알 수 있다. 아무리 작은 소공동체라 하더라도 리더가 있다면 반드시 팔로어가 있다. 때로는 리더와 팔로어가 동일 인물일 수도 있다. 그렇다면 리더십만큼 강조되어야 하는 것이 바로 팔로어십이다.[9]

세상에서 가장 쉬운 일은 남을 비난하고 비판하는 것이다. 거기에는 아무런 비용도 들지 않고 어떤 노력도 필요 없다. 그냥 입만 열면 된다. 리더십도 마찬가지다. 리더를 비난하는 것은 너무나 쉽다. 단체장이나 대통령을 비판하는 것은 누구나 할 수 있다. 하지만 리더십 못지않게 중요한 것이 바로 팔로어십이다.

좋은 팔로어가 없으면 좋은 조직도 없고, 리더직을 수행하기도 불가능하다. 훌륭한 팔로어십이 있었기에 탁월한 리더십이 존재하는 것이다. 팔로어라고 해서 모조건 리더의 지시를 일방적으로 따라가기만 하는 사람이 되면 안 된다. 그래서 필자는 이제껏 우리들의 관심 밖에 존재하던 팔로어에 대한 재발견을 시도하는 것이다. 팔로어는 열등하고 리더는 우월하다는 생각은 오류다. 넘쳐나는 리더십 과잉의 시대에 해답은 '팔로어십'에 있다! 그리하여 필자는 리더십의 관문에 팔로어십의 도입을 열렬히 환영한다.

(2) 리더를 리더답게 재탄생시키는 팔로어십

"필자에게 조직의 주인은 누구인가? 조직의 성패를 좌우하는 열쇠는 누구에게 있

---

9) 리더십이란 결코 팔로어십을 떼어놓고는 이야기할 수 없는 개념이다. 단체장에게 필요한 것이 소통리더십이라면, 참모에게 필요한 것은 무엇일까? 학부모와 자녀, 선생님과 제자, 교수와 학생 사이에 필요한 것은 무엇일까? 이러한 질문에 대한 명쾌한 해답이 바로 팔로어십이다. 리더의 지도력과 팔로어의 잠재력에 대한 절묘한 조화인 줄탁동시(啐啄同時)의 단어가 이때 등장하는 사자성어다.

는가? 리더인가 구성원인가? 조직의 명운을 가르는 선택은 누가 하는가?" 하는 질문을 받을 때마다 필자는 그 해답을 팔로어십에서 찾고 싶다. 모두가 반장이 되겠다고 하면 누가 반원이 되고 누가 일할 것인가? 모두가 리더가 되어야 하는 것이 아니다. 만일 그런 세상이라면 리더가 아닌 사람은 어떻게 살아갈 수 있겠는가?

'팔로어'라 하면 무조건 리더가 시키는 대로 하는 사람이며, 리더는 팔로어보다 적극적이고 월등할 것이라는 착각과 선입관은 깨져야 한다. 이것은 '계급의 문제'가 아니라 '역할의 차이'일 뿐이다. 대부분의 사람은 리더십은 반드시 배우고 교육받아야 한다고 믿지만 팔로어십도 배워야 한다고 생각하는 사람은 별로 없는 것 같다.

'리드하는 법'은 가르치면서 '따르는 법'은 그냥 자연스럽게 스며든다고 생각하는 것 같다. 어쩌면 리더들은 팔로어보다 우월한 존재로 생각하거나 팔로어는 리더가 시키는 대로 그냥 맹목적으로 따라오기만 하면 된다고 생각하는 것 같다. 어림없는 말씀이다. 팔로어십도 리더십처럼 똑같이 배우고 익히고 연습해야 한다.

리더십과 팔로어십은 빙산에 비유할 수 있다. 즉, 우리가 바라보는 빙산은 바다 위에 모습을 드러내고 있는 뾰족한 일부분에 불과하듯이 실제 공동체의 대부분은 바닷물 속에 가라앉아 있고, 오직 리더만이 물 위로 솟아오른 빙산처럼 뾰족하게 그 모습을 드러내고 있다. 바다 아래에 있는 팔로어들이 어떤 역량을 발휘하고 어떤 수준의 성과를 내느냐에 따라 솟아 있는 리더에 대한 평가가 결정된다.[10]

바로 그것 때문에 이제까지처럼 리더에 대한 '지나친 관심과 편애'가 있어 왔다. 그러나 이제 조직의 운명을 리더에게만 맡겨 놓는 시기는 지났다. 우리는 지금 1%의 리더가 아닌 99%의 팔로어가 조직의 운명을 결정하는 바야흐로 빙산이 거꾸로 솟아오르는 변화의 시대에 살고 있기 때문이다.

리더를 리더답게 재탄생시키는 것이 팔로어십의 세계다. 리더는 혼자 잘나서 리더가 된 것이 아니다. 리더 없는 모임은 존재하지만 구성원 없는 리더는 존재하지 않는다. 즉, 리더는 자신을 받쳐 주는 수많은 팔로어들에 의해 유지되고 성장하는 것이다. 이처럼 어떤 사람이 성공했다면 그 뒤에는 '팔로어'가 있을 것이므로 그로부터 성공의 비결을 배워야 한다. 그래서 '팔로어'라는 단어가 주는 메시지는 리더십 불변의 법칙을 위한 숨은 열쇠를 찾는 것과 같다.

---

10) 저명한 조직관리 및 리더십 학자인 카네기 멜런 스쿨(Carnegie Mellon School)의 켈리(Robert E. Kelley)는 "조직의 성공에 리더가 기여하는 것은 많아야 20% 정도이고, 그 나머지 80%는 팔로어들의 기여로 볼 수 있다"고 말한 바 있다. 그렇다! 야구 경기에서 투수(리더)가 아무리 잘 던져도 그 공을 제대로 받을 수 있는 좋은 포수(팔로어)가 없으면 아무 의미가 없다.

그렇다면 리더십의 세계에서 선장은 리더인가, 팔로어인가? 진정한 리더는 과연 누구인가? 라는 질문에 정답(正答)은 없으나 현답(賢答)은 나왔다. 그렇다면 훌륭한 팔로어가 되기 위한 필요한 몇 가지 조건이 있다. 그 조건은 다음과 같다.

① 자신에 대한 엄격한 적용

우리는 리더에게 많은 것을 요구한다. 예를 들면 능력 있고, 인격적이고, 겸손하고, 창조적이고, 성과를 창출하고 도덕적으로 올바를 것 등을 요구한다. 하지만 정작 팔로어 자신에게는 한없이 너그럽고 인격적이지만 주어진 사명도 제대로 못하고, 성실하지도 않다. 제 시간에 회의에 참석도 못하고 제대로 된 실천도 하지 못한다. 리더 못지않게 팔로어의 자질도 마찬가지로 중요하다. 자기 관리를 하는 것, 겸손한 것, 인격적인 삶과 자기 성찰하는 것, 주어진 일에 책임감을 갖고 헌신하고 봉헌하는 것, 전문성과 능력을 키우는 것 등 모두 팔로어들이 기본적으로 지녀야 할 자질이다.

팔로어도 리더에게 요구하는 덕목을 자신에게 엄격하게 적용하고 리더에게는 관용을 베풀어야 한다. 과연 나는 제대로 된 팔로어인지 나는 내가 맡은 분야를 성실하고 책임감 있게 하고 있는지, 리더가 힘들어 할 때 격려하고 그가 잘못한다고 생각될 때 솔직하고 공손하게 그것을 말해 주었는가, 돌이켜봐야 한다.

② 솔직할 수 있는 용기

많은 팔로어가 팔로어십을 발휘하는 데 가장 어렵게 생각하는 것이 바로 '용기'의 문제다. 특히 긴 시간 동안 유교문화의 지배를 받아온 한국적 조직에서 팔로어들이 용기를 발휘한다는 것은 결코 쉽지 않은 일이다. 그래서 오히려 진정한 팔로어십 발휘를 위해 가장 필요한 덕목이기도 하다.

리더가 나를 따르라고 한다고 뭔가 뭔지도 모르면서 그 리더를 따라가는 팔로어는 대단히 용감한 것이 아니다. 맹목적인 순종은 용기가 아니다. 리더가 나가는 방향이 옳은 일이라면 목숨을 걸고 다가갈지라도, 인권 · 정의 · 도덕성 · 판단력이 떨어졌을 때 존중감과 정중한 태도로 그러나 결연한 태도로 그것을 지적할 수 있는 용기가 있어야 한다. 무조건 안티(anti)가 되라는 이야기가 아니다. 명차일수록 제동장치가 좋아야 하듯, 명검일수록 칼날도 잘 들지만 그것을 보호하는 칼집이 좋아야 하듯 좋은 팔로어일수록 리더가 실수하지 않도록 옆에서 검토해 주는 팔로어가 되어야 한다.

사실 용기는 리더가 발휘해야 할 덕목이라기보다는 건전한 팔로어십 발휘를 가능케 하는 원동력이라는 표현이 맞다. 물론 팔로어들을 용감하게 만들기 전에 리더가 먼저 가장 솔직하고 용감한 리더가 되어야 한다. 그런 리더라면 팔로어들이 용감하게 다가오기를 기다리고 있으므로 팔로어는 리더를 찾아가 리더에게 바라는 점을 솔직하게 이야기할 수 있어야 한다.

③ 대화와 자기 표현

우리 민족의 특성상 팔로어들은 리더에게 '침묵'으로 말한다. 즉, 리더에게 불만이 있다거나 고쳐야 할 점이 보이면 서양인들의 경우 면담을 요청해서 이러저러한 점을 요청한 뒤 그 부분이 해결되지 않을 경우 최종적으로 이직을 고려한다. 하지만 한국인의 경우 리더에게 웬만한 문제가 있어도 꾹 참고 견디다가 한계에 도달하면 갑작스럽게 사표를 던져 버린다.

수십 수백 가지가 넘는 리더십의 홍수 속에서 언제까지 침묵으로만 일관하며 자신의 입맛에 맞는 리더십을 기대할 수는 없다. 우연히 자신의 팔로어십 유형에 꼭 맞는 리더를 만나거나 리더가 자신에게 알맞은 리더십을 발휘해 줄 수도 있겠지만 그 가능성은 희박하다. 그렇기에 자신이 원하는 바를 정확히 리더에게 알려 주고 표현할 수 있는 능력, 그것이 참된 팔로어로서 자세다.

이때 리더는 팔로어들의 자유로운 표현을 이끌어내기 위해 먼저 작은 대화(small talk)를 많이 만들어야 한다. 그리고 그러한 대화의 내용에 대해 반드시 피드백을 주되 즉각적인 피드백은 삼가야 한다. 압력밥솥의 꼭지가 흔들거리며 김을 빼내 압력을 일정 선에서 유지시켜 주는 것처럼 주기적으로, 그리고 지속적으로 팔로어들이 자신을 표현하고 압력 수치를 낮출 기회를 마련해야 한다. 반대로 리더 입장에서는 먼저 자신의 뜻을 표현할 기회가 언제 어디서 찾아올지 모르므로 늘 생각하고 있어야 한다. 또 팔로어는 리더의 자리에 있는 사람은 외로운 분이라는 점을 명심하고, 자신만의 생각이나 자신만의 언어가 아닌 '리더의 언어'로 표현할 수 있어야 한다.

④ 상하동욕자승

상하간에 동상이몽(同床異夢)이 되어서는 안 된다. 『손자병법』에 상하동욕자승(上下同欲者勝)이라는 말이 있다.[11] 즉, 리더와 아랫사람의 욕구가 같아야 승리한다는 것이다. 사람은 무조건 충성하지 않는다. 따르라고 한다고 따르는 것은 더욱 아니다. 왜 따라야 하는지, 충성을 할 때 개인에게 돌아가는 것이 무언지를 명확하게 해야 한다. 그렇기 때문에 공동체의 비전이 어떤 것이고 그것이 개인의 비전과 어떻게 연계되는지를 연결해 보아야 한다. 흔히 "우리 조직에는 비전이 없다"고 불평불만을 하는

11) 상하동욕자승이란 손무(孫武)의 『손자병법(孫子兵法)』 모공편(謀攻編)에 기록된 말로 장수와 병사 상하 간에 같은 욕망을 가지면 승리한다"는 의미다.

데 이것은 팔로어의 책임 전가에 해당한다. 비전을 공유하는 것, 조직의 비전과 개인의 비전을 연결하는 것은 팔로어의 책임이고 역할이다.

조건적인 명령과 맹목적인 순종을 강요하던 주종 관계의 시대는 이제 끝났다. 오늘날 각계의 최고 자리에 오른 사람 뒤에는 항상 든든한 팔로어, 즉 리더를 보좌하는 분야별 전문가가 따라다닌다. 이들은 『삼국지』에 등장하는 수많은 책사와 같은 역할을 맡고 있다. 물론 어떤 문제에 대한 최종 결정은 리더의 몫이다. 하지만 최선의 결정이 내려지기 전까지 팔로어는 흩어져 있는 정보를 수집하고 상대의 장단점을 분석하는 등의 과정을 통해 치밀한 계획과 실천 방안들을 제시한다.[12]

⑤ 팔로어십 교육의 시뮬레이션

과부 사정은 홀아비가 안다. 리더의 입장은 리더가 되어 보아야만 알 수 있고 이해할 수 있다. 우리가 좋은 팔로어가 되기 위해서는 리더의 입장을 시뮬레이션하는 것이 필요하다. 직접 리더처럼 행동해 보라. 직접 리더처럼 행동해라. 마지못해 일하는 사람이라면 그는 소나 말과 무엇이 다른가? 지시받은 일만 하는 사람이라면 그는 죄수와 무엇이 다른가? 스스로 생각하고 일하는 사람이라야 그는 인간다운 사람이다. '다이내믹 팔로어십(dynamic followership)'을 아는가? 바로 '주인정신'이라는 말이다. 주인정신이란 자신의 삶에 자긍심을 가진 사람이다. 필자는 어떤 일을 하면서 같은 현상인데도 불구하고 주도적 입장에서 생각할 때와 의존적 입장에서 생각할 때 일의 결과가 완전히 달리 보이는 경험을 자주 한다. 비록 팔로어라 하더라도 주도적 정신을 지닌다면 놀라운 차이를 만든다.

(3) 과연 나는 제대로 된 팔로어인가?

당신이 리더라면 당신은 당신을 그 자리에 그곳에 리더로 임명할 것인가? 이 질문에 자신있게 대답할 수 있어야 한다. 관객으로 생각하고 행동하면서 주인 행세를 하려 하는 경우가 있다. 주인이 되려면 주인의 관점을 갖는 게 중요하다. '다이내믹 팔로어십'이라는 말이 책이나 구호 속에서만 존재하고 현실에서는 죽어 있으면 안 된다. 관객은 일이 끝나면 외투와 가방을 챙기고 나가면 그만이지만, 진정한 팔로어는 일이 끝난다 하더라도 빗자루와 걸레를 챙기고 청소하면서 내일을 준비한다.

필자는 여러 조직에서 모이고 흩어지는 수많은 구성원을 보면서 주인과 관객의 하는 일이 너무나 확연하게 다름을 보게 되었다. 관객은 정시에 와서 시간이 끝나면 외

12) 물론 최종 결정권을 가진 리더는 항상 팔로어들의 조언과 도움을 필요로 한다. 제아무리 뛰어난 재능과 능력을 갖고 있어도 신뢰할 만한 팔로어를 만나지 못하면 그 어떤 성공도 이끌어 낼 수 없다.

투와 가방만 챙기고 자리를 뜬다. 하지만 책임을 맡은 주인(리더)은 비가 오면 빗소리에도 잠을 깨고 홍수에 대비하지만 관객은 비를 피해 도망간다.

리더는 수준에 맞는 팔로어를 고르게 되어 있다. 항상 리더 욕을 하면서도 조직생활을 계속하는 사람은 사실 누워서 침을 뱉고 있는 것과 같다. 그렇게 한심한 사람을 따르는 자신은 얼마나 더 한심한가? 그래서 리더와 팔로어는 같은 수준일 수밖에 없다. 그렇기 때문에 팔로어의 수준이 높아지면 리더의 품격도 높아진다. 그러므로 리더십 못지않게 중요한 것이 팔로어십이라고 하는 것이다.

탁월한 팔로어를 만나지 못하면 리더도 제 역량을 발휘하지 못한다. 탁월한 팔로어는 단순한 의미의 팔로어가 아니다. 리더보다 먼저 움직이고, 리더보다 멀리 내다보고, 리더보다 재빠르게 움직인다. 그래서 탁월한 리더 옆에는 탁월한 팔로어가 있다. 팔로어는 리더의 말에 복종하지만 리더의 의사결정에 절대적인 영향력을 미친다. 결국 리더십과 팔로어는 서로 돕고 이해해야 한다. 이러한 아름다운 조화 속에서 리더의 리더십은 비로소 완성된 리더의 리더십에 가공할 만한 인격과 영향력이 뿜어져 나오게 된다.

"국민은 꼭 자기 수준에 맞는 지도자를 갖게 되어 있다." 처칠의 명언이다. 훌륭한 팔로어십이 훌륭한 리더를 만든다. 좋은 팔로어 없이 좋은 리더는 탄생될 수 없다. 탁월한 팔로어 없이 위대한 대통령은 결코 탄생될 수 없다. 이제 리더 혼자 이끌어가는 시대는 지났다. 진정한 리더가 되고 싶다면 먼저 진정한 팔로어가 되어야 한다.[13)]

4) 리더

리더십에서 '리더(leader)'가 빠지면 수도원에 수도자가 없는 것이며, 고시원에 고시생이 없는 것이고, 조직에 구성원이 없는 것이다. 그래서 "왜 리더십이고 왜 리더인가?" "무엇이 리더를 리더 되게 하는가?" 그리고 "어떻게 하면 리더를 리더답게 할 것인가?"와 같은 논의가 필요하다.

필자가 선정한 리더십 분야의 7대 대가 중 한 사람인 코비(Steven Coby)는 리더십을 '학교 시험'과 '농사'로 비유하면서 그 차이점을 이야기한 바 있다. 코비에 의하면 학교 시험은 테크닉과 머리만 좋고, 벼락치기를 잘만 하면 성실한 사람보다 더 좋

13) 그렇다면 현재 리더의 자리에 위치한 기관장은 어떻게 해야 하는가? 당연히 탁월한 팔로어를 성장시키는 것이 사명이다. 바로 그런 기관장이 진정한 리더십을 발휘하는 것이다! 따르는 사람이 없으면 당연히 리더도 없듯이 따르는 팔로어가 없으면 당연히 기관장도 없다. 따르는 구성원이 없으면 당연히 리더도 없다.

은 점수를 받을 수 있다. 인스턴트식 훈련이 가능하다는 이야기다. 하지만 농사는 봄에 씨 뿌리고 여름에 땀 흘려 보살펴야 가을에 수확을 거둘 수 있다. 봄과 여름에 허송세월을 보낸 사람이 가을에 이웃사람이 추수하는 것을 보고 갑자기 씨 뿌리고 가꾸는 식의 벼락치기 농사는 원천적으로 불가능하다.

(1) 리더가 된다는 것은 자격증을 따는 것과는 다르다

리더가 된다는 것은 자격증을 따는 것과는 다르다. 운전면허증을 취득하거나 변호사, 의사가 되는 것은 한 번의 시험을 통과하면 된다. 그러나 '리더의 힘', 진정한 리더가 된다는 것은 이것과는 사뭇 다르다. 리더십도 마찬가지다. 리더십은 농사짓는 것과 같아서 충분한 시간과 정직한 땀방울이 동시에 갖춰져야 이뤄지는 일이다. 성실한 노력과 준비 과정을 거친 이후에도 농부는 하늘의 비를 기다리듯 자신의 능력 밖에 있는 국민의 사랑과 축복이 있어야만 한 해의 추수가 제대로 완성되는 것이다.

이처럼 리더십은 일정한 시험을 통과하든가 리더십 교육, 자기개발 프로그램 훈련을 받았다고 해서 곧바로 리더가 되는 것은 결코 아니다. 설령 어느 단체가 일정한 과정을 거친 사람들에게 '리더 자격증'을 발부하더라도 그것은 실제 아무런 의미를 갖지 못한다. 리더가 된다는 것은 자격증을 따는 것같이 단편적인 일이 아니기 때문이다. 다시 말해 하버드대학교를 우수한 성적으로 마치고 행정학박사 학위를 받았다고 해서 조직행정에 탁월한 리더십을 갖춘 리더라고 보기 어렵다.

우리는 리더십이라는 숭고한 단어에 함부로 접근해서는 안 된다. 특히, 리더십을 발휘하겠다는 것은 단순한 공언 이상의 일이다. 탁월한 리더 한 명을 양성하는 것이 농부가 한 알 한 알의 곡식을 위해 흘리는 땀방울과 같은 힘든 여정임을 아는 사람이라면 자기 마음대로 리더가 되기를 자처하거나, 자기 마음대로 리더를 흠잡는 행동을 감히 할 수 없다.

필자가 구상하는 리더십의 모델은 다음과 같은 360도 전방향 모델인 '십자가형 리더십'이다. 리더는 자신(self)을 중심으로 셀프 리더십(self leadership)을 갖춤과 동시에 영적 리더십(spiritual leadership)을 갖춰야 한다. 리더는 국민에게는 철저히 팔로어십을 제공해야 한다. 리더십은 팔로어십의 완벽한 체득만이 리더십을 보증할 수 있기 때문이다.

모든 인간은 처음부터 리더에서 출발할 수 없다. 철저히 팔로어에서 시작하는 것이다. 이때 리더 자신은 팔로어가 되기도 하지만 팔로어 입장에서 보면 리더가 되기도 한다. 분명히 말하지만 모든 인간에게 리더십의 출발점은 팔로어십에서 시작된다.

팔로어를 사랑하기 위해 리더가 되어야 한다. 그러나 국민 안에 있지 않고, 단지 리더만 되고자 한다면 그는 리더의 포지션에만 관심을 갖는 리더일 뿐이다.

"혼자서는 빨리 갈 수 있을지 모르지만 결코 멀리 못 간다"라는 아프리카 속담이 있다. 리더는 양 날개를 사용해야 한다. 위대했던 리더들이 한쪽 팔만 살짝 걸치지 않았듯이 전문가와의 멤버십(membership), 동반자 간의 파트너십(partnership)은 필연적이다.

일반적으로 리더 주변에는 깊은 이해와 진정한 비판을 해 주는 사람이 드물다. 한국적 상황에서는 더욱 그러하다. 하지만 진정한 리더십을 발휘하기 위해서는 따끔한 말 한 마디를 해줄 수 있는 멘토, 파트너가 필요하다. 리더가 독선과 오만으로 치우칠 때 바로잡아 주는 사람, 게으르고 양심적이지 못한 행동을 할 때 바로잡아 줄 수 있는 사람이 필요하다. 그래서 리더십을 향한 여정에서 동료와의 동행은 필수 요소다.

리더의 주변에는 리더십을 방해하는 리더십 블랙 홀(black hole), 리더십 뱀파이어들이 숨어 있다. 근거 없이 퍼트리는 소문, 무책임한 행동을 일삼는 사람, 무례한 언

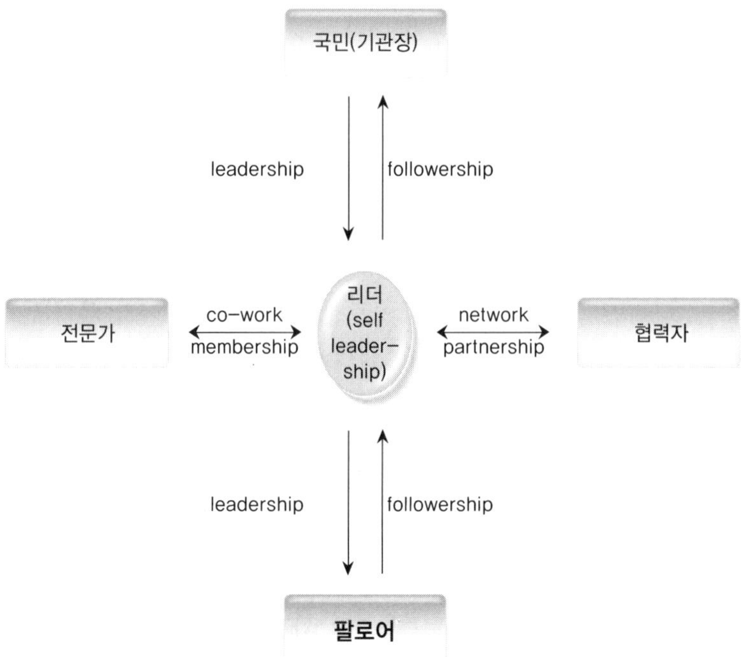

그림 2-2 360도 전방향 리더십

어와 반항들, 타성에 젖은 언행, 지나친 조심 등등 '숨어 있는 상어떼'들이 있다. 필자는 이것을 '리더십 킬러', '리더십 도둑', '비전 도둑', '에너지 좀비족', '에너지 탈수기', '꿈 도둑', '시간 도둑'이라고 부르고 싶다.

인정하고 싶지 않지 않겠지만 '외부의 저격수'들로 둘러싸인 것이 리더다. 물론 우수한 인재, 팔로어, 동반자들도 많다. 하지만 인정할 건 인정해야 한다. 리더들이여! 리더를 호시탐탐 노리는 리더십 도둑들을 조심하기 바란다. 완벽한 방어는 어렵지만 자신을 둘러싼 뱀파이어들의 실체를 감지하고 있다면 이미 성찰(省察)한 것이고, 심리적 전쟁에서 주도권을 잡고 있는 것이다. 그래서 리더는 늘 겸손하게 자신의 약점을 인정하며 행동해야 한다. 그 도둑과 적이 자신일 수도 있기 때문이다.

(2) 리더십은 '마음'에서 시작해야 한다

시중에 판매되는 수많은 리더십 서적을 살펴보면 리더의 보이는 '행동'에 주로 초점을 맞추고 있다. 그래서 겉으로 드러나는 리더의 스타일 개발에 주로 관심을 두고 있다. '지성' 이외에 '인성'과 '영성'에 대해 학습하고 행동 변화가 있어야 한다. 그래서 리더십은 '마음'에서 시작해야 한다. 외부에 리더십 좀비족이 있다면 더 무서운 것은 내부의 리더십 좀비족들이다. 외부의 리더십 상어들만큼 자신의 문제가 리더십을 허물게 한다. 교만, 게으름, 분노, 불공정, 두려움, 독선, 고립, 왜곡, 즉흥적 만족감, 성적 유혹, 도덕성 상실, 비양심, 정의롭지 못함 등과 같은 것들이다. 이처럼 리더 주변에는 내외적으로 정신적 킬러들이 있다. 그러나 리더십 킬러에 강한 리더라면 그릇된 교만과 두려움은 겸손으로 바뀔 것이다.

오늘날 리더의 부름을 받은 사람은 이러한 몸가짐을 갖추도록 성찰하는 정결한 태도가 필요하다. 하지만 세속적인 리더십 프로그램을 보면 "리더가 되기 위해 무엇 무엇을 하라" 또는 한 명의 탁월한 리더를 선정해 그 사람의 우월성만을 철저히 해부하고 공부하는 '위인전 읽기'식의 리더십 교육이 성행하고 있다. 비즈니스 세계에서 나온 수많은 리더십 원칙을 배울 수는 있지만 그것에 대한 깊은 성찰과 식별이 없는 상태에서 원문그대로 조직 내부에 대입해서는 결코 안 된다.

동시에 현대 과학이라면 무조건 '자본주의의 산물'이나 '신자유주의적 반인권'인 것으로 판단하고 단정지어 버리는 편협한 행동도 경계해야 할 태도다. 독선에 가깝도록 너무나 쉽게 '저급한 것'과 '고차원적'인 것으로 갈라서 생각하는 거의 이원적 사고를 지니고 있다면 바로 그것은 '이론'만 아는 리더들이다. 이러한 리더는 급변하는 시대의 흐름에 혼란을 겪는 청소년과 청년들에게 현명한 대답을 주지 못한다.

지혜로운 감성과 냉철한 지성으로 이 시대의 이슈들을 제대로 설명해 줄 수 있어야 한다. 따라서 리더는 단순한 흑백 논리로 급변하는 세상의 기업과 정부를 쉽게 평가해서도 안 된다. 태산 같은 '지성'도 티끌 같은 '깨달음'에 무너진다. 균형 감각을 상실한 리더는 정말 '리더의 자격'에서 박탈되기 때문이다. 리더라면 이성, 지성, 인성이 통합되어서 함께 나아가야 한다. 탁월한 리더십을 지닌 리더라면 지성의 대표주자인 자연과학에 대해서도 섬세한 균형 감각을 익혀야 한다. 즉, 하이테크(high-tech)와 하이터치(high-touch)에 대해 연구하고 깊이 생각하고 열심히 노력해야 한다. 그래서 리더는 우리에게 주는 혜택과 불행을 동시에 볼 줄 아는 균형잡힌 감각이 필요하다. 왜냐하면 리더십은 리더, 팔로어, 상황 이 세 가지가 함께 통합된 모습으로 진행되어야 하는 예술작품이기 때문이다.

리더가 유능한 사람으로 비춰지려고 하는 유혹이 있다면 그것은 리더십의 함정이다. 조직이나 지역에서 구성원들은 '유능한 리더'이기를 바라는 경우가 많다. 물질적 성공과 같은 가시적인 것을 추구하기보다는 사랑과 영혼이 있는 리더십을 따라야 한다.

많은 리더가 겉으로는 '국민의 이름으로' 행동했으나 실제로는 정반대의 행동도 했다. 그것을 벗어나야 한다. 리더에게 '성공'이란 누구를 이기는 것이 아니다. 어디까지 올라가야 하는 것도 아니다. 리더에게 성공이란 어제보다 현명해지는 것, 나태한 나 자신을 이겨내는 것, 자신도 모르는 잠재력을 찾아내는 것, 국민의 뜻을 실천하는 것, 위인을 닮아가는 것이다.

리더의 위치에 있다 보면 시기와 질투가 뒤따르거나 구설수의 대상이 될 때도 많다. 리더라고 해서 거절하거나 '아니오'라고 말해서는 안 된다는 사고는 리더십의 '덫'이다. 리더라면 공정하고 겸손한 태도로 거절도 할 수 있어야 한다. 리더가 모든 훈련과 능력을 갖추고 있어야 할 필요성도 없다. 아무리 탁월한 리더라 해도 모든 것을 알고 시작하기는 어렵다. 리더가 적당히 배운 전문 지식을 전부인 것으로 착각하거나 소박한 경험을 절대적인 것으로 믿고 실무에 적용하려고 한다면 구성원들에게 웃음거리가 될 수도 있다.

어쩌다가 우연히 알게 된 지식을 어설프게 적용하기보다는 전문가에게 위임하고 질문하고 학습하는 태도를 보이는 것이야말로 리더다운 리더십이다. 어설프게 개입하거나 시작하지도 않은 일에 먼저 나서서 정리정돈하려고 할 때 오히려 더 큰 문제가 발생한다. 그래서 리더는 아무리 잘 알아도 부족하다고 여기는 절제와 겸손의 리더십을 갖춰야 한다.

5) 영향력

리더십의 5대 구성 요소 중 마지막으로 중요한 것은 '영향력(influence)'이다. 리더십은 본질적으로 리더와 팔로어 간의 영향력이 문제이며, 오늘날은 어느 때보다도 더 크고 많은 영향력이 필요한 시기다.[14)]

리더십에서 영향력이란 '사람을 끌어모으는 힘', '추종자를 끌어모으는 힘'이다. 리더십은 바람직한 영향력(valuable influence)을 통해 성과를 창출하는 과정이다. 비전, 인간 존중과 배려, 솔선수범, 감성, 동기 부여, 정직, 성실. 경청과 칭찬, 섬김과 봉사, 이런 것들이야말로 바람직한 영향력의 원천이다. 바람직한 영향력은 지위와 전혀 관계가 없다. 따라서 누구나 리더십을 발휘할 수 있고, 리더십을 발휘하는 사람은 누구나 리더다.

동양의 고전 『회남자(淮南子)』에 '욕래조자 선수목(欲來鳥者 先樹木)'이란 말이 있다. '새가 오길 바라는 자는 먼저 나무를 심어라'는 뜻이다. 막강한 영향력을 끼치는 지도자라 할지라도 거기에는 한계가 있다. 아무리 대통령이라 하더라도 세상을 바꿀 힘을 모두 갖출 수는 없기 때문이다. 그러면 어디에서 이러한 힘을 얻을 것인가? 어떻게 하면 세상을 변화시키는 선한 영향력의 근원을 발견할 것인가?

(1) '리더 성공'과 '리더 탈락(추락)'의 차이

진정한 '리더 성공'과 '리더 탈락(추락)'의 차이는 어디서 오는 것일까? 여러 요인이 있겠지만, 리더십이라는 것은 결국 구체적인 행동으로 발현되는 것이기 때문에 리더 성공과 리더 추락의 차이는 실제로 작은 행동 하나하나에서 시작되는 경우가 많다. 바로 '영향력'의 차이다. 위대한 리더는 거기에 걸맞은 엄청난 실수를 경험한 사람들이며 최고의 리더는 타고나는 것이 아니고 수많은 시행착오를 통해 만들어진다. 잘못된 리더십은 잘못된 리더를 양산한다. 만일 잘못된 리더가 이 문제를 교정해야 할 필요성조차 인식하지 못하고 있다면 그것은 바로 리더십의 실패로 이어질 것이다. 전통적 리더십에서는 현상을 유지하거나 통상적으로 기대되는 수준의 성과만을 이끌어 내는 데 치중하면 되었다. 그러나 21세기 새로운 리더십에서는 구성원의 흥분과 열정을 불러일으키는 정서적 고양을 중요시하며, 실제적이며 실천적이고 강력한 영향력을 강조한다.

---

14) 일반인들은 하루에 4명 정도에게 영향력을 주고받는데 일생 동안 1만 명 정도에게 영향력을 미친다. 이때 영향력을 파워(power)라 칭하면 너무 강제적・군사적 의미가 풍겨서 자발적인 의미가 담긴 영향력(influence)으로 사용한다.

이제 수많은 영향력 중에서 몇 가지를 추천하고자 한다. 첫째, 리더라면 셀프 리더십(self-leadership)을 갖춰 보자. 리더의 셀프 리더십은 줄탁동시(啐啄同時)와 교학상장(敎學相長)처럼 리더와 팔로어 모두에게 요구되는 영향력이다. 리더는 태어나는 것이 아니라 만들어지는 것이다. 리더는 무엇보다 리더 자신이 스스로 셀프 리더가 되어야 한다. 스스로 일을 찾아서 해결하지는 못하면서 아랫사람에게만 강요해서는 신뢰감을 얻을 수 없다.

자신의 행위가 과연 사람들이 보고 배울 만한 가치가 있는 행위인가? 고쳐야 하는 행위는 없는가에 대한 깊은 성찰을 통해 강점은 잘 발휘하고, 약점은 최대한 보완하는 자기 계발의 노력이 필요하다. 그래야만 팔로어로부터 책임감이나 창의력, 자발성, 지속적인 개선과 전체적인 능률을 촉진할 수 있다. 그래야만 자신의 리더 직무에 대해 '할 수 있다'라는 신념과 자신감을 갖게 되고 탁월한 성과를 낼 수 있는 것이다.

셀프 리더십을 지닌 리더는 세상의 비난이나 주변 핀잔, 비교, 비난, 불평에도 흔들리지 않는다. 다음의 두 가지 기사가 있다.

> "그는 살인자보다도 나을 것이 없는 사람이다. 그는 개인적으로 우정을 배반했고, 공적으로는 위선자이며, 좋은 원칙은 모조리 위반했거나 아니면 아무런 원칙도 없는 사기꾼에 지나지 않는다."
>
> "대통령은 천박하고 교활한 광대다. 그는 원래가 고릴라를 조상으로 두었다. 이 원숭이를 찾으려면 아프리카로 갈 것이 아니라, 일리노이 주의 스프링필드(Springfield)로 가면 될 것이다."

첫 번째 기사는 미국의 초대 대통령 워싱턴(George Washington)에 대한 비판 내용이고, 두 번째 기사는 링컨(Abraham Lincoln) 대통령에 비난 글이다. 워싱턴이나 링컨 같은 분이 이 정도의 비판을 받을 정도였으니, 우리들과 같은 사람이 비판을 받는 것은 오히려 당연하다. 예수, 부처, 공자, 소크라테스도 비판을 면치 못했다. 그래서 리더는 열정과 솔직함, 그리고 신념이 넘치는 목소리로 말해야 한다. 주변의 핀잔이나 비교, 비난, 불평이 있어도 극복할 수 있는 자신감을 지닌 리더십 훈련을 쌓아야 한다. 그런 영향력을 지닌 리더만이 당신의 팔로어들을 당신이 가진 비전과 열정으로 감화시킬 수 있다.

둘째, '다가감'이다. 진정한 리더는 위대한 성공을 이루는 데 필요한 인물들을 공동체에 초대할 때 직접 그 일을 한다. 직접적인 초대, 즉 1 대 1의 만남보다 더 강력하고도 설득력 있는 방법은 없다. 우리도 그렇게 해야만 한다. 리더는 팔로어로 육성할 핵심 인물을 부를 때 제3자나 편지, 이메일, 전화 등과 같이 사람의 온기가 느껴지지 않는 수단을 통해 우리의 제안을 전달하고 싶은 강렬한 유혹을 극복해야 한다. 필자의 경험상 사람들은 대체로 다른 사람이 발견해서 기회를 주기 전에는 스스로의 리더십 능력을 인식하지 못한다. 리더십은 사람들이 스스로를 개발할 기회를 얻을 때 발휘된다. 사람들은 남들이 필요로 할 때 리더십을 발휘한다. 거의 모든 지도자는 지도자의 자리에서 리더십은 배워 나갔다.

셋째, '독서'다. 항상 고정된 생각, 타성에 젖은 행동, 남을 의식한 언어들이 우리를 노인으로 만들어가고 있지는 않은가? 읽고 배우고 독서하는 리더가 되어보자. "독서는 완성된 사람을 만들고, 담론은 기지 있는 사람을 만들고, 글쓰기는 정확한 사람을 만든다." 베이컨(Francis Bacon)의 말이다. 리더는 모든 것을 다할 수 있는 만능 탤런트가 아니다. 오늘 죽을 것처럼 행동하고 영원히 살 것처럼 배우자.[15]

독서와 배움을 통해 전문가가 된다. 전문가란 아마추어의 상대적 개념이다. 일반적으로 전문가는 프로라고 하여 운동선수들이나 예술인들에게 사용되는 상대적 개념이지만, 리더십에서도 이 개념은 그대로 적용되어야 한다. 따라서 잘되는 조직의 리더를 벤치마킹하라. 탁월한 리더십 강사를 섭외해 코칭을 받아야 한다. 삼고초려(三顧草廬)하는 심정으로 그들에게 배움을 청해야 한다.

넷째, '마지스(magis) 정신'이다. 자신이 무엇을 원하는지 아는 사람만이 열정적으로 그것을 추구할 수 있다. 자신의 약점을 아는 사람만이 그 약점을 극복하기 희망할 수 있다. 리더는 현재 상태에 의문을 품고 캐묻기를 좋아하고 '좀 더(magis)' 정신에 의해 안전하게 있기보다는 움직이는 방식을 취해야 한다. 하버드대학교의 잘레즈닉(Abraham Zaleznik) 명예교수는 "리더란 자신이 처한 상황과의 분리감 또는 소외감을 느낄 수밖에 없게 만드는 중요한 사건들을 견디고 두 번 태어나는 사람"이라고 표현한 적이 있다. 다시 태어날 수 있어야 한다.

다섯째, '모성애'를 지녀 보자. 최근 여성 리더십이 주목받고 있다. 필자는 여성 리더십을 '모성 리더십'으로 수정해 용어를 보급하려 한다.[16] 사회의 고도화, 글로벌화

15) 사람은 일생 동안 최소한 세 권의 책을 쓴다. 그 첫 번째 책은 '과거'라는 이름의 책이다. 이 책은 이미 집필이 완료돼 책장에 꽂혀 있다. 두 번째 책은 '현재'라는 이름의 책이다. 이 책은 지금 현재의 태도와 습관, 언어 하나하나가 생생히 기록된다. 마지막 한 권은 '미래'라는 이름의 책이다. 이 세 권의 책 중에서 가장 중요한 책은 바로 두 번째 책이다.

16) 신(God)도 아버지 신으로만 인식했으나 페미니즘의 영향으로 완전한 신은 사실 어머니 신의 영역도 가지고 있다는 것을 인식하게 되었다. 여성이라는 용어로 한정시키지 않기 위해 '모성'이라는 개념으로 용어를 확장시켰다(김재득, 2009: 28-29).

로 인한 이해관계의 다양화는 갈등 조정, 중재 능력이 더 많이 필요해졌다. 커뮤니케이션과 네트워크의 중요성이 증대되고 있는 업무 환경으로 인해 모성 리더십을 선호하고 있다. 모성 리더십은 감성을 기반으로 섬세하고 부드러우며, 직무보다는 사람 간의 관계를 중요시하는 리더십이다. 성별과 상관없이 리더가 남자라고 해도 관심, 공감, 배려, 자상, 친근감과 같은 모성적 리더십을 갖추고 있어야 한다. 만일 이러한 것에 무관심하다면 조직은 마치 낯선 이방 땅과 같이 느껴질 것이다.

마지막으로, '기다림'이다. 기다릴 수 있는가? 리더는 '조급함'에 의해 성장주의에 빠져서는 안 된다. 리더는 인내심이 있어야 한다. 한 사람의 소중함을 이해하는 기다림의 리더십을 가져야 한다.[17]

2 리더십의 뿌리와 줄기, 그리고 열매

리더십을 나무로 비유해 보았다. 한 그루의 나무는 꽃, 열매, 줄기, 잎사귀, 씨앗, 가지, 그리고 뿌리로 이뤄진다. 리더십 역시 성과의 '열매'를 맺기 위해 배려의 '꽃'을 피우고 든든한 '줄기'로 성장의 변화를 주도한다. '잎사귀'는 광합성으로 만든 자양분을 나무 여기저기에 배분함으로써 임파워먼트시키고 '씨앗'을 통해 미래의 리더를 육성한다. 동시에 하늘 가득 '가지'를 뻗어 조정과 협력을 구하고 깊고 굵은 뿌리는 리더의 흔들리지 않는 윤리적 용기와 인품을 상징한다. 향기로운 리더십의 나무는 이렇게 해서 완성되는 것이다.[18]

리더십 5대 구성 요소를 바탕으로 한 필자의 근원적 시각은 리더십 교육의 메카 리더피아(Leaderpia)에서 강조하는 덕목과 일맥상통한다. 그것은 「용비어천가(龍飛御天歌)」에 '뿌리 깊은 나무는 바람에 아니 뮐세'라는 구절과 같다. 뿌리가 깊은 나무는 세상의 온갖 풍파에도 쉽게 흔들리지 않는다는 의미다.

---

17) 동시에 계속 말하고 싶어하는 팔로어의 이야기를 들어줄 수 있는 공감적 경청 능력, 즉 '들어 줌의 참을성'을 지닌 기다림이다. 리더는 '용서'와 '사랑'을 실천하는 리더다. 용서는 두 번째 기회를 주는 것이다. 사랑은 계속해서 기회를 주는 것이다. 기회를 줄 때 인물이 나오며, 기회를 줄 때 성장하게 된다. 리더도 기회를 주는 자가 되어야 한다. 이것이 리더가 지녀야 정신이자 영향력이다.

18) 마찬가지로 세상에는 보이는 부분과 보이지 않는 부분으로 나눌 수 있는데, 나무의 경우 열매, 꽃, 줄기, 잎사귀, 씨앗, 가지가 보이는 부분일 것이고 보이지 않는 부분은 뿌리가 될 것이다. 사람의 경우 보이는 부분이라면 육체, 외모, 인기, 성공일 것이고 보이지 않는 부분은 정신, 인품, 인격, 성품 등이다.

기본적으로 사람은 자신만의 색깔과 향기가 나는 꽃을 피우고, 탐스러운 열매를 맺을 수 있는 유기적 씨앗이다. 씨앗이 싹터 땅에 뿌리를 내리듯이 사람도 나무의 뿌리처럼 오랜 시간에 걸쳐 많은 학습과 경험을 통해 인격을 수양해 리더십을 지탱하는 자질(올바른 인격과 성품, 감성 지능, 인간관계 능력, 열정과 자신감, 동기부여, 의사 결정 능력, 커뮤니케이션 능력들을 키워 우리의 내면에 깊숙이 뿌리를 내렸을 때, 세상 풍파에 흔들리지 않는 진정한 리더로서 역할을 다할 수 있다. 이것은 보이지 않는 부분이다.

보이는 부분인 나무의 줄기는 뿌리에서 획득된 영양분을 지속적으로 받아 꽃과 열매를 맺도록 도와 주는 매개체 기능을 담당한다. 또한 나무를 받쳐 주는 기둥의 역할도 한다. 즉 사람도 나무의 두꺼운 줄기가 큰 역할을 하는 것처럼, 튼튼한 인간관계를 키우는 것이 중요하다. 이는 리더가 가지고 있는 자질을 외부 세계로 드러내어 영향력을 행사할 수 있도록 도와 주는 역할을 한다. 뿌리에서 흡수된 자양분이 줄기를 통해 잎으로 끊임없이 공급되는 것처럼 인간관계 기술도 리더십을 살아 숨쉬게 하는 역할을 한다. 또한, 가지는 나무의 끝에서 전달된 영양분의 적절한 분배를 담당하는 역할을 한다고 볼 수 있다. 가지가 제멋대로 구부러지며 자라면 뒤엉켜 훌륭한 나무가 될 수 없다.

우리는 올바른 방향으로 정렬시켜 줄 비전을 제시하는 리더의 역할이 필요하다. 성장을 멈추고 있는 가지에는 영양분을 공급해야 하듯이 변화와 혁신을 통해 지속적 성장을 도모하는 변화와 혁신의 코칭 리더로서 역할, 왜소해 지지대가 필요한 가지에

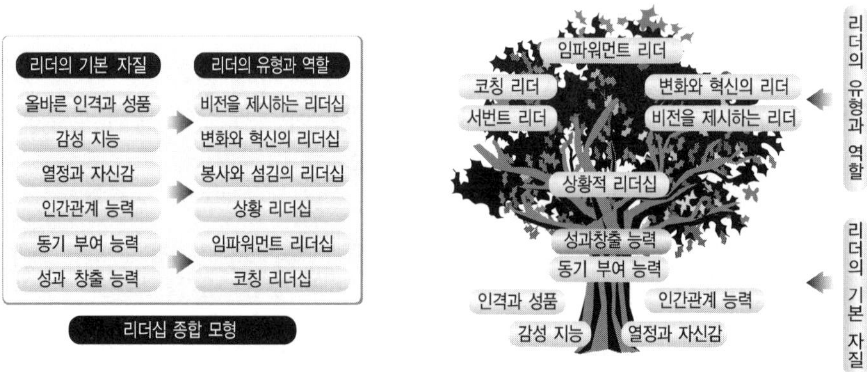

그림 2-3 리더십의 뿌리와 줄기, 그리고 열매

는 봉사하는 정신의 서번트 리더로서 역할, 전달할 영양분은 많은데 가지가 하나밖에 없어 동맥경화에 걸렸을 경우는 임파워먼트 리더의 역할이 필요하다. 이러한 가지들이 제대로 방향을 잡아 쑥쑥 자랄 수 있을 때에 더욱 무성한 잎이 돋아나게 되며, 건실한 열매도 맺을 수 있게 된다. 위대한 리더를 향한 '리더십의 여정'을 나무로 비유해 자세히 살펴보면 다음과 같은 여섯 가지다.

1) 올바른 인격과 성품

조직을 성공으로 이끌 혁신적이고 능력 있는 리더의 성공 전략 배후에는 무엇이 있을까? 능력과 경쟁력이 전부일까? 과거에서 현재까지 훌륭한 리더로 존경받는 인물들을 살펴보면 그들에게 좀 더 근본적으로 사람들의 마음을 움직이는 '무언가'가 있었다는 사실을 발견하게 된다. 그 '무언가'가 바로 올바른 인격과 성품이라고 말할 수 있다.

리더의 도덕적인 결함과 비인격성은 조직에서 공정함, 일관성, 근면함이라는 원칙이 있다고 믿으며 일하는 구성원들의 신뢰를 떨어뜨린다. 사람들은 근본적으로 공정하지 못하거나 믿을 수 없다고 느끼는 곳에서는 행정 사무든 인간관계든 최선을 다하려고 하지 않는다. 불신에서 빚어진 대충대충 하려는 태도가 조직문화 전체에 퍼지게 되는 것이다. 이러한 조직이 경쟁력을 잃게 되는 것은 전혀 놀라운 일이 아니다.

수많은 리더가 인격과 성품에 대해 언급했지만,[19] 특히 간디(Mahatma Gandhi)는 윤리와 도덕성을 강조하면서 "세상에 우리를 망치는 것들이 일곱 개가 있는데, 그것들은 일 없는 부(富), 도의심 없는 쾌감, 인격 없는 지식, 희생 없는 종교, 원칙 없는 정치, 인류를 위하지 않는 과학, 윤리와 도덕이 없는 비즈니스다"라고 했다.

우리 모두가 시인이나 음악가, 재벌, 위대한 리더가 될 수는 없다. 내가 선천적으로 타고나지 않은 재능은 얼마든지 있다. 그러므로 자신의 힘으로 충분히 발휘할 수 있는 자질, 즉 성실, 근면, 검소, 자비, 솔직함, 절약, 관대한 성품을 보여 주면 된다. 지금 당장 자랑할 수 있는 장점이 얼마든지 있다. 그럼에도 불구하고 처음부터 부족했다거나 맞지 않는다고 하면서 변명하거나 스스로 수준 이하라고 자신을 비하하고 좌절하는 경우가 많다. 처음부터 그렇기 때문이라고 혼자서 비교, 비난, 불평하고 야비

---

19) 러벅(John Lubbock)의 『성찰(*The Use of Life*)』에 의하면 인격은 자신이 선택한 대로 된다고 했다. 『인격의 힘(*A Question of Character*)』의 저자인 시몬스(Ron P. Simmons)에 의하면 "리더십에 대한 토론은 반드시 능력과 경쟁에 대한 이야기로 시작되지만, 반드시 한 개인의 인격과 성실성에 대한 이야기를 하는 것으로 끝이 난다"고 했다.

하게 굴고 아첨하고 당신의 가엾은 육체를 탓하고 사람들의 비위를 맞추려 하고 항상 불안에 떨어서는 안 된다.

현대 사회에서 인격은 한 개인의 내면적인 선택적 문제가 아니라 조직사회에서 살아남기 위해, 그리고 장기적인 관점에서 성공하기 위해 필수적인 가치가 되었다. 노자(老子)의 『도덕경(道德經)』에는 이런 구절이 있다. "발꿈치를 들고 서 있으면 오래 서 있을 수 없고, 큰 걸음으로 걷는 사람은 오래 걷지 못한다." 이 말은 세상이 강요하는 욕망에 매몰되어 앞뒤를 돌아보지 않고 닥치는 대로 자기 욕심만 채우는 사람은 결국 성공할 수 없음을 나타내는 말이다. 리더십의 세계적 거장인 맥스웰(John Maxwell) 박사도 '5단계의 리더십'에서 성품을 최고의 단계로 제시한 바 있다.[20]

2) 감성 지능

지능이나 기술적 능력은 훌륭한 리더가 되기 위한 필요 조건이기는 해도 충분 조건은 아니라고 본다. 지속적인 고성과(高成果)를 창출하는 일류 리더들은 공통적으로 감성 지능이 높은 것으로 알려져 있다. 감성 지능이란 "자신의 한계와 가능성을 객관적으로 판단해 자신의 감정을 잘 다스리며, 상대방의 입장에서 그 사람을 진정으로 이해하고, 타인과 좋은 관계(good relationship)를 유지할 수 있는 능력"이다. 이를 리더십 측면에서 살펴보면, 감성 리더십(emotional leadership)의 본질은 우선 리더 스스로가 자신의 내면을 깊이 있게 성찰하는 데서 시작된다. 그리고 아랫사람의 감성 및 니즈(needs)를 이해하고 배려함과 동시에 함께 추구해 가야 할 지향점으로 '공동의 선(善)'을 찾아 자연스럽게 구성원들을 이끌 수 있는 능력이다. 진정한 1등 리더가 되기 위해서는 어떤 자질과 특성이 필요한 것일까?[21]

---

20) 내용의 일부를 소개하면 1단계는 Position(지위)의 리더십으로 사람들은 지위(힘) 때문에 당신을 따른다. 즉 어쩔 수 없어서 따르는 것이다. 2단계는 Permission(허용)의 리더십으로 사람들은 당신과의 관계 때문에 당신을 따른다. 이때 인간은 승강기의 법칙에 따라 스위치를 업, 다운시킨다고 한다. 3단계는 Production(성과)의 리더십으로 사람들은 당신이 조직을 위해서 한 성과와 능력을 따른다. 즉 당신이 성공자라는 인식 때문에 따르는 것이다. 4단계는 People(인재 양성)의 리더십으로 사람들은 당신이 그들을 자기 계발시켰기 때문에 따른다. 마지막 5단계는 Personhood(성품)의 리더십으로 리더십의 최종 단계다. 사람들은 당신의 성품(인간성) 때문에 당신을 존경한다. 자발적인 헌신과 열정을 이끌어 내는 존경받는 리더이며, 타인들에게 긍정적인 영향력을 주는 리더이기 때문이고, 많은 사람에게 멘토(mentor)가 되어 주었기 때문이다.

21) 이에 대한 질문에 리더십 전문가인 네프(Tomas J. Neff)와 시트린(James M. Citrin)은 『CEO로 가는 길: 미국에서 가장 성공한 비즈니스 리더 50명이 당신에게 주는 교훈(*Lessons from the Top: The 50 Most Successful Business Leaders in America and What You Can Learn from Them*)』에서 성공 리더 50명의 열다섯 가지 공통 자질을 제시했다. 여기에서 단 세 가지만이 지적 혹은 기술적

인재를 육성하지 못하고 오히려 망치는 인재 킬러형 관리자들의 근본적인 문제점은 감성 지능의 결핍에서 비롯된다. 감성 지능이 기본 자질로 자리매김하고 있는 이유는 조직환경이 변화하는 속도만큼이나 조직 구성원들의 가치관 또한 너무나 빠르고 다양하게 변하고 있기 때문이다. 리더는 구성원들의 다양한 가치관과 시각을 제대로 이해하고 수용할 수 있어야 하며, 구성원들과 밀접한 상호 관계를 형성해야 한다. 즉, 풍부한 감성 지능을 바탕으로 한 감성적 리더십을 발휘할 수 있어야 한다. 그래야만 조직 구성원들의 니즈를 충족시킬 수 있고 만족감을 느끼게 할 수 있다. 이를 통해 구성원들이 열정을 다해 일에 몰입하게 함으로써 높은 성과 창출이 가능한 것이다.

더 나아가 조직 차원에서 보면 리더와 부하 직원 간의 이해와 배려를 바탕으로 한 인간적 유대감은 신바람나게 일할 수 있는 직장 내지는 강한 조직문화를 형성하는 토대를 마련해 준다. 이에 대해서는 골먼(Daniel Goleman)이란 심리학자가 성공적인 리더와 그렇지 못한 리더 간의 차이는 기술적 능력이나 지능 지수(IQ)보다 감성 지능(EI)에 의해 크게 좌우된다는 연구 결과를 발표한 바 있다. 약 80% 정도의 감성 지능과 20% 정도의 지적 능력이 적절히 조화를 이룰 때, 리더는 효과적으로 리더십을 발휘할 수 있다는 것이다.[22]

3) 열정과 자신감

리더의 열정은 성공의 원동력이 된다. 열정 없이 성취되는 것은 아무것도 없다. 열정은 참으로 동적이다. 그리고 참으로 놀라운 힘을 가지고 있다. 어떤 어려움이 닥쳐도 뭔가를 향해 질주하게 만드는 힘, 육신이 지쳐도 계속 달리게 하는 힘, 어떤 비판 속에서도 영혼을 불사르게 하는 힘이며, 최고의 경쟁력은 열정이다. 그래서 열정은 당신의 문을 여는 비밀번호다. 마침내 열정은 기적을 낳는다.

탁월한 리더들은 하나같이 자기 일에 대해 용암처럼 솟구치는 열정을 가지고 있다.

능력과 관련되었을 뿐이고 대부분은 소프트한 차원의 감성 지능인 태도나 의지였다.

22) 초우량 조직은 감성 지능과 관련된 역량을 인적 자원 관리를 위한 다양한 제도, 역량 평가 도구 및 리더십 교육 훈련에 적극 활용한다. 예컨대 사우스웨스트 항공사가 인재 선발 시 '유머 감각'과 같은 태도 요인을 집요하게 심사해 채용하는 것도 감성 지능에 대한 중요성을 나타내 준다. 또한 시스코 사는 혁신문화에 적합한 인재 유치를 위해 전문 지식이나 직무 스킬 등 하드(hard)한 스킬보다는 대인관계, 팀워크 등 태도 및 행동과 관련된 소프트(soft)한 스킬을 80%나 반영하고 있다. GE나 3M 역시 리더십 역량 평가 항목으로 성실성이나 도덕성과 같은 감성 지능 관련 지표를 주요한 평가 기준으로 삼고 있다(짐 콜린스, 2002a).

열정은 끊임없이 우리를 움직이게 하고 달리게 한다. 그 어떤 목적에 다다를 때까지 우리를 채찍질한다. 그렇다면 나는 무엇을 위해 달리는가? 무엇을 향해 이 모든 지식을 안고 쉴 새 없이 움직이는 걸까? 당신은 지금 하고 있는 일에 대해 열정을 가지고 있는가?

리더는 구성원들에게 미래에 대한 꿈을 주고 그러한 꿈을 보증하는 존재여야 하며, 그 꿈의 실현을 확신시켜 주어야 한다. 그래서 "이왕 꿀 꿈이라면 밤에 꿈꾸지 말고 낮에 깨어 있을 때 생생히 꾸어 보라", "밤에 꾸는 꿈은 개꿈처럼 헛될 수 있지만, 낮에 꾸는 꿈은 이뤄질 확률이 매우 높다"라고 하는 것이다. 왜냐하면 꿈은 이루기 위해 행동하는 것이기 때문이다. 많은 사람은 자신들의 꿈이 가치 있기 위해서는 현실적이어야 한다고 생각한다. 그러나 그것은 꿈이 아니고 계획이다. 계획은 현실적이어야 하지만 꿈은 그렇지 않다. 꿈은 일반인들이 보기에는 원래 터무니없는 것이다.

리더는 항상 그 꿈이 가시화되는 결과를 보여 주어야 하는데, 이것은 바로 자신감[23]을 통해 가능하다. 보석보다 빛나는 자신감이라는 장신구를 목에 달아라. 자신감이 없다면 강해질 수 없다. 당신이 동의하지 않는 한 아무도 당신이 열등하다고 느끼도록 하지 않는다. 어떤 조직이든지 모든 계층에 고약한 상관은 있다. 시도해 보기 전에 겁먹지 마라. 남들이 당신에 대해 평가하는 것에 대해 지나치게 신경쓰지 마라. 두려워한다면 지고 설레인다면 이기는 것이다.

이처럼 열정과 자신감은 자동차의 엔진처럼 우리로 하여금 목표를 달성할 수 있도록 커다란 에너지를 준다. 촛불의 위력은 초의 크기에 있는 것이 아니라, 자신을 얼마나 불태우느냐 하는 열정에 있음을 안다면 우리는 자신에 대해 기대하고 있는 수준보다 훨씬 더 많은 것을 가능하게 할 것이다. 다만, 자신감을 갖되 교만하지 마라! 다른 사람과 비교해 우월감이나 열등감을 느끼는 문제가 아니라 스스로 자신의 존재의 가치를 인정하고 자신을 사랑할 수 있는 자부심과 자긍심을 가져라. 마지막 부탁 하나! 열정과 자신감으로 살아가겠다고 자신과 약속하라! 중요한건 지금, 이 순간 나는 나 자신을 바꿀 수 있다는 특권을 가졌다는 것이다!

---

23) 자신감(self-confidence)과 자존감(self-esteem)은 차이가 있다. 자신감은 어떤 일이나 목표를 스스로 이뤄낼 수 있다고 믿는 것이다. 반면에, 자존감은 자신의 가치를 직접 깨닫고, 실제로 자신을 자신답게 느끼는 것을 의미한다. 그래서 자신감 있는 사람이 되려면 먼저 자존감을 회복해야 한다. 자신감보다는 자존감이 높은 사람이 훨씬 행복하다.

4) 인간관계

어떤 꿈이나 희망도 혼자만의 힘으로 결코 실현할 수 없다. 우리는 성공의 의미를 개인적인 능력에서 나오는 것으로 생각한다. 이것은 커다란 오해다. 개인 능력이란 보잘것없으며, 자기 혼자서는 국가를 통치할 수 없으며, 상대가 없으면 물건을 팔 수도 없다. 아이도 혼자서는 만들 수 없다. 그럼에도 불구하고 혼자서 어떻게든 해보려고 노력하고, 필사적으로 노력한 결과 결국은 우울증에 걸린다.

마음에 병이 생기는 것은 사람이 고립되었을 때부터다. 그래서 운(運)이란 자신의 노력으로 잡을 수 없다. 타인과 함께 하는 것이다. 자신의 힘에만 의존하는 사람은 결국 운이 따라오지 않는다. 운은 결국 인간관계에서 온다.

사업 실패의 85%가 인간관계 때문이다. 정말 무시무시한 비율이다. 세상은 혼자 살 수 없다. 성공적인 삶을 살아가는 사람들을 주의깊게 살펴보라. 그들의 주변은 늘 '사람들'로 북적인다. 그들이 성공했기 때문에 사람들이 몰려온 것일까? 아니다. 그들이 성공했기 때문에 사람들이 몰려온 것이 아니라 성공에 필요한 사람들을 끊임없이 불러모은 것이다. 나를 받쳐 줄 후원자, 나를 이끌어 줄 스승, 함께 갈 동반자 등 '내 사람' 없이는 성공할 수 없다. 제아무리 실력과 운을 겸비한 사람이라 할지라도 혼자서는 정상에 서지 못한다.

에베레스트 산 정상에 오른 사람 뒤에는 뛰어난 셰르파(sherpa), 베이스캠프 요원들의 지원, 등정에 필요한 물적 후원을 아끼지 않는 스폰서, 난관에 부딪혔을 때 자신에게 자일과 링을 던져 준 동료들이 있다. 인생이라는 산봉우리의 정상에 서고 싶다면 먼저 사람을 얻어야 할 이유가 바로 여기에 있다.

사실 우리는 살아가는 데 중요시되는 부분, 특히 인간관계에 대해서는 이미 초등학교 때 배웠다. 각 나라 언어로 번역되어 성경 다음으로 많이 팔린 책으로 전 세계 수천만 독자들에게 깊은 감동을 심어 준 자기계발 분야 최고의 바이블인 『카네기 인간관계론』에 의하면 성공적인 인간관계를 다음과 같이 4단계로 나눈 바 있다.

그는 1단계 우호적인 사람이 되라, 자기 자신을 이해하고 감정을 조절하는 능력을 키워라. 2단계 열렬한 협력을 얻어내라, 타인과 그들의 감정을 이해하고 커뮤니케이션하는 능력을 키워라. 3단계 리더가 되라. 4단계 감동과 커뮤니케이션 능력이 뛰어난 사람이 되라, 비전을 공유하고 열정을 불어넣는 능력을 키우라고 했다.[24] 동의하

24) 카네기는 인간관계의 기본 원칙 세 가지도 얘기하고 있다. 첫째, 비난이나 불평을 하지 말라—남을 심판하지 말라, 그러면 너희도 심판받지 아니할 것이다. 둘째, 솔직하고 진지하게 칭찬하자—인간성

는가?

5) 동기부여

리더라면 반드시 갖춰야 할 덕목으로 동기부여 능력을 꼽는다. 동기부여는 전형적인 리더십 행위로서 구성원들이 만족감과 성취감을 갖게 하는 능력이다.

최근 국가 통치 영역에서도 가장 큰 관심을 보이는 이슈로는 단연 '핵심 인재의 확보'를 들 수 있다. 똑똑하고 능력 있는 사람이 조직 전체의 생사를 좌우할 수 있다는 믿음에서 비롯된 현상이다. 그러나 훌륭한 인재를 영입하는 것만으로는 조직의 활성화를 기대할 수 없다. 중요한 것은 구성원들을 독려함으로써 각자의 잠재 능력을 최대한 발휘할 수 있도록 동기부여를 하는 일이다.

이제 리더들의 고민은 바로 동기부여다. 인간은 기계가 아니다. 그래서 내적 동기와 외적 동기, 강제적 동기에 대한 고민이 필요하게 되었다. 탁월한 성과를 올리던 직원이 갑자기 의욕이 없고 성과가 떨어지는 것을 보았는가? 조직 전체 분위기가 이상하게 일을 하지 않는 문화로 가고 있다는 느낌이 든 적은 없는가? 저 직원은 왜 나처럼 열정을 갖지 못할까 하는 생각이 든 적은 없는가? 리더라면 위와 같은 고민에 한 번쯤 빠져본 적이 있을 것이다. 직원들을 어떻게 몰입시키고, 열정적으로 일하게 만들 것인가 하는 문제는 여전히 리더들의 가장 큰 고민거리로 남아 있는 것이 사실이다.

탁월한 통찰력으로 탁월한 전략을 수립했다고 하더라도, 그것을 실행할 부하가 없다면 또는 부하들이 그 방향대로 움직이지 않는다면 그 전략은 무용지물에 지나지 않는다. 따라서, 사람들을 전략 방향과 일에 몰입하고 실행하게 만드는 것이 리더에게 가장 중요한 능력이라 할 수 있다. 이러한 연유로 리더들은 지금 이 순간에도 동기부여라는 주제로 고민하고 있는 것이다.

흔히 능력만 있다면 무조건 성과를 창출할 수 있다고 인식하는 경우가 많다. 하지만, 아래의 공식에 따르면 능력 있는 사람이 무조건 성과를 창출한다고 보기는 어렵다. 예를 들어, 매우 유능한 목수가 있는데, 그에게 새로운 집을 지을 동기가 전혀 부여되어 있지 않다면(동기부여 "0") 성과는 제로("0")가 된다. "성과 = 동기부여 × 능력"이기 때문이다. 최고의 리더가 될 능력과 자격 있지만 동기부여가 제로라면 성과

에서 가장 심오한 원칙은 다른 사람으로부터 인정받고자 하는 갈망이다. 셋째, 상대방의 입장에서 사물을 봐라—성공의 유일한 비결은 다른 사람의 생각을 이해하고, 당신의 입장과 아울러 상대방의 입장에서 사물을 바로 볼 줄 아는 능력을 기본 자질로 강조한다.

역시 전무하다.

탁월한 리더는 이런 점을 정확히 파악하고 있다. 그들은 능력 훈련에만 집중하지 않고, 구성원들의 동기부여를 어떻게 확장시킬 것인가 고민하고 실천하는 리더다. 최근에 일부 학자는 성과 창출 공식이 "성과 = 동기부여 × 능력"이 아닌 "성과 = '동기부여'의 제곱 × 능력"으로 표현함으로써 동기부여의 중요성을 더욱 강조하고 있다.[25]

미국의 링컨, 영국의 처칠, 조선의 세종대왕, 맨손으로 세계 최대의 소매업체인 월마트를 세운 월턴(Sam M. Walton), 평화를 위해 평생을 헌신한 탓낫한, 전설적인 남극 탐험가인 섀클턴(Ernest H. Shackleton) 등 각계각층에서 위대한 리더들은 동기부여의 선구자들이다. 히딩크(Guus Hiddink)처럼 이끌고 박지성처럼 뛰게 하는 동기부여와 코칭이 필요한 것이다.

동기부여를 하려면 그들의 마음을 움직여야 한다. 그들을 감동시키고, 그들에게 사기를 북돋워 주고, 그들의 가슴 속에 활기를 불어넣어야 한다. 구성원들이 스스로에게 동기부여를 하는 분위기를 조성하기 위해서는 리더가 확실하게 모범을 보이고, 명확하게 커뮤니케이션을 하고, 창조적으로 도전해야 한다. 과감하게 권한을 위임하고, 적절하게 코칭하고, 의미 있게 인정해 주고, 전체의 이익을 위해 희생하는 행위가 필요하다. 스스로 모범이 되고 존경을 받음으로써 구성원들의 자발적인 헌신과 열정을 이끌어 내는 사람이 리더가 지녀야 할 덕목 중의 하나다. 그래서 리더라면 춤추는 부하에게 동기부여라는 날개를 달아 주어야 한다.

6) 성과 창출

일종의 화룡점정(畵龍點睛)이라고나 할까? 모든 리더는 반드시 성과를 창출해야 한다. 제아무리 올바른 인격, 감성 지능, 열정과 자신감, 인간관계를 바탕으로 리더의 역할을 수행했더라도 성과 창출 없이는 리더십이 발휘되었다고 볼 수 없다. 100번 슈팅을 해도 골을 못 넣으면 'No Goal'이다. 성취하고 이기는 사람은 살바싸움에 능하다. 승리의 숨소리와 땀냄새를 맡고 본능적으로 움직인다. '그저 열심히 일하는 습관'

---

25) 발도니(John Baldoni)에 의하면 진정한 의미의 동기부여는 무력이나 위협이 아닌 자발적인 참여에서 비롯된다고 했다. 『포춘』이 선정한 500대 기업의 리더십과 커뮤니케이션 컨설턴트로 활동하는 발도니는 무력이나 위협에 의한 강압적인 동기부여는 일시적으로 사람들을 따라오게 만들 수는 있어도 자발적인 행위를 이끌어 내지는 못하며 가치 있는 결과를 가져오지도 못한다고 말한 바 있다. 따라서 진정한 의미의 동기부여는 인간의 내부에서 나오는 것이므로 외부로부터 강요된다면 지속적으로 유지되기 어렵다.

이 아니라 '이기는 습관(winning habit)'을 갖춰야 한다.

일을 하다 보면 아이디어가 완전하지 못하다는 이유로 인신 공격을 당하기도 한다. 때로는 다양한 의견을 무시하고 양자택일을 강요당하기도 한다. 이러한 주먹구구식 '감(感)의 행정'은 이제 통하지 않는다. 성과에 필요한 입력을 정확하게 투입하고 목표로 한 실적을 오차 없이 거두는 '사실에 근거한 행정'이 꽃을 피우는 시기가 되었다. 그리고 좋은 성과를 보장하지 못하는 리더십 스타일은 결코 존중받지 못한다. 중앙정부와 각 지방자치단체가 고객 만족(CS) 행정을 본격 추진하고 '주민체감형' 성과 창출 실천 과제를 선정하는 것과 더불어 웰치(Jack Welch), 게이츠(Bill Gates), 안철수 같은 테크노 리더가 집중적으로 조명을 받는 것도 그들이 승부의 세계에서 승승장구했기 때문이다.

성과는 결과물을 보여 주는 것이다. 기대하는 성과를 창출하지 못하면 당연히 신뢰성이 떨어진다. 반면 기대 이상의 성과를 내면 긍정적 평가를 받게 되고 이는 그에 대한 신뢰의 토대가 된다. 아무리 진실성과 이타심을 가지고 전체 이익을 위해 노력하고 뛰어난 능력을 갖췄다고 하더라도 좋은 성과를 내지 못하면 신뢰를 얻을 수 없다. 리더라면 무엇인가 성과를 보여 주어야 한다. 소리만 요란하고 결과를 만들어 내지 못하면 궁극적으로 비난의 대상이 될 뿐이다. 그러나 너무 성과만을 강조한 나머지 그 과정이 적절하지 못하거나 단기 성과 중심으로 일을 하면 장기적으로 성과 창출을 위한 기반을 잃을 수 있다. 따라서 성과를 강조하는 것도 중요하지만 그 과정도 매우 중요하다. 성과와 관련된 것으로 [그림 2-4]와 같이 네 가지 경우를 생각할 수 있다(존 맥스웰, 2009).

		품성: 긍정적	품성: 부정적
성과	높은	I 영역(핵심 인재)	III 영역(검증 대상)
	낮은	II 영역(교육 대상)	IV 영역(퇴출 대상)

그림 2-4 성과와 품성의 관계

[그림 2-4]에서 I 영역의 경우는 진실성과 남을 배려하는 자세가 돋보여 좋은 품성을 가진 사람으로 평가받고 성과를 창출하는 과정도 구성원들과 화합과 참여를 통해 이뤄 주변 사람들의 존경을 받는 사람이다. 이는 인격과 역량을 갖춤과 동시에 좋은

성과를 내는 경우다. 이러한 사람은 신뢰의 대상이 될 뿐만 아니라 승진과 보상이 주어지고 앞으로 핵심 인재로 성장할 수 있는 가능성이 있는 사람이다.

Ⅱ 영역은 조직이 추구하는 가치를 준수하고 진실성과 남을 배려하는 품성을 갖춘 사람이지만 좋은 성과를 내고 있지 못하는 경우다. 이러한 경우 그 사람의 문제점이 무엇인지 왜 바람직한 성과를 창출하고 못하고 있는지를 분석해 좋은 성과를 창출할 수 있도록 도와 주고 교육을 통해 부족한 부분을 채울 수 있도록 해야 한다.

Ⅲ 영역의 경우는 높은 성과를 내고 있지만 품성적인 측면에 문제가 있는 경우다. 조직의 가치를 준수하지 않고 갖가지 수단을 통해 성과를 창출한다. 문제 해결의 능력도 있고 뛰어난 성과를 통해 자신의 능력을 입증한다. 하지만 진실성이 부족하고 상대에 대한 배려와 남을 위해 희생하는 이타심이 부족하다. 조직 내에서 마찰을 일으키고 자신이 창출한 성과를 과시하고 이를 통해 윗사람들로부터 인정을 받고자 노력한다. 이 경우가 가장 관리하기 힘든 경우다. 이러한 경우 조직이 추구하는 가치의 혼란을 가져오고 많은 사람의 비난의 대상이 될 수 있다. 따라서 변화의 가능성이 없다고 판단될 때 가능한 조직에서 배제하는 것이 좋다고 본다.

마지막 성과도 좋지 않고 품성에 문제가 있는 Ⅳ 영역은 당연히 퇴출시켜야 한다.

성과는 많은 단점을 덮어 준다. 리더의 입장에서 조직 전체 이익을 위해 성과를 내는 사람을 신뢰할 수밖에 없다. 하지만 장기적인 측면에서 보면 단기적 성과를 내고 자신의 성과를 과시하며 조직 내에서 자신의 역할과 영향력을 확장시키는 경우 조직 구성원들의 전체에 대한 신뢰성에 문제를 주고 조직 전체 성과에 부정적 영향을 주기 때문에 이러한 사람은 가능한 배재하는 것이 바람직하다고 본다.

3 퍼펙트한 리더의 환상은 버려라!

리더십 교육 중 참가자들에게 던지는 몇 가지 질문이 있다.[26] 그 중 필자가 가장 관심을 갖고 확인하는 것은 다섯 번째 질문이다. 이 질문에 대해 참가자들은 정직, 겸손, 성실, 용기, 인내, 배려, 대인관계, 경청, 통찰력, 창조성, 설득과 협상, 도전 정신,

---

26) 첫째, 리더십이란 무엇이며(정의, 개념, 이미지), 왜 리더십이 중요한가? 둘째, 효과적인 리더십 발휘를 위해 리더가 해야 할 일(리더의 임무와 역할)은 무엇인가? 셋째, 언제 리더십이 필요한가? 넷째, 리더 역할을 잘 수행한다는 것이 나에게 어떤 의미(가치)가 있는가? 다섯째, 이런 역할을 수행하기 위해 리더가 갖춰야 할 구체적인 덕목은 무엇인가?

유머, 위기관리 정의, 사랑, 카리스마, 책임감, 통합, 도덕성, 균형 감각, 중용, 커뮤니케이션 등의 수많은 덕목을 나열한다. 그 다음으로 필자가 던지는 질문은 그렇다면 이 덕목들은 한 개인이 다 가질 수 있는 것인가? 교육을 통해 배운다고 길러질 것인가에 대한 질문이다. 그러면 참가자들은 대부분 "아니다"라고 답한다.

1) 합성의 오류와 리더십 종결자

매 학기 리더십을 이야기하면서 개인적으로 얻은 수확이 무엇일까라고 항상 피드백해 본다. 그 중 가장 큰 깨달음은 인간에 대해 너무 많은 것을 요구하지 않게 되었다는 점과 보이는 것이 다 진실이 아니라는 것이다. 그 다음으로 사실인 것과 사실이라고 믿는 것의 차이를 구별할 줄 아는 아주 약간의 안목을 갖게 되었다는 점이다.

위에 언급한 리더의 덕목은 우리가 사실이라고 믿는 이상적인 생각들의 집합이다. 왜 그런가? 한 번 생각해 보자. 어느 리더가 카리스마와 결단력, 추진력, 도전정신을 가지고 있다면 그 사람에게서 겸손, 서번트, 감성, 경청과 배려, 애정을 느끼기가 쉽겠는가? 그리고 균형 감각과 중용을 잘 발휘할 것이라는 생각이 들겠는가? 그 반대의 경우도 역시 마찬가지가 아닐까? 이것은 우리가 인간에 대해 너무 과도한 기대를 하고 있다는 증거가 아닐까?

이러한 리더십 덕목들은 한 개인이 다 가지고 있는 것이 아니라, 우리가 존경하는 영웅이나 모델의 좋은 특성들만 뽑아내어 묶어놓은 것은 아닐까? 과연 현실 세계에서 이런 상반되는 특성을 다 가지고 있으면서 적시에 활용하는 사람을 본 적이 있을까? 물론 한두 명 정도는 이런 사람이 있을 것이다. 그러나 확률적으로 이런 덕목을 다 갖춘 리더들이 얼마나 될까? 0.01%는 될까? 영화 속 주인공도 요즘에는 이 정도는 아니다. '합성의 오류'는 아닐까? 이 말은 관념의 세계가 아닌 현실 세계에 이러한 리더들은 찾아보기 어렵다는 말로 정리할 수 있다.

이제 우리는 리더십을 추상적인 관념이 아닌 각자가 처해 있는 구체적인 맥락(contexts) 속에서 탐색하고 검토해 보아야 한다. 동시에 나를 늘 개입시켜 파악해야 한다.

모든 상황에서 모든 사람에게 맞는 이상적인 리더십 이론과 기법은 존재하지 않는다. 리더십은 타인을 이끄는 스킬(skill)의 문제가 아니라 자신을 이끄는 관점의 문제이고 자기 자신에 대한 이해가 리더십 출발점이 된다. 물론 '자기 이해'만으로 리더십의 성공이 보장되는 것은 아니지만, 자기 이해가 없는 리더십의 발휘는 사상누각이 될 가능성이 높다. 어쩌면 리더십은 자신에 대해 어떤 것이 사실이고 어떤 것이 사실이 아니라고 생각하는지에 대한 철저한 이해에서 출발한다. 그러므로 기본으로 돌아가야 한다(Back to the basic). 이 말은 완벽한 리더상의 환상과 유혹을 떨쳐내야만 더 효과적인 리더십을 발휘할 수 있다는 의미다. 진정한 리더십의 '종결자'는 바로 그런 사람만이 될 수 있다.

2) 리더십 발휘의 출발점, 자기 이해

사람을 움직이는 데는 수많은 방법이 있다. 총이나 칼을 가지고 무력으로 움직일 수 있고, 권력으로 사람을 몰아붙일 수도 있고, 금전적 보상 또는 법을 만들어 일정한 방향으로 유도해 나갈 수도 있다. 하지만 이러한 방식은 '자발적 추종'과는 거리가 멀다. 따라서 리더십은 나를 늘 개입시켜서 파악해야 한다. 나와 관련이 없을 때에는 이러한 덕목들이 추상적인 수준에서 이해되지만, 내가 개입되는 구체적인 맥락 속에서 이런 덕목들은 전혀 다른 의미가 된다. 이 모든 것은 상황적이기 때문에 리더십도 관계의 그물망 속에서 파악되고 이해되어야 한다.

이런 이유로 리더십 개발은 내가 처해 있는 구체적인 장면에서, 나의 리더십의 강점과 보완점을 인식하고, 시스템적으로 정확하게 자신을 이해하는 데서 출발해야 한다.[27]

정리해 보면, 인생에서 성공만을 목표로 시간을 소비해 온 사람들은 결국 임종 시에 후회한다고 한다. 그렇다면 과연 진정으로 위대한 리더의 조건은 무엇일까? 위대한 리더들의 공통점은 인생에서 분명한 목표를 가지고 살아가지만, 자신의 삶이 누군가에게 만족을 주면서 자연에서 지저귀는 새소리와 풀벌레 소리도 듣고 또한 나와 관계를 맺고 있는 사람들이 얼마나 중요한가를 생각하며, 어떠한 환경에 놓여 있든지 매사에 감사한 생활을 할 줄 아는 사람이었다.

이런 이유로 리더십의 품격은 내가 처해 있는 구체적인 상황에서, 나의 리더십 강점과 약점을 인식하고 이를 정확하게 이해하는 데서 출발해야 한다. 모든 상황에서 모든 사람에게 맞는 이상적인 리더십 이론과 기법은 존재하지 않는다. 비법 배우기를 멈추고 기본과 원칙으로 돌아가야만 된다. 그래서 정확한 '자기 이해'만이 효과적인 리더십 발휘의 출발점이 된다는 것이다.

---

27) 리더십 자기 완성의 3단계는 자기 이해-자기 인정-자기 개방의 순서로 진행된다. 자세한 내용은 [그림 1-2]을 참조 바람.

제 2 절 위대한 리더를 향한 길, 진리, 생명

1 5도(5度, Do)의 리더십

"위기의 리더십, 희망은 있다"라는 신념으로 달려온 필자는 '5도(度)의 리더십'을 유력한 '브랜드 파워(brand power)'로 추천한다. 리더십을 다년간 연구한 결과 '박제된 리더'가 아니고 '살아 있는 리더'라면 다음의 다섯 가지를 실행(Do)할 수 있어야 한다고 판단했다. 그리하여 5도(Five-Do)의 리더십을 새롭게 제안한다. 5도의 리더십이란 다섯 가지의 도(度, Do)를 의미하는 것으로 속도(速度), 태도(態度), 정도(正度), 온도(溫度), 각도(角度)의 리더십이다.[28] 필자는 이러한 다섯 가지를 위대한 리더를 향한 길, 진리, 생명으로 제안하는 바다.

1) 속도 리더십

진정한 리더라면 세상의 변화를 감지하는 능력이 있어야 한다. 바로 속도(速度) 리더십(speed leadership)이다. 세상은 변하고 있다. 미래를 모르면 과거의 노예로 살게 된다. 미래는 예측하는 자의 것이며, 준비하는 자에게 순종한다. 미래는 꿈을 꾸는 자의 것이다. 미래는 꿈꾸는 자에게 아부한다. 따라서 속도 리더십을 지닌 리더는 미래를 알고 기다리며, 미래의 꿈을 조율하고, 미래를 다스리는 '예비 황제'다.

어둠 속에서 길을 떠나는 사람만이 새벽녘 '기회의 강'을 건널 수 있다. 속도 리더십은 목적과 목표를 다른 무엇보다도 명확히 하고, 모든 자원과 전략이 집중되도록 유도한다. 리더의 의사결정 순서, 시기 및 결정 속도는 성과와 직결되는 중요한 문제가 된다. 그러므로 이런 것들을 원활히 할 수 있는 시스템을 만들어야 한다. 속도 리더십은 독재형인 하향 명령적 리더십과는 상반된 개념이다. 오히려 권한을 조직의 구성원들과 나눔으로써 효율적인 의사결정 시스템을 만든다.

---

28) 'Do'의 의미는 '행동'과 '실천'을 의미하면서 동시에 '도'라는 발음도 가능하므로 필자가 창안한 언어적 기술이다. 이것은 '들이대!(DID; Do It, Done, 시도하라, 그러면 이뤄질 것이다)'와 같은 언어적 축약이다.

(1) 무한경쟁 시대, 속도를 높여야 생존한다

강속구 투수는 확실한 포수가 만든다. 폭투를 막을 수 없는 불안한 포수 앞에서는 아무리 훌륭한 투수라도 빠른 공을 던질 수 없다. 따라서 리더는 조직원이 최대한의 능력을 발휘할 수 있도록 안정적으로 조직을 이끌어야 한다. 조직원의 업무 동선을 센스 있게 파악하고 스스로 목표를 명확하게 설정해 초지일관하는 것이 중요하다. 속도 리더십은 가속도의 묘미를 불러일으킨 것이며, 무한한 +α의 능력을 가지고 있다.

병귀신속(兵貴神速)이란 말이 있다. 전쟁의 경우 빨리 끝낼수록 좋은 것이다. 기교있고 멋있게 이기는 것이 중요한 것이 아니다. 전광석화(電光石火)처럼 움직여야 한다. 이때 신속(神速)이란 말은 귀신처럼 빠르다는 전술적 개념이다. 그리고 출기불의(出其不意)라고 하여 상대방이 의도하지 못한 시간에 출격해야 한다. 아무리 덩치가 큰 조직이라 하더라도 발빠르게 시장에 반응하면서 허를 찌르는 조직에는 당해 낼 수가 없다. 이 때문에 요즘과 같은 스피드 시대에는 큰 덩치가 오히려 부담스러운 결과를 가져올 가능성이 크다. 개인이나 조직이나 변화무쌍한 시대를 살아가면서 가장 중요하게 생각해야 하는 것이 바로 속도다. 택배, 산악구조대의 경우 스피드는 바로 경쟁력이며 생명과도 직결된다. 그러지 않아도 성격 급한 우리나라 사람들이지만, 이제는 타인의 시간까지 배려하는 속도 리더십에 도전해 보자. 바로 이것이 5도의 리더십 중 필자가 바라는 '속도 리더십'이며, 속도전(速度戰)이다.

(2) 리더라면 변화의 속도를 감지하라

성장하는 리더는 세상의 흐름을 앞서 나간다. 바움(David Bahum)은 "바보는 변했다라고 말하고 현자(賢者)는 변하자"라고 말한 바 있다. 케네디(John F. Kennedy)는 "절대로 변할 수 없는 확실한 것 한 가지는 이 세상에 변하지 않는 것은 없다는 사실이다"라고 말했다. 그는 변화를 가져오기 위해서는 왜 변화해야 하는지 확실히 이해하고, 변화하지 않으면 결국에는 변화하는 것보다 더 큰 고통을 겪게 될 것이라는 사실을 깨달았다. 변화는 선택이 아니다. 선택할 수 있는 것은 오직 어떻게 반응할 것인가, 그리고 어떻게 자신과 조직이 꿈꾸는 미래로 나아갈 것인가라는 것뿐이다. 오바마(Burack H. Obama) 대통령 역시 대통령 유세의 주요 슬로건으로 '변화'와 '희망'을 외쳐 대권을 차지했다.[29)]

현대 조직의 경쟁력은 과거의 '싸게'에서 '좋게'를 지나 '빠르게'로 바뀌고 있다. 세

29) 오바마가 외친 변화는 "변화는 우리가 누군가를 또는 무엇인가를 기다린다고 해서 찾아오는 게 아니다. 우리 자신이 우리가 기다리던 사람이고 우리가 바로 변화다"라고 했다.

계 최대의 배달전문 피자 체인점인 도미노피자는 주문에서 배달까지 30분 이상 소요되면 20%를 할인해 주고 45분이 초과하면 피자를 공짜로 제공한다. 도미노피자는 신속하고 정확한 배달 서비스의 필요성을 남보다 먼저 파악하고 업(業)의 개념에 맞는 속도 리더십을 기반으로 시장 점유율을 확대해 선두 업체들을 추월해 내는 성과를 거뒀다. 최근 들어 우리 조직들도 극심한 불황과 함께 찾아온 갑작스런 조직환경 변화에 대처하고 위기를 극복하기 위해 '시간과의 전쟁'을 선언했는데 이는 바로 속도 리더십이라 할 수 있다.

불황에 대응한 긴축재정도 중요하지만 돈이나 다름없는 시간을 절약하는 것이 더 큰 비용을 줄일 수 있고, 기회도 선점할 수 있다. 그러나 이러한 속도 리더십을 우리의 민족적 특성으로까지 지적되는 '빨리빨리' 문화로 오인하는 것은 절대 금물이다. 성수대교 붕괴, 삼풍백화점 참사 등에서 지켜보았듯이 시간만의 단축을 추구하는 성급함은 오히려 속도 리더십의 저해 요소가 된다.

이런 점에서 속도 리더십의 핵심은 단순한 시간의 단축이 아니라 급변하는 조직환경과 시장에 대한 대응력을 극대화해 고객이 만족하는 제품, 수재의연금의 즉시 지급, 재난지역에 대한 긴급구조, 서비스를 남보다 더 빠르게 제공하는 데 있다. 즉, 단순히 '빨리'만을 의미하는 것이 아니라 조직은 총체적으로 '시간 중심'의 개념에서 '시간 단축', '적시 공급', '긴급구조', '기회 선점'을 의미하는 것이다.

(3) 속도 리더십에 대한 편견 허물기

속도 리더십은 모든 조직의 화두다. 그러나 속도 리더십에 대한 오해도 만만치 않다. '빠름'을 미덕으로 삼아 속도의 승부로 미쳐 돌아간다고 비꼰다. 필자는 조직의 리더가 원하는 단편적인 업무만 신속히 처리하는 것을 속도 리더십이라고 말하지 않는다. 빠른 완결을 위해 정해진 룰을 깨는 것은 진정한 속도 리더십이 아니다. 속도가 진정 의미를 가질 때는 시스템과 유기적으로 결합되었을 때다. 예를 들면, 배차 간격이 5분인 지하철은 무조건 빨리 도착하는 것보다 정해진 배차 간격을 준수하는 것이 가장 빠른 것이다.

다른 사람, 다른 부서를 존중하지 않는다면 속도 리더십이란 없다. 다른 사람과 다른 부서를 존중한다는 것은 그들의 '시간'을 존중한다는 것과 같은 말이다. 즉, 유기적으로 결합된 업무 프로세스에서 서로 간에 맡은 바 스케줄을 철저히 지켜 주는 것, 나의 동료가 최대한 성과를 낼 수 있는 적절한 시간을 가질 수 있게 해 주는 것이 바로 속도 리더십이다.

현대인은 지나칠 정도로 속도 경쟁에만 치우친 면이 있다. 한 곳에 뿌리를 박고 있는 나무는 관리만 잘하면 수백 년을 산다. 제자리에서 뿌리를 박고 떡 버티고 앉아서 5백 년 이상 살고 있는 나무에게 우리는 다양한 이름을 붙이고 소중하게 여긴다. 이제 지나친 속도 경쟁에서 돌아와 우리 자신의 일상을 되돌아보자. 그리고 거목처럼 자신의 중심을 회복하고 자신을 되돌아보며 삶을 성찰해 보자. 소걸음으로 상징되는 '느림의 지혜', 꾀부리지 않고 묵묵히 일하는 '우직함'이 통할 수 있는 사회와 '정직함'을 우리 사회에 작동하게 만들어 보자.

2) 태도 리더십

태도가 성공과 실패를 결정한다. 태도란 성공의 또 다른 이름이다. 특히 리더의 태도는 조직 전체로 전파되기 때문에 긍정적, 적극적 태도는 모든 리더의 필수 조건이다. 현재의 삶은 지금까지 살아온 태도의 합이며, 나의 태도가 다른 사람의 태도를 변화시킬 수 있다. 그래서 태도 리더십(attitude leadership)이 요구되는 것이다.

흔히 태도란 타고난 성품 정도로 여긴다. 하지만 인간 행동을 연구하는 학자들은 태도가 유전적인 산물이 아니라 적절한 훈련을 통해 얻어지는 특성이라고 한다. 그래서 태도란 우리가 하는 모든 일의 바탕이자 도구다. "Attitude Is Everything. Change Your Attitude, And You Change Your Life!!!"다.

태도는 돈으로 따질 수 없을 만큼 귀중한 자원이다. 하지만 다행스럽게도 태도는 많은 돈을 주고 사야 하는 것은 아니다. 우리는 스스로의 기본 태도를 변화시킬 힘이 있다. 대부분의 사람은 건강관리를 위해 건강검진을 받고, 자동차도 제대로 달리기 위해서는 정기검사를 받아야 한다. 하지만 어찌된 일인지 우리의 정신건강과 밀접한 관련이 있는 태도에 대해서는 그만큼 관심을 쏟지 않는 것이 안타깝다.

태도는 삶을 살아가는 사람들에게 가장 중요한 생활 방식을 말해 주는 단어다. 수많은 '자기 계발서'와 '성공 지침서'가 있지만 이들의 공통점은 경청, 열정, 배려, 칭찬 등 가져야 할 마음가짐 혹은 내외적인 행동 양식을 가지고 있다. 이 모든 단어는 결국 태도라는 단어로 규합된다. 태도를 바꿔야 경청하려는 자세, 열정적인 활동력, 칭찬하기, 배려심 등이 생기기 때문이다. 따라서 올바른 태도는 이 시대를 살아가는 리더의 필수적인 요소다.

(1) 부하에게 꿈을 심어 주는 태도

모든 사람에게 꿈은 필요하다. 아무리 금융위기가 실물경제 위기로 다가오고 있지만 현실이 비참하면 비참할수록 더욱 더 필요하다. 미국 대통령선거에서 승리를 성취한 신출내기 흑인 정치인에게나, 벼랑 끝으로 내몰리는 세상을 살아가며 꿈에 목마른 사람들 모두에게 필요한 것은 꿈이다. 우리는 절망 대신 어떤 꿈을 꾸고 있는지, 국가나 사회 각계 지도층은 국민과 조직 구성원들에게 어떤 꿈을 심어 주고 있는지 묻고 싶다. 지난 10년간 우리 사회에서 등장한 유행어를 나열하면 긍정적인 단어보다 부정적인 단어가 더 많다.[30] 점점 더 꿈조차 꿀 수 없는 사회로 달려가고 빠져드는 듯한 느낌이 들 수도 있다. 그래서 필자가 요구하는 리더의 첫 번째 덕목은 부하들에게 꿈을 심어 주는 태도다.

(2) 자기만을 생각하는 사람은 꿈을 가질 수 없다

필자는 많은 사람이 꿈이 별로 없다거나, 있다 하더라도 인생의 목표를 제대로 정하지 못했다는 말을 자주 듣는다. 청소년은 물론이고 한창 일할 나이인 30, 40대에서도 같은 하소연을 토로하는 이들을 흔히 보게 된다. 실현해야 할 목표를 가지고 날마다 그것을 의식하며 적극적으로 살아가야 하는데도, 많은 사람이 꿈도 목표도 상실한 채 흐르는 세월에 실려 알 수 없는 곳으로 그저 흘러가고 있다. 하지만 현실은 냉혹하다. 꿈을 가진 사람만이 이긴다. 그리고 조금이라도 빨리 프로 의식에 눈뜬 사람만이 성공을 거머쥐고 세상의 변화를 주도한다.

많은 이가 꿈 없이 살아가는 이유를 살펴보면 오직 자기 혼자만을 생각하기 때문이다. 자기만을 생각하는 사람은 절대로 꿈을 가질 수 없다. 이것은 '자기애(自己愛)'와는 다르다. 멋진 꿈, 훌륭한 목표를 가지고 싶다면 다음의 원칙을 실행하면 효과적이다. 즉, 애인을 생각하면 두 사람의 꿈이 생긴다. 부인을 생각하면 부부의 꿈이 생긴다. 부모를 생각하면 부모를 행복하게 할 꿈이 생긴다. 가족을 생각하면 가족을 위한 꿈이 생긴다. 조직을 생각하면 조직을 기쁘게 할 꿈이 생긴다. 나라를 생각하면 국민의 행복이라는 꿈이 생긴다. 인간을 생각하면 더 나은 인간 세상으로 만들려는 꿈이 생긴다.

이처럼 인간의 소유를 가장 큰 것으로 채워 줄 수 있는 것이 바로 꿈이다. 꿈은 과

---

30) 글로벌, 디지털 혁명, 스마트 폰, 페이스북, 성과, 컨버전스, 유비쿼터스, 노사 안정, SNS, 비전, 리더십, 수익 증대, 목표 달성, 브랜드 가치, 핵심 인재, 핵심 가치, 고객 감동, 행복, 정의, 창조, 도전, 변화와 혁신과 같은 단어 이외에 불황, 구조조정, 양극화, 빈부 격차, 고령화 사회, M&A, 내수 불안, IMF, 대량 감원, 88만 원 세대, 반값 대학 등록금, 삼팔육, 사오정, 퇴출, 저성장, 차이나 쇼크, 한·미 FTA, 탄핵, 촛불시위, 자살, 금융위기, 멜라닌 파동, 교육 파행, 취업대란에 조기 퇴직, 낙하산 인사, 대화와 소통 부재, 대통령 친인척 비리, 신종 플루, 쓰나미, 대지진, 원전사고, 테러 등의 단어들이다.

거와 미래를 왕복하는 '타임 머신'이다. 꿈은 이뤄도 혹은 이루지 못해도 인간의 가장 큰 만족을 채워 주고, 완성시켜 주는 삶의 도구다. 아무것을 소유하지 못해도 꿈은 왕이 되어 세상을 다스리고, 그 꿈을 가졌던 자가 결국은 또 왕이 되게 하는 '성취의 메커니즘'을 가지고 있다. 그래서 신의 창조물인 인간은 꿈을 꿀 때가 더 아름답고 위대하다.

(3) 신은 꿈꾸는 인간에게만 내일을 열어 놓았다

위대한 인간의 가치는 꿈꾸는 자다. 꿈꾸는 자에게서 세상을 빼앗지 못한다. 꿈을 꾸면 신명난다. 꿈속에서 둥실둥실 춤을 춘다. 꿈을 꾸는 자에게는 지금의 아픔과 괴로움 따위는 적수가 될 수 없다. 꿈이 싱싱하면, 내일의 '황금 사과'도 듬뿍 수확할 수 있다. 신은 꿈꾸는 인간에게만 내일을 열어놓았다. 꿈속에서 살면 그 꿈이 사람을 화사하게 만든다. 설령 꿈속에서 죽어가도 그 꿈 때문에 자신은 죽은 것이 아니라 아스라이 사라져 갈 뿐이다. 꿈의 세계에서는 죽음도 삶도 차이가 없다. 그래서 꿈꾸는 사람은 현실의 삶이 아무리 어려워도 신명나게 살아간다.

오히려 인간의 슬픔은 꿈이 시들어 갈 때 나타난다. 꿈이 시들면 현재의 삶이 아무리 아름다워도 이미 시들고 잃어버린 꿈처럼, 물줄기를 잃어버린 강처럼 목말라 비참한 몰골의 탄식이 얼굴에 골짜기를 이루며 흐른다. 생생한 꿈으로 화려한 꿈으로 날마다 삶을 채워 가야 한다. 어느 누구도 꿈쟁이를 이겨낼 수는 없다. 우리의 이름은 이제 Dream Maker!(꿈을 만드는 꿈쟁이), Do Dream(두드림; 꿈을 가져라), Dream Drummer!(꿈을 두드리는 사람)다.

3) 정도 리더십

리더가 지녀야 할 덕목 중에 세 번째는 바로 '법과 원칙'을 지키는 도덕적이며 원칙 중심의 정도(正度) 리더십(rightous leadership)이다. 이 우주에 절대적인 존재가 있든 없든, 인간으로서 마땅히 지켜 나가야 할 중요한 원칙과 가치가 있다면 보상이 따르지 않는다 해도 정도를 따라야 한다. 리더라면 순간의 인기 영합적으로 행동해서는 안 되고, 개발이나 발전에 큰 밑그림을 그려놓고 먼 앞을 내다보며 일을 추진해야 한다. 눈속임 같은 얇음이 아니라, 먼 미래를 보고 두는, '바둑의 포석'과 같아야 한다는 뜻이다. 포석이 그 바둑의 승패를 좌우하듯이 법과 원칙을 준수하는 리더십이 바로 정도 리더십이다.

개인의 실력보다는 인연이라는 끈끈한 관계가 더 우선시되는 분위기, 지도자의 자질이나 역할보다는 '우리'라는 감정으로 이어진 왜곡된 연대 의식은 원칙이 없는 조직 문화를 만연시킨 원인이 되었다. 고향 사람이나 선후배 관계를 통해 남들에게 주지 않는 특별한 총애를 베푸는 것을 너무나도 당연시하고 있다.

정도(正道)와 원칙(原則)을 구분해 정도에서 한 걸음 더 나아가야 한다. 이제까지 정도(正道: 올바른 길, 정당한 도리)를 표방했다면 이제부터는 정도(正度: 바른 규칙)를 표방해야 한다. 법과 원칙은 조직의 기본이요 약속이어서, 법질서 확립 없이는 진정한 조직이 될 수 없다. 불법과 폭력이 난무하는 사회는 사상누각(沙上樓閣)이므로 법치가 살아야 나라가 산다. 그래야 법과 질서를 바로 세울 수 있다.

(1) 정도를 갖춘 리더의 발견

원칙 중심의 리더십이 필요하다. 그래서 정도를 갖춘 리더의 발견이 간절하다. 세상살이가 어려울수록 여러 가지 이슈가 난무하고 다양한 해결책이 제시되고 있지만 이러한 문제의 해답은 결국 리더십의 관문을 통과해야 한다. 정도 리더십은 위기의 순간에 더욱 빛을 발하며, 이때 발휘되는 리더십은 어느 한 사람의 노력만으로는 성공하기 어렵다. 결과만을 중시하는 변칙이 난무한 사회에서는 원칙과 분명한 목표 의식을 바탕으로 조직원들의 잠재력을 이끌어 내는 정도의 리더가 근본적인 해결책을 제시할 수 있다. 필자의 과거 경험으로 볼 때 항상 선택의 순간에 유혹이 있었다. 조금 편하게 갈 수 있는 유혹이 있었고 그런 선택을 한 적도 있다. 하지만 대부분 실패했던 것 같다. 지금 되돌아보면 가장 정상적이고 정도를 따르는 선택이 최선이었다.

'첩경(捷徑)의 낭비'라는 말이 있다. 이런저런 편법이나 요령으로 지름길만 찾아다니면서 그때그때 목표를 빨리 이루는 사람은 시간이 지나도 요령만 늘 뿐 결국 제대로 된 가치 경쟁력이 축적되지 않아서 목표에 이르지 못한다는 뜻이다. 조직도 마찬가지다. 쉽게 얻을 수 있는 눈앞의 이익에 집착하면 결국에는 조직의 생존력을 잃어버리게 된다. 요즘 같은 글로벌 경쟁 시대에는 더욱 그렇다. 본질적 핵심 역량이 없는 조직이 살아남을 수 없는 것은 자명한 일이다. 마치 우연한 재수나 변칙에 의한 횡재가 결국 그 사람을 패망의 길로 이끄는 것과 같은 논리다. 늦은 듯하지만 장기적인 안목에서 보면 정도의 리더십이 바로 '속도 리더십'이었다. 규범과 원칙을 지키고 정도로 일하면서도 빠르게 해야 그것이 진정한 속도이며, 정도의 리더십이다.

(2) 리더는 황야의 무법자가 되어서는 안 된다

몇 해 전 외신을 장식한 사진 하나가 있다. 아프가니스탄에서 10개월 복무를 하고 있는 영국의 해리 왕자(Prince Harry)가 평범한 군 생활을 하고 있는 모습이었다. 일국의 왕자가 해외 격전지에서 일반 병사로 근무하면서 지도층의 솔선수범을 실천하는 모습이었다. 이러한 것이 진정한 솔선수범의 모습이며, 노블레스 오블리주(noblesse oblige)의 정신이다. 영국 왕족의 이러한 솔선수범의 모습을 보면서 영국 국민들이 느끼는 자부심은 이루 말할 수 없을 것이다.

'노블레스 오블리주'란 고귀한 신분에 따르는 도덕적 의무와 책임을 뜻한다. 정당하게 대접받기 위해서는 '명예(노블레스)'만큼 의무(오블리주)를 다해야 한다는 것이다. 즉, 지도층의 솔선수범을 말하며, 특권에는 반드시 책임이 따르고 고귀한 신분일수록 의무에 충실해야 한다. 영국 지도층의 사례를 보면서 우리 사회의 리더는 어떠한 덕목을 지녀야 하며, 진정한 리더십은 어떤 것인지 다시 생각할 계기가 되고 있다.

리더로 명예를 갖기 위해서는 의무를 다해야 하며 또한 도덕적 청렴성이 그만큼 높아야 한다. 한 시대를 이끌어 갈 역사적 임무를 가진 사람들이 부끄러움이 있어서는 그 사회의 리더가 될 수 없다. 어떤 조직에서든 리더의 자질을 갖췄는지에 대한 '검증 시스템'의 확립에 수고를 아끼지 말아야 한다. 이것이 바로 조직 구성원으로서 자부심을 높이는 길이며 우리 사회가 천박해지지 않게 하는 길일 것이다. 땅 투기로 치부하고 논문 표절로 안위하고 이중 국적으로 국민을 실망시키는 일이 더 이상 없어야 한다. '리더 탈락'과 '낙마의 법칙'에 반드시 도덕성이 포함되어 있다.

정도 리더는 사리사욕을 채우기 위해 자신에게 부여된 특권을 남용하지 않는 리더로서 그 자리를 자신이 획득한 것이 아니라 그 자리에 자신이 '부름을 받았다'는 소명

그림 2-4 노블레스 오블리주(nobless oblige)

의식(calling)을 가지고 있는 사람이다. 필자가 정도 리더십을 강조하는 이유는 수학 공식처럼 100－1=99가 아니기 때문이다. 리더의 자질 중에서 법과 원칙이 빠지면 그것은 99가 아니고 제로 또는 마이너스가 될 수 있기 때문이다. 그래서 리더는 '황야의 무법자'가 되어서는 안 된다.

4) 온도 리더십

물은 100도에 끓고, 얼음은 0도에 언다. 맛있는 맥주의 적정 온도는 4~5도로 보고 있다. 와인의 적정 온도는 화이트 와인의 경우 7~10도 사이가 가장 적당하다. 집에서 페인트칠하기 적정한 온도는 25도, 직장에서 생산성 높이기 적정한 온도는 22~25도, 목욕하기 적정한 온도는 35~40도다. 너무 뜨거운 물로 목욕을 할 경우 피부 보호막이 손상되어 오염물질, 세균, 박테리아에 취약할 수 있기 때문이다.

머리는 냉철하지만, 인간의 마음은 따뜻한 온정이 있어야 하고, 꿈에 대한 열정은 끓어올라야 한다. 필자가 좋아하는 메타포(metaphor)의 표현 중 다음과 같은 것이 있다. "사막은 아름다워! 사막이 아름다운건 어디엔가 우물이 숨어 있기 때문이야! 눈으로는 찾을 수 없어, 마음으로 찾아야 해!" 이처럼 온도(溫度) 리더십(human leadership)은 사물에 대한 적정한' 온도를 의미하는 것으로 '인간미', 상황에 따라 '냉정', '온정', '열정'을 지닐 수 있는 리더를 말한다.

일본은 흔히 가깝고도 먼 이웃으로 표현된다. 머리와 가슴도 그런 사이다. 머리에서 가슴까지 거리는 30cm에 불과하다. "사랑이 머리에서 가슴으로 내려오는 데 칠십 년 걸렸다"라고 강남성모병원에서 투병 중일 때 김수환 추기경은 이 짧은 거리를 이렇게 솔직하게 표현한 적이 있다. 그렇다. 머리에서 가슴까지의 '마(魔)의 30cm'를 극복해야 한다. 인간미와 도덕성으로 충만한 마음을 지닌 사람만이 자신의 능력을 맹신하지 않고 겸손할 수 있고 남에게도 베풀 수 있는 것이다. 이러한 마음이 부하 사랑으로 이어지는 것이다. 이것이 바로 필자가 원하는 '온도 리더십'이며 휴먼 리더십(human leadership)이다.

(1) 휴먼 네트워크 시대의 휴먼 리더

아날로그 시대는 잘 먹혀들던 리더십이라도 디지털 시대에는 아무리 클릭(click)해도 부팅(booting)되지 않는 일들이 비일비재하다. 신입 사원일 때는 일을 곧잘 했건만, 윗자리로 승진하면 무능해져 버린 상사를 자주 본다. 리더의 리더십 덕목은 변한다. 초년 때는 예절, 실무자 때는 업무 처리 능력, 상사 때는 리더십이 능력의 핵심이 된다. 개성이 강하고 주장이 뚜렷한 구성원들과 함께 일하면서 사기도 올려 주고, 부하가 영혼까지도 바칠 수 있게 하는 탁월한 리더는 어떤 사람일까? 아마도 인격을 갖춘 휴먼 리더일 것이다.

온도 리더십을 지닌 휴먼 리더는 클라이언트를 사람으로 보고 인격체로 대한다. 조직의 동반자, 삶의 동행자로서 존중한다. 신하를 지배하는 왕의 권위적 자세가 아니라, 동등한 인격체로서 존중하고 부하의 역할을 존중한다. 대화를 할 때에도 경어를 사용하고 이름을 불러 준다. 클라이언트를 클라이언트로만 보지 않고 사람으로 보는 리더가 휴먼 리더다.

휴먼 리더는 부하 동료의 감정과 생각을 존중한다. 부하의 감정을 인정하는 상사가 휴먼 리더다. 부하도 사람이기 때문에 생리적인 작용도 있고, 심리적인 이유도 있다는 것을 인정한다. 부하는 힘들어하는데, 제3자가 보기에는 대수롭지 않은 일인 경우도 있다. 이때 휴먼 리더는 힘들어하는 마음을 함께 나누고 회복시켜 준다. 부하가 기쁜 일이 있을 때나 슬픈 일이 있을 때, '기쁨지수'와 '슬픔지수'를 함께하는 것이다. 그러면 모든 열정을 다해 상사를 따르게 될 것이다.

휴먼 리더는 부하 사랑에 기쁨이 있어서 부하 사랑의 눈높이만큼 조직 장악력이 강화된다. 휴먼 리더는 부하에게 친절해야 한다는 말을 실행하고, 부하의 사생활에 관심을 가져 준다. 사생활의 대화를 전혀 하지 않으면서 업무적인 대화를 하면 잘 먹혀들지 않기 때문이다. 휴먼 리더는 상사이기도 하지만 때로는 형님 같기도 한 사람으로서 업무뿐만 아니라 인생을 논의할 수도 있다. 부모님의 건강은 어떠신지, 친구들과는 어떻게 지내는지, 개인적으로 해결해야 할 문제나 고민거리를 함께 풀어 준다.

(2) 책임은 내가 지고 공은 부하에게 돌리는 리더

휴먼 리더는 초보자에게는 지도해 주고, 능력자에게는 위임해 주는 리더다. 부하 직원들은 배울 것이 있고, 가르쳐 주고, 키워 주는 리더를 좋아한다. 맡기지도 않고 가르쳐 주지도 못하는 리더는 실무자의 때를 벗지 못한 것이다. 부하의 품격 수준이 곧 리더의 품격(品格)이다. 부하의 능력이 리더의 능력이라는 말이다. 리더는 새로운 개선 방법을 고안해 내고 그것을 가르쳐서 숙달시키고 위임하는 부하 육성의 사이클을 따라 관리해 나가야 한다. 즉, 가르치고 위임하는 양 날개를 사용해 부하가 맹활약할 수 있도록 하는 리더가 휴먼 리더다.

책임은 내가 지고 공은 부하에게 돌리는 리더가 휴먼 리더다. 리더는 부하를 통해 자아를 실현하는 사람이다. 부하가 상을 받고 조직 목표가 달성되면 리더에게 그것이 바로 포상인 것이다. 부하가 과업을 성취했다고 칭찬을 받으면, 그것으로 리더도 만족해야지, "내가 그렇게 하라고 시켰다"라는 식으로 공을 가로채려고 하면, 그 후 부하들의 협동을 받아내는 일은 끝장이다.

솔선수범해 부하들이 도전할 행동을 보여 주는 상관이 휴먼 리더다. 부하는 가르쳐서 배우는 것보다 보면서 배우고, 시켜서 하는 것보다 본 대로 하는 경향이 있다. 현장형 리더는 항상 현장에 있으면서 친절의 시범도 보이고, 솔선수범으로 진열도 할 때, 리더십이 확보되는 것이다. 프로 야구의 감독처럼 현장에 있으면서 작전 사인을 주고받으면서 함께 뛰어야 한다. 등만 잘 두들겨 준다고 따르던 시대는 지나갔고, 리더 스스로가 실력으로 무장되어 솔선수범할 때 추종하고 협력한다.

5) 각도 리더십

리더십에서 중요한 것은 속도만큼이나 방향이 중요하다. 각도(角度) 리더십(flexible leadership)은 리더라면 사물이나 사건에 대한 판단의 각도(angle: 안목, 시각)가 단순한 흑백의 논리가 아닌 무지개 색깔(rainbow color: 다양한 시각)로 판단할 줄 알아야 함을 의미한다. 그래서 각도 리더십을 지닌 리더는 우리에게 익숙한 주제라도 새로운 시각을 가지고 사물을 다른 관점에서 바라본다.

(1) 당신의 리더십 각도는 어디로 향하고 있습니까?

옛날 아주 가난한 집안에 태어난 두 형제가 있다. 하지만 현재 두 사람은 너무도 다른 삶을 살고 있다. 형은 거리의 걸인 신세를 면하지 못했지만, 동생은 박사학위를 받고 훌륭한 대학 교수가 된 것이다. 이런 현상이 궁금했던 어떤 기자가 이들의 사정을 듣고 어떻게 똑같은 환경에서 이렇게 다른 인물이 나오게 되었는지 심층 취재하게 되었다.

취재 도중 기자는 특이한 액자 하나를 발견하게 된다. 그것은 두 형제가 자란 집에는 Dream is nowhere(꿈은 어느 곳에도 없다)라고 적힌 조그만 액자였다. 꿈이 없다니? 이상하게 생각한 기자는 형제에게 "그 액자가 기억납니까?" 하고 질문을 던졌다. 걸인 형은 이렇게 대답했다. "네. 있었습니다. 그 액자는 20년 넘게 우리 집에 있던 액자였습니다. 저는 항상 그것을 보며 자랐습니다." 한편, 인생에서 성공을 거둔 동생은 미소지으면서 이렇게 대답했습니다. "네. 있었습니다. 하지만 저는 띄어쓰기를 달리 해서 보았습니다. Dream is now here(꿈은 바로 지금 여기에 있다). 전 늘 그렇게 생각하며 자랐습니다."

당신의 리더십 각도는 부정을 향하고 있는가, 긍정을 향하고 있는가? 당신은 살아가면서 어떤 검색 엔진을 사용하고 있는가? 부정적인 생각과 언어로 검색하고 있는가? 긍정적인 생각과 언어로 검색하고 있는가? 당신의 안목과 시야는 어디로 향하고 있는가? 당신의 손가락은 어디로 향하고 있는가? 꿈과 도전을 지향하고 있는가? 실패와 좌절을 가리키고 있는가? 미다스(Midas)의 손이 될 것인지 마이너스(minus)의 손이 될 것인지는 당신이 가리키고 있는 손가락의 각도에 달려 있다.

(2) 팔로어십은 각도 리더십의 또 다른 이름이다

각도의 리더는 높은 데서 멀리 바라보는 독수리눈(eagle's eyes)처럼 폭넓은 시야를 가지고 일상의 다양한 논점과 경험에 대해 생각하고 말한다. 열정적으로 자신의 일을 설명한다. 언제나 자기 자신에 대해서만 말하려 하지 않는다. 호기심이 많아서 좀 더 알고 싶은 일에 대해서는 "왜?"라는 질문을 던진다. 상대에게 '공감'을 나타내고 상대의 입장이 되어 말할 줄 안다.

따라서 세상을 보는 시야를 넓혀야 한다. 이는 역지사지(易地思之)의 판단 능력과 창의적 사고라고 할 수 있으며, 시스템적 사고와 전략적 사고로써 글로벌 시각과 미래 지향적 판단 능력을 의미한다. 여기에는 당연히 팔로어십(followership)이 해당된다. 과부 사정은 홀아비가 안다. 리더의 입장은 리더가 되어 보아야만 알 수 있고 이해할 수 있다. 우리가 좋은 팔로어가 되기 위해서는 리더의 입장을 시뮬레이션하는 것이 필요하다.[31] 그래서 각도의 리더십에는 팔로어십도 포함된다. 그래서 팔로어십은 각도 리더십의 또 다른 이름이다.

2 흥미롭고도 깊은 의미의 덕목들

필자는 말의 변화, 언어의 변용이 소통을 가로막는 결정적 장애가 된다고 보지 않

31) 사우스웨스트 항공사에는 다음과 같은 기회가 주어진다. 예를 들어 간부 리더십 프로그램이 그러하다. 다른 회사의 경우는 강사가 있고 나머지 직원은 조용히 앉아 강사의 얘기를 들으면 된다. 당연히 책임감도 없고 리더십도 생겨나지 않는다. 사우스웨스트 항공사의 리더십 강의에는 강사가 없다. 모두가 다 가르칠 준비를 해야만 한다. 그리고 수강생 중 무작위로 사람을 선발하고 선발된 사람이 강의를 한다. 당연히 모두 긴장하고 준비를 한다. 워크숍 형태로 강의가 시작되는데 불꽃 튀는 토론과 논쟁이 벌어진다. 돌아가면서 팀장 역할을 해보는 것도 좋은 방법이다. 재미있는 사실은 게으르고 뺀질거리거나 문제가 있는 팀원도 일단 팀장을 하고나면 생각이나 행동이 눈에 띄게 달라진다는 것이다. 그만큼 제대로 된 훈련은 사람을 변화시킨다(김재득, 2008).

는다. 절제된 언어가 더 많은 소통을 가능케 한다는 견해를 지니고 있다. 언어는 약속된 기호이자 소통의 수단이므로, 그것을 과거 삶의 방식에 묶어놓고 그 언어를 그대로 습득하라는 요구는 무리라고 생각한다. 그래서 필자는 줄임말도 좋아한다. 다만, 줄임말의 가벼움에 내용이 없으면 지루하지만 그러한 점만 보강된다면 현실 언어를 보완하는 기능, 톡톡 튀는 언어 감각과 창의성을 엿볼 수 있어 필자는 줄임말에 긍정적인 입장이다.

필자가 자주 인용하는 줄임말로는 일곱 가지 'ㄲ'(꿈 · 깡 · 끼 · 꾀 · 꼴 · 끈 · 꾼) 이외에도 일곱 가지 'ㅍ'(필 · 펀 · 편 · 품 · 폼 · 판 · 패), 세 가지 '3H'(Hand, Head, Heart), 사기(네 가지의 氣, 基, 技, 記),[32] 풍림화산(風林火山)의 바람, 숲, 불, 산이 던지는 네 가지 깊은 메시지,[33] 3M,[34] 力(청소력, 매력, 유모력, 정력, 박력, 체력, 창조력……, 그 밖에 '깨 · 평 · 기 · 사 · 이 · 포 · 자 · 중 · 용'이라는 아홉 가지의 언어는 '긍정의 힘', '긍정적 언어'와 '자기 암시'를 강조할 때 자주 인용하는 줄임말이다. 본 덧말은 독자의 안목과 저자의 책 『의사소통론』(2012) '소통' 편에서 찾아보기 바란다.

1) 21세기형 신언서판

인재 판별 관상법의 효시쯤 되는 것으로 '신언서판(身言書判)'이 있다. 신언서판은 중국 당나라 때 관리를 등용하는 시험에서 인물 평가의 기준으로 삼았던 체모(體貌) · 언변(言辯) · 필적(筆跡) · 문리(文理)의 네 가지를 줄인 말이다. 예전부터 내려오던 인재 채용의 기준인 신언서판을 21세기형 리더십의 가치로서 온고지신(溫故知新)의 정신과 21세기적 시각으로 새로운 해석을 내려보고자 한다.

첫째, 신(身)이란 사람의 풍채와 외모를 뜻하는 말이다. 요즘 말로 '허우대'다. 이는 사람을 처음 대했을 때 평가 기준이 되는 것으로 아무리 신분이 높고 재주가 뛰어난

---

32) 사기란 氣(암초를 만났을 때의 젊은 기백), 基(기본을 익혀 기초를 다질수록 튼튼해지는 원칙과 기본기), 技(맡은 분야의 전문기술을 연마하는 전문성), 記(항상 메모하고 아이디어를 적는 적자생존의 능력을 의미한다).

33) '바람처럼 빠르게, 숲처럼 고요하게, 불길처럼 맹렬하게, 산처럼 묵직하게'라는 의미의 풍림화산(風林火山)은 중국의 대표적 병법서인 『손자(孫子)』의 '군쟁(軍爭)' 편에서 유래된 말이다. 일본 '전국시대'의 무장 다케다 신겐(武田信玄)은 이 가르침에 큰 감명을 받아 풍-림-화-산을 각각 한 글자씩 장식한 군기(軍旗)를 만들었고 이후 '풍림화산'은 그의 군대를 상징하는 표현이 됐다.

34) MBA(Management by Alcohol), MBC(Management by Charisma), MBO(Management by Objective) 등으로 줄임이 가능하다. 특히, 소통과 대화를 위해 술좌석이 필요할 경우에 "술 한잔 하자"는 제안을 "우리 MBA 한번 하자"는 말로 대신한다. 물론, 여기서 MBA는 경영학 석사((Master of Business Administration)를 의미하지 않지만 동시 효과를 노린 '언어의 유희'다.

사람이라도 첫눈에 풍채와 외모가 뛰어나지 못했을 경우, 정당한 평가를 받지 못한다. 예전에도 네 가지 중에서도 가장 먼저 나와 있는 것이 바로 외모이듯이 사람의 첫인상이 그만큼 중요하다는 뜻이다. 예나 지금이나 자신의 배필감을 고를 때, 가장 먼저 보는 것이 상대방의 겉모습, 외적 이미지인 신(身)이다.

그렇다면 21세기에는 단순히 외모만이 아니라 '정신'과 '육체'의 건강을 의미한다. 지식정보화 사회의 인재는 혼자서 수만 명을 먹여 살릴 수 있는 창의적인 인재가 되어야 하는데, 그 전제 조건은 건강이다. 건강이 뒷받침되지 않고서는 그 어떠한 창의적인 일도 제대로 수행해 낼 수 없다. 육체적·정신적 건강에 대한 자기 관리의 엄격한 실천력을 지닌 리더가 요구된다. 좀 더 자세한 내용은 제5장 '이미지 리더십', 제6장 '도덕적 리더십' 부문에 이러한 내용을 적어 놓았다. 5도의 리더십 중 '태도'와 '정도' 리더십에 속한다.

둘째, 언(言)이란 사람의 언변을 이르는 말이다. 말재간을 의미하는 것일 터다. 의미 전달 능력이 분명한지를 체크하는 기준이다. 사람을 처음 대했을 때 아무리 뜻이 깊고 아는 것이 많은 사람이라도 말에 조리가 없고 말이 분명하지 못했을 경우, 정당한 평가를 받기 어렵다. 사실 말만큼 사람을 기쁘게 하거나 말만큼 사람을 기분 나쁘게 하는 것이 없다. 부부 간 이혼의 원인도 대부분 말 때문이다. 주변의 리더를 보면 '왜 저 정도 말밖에 못할까?'라고 생각되는 사람이 많다.

그러면 21세기형 '언(言)'이란 무엇일까? 과거의 '언'이 말 잘하는 언변이었다면 지식정보화 사회에서 '언'은 수평 조직에서 개인과 조직, 국가 간의 상이한 입장 차이나 첨예한 갈등을 원만하게 조정할 수 있는 '설득'과 '협상' 능력이다. 현대 사회의 핵심 키워드는 '다양성'과 '개성'이다. 그만큼 이익 관계와 갈등 관계가 첨예하게 진행되는 것이다. 이때 '소통의 리더십'을 가지고 서로의 입장을 충분히 경청한 후, 좀 더 설득력 있는 합리적 대안을 도출하면서 대화할 수 있는 리더십을 지닌 사람이어야 하는 것이다. 이것은 '온도'와 '각도'의 리더십에 속한다. 좀 더 자세한 내용은 신간 『의사소통론』에서 '리더의 언어', '경청 리더십', '질문 리더십', '칭찬과 유머 리더십' 부문에 구성되어 있다.

셋째, 서(書)란 글씨(필적)를 가리키는 말이다. 예로부터 글씨는 그 사람의 됨됨이와 정신세계의 깊이를 말해 주는 것이라 하여 매우 중요시했다. 또 글씨는 당시 전문성을 판단하는 척도였다. 잘 쓴 글씨는 공문서 등에 필수였다. 그래서 인물을 평가하는 데 글씨는 매우 큰 비중을 차지했기 때문에 사대부 집안에서는 자식들의 붓글씨 쓰는 능력을 향상시키기 위해 많은 정성을 기울였다.

이제 '서(書)'의 기준도 변해야 한다. 예전의 기준이 필적(筆跡)에 있었다면, 21세기형 덕목은 새로운 가치를 창조할 수 있는 학식이다. 이것은 남다른 발상과 아이디어로 새로운 상상력을 지닌 창조적 지식이 요구된다. 상상력에 코드를 꽂아야 하는 것이다. 바로 그것은 메모하는 습관, 기록하는 습관을 의미하는 '적자생존(籍者生存)'이며, 세상의 이치와 세상의 메커니즘을 파악하게 하는 '독서(reader)하는 리더(leader)'를 의미한다. 이것은 '속도'와 '각도' 리더십에서 언급했고, 제4장 '시간관리', 제8장 '창조적 리더십' 부문에 구성했다.

넷째, 마지막으로 '판(判)'을 꼽았는데 문리(文理)의 트임, 곧 사물의 이치를 깨닫고 아는 판단력을 뜻하는 말이다. 사람이 아무리 체모(體貌)가 뛰어나고, 말을 잘하고, 글씨에 능해도 사물의 시비선악(是非善惡)을 깨달아 아는 능력이 없으면, 그 인물됨이 출중할 수 없다고 했다. '판'의 기준도 이제는 단순한 판단 능력에서 사물의 이치를 완벽하게 터득하고, 그것을 '변화관리', '위기관리'를 통해 탄력적으로 적용할 수 있어야 한다. 21세기 지식정보화 사회에서는 미래의 변화 방향과 속도를 가늠하기 힘들다. 이것은 '속도' 리더십, 제4장 '자기 변화', 제11장 '위기관리 리더십' 부문에 추가적으로 설명되어 있다.

이상을 요약 정리하면 신·언은 겉모습이요, 서·판은 속모습에 가깝다. 즉, 외모의 신뢰성(身), 언어의 설득력(言), 문서의 표현력(書), 분석과 판단력(判)을 지녀야 한다. 당시 당나라 황제는 첫째가 '신'이요, 다음이 '언'이었다. 셋째 '서'와 넷째 '판'은 진사 급제 자격시험 정도로만 썼고, 진사 급제 후엔 따로 신·언을 견줘 관직을 내렸다고 한다. 그러나 필자의 견해는 기존의 우선순위를 버리고 '신언서판'을 거꾸로 뒤집어 '판서언신(判書言身)'의 순서로 리더의 기준도 바뀌는 것이 올바른 '인재 관상법'으로 제안한다.

2) 'ㄲ'으로 본 리더 '깜'

리더가 갖춰야 할 미덕으로 버츄 카드(virtue card: 미덕 카드)가 있다. 버츄 카드는 '52가지의 미덕'을 제시한 카드이지만, 여기서는 대한민국 리더의 '깜'으로 쌍기역(ㄲ)으로 시작하는 일곱 가지로 축약해 보았다. 물론 일곱 가지 이외에도 꿀, 끌, 끗, 끝, 깨, 꽃 등 쌍기역으로 시작되는 것은 여러 가지가 있지만 여기서는 일곱 가지만 살펴본다.[35]

---

35) ≪꿈≫=비전, 목표, ≪깐≫=일의 형편이나 기회에 대해 속으로 헤아리는 마음, 제 깐엔…, ≪끈≫=프로정신, 장인정신, ≪꼴≫=외모, 경쟁력, ≪꿀≫=감성 리더, ≪꽹≫=흥을 돋구는 꽹가리를 칠 때 나

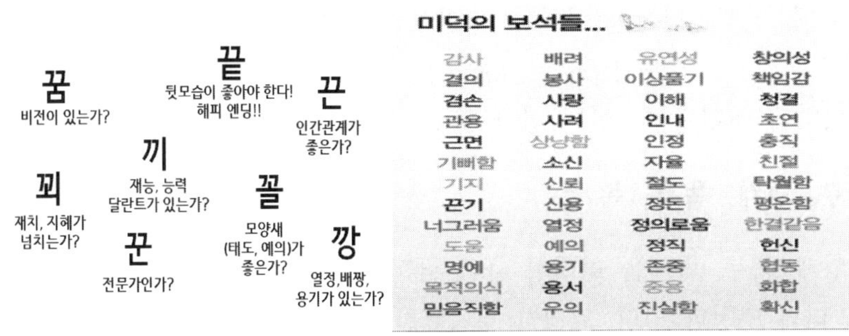

그림 2-5 "ㄲ"으로 본 리더 깜과 버츄 카드의 미덕

만일 "꿈, 깡, 끼, 꾀, 꼴, 끈, 꾼" 등 일곱 가지가 리더 '깜'(자격)이라면 포기하지 않고 '끝'(마무리)까지 추진한다면 마침내 아름다운 '꽃'(성취)이 필 것이다. 즉, 꿈(비전) → 깡(배짱) → 끼(재능) → 꾀(재치) → 꼴(모양새) → 끈(인간관계) → 꾼(전문가)이란 일곱 개의 'ㄲ'은 한국 사회에서 리더가 지녀야 할 중요한 덕목이라, 웃어넘기기에는 의미하는 바가 너무 크다.

첫째, '꿈'은 I have a dream처럼 비전과 꿈이 없다면 성공적으로 살 수 없다. 내 인생의 북극성이란 의미다. 당신에게 비전이 있는가?

둘째, '깡'은 열정(passion), 추진력, 배짱과 도전을 의미한다. 당신은 용기가 있는가?

셋째, '끼'는 기(氣)이며 재능(talent & gift), 능력(ability으로서 그만이 가지는 독특한 자질을 의미한다. 당신은 어떤 달란트가 있는가?

넷째, '꾀'는 지혜 및 센스(wisdom & sense), 재치를 의미하며, 자신을 보호하고 슬기롭고 재미있게 자신을 돋보이게 하고 위기를 모면하는 기민성과 스마트함을 의미한다. 당신에게는 어떤 지혜가 넘치는가?

다섯째, '꼴'은 이미지. 태도(attitude), 예의(courtesy), 성실성(sincerity), 온유한 마음을 의미한다. 당신의 태도에 대한 생각해 보라!

여섯째, '끈'은 관계(relationship), 디지털 시대의 NQ 지수다. 만일 인간관계(human relation)가 없다면 성공은 쪽박이다. 인간관계의 척도(a standard of human

---

는 소리, ≪꿋≫=기회 포착력, ≪껄≫=유머, ≪깨≫=잼터 만들기, 부부 사이가 오붓해 몹시 재미가 난다는 말, ≪끈≫=네트워킹, 인간관계, ≪끌≫=실력, ≪끼≫=열정과 신명, 고객 지향적인 끼, ≪꽉≫=조직 역량 강화, 힘을 들여 누르거나 묶는 모양, ≪깡≫=추진력, 투지, 자신감, ≪꾀≫=지혜, ≪꼭≫=실천력, ≪꾹≫=인내심, ≪끝≫=마무리, 피드백 역설적으로는 다시 시작함을 의미한다.

relation)이며, 인맥관리를 의미한다. 당신의 인간관계는 어떠한가?

마지막으로 '꾼'은 전문가(professional)로서 남이 보든 안 보든 자신의 일을 정당하게, 완벽하게 처리할 수 있는 선한 일꾼을 의미한다. 당신의 전문성은 무엇인가?

3) 멍부, 멍게, 똑부, 똑게

멍부, 멍게, 똑부, 똑게는 리더십 관련 서적에 자주 등장했던 분류다. 모든 리더를 똑똑한 리더와 멍청한 리더, 그리고 부지런한 리더와 게으른 리더로 나눈 다음 서로 조합해 네 개의 유형을 만들어 낸 조어다.[36]

첫째, 멍부형이다. 멍청하면서 부지런한 리더라는 말이다. 부하들이 제일 싫어하고 기피하는 유형이다. 업무에 대해 아는 건 하나도 없으면서 부지런만 떨기 때문에 걸핏하면 쓸데없는 일을 벌인다. 그 일이 쓸데없다고 판명나면 즉시 또 다른 불필요한 일을 시작한다. 따라서 이런 리더의 밑에 있으면 아무리 열심히 일을 하더라도 도무지 성과나 보람이 없다. 아침에 일찍 출근해서 복사기를 잘못 사용해 고장나게 하고, 퇴근은 늦게 하면서 전기를 많이 쓴다면 바로 멍부형일 것이다. 웰치(Jack Welch)가 선택한 ③번 스타일이다. 최근 해석에 의하면, 『삼국지』의 유비가 이런 스타일이었다고 한다. 제갈공명을 만나기 전에는 '유'씨 가문을 내세워 고위층을 사칭하고 다녔으며, 촉을 세웠지만 관우의 죽음에 흥분해 오나라를 무리하게 정벌하려다가 결국 실패해 병사한다.

둘째, 멍게형이다. 멍청하고 게으른 무사안일의 표본이다. 아는 것도 없고 일도 안 한다. 부하들의 입장에서는 몸 편하고 마음 편한 유형이다. 가끔 시키는 일이 있으면 적당히 시늉만 낸 다음 전문 용어를 써서 둘러대면 그만이고 그나마 지시 사항이 없을 때는 그냥 시간만 때우면 된다. 하지만 이런 사람 밑에서 일을 하다 보면 자기도 모르게 똑같은 멍게로 변하기 쉽다. 하태후를 누이로 두었던 덕분에 대장군이 되었다가 결국 목이 잘리고 만 하진(何進) 같은 인물이 여기에 속한다.

셋째, 똑부형이다. 똑똑하고 부지런한 리더라는 뜻이다. 이론에 능통하고 실무에도

---

36) 웰치는 『끝없는 도전과 용기』에서 직원을 ① 일도 잘하고 성실한 직원, ② 일은 잘하지만 게으른 직원, ③ 일은 잘 못 하지만 성실한 직원, ④ 일도 잘 못하고 게으른 직원 등 네 가지로 분류했다. 그러면서 만약 이 네 가지 유형 중 한 가지 유형의 직원을 해고해야 한다면 누구를 고르겠냐면서, 자신은 ③번 직원을 가장 먼저 해고할 것이라고 말했다. "④번의 직원도 문제이긴 하지만, ③번의 직원은 일도 못하면서 일을 벌이기 때문에 주변 사람이 그걸 해결해 줘야 하는 등 ④번보다 더 회사에 피해를 준다"라는 논리였다. '경영의 신'이라 불리는 웰치의 말이니 그러려니 하겠지만, 상식적으로 잘 감이 와 닿지 않는 부분이기도 하지만 결코 흘려들을 말은 아니다.

밝다. 게다가 부지런하기까지 하니 부하들 역시 열심히 일할 수밖에 없다. 하지만 이런 유형은 업무에 대한 간섭이 심할 뿐 아니라 자기의 판단을 우선시하기 때문에 부하들에게 스스로 생각하고 결정할 여지를 별로 남겨 주지 않는다. '내 사전에 위임은 없다'는 것이 이들의 신조다. 당연히 인기가 없다. 어쩌면 힘들 수도 있지만 부하가 생각하기 나름으로 배울 수 있는 기회가 될 수도 있다. 제갈공명이 이런 스타일이었다고 볼 수 있다.

넷째, 똑게형이다. 똑똑하긴 하지만 게으른 리더다. 전문적인 지식이 풍부하고 업무 파악도 정확한 편이나 게을러서 주요 업무를 부하들에게 모두 떠넘긴다. 부하의 입장에서 볼 때 일이 많고 귀찮기는 하지만 이런 리더 밑에서 일하면 성장 가능성은 상대적으로 매우 크다. 신세대 사원들에게 가장 인기 있는 유형이다. 『삼국지』의 조조 스타일이다.

위의 유형 중에서 부하가 바라는 리더의 유형은 '똑게'가 인기 있지만, 리더가 바라는 부하의 스타일은 오히려 '멍부'가 인기 있다. 어쨌든 우리가 원하는 스타일은 일단은 '똑'해야 한다는 것이며, 학생들에게 권하고 싶은 것은 '의식적 똑게'가 좋다는 말을 하고 싶다. 능력은 갖추고 있지만 가능하면 혼자 모든 것을 다 하지 말고 부하들에게 권한을 위임하라는 의미다.

'똑게'는 게으름으로 인해 본의 아니게 부하들에게 인기가 있는 유형이지만 그 같은 부하들의 심리를 잘 활용하면 일을 효율적으로 추진하면서 동시에 아랫사람의 능력을 키울 수도 있기 때문이다. 하지만, 위의 사항을 뒤집어 생각해 보는 시간을 개인적으로 가져 보았으면 하는 바람이 훨씬 크다. 내가 리더일 때와 내가 부하일 때를 상상해 이들의 궁합도 생각해 보라: 즉 멍부의 리더와 쪽게의 부하라면 과연 어떤일이 벌어질 것이지? 왜냐하면 리더십은 선택론이 강하게 작용하기 때문이다.

3 리더십 초대, 이 책의 패턴

오래전부터 '수신제가치국평천하(修身齊家治國平天下)', '가화만사성(家和萬事成)'이란 말이 전해 내려온다. 이는 무엇보다도 가정이 평안하고 화목해야 한다는 것을 강조하는 옛 어른들의 가르침이었다. 한국인에겐 한국형 리더십이 있다. 『대학(大學)』 8조목(條目)의 '수신제가치국평천하'라는 문구를 인용해 한국형 리더십을 갖고 생활한다면 이것은 나라를 구하고 세계를 이끌 수 있는 민족으로 거듭날 수 있다.

필자가 규정한 이 책의 기본 패턴이 바로 '수신제가치국평천하 리더십'이다. 한국형 리더십은 한국인 누구나 갖고 있는 것이기에 '나' 하나부터 시작하는 것이 중요하다. 누구나 알고 있는 이 문구에서 필자는 '왜 수심(修心)이 아니고 수신(修身)일까?' 하고 깊이 생각해 본 결과 마음먹기는 쉽지만 실제로 몸으로 실천하는 것은 어려운 만큼 몸소 실천함이 천하를 다스릴 수 있는 기본이라는 점을 나중에 알았다. 누구든지 마음은 잘 먹는다. 청백리(淸白吏)가 되겠다, 교통 신호를 잘 지키겠다, 영어 공부 열심히 하겠다, 그러나 몸으로 실천하는 자만이 진정한 리더로 가는 길이라는 뜻임을 알았다.

1994년 처음 우리나라에 소개된 코비(Steven Coby)의 『성공하는 사람들의 일곱 가지 습관』은 36개 국어로 번역되어 15년 넘게 미국 전역에서 베스트셀러를 기록하고 있는 책이다. 2002년에는 『포브스』 잡지가 선정한 20세기 가장 영향력 있는 경제경영 도서 톱(Top) 10에 천거되기도 했다. 그런데 코비 박사가 꼽은 성공하는 사람들의 일곱 가지 습관은 눈길을 끌 만한 대단한 지식이나 이론이 아닌, 보통 사람이면 누구나 알 수 있는 지극히 평범한 내용으로 구성되어 있다.

코비는 무엇보다 "성공에는 외적 성격 위주의 사고보다 내적 성품 위주의 사고가 훨씬 효과적"이라고 강조하고, 어떤 기법에만 치중하는 것은 벼락치기로 공부하는 것과 같다고 설파한다. 따라서 깊은 성실성과 내적 성품의 근본적인 강인함이 없으면 장기적인 인간관계에서 실패로 끝날 수밖에 없다는 점을 강조하고 있다. 그는 선한 품성을 바탕으로 상대방과 내가 함께 공생하는 습관을 강조한다. 이것은 우리 선조들이 즐겨 썼던 '수신제가치국평천하'와도 일맥상통한다는 점에서 사람의 생각은 동서양이 엇비슷하다는 생각이 들었다.

우리는 '수신제가치국평천하'라는 말처럼 스스로 셀프 리더십을 먼저 갖춘 뒤에 조직을 이끌면 자율과 사명감, 보람과 열정, 시너지를 기초로 한 상생(相生)의 리더십을 발휘할 수 있다. 수신제가 차원의 덕목인 '신뢰'와 '원칙' 이외에도 치국평천하 차원의 덕목을 잘 갖추기 위한 노력은 필요하다. '수신제가'의 덕목을 지나치게 강조할 경우 자칫 현실과 동떨어진 이상론으로 치달을 공산이 크다. 격동의 세월인 난세에는 힘을 바탕으로 한 강력한 통치가 요망된다. 춘추전국 시대에 법가(法家)와 병가(兵家) 등이 부국강병(富國强兵)을 역설한 이유가 여기에 있다.

사생활이 깨끗한 지도자는 응당 강력한 리더십을 발휘할 수 있는 것일까? 미·일·중·러 등 4강국이 한반도를 둘러싸고 치열한 각축전을 전개하고 있는 현 상황에서 수신의 자세만으로는 4강국과의 외교 협상을 제대로 전개할 수 없다. 사생활이 깨끗한 리더십은 개인 차원의 수제(修齊) 논리를 치평(治平)의 논리로 확대 해석했다는 지적이 가능하다. 상생의 리더십이 필요한 때다. 다른 말로는 공존공영 또는 공생(共生)을 뜻한다. 치심(治心)·치인(治人)·치세(治世)란 순차적 리더십을 강조한 강희제처럼 '수신제가'를 넘어 '치국'과 '평천하'를 가능케 해야 한다.

생각의 장(coaching point)

역설적인 지도자 십계명

'역설적인 지도자 십계명(The Paradoxical Commandments)'은 1968년 캔트 키스(Kent M. Keith) 박사가 하버드대 2학년생으로서 1968년 약관 19세의 나이에 만든 것이지만, 반세기 가까운 세월이 지난 오늘날에도 전 세계 80개국에서 지도자 훈련 지침으로 널리 사용되고 있다. 내용은 다음과 같다.

① 보통 사람들은 비논리적이고 비합리적이며 자기 중심적으로 생각한다. 그래도 그들을 사랑하라(People are illogical, unreasonable, and self-centered. Love them anyway)
② 착한 일을 하면 다른 속셈이 있어서 한다고 비난하는 사람들이 있다. 그래도 착한 일을 하라(If you do good, people will accuse you of selfish ulterior motives. Do good anyway).
③ 성공하면 나쁜 친구도 생기고 적도 생길 수 있다. 그래도 성공하라(If you are successful, you will win false friends and true enemies. Succeed anyway).
④ 오늘 착한 일을 한 것이 내일이면 잊혀질 수도 있다. 그래도 착한 일을 하라(The good you do today will be forgotten tomorrow. Do good anyway).
⑤ 정직하고 성실하게 살다가 불이익을 당할 수도 있다. 그래도 정직하고 성실한 인생을 살아라(Honesty and frankness make you vulnerable. Be honest and frank anyway).
⑥ 큰 뜻을 품고 살아가는 사람이 졸장부에 의해 쓰러지는 수도 있다. 그래도 가슴에 큰 뜻을 품고 살아라(The biggest men and women with the biggest ideas can be shot down by the smallest men and women with the smallest minds. Think big anyway).
⑦ 보통 사람들은 약자를 선호하면서도 강자를 따라간다. 그래도 소수의 약자 편에 서서 투쟁하라(People favor underdogs but follow only top dogs. Fight for a few

underdogs anyway).

⑧ 여러 해 동안 공들여 건설한 것이 하룻밤 사이에 무너지는 수도 있다. 그래도 쌓아 올리라(What you spend years building may be destroyed overnight. Build anyway).

⑨ 도움이 필요한 사람들에게 도움을 주고도 공격을 받을 수 있다. 그래도 그들을 도와 주어라(People really need help but may attack you if you do help them. Help people anyway).

⑩ 세상에 최선의 것을 주고도 호되게 봉변을 당할 수 있다. 그래도 세상에 당신이 가진 가장 값진 것을 주어라(Give the world the best you have and you'll get kicked in the teeth. Give the world the best you have anyway).

노벨 평화상을 수상한 테레사 수녀도 사무실에 걸어놓고 지침으로 삼았다고 한다. 결코 지키기 쉽지 않은 내용들이다. 이 십계명이 40여 년 동안 세계적으로 애용되고 있는 이유는 무엇일까? 미국 최고 공직자 등용의 세 가지 요건 즉 실력, 인격, 헌신이 모두 포함되어 있다. 무엇보다 세상의 현실에 대해 일차적으로 인정하고 있다는 점이며, 기다림의 미덕이 엿보여서 더욱 좋다. 중요한 것은 지도자의 삶이 될 십계명에 합당한 아름다운 마음과 정의로움은 당신의 몫이다.

행동(practice)과 습관(habit)의 장

나의 LQ 찾기와 셀프 코칭을 향한 첫걸음

(1) 내 인생의 장애물(짐)은 오직 ________________________뿐이다.

(2) 테무진: 나는 나를 극복했다. 그리하여 나는 마침내 칭기즈칸이 되었다.
　○○○: 나는 나를 극복했다. 그리하여 마침내 나는 _______이(가) 되었다.

(3) 지금 나의 변화를 방해하는 장애 요인은?
① 신체: ____________________
② 정신: ____________________
③ 사회: ____________________
④ 경제: ____________________
⑤ 영적: ____________________

(4) 내가 면접에서 떨어졌다. 그 이유는 나의 어떤 점 때문일까?

(5) 나를 가장 잘 설명하는 세 가지 핵심 단어는? ___________, _________, ___________

(6) 나의 신체는 36.5℃다. 그러나 나의 열정지수는 _______________ ℃다.

(7) 나는 세상을 그럭저럭 살아가는 사람을 알고 있다. 그들의 인생은 앞으로도 그럭저럭 살 것이다. 그 이유는? 그들에게는 _____, _______, _______ 이 없기 때문이다.

(8) 인생의 승리는 배경, 학력, 부, 명예 그 무엇도 아니다.
인생의 승리는 __________________________에 있다.

(9) 목표를 이루는 비결은 __________________________에 있다.

(10) 힘들어 하는 사람들에게 추천하고 싶은 동화, 우화, 신화, 노래가 있다면?

(11) 이순신 장군: "微臣不死 尙有十二隻: 미천한 신하는 죽지 않았고,
아직 저에게는 12척의 배가 남아 있습니다!"
○○○: "아직 저에게는 ________________________이 남아 있습니다."

(12) 앞으로 3개월 동안 나는 ____를(을) 포기하고 대신에 _____을 할 것이다. 나의 목표는 ________________이다. 나는 _____________에게 나의 목표를 말하고, 계속 나를 지켜봐 달라고 부탁할 것이다.

(13) 나의 목표를 이뤘을 때, 나의 느낌은 어떨까?
그때의 감동을 감탄사로 표시해 보라. "_________________________________!!!"

(14) 만일 내가 나의 꿈을 이뤘다면, 그때 제일 먼저 초청하고 싶은 사람 10명을 적어보라.
나는 _________, _________, _________, _________, _________, _________, _________, _________, _________, _________ 초빙할 것이다.

(15) "아름다운 질문을 하는 사람은 언제나 아름다운 대답을 얻는다고" 했다!!
"내가 행복(성공)한 사람이 될 수밖에 없는 이유" 30가지를 말해 보라!

제 2 부

수신제가(修身齊家)의 길(道)

제 3 장

셀프 리더십과 성취적 리더십

코칭(coaching)

이 세상 최고의 리더십은 셀프 리더십이다. 다른 리더십은 외적 동기에 의해 자신을 움직이지만 셀프 리더십은 내적 동기에 의해 자신을 움직이기 때문이다. 인생을 성공으로 이끌고자 한다면, 적어도 자신이 진정으로 원하는 것이 무엇인지는 알아야 한다. '자기 인생의 전략 회의'를 열어야 하는 것이다. 원하는 것이 무엇인지 불분명하다면 현실에서 그것이 이뤄질 가능성은 거의 없기 때문이다. 따라서 자기 스스로를 이해하고 발견하는 시간이 무엇보다 필요하다.

꿈을 이루기 위해 가장 우선적으로 해야 할 일은 자신의 강점을 파악하고, 스스로 꽃을 피울 수 있는 분야에서 명확한 목표를 세우는 것이다. 출발이 제대로 이뤄지지 않으면 아무리 과정에 최선을 다해도 첫 단추를 잘못 끼운 것과 같은 어처구니없는 결과에 직면하기 때문이다.

제 1 절 셀프 리더십

필자는 최선의 선택을 위해서라면 자신에 대한 완벽한 성찰이 필요하고 자신을 완벽하게 이끄는 자신으로의 여행, 즉 셀프 리더십(self leadership)에 대해 일찍부터 관심을 가지고 있었다. 그 이유는 자신을 진실로 이끌 수 있는 것은 바로 자기뿐이기 때문이다. 다른 사람들을 효과적으로 이끌려면 자신을 먼저 이끌 줄 알아야 한다. 셀프 리더십은 스스로에게 영향을 미치는 과정이다. 만일 공직사회에서 셀프 리더로 육성된다면 복지부동(伏地不動), 복지안동(伏地眼動)이라는 냉소적인 표현은 사라질 것이다. "스스로 깨면 병아리요 남이 깨면 프라이다"라는 말이 있듯이 스스로 동기부여할 수 있도록 자신의 틀을 개발하는 것은 중요하다. 셀프 리더십은 우리가 정말로 하고 싶은 일을 하는 데에 자발적으로 스스로를 투입할 수 있도록 하는 것이다.

그림 3-1 스스로 깨면 병아리요, 남이 깨면 프라이다

1 세상을 바꾸려 하지 말고 자신을 바꿔라

1) 나의 미래는 내 손에 달려 있다

일본에는 '코이(koi)'라는 잉어가 있다. 일본인들이 관상용으로 즐겨 기르는 이 물고기는 작은 어항에 넣어두면 5~8cm 정도밖에 자라지 않지만 연못에 넣어두면 15~25cm까지 자란다고 한다. 하지만 더 놀라운 사실은 커다란 강물에 풀어 주면 90cm~1.2m 이상 자란다. 코이는 자기가 숨쉬고 활동하는 세계의 크기에 따라 피라미가 될 수도 있고 대어가 되기도 한다. '꿈'은 코이가 자라는 환경과도 같다. 어떤 크기의 꿈을 꾸느냐에 따라 우리의 미래는 달라질 수 있다. 스스로를 작은 세계에 가둬버림으로써 자신들의 성장과 발전을 가로막고 있는 '코이'처럼 생활하는 사람이 있다. 이들에게 넓은 세상으로 나갈 수 있는 자신감과 글로벌 마인드를 심어 주기 위해서는 셀프 리더십이 절실히 요구된다. '코이'의 크기를 결정하는 것은 환경이지만 우리 스스로 어떠한 환경을 선택할 것인지, 즉 우리 스스로를 수족관으로 인도할 것인지 커다란 강으로 인도할 것인지를 결정하는 것은 바로 '우리 자신'이다.

나는 나를 혁신할 수 있다. 끊임없는 자기 혁신을 통해 앞으로 나아가야 한다. 자신을 진실로 이끌 수 있는 것은 자기 자신뿐이다. 나는 이길 준비가 되어 있다. 자신에게 적용시키기 위한 아이디어 선택은 자신에게 달려 있다. 나의 미래는 내 손에 달려 있다. 당신은 자신의 리더다. 당신만의 리더십을 발휘해 보라. 왜 서커스단의 코끼리가 되려고 하는가? 당신의 인생에서 가장 중요한 사람은 바로 당신이다![1]

1) 나의 미래를 위한 주문으로 몇 가지 소개하면 다음과 같다. 휴대폰에 저장해놓고 가끔씩 읽어 보기 바란다. ▲ 내가 항상 옳을 필요는 없다. ▲ 나는 나 자신이 되기 위해 이 세상에 왔다. ▲ 내 행복은 내 손에 달려 있다. ▲ 나에게는 선택의 자유가 있다. ▲ 어느 누구도 나에게 한계를 부여하지 못한다.

그림 3-2 잉어 코이

세상을 바꾸려 하지 말고 자신을 바꿔라. 나를 구할 수 있는 힘도, 나를 해치는 가장 참혹한 칼도 다 내 안에 있다. 그리하여 자신의 '가짜 욕구'와 '진짜 욕구'를 구분하고, 자신의 위대한 목소리에 귀 기울여 최종적으로 수퍼 리더, 코칭(coaching) 리더로 발전해야 한다.

2) 목표에 분장을 하라

필자의 경험상 수강생들에게 "목표(the goal)가 있느냐?"고 물어보면 분명히 "있다"라고 대답하는 사람이 대부분이다. 그러나 한 번 더 "무엇이냐?"라고 물으면 잘 가르쳐 주지 않는다. "서울역이 어디냐?"라고 물으면 잘 가르쳐 주지만 "너의 목표가 무엇인지" 물으면 대답을 잘 못한다. 왜냐하면 즉시 '내 목표는 이것이다'라고 말하기 어렵기 때문이다. 그저 막연히 가지고 있는 것일 뿐이고, 혹은 실현 불가능한 목표를 가지고 있기 때문에 말하기가 좀 낯간지러운 것이다. 그것은 바로 우리들이 초등학교 시절 환경조사서에 기록했던 급조된 꿈이나 다를 바 없다. 그러니 작심삼일이 될 수밖에 없다. 그러나 너무 허탈해 하지 말라. 지금까지 대부분의 사람이 그렇게 살아왔으며, 또 지금도 목표가 없이 살아가고 있다.

1953년에 미국의 예일대학교 학생들을 상대로 인생 목표에 관한 설문조사를 실시해 타임 캡슐에 넣었다가 30년이 지난 다음에 개봉해 보았더니 상류층(3%)은 문서화된 목표관리가 있었고, 중산층(10%)은 마음속으로 한 목표관리만 있었다. 그러나 서민층(60%)과 빈민층(27%)는 목표가 없었다. 무려 조사 대상의 87%가 목표가 없다라고 응답한 것이다.[2)]

▲ 내가 내 자신을 돌보지 않으면 아무도 날 돌봐줄 수 없다. ▲ 내 부족함은 스스로 용서해야 한다.
▲ 나의 행복과 불행을 결정하는 사람은 오직 나 하나뿐이다. ▲ 내가 모든 것을 이해할 필요는 없다.

2) 또 한 가지 사례를 소개하면 1979년부터 1989년까지 하버드 MBA 과정 졸업생들을 대상으로 목표 설정에 관한 연구가 수행되었다. 1979년 졸업생 중 3%는 자신의 목표와 그것을 달성하기 위한 계획

금세기 최고의 경영 컨설턴트 중 한 명인 트레이시(Brian Tracy)의 자서전이자 40여 국가에서 활용되고 있는 『목표! 그 성취의 기술(*Goals*)』에 나오는 이야기다. 목표관리가 얼마나 중요한지를 잘 설명해 준다.

이렇듯 상당한 엘리트집단이라 불리는 자들도 그렇게 살아왔다. 그런데 "내가 굳이 목표를 갖고 살 이유가 있나?"라고 말할까봐 필자는 은근히 걱정된다. 하지만 이런 불필요한 생각은 버려야 한다. 그 87%는 목표를 가지고 있었던 13% 밑에서 허덕이며 인생을 의존한 채 불안한 삶을 살아가고 있다. 그냥 그렇게 살고 싶으면 지금 동료 중에 목표가 분명한 사람을 윗사람으로 모실 각오를 하면 된다. 혹은 평생 고용상태에서 일하게 될 것이다.

택시를 타더라도, 1박 2일 여행을 가더라도 목표는 있다. 목표 지점이 있는 선수와 목표 지점이 없는 선수는 드리블 자세부터 다르다. 분명한 목표가 있으면 눈빛부터 다른 것도 바로 그런 까닭 때문이다.

그만큼 목표라고 하는 문제는 우리의 인생을 가늠하는 척도가 된다. 세상에서 가장 활을 잘 쏘는 사람이 있다고 해도 그 사람에게 안대를 씌우고 시합을 한다면 여러분은 이길 수 있다. 아무리 명궁사도 과녁을 보지 않고서는 맞힐 수가 없다. 독자 여러분이 적어도 신체적으로 헬렌 켈러(Helen A. Keller)보다 나은 조건을 가졌다면, 헬렌 켈러의 목표 의식을 본받아야 한다.[3)]

정주영 현대그룹 명예회장은 가난한 농부의 아들로 태어나 뭔가 달라져야겠다는 생각으로 우리나라에서 제일 큰집을 갖겠다는 목표를 가졌다. 빌 게이츠(Bill Gates)는 하버드대학교를 중퇴하며 세상 모든 책상 위에 마이크로소프트를 놓겠다는 목표를 가졌다. 여러분도 기왕이면 큰 목표를 가져야 한다는 이유가 바로 여기에 있다. [그림 3-3]처럼 '골(goal) 때리는 사람'이 되어야지 '골(goal) 빈 사람'이 되어서는 안 된다. 인생의 비극은 목표에 도달하지 못하는 데에 있는 것이 아니라, 도달할 구체적인 목표가 없다는 것에 있는 것이다. 따라서 계획을 세우지 않는 것은 실패할 계획을 세우는 것과 같다. 목표가 없는 길은 가지 마라. 눈치챘는가? 셀프 리더의 핵심은 바

을 세워 기록해 놓았다. 13%는 목표가 있기는 했지만 기록하지는 않았다. 10년 후 목표가 있었던 13%는 목표가 없었던 84%의 졸업생들보다 평균 2배의 수입을 올리고 있었다. 한편, 뚜렷한 목표를 기록해 두었던 3%는 나머지 97%보다 무려 10배의 수입을 올리고 있었다.

3) 헬렌 켈러에 의하면 "나는 한평생 태양만을 보며 살아왔다. 도대체 음지를 돌아볼 겨를이 없었다." 헬렌 켈러 여사가 누군가? 그녀는 눈이 안 보이고, 귀는 들을 수 없고, 말을 못하는 사람이었다. 헬렌 켈러 여사는 이어서 "앞을 못보는 사람보다 더욱 불행한 사람은 비전이 없는 사람이다"라고 말했다 (헬렌 켈러 어록 중에서).

그림 3-3 골(goal) 때리는 사람

로 목표에 분장을 하는 것이다.

2 '꿈 너머 꿈'을 향한 목표설정법

'꿈 너머 꿈'을 실현하기 위해서는 일단 목표를 세워야 한다. 하지만 많은 사람이 목표를 세우지 않고 일을 시작한다. 목표를 세우지 못하는 사람들은 누구일까? 어른이 될 때까지 '목표 세우기'라는 말조차 전혀 들어보지 못한 사람들, 실패의 본질을 제대로 이해하지 못하기에 실패를 두려워하는 사람들, 목표를 말하면 남들이 무시하거나 비웃고 비판할 것으로 생각하는 사람들이다.[4] 그들은 무의식적으로 함정에 빠져 목표를 세우지 못한다. 하지만 이들도 목표를 세우고, 목표를 생각하고, 목표를 말하고, 목표를 글로 적으면 자기 안에 있는 실패 체제가 무너지고, 목표 이루기의 달인(達人) 경지에 이르게 되어 행복한 삶을 시작할 수 있다. 트레이시의 목표 설정 훈련법 중에서 목표 세우기에 필요한 다섯 가지 주요 열쇠와 목표 이루기 10단계를 소개하겠으니 당신의 '꿈 너머 꿈'을 향해 정진하기 바란다.

1) 목표 세우기 다섯 가지 주요 열쇠

첫째 열쇠는 자신에게 무한한 잠재 능력이 있다는 사실을 깨닫는 것이다. 행복과

4) 독자도 지금 바로 종이를 꺼내 빨리 목표 열 개를 적어 보라. 그리고 한 해 동안 깊은 곳에 감춰 두었다가 연말에 확인해 보라. 기뻐하기도 하고 슬퍼하기도 할 것이다. 어쩌면 열 개 가운데 여덟 개가 이뤄져 있어 기뻐할 것이고, '그때 더 큰 목표를 세울 걸' 하는 생각에 후회할 수도 있을 것이다.

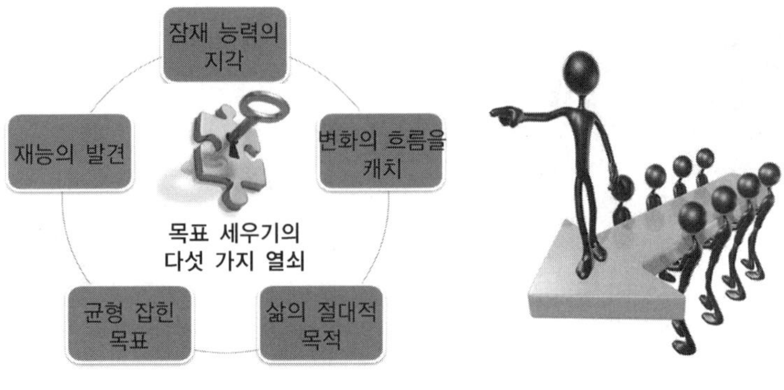

그림 3-4 목표 세우기의 다섯 가지 주요 열쇠

목표, 내가 찾는 기회는 바로 내 손 안에 있고, 내 발 밑에 있다. 둘째 열쇠는 자신에게만 있는 재능, 즉 우수 영역을 찾아 그 분야의 최고가 되는 것이다. 셋째 열쇠는 변화의 흐름을 읽어 목표 지향적이 되는 것이다. 넷째 열쇠는 균형잡힌 목표를 세우는 것이다. 나는 왜 사는지, 살면서 무엇을 이루고 싶은지, 그것을 이루려면 나를 어떻게 개발해야 하는지 생각하는 것이다. 다섯째 열쇠는 삶의 절대적 목적이 있어야 한다. 왜 당신은 당신의 인생을 걸작으로 만들려고 하는가? 그 목적이 무엇인가? 목표 세우기는 성공에서 아주 중요하다.

그러나 다섯 가지 열쇠도 목표 이루기 과정에서 시작일 뿐이다. 자신에게 무한한 잠재 능력과 타고난 재능이 있고, 게다가 뚜렷하고 훌륭한 목표가 있다 할지라도, 목표 이루기로 나아가는 방법과 구체적인 행동 계획이 따르지 않는다면 당신은 뒤에 남아 있게 될 뿐이다.

2) 목표 이루기 10단계

목표가 없는 길은 가지 말아라. 그럼 어떻게 하면 자신이 바라는 목표를 이룰 수 있을까? 목표 이루기 성공 시스템을 습관화한다면, 당신은 목표를 쉽게 이룰 수 있을 것이다. 피닉스리더십센터와 접목한 목표 이루기 10단계를 소개하면 다음과 같다.

(1) 불타는 열정이 있어야 한다

1단계는 불타는 열정이 있어야 한다. 기존의 익숙함에 분노를 느껴야 한다. 현재의 익숙함으로부터 결별해야 한다. 불타는 열정은 어떤 두려움과 장애도 뚫고 앞으로 나아갈 수 있도록 해 준다. "미치지 않으면 미치지 못한다(不狂不及)"고 했다. 내가 선택한 이상 나의 전부를 넣어 그것을 표현해야 한다. 몸 속의 세포 하나하나가 하고 있는 일에 감동받기를 바란다. 그 세포들이 지지고 볶으면서 거대한 에너지가 발산되기를 바란다. 내가 선택한 일과 그것을 위해 최고와 최선이기를, 그것들을 위해 불타오르기를 바란다. 그러기 위해서는 나의 노력과 에너지가 중심에 있어야 한다. 가장 뜨거운 곳에 있어야 한다.

(2) 지금의 내 위치를 분석하라

2단계로 지금의 내 위치를 분석하라. 나의 포지셔닝(positioning) 파악은 굉장히 중요하다. 자신에 대한 정확한 이해는 자기 완성으로 가는 첫걸음이라 했다. 나의 현재 위치를 정확히 파악해 브랜드를 높여 나가는 출발점으로 삼는 것이 중요하다. 반드시 당신의 현재 상황을 조사해 보라. 목표를 향한 성급한 마음에 자신에 대한 철저한 점검 없이 막연하게 떠나는 사람이 의외로 많다. 다양한 방법으로 자신과의 인터뷰를 시도해 보고, 디스크(DISC), 에니어그램(Enneagram) 등 성격과 행동 유형을 검사해 보라! 꼭! 목표가 현실성이 있는지 없는지도 스스로 솔직하게 판단해 보라. 그 후 목표를 이루려면 얼마나 가야 하는지를 결정하면 된다.

(3) 목표를 반드시 적어라

3단계는 목표를 적어라. 목표를 종이 위에 구체적으로 적어 보아라. 겨우 3%의 성인만이 목표를 글로 적는다. 그리고 나머지 97%가 3%를 위해 일한다. 다른 사람이 목표를 이루는 것을 도와 주는 삶을 살 것인가? 만일 그렇지 않다면 분명하고, 구체적이며, 객관적이고, 실행 여부를 평가할 수 있는 목표를 세워라. 목표는 어린아이가 들어도 알 수 있도록 명확해야 한다. 숫자로 된 목표가 있어야 한다. 불명확한 목표는 연기나 바람과 같은 희망 사항일 뿐이다. 정확한 액수, 정확한 모습을 적어라. 적으면서 생각이 정리될 것이다.

(4) 이루고 싶은 까닭을 적어라

4단계는 목표를 적음과 동시에 목표를 이루고 싶은 까닭을 적어라. 목표를 이루고 싶은 까닭은 성공의 난로에서 연료와 같다. 확실한 까닭이 많을수록 동기부여가 강화된다. 아침에 눈을 뜨면 가슴이 뛰는가? 그래야 한다. 이루고 싶은 간절한 까닭이 있으면 간절한 노력이 나온다.

(5) 우선 순위와 기한을 정하라

5단계는 우선 순위와 기한을 정하라. 기한을 정하게 되면, 잠재 의식의 '촉진 시스템'을 작동시킬 수 있다. 촉진 시스템이 작동하면, 늦어도 그 날짜까지는 반드시 그 목표를 이루게 한다. 『1분 협상 수업(*Negotiation*)』 저자이자 US러닝의 최고 경영자인 허트슨(Don Huttson)이 말한 것처럼, "세상에 비현실적인 목표는 없다. 다만, 비현실적인 기한이 있을 뿐이다. 그리고 주간, 월간, 또는 연간의 중간 기한을 정하라."

이러한 목록은 올바른 길을 보여 주고, 목표를 이룰 가능성을 높여 준다. 활동계획을 세웠으면 곧바로 실행해야 한다. 처음 세운 계획이 완벽할 수는 없다. 문제점이 있다면, 실행하면서 조정하면 된다. 현명한 선택을 하기 바란다.

(6) 장애물의 목록을 만들어라

6단계는 극복해야 할 장애물의 목록을 만들어라. 당신이 생각하는 장애물의 80%는 안에 있다. '80 : 20 법칙'을 아는가? 장애물의 80%는 밖에 있는 것이 아니다. 기술이 없든, 자본이 없든, 사람이 없든, 그것은 안에 있다. 일단, 생각해 낼 수 있는 모든 장애물을 적어라. 그 가운데 가장 커다란 장애물은 무엇인가? 그것이 바로 없애버려야 할 장애물이다. 작은 장애물, 작은 문제에 시간과 노력을 들이지 말고, 이 주된 장애물을 없애는 데 집중해야 한다.

(7) 필요한 자원을 생각해 보라

7단계는 목표를 이루는 데 필요한 지식과 재능과 기술이 무엇인지 생각해 보라. 당신의 목표 여행에 필요한 자원에 대해 생각해 보라는 것이다. 맨손으로 갈 수 없지 않은가? "혼자서는 빨리 갈 수 있어도 멀리 갈 수 없다"는 아프리카 속담처럼 당신이 가려는 길에 어떤 재능이 긍정적인 영향을 미칠 수 있다고 생각하는가? 목표를 이루는 데 필요한 모든 지식, 재능, 자본, 능력, 경험의 목록을 만들어서, 필요한 정보와 기술을 되도록 빨리 배우고, 사고, 빌릴 계획을 세워라. 또 당신에게 필요한 지식이 있는 사람, 그룹, 조직을 생각해 보라. 당신이 목표를 이루는 데 가장 많이 도와 줄 수 있는 사람은 누구인가? 명심하라. 당신이 다른 사람에게 베푼 만큼 정확하게 보상을 받는다. 모든 것은 베푼 만큼 정확하게 보상을 받는다. 모든 것은 베푼 만큼 돌아온다. 세상에 공짜는 없다!

(8) 날마다 당신의 목표를 시각화하라

8단계는 날마다 당신의 목표를 시각화하라. 목표를 글로 적고, 목표가 이뤄진 모습을 머릿속으로 명확하게 그려 보라. 그리고 목표를 이미 이룬 것처럼 행동해 보라. 목표를 이뤘을 때의 느낌을 느껴 보라. '성취의 계단'에서 지금의 나를 쳐다봐도 좋고, 지금의 모습에서 목표를 이룬 모습을 생생하게 시각화해도 좋다. 성공의 이미지를 시각화하면 할수록 욕구는 커지고, 목표를 이룰 수 있다는 믿음도 강화된다. 비저너리(visionary)가 되어야 한다는 말이다. 세상은 이 '비저너리'들에 의해 바뀌고 진보해 왔다. 현실만을 위해 달리는 인생이라면 무슨 의미가 있겠는가?

(9) 결코 포기하지 않겠다는 마음을 먹고 계획대로 추진하라

9단계는 어떤 일이 있더라도 결코 포기하지 않겠다는 마음을 먹고 계획대로 추진하라. 목표와 계획은 끈기와 결단으로 뒷받침된다. 실패할 수도 있다는 생각은 결코 하지 마라. 당신이 중도에 포기만 하지 않으면 언젠가는 성공한다. 끈기있는 행동 하나하나는 당신을 강하게 만들어 줄 것이며, 더욱 끈기있게 행동할 수 있는 능력을 길러 줄 것이다.

(10) 절대적으로 믿어야 한다

10단계는 절대적으로 믿어야 한다. 자신이 원하는 목표를 세우고, 계획을 짜고, 그것에 따라 행동하는데도 목표를 이루기가 쉽지 않다고 말하는 사람이 많다. '신념 법칙'을 아는가? 이는 '우리가 믿는 것은 무엇이든 현실로 나타난다'는 법칙이다.

하버드대학교의 현대 철학자 제임스(William James) 교수는 "믿음이 현실적인 사실로 …… 창조한다"고 말했다. 성서에는 "믿는 대로 이뤄지리라"라고 적혀 있다. 강한 믿음과 내적 확신이 생각하고, 느끼고, 행동하는 방식과 성과를 결정한다는 의미다. 만일 낙관주의, 자신감, 궁극적인 성공에 대한 신념이 있다면 목표를 성취하는 과정에서 어떤 것도 우리를 가로막을 수 없을 것이다. 반면 두려움, 자기 의심, 열등감에 사로잡힌다면 어떤 것도 우리를 도울 수 없다.

대부분 빈손으로 시작해 자신의 분야에서 정상에 오른 5백 명이 넘는 사람을 대상으로 실시한 연구에 따르면 그들은 하나같이 무슨 일이 일어나도 결국 성공할 것이라고 믿었다. 다시 말해 모든 어려움을 이겨내고 마침내 성공할 수 있는 능력이 있다고 흔들리지 않는 확신을 가졌다는 것이다. 아울러 모든 좌절이나 실망은 훗날 더 현명한 결정을 내리도록 돕는 배움의 경험이라고 생각했다. 이 믿음 덕분에 어떤 것도 그들을 막지 못했다.

당신의 강한 믿음이 현실이 된다. 현실적이고, 믿을 수 있으며, 실행할 수 있는 그런 목표를 세워라. 할 수 있다고 생각하는가? 그러면 할 수 있다. 할 수 없다고 생각

그림 3-5 당신의 목표는 무엇입니까?

하는가? 그러면 할 수 없다. 부정적 스위치를 긍정적 스위치로 전환하라. 그러면 삶 전체가 즉시 변화할 것이다. 이제 남은 것은 행동으로 옮기는 일뿐이다.

이제 이 10단계에서 자신이 무엇이 부족한지, 어떻게 강화시켜 나가야 하는지를 알게 된다면, 당신의 목표 이루기 기술은 강력한 성공 시스템이 될 것이다. 우리는 1년 계획을 세우는 데는 자신을 과대 평가하면서, 인생 계획을 세우는 데는 자신을 너무나 과소 평가한다. 드러커(Peter F. Drucker)의 말을 빌리자면, 우리는 1년 동안 이룰 수 있는 것에 대해서는 과신하면서도, 5년 동안 이룰 수 있는 것에 대해서는 지나치게 짜게 군다. 한계는 없고 모든 것이 가능하다. 끊임없이 자신에게 메시지를 보내고, 마지막에는 스스로에게 축하를 보내 주면 된다.

제 2 절 성취적 리더십

전통적 리더십 교육에서 최고의 유형으로 손꼽히는 것은 역시 성취적 리더십이다. 리더십의 존재 목적은 비전과 목표를 달성하는 것으로서 그렇지 못한 리더십은 실패한 것이다. 자신의 삶을 행복으로 이끄는 사람들은 결코 과거나 현재에 머무르지 않는다. 미래와 고객과 희망을 향해 달려가는, 끝없이 실천하고 움직인다. 성취적 리더는 자신의 뼛속까지 뿌리박힌 행복한 승리의 DNA는 단순히 실행력만을 강조하는 것은 아니다. 실행 없이 겉만 번드르르한 슬로건보다 분명하고 거침없는 행동만이 성취를 일궈낸다.

열심히 했다는 '과정 중심'에 함몰되지 않고 반드시 목표를 이뤄내는 '목표 중심'으로 행동한다. 많은 사람이 막연히 '습관'을 몸에 익혀야 한다고 말한다. 그러나 습관만으로는 최고의 반열에 오를 수 없다. 무엇을 할 것인가 성취의 '행동 감각'을 끌어내야 한다. 그럴 때 비로소 진정한 성취적 리더로 부상될 수 있다.

1 모든 조직과 인간의 숙제

조직은 성과를 내지 못하면 발전하지 못하거나 시들고 만다. 성과 창출은 모든 조직의 숙제이면서 그 조직에 근무하는 모든 조직원의 과제다. 리더십을 설명할 때도 성과 창출을 빼놓고서는 더 이상 말을 할 수가 없다. 치열한 경쟁 속에서도 성과를 창출하는 데 익숙한 리더들은 어떤 어려움 속에서도 부하들의 성공을 통해 자신과 조직이 발전한다는 원칙을 가지고 움직인다.

정교한 행정 시스템을 구축하고 성과 창출 노하우를 공유하는 등 성과 창출 리더십에 관심을 가져야 한다. 『주식회사 장성군』이라는 책이 나올 정도로 지방단체에서는 주민의 가치와 성과 창출에 열을 올리고 있다. 연공서열 시스템이 붕괴되면서 실력 중시의 성과주의로 급속하게 변화하고 있다. 오영교 장관(전 동국대 총장)이 KOTRA 사장 재직 시 한 명언[5] 역시 이와 같은 맥락이다.

성과가 낮으면서도 훌륭한 리더로 인정받는 사람은 거의 없다. 조직을 둘러싼 상황적 요구는 리더가 높은 성과를 내어 조직 발전에 도움을 주도록 하는 것이다. 특히 요즘과 같이 경쟁이 치열하고 변화가 혼란스러운 상황에서 높은 성과를 최고의 목표로 삼지 않는 조직은 어디에도 없다. 다만 성과의 내용과 방법에서 상황이나 리더에 따라 크게 달라진다. 그렇다면 높은 성과 달성을 위해 리더는 어떤 행동을 보여야 하는가?

성과 창출에서 '공정성'은 매우 중요하다. 공정성은 인간의 사고와 행동을 지배하는 중요한 동기부여 요인이면서 그 사회의 역사나 문화와도 깊은 관계를 가지고 있다. 대부분의 사람은 일이 공정하게 처리된다고 느끼면 동기부여가 높아져서 높은 성과를 내지만 불공정하다고 지각하면 기분이 나빠져서 각종 부작용을 일으키게 된다.

---

5) "나는 '꿩 잡는게 매'라는 말을 좋아하고 즐겨 씁니다. 매가 아무리 아름다우며 용맹스러운 자태를 지녔어도 꿩이라는 성과를 낚지 못한다면 이미 매가 아니죠." 이 말은 리더의 업무 수행에는 실속과 성과가 있어야 한다는 것이다.

그리하여 조직 구성원들이 높은 성과를 내기를 바란다면 리더는 평소에 공정성 관리를 잘 해야 한다. 또한 공정성은 개인의 자존심이나 명예와 크게 결부되어 있다. 공정성 관리가 잘 이뤄지는 사회일수록 구성원들의 자부심이 높은 것을 볼 수 있다.

『삼국지』에 "적토마를 갖고 싶다면 적토마를 탈 능력부터 가져야 한다"는 말이 적혀 있다. 즉, 어리석은 군주는 능력 있는 신하를 제대로 다룰 수 없고 오직 현명한 군주만이 뛰어난 신하를 제대로 다룰 수 있다는 뜻이다. 실제로 리더들 사이에서는 흔히들 "부하 직원이 적당히 뛰어나면 행복한데, 지나치게 뛰어나면 스트레스 받는다"는 말이 공공연하게 오간다고 한다. 많은 리더가 자신보다 뛰어난 인재를 어떻게 다뤄야 하는지 모를 뿐만 아니라, 그들을 경계하고 견제하는 나머지 똑똑한 부하 직원의 공을 가로챈다든지, 중요한 업무를 부여하지 않는다든지, 다른 사람들 앞에서 부하 직원을 평가 절하하거나 제대로 인정해 주지 않는 사례가 조직 내에서 나타나고 있다.

성취적 리더십은 똑똑한 부하들에 의해 높은 성과가 창출될 수 있도록 분위기를 만들고, 얼마나 정신적·물질적 지원을 효과적으로 잘 하느냐에 달려 있다. 리더가 모든 정보를 독차지하고 혼자 결정을 내리는 권위주의적 시대는 분명히 지나갔다. 그러므로 조직에서 리더가 고성과를 창출하기 위한 가장 중요한 전략은 부하들의 전문적 지식과 능력을 인정해 주고 의사결정에 적극 참여시키는 것이다.

리더의 성과 창출은 한 해의 목표를 달성하는 것만이 전부가 아니다. 자신을 평가하는 사람들에게 희망을 줄 수 있어야 한다. 조직원들 간의 화목은 물론 난관 돌파의 지혜를 갖춰야 하며, 진솔한 가운데 언제나 최고의 성과를 낼 수 있다는 희망을 주어야 한다. 궁극적으로 존경받는 조직을 만들어 낼 수 있다는 꿈을 심어 주지 못하면 리더로서 생명은 오래가지 못한다.

2 위대한 성취자의 일곱 가지 특징

세상은 효율적이며 인도적이고 아름답게 만들 끝없는 기회를 제공한다. 위대한 성취자는 그 세상 안에서 진정한 위치를 찾는 것은 우리 스스로에게 달려 있다고 강조한다. 자신에게 내재된 무한한 능력의 원천을 발굴하고 용기있게 실천함으로써 자신의 삶과 타인들의 삶을 풍요롭게 한다. 그래서 우리는 성공자의 사고방식이나 느낌, 그리고 습관, 행동 패턴 등을 알아야만 한다. 수많은 책을 사서 읽고, 성공자들의 사고방식이나 행동을 연구해야만 하는 것일까? 그럴 필요는 없다. 왜냐하면 수많은 성공자의 공통점을 이미 필자가 정리해 두었다. 필자가 조사한 탁월한 성공자, 위대한 성취자의 특징 일곱 가지를 소개하면 다음과 같다.

1) 원대한 목표

세상은 꿈꾸는 만큼 얻을 수 있다. 천재가 아니라서 다행으로 생각하라. 성공하는 사람들은 원대한 목표(ambitious goal)를 세우고 반드시 이를 달성할 수 있다는 신념의 토대에서 목표 달성을 위해 전력투구하는 집중력을 발휘한다. 세계적인 동기부여가 중의 한 사람인 트레이시는 그의 저서 『성취의 심리학(*The Psychology of Achievement*)』에서 성공을 원한다면 목표 설정의 전문가가 되라고 강조한다. 그는 "세상 사람들 중 오로지 3% 미만의 사람들만이 글로 적은 목표를 가지고 있으며 1% 미만의 사람들만이 그 목표를 정기적으로 본다"고 말하고 있다. 꿈이 없다면 그것을 실현시킬 수도 없다. 당연하다고 생각할지 모르지만, 여기에 성공의 열쇠가 있다. 왜 이것이 열쇠가 되는냐 하면, 꿈이 없는 사람이 그만큼 많다는 이야기다.

솔직히 말해서 이 글을 읽는 70~80%의 사람은 실현시킬 만한 꿈을 명확히 가지고 있지 않을 것으로 추측된다. 특히, 머리가 좋은 사람일수록 성공하기가 어렵다. 이것은 빈정거림도 아니며 농담도 아니다. 학교에서 모범적으로 적응하고 성적도 좋은 우수한 두뇌는 "성공해야지"라든가 "엄청난 꿈을 실현시켜야지"라는 것은 별로 생각하지 않는다. "올림픽에서 금메달을 따야지"라든가 "프로 축구에서 수퍼스타가 되어야지" 등 같이 바보 같은 희망을 가지지 않는다. 확률적으로 생각해 보면 거의 불가능하기 때문이다.

그렇지만, 그런 이유나 통계, 논리적인 분석은 신경도 안 쓰고 꿈을 실현시킬 수 있다고 믿는 머리 나쁜 사람들이 있다. 42.195km를 달려 환호하는 군중들을 보면서 결승점에 들어오는 자신의 모습을 꿈꾼다든지, 세계적인 프로 축구 스타라는 어릴 적의 꿈을 실현시킬 뿐만 아니라 축구의 본고장 영국에서도 놀라운 능력을 보이는 비상식적인 인간들이 있다. 성공자(成功者)는 확률을 무시하고 덤벼드는 비상식적인 사람들이며, 누가 생각해도 "될 턱이 없는 일"을 "할 수 있다"라고 생각해 버리는 '착각인간'이다.

한편, 99%의 지극히 정상적인 사람들은 착각을 하지 않는다. 아니 착각할 수 없다. 머리가 좋기 때문에 수많은 과거의 데이터를 참고로, 그것이 멋진 꿈이면 꿈일수록 성공할 턱이 없다고 이해하기 때문이다. 착각은 그렇다 치고 자신의 데이터베이스에서 나오는 것은 좌절뿐이었다. 과거의 데이터베이스를 참조하는 한 자신의 꿈이 이뤄지지 않을 거라고 결론짓는 것이 타당할 것이다.

정상적인 사람들의 사고방식에는 무의식적으로 그런 생각이 숨어 있다. 더욱 무서운 것은 그것이 무의식적으로 이뤄진다는 것이다. 꿈을 가지고 싶어도 미래를 긍정적으로 생각하고 싶어도 무의식적으로 작용해 버린다. 꿈이 있다 해도 진심으로 확신할 수 없다. 그렇기에 99%에 속하는 것이다.

꿈이 없기 때문에, 일이 재미가 없다.
꿈이 없기 때문에, 참지 못하는 사람이 된다.
꿈이 없기 때문에, 근성이 없는 사람이 된다.
꿈이 없기 때문에, 행동으로 옮길 때 괴로워진다.
꿈이 없기 때문에, 열심히 할 의미를 느끼지 못한다.

2) 열정

"아무것도 하지 않는 자유, 무엇이든 할 수 있는 열정"이라 했다. 위대한 성취자는 자신의 일을 사랑하고 강한 열정(passion)을 갖는다. 성공에 가장 중요한 요소 중 하나는 자신이 좋아하는 일을 하는 것이다. 단순히 돈을 벌기 위해 일을 한다면 결코 그 일에 대해 열정을 가질 수 없고 열정을 쏟을 수 없는 일을 통해서는 결코 성공을 이뤄낼 수 없다. 열정이라면 99%의 범인들이라도 가질 수 있다. 목표를 향해 불타올랐던 기억이 누구에게나 있을 것이다. 하지만 그것을 이제 기억 속에서 찾을 수가 없다. 이젠 식어버린 것이다. 성공자들은 열정을 계속 강하게 지속시킬 수 있는 사람들이다. 프로 야구나 프로 축구에서도 1류 선수들은 불처럼 격렬하게 타오르는 열정을 지속시킨 사람들만이 살아남는다.

보통 사람들은 그렇지 못하다. 길게 지속시켜야 3개월이다. 희망에 부풀어 있다가도 1개월도 못 지나서 열정을 상실해 버린다. 열정적인 상태로 가슴 설레는 두근두근거림만 있어도 성공할 수 있는데 3개월 이상 지속시킬 수 있는 사람들이 거의 없다.

왜냐하면, 범인(凡人)들은 뛰어난 적응 능력을 가지고 있기 때문이다. 조직생활을 하는 사람들은 불황, 위기, 조직분위기나 환경에 멋지게 적응한다. 열정이 없는 사람일수록 적응 능력이 뛰어나다. 왜 1%만 성공자가 되는 것일까? 적응 능력이 높은 범인은 역경이나, 자신의 능력 부족이 생길 때마다 "이런 환경이기 때문에 할 수 없다"라든가, "내 주제에 그렇지 뭐"라고 순수하게 순응할 수 있기 때문이다. 그러나, 적응 능력이 현저히 떨어지는 성공자들은 아무리 어려운 상황에 처해 있어도 능력 부족인

그림 3-6 열정과 불광불급

자신에게 적응을 하지 못한다. 반대로 꿈이나 야망을 실현시키려는 열정을 품기 시작한다. 결국은 환경이나 역경을 변화시켜 버린다.

진정한 성공을 위해서라면 자신이 열정을 쏟을 수 있는 일을 찾아야 한다. 목표한 단어와 앞으로 이룩할 장면만 생각하면 장소에 상관없이 그저 실실거리며 웃음이 나오는, 가슴이 벌렁거리고, 열정이 치솟는 상징 단어를 찾아보라. 열정의 바이러스를 다운받고 불신의 백신을 제거하라. 불광불급(不狂不及)[6]이라 했다. 나의 미친 증세를 찾아보고 나의 열정적인 에너지를 가로막는 요인이 무엇인지 모두 적어 보아라.

3) 긍정적 사고

성공하는 사람들은 지나친 낙관론자가 아니고 현실에 바탕한 긍정적 사고(positive thinking)를 가지고 있다. 여러분도 체험적으로 알고 있겠지만, 긍정적 사고방식을 하려고 생각한다고 되는 것은 아니다. 만일 그렇게 생각했다고 긍정적 인간이 될 수 있다면 거의 모든 사람이 성공할 것이다. 긍정적 사고방식이 중요하다는 것은 수많은 사람이 알고 있다.

정부에 새로운 제안서를 내는 김 교수는 "내가 생각한 기획이기 때문에 틀림없이 대히트칠 것이다"라는 긍정적인 생각으로 프레젠테이션을 했다. 이러한 긍정적 사고는 기획안에 대한 신뢰감을 높일 것이다. "안 될지도 모른다"는 마이너스 사고로 프레젠테이션을 하면 잘못될 가능성이 높다. 그러나 이것은 진정한 플러스 사고방식이 아니다. 그것이 진가를 발휘하는 순간은 그 기획에 대한 모욕, 비난 등을 받았을 때부터다. 보통사람이라면 그 조직에서 빠져나올 때 굴욕감과 후회의 눈물을 흘릴 수밖에 없다. 99%의 사람들은 "자신의 아이디어를 알아 주지 않는다" "그 사람들을 또

6) 미치지 않으면 미치지 못한다는 뜻으로, 자신의 일에 뜨거운 열정을 쏟아야 한다. 열심히 하는 곳에 아름다움이 있고, 아름다움이 있는 곳에 활력이 있고 행복도 있기 때문이다.

만나기 싫다"고 생각한다. 그러나, 김 교수는 눈물을 글썽이면서 "자신의 아이디어를 상대가 알아 주었다"라고 생각한다. "분하다!" 그러나 프레젠테이션까지 갔다는 것은 기대받고 있었다는 의미로 전환한다. 비꼬는 듯한 그 말투는 일종의 애정 표현이라고밖에 생각할 수 없다. "다음에는 더 기가 막힌 기획을 가지고, 그 애정에 보답해야지." 이런 착각을 품을 수 있는 것은 1%의 사람들밖에 없다. 실제로 김 교수는 1개월 후에 멋진 기획으로 멋지게 성공했다.

상황이 좋거나 나쁘거나, 가령 최악의 상황이라 하더라도, "나는 운이 좋다"라고 생각하는 사람이 있다. 착각이거나 오해일 수도 있지만, 그런 것은 신경도 안 쓰고 뭐든지 긍정적으로 생각한다. 99%의 범인은 "그거 또라이 아니야?"라고 생각할지도 모른다. 어떤 분야에서도 최고의 경지에 이른 사람은 그런 사람들이다. 대스타가 될 성 싶은 여배우는 선배들이 괴롭히고 이지메해도 "내가 이쁘고 재능이 있으니까 질투하는구나"라고 아무렇지도 않게 생각한다. 그렇기 때문에, 누구나 "긍정적으로 생각하라"고 말한다.[7] 결코 "아니오"라고 말하지 말라(Never Say "No").

4) 변화에 대한 적극적 대응

성공하는 사람들은 변화를 기꺼이 수용하고 기존의 사고에 얽매이지 않는다. 오늘날 과학기술의 급속한 발전 덕분에 우리가 익숙해 있던 상황은 시시각각 변화하고 있다. 변화의 흐름을 읽고 적극적으로 대응(changable attitude)하지 못하는 사람은 도태되고 만다. 변해야 한다. 변하지 않는 것은 모든 것은 변한다는 사실뿐이다. 탄산음료회사의 라이벌은 무엇일까? 정답은 헬스장 및 다이어트 열풍이다. 요즘의 젊은이들은 다이어트 열풍으로 헬스장을 이용하거나 음식 특히 콜라 등 탄산음료를 기피하고 있다. 나이키의 새로운 경쟁상품은 무엇일까? 정답은 PC게임이다. 어린이들이 PC게임에 빠져 활동하는 시간이 줄어들어 운동화가 닳지 않아 운동화 시장이 급속히 줄어들고 있기 때문이다. 레스토랑의 경쟁사는 어딜까? CGV, 롯데시네마와 같은 대형 극장이다. 이제는 친구, 연인들이 만나 레스토랑에 갈 것인가? 극장에 갈 것인가를 결정해 극장에서 영화 보며 햄버거 등으로 식사를 한다. 따라서 레스토랑의 경쟁자는 대형 극장 등으로 다양화될 것이다.

과거에는 기업이나 생산 업체가 제공하는 제품을 일방적으로 받아들였던 소비자들

---

7) 『누더기 딕(*Ragged Dick*)』의 주인공인 구두닦이 소년 딕, 섀클턴, 루스벨트 대통령 등에 이르기까지 모두 절망적인 상황에서도 결코 희망을 잃지 않았다. 그들은 아무리 험난한 장애물도 반드시 극복할 수 있다는 신념과 긍정적 사고를 지녔고 이러한 신념을 끊임없이 자신에게 불어넣었다.

이 이제는 제품의 제조 과정에 적극적으로 동참해 새로운 가치를 창출하고 있다. 특히 오늘날 인터넷 및 새로운 기술의 발달 그리고 글로벌화로 인해 이러한 변화는 행정, 정치, 경제, 금융, 연예 등 우리 사회 전반에 걸쳐 나타나고 있다.

『누가 내 치즈를 옮겼을까?』는 변화를 어떻게 받아들여야 하는가를 분명하게 보여준다. 영원히 그 자리에 있을 것 같았던 치즈가 어느 날 갑자기 사라졌을 때 생쥐들은 적극적으로 새로운 치즈를 찾아 나선 반면에 꼬마 인간들은 눈앞에 직면한 현실에 두려움을 느끼며 미래를 절망적으로 생각했다. 외부적 상황이 변했을 때 우리들 역시 변화하지 않으면 오로지 멸망만이 있을 뿐이다. 이 책의 저자 존슨(Spencer Johnson)은 결국 변화란 무엇의 '끝'이 아니라 '새로운 시작'으로 보는 법을 배워야 한다고 말하고 있다.

5) 기다림

"인내(patience)야말로 헤라클레스의 강철봉보다도 더 많은 일을 할 수 있다"고 그라시안(Balthasar Gracian)은 그의 저서 『세상을 보는 지혜』에서 강조한 바 있다. 성공한 리더는 기다리는 법을 안다. 성공의 정상에 오른 사람들은 대부분 평탄한 길을 걸어오지 않았다. 어쩌면 그들은 보통 사람들보다도 훨씬 더 힘든 고난과 시련을 경험했을 것이다. 그러나 그들은 '영웅의 여정' 10단계에 나타난 바와 같이 미래에 대한 희망을 품고 자신에게 주어진 고난과 시련을 묵묵히 견뎌냈기 때문에 성공의 정상에 오를 수 있었다.

정상에 오르기까지의 과정이 종종 고통스럽고 외로울 수도 있음을 인정하라. 정신적・육체적 고통과 희생, 심사숙고, 갈등, 당신의 열정 등이 요구될지도 모른다. 하지만 당신이 정상에 이르렀을 때 분명 이 모든 것을 희생할 만한 가치가 있었다고 말할 것이다. 만약 당신이 게을러지고, 망설이고 주저하거나, 용두사미로 결심이 끝나버린다면 당신이 목적지에서 멀어지는 것은 당연하다.

6) 성실과 근면

성공하는 사람은 성실하고 근면(sincerity & diligence)하다. 앞에서 언급한 성공의 요소들을 모두 갖췄더라도 근면하고 성실하지 않으면 결코 진정한 성공에 이를 수 없다는 데는 모든 사람이 공감할 것이다. 성공을 위해서는 자신의 일에 근면하고 다른 사람과의 관계에서도 열린 마음과 신의와 성실로 일관해야만 한다. 가장 밑바닥을 경험해 보지 않은 성공자는 단 1명도 없다. 진짜 성공한 사람은 반드시 한번은 불행한 시절을 겪었다. 단, 그들은 밑바닥 생활을 하면서도 "나는 운이 좋다", "성공한다", "Just Do It", "이 또한 지나가리라"라는 일념으로 토닥토닥 마음을 다스리며 성실하게 버텨왔다.

유명한 농구 선수 마이클 조던(Michael Jordan)은 이런 말을 했다. "나는 농구 선수생활을 통틀어 9,000개 이상의 슛을 실패했고, 거의 3,000게임에서 패배했다. 그 가운데 26번은 다 이긴 게임에서 마지막 슛의 실패로 패배했다. 나는 살아가면서 수많은 실패를 거듭했다. 바로 그것이 내가 성공할 수 있었던 이유다."

성공한 사람들은 모두 '불행한 시절'이 있었으므로, 만일 당신이 지금 밑바닥 생활을 하고 있다면, 당신은 성공할 확률이 높은 운좋은 사람이다. "실패는 성공의 어머니다"는 말을 하기도 하고 듣기도 한다. 사실 성공을 거뒀다고 우리가 인정하는 사람들의 뒤를 조사해 보면 그들은 수없는 실패의 경험 속에서 성공을 거뒀다. 당신의 한 해가 성공적이었는가? 감사하라! 실패 같은가? 낙심하지 말라! 그리고 아직 기회가 남아 있다는 사실만은 잊지 마라! 아직 종착역이 아니다. 만일 당신이 이렇게 생각할 수 있다면 당신은 아직 죽지 않은 것이다. 이때쯤 비로소 당신은 성공한다.

7) 엄청난 독서가

마지막으로 성공자들의 제7의 공통점은 엄청난 독서가(a great reader)라는 점이다. "리더(leader)는 독서가(reader)다"라는 말처럼 독서를 많이 한 사람의 눈은 흔들리지 않는다. 눈빛이 다르고, 관상이 다르고, 두려울 것이 없다. 그래서 책밭의 크기가 리더십의 크기다. 독서를 통해 저자의 삶을 훔친다면, 그들은 나의 인생을 바꿔놓을 것이다. 천년의 역사와 철학을 2만 원짜리 책을 통해 하루 저녁 독서를 통해 느껴보는 기쁨을 누려 보기 바란다. 좋은 책을 읽는 사람의 정신세계는 늘 풍성해서 타인과 나눌 수 있다.

책을 통해 우리는 필요한 정보와 지식뿐만 아니라 지혜와 용기를 얻을 수 있고 '성공의 실마리'를 발견할 수 있다. 그래서 서재에 꽂힌 책의 양이 지식과 교양 수준이고, 내가 만나는 사람의 평균 연봉이 미래의 나의 연봉이 된다. 로빈스(Anthony Robbins)는 "성공은 실마리를 남긴다"라고 했으며, "독서는 그러한 실마리를 내 것으로 하는 최선의 수단 가운데 하나다"라고 했다. 성공을 추구하는 사람은 카네기(Dale Carnegie)가 말했듯이 "책이라고 하는 염료통에 자신의 정신을 깊이 그리고 부단히 담가 물을 들여야만 한다."

이런 점에서 나폴레옹(Napoléon Bonaparte)은 유럽 전역을 덮을 만큼 광대한 독

그림 3-7 위대한 성취자의 일곱 가지 특징

서로써 무한한 상상력을 지닌 리더였다. 링컨(Abraham Lincoln)은 거듭된 실패와 절망을 성경 읽기로 이겨냈고, 에디슨(Thomas A. Edison)은 도서관을 통째로 읽은 '벤처의 선구자'였으며, 헬렌 켈러(Helen A. Keller)는 육신의 장애를 떨쳐버린 '손가락 끝' 독서광이었다. 윈프리(Oprah Winfrey) 역시 인간 감정의 원초적 이해를 독서를 통해 얻게 된다.

마오쩌둥(毛澤東) 역시 독서로써 혁명의 씨앗과 결실을 이룬 인물로 평하고 있다. 세종대왕은 백독백습(百讀百習)으로 벌써 15세기에 지식행정 사회를 이뤘으며, 다산 정약용(茶山 丁若鏞)은 실천적 행동력을 지닌 독서광이었다. 이랜드 박성수 회장은 독서 경영으로 신실한 기업을 이뤘고, 김대중 전 대통령은 고난의 시절에 독서에서 배운 도전과 응전으로 결국 대통령이 되었다. 이처럼 성공한 리더들 중 상당수가 어떤 특정한 책을 손에 잡는 순간 인생의 전환점을 맞았다고 한다.

생각의 장(coaching point)

카르페 디엠(carpe diem)

"여러분들이 잘 들어보면 그들의 속삭임이 들릴 것이다. 자, 귀를 기울여 봐. 들리나? 카르페 디엠. 오늘을 잡아라. 인생을 탁월하게 살아라."

영화 「죽은 시인의 사회」의 키팅 선생이 외친 '카르페 디엠(carpe diem)'은 "지금을 즐기라"는 의미가 아니다. 그것은 바로 '지금 이 순간'이 바로 당신의 미래요, 꿈이라는 의미다. 지금 살고 있는 순간에 충실하라는 뜻이었다.[8] 그런 점에서 우리의 인생은 '지금'의 가치를 너무 간과하고 있다. 우리는 늘 과거에 사로잡혀 있거나 미래에 대한 망상으로 가득 차 있다. 하지만 진짜 중요한 것은 늘 지금이다. 지금은 순식간에 과거가 된다. 지금 이 글을 읽는 독자들도 이 책장을 덮는 순간 바로 과거다. 지금이라는 것은 찰나이며 섬광처럼 사라지는 존재다. 하지만 사라진 섬광의 다음에는 새로운 섬광이 등장한다. 그 섬광과 섬광이 이어지면 어둠을 밝히는 빛이 되고 그 빛의 밝기는 지금 이순간의 섬광과 다음 섬광의 밝기에 달려 있다.

"seize the day" '오늘'에 모든 것을 걸어본 적이 있었던가? 그래, 언제였는지 어슴푸레하지만, 분명 나에게도 '오늘'을 잡기(seize) 위해 모든 것을 걸었던 적이 있었다. 하지만, 나이가 들어 점차 '미래의 삶'에 눈길을 돌리기 시작하면서 '오늘'은 다가올 미래를 준비하기 위한 시간쯤으로 받아들여졌지만, 아름다운 미래란 결국 치열한 현재의 연속일 수밖에 없는 것임을 인정하게 된다. 이제 지천명(知天命)의 나이가 된 필자에게도 '오늘'은 여전히 모든 것을 걸어야 할 실천의 현장이고, 합리적 핵심을 보존해야 할 중요한 시간이다. 그리하여, 카르페 디엠! 자주 비틀거리고 숨가빠하지만, 그래도 어김없이 마주하는 새로운 '오늘'이 있어 나는 행복하다.

제 3 절 피그말리온 리더십

'피그말리온 리더십(Pygmalion leadership)'은 간절한 기대와 소망으로 자신의 조각상을 살아 움직이게 만든 고대 키프로스의 조각가 '피그말리온'의 이름에서 따온 말로서, 긍정적 기대를 통해 공동의 목표에 놀라운 성과를 가져오는 리더십이다.[9]

산업사회에는 '카리스마 리더십(charisma leadership)'이 힘을 발휘했다면, 정보사회에 가장 맞는 리더십은 '참여형 리더십'이라 할 수 있다. 그런데 지금과 같은 창조 행정(경영)의 시대에는 어떤 리더십이 가장 요구될까? 창조 행정(경영)은 개인의 창

8) 대학 입시라는 미래에 현재를 저당잡힌 학생들이 순간순간 자신이 원하는 삶을 살기를 바라는 키팅 선생의 바람이었다.

9) '피그말리온 효과'는 그리스 신화에 나오는 조각가 피그말리온의 이름에서 유래한 심리학 용어다. 고대 키프로스 조각가였던 피그말리온은 아름다운 여인상을 조각하고, 그 여인상을 진심으로 사랑하게 된다. 그의 사랑에 감동한 아프로디테가 그 조각상에게 생명을 주었다. 이처럼 자신의 기대나 관심으로 능률이 오르거나 성과(결과)가 좋아지는 현상을 말한다.

의력과 창조적인 발상이 가장 근본이 된다. 따라서 개인의 성취를 가장 적극적으로 도와 주는 리더십이야말로 조직과 개인에게 절실하게 필요한 것이다. 혁신 스트레스에 치여 의욕이 떨어지고 자신감을 상실한 조직과 개인에게 용기를 일으키고 자신감을 다시 북돋워 주는 리더십, 그것이 바로 피그말리온 리더십이다.

1968년 하버드대학교 사회심리학과 교수인 로젠탈(Robert Rosenthal)과 초등학교 교장을 20년 이상 지낸 제이콥슨(Lenore Jacobson)이 샌프란시스코의 한 초등학교에서 실험한 연구 결과에 따르면, 교사가 특정 학생들에 대해 '지적 능력이나 학업 성취가 향상될 가능성이 높은 학생들'이라고 믿게 하고 학교 생활을 지도했더니, 그 믿음을 받은 학생들의 실제 학업 성과가 좋아졌다고 한다. 이처럼 타인이 나를 존중하고 나에게 기대하는 것이 있으면 사람은 기대에 부응하는 쪽으로 변하려고 노력해서 그렇게 된다는 것이 '피그말리온 효과'이고,[10] 이것을 조직과 조직 구성원에게 적용한 것이 '피그말리온 리더십'이다.

1 내 안의 무지개를 찾아라

1) 사주팔자 믿지 말고 자성예언을 믿으라!

필자의 청소년 시절은 맹랑하고 오만하며 야망이 큰 아이였고, 그런 성격 때문에 똑똑하다는 칭찬도 받았었지만 오만함 때문에 질타도 받았다. 그런 나 자신이 싫어서 고등학교 때 많은 방황을 했었고, 나 자신을 다스려 보려는 노력을 많이 했었는데, 군에 입대하던 해에 깨달은 사실은 내가 빈대 잡으려다 초가삼간을 다 태웠다는 것이다. 즉 나의 단점을 없애려다 장점마저 다 사장시키고 말았다는 것이다. 그러다 우연히 본 글귀는 내 무릎을 치게 했는데. "다른 사람의 장점을 배우려 하지 말고 자신의 장점을 개발해라", '권토중래(捲土重來)'라는 구절이었다. 이후, 나 자신의 인성을 개발해 보려고 했고 사그라졌던 야망도 다시 불태워 보려고 했다.

이때까지 자신을 갉아먹고 핍박하면서 살고 있었는데, 막상 이렇게 머릿속에 가지고 있는 생각을 글로 옮겨보니 나름대로 희미하게나마 원하는 목표가 있었다는 사실이 참 기분을 좋게 했다. 새로운 발견을 한 느낌이었다. 믿고 가느냐, 안 믿고 가느냐.

---

10) 미국의 교육학자인 로젠탈과 제이콥슨은 누군가에 대한 사람들의 믿음, 기대, 예측이 대상에게 그대로 실현되는 경향을 피그말리온 효과(Pygmalion effect)라고 불렀다.

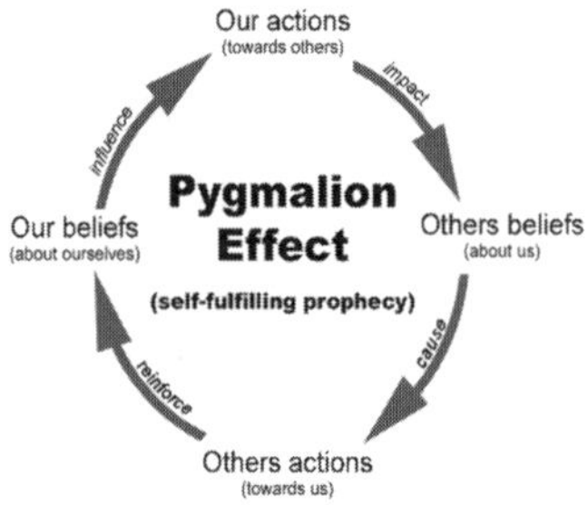

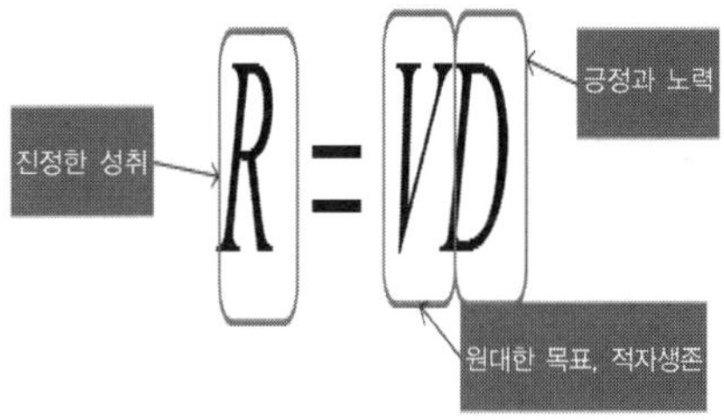

그림 3-8 피그말리온 효과와 R=VD 공식

'믿고 가는' 그 선택의 힘은 강했다. 지친 몸을 낫게 하고, 없는 것을 있게 했다. 꿈, 소망, 소원, 희망…… 모두 같은 뜻을 가졌으나 믿음과 확신이 없으면 아무것도 아니다.

필자는 이지성 씨가 『꿈꾸는 다락방』에서 말한 자신의 꿈을 시각화(vivid)한 후 생생하게 꿈꾸면(dream) 결국은 이뤄낸다(realization)는 'R=VD' 공식을 소개하고 싶다. 저자는 변화를 두려워하지 않고 비전을 실현시키려는 모든 사람에게 자성예언(사명선언서)을 적어 보기를 적극 권한다.

사주팔자나 토정비결을 믿지 말고 자신이 직접 적은 자성예언(사명선언서)을 믿어보라! 어려운 상황에서도 긍정적인 자세와 열정을 잃지 않는 이유는 손에 쥐어진 사명선언서 때문이다. 지금 기대하고 간절히 바라면 이뤄진다. 어떤 일을 성취하고 싶다면 그 일을 끊임없이 생각하고 끊임없이 말하라! 그것이 행동을 유발시킬 것이다. 왜냐하면 염원하는 것을 표현하는 가운데 협력자들을 모을 수도 있고 자기 스스로 자신에 대한 주술적인 효과가 발생해 결국 이뤄질 확률이 높기 때문이다.

말이 씨가 되어 무럭무럭 자랄 수 있기 때문이다. 그래서 비전은 꼭 손으로 쓰라고 강조한다. 적자생존이라 했다. 적는 자만이 치열한 생존경쟁에서 살아남는다. 성경에 나온 말처럼 "말씀대로 되게 하시고 믿음대로 이뤄진다." '종이 위의 기적'을 체험해 보기를 간절히 바란다. 그럼, 지금, 여기서 자신의 컴퓨터 바탕 화면이나 휴대폰의 초기 화면에 '자기 주문서'를 적어 보라.

2) 자성예언 30제

리더십 훈련에서 빼놓을 수 없는 것이 '자성예언(自省豫言) 30제(題)'다. 자성예언이란 '자기충족적 예언(self-fulfilling prophecy)'의 약자로, 한마디로 "말이 씨가 된다!", "간절히 기대하라, 그러면 이뤄질 것이다!"라는 의미다. 자신의 SWOT를 통해

3,650일(10년) 이후의 나를 생각하면서 지금 내가 할 일을 하고 있는지? 변화를 두려워하지 않고 비전을 실현시키려는 모든 사람에게 이 과제를 직접 손으로 작성해 보길 권한다.

지금 바로![11] 하지만, 자성예언을 작성하다 보면 꼭 이뤄진다는 것보다 더 중요한 것이 있다. 이러한 작성 과정에서 내 인생의 과녁은 넓어지고, 북극성(등대)으로 삼을 만한 목표가 정해진다. 스스로 기억하며 노력할 것이 생겼다는 것은 무엇보다 중요하다. 목표는 정했기 때문에 실패하는 것이다. 역설적이지만 실패하는 사람은 목표 자체가 없으므로 실패하지 않은 것이다. 그래서 자성예언의 표적이 크면 클수록 명중될 확률은 크다.

2 자기 사명선언서에 주문을 걸어라

인생 목표를 확립하고 행동하는 가장 좋은 방법은 '자기 사명선언서(personal mission statement)'로서 자기 자신의 인생 철학과 신조를 작성하는 것이다. 사람은 누구나 나름대로 다른 특성을 지니고 있기 때문에 자기 사명선언서의 형태나 내용 역시 각자의 독특성을 반영하게 된다. 따라서 이것은 '개인 헌법'이라 할 수 있다. 왜냐하면 내면 깊이 불변하는 준거 체계, 즉 '인생의 길잡이'와 같은 기능을 하기 때문이다.

사명선언서는 기껏해야 반 페이지에 불과한 짧은 글이지만 이런 선언서가 조직에 있느냐 없느냐에 따라 조직문화는 상당히 달라진다. 왜냐하면 잘 정리된 사명선언서는 나침반과도 같아서 이것을 가까이 두면 개인이나 집단이 길을 잃고 헤맬 염려가 없고 혹시 순간적으로 길을 잃는다 하더라도 곧바로 진로를 정정하게 만들기 때문이다.[12]

---

11) 꿈, 목표, 계획을 적어 놓은 노트가 있는가? 꿈을 날짜와 함께 적어놓으면 그것은 목표가 되고 목표를 잘게 나누면 그것은 계획이 되며, 그 계획을 실행에 옮기면 꿈은 실현된다(A DREAM written down with a date becomes a GOAL, A GOAL broken down becomes a PLAN, A *PLAN backed by ACTION makes your dream come true*).

12) 2004년 종영된 「대장금」은 16세기판 천재 명랑 소녀의 성공기다. 물동이를 드는 벌이 힘겨워 눈물을 쏟다가 타박을 듣자 "물동이 들고 있으랬지 울지 말란 말씀은 없었다"며 되받아치는 맹랑함이 자기 사명과도 같은 것이다. 장금에게 최악의 고문은 목표를 뺏기는 것이었다. 그녀에게 목표는 그 자체로 숭엄하고 삶을 지속하기 위한 도구인 것이다. 사명선언서는 바로 이런 역할을 하는 것이다. 행복한 성공의 주문을 걸어라!

사명선언서는 그 이름 때문에 간혹 서양 문화의 유산으로 오해받기도 하지만 우리 조상들도 비록 이름과 형식은 다를지라도 일찍이 이런 사명선언서의 문화를 가지고 있었다. 한 집안의 가훈이나 개인의 좌우명이 바로 '한국형 사명선언서'다. 예컨대 율곡 선생은 그의 나이 20세 되던 해에 외가인 오죽헌에 돌아가 공부를 시작하기에 앞서 자경문(自警文) 11조를 만들었다. 공부의 목적과 방법, 그리고 공부하는 사람이 지켜야 할 자세 등을 기록한 자경문을 읽어 보면 한 가지 분명한 생각이 떠오른다. 자경문을 만든 이는 율곡이지만 율곡을 만든 것은 바로 이 자경문이다.[13]

1) 자기 사명선언서, 어떻게 작성할 것인가?

사명선언서는 한두 문장에서 몇 단락이 될 수도 있다. 하지만 일반적으로 간결한 것이 가장 좋다. 핵심 내용을 기억하는 데 도움이 되고 사명을 실제로 수행할 가능성이 높아지기 때문이다. 다음은 필자의 사명선언서 일부인데, 작성할 때 참고가 되기를 바라는 마음으로 여기에 옮겨 본다.

〈김재득의 사명선언서〉

첫째, "나! 김재득은 2022년까지 영혼을 울리는 명품 강의로 500만 명에게 리더십계의 전설과 자기 완성의 명코치가 된다.

둘째, 나는 리더십 명인이 되기 위해 존 맥스웰, 스티븐 코비, 톰 피터스, 피터 드러커의 핵심 가치를 전파한다.

셋째, 나는 이냐시오 성인(San't Ignazio)의 영성을 진정 깨달은 서강대학교 고유 콘텐트 7개를 만들고, 행복한 성공자로 가는 디딤돌 역할을 한다.

처음 작성하는 사람에게는 사명선언서가 짧으면 짧을수록 좋다. 티셔츠에 한 줄로 적을 수 있을 정도면 된다. 물론 나이 어린아이라도 바로 이해할 수 있어야 하고 쉽게 외울 수 있으면 더욱 좋다.

---

13) "제1조, 성인의 위치에 이르기까지 끊임없이 노력한다. 제2조, 마음을 결정하는 데는 먼저 말을 적게 한다. 제3조, 놓아버린 마음을 거둬들인다. 제4조, 공손하고, 삼가고, 조심한다. 제5조, 일보다 생각이 앞서야 한다. 제6조, 재산과 명예에 마음을 두지 않는다. 제7조, 할 만한 일이면 정성을 다해야 한다. 제8조, 온 천하를 얻기 위해 죄 없는 사람을 한 명이라도 희생시켜서는 안 된다. 제9조, 아무리 포악한 사람이라도 감화시킨다. 제10조, 때 아닌 잠을 경계한다. 제11조, 수양과 공부는 서두르지 않고 꾸준히 계속한다"(이율곡, 자경문).

작성 방법은 먼저 큰 그림을 명상하라. 내 인생의 목적은 두 눈을 통해 하나의 사물을 보듯, 나의 생각, 즉 구체적인 목표와 올바른 태도를 통합하는 것이다. 따라서 자신이 자신의 인생을 통해 어떤 사람이 되기를 원하는지(성품), 무엇을 하기 원하는지(공헌 및 업적)를 기술하고, 자신의 존재와 행동이 바탕을 두는 가치와 원칙에 초점을 맞춘다. 그리고 양심과 절실한 관심을 발휘해 삶에서 나침반의 역할을 하는 자기 인생의 사명을 찾아서 자신이 독자적으로 어떤 공헌을 할 수 있을지를 찾아내면 된다.

2) 사명선언서는 지속적으로 작성하라

필자는 최근에 내 자신의 사명선언서를 다시 검토해 보았다. 나는 이 같은 검토를 정기적으로 하고 있다. 사명선언서는 하룻밤에 걸쳐 간단히 작성할 수 있는 것이 아니다. 사명선언은 깊은 성찰과 주의깊은 분석을 통한 심오한 생각의 표현이기 때문에 여러 차례 수정 과정을 거칠 수밖에 없다. 이런 수정의 과정 자체가 자신에게 변화의 자리를 제공하는 것이다. 왜냐하면 자신에게 무엇이 가장 소중한지 깊고 조심스럽게 생각하게 해 주며, 나아가 자신의 생각과 행동을 일치시켜 줄 수 있기 때문이다. 이렇게 하면, 다른 사람이나 외부의 영향에 의해 좌지우지되지 않고, 자신이 하고자 하는 것에 분명한 사명감을 갖게 되고, 그것에 대해 열중할 수 있게 될 것이다. 구체적인 작성 방법을 예시하면 다음과 같다.

첫째, 먼저 커다란 전제를 제시하라. 즉, 자신이 자신의 인생을 통해 어떤 사람이 되기를 원하는지(성품)에 대한 절실한 관심을 가져라. 우선 이 정도만 해도 절반은 작성한 것이다.

둘째, 대전제를 실행하기 위한 소전제들과 무엇을 하기를 원하는지(공헌 및 업적)를 기술하라.

만일 나의 사명이 ("정직하게 살고, 다른 사람의 삶을 개선시키는 것")이라면, 이 사명을 수행하기 위해, ① 나는 자비심을 갖는다: 나는 상대방의 처지에 관계 없이 누구든지 사랑한다. ② 나는 희생한다: 나는 시간, 재능, 그리고 금전을 비롯한 각종 자원을 바친다. ③ 나는 영향력이 있다: 나는 다른 사람의 삶을 개선시킬 것이다 등을 생각해 볼 수 있다.

셋째, 종이 넉 장을 꺼내어, ① 첫 번째 종이의 상단에 '내 인생의 꿈과 목표'라고 쓰도록 한다. 그리고 평생 동안 되고 싶은 것(Be)과 하고 싶은 것(Do), 또는 가지고 싶은 것(Have)을 상세히 기록하라. ② 두 번째 종이에는 '나의 열두 달의 목표'라고 쓰라. 그리고 앞으로 1년 동안 이루고자 하는 모든 것을 적어 보라. ③ 세 번째 종이에는 '나의 30일 목표'라고 쓰라. 그리고 다가오는 한 달 동안 성취하고자 하는 것을 상세히 적어 보라. ④ 네 번째 종이에는 '나의 이상적인 하루 생활'이라고 쓰라. 그리고 24시간 동안 할 세 가지의 가장 중요한 것을 적어 보라.

넷째, 이제 머릿속 비워내기를 시도한다. ① 15분간 사명서에 들어갈 내용을 생각나는 대로 써 본다. ② 어떻게 만들지 미리 걱정하지도 말고 쓴 걸 고쳐 쓰지도 말아야 한다. ③ 그저 생각난 것을 전부 계속 써내려가기만 한다. ④ 이제 15분 동안 의미가 통하도록 고쳐 쓰고, 정리한다. 이 30분이 사명서 초안을 마련하는 시간이다. 그리고나서 몇 주 동안 검토하고 내용을 덧붙이면 확실하게 만들 수 있다. 이것이 사명선언서 작성의 최초 작업이다. 복잡한가? 그렇다면 일단 생각나는 대로 적어 보라!

3) 사명서를 작성한 후에는 계획을 수립하라!

일단 사명서를 작성했으면 계획을 수립해야 한다. 계획은 사명서보다 훨씬 더 구체적이어야 한다. 인생은 돛단배와 같아서 가끔은 폭풍우를 만나기도 하고, 등대를 놓쳐 방향을 잃기도 하며, 험한 파도에 내맡겨지기도 한다. 이때 나침반으로 위치를 파악하고 바람의 방향을 이용해 목표로 삼았던 항로를 되찾는 것이 인생에서도 가능하다.

계획을 세울 때 기억해야 할 중요한 점 다섯 가지가 있다.

첫째, 필요한 시간과 노력을 계산한다.

둘째, 적어놓기다.

셋째, 실행 기간이다.

넷째, 중요한 순간(동력을 얻을 수 있는 순간: 새해, 좌절, 인생 전환의 시기, 새로운 직업, 실연, 새로운 관계, 또 한번의 기회, 새로운 계절, 졸업, 만남, 결혼)을 놓치지 않는다.

다섯째, 동반자 또는 협력자와 함께한다는 것이다. "목표 없이 그저 열심히 하다보면 이뤄질 확률은 1/100이지만, 목표와 계획를 정하고 기록하면 성공할 확률은 1/3로 확대된다."

코칭 리더 김재득의 기본 철학이다.

생각의 장(coaching point)

열심히 걷다 보면 에베레스트 산에 오를 수 있을까?

세상의 모든 진보는 누군가의 꿈에 의해 시작되었다. 저 멀리 달에 가고 싶은 꿈을 꾼 사람들의 노력이 있었기에 인류는 달 착륙에 성공했고, 하늘을 날고 싶은 꿈을 꾼 사람이 있었기에 비행기를 만들었으며, 어두운 밤에도 대낮같이 밝은 세상을 만들고 싶은 꿈을 꿨기에 인류는 전구를 발명할 수 있었다. 세계의 모든 가정 책상 위에 PC를 놓고 싶은 꿈이 있었기에 빌 게이츠는 노력했다. 인류의 문명은 인류가 꾼 꿈의 결실이다.

지금 잠을 자면 꿈을 꾸지만 지금 공부하면 꿈을 이룬다. 자동차를 타고 열심히 달리다 보면 내가 원하는 장소에 도착할 수 있을까? 열심히 걷다 보면 백두산에 오를 수 있을까? 어디를 가든 목적지에 도달하기 위해서는 목적지가 분명해야 한다. 백두산을 오르겠다는 목표를 정한 사람만이 백두산을 정복할 수 있다. "인생에서 중요한 것은 속도보다 방향이다"라는 말이 다시 생각난다.

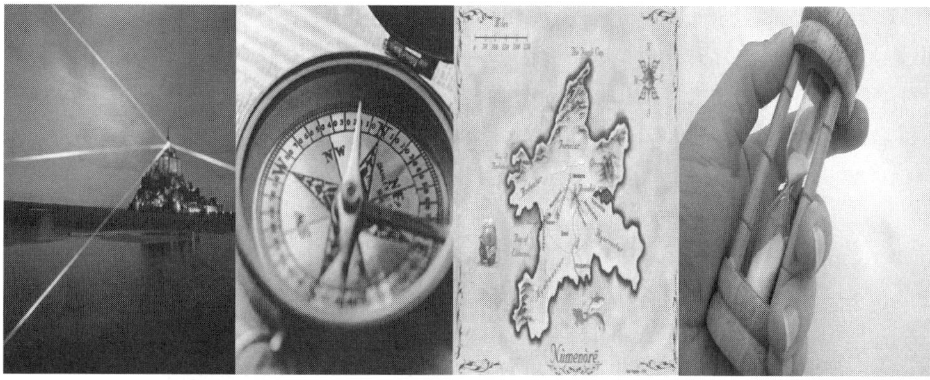

그림 3-8 속도보다 방향: 등대, 나침반, 지도 그리고 시계

행동(practice)과 습관(habit)의 장

'B · D · H 기법' 실천하기

나이도, 삶의 굴곡도 다른 사람이 모여, 고군분투하며, 꿈을 향해 나아가는 행복을 그려낸 드라마인 「베토벤 바이러스」의 대사 중에 이런 말이 나온다. 상황은 건물 옥상 위에서 음대를 졸업했지만 회사에 취직한 루미와 혁권. 가족들 뒤치다꺼리 하느라 음악을 손에

서 놔버린 희연. 어려운 가정환경 때문에, 음대 가기를 포기한 용기. 57세의 나이 때문에 시향에서 은퇴한 갑용. 음악을 꿈꿨지만 저마다의 사정으로 실현할 수 없었던 단원들에게 강마에가 던지는 명대사다.

“이기적이 되어야 합니다.
여러분들은 착한게 아니라 바보예요.
부모 때문에, 자식 때문에, 희생했다? 착각입니다.
결국, 하고 싶은 건 못하고, 생활은 어렵고……
주변 사람 때문에 희생했다는 피해 의식만 생겼잖습니까?
이건 착한 것도, 바보도 아니고 비겁한 겁니다.
맘만 먹으면, 100가지도 만들어 낼 수 있는
핑계대고 도망친 거예요.”

내가 되고 싶은 것(Be), 내가 하고 싶은 것(Do), 내가 가지고 싶은 것(Have)을 각각 5개 정도 적고, 그 중에서도 가장 소중한 것으로 사진을 붙이고 책상 위에 올려놓으라. Be-Do-Have List를 책상에 올려놓고 ‘B · D · H 기법’을 실천하기 바란다. 이 방법은 DID(Do It, Done ; 시도하라, 그러면 된다)와 가수 김홍국의 유행어 “들이대(DID)”와 유사한 형태로서 자기계발과 리더십 분야에 꽤 유명한 유행어다.

다음은 어느 여대생의 글이다.

Be!
소설가
통기타 연주가
나만의 아이디어 회사 CEO
여행가
세계가 주목하는 위대한 과학자

Do!
터키로 여행가기
미친 듯이 공부해 보기
길거리 통기타 연주
목적지도 없고 기한도 없는 긴 열차 여행
나만의 소설 쓰기

Have!
멋진 서재
녹음실
세계 각 지역에 있는 집
나만의 극장
꿈의 몸무게 45kg

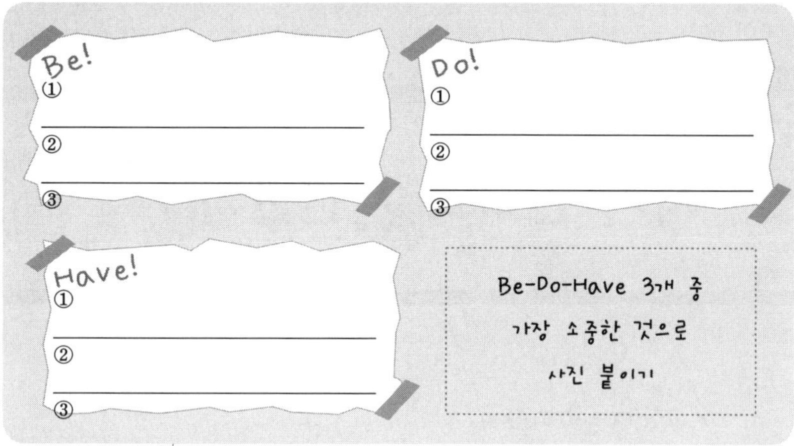

미래를 바꾸는 가장 유일한 방법은 현재를 변화시키는 것!, 삶은 '상상'의 소산이 아니라 '행동'의 소산이다.

내가 꿈꾸지 않는 한, 꿈은 절대 시작되지 않는다.

무언가가 되기(be) 위해서는, 반드시 무언가를 해야만(do) 한다.

공자가 "천리 길도 한 걸음부터"라고 했던가?

당신에게 무슨 일이 '생기길' 기다리지 말고, 뛰어나가 일을 저지를 것을 적어보기 바란다.

당신의 뼛속 깊은 곳에 이미 존재하고 가능성에 기꺼이 마음을 열고 실행하기 바란다.

운명을 바꾸는 마법의 세월이 열릴 것이다.

제 4 장 자기 변화와 시간관리

코칭(coaching)

생각하는 대로 살 것인가, 사는 대로 생각할 것인가? 많은 사람이 성공을 꿈꾼다. 성공을 이루기 위해서는 성공에 맞는 인간형으로의 변화가 뒤따라야 함을 안다. 그러나 도스토예프스키(Fyodor M. Dostoevsky)가 "사람들이 가장 두려워하는 것은 새로운 발걸음을 내딛는 것과 새로운 단어를 입 밖에 내는 것"이라고 했듯이 익숙한 것들을 변화시키는 데는 커다란 용기가 필요하다. 특히, 습관처럼 굳어져 버린 자신을 변화시키기란 세상을 변화시키는 것만큼 어렵다. 습관처럼 익숙한 자신을 변화시켜야 하는 불편함을 감수해야 한다. 현실에 안주하고 싶은 유혹과 변화 이후의 불확실한 미래에 대한 불안감을 떨쳐버려야만 마침내 진정한 변화로 나아갈 수 있다. 당신은 당신의 심장을 믿는가? 세상을 바꾸려 하지 말고 나 자신을 바꿔라. 나를 구할 수 있는 '힘'도, 나를 해치는 가장 참혹한 '칼'도 다 내 안에 있다.

제 1 절 리더의 삶과 자기 변화

과거 잘 나가던 조직들이 오랜 시간을 버티지 못하고 후발 주자에게 선두를 내주거나 경쟁 시장에서 퇴출되는 사례를 분석해 보면, 외부 환경 변화에 둔감한 리더십 실패가 주요 원인인 경우가 상당수다. 변화에 둔감한 리더들은 본인 스스로가 기존의 관행이나 고정 관념을 탈피하지 못하고, 구성원들의 창조적 실험정신을 고무하려는 의욕과 노력이 부족하다. 리더란? 사람들이 스스로는 결코 가지 않았을 곳으로 그들 스스로 가게끔 만드는 사람이다. 시키는 일만 해선 절대 크지 못한다. 남이 안 간 길, 힘든 곳으로 나가야 한다.

1 자기 변화 프로젝트

1) 변화에 대한 자신감 심기

철새는 계절이나 환경이 바뀌면 끊임없이 새로운 도전을 시작한다. 대부분의 철새는 안주하지 않고 환경을 탓하지도 않고 도전해 새로운 환경을 찾아낸다. 그러나 텃새들은 작은 자신에게 주어진 환경에서 일생을 보낸다. 철새의 생존의 법칙을 한번 배워보면 어떨까? 현대 사회는 가만히 있어도 아주 빠르게 환경이 변화한다. 나는 잘못한 것이 하나 없는데 나의 직업이, 직장이 하루아침에 없어지기도 한다. 이러한 환경에서 살아남아 발전하기 위해서는 철새처럼 끊임없이 도전하고 변화하는 삶을 배워야 하지 않을까? 물론 철새 정치인을 칭찬하는 말이 아님을 독자는 알 것이다.

새롭고 색다른 가능성을 '찾아다니고' 시도하기 위해 자신의 상상력을 사용해 보자. 몰츠(Maxwell Maltz, M.D.)의 '성공의 법칙'에 이런 질문이 나온다. 왜 나는 할 수 없다고 생각하는가? 그리고나서 자신에게 물어보라. "이러한 믿음은 실제 사실에 근거한 것인가 아니면 잘못된 가정이나 결론에 근거한 것인가?" "그러한 믿음에 대한 합리적인 이유가 있는가?" "이러한 믿음을 따름으로써 혹시 실수하고 있는 것은 아닌가?" "비슷한 상황에 처한 다른 사람에 대해서도 동일한 결론을 내릴 수 있는가?" "믿을 만한 타당한 근거가 없음에도 불구하고 왜 그것이 마치 사실인 것처럼 계속해서 행동하고 느껴야 하는가?"

힐(Napoleon Hill)이 말한 것처럼 다섯 가지 자신감 선언문을 통해 막막하고 불안할 때마다 외쳐 보아도 좋다. 아마도 인생에서 가장 강력한 무기를 손에 쥐게 될 것이다! 필자가 정리한 다섯 가지는 다음과 같다. 첫째, 나는 인생의 명확한 목표를 완수할 수 있는 능력이 나에게 있음을 알고 있다. 둘째, 나는 정신을 지배하는 생각이 결국에는 외적으로 표출되고 행동으로 나타나며 점차적으로는 그 생각이 물리적 현실로 변형된다는 것을 알고 있다. 셋째, 나는 자기 암시의 법칙을 통해 이미 알고 있다. 넷째, 나는 명확히 인생에서 이루고 싶은 것을 자세히 기록했으며 그것의 실현을 위해 필요한 자신감을 갖기 전까지는 노력을 멈추지 않을 것이다. 다섯째, 어떤 부(富)나 지위도 진실과 정의를 토대로 완성된 것이 아니라면 오래 갈 수 없다는 것을 나는 완벽히 이해하고 있다. 이제 신발끈만 묶을 수 있다면, 당신은 반드시 성공할 수 있다!

2) 변신하지 못하면 병신 된다

"변신하지 못하면 병신 된다"라는 말이 있다. 성공하는 사람들은 변화를 기꺼이 수용하고 기존의 사고에 얽매이지 않는다. 오늘날 과학기술의 급속한 발전 덕분에 우리가 익숙해 있던 상황은 시시각각 변화하고 있다. 변화의 흐름을 읽고 적극적으로 대처하지 못하는 사람은 도태되고 만다.

『누가 내 치즈를 옮겼을까?』는 변화를 어떻게 받아들여야 하는가를 분명하게 보여주고 있다. 영원히 그 자리에 있을 것 같았던 치즈가 어느 날 갑자기 사라졌을 때 생쥐들은 적극적으로 새로운 치즈를 찾아나선 반면에 꼬마 인간들은 눈앞에 직면한 현실에 두려움을 느끼며 미래를 절망적으로 생각했다. 외부적 상황이 변했을 때 우리들 역시 변화하지 않으면 오로지 좌절, 우울, 절망만이 있을 뿐이다.

『누가 내 치즈를 옮겼을까?』에 나오는 스니프, 스커리, 헴, 허 중에서 당신은 어느 경향인가?[1] '스니프'형은 변화의 냄새를 맡을 수 있는 사람이라면, '스커리'형은 즉시 행동으로 옮기는 사람이다. '헴'형은 익숙한 세상에 머물러 있고자 하여 변화를 거부하는 사람으로, '허'형은 변화하기를 망설이지만 결국 자신의 상황을 깨닫고 스스로 변화하고 새로운 치즈를 찾아 떠나는 사람이다. 이 이야기에서 당신은 어느쪽에 속하는가?

변화란 무엇의 끝이 아니라 새로운 시작으로 보는 법을 배워야 한다. 이처럼 변화란 현재 상태에서 바라는 상태로 옮겨가는 과정을 말하는데, 이 과정에서 해빙→변화→재결빙의 과정을 거치면서 목표에 근접해 간다. 이제 자신의 변화 추진을 위해 버려야 할 것들(eliminate), 줄여야 할 것들(reduce), 더해야 할 것들(raise), 새롭게 만들어야 할 것들(create)을 찾아보고, 성공적인 변화를 위한 실천 방안을 찾아보자.

변화의 테마	
버려야 할 것들(eliminate) ① ______ ② ______ ③ ______	줄여야 할 것들(reduce) ① ______ ② ______ ③ ______
더해야 할 것들(raise) ① ______ ② ______ ③ ______	새롭게 만들어야 할 것들(create) ① ______ ② ______ ③ ______

1) 스니프: 킁킁이(킁킁거리며 냄새를 맡는다는 의미의 의성어), 스커리: 종종이(종종거리며 급히 달린다는 의미의 의태어), 헴: 헛기침(헛기침한다는 의미의 의성어), 허: 점잔이(점잔을 뺀다는 의미의 단어)

3) 당신도 솔개처럼 거듭 태어날 준비가 되었습니까?

박노해의 『솔개는 제 부리를 깬다』에 나오는 솔개는 최고 약 70년의 수명을 누릴 수 있는데 이렇게 장수하려면 약 40년이 되었을 때 매우 고통스럽고 중요한 결심을 해야만 한다. 솔개는 약 40년이 되면 발톱이 노화해 사냥감을 그다지 효과적으로 잡아챌 수 없게 된다. 부리도 길게 자라고 구부러져 가슴에 닿을 정도가 되고, 깃털이 짙고 두껍게 자라 날개가 매우 무거워져서 하늘로 날아오르기가 나날이 힘들게 된다. 이 때쯤이면 솔개는 두 가지 선택이 있을 뿐이다.

그대로 죽을 날을 기다리던가 아니면 약 반 년에 걸친 매우 고통스러운 갱생 과정을 수행하는 것이다. 갱생의 길을 선택한 솔개는 먼저 산 정상 부근으로 높이 날아올라 그곳에 둥지를 짓고 머물며 고통스러운 수행을 시작한다. 먼저 부리로 바위를 쪼아 부리가 깨지고 빠지게 만든다. 그러면 서서히 새로운 부리가 돋아나는 것이다. 그런 후 새로 돋은 부리로 발톱을 하나하나 뽑아낸다. 이리하여 약 반 년이 지나 새 깃털이 돋아난 솔개는 완전히 새로운 모습으로 변신하게 된다. 그리고 다시 힘차게 하늘로 날아올라 30년의 수명을 더 누리게 되는 것이다. 이처럼 삶에 변화가 없다면 그의 삶은 이미 녹슬어 있는 것과 다름없다.

나는 나의 가치를 위해 지금 무엇을 하고 있는가? 언제까지 눈앞의 돈을 좇아 여기저기 옮겨다닐 것인가? 안정은 신기루다, 안정은 일종의 착각이자 착시 현상일 뿐이다. 환경 변화에 스스로 주도적이어야 한다. 세상에 늦은 건 없다. 탁월한 리더가 되기 위한 변화의 준비 작업에 힘을 기울여 공부하라. 브레이크 더 박스(break the box: 울타리를 걷어치워라)를 추구하라.

그림 4-1 솔개의 두 번째 삶

4) 'SWOT 분석'으로 찾는 나의 변화 전략

SWOT 분석이란 자신의 강점(strength)과 약점(weakness)을 찾아내고, 기회(opportunity)와 위협(threat)을 외적인 요인으로 분석, 이 결과를 토대로 적절한 대응전략을 마련하는 것이다. 마케팅 기법인 'SWOT 분석'으로 나의 바람직한 리더십 방향을 풀면 어떻게 될까? 시간적 여유가 있다면 자신이 속한 조직의 'SWOT'도 함께 분석해 보라.

나의 강점(S)	나의 약점(W)
• 추진력 • 유머 감각 • 자신감 • 배짱 • 탁월한 중국어 실력	• 부족한 영어 회화 능력 • 차가운 이미지 • 부족한 동정심과 관용 • 게으름 • 비교적 사회 진출에 늦은 나이 • 독선과 독단, 독설 • 술, 담배로 인한 건강 악화
나의 기회(O)	**나의 위협(T)**
• 별로 생각나지 않는다. • 아직 쓸 만한 체력 • 지금 공부 중인 시험의 합격 • 아직은 살아 계시는 부모님 • 동생의 군 입대 • 애인의 일편단심	• 경기 침체로 인한 고용환경 악화 • 취업이 늦어질수록 취업 가능성 감소 • 내년이면 졸업 • 부모님의 은퇴로 가계 수입 감소

그림 4-2 자신의 SWOT 분석 사례

표 4-1 나의 리더십 SWOT 분석표

나의 강점(strength)	나의 약점(weakness)
① ____________ ② ____________ ③ ____________	① ____________ ② ____________ ③ ____________
나의 기회(opportunity)	**나의 위협(threat)**
① ____________ ② ____________ ③ ____________	① ____________ ② ____________ ③ ____________

WT 부문은 약점과 위협 영역이므로 모두 최소화하는 mini-mini 전략을 구사해야 할 것이다. WO 부문은 약점을 최소화하고 기회를 최대화하는 mini-maxi 전략을 구사해야 할 것이다. ST 부문은 환경으로부터 위협에 능히 대처할 수 있는 개인적 강점에 기초를 두고 있다. 따라서 강점을 극대화하고 위협 요소를 극소화하는 maxi-mini 전략을 구사해야 할 것이다. SO 부문은 자신의 강점과 기회를 극대화시키려고 하는 것은 너무 당연하다. 따라서 나의 변화 전략은 maxi-maxi 전략을 시도해야 한다.

코칭 팁(coaching tip): 자신감

부족한 자신감 때문에 당신의 삶이 침체되어 있다고 생각하는가? 그렇다면 로렌스(David Lawrence)의 『자신감 쌓기 연습』(2011)을 반드시 읽어보길 바란다.[2] 자신에 대한 확신은 가장 위대한 재산이다. 아무리 부와 명성이 높아도 좋지 못한 자아상으로는 행복을 보장할 수 없다. 그래서 자신감은 행복하고 만족스럽게 사는 데 매우 중요한 역할을 한다. 일의 성공부터 가정생활, 인간관계, 여가활동까지 모든 일에 영향을 미친다. 자신감이 부족한 사람은 자신의 실력을 충분히 발휘하지 못한다. 모험심도 부족하고 인생을 마음껏 누리지도 못한다. 그런 사람들은 불안, 식습관 장애, 정신건강 문제 등 스트레스와 관련된 다양한 문제를 겪기 쉽다. 낮은 자존감은 가정 불화, 잘못된 육아, 관계성의 문제 등을 일으키는 원인이 된다. 많은 범죄가 약물 남용, 실업률, 가난 때문에 일어나거나 또는 이유 없이 일어나는데 이러한 원인이 모두 낮은 자존감에서 비롯된 것이다.

2 메모는 기억보다 강하다

1) 적자생존과 둔필승총

자기 변화를 위한 가장 근원적인 태도는 자신의 비전과 시간을 기록하는 것이다.

---

2) 대부분의 사람은 그들은 이미 잘났기 때문에 자신감이 뒤따라오는 거라고 생각한다. 만일 그렇게 생각한다면 당신은 지금 주어진 일에서나, 앞으로 맡게 될 일에 대해서나 고전을 면치 못할 사람일 것이다. 당신의 눈에 자신감 넘쳐 보이는 그들은, 그래서 당신이 마음 한구석에서 조금은 고깝게 생각됐던 그들은 잘났기 때문에 자신감이 넘쳐났던 것이 아니라 넘치는 일의 승패와 상관없이 먼저 가슴에 품었던 자신감으로 성공 가도를 달려온 것이다.

바로 적자생존(籍者生存)[3]과 둔필승총(鈍筆勝聰)[4]이 던지는 의미이기도 하다. 사실 많은 사람이 강의 시간에 강의 내용을 모두 알아듣는 것 같지만 정작 집으로 돌아가면 많은 부문 잊어버리게 된다. 에빙하우스(Hermann Ebinghaus)의 망각곡선에 의하면 인간이 뭔가를 배운 후 20분이 지나면 58%를 기억하고, 1시간이 지나면 44%, 9시간이 지나면 36%, 6일이 지나면 25%, 한 달이 지나면 21%만 기억하고 있다는 것이다. 즉, 뭔가를 배운 뒤 한 달이 지나면 80%를 잊어버린다.

인간은 '망각의 동물'이라 적지 않으면 기발한 아이디어도 무용지물이 된다. 메모에는 글, 부호, 그림 등 다양한 내용을 적을 수 있다. 천재 화가이자 과학자, 발명가였던 레오나르도 다 빈치는 자신의 생각을 이미지와 단어를 사용해 입체적으로 기록했다. 아인슈타인과 에디슨도 이런 방식으로 메모했고, 결국 놀라운 창의력을 발휘했다. 시시각각 떠오른 아이디어가 세상을 바꾸는 발명으로 발전될 수 있다.

오직 적는 것만큼 남는 게 없다. 그래서 희미한 연필 자국이 천재의 기억력보다 오래 가는 법이다. 사실 학생들이 강의 시간에 강의 내용을 모두 알아듣는 것 같지만 정작 집에 돌아가면 많은 부문 잊어버리게 된다.

둔필승총 역시 기록이 없으면 이길 수 없다는 강한 메시지를 던진다. 현명한 사람일수록 자기 머리에 의존하기보다는 좋은 메모 습관을 만드는 데 노력한다. 모호한 머릿속 기억보다는 무심결에 끄적인 메모 한 줄이 더 기억에 남는다. 기록하자! 오늘의 기록이 내일의 역사가 된다.

독자들에게 제안을 하나 하고 싶다. 지금 바로 근처 문구점에 들러 봄이 어떨까? 문구점에서 몇 년을 들고 다녀도 좋을 튼튼하고 가벼운 노트 한 권을 준비하고 내 미래를 어떻게 준비할 것인지 조용히 오늘 밤 고민해 보는 것은 어떤가? 노트에 가볍게 연필로 생각하는 것을 정리하고 지우고 또다시 작성하면서 조금씩 미래의 그림을 계획해 보기를 권한다. 우리가 시간을 너무 무의미하게 하루를 보내고 있다는 것과 목표 없이 시간을 투자하는 것만큼 무의미한 것도 없다.

가끔 무언가 하려고 하면 그때마다 다른 생각이 나서 제대로 시간 활용이 어렵다는 사람이 많다. 그때마다 필자가 하는 것처럼 메모를 해 두라는 것이다. 그 다음 그 메모를 보면서 일을 정리한다면 매우 유용하게 될 것이다. 항상 목표를 설정하거나 작업을 하려고 한다면 하얀 종이 위에 적으라.[5]

---

3) 필자가 지칭하는 적자생존(籍者生存)은 생물학에서 말하는 적자생존(適者生存, survival of the fittest)과 의미가 다르다. 여기서 말하는 적자생존은 '적어야(writing, 메모해야) 산다'는 뜻이다.

4) '굼뜨고 서투른 필기가 총명한 머리(기억)를 이긴다'는 뜻이다.

그림 4-3 적자생존(籍者生存)과 둔필승총(鈍筆勝聰)

다시 한 번 강조하지만 메모는 발전의 첫걸음이며, 자신의 기억을 과신하고 메모하지 않으면 도로아미타불이다. 메모는 기억을 지배한다. 메모를 습관화하고 잘 관리하면 개인의 능력뿐만 아니라 국가 경쟁력을 향상시킬 수 있다고 확신한다. 모두 메모의 달인이 되어보자.

2) 『난중일기』와 『백범일지』

이순신 장군과 김구 선생의 공통점은 무엇일까? 바로 기록을 했다는 점이다.[6] 일기를 쓴 것이다. 필자가 강조한 '적자생존'을 480년 전부터 몸소 실천한 분이다. 이순신은 임진왜란이 발발한 임진년(1529. 4)부터 노량해전(1598. 12)에서 전사하기까지 7년간 진중에서의 일을 기록한 『난중일기(亂中日記)』를 남겼다. 『난중일기』에는 전쟁에 관련된 많은 기록뿐만이 아니라 전란 전반에 걸친 정치 · 경제 · 사회 · 군사에 이르기까지 다양한 기사가 남겨 있다. 그 때문에 이순신 개인사의 연구와 더불어 조선사 연구에 따른 사료로서도 귀중한 가치를 지닌다.

5) 뇌 과학자들은 '손은 제2의 뇌'라고 말한다. 손으로 글을 쓰고 그림을 그리면 두뇌가 활성화, 건강이 증진되며 치매 예방에도 도움이 된다. 논리적 사고와 분석 능력을 담당하는 좌뇌에 비해 우뇌는 직감과 기발함을 담당한다고 밝혀지고 있다. 최근엔 우뇌 개발이 미래의 승부처로 떠오르고 있다. 일본의 우뇌 트레이닝 컨설턴트인 고마다 미쓰오(Komada Mitsuo)는 역사 속의 천재들은 자신의 머릿속에 떠오른 생각을 종이에 바로 기록하는 공통의 능력을 갖고 있음을 확인했다. 기록하는 행위가 지성을 높이고 잠재의식을 일깨우는 역할을 하며 두뇌 활성화에 기여하는 바가 크기 때문이다. 머릿속에 떠오른 생각을 기록하는 습관을 들이면 한층 똑똑해질 수 있다는 의미다(한국일보, 사이언스 에세이, 2011. 5. 28).

6) 『목민심서』의 정약용도 메모를 잘한 과학자였다. 고 이병철 삼성 회장도 성공하기 위해서는 메모광이 되라고 했고, 『성공하는 사람들의 일곱 가지 습관』의 저자 스티븐 코비 역시 메모의 중요성을 강조했다.

장군은 조정에 올린 장계(狀啓)에서도 전쟁 상황을 상세하게 보고했는데, 그 내용은 현재 『임진장초(壬辰狀草)』로 남아 있다. 이 때문에 우리는 400여 년이 지난 지금에도 임진왜란의 과정과 해전에서의 전투 상황 등을 상세하게 알 수가 있다. 바로 이것은 이순신의 투철한 기록 정신에 의한 수혜(受惠)다. 만약 이순신이 『난중일기』를 남기지 않았다면 후세에 사료이자 문화 유산을 물려 주지 못했을 뿐더러, 자신이 전쟁을 수행해 나가는 과정에서도 시행착오를 거듭했을 수도 있다. 각종 업무를 기록하는 일지와 개인의 일기는 물론 주부의 가계부까지도 그 유용성을 지니는 이유가 여기에 있다. 바쁘고 복잡스러웠을 전쟁 상황에서도 '일기'를 썼다는 것은 장군의 평소 기록 습관을 알 수 있다.

『백범일지』는 참으로 진솔하고 감동적인 기록이다. "네 소원이 무엇이냐" 하고 하나님이 내게 물으시면, 나는 서슴지 않고 "내 소원은 대한독립이오" 하고 대답할 것이다. "그 다음 소원은 무엇이냐" 하면 나는 또 "우리나라의 독립이오" 할 것이요 또 "그 다음 소원이 무엇이냐" 하는 세 번째 물음에도 나는 더욱 소리를 높여 "나의 소원은 우리나라 대한의 완전한 자주독립이오" 하고 대답할 것이다. 청년의 모습으로 처음 감옥으로 들어갔을 때부터 노년이 되어 고국의 땅을 밟으면서 느꼈던 모든 고난과 굳건한 의지를 함께 보여 준 험난한 인생의 글에 눈물이 난다.[7)]

백범의 파란만장한 생애가 그러했듯이 지고지순한 민족애와 헌신성으로 기록된 책이다. 자신의 치적을 포장하고 허물과 과오를 덮으려는 숱한 인사들의 자서전과는 비

그림 4-5 『난중일기』와 『백범일지』

7) 『백범일지』는 1947년 국사원에서 최초로 출간된 이후 지금까지 수많은 사람에게 읽혀져 왔고 지금도 꾸준히 읽히고 있는 전국민의 필독서다. 27년간 대한민국 임시정부를 이끌어온 민족독립운동가이자 자신의 온 생애를 조국과 민족을 위해 바친 겨레의 큰 스승 백범, 일제의 침략 아래 신음하는 우리 민족의 살 길을 열고자 해방된 통일조국 건설에 혼신의 힘을 다하다가 끝내 비명에 간 백범의 생애를 가장 극명하게 드러내 주고 있는 책이 바로 『백범일지』다.

교할 수 없는 가치를 지니며 오늘날에도 빛 바래지 않는 감동을 주고 있다.

이처럼 수많은 위대한 인물은 기록 습관이 뛰어났다. 기록하는 습관, 메모하는 습관에는 훈련이 필요한 데 특히 수많은 정보가 오가고 신속 정확함을 추구하는 정보화 시대에는 더욱 중요하다. 정부기관에서도 직원들에게 매순간 떠오르는 아이디어와 건의 사항들을 기록하는 메모 습관을 훈련시킨다. 『당신을 부자로 만들어 주는 메모하는 습관』이라는 책도 있지 않은가?

기록을 소홀히 하여 손해를 보는 경우는 항상 존재한다. 과거의 기술에 대한 기록이 없어 기술 재현을 하지 못하거나, 우리나라가 개발 도상국 시절 단기간에 경제 발전을 이뤘던 기술에 대한 기록이 없어 다른 후진국에 이를 판매하지 못하는 일들이 그러한 경우다. 지식은 꾸준한 기록에 의해 축적되어야만 활용될 수 있으며, 이러한 지식들이 바로 경쟁력과 직결된다.[8]

펜과 포스트 잇, 그리고 수첩을 항상 지니고 다니는 자세! 그것이 바로 '지식인'의 기본 자세이며 리더의 자세다.

행동(practice)과 습관(habit)의 장

1. 동료들에게 "변화관리란 무엇이라고 생각합니까?"라는 질문을 던지면 그들은 다음과 같이 답한다.
   ① 뭐라고?
   ② 한번 추구해 볼만은 하지만 회사의 이익에는 별로 도움이 안 되는 것 같아요.
   ③ 적극적으로 추구해야 합니다.
   ④ 이미 우리 업무의 일부 아닌가요?

2. 당신의 조직에서 추진하는 매우 창의적이고 혁신적인 프로젝트에 대해 다른 사람들의 평은 다음과 같다.
   ① 이번 프로젝트를 추진하는 사람들은 제 정신이 아닌 것 같아.
   ② 지난 번에 그 부서와 함께 했던 브레인스토밍의 내용이 도대체 뭔가?
   ③ 그 프로젝트에는 신선한 아이디어가 많더군.
   ④ 그 부서가 추진하는 프로젝트는 정말 혁신적이야. 나도 그 부서에서 일했으면 좋겠어.

---

8) 오랜 경험을 통해 자기는 알고 있지만 남에게 설명하기 어려운 노하우 등 암묵지(tacit knowledge)도 끊임없는 기록과 분석을 통해 남에게 쉽게 전달할 수 있는 형식지(explicit knowledge)로 바꿔야 새로운 지식의 창조로 연결될 수 있다.

3. 당신은 팀장에게 이틀 간의 일정으로 워크숍을 현재 추진 중이다. 이것은 프로젝트를 위해 새로운 아이디어가 좀 더 필요하다고 판단했기 때문이다. 그러자 팀장은 다음과 같이 말한다.
   ① 또 가?
   ② 워크숍은……. 다음에는 미리 말해 주길 바라네.
   ③ 그래? 좋은 생각 같은데, 이런 경우를 대비해 예비비를 마련해 두었으니 비용은 거기서 처리하면 되고.
   ④ 그래? 이번 프로젝트에 참여한 지 얼마 되지도 않았는데 그런 생각을 하다니 대단한데. 잠시 프로젝트의 진행을 멈추고 어떻게 하면 워크숍을…….

4. 변혁적인 아이디어가 떠오르면 당신은 제일 먼저 누구에게 이야기하는가?
   ① 자기 자신에게만
   ② 당신에게 우호적인 동료들
   ③ 변혁을 책임지고 있는 조직의 일원
   ④ 알려야 할 필요가 있다고 생각되는 사람 모두

5. 누군가 창의적인 아이디어가 떠올랐다며 매우 새로운 생각을 말하면, 책임자들은 다음과 같은 반응을 보인다.
   ① 우리 조직에서 그런 일은 실현 불가능하다고 그 사람을 훈계한다.
   ② 불신의 눈초리로 그 사람을 쳐다본다.
   ③ 그 사람의 아이디어를 주의깊게 듣는다.
   ④ 그 사람의 용기와 능력에 대해 찬사를 보낸다.

6. 지금 당신이 속한 조직을 가장 잘 상징하는 말은 다음 중 어느 것인가?
   ① 자신의 일만 생각한다.
   ② 전체를 위해 한 명이 희생할 수도 있다.
   ③ 한 명을 위해 전체가 희생할 수도 있다.
   ④ 전체는 한 명을, 그리고 한 명은 전체를 위해 희생할 수 있다.

7. 다음 중 현재 당신이 몸담고 있는 조직에서 추진되고 있는, 변혁적이고 창의성을 위한 노력을 가장 적절히 나타내고 있는 표현은 무엇인가?
   ① 이따금 브레인스토밍(brainstorming)을 한다.
   ② 요즘 유행하는 몇몇 혁신 기법을 사용한다.
   ③ 혁신을 위한 다양한 기법을 능숙하게 사용할 줄 안다.
   ④ 상황에 맞게 여러 가지 기법을 적절히 혼합해 사용할 줄 알고, 이를 통해 다양한 업

무의 혁신을 꾀한다.

8. 당신은 내일 아이디어 회의를 진행해야 한다. 회의 중 사용할 수 있는 장비로는 무엇이 있는가?
   ① 화이트보드와 필기구
   ② 마이크와 스피커 등의 음향 설비
   ③ 디지털 영상장비
   ④ 혁신적인 아이디어를 내는 데 최적의 구조로 만들어진 회의실

9. 당신은 언제 업무에서 변화관리를 추구하는가?
   ① 그렇게 하라는 지시가 내려졌을 때
   ② 호기심을 느낄 때
   ③ 변화를 추구해야 하는 업무를 수행할 때
   ④ 항상

10. 새로운 아이디어가 정말 좋은 생각인지 어떻게 알 수 있을까?
   ① 알 수 없다.
   ② 과거의 일에 비춰보면 알 수 있다.
   ③ 다른 사람들의 반응으로 알 수 있다.
   ④ 수많은 아이디어 가운데서 고른 것이기 때문에 최선의 아이디어일 가능성이 크다고 본다.

11. 당신 조직의 근무 분위기를 한마디로 표현하자면 다음과 같다.
   ① 조립 생산 라인
   ② 도서관
   ③ 시장
   ④ 디자인실

12. 당신이 변혁을 전담하는 프로젝트팀에 참여하게 되었다. 이때 "왜?" 하고 물었다. 이에 대한 당신의 대답은 다음과 같다.
   ① 지난 분기 때 실적이 좋지 않았거든. 그래서 좌천된 거야.
   ② 상관(기관장)하고 대화를 너무 오래 했나봐.
   ③ 내가 지원했고, 상관은 내가 적임자라고 생각했나봐.
   ④ 상관이 내가 제안했던 아이디어를 마음에 들어 했어. 그러더니 내게 팀을 구성해서 일을 한번 추진해 보라고 하더군.

13. 혁신적인 아이디어를 다른 사람들에게 소개할 때 어떤 도구를 이용하는가?
① 화이트보드와 필기구
② 파워포인트 같은 소프트웨어
③ 혁신적인 아이디어를 이끌어 내고 정리하는 데 유용한 전문 소프트웨어
④ 네트워크를 통해 공유할 수 있는 그룹웨어

14. 당신은 조직을 위해 매우 혁신적인 아이디어 하나를 내놓았다. 그러자 당신의 동료들은 그것이 성공할 확률에 대해 다음과 같이 말한다.
① 그것이 성공할 확률은 0.01%야.
② 그것이 성공할 확률은 1%야.
③ 그것이 성공할 확률은 50%야.
④ 우리 조직의 주식을 미리 사놓아야 할 것 같은데…….

결과 분석

(1) ①은 5점, ②는 10점, ③은 15점, ④는 20점으로 계산해 각 합계란에 아래의 해석 방법을 참고해 현 조직의 변화 성향에 대한 수준을 가늠한다.
(2) 90점 이하라면, 변화지수가 매우 낮으며, 가까운 미래에 위기에 처할 가능성이 높다. 그리고 조만간 도산할 가능성이 높다. 90~140점이라면, 조직 변화와 변화의 필요성을 절감하고 있으면서도 구체적인 방법을 몰라 당황하고 있을 가능성이 높다. 140~210점이라면, 매우 혁신적인 조직이다. 210점 이상이라면 벤치마킹할 수 있는 최고 수준의 혁신적 조직이다.

표 4-2 종합진단 비교표

진단 내용	본인 진단점수	팀 진단점수	타인 진단점수			본인-타인 최대 차이
			상사	동료	부하	

* 본인과 타인 간의 점수 차이가 클수록 원인을 잘 점검하고 개선할 필요성이 있다.
* 좀 더 신뢰성 있는 평가를 원한다면 진단표에 제시된 문답 중에서 자신이 더욱 개선되기 위해 노력해야 하는 항목을 조직(집, 학교, 공동체, 직장)에서 가장 신뢰하는 사람이나 정직한 피드백을 줄 것 같은 사람을 선정해 경청한다.

제 2 절 리더의 시간관리

"신이 우리를 가르칠 때 채찍을 쓰지 않는다. 신은 우리를 시간으로 가르친다." 그라시안(Balthasar Gracian)의 말이다. 시간에 관한 명언들은 많다. "인간은 시간이 모자란다고 불평하면서도 마치 시간이 무한정 있는 듯이 행동한다"라는 세네카(Lucius Anaeus Seneca)의 말도 유명하다. 그래서 '과거'와 '타인'은 바꿀 수 없지만 '미래'와 '자신'은 바꿀 수 있다 했다. 고로 '미래'는 스스로 만든 '셀프 제작품'이라 할 수 있다. 아마도 육체 근로자는 일의 스케줄이 대부분 정해져 있어 고민할 필요가 적지만 지식인은 자기 스케줄을 자신이 디자인해야 한다. 특히 지위가 높아질수록 생산성에 도움이 되지 않는 각종 의례적인 일로 뺏기는 시간이 늘어난다. 따라서 시간을 지혜롭게 관리한다는 것은 지식 근로자가 필수적으로 갖춰야 할 덕목이 되었다.[9]

그래서 '재(財)테크'처럼 '시(時)테크'는 매우 중요하다. 한 분야에 투자한 시간이 1,000시간을 투자하면 보이기 시작하고, 3,000시간을 투자하면 뭔가 알게 되고, 10,000시간을 투자하면 그때는 전문가가 된다는 말이 있다. 이것은 하루에 3시간을 투자할 경우 1년, 3년, 10년에 해당되는 시간이다. 이와 같은 지속적인 학습과 시간관리는 리더가 되기 원하는 사람의 인생을 반짝이게 한다. 강의를 하다 보면 내일의 밑그림을 필자에게 보여 주는 학생들이 많지 않음이 필자를 안타깝게 한다. 그들에게 전하고 싶은 말이 있다. "그대! 아끼게나 청춘을! 이름없는 들풀로 사라져 버림도…… 영원히 빛나는 삶의 영광도…… 젊은 날의 쓰임새에 달렸거니, 오늘도 젊은 하루를 후회 없이 살게나!"

1 소중한 것 먼저 하기

"하루의 시간을 2시간 추가해서 26시간으로 준다면 하고 싶은 것이 무엇인가?"라

9) 시간관리에는 두 가지 태도가 필요하다. '시간관리를 잘하는 것'과 '두려움과 주변 사람들의 눈치를 극복하는 것을 배우는 일'이다. 특히 주변 사람들의 눈치를 극복하기 위해서는 첫째, 타인들의 눈에 비친 자신의 모습이 아니라 스스로의 눈에 비친 자신의 모습에 신경을 쓰도록 애써야 한다. 즉 자신과 약속을 하고 그것을 지키도록 하라. 둘째, 해야 할 일이나 목표를 적어 보라. 추구하는 목표가 분명해지면 어떤 일을 받아들이고 어떤 일을 거부할 것인지도 분명해진다.

는 질문에 사람들은 여행, 독서, 운동, 자기계발 등 평소 하고 싶었던 것을 열거한다. 그러나 보통 때는 왜 못하는가? 과연 시간이 부족해서일까? 그렇지 않다. 우리는 목표와 좋은 생각들의 목록 적기는 배워서 잘 만들지만, 막상 소중한 것을 먼저 하는 것은 어려워한다. "가장 중요한 것이 가장 하찮은 것에 의해 좌우되어서는 안 된다." 괴테(Johann W. von Goethe)의 말이다.

우리의 일상은 소중한 것들도 많지만 소중하지 않은 것들도 많다. 사랑하는 가족이나 친구를 위해 시간을 내는 것은 소중하다. 하지만, 새로 나온 최고급 화장품을 구경하기 위해 백화점으로 달려가는 건 소중하지 않다. 어린아이에게 진정한 가치(관심, 배려, 공감, 경청)를 가르치는 것은 소중하다. 그러나 아이에게 명품 옷을 사 입히는 것은 상대적으로 덜 소중한 것이다.

사람들은 일반적으로 '중요성'과 '긴급성'으로 짜여진 네 가지 중 하나의 방식으로 시간을 보낸다. 그 가운데 '중요성(importance)'은 가장 중요한 일, 소중한 것, 맡은 바 임무와 목표에 도움이 되는 활동이고, '긴급성(urgency)'은 급한 일, 목전에 놓인 일, 즉각적인 행동을 요구하는 활동이다.

코비가 제시하고 있는 일곱 가지 습관 중 '습관 3' "소중한 것을 먼저 하라"는 '습관 1' "주도적이 되어라"와 '습관 2' "목표를 확립하고 행동하라"를 실질적으로 완성하는 것이다. '소중한 것'이라 함은 우리가 개인적으로 가장 가치가 있다고 생각하는 일로서, 그것들은 우리에게 무엇을 먼저 해야 될지를 제시해 준다. 사실 모든 사람은 네 가지 부류에 어느 정도씩 속해 있다. 그러나 가능한 한 2번째 부류에 많이 속하려고 애쓰는 것이 중요하다. 그러기 위해서는 계획표를 만들어 주간계획을 세워야 한다. 계획표는 생활을 구속하는 것이 아니라, 생활을 편하게 하는 훌륭한 도구이기 때문이다.

(1) 제1상한

제1상한은 필수적 상한이기도 하지만 상당수의 사람이 이곳에 많은 시간을 빼앗기고 몰두하는 바람에 결국은 피로해 한다. 우리가 제1상한의 활동에만 관심을 둔다면 이것들은 점점 늘어나서 마침내 우리를 지배하게 된다. 이것은 마치 파도와 같아서 엄청나게 큰 문제로 다가와 우리를 쓰러뜨리고, 겨우 다시 휘청거리고 일어서면 다시 더 큰 문제로 나타나 우리를 파괴시킨다. 문자 그대로 매일매일 문제들에 둘러싸여 괴로워하게 되는 것이다. 따라서 이들에게 유일한 탈출구는 중요하지 않고 급하지도 않은 제4상한으로 도피하게 된다. 마침내 이들은 자기 시간의 90%는 제1상한에, 나머지 10%는 제4상한의 활동에 투입한다. 그리고 제2상한과 제3상한에 속하는 활동에는 거의 시간을 쓰지 않는다.

(2) 제2상한

제2상한은 아주 훌륭한 생활 방식으로 이런 방식으로 생활하기 위해 애써야 한다. 두 번째 부류의 활동은 중요하다. 하지만 급하게 해야 할 일들은 아니기 때문에 막상 하기가 망설여지기도 한다. 그러나 이 방식으로 지낼 때 삶에 대한 준비, 통제력, 절제, 인내, 균형, 규율, 자제, 비전, 멀리 내다봄 등 훌륭한 결과를 이끌어 낸다. 따라서 제2상한에 집중하면 제일 중요한 것으로 착각했던 제1의 영역이 줄어들면서 리포트나 시험 공부를 미리 해놓은 학생처럼 쫓기지 않는 삶을 살 수 있게 된다. 이것은 '아이젠하워(Dwight D. Eisenhower)의 원리',[10] 우선순위 정하기와 같은 맥락이다.

한 가지 추가적인 명언을 추천한다. "제일 중요한 일 외에 몇 가지 더 해야 할 일이 있다 하더라도 세 가지 이상을 생각해서는 안 된다. 중요한 일이 세 가지 이상이라는 것은 중요한 일이 하나도 없다는 말과 같다." 『좋은 기업을 넘어 위대한 기업으로(*Good to Great*)』의 저자 콜린스(Jim Collins)의 말이다.

(3) 제3상한

급한 일은 대부분 중요한 일인 것처럼 보이지만 항상 그런 것은 아니다. 제3상한은 다른 사람들을 즐겁게 해 주려고 애쓰는 사람이고, 사람들의 요구를 다 들어 주는 사람이다. 그래서 제3상한에 속하는 일은 남들에게는 중요한 활동이지만, 정작 나에게는 중요하지 않은 일이다. 그래서 이것은 남들한테 상처를 주기 싫어서 하는 일들이다. 중심이 없는 생활 태도이기 때문에 가장 나쁜 생활 습관으로 안정적이지 못하고 바람 부는 대로 떠다니는 생활 방식이다. 그래서 단기 성과 위주이며, 목표와 계획을 무시하며 피상적이거나 단절된 인간관계를 초래한다. 만일 3상한에서 대부분의 시간을 보낸다면? 모든 것이 중요해 보이기에, 모든 것을 다해야 한다거나 모든 것을 다 하느라고 너무나 바쁘기에 우리에게 진정 중요한 것이 무엇인지 생각해 볼 짬조차 없다. 그리고 "No"라고 말하는 용기를 가져야 한다. 만일 소중한 것에 대해 내면 깊

---

10) 아이젠하워는 "긴급한 일 중에 중요한 일은 없고, 중요한 일 중에 긴급한 일은 없다"는 유명한 말을 남겼다. 올바른 우선 순위란 지금 당장 긴급한 일보다는 급하지는 않지만 중요한 일을 먼저 하는 것이다. 사람들이 하는 활동을 중요한 일과 긴급한 일로 나눠 분석한 '아이젠하워의 시간 매트릭스'에 의하면 제1상한은 즉석에서 처리, 제2상한은 전략적 계획과 기한 설정, 제3상한은 축소 또는 위임, 제4상한은 버리기를 권장하고 있다.

은 곳에서 "하겠다(Yes)!"라는 신념이 불타고 있을 때에는 가치 없는 일에 대해 "안 하겠다(No)!"라고 말하기가 쉽다. 긴급함 ≠ 중요함이 아니란 것을 알아야 한다.

(4) 제4상한

제4상한은 아무 짝에도 쓸모없는 방식이다. 네 번째 부류에 속하는 사람은 무절제하고 무책임한 사람이다. 그 결과 직장에서 파면되고, 결국은 의식주를 다른 사람이나 봉사기관에 의존하게 된다.

시간관리를 잘하는 비결은 '두려움'과 주변 사람들의 '눈치'를 극복하는 것이라 했다. 주변 사람들의 눈치를 극복하는 것이 왜 어려울까? 우리는 소속감을 느끼고 싶어하기 때문이다. 다른 사람들의 눈치를 극복하고 싶기는 한데, 쉽게 할 수 없는 경우에는 다음의 방법을 써 보도록 하자.

첫째, 스스로에 대한 확신과 애착 없이는 다른 사람들의 눈치에 맞설 수 없다. 자신과 약속을 하고 그것을 지키도록 하라. 둘째, 해야 할 일이나 목표를 적어 보라. 추구하는 목표가 분명해지면 어떤 일을 받아들이고 어떤 일을 거부할 것인지도 분명해진다. 하지만 소중한 것을 먼저 하기란 말처럼 쉬운 것이 아니라서 연습이 필요하다.[11]

표 4-3 시간관리 매트릭스

구분	긴급한 일	긴급하지 않은 일
중요한 일	Ⅰ. 미루고 피곤한 사람 • 시험이 내일이다. • 급박한 문제, 가족 경조사 • 오늘까지 내야 할 과제물 • 위기관리, 응급 사태 **스트레스, 피로, 즉시 처리하라!**	Ⅱ. 순서를 정해 일하는 사람 • 비전, 계획, 목표 설정 • 리더십, 인맥관리, 인간관계 구축 • 예방, 새로운 기회 발굴 • 독서, 여행, 운동, 휴식, 균형 **중장기 계획, 미래 준비, 기한을 설정하라!**
중요하지 않은 일	Ⅲ. 무조건 '그래'라고 하는 사람 • 중요하지 않은 전화 • 쓸데없는 참견과 눈치 • 다른 사람의 사소한 문제 • 피상적인 단기성과 위주 **축소하거나 위임하라!**	Ⅳ. 게으른 사람 • TV 많이 보기, 2~3차 음주모임 • 끝없는 전화와 문자 날리기 • 밤새도록 컴퓨터 게임하기 • 길거리 배회, 고스톱, 채팅, **버리고 지워라!**

출처: 스티븐 코비(2008: 211-215), 필자 재구성.

11) 연습에는 시간관리 훈련, 두려움 극복 훈련, 힘든 때 용기를 가질 수 있게 도와 주는 훈련, 주변 사람들의 눈치 극복 등이 있다.

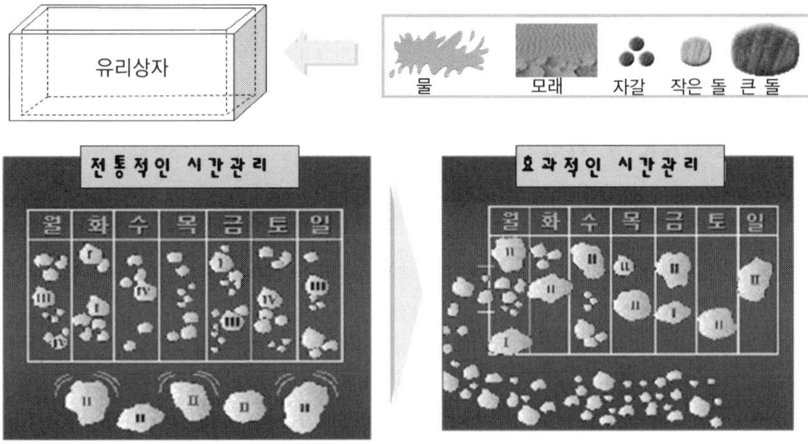

그림 4-3 전통적 시간관리와 효과적인 시간관리

코칭 팁(coaching tip): 시간관리 4.0세대

약속 이행을 재촉하는 전화와 책상 위에 쌓여만 가는 각종 독촉장과 서류들, 일 때문에 소홀했던 가족과 친구들의 원성, 운동 부족으로 점점 나오는 뱃살, 과로와 피곤에 찌든 얼굴... 이것이 내가 꿈꿨던 인생인가? 그렇다면 시간관리하라!

1. 1.0세대: 메모지에 기록하고 목록표를 작성하는 세대
2. 2.0세대: 달력과 약속 기록부, 스케줄에 기록하는 세대
3. 3.0세대: 장기, 중기, 단기 목표를 설정하고 우선 순위 개념을 도입하는 세대
4. 4.0세대: 자기 자신의 관리. 인간관계의 유지 및 증진에 힘쓰는 세대

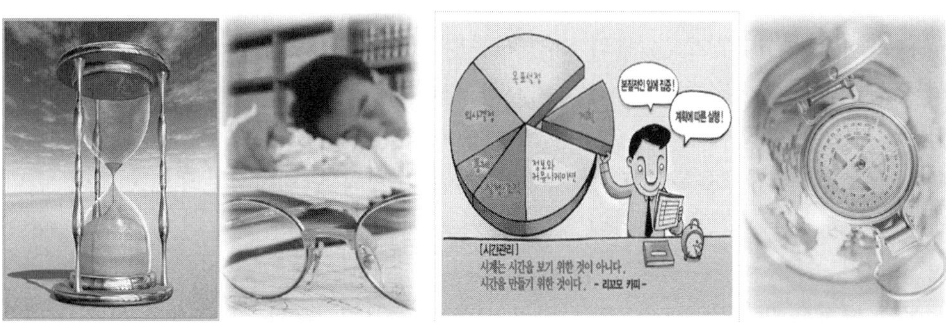

그림 4-4 시간관리

2 스마트 기법과 성취의 5단계

1) 스마트(SMART) 기법

많은 사람은 '목표'라고 하면 거창하고 원대한 것이라야 한다고 생각한다. 그래서 아예 목표를 설정하지도 못해 달성하지 못하는 경우들이 많다. 우리에게 필요한 것은 크고 원대한 야망이 아니다. 대신 아주 사소한 일이라도 달성 가능성이 높은 목표를 갖는 것이 중요하다. 그러므로 목표에 대한 정확하고 구체적인 인식이 필요하다. 성공적인 프로젝트 관리 기준에 대한 가장 권위 있고 설득력 있는 인용은 도란(George T. Doran)의 스마트 방법론이다. 하고자 하는 목표를 정의하고 실천하기 위한 기준은 다음과 같이 스마트(SMART)의 이니셜로 설명할 수 있다.

(1) S(Specific & Simple): 구체적이고 명백해야 한다

무엇보다도 목표가 분명해야 한다. 열심히 한다고 해서 꼭 성과를 내는 건 아니다. 제대로 된 목표가 있어야 한다. '우선 순위의 법칙'이 적용되는 것이다. 목표가 분명하다는 것은 처음부터 타당성 검토가 이뤄져야 하고, 이해관계자의 요구 사항을 파악하는 데서 출발한다. 목표는 구체적이고 분명할수록 달성 가능성이 높아진다. 예를 들어, "나는 임기 4년 되는 해에 관할지역 내 노인복지 시설을 3개 증설하겠다" 혹은 "졸업하는 2015년에는 한국은행에 입사한다"는 식으로 구체적이고 명확한 목표를 설정해야만 목표 달성이 쉬워진다.

(2) M(Measurable): 오감을 통해 측정 가능해야 한다

드러커도 "측정할 수 없으면, 관리할 수 없다"라고 지적했듯이, 계획이 구체적인 수치로 정량화되지 않으면, 관리 기준을 분명히 적용할 수 없다. 단순히 측정 가능해서는 부족하며, 측정값을 시각적인 차트와 그래픽 표시기로 제시해 직관적이고 정확한 분석을 할 수 있어야 한다. 측정 가능한 계획을 수립하기 위해 작업은 어떻게 분해해야 하는지, 진행률은 어떻게 측정할 것인지 계획 단계에서부터 고려해야 한다. 작업에 대한 여유 시간은 얼마나 되는지, 가용 자원으로 수행 가능한지 측정할 수 있어야 한다.

목표 달성을 위해 지속적으로 노력하려면 반드시 변화 정도가 오감을 통해 선명하게 관찰할 수 있어야 한다. '영어 실력을 높인다'보다는 '하루에 단어 열 개, 한 달 동안 3백 개 외우기'가 달성 가능성이 훨씬 높다.

(3) A(Action-oriented): 행동 중심적이어야 한다

도란이 제시한 SMART의 A는 여러 형태로 제시되는 경우가 많다. 예를 들면, acceptable, agreed-on, action-oriented, assignable, attainable, achievable, appointable, aligned, accountable 등 다양하게 해석하고 있다.

목표는 사고 중심적인 것이 아니라 행동 중심적이어야 한다. 예를 들어 '친절한 사람이 되겠다'는 사고 중심적인 목표보다 '지금껏 인사하지 않았던 이웃들에게 날마다 한 번 이상 미소 띤 얼굴로 인사한다'는 행동 중심적(action-oriented)인 목표로 바꿔야 한다. "나는 리더십이 있다", "나는 동아리 회장이었다"라고 하기보다는 "동아리 회장으로 회원 수를 300명으로 3배 증가시켰다"라고 함이 훨씬 행동 중심적이며 믿음이 간다. 즉, "~라고 생각합니다"보다는 "~을 경험했습니다", "~을 실천에 옮겼습니다"라고 해야 한다.

(4) R(Realistic): 실현 가능해야 한다

실현 가능성이 있어야 한다.[12] 실현 가능성이란 제한된 시간, 예산 및 자원의 체계적인 운영을 의미한다. 현실적인 운영을 위해 필요한 고려 사항은 범위, 시간, 예산, 있으며 이들 제약 조건은 상호 영향 관계에 있다. 모든 계단은 한 계단씩 올라가야 한다. 큰 목표를 달성하려면 반드시 실현 가능한 수준으로 단계를 나누고 점진적으로 공략해야 한다. 알코올 중독자들에게 '영원히 금주해야 한다'는 목표보다 '오늘 하루만'이라는 목표가 훨씬 설득력을 지닌다.

(5) T(Timely): 시간 배정을 적절히 하라

성공적으로 목표를 달성하려면 시간을 적절하게 배분해야 하며, 즉각적인 실천이 뒤따라야 한다. 리더에게 가장 중요한 사고는 시간 개념이다. 모든 업무는 기간과 업무량을 가진다. 정보의 가치는 시간 선상에서 의미를 가지며, 정보 공유 시점이 지난 모든 정보는 가치를 상실하기 때문이다.

Timely 이외에도 timed(시간이 정해진)의 뜻도 가능한데, 최종 기한을 정하지 않은 목표는 '장전하지 않은 총'과 같다. 즉, 최종 기한이 없는 목표나 결정은 한갓 탁상공론에 불과하다. 그 안에는 에너지가 없기 때문이다. 그래서 스스로 최종 기한을 정

---

12) 경우에 따라서 결과 지향적(result-oriented), Reasonable & Responsible(합리성과 책무성)이란 표현으로도 사용하고 있음을 기억하라.

해 놓지 않는다면, '불발탄'으로 끝나기 쉽다.

2) 목표 달성과 성취의 5단계

목표는 우리의 인생에서 매우 중요한 역할을 한다. 확고한 목표를 가지고 있을 때, 사람들은 예상치도 못했었던 능력을 발휘해 내는 경우가 많다. 자신이 지금 이 순간 무엇을 해야 하는지를 알게 되고, 그것을 실천에 옮길 확률이 그만큼 많아지기 때문이다. 성취의 5단계를 소개한다. 반드시 실시해 보기를 권한다.

(1) 목표 진술

1단계로 당신의 목표를 "~하고 싶다"는 표현으로 구체적인 긍정문 형태로 기술하라. 예를 들면 "나는 2015년 12월까지 업무적인 일에 대해 외국인과 자유로운 소통이 가능하도록 영어 회화 실력을 쌓고 싶다."

(2) 현재 상황

2단계는 당신의 목표를 추구할 때 현재의 상황은 어떠한가를 진술하라. 그 목표를 반드시 달성해야 할 만한 현재의 상황은 어떠한가? 현재의 상황은 어느 정도 불만스럽고 못마땅하기에 그 목표를 반드시 달성해야 하는가? 그러한 현재 상황에서 얼마나 진정으로, 그리고 빨리 벗어나고 싶은가?[13]

(3) 성과 진술

3단계는 목표가 성취되었을 때 구체적인 성과(outcome)를 진술하라. 목표(goal)와 결과(outcome)는 약간 차이가 있다. 목표가 추상성이 짙다면 결과는 구체성이 있다는 점이 다르다. 목표가 성취되었을 때 발생하거나 경험할 수 있는 일들을 오감적 용어로 진술하라. 어떤 것(일)이 현재 상황과 얼마나 크게 달라질까? 주변의 사람들은 어떻게 다르게 당신을 대할까? 그런 상황에서 당신은 어떻게 다르게 느낄까?[14]

---

13) 예를 들어, 외국인과 자유롭게 소통하는 사람을 보면 부럽다. 외국인과 업무 소통이 있을 경우 부담감을 가지고 있으며 내가 하고 싶은 말을 모두 하지 못한다. 조직 내에서 글로벌(global) 시대에 맞춰 영어 회화를 강요하고 있다. 영어 공부를 해야 한다는 것에 스트레스를 가지고 있다.

14) 예를 들면, 나는 외국인 만나는 것을 부담이 없고 대화에 임할 때 자신감이 넘친다. 주위 선・후배들이 내가 외국인과 자연스럽게 대화하는 모습을 보고 매우 부러워한다. 영어 회화에 대한 자신감으로 인해 다른 부분에서도 상당한 자신감을 가진다. 비즈니스 여행(business trip)도 혼자서 자유롭게 할 수 있다. 가족과의 해외 여행도 가이드 없이 자유롭게 한다.

(4) 증거 제시

목표가 성취되었음을 증명하는 구체적인 증거를 제시하라. 목표가 달성되었음을 어떻게 알 것인가? 목표의 성취 사실을 보여 주거나 확인해 줄 수 있는 확실하고 객관적인 증거(자격증, 졸업장, 학위증, 면허증, 논문, 책, 등기부 등본, 성적표, 합격증)는 무엇인가?[15]

(5) 득실 분석

마지막 5단계는 목표 달성 시에 얻는 것과 잃는 것은 무엇인지 득실 분석을 해야 한다. 좀 더 세부적으로 말하면 목표를 달성했을 때 얻는 것은 무엇이며 잃는 것은 무엇인가? 목표를 달성하면 어떤 일이 생길까? 목표를 달성하면 어떤 일이 생기지 않을까? 목표를 달성하지 않으면 어떤 일이 생길까? 목표를 달성하지 않으면 어떤 일이 생기지 않을까와 같은 분석이다.

자신의 삶에서 스스로 무엇을 원하고 있는지를 분명하게 알고, 그에 따라 자신의 행동을 결정하며, 결정된 것을 끊임없이 실행한다면, 당신은 당신이 바라던 바로 그것을 성취하게 된다. 그래서 목표 달성과 성취 5단계는 자신이 바라는 것을 성취하는 크나큰 기쁨을 맛보기 위한 출발점이다.

■ 코칭 팁(coaching tip): 짧은 1분이 인생을 결정할 수도 있다

침팬지와 사람의 유전자는 겨우 2% 차이다. 그러나 그 '겨우'가 동물과 인간으로 갈라놓았다. 달인은 우리와 전혀 다른 사람이 아니라 단지 2%가 다를 뿐이다. 그래서 작은 습관 하나가 그냥 웃어넘길 일이 아닐 때가 많다. 퇴근하면 습관적으로 TV를 켜고 일주일 프로그램 순서까지 다 외울 정도가 되는 움직이는 리모콘이 되면 안 된다. 그런 사람은 자기 개발을 하지 않아서 무능한 사람이 되어 어디에서나 짐만 되는 불쌍한 사람이 될지도 모른다. 하루에 1분만 투자해 스케줄을 체크하는 습관만 익혀도 엄청난 경쟁력을 갖추게 된다. 짧은 1분이 인생을 결정할 수도 있다.

앨런 존슨(Allen Johnson)의 글 『일 분이면 된다』를 소개한다. 당신은 울고 불평을 하는 데 지쳤는가? 삶이 공정치 못한 것에 지쳤는가? 당신이 아무데도 가지 못하고 있는 동안에도 다른 많은 사람은 전진하고 있는 것을 보는가? 당신은 어쩌면 당

15) 예를 들면, 가이드 없이 해외 여행한 사진, 혼자 다녀온 여행 사진, 아빠가 자랑스럽고 존경스럽다는 아이들의 이메일, 페이스북(facebook), 트위터(twitter), 유 튜브(You-Tube)의 동영상 등이다.

신 자신이 할 수 있는 것은 아무것도 없다는 결론에 이르렀을 수도 있다. 잠시 거울을 보라, 그러면 당신은 실제로 누가, 정말로 당신의 미래를 막고 있는지 보게 될 것이다!

우리의 삶을 책임지고 우리가 원하는 바대로 삶을 변화시키는 것은 우리들 각자에게 달려 있다. 그것이 시간이 너무 많이 걸린다고 생각된다면 다시 생각해 보라. 내가 말하지만, 실제로는 그렇지 않다. 마음을 정하는 데에는 단지 일 분이면 된다. 이제 나아가야 할 때다! 인생을 변화시키는 데는 단지 일 분이면 된다. 시작하고, 이길 수 있다는 마음을 갖고, 그렇게 착수하는 데에는 육십 초면 된다!

3 크로노스인가? 혹은 카이로스인가?

시계가 고가품의 하나로 여겨져 시계를 찬 사람은 부유층임을 나타내는 징표가 된 적이 있었다. 하지만 지금은 누구나 시계를 차고 있다. 그렇지만 우리가 하루에 몇 번이나 시간을 볼까 생각해 보면 그리 많은 횟수는 아니다. 그만큼 우리는 시간을 의식하지 않고 살고 있다.

헬라어에는 시간(때)을 두 가지로 표현한다. '크로노스(chronos)'와 '카이로스(kairos)'가 그것이다. '크로노스'는 단순히 흘러가는 시간으로 불연속적인 우연한 사건을 뜻한다. 반면에 '카이로스'는 때가 꽉 찬 시간으로 구체적인 사건의 순간, 감정을 느끼는 순간, 구원의 기쁨을 누리는 의미 있는 순간이다. 내 인생의 터닝 포인트(turning point)와 같은 것이다.16) 카이로스는 자신의 존재 의미를 느끼는 절대적인 시간이다.

임신부가 임신한 후 열 달 동안 아이를 복중에 간직하고 있다가 아이를 낳았다고 한다면 그 열 달은 흘러가는 시간으로서 '크로노스'이고 해산의 고통을 경험하면서 아이를 잉태하는 바로 그 순간, 즉 산모의 생명에 대한 기쁨과 다 이뤘다는 안도의 평온함을 갖는 순간이 곧 '카이로스'다. 성경 속 969세를 산 므두셀라(Methuselah)의 시간이 크로노스였다면 33년의 짧은 생애 동안 위대한 삶을 산 예수 그리스도의 시간은 카이로스였다고 할 수 있다.

역사는 카이로스의 시간을 살아가는 자에게 의미가 있다. 그때 그 시절에 무슨 일

---

16) 인생의 터닝 포인트란 지금까지 살아온 삶의 방향을 전환시키는 어떤 지점이자 계기이고, 현재의 내가 더 나은 모습으로 변화하는 시점을 의미한다.

이 일어났는가는 교과서에서 다 알 수 있다. 그것은 크로노스적 시간 이해다. 카이로스의 시간 속에 사는 사람은 비록 '그때 그 일'을 경험하지 못했다 해도 '살아 있는 정신'을 가진 사람이다.

철새 정치인처럼 이리저리 양지를 좇아가는 사람은 카이로스의 시간을 모른다. 그들은 카이로스적 살아 있는 정신들이 소멸된 채로 크로노스적 삶을 살았기 때문이다. 우리는 역사 속에서 부정과 불의, 투쟁과 타협, 전쟁과 싸움, 가난과 억압 등의 수많은 사건을 경험한다. 크로노스의 시간을 사는 사람은 역사가 자신을 어떻게 판단할지에 관심이 없다. 오직 현재만이 중요할 뿐이다. 그러나 카이로스의 시간을 사는 사람은 끊임없이 자신을 반추하며 사는 사람이다.

이런 점에서 리더는 자신의 삶의 시간을 점검할 필요가 있다. "지난 1년 동안 나의 삶에서 가장 의미 있었던 일은 무엇인가?" 하며 자신의 카이로스를 찾는 것이다. 공직에 근무하는 공무원 역시 하루하루 의미 없이 지내기보다는 직업 의식, 소명 의식을 가지고 근무하는 카이로스적인 삶을 산다면 훨씬 공직사회의 일터 분위기가 행복하고 즐거워질 것이다.

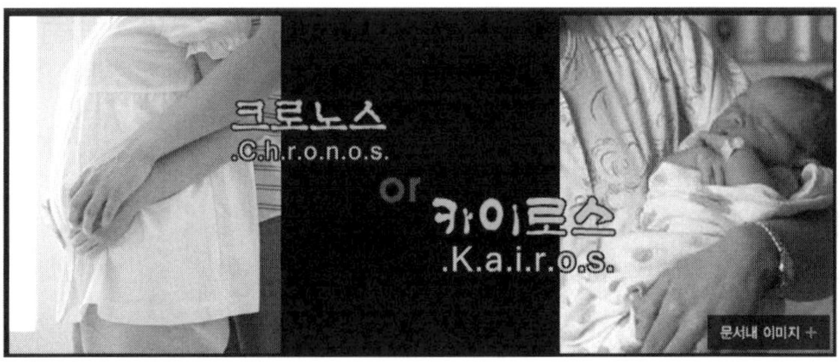

그림 4-5 크로노스(chronos) 혹은 카이로스(kairos)

■ 코칭 팁(coaching tip): '시간 방해꾼' 다섯 가지

1. 해야 할 일을 뒤로 미뤄 둔다.
2. 주변 정리를 못하고 산만하게 일한다.
3. 적절하게 위임하지 않고 혼자서 다한다.
4. 한꺼번에 여러 가지 일을 하려고 욕심을 낸다.
5. 다른 사람의 부탁을 거절하지 못하고 받아들인다.

세상에는 다시 돌아올 수 없는 것이 세 가지 있다. 첫째, 우리 입에서 나간 말이다. 한 번 내뱉은 말은 다시는 돌이킬 수 없다. 둘째, 화살이다. 활시위를 떠난 화살은 다시는 돌아오지 않는다. 셋째, 흘러간 세월이다. 흘러간 세월은 흐르는 물과 같아서 다시는 돌이킬 수 없다. 그러나 흘러가는 시간을 붙잡을 수 있는 길이 있다. 그것은 '반성'이라는 법정에 서서 지난 일을 돌이켜보며 "나는 무엇을 잃었으며 또한 무엇을 얻었는가?"라고 묻는 것이다. 자신의 시간 도둑, 시간 방해꾼을 발견하고 반성해 보자. 그리고 모든 가능성이 잠들어 있는 당신의 하루하루를 소중히 다뤄라.

4 사라지는 것은 시간이 아니라 무기력한 당신이다

"시간 부족은 부족의 문제가 아니라 관리의 문제다." 드러커의 말과 "가장 중요한 일이 별로 중요하지 않은 일에 의해 좌우되어서는 안 된다." 괴테(Johann W. von Goethe)의 말은 시간관리에 대한 필자의 느낌을 잘 표현해 준 것 같다. 사실 시간이 부족하다는 것은 변명에 불과하다. 우리가 사소하다고 무시해 버린 것들이 모여서 바로 자신의 미래를 결정하는 아주 중요한 것이 됨에도 불구하고 우리는 자투리 시간을 무시해 버리는 경향이 있다. 자투리 시간은 얼마든지 활용할 수 있다. 중요한 시간과 시간 사이에는 의외로 많은 자투리 시간이 있다. 기다리는 시간, 전철이나 버스를 타고 가는 시간 등 모호한 시간이 하루에도 얼마나 많은지 모른다. 그 시간을 잘 이용하는 것이 하루를 잘 보내는 비결이다. 사소하고 모호한 시간이 모여서 당신의 삶이 결정된다.

대부분의 사람은 점심 식사하기 전 10분, 퇴근하기 전 10분을 효과적으로 보내지 못한다. 새로운 일을 시작하기에는 시간이 너무 짧기 때문이다. 하지만 1분, 5분, 10분 내에 해결할 수 있는 일들이 많이 있다. 티끌 모아 태산이라고 틈틈이 나는 시간을 모으면 많은 시간이 된다. 물론 10분 동안에 고도의 집중력이 필요한 일을 해낼 수는 없다. 하지만 짬짬이 나는 시간에 큰 프로젝트의 일부를 조금씩 처리하거나 작은 활동을 끝마치는 것은 얼마든지 가능하다. 짧은 자투리 시간에 어떤 일을 할 수 있을까? 필자는 책의 퇴고 작업과 아이디어는 달리는 전철 안이나 누군가를 기다리는 시간에 활용한다.

버스나 전철을 타고 가는 시간, TV 광고를 보는 시간, 공상하는 시간, 수다 떠는 시간, 약속을 기다리고 있는 시간, 서성거리는 시간, 휴식하는 시간 등 "지금 이 순간을 가장 잘 이용하는 방법은 무엇일까?" 언제나 자신에게 이렇게 반문해 보자.

중요한 것은 준비하는 것이다. 약속한 사람을 기다리는 시간은 피할 수 없다. 그런 소소한 시간을 위해 당신은 항상 미리 준비해 두고 있어야 한다. 별로 중요하지 않은 일을 시작하거나 주변에 있는 읽을거리를 읽거나 영어 단어를 외우는 것, 1분이면 메모를 할 수 있다. 5분이면 자연을 감상할 수 있다. 10분이면 두뇌훈련을 할 수 있다. 10분이면 명상을 할 수 있다. 15분이면 신문과 잡지도 읽을 수 있다. 20분이면 영어 회화 공부를 할 수 있다. 이처럼 메모를 하거나 자연을 감상하거나 명상을 하면 심신이 풀리고 정신적 자양분을 얻고 좋은 아이디어도 얻을 수 있다. 이런 행위가 너무 각박하고 여유가 없어 보인다고? 절대로 그렇지 않다. 멍하니 앉아 있을 시간에도 작은 이삭을 주워야 한다.

이 책을 읽는 독자는 이제 무기력하게 시간을 흘려보내지 말고 계획을 세워라. 자투리 시간을 이용하지 못하는 사람은 항상 바쁘다. 바로 '지금' 이 순간이 남은 내 인생에서 가장 빠른 시간이다. 짧은 시간이라도 소득 없이 보내지 말고, 생산적인 무엇인가를 지금 당장 해보도록 하자.

내 몸은 닳아 없어지는 것이 녹슬어 없어지는 것보다 낫다. 자신이 가지고 태어난 능력의 최대치를 발휘해 아낌없이 쓰고 가는 삶, 자신에게 주어진 마지막 순간까지 최선을 다해 살아가는 모습이 바로 우리가 꿈꾸는 후회 없는 삶이 아닐까? 사라지는 것은 시간이 아니라 무기력한 당신이다. 따라서 당신을 은행예금 계좌로 생각하라. 항상 인출만 한다면 감정적 파산 상태가 될 수 있다. 그러므로 매일 스스로를 위해 쓸 수 있는 15분을 떼어놓고 그것을 내면의 시간(internal time) 또는 매일의 예금 시간(daily deposit time)이라고 정해 보라.

생각의 장(coaching point)

당신의 인생 시계는 지금 몇 시입니까?

최근 필자가 생일선물로 원했고 받았던 책이 『아프니까 청춘이다』(2011)를 쓴 김난도 교수의 책이다. 처음에 제목이 참 무책임하다는 생각도 들었지만 인상적인 내용을 이야기하려 한다.[17] 꽤 유명한 교수다. 하지만 그를 전혀 몰랐다. 어쩌면 모른 상태에서 책을

17) 불안하니까 청춘이다. 막막하니까 청춘이다. 흔들리니까 청춘이다. 외로우니까 청춘이다. 두근거리니까 청춘이다. 그러니까 청춘이다….아프니까 청춘이다. 인생 앞에 홀로 선 젊은 그대에게 저자가 들려 주는 인생 상담은 진로 상담의 총체적인 시리즈와 같다. 무책임하다 생각이 들면서도 다시 생

봐서 그런지 더 많은 것을 느끼게 되었다. 필자가 가장 기억나는 부문은 "당신의 인생 시계는 지금 몇 시입니까?"라는 내용이다.18)

> 청춘들의 수많은 우려를 담아서인지 내 자신의 인생 시계가 몇 시인지 계산할 수 있는 방법이 나와 있다. 그대, 인생을 얼마나 산 것 같은가? 이 질문이 너무 막연하게 느껴진다면, 이렇게 물어보겠다. 사람이 태어나서 죽을 때까지를 24시간에 비유한다면, 그대는 지금 몇 시쯤을 살고 있는 것 같은가? 한번 계산기를 들고 셈해 보자. 그대가 대학을 스물넷에 졸업한다 하고, 하루 중 몇 시에 해당하는지. 1년은 24시간 중에 18분에 해당한다. 그럼 한국인의 평균 수명이 80세쯤 된다 치면, 80세 중 24세는 24시간 중 몇 시? 아침 7시 12분. 생각보다 무척 이르지 않은가? 많은 사람이 잠자리에서 일어나 하루를 준비하는 시각이다. 아침잠이 많은 사람이라면 아직 일어나지 않았을지도 모른다. 그렇다. 대학을 졸업하는 스물넷이 고작 아침 7시 12분이다. 그렇다. 아직 많이 남았다. … (중략) … "나는 너무 늦었어!"라고 단정지으려는 것은, '사실'의 문제가 아니라 '자기기만'의 문제다. 혹시라도 포기나 좌절의 빌미를 스스로 만들어서는 안 된다. 그대, 아직 이르다. 적어도 무엇이든 바꿀 수 있을 만큼은. … (중략) … "인생에 너무 늦었거나, 혹은 너무 이른 나이는 없다"(김난도, 2011: 8-22).

청년은 젊기 때문에 아프다. 우리들은 참 많이 울기도 하고 객기를 부리기도 했다. 그 시절을 돌이켜 보면 흐뭇한 미소가 돈다. 하지만 요즘 아이들을 보면 참 맘이 아프다. 대학시험을 앞두고 앓고 있는 아이들, 스펙에 목숨을 걸고 또다시 고입 같은 시절로 회귀하고 있는 모습들. 대한민국의 젊은이로 산다는 것은 너무 퍽퍽하다. 하지만, 그러한 퍽퍽함을 젊다는 이유로 실패도 해 보고 넘어져도 봐야 할 것임을 다시금 생각하게 한다. 꽃은 저마다 피는 계절이 다르다. 개나리는 개나리대로, 동백은 동백대로, 자기가 피어야 하는 계절이 따로 있다. 꽃들도 저렇게 만개의 시기를 잘 알고 있는데, 왜 그대들은 하나같이 초봄에 피어나지 못해 안달인가? 이 땅의 아직 자신의 때를 알지 못하고, 만나지 못해서 절망하는 청춘들이 더 힘을 내기를 바라본다.

절망은 영혼을 잠식한다. 아프니까 청춘이라지만 요즘 둘러보면 안 아픈 사람이 없다. 이 아프고 수상한 세월을 정면으로 돌파하기 위해 인생의 황금기를 바치고 있는 청년들은 더없이 찡하고 대견하다. 훗날 이 시절을 호탕하게 비웃기 위해 오늘 최선을 다하자. 지나치게 두려워하지도 쫄지도 말자.

각해 보면 제목이 참 마음에 든다. 불혹에 접어든 필자의 나이가 일단 나에게는 편안하다. 안정감이 있고, 두근거리지 않고, 설레지도 않아 평상심이 느껴져 좋다. 하지만 여기까지인 것이다. 그래서 청춘이 좋은 것이리라. 청춘의 미래는 불안하지만 여러 길로 열려져 있어 무궁무진하기 때문이다.

18) 만일 당신의 나이가 30세라면 인생 시계로 9시, 40세라면 12시, 50세라면 3시에 해당한다.

제 3 절 청소년 리더십

미래의 세계는 다양한 분야에서 지각 변동이 있을 것이라고 미래 학자들은 전망한다. 그 변화의 물결은 청소년들도 예외일 수가 없다. 청소년들에게 리더십의 구체적 대안을 제시하지 못한다면 글로벌 시대의 변화에 적응하지 못하고 도태될 수밖에 없다. 기상이 드높아야 할 대학생들이 절망하고, 그들의 부모가 웃음을 잃어가고 있다.

2011년 최고의 베스트셀러였던 『아프니까 청춘이다』에서 나타난 바와 같이 젊은 시기에 거치게 되는 방황은 위기가 아니라 기회임을 강조하면서, 자신이 누구인지 알고 자신을 다스릴 수 있는 지혜를 갖도록 해야 한다. 그리하여 미래를 볼 수 있는 안목을 형성해 주고, 목표를 성취하는 성공적인 삶을 살 수 있도록 청소년 리더십을 통해 꿈을 실현하는 방법을 알아보자.

1 미래를 좌우하는 힘

청소년 리더십에 대해 정확히 규정된 정의는 없지만 미국에서는 1960년대 이후 청소년을 대상으로 현장 연구들이 광범위하게 진행되어 오고 있다. 즉 청소년 관련 단체와 대학의 리더십교육센터들은 청소년 프로그램의 개선과 향상에 관심이 증대되고 있다.

1) 청소년 리더십이 미래를 좌우한다

리더가 될 수 없는 사람은 자기 자신조차 변화시키지 못한다. 다른 사람에게 영향을 미치기 위해 리더십을 배워야 하는 것은 아니다. 그런데 요즘 느긋하게 기대 앉아 다른 사람이 이끌어 주기만을 기다리고 있는 청소년들이 많다. 자신의 진로조차 결정하지 못하고 부모님의 눈치를 살피며 망설이는 아이들, 성적이든 왕따든 문제가 생기면 바로 쓰러져 버리는 청소년들이 많다. 전반적으로 체력과 정신력이 많이 약해져 있다며 우려하는 기성 세대의 목소리도 높다. 지금 이 시점에 청소년 리더십이 중요한 이유는 바로 여기에 있다. 청소년 리더십은 자신의 문제와 자기가 속한 조직의 문제를 적극적으로 해결해 나가는 데에 꼭 필요한 덕목이기 때문이다.

청소년들은 자신의 몸에 옷을 걸치지 않은 것보다 자신의 벌거벗은 생각을 더 부끄럽게 여겨야 한다. 그릇의 크기에 따라 담는 음식의 양도 다른 것처럼 청소년은 미래에 대한 '생각 그릇'의 크기가 '꿈'의 크기이며, '리더십'의 크기다. 현재의 내 모습이 인생의 전부라고 생각하지 말아야 한다.

우리 몸 속에는 아주 불순한 벌레가 한 마리 살고 있다. 이 벌레 때문에 우리의 삶과 인생에서 꿈꾸는 많은 목표가 실패한다. 십이지장충, 회충 같은 기생충은 약을 먹으면 잡을 수 있지만 이 벌레는 약으로도 잡을 수 없는 아주 무서운 벌레다. 우리의 영혼과 정신을 조금씩 갉아먹는 이 벌레의 이름은 바로 '대충'이다. 청소년 시절부터 대충 노력하고, 대충 생각하고, 대충 계획해서는 결코 안 된다. 평생 객석에서 살아가는 청소년이 있다. 어쩌면 책임질 일이 없으므로 편할 수가 있다. 하지만 이러한 태도는 옳지 않다. 무대 위로 올라와야 한다. 지금 당장 책상 앞에 '꿈의 청사진'을 붙이는 청소년이 되어야 한다. 왜냐하면 청소년 리더십이 미래를 좌우하기 때문이다.

2) 리더십이야말로 조기교육이 필요하다

무한한 잠재력을 지닌 어린 시절부터 미래 사회를 이끌어 갈 훌륭한 리더로서 기본적인 리더십 교육의 기회를 제공하는 것은 매우 중요하다. 미국의 정신분석학자 에릭슨(Joan M. Erikson)의 인성 발달 단계에 의하면, 4세부터 취학 이전까지는 목표 지향적인 사고를 형성하고, 6세에서 11세까지는 자신의 목표를 세워서 훌륭한 사람이 되기 위해 노력하는 인지적 · 사회적 기술을 습득하는 시기라고 한다. 또한, "어린이의 마음은 출생 시에 백지와 같다"는 경험론을 주장한 영국의 교육학자 로크(John Locke)에 의하면, 교육은 훈련을 통한 습관의 형성에 의해 만들어지는 것이라 했다. 따라서 어린 시절부터 아이들에게 리더십의 기본적인 능력을 키워 주는 것이 절대적으로 필요하다.

그동안 중 · 고등학교의 학생 지도자들은 대부분 인기 투표나 교사와 친구들로부터의 추천, 부모의 요구 등에 의해 리더의 역할을 맡겨 왔다. 그러나 이렇게 리더의 역할을 맡게 된 학생들은 리더로서 역할에 대한 깊은 이해나 경험을 통해 얻는 자기 개발의 기회를 제공받지 못하고 있다. 청소년 스스로도 운동, 학생회, 단체, 학급 운영, 자원봉사 등을 통한 리더십 경험을 일상생활과 큰 연관 없이 단지 대학 입학을 위한 과정이나 재미로 인식하고 있는 것도 문제다. 그렇게 되면 단지 "해야 하기 때문에 한다"는 수준에 그치게 되고 진정한 자기 개발의 기회로 인식하고 참여할 수 없게 된다.

청소년이며, 당신은 무엇이 되어야만 빛나는 것이 아니다. 무엇이 되어야만 위대한 것도 아니다. 원래부터 당신은 위대한 존재였고 빛나는 존재였다. 이미 당신은 모든 것을 받았다. 다만, 스스로 그것을 찾기만 하면 된다. 스스로 그것을 깨닫기만 하면 된다. 스스로 그것을 기억해 내기만 하면 된다. 스스로 그것을 믿기만 하면 된다. 성취의 계단에서 오늘을 내려다보라. 미래의 시점에서 현재를 내려다보라. 자신도 모르는 놀라운 힘과 용기가 생길 것이다.

3) 줄탁동시를 아는가?

교수와 학생, 학부모와 선생, 리더와 팔로어들에게 꼭 전하고 싶은 단어 하나가 있다. '줄탁동시(啐啄同時)'라는 말이다.[19] 병아리가 안에서 쪼는 것을 '졸(啐)'이라 하고 어미닭이 그 소리를 듣고 화답하는 것을 '탁(啄)'이라 한다. 그리고 이 일이 동시에 함께 발생해야 병아리가 죽지 않고 나오듯이 어떤 일이 동시에 진행되어야 완성된다는 것이 '줄탁동시'다.

중국 송대(宋代)의 선종(禪宗)을 대표하는 『벽암록(碧巖錄)』에 나온 말로 불가(佛家)에서는 깨달음의 화두로 쓰이고 있다.[20] 참으로 세상을 살아가는 데 꼭 필요한 가르침이자 매력적인 이치가 아닐 수 없다. 훌륭한 인재는 사제(師弟)가 '줄탁동시'할 때 탄생하며 위대한 조직은 노사(勞使)가 '줄탁동시'할 때 가능한 것이다.

안과 밖, 능력과 도덕성, 명과 암, 나와 너, 리더와 팔로어, 스승과 제자 등 이 두 가지가 만나 새로운 열정과 에너지를 창조한다는 원리다. 줄탁동시가 주는 시그널(signal)은 내가 먼저 변화하기, 경청, 타이밍, 기다림의 묘미(妙味)다. 학생의 잠재력과 선생의 지도력이 동시에 매개를 이루는 아름다운 습관을 통해 리더와 팔로어에 대한 의미를 다시 한 번 되새겨 보자. "하늘은 스스로 돕는 자를 돕는다"의 의미가 바로 줄탁동시다. 힘을 내어 항상 깨어나 마음의 준비를 하자. 더 나은 삶과 진정 원하는 삶을 이루기 위해 청소년 시절부터 준비하고 준비하자.

---

19) 어미가 품에 안은 계란 속에서 조금씩조금씩 자라는 병아리가 있다. 단단한 껍질 속에 갇힌 어린 병아리는 세상 밖으로 나오려고 안간힘을 쓴다. 세상 구경을 해야 하는데 알은 단단하기만 하다. 병아리는 이리저리 껍질을 공략해서 쪼기 시작하나 좀처럼 쉽지 않다. 이때 귀를 세우고 그 소리를 기다려온 어미닭은 그 부위를 밖에서 쪼아 준다. 병아리와 어미닭은 껍질 안팎을 동시에 협공해서 단단한 껍질을 깨고 병아리는 마침내 세상 밖으로 나오게 된다.

20) 깨달음의 화두로 쓰이고 졸탁동기(啐啄同機), 줄탁동시(啐啄同時)라고도 한다. 졸, 줄(啐): 쭉쭉 빨 '줄', 탁(啄): 쫄 '탁'으로 읽는다.

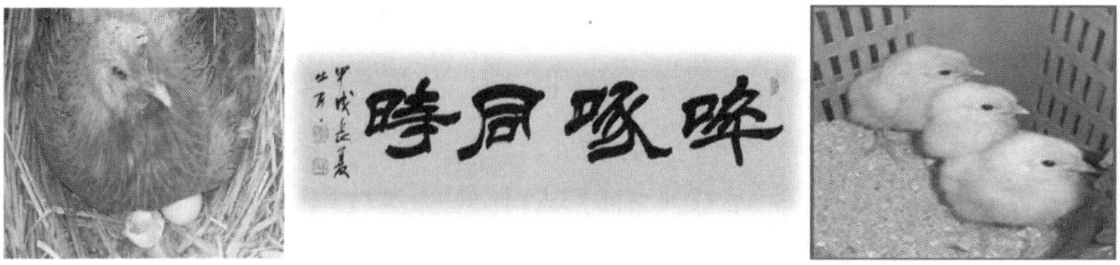

그림 4-6 줄탁동시(啐啄同時)

2 당당한 리더로 키우기

1) 게으른 자는 악마조차도 싫어한다

필자는 대학 강의에서 학생들에게 이런 질문을 던진다. “만일 요즘 GS 스토어에서 알바 1시간 하면 얼마인가?” “대략 5,000원 ”, 주유소 세차 및 새벽 주유는 8,000원 정도란다. 주위를 둘러보면 어떤 사람은 시간당 5,000원을 벌고, 어떤 사람은 시간당 8만 원, 80만 원, 또 어떤 사람은 시간당 1,000만 원까지도 번다. 클린턴은 1회 강연료로 20만 달러, 트레이시는 50만 달러를 번다.

“만약 여러분에게 선택권이 주어진다면 시간당 얼마짜리의 일을 하고 싶은가?” 그러면 사람들은 당연히 “1,000만 원”을 원한다. 그러면 과연 이 차이는 어디에서 오는 걸까? 5,000원은 내가 아니어도 누구나 할 수 있는 일이지만 1,000만 원짜리는 누구나가 아닌 나만이 할 수 있는 일이다. 바로 차별화에 대한 보상인 셈이다.

차별화는 남다른 능력에서 시작된다. 그리고 무엇보다 아이러니한 것은 5,000원의 일을 하는 사람이 1,000만 원의 일을 하는 사람보다 더 열심히 일하는 것처럼 보인다는 사실이다. 몸을 움직이는 노동의 강도 때문이다. 지금은 육체를 이용하는 고된 노동(hard working)의 시대가 아니다. 스마트(SMART)하게 생각하고 행동해야 한다. 자! 그러면 결론은 간단하다. 젊음의 가장 큰 매력은 꿈과 정열이다. 열성적으로 사는 모습을 보여라. 게으른 자는 악마조차도 싫어한다.

소중한 꿈을 품은 사람은 보석을 담은 보석함처럼 소중한 사람이 된다. 소중한 꿈을 품으면 소중한 사람이 되고, 큰 꿈을 품으면 큰 사람이 된다. 반대로 하찮은 꿈을 품으면 하찮은 사람이 되고, 작은 꿈을 품으면 작은 사람이 된다. 생의 마지막 순간에 간절하게 원하게 될 것, 그것을 지금 하라. 단 하루일지언정 억지웃음이나 거짓

관계가 아닌 진정한 자기의 모습으로 살라고 이 책을 청소년 독자들에게 권유한다.

바로 그 책은 맥스웰(John Maxwell)의 『당당한 리더로 키우는 청소년 리더십』, '꿈은 현실에서 이뤄진다'라는 부제를 달고 있다. 그의 책을 읽다 보면, 이른바 선진국이란 나라에서 사람 키우기 기술이 얼마나 발달했는지 실감하게 된다. 특히 어릴 때부터 스스로 리더라는 마음자세를 가지고 살아가도록 만드는 많은 지침을 제시하고 있지만, 보통의 자기 계발, 성공학, 리더십 서적에서 흔히 등장하는 내용 및 훈련 방법과 별차이 없었다. 하지만 청소년들 입에 적합하게 만들어 쏙쏙 넣어 주고 있다.

그것은 그의 말대로 청소년들은 리더십 노트를 마련할 필요가 있으며, 그 노트에 쓰일 단어는 바로 '영향력, 정직, 고결, 성실, 변화, 우선 순위, 문제 해결, 의지력, 태도' 등이다. 참고로 그의 책은 크리스천에게 특별한 양식이 들어 있다. 그렇다고 무종교인이나 다른 종교인들의 독서를 방해하지는 않는다. 그의 책은 리더십에 대한 각종 주제들을 청소년에 맞게 요리해서 제시한다. 청소년에게 리더로서 발을 내딛게 만들고, 꿈을 갖게 만들고, 꿈을 현실로 만드는 가장 중요한 요소들을 리더십 노트에 적으라고 설득한다.[21]

리더십은 어른으로 살아가는 필자에게도 매일 힘들게 연습해야 하는 주제다. 어른들도 복잡한 리더십 책자에 식상해 있다면, 말랑말랑한 떡처럼 입에 붙는 이 책을 한 번 읽어보라고 권하고 싶다. 대부분의 사람이 원하는 것은 자기 이야기를 들어 주고, 자신이 존중받고, 이해되는 것이다. 마지막으로 이 책은 대단한 인간관계를 원한다면 남의 말을 잘 들어 줄 수 있는 위대한 귀가 되는 법을 배우라고 하고 있다(존 맥스웰, 2005: 278). 지금 이 시점에 청소년 리더십이 중요한 이유는 바로 여기에 있다. 사실 청소년들은 잘못한 게 없다. 따지고 보면 그 녀석들이야 무슨 죄가 있는가? 하라는 대로 한 죄밖에는. 지금 시키는 대로 말 잘 듣는다고 좋아할 것 하나도 없다. 어른이 보는 청소년의 조건과 사회가 보는 조건은 다르다. 우린 그들 스스로 통제하고 계획하고 결심하고 실행하기 원한다. 그런데 '인재'가 없다.

성적이라는 결과보다는 습관이라는 과정에 맞춰야 한다. 알지만 못한다. 아는 지(知)와 하는 행(行)의 차이가 너무 깊다. 필자는 부모자녀 리더십 세미나를 통해 수많은 자녀와 부모를 만나면서 느낀 것은 바로 이 격차다. 시간의 격차가 아닌 관점의

21) 당당한 리더로 키우는 청소년 리더십에서는 ①넌 리더가 될 수 있어, ②멈춰 서서 살펴봐, ③정직, 고결, 성실: 속모습 보여 주기, ④변화: 계속 움직이는 것, ⑤완벽하게 해내기, ⑥문제가 생겼을 때 어떻게 해야 하지?, ⑦자기 훈련: 의지력 키우는 연습, ⑧너의 태도는 어떤 거지?, ⑨꿈에서 현실로, ⑩네가 이끌어 갈 차례야 등으로 구성되어 있다(존 맥스웰, 2005).

격차, 실행의 격차다. 결국 청소년들은 어른과 사회의 스펙(spec) 차이에서 시간을 낭비할지도 모른다. 성적보다는 습관이다. 어른과 함께 좋은 습관을 만들어 보는 것이 어떨까?

2) 아이 브랜드를 갖춰라

모두가 스타성을 지닌 활력 넘치는 조직은 어떻게 하면 만들 수 있을까? 그 열쇠로 '아이 브랜드(I-Brand)'를 권장한다. 브랜드의 중요성은 이미 누구나 잘 알고 있는 사실이다. 아이 브랜드는 정부기관, 공기업 혹은 최고경영자로 대표되는 대기업이라는 브랜드가 아닌, 구성원 각자가 지닌 독특한 개성인 '나(I)'라는 브랜드를 극대화함을 의미한다. 아이 브랜드의 가치는 21세기가 목말라 하는 '창조적 개인'과 맥을 같이한다.

남다른 개성을 가진 '유일한 개인'을 키워 주고 존중하는 조직이라면 사람들은 행복하다. 자신의 잠재력을 마음껏 펼칠 수 있기 때문이다. 이러한 조직에서 리더의 역할은 매우 중요하다. 그는 부하 중 누가 무엇을 알고 있는지 속속들이 알아야 한다. 효과적인 자원 할당을 통해 각자의 아이 브랜드가 시너지 효과를 낼 수 있도록 비전과 전략을 제시해야 한다. 평생직업 시대에 아이 브랜드(I -Brand: '나'라는 제품)의 소개서를 써보라. 자신의 사용설명서를 작성해 보라는 말이다. 나는 명품(프로)인가, 불량품인가? 나는 인재(人財, 人材, 人在, 人災) 중 어떤 인재에 속하는가? 'made in me'를 달고 '나'라는 명품 브랜드를 만들어라.

3) 삶은 개구리의 우화를 아는가?

프랑스에는 유명한 '삶은 개구리' 요리(Grenullie)가 있다. 이 요리는 손님이 앉아 있는 식탁 위에 버너와 냄비를 가져다 놓고 손님이 직접 보는 앞에서 개구리를 산 채로 조리하는 것이다. 이때 물이 너무 뜨거우면 개구리가 펄쩍 뛰어나오기 때문에 맨 처음 냄비 속에는 개구리가 가장 좋아하는 온도의 물을 부어 둔다. 그러면 개구리는 따뜻한 물이 아주 기분좋은 듯이 가만히 엎드려 있다. 그러면 이때부터 매우 약한 불로 물을 데우기 시작한다. 아주 느린 속도로 서서히 가열하기 때문에 개구리는 자기가 삶아지고 있다는 것도 모른 채 기분좋게 잠을 자면서 죽어가게 된다.

사람도 마찬가지다. 당장 먹고 사는 걱정이 없으니까, 아직은 젊고 성적도 아주 꼴찌는 아니니까, 다른 사람들보다 아름답다는 말을 자주 듣곤 하니까, 친구도 있고, 부모님도 살아 계시고 당장 큰 걱정거리가 있는 것도 아니니까 하는 안일한 생각에 빠져, 지금 자기가 어디에 있으며 어디로 가는지도 모른 채 하루하루를 그럭저럭 보내고 있는 것이다. 그것은 마치 자기를 요리하는 물이 따뜻한 목욕물이라도 된다는 듯이 편안하게 잠자다 죽어가는 개구리의 모습과 같다. 이렇게 비전상실 증후군은 우리를 개구리처럼 삶아대고 있는 것이다.

비전상실 증후군에서 빨리 벗어나야 한다. 미치면 미치고 안 미치면 못 미친다고 했다. 익숙함으로부터 결별하고 귀감이 될 만한 멘토를 찾아서 나는 누구인가? 그리고 나는 무엇을 할 수 있는가? 내가 중요하게 생각하는 것, 내 인생의 목표는 무엇인가? 미래의 직업을 위한 준비를 생각하면서 청소년 리더로서 작은 승리의 전략을 세워 보자.

코칭 팁(coaching tip): 당신은 무엇에 미쳐 있는가?

늦은 시간 신촌역, 건대입구역, 홍대 앞 주차장 골목이나 클럽 앞을 지나가면 거리는 흥청거리고 골목골목 식당과 술집은 자리를 찾기 어렵다. 곳곳에서 반값 등록금에 대한 걱정이나 편의점에서 밤샘 알바를 하며 학비를 벌어야 하는 다른 학생들의 고민은 흔적도 보이지 않는다. 아마 청춘의 특권이겠지만 특권 속에서 삶에 대한 흔적은 찾아보기 어렵다. 이때는 실패에 대한 두려움이 적고, 넘어지더라도 다시 일어설 수 있는 기회가 상대적으로 많기 때문에 일단 행동이 생각보다 많고, 깊은 생각보다는 즉흥적인 충동이 앞선다. 이점은 청년기의 장점이기도 하지만 약점이기도 하다(박경철, 2011).

> "청년기에는 혈기가 차오를 때이므로 욕망을 다스리고,
> 장년에는 혈기가 가득할 때이므로 싸움을 경계하고,
> 노년에는 혈기가 쇠퇴할 때이므로 탐욕에 주의하라."

공자의 말이다. 우리의 삶에서 20대는 준비, 30대는 질주, 40대는 수확의 시기다. 20대에 준비하지 않으면 30대에 질주할 힘이 없다. 우리의 인생에서 의미 있는 발자국을 남기고자 한다면, 반드시 20대를 치열하게 살아야 한다. 20대에 미치지 않고 어떤 성과를 이뤘다면 그것은 상당 부분 운에서 비롯된 것이다. 귀중한 생을 단지 운에만 걸 수 없다. 무엇엔가 미친다는 말은 곧 다른 것을 포기했다는 뜻이다. 미치지 않고서는 포기하기 어려운 유혹들, 제 정신으로는 감당하기 어려운 도전을 감행하는 것을 두고 '미쳤다'고 말할 수 있다. 누구나 당연하다고 생각하는 것들을 나도 당연하다고 생각하면 그것은 미친 것이 아니다. 당신은 무엇에 미쳐 있는가?

생각의 장(coaching point)

차사순 할머니의 집념과 끈기

차사순 할머니는 2005년 4월부터 주말과 국경일을 제외하고 거의 매일 운전면허시험장을 찾아 2010년 5월 960번째 도전 만에 운전면허증을 땄다. 2005년 4월 첫 운전면허시험 성적은 15점이었다. '노인들도 열심히 하믄 딸 수 있다 했응께' 별 망설임 없이 용감하게 시작한 운전면허 도전은 해를 거듭 넘겨 이어졌다. 58점까지 오른 점수를 보고 잔뜩 기대를 품었던 것도 잠깐, '그놈의 60점' 맞기가 '하늘의 별따기'만큼이나 어려웠다. 그래도 포기하지 않았다. 포기하면 결국 아무것도 모르는 게 되어버리니까.

화제가 된 차사순 할머니는 미국의 일간지 「시카고 트리뷴」으로부터 '집념과 끈기의 귀감'이란 내용의 사설에 소개된 바 있다. 2010년 11월 25일 「시카고 트리뷴」은 '960번'이라는 제목의 사설에서 차 할머니의 사진을 싣고 "아이들에게 도전정신을 가르치고 싶다면 차 할머니의 사진을 눈에 잘 띄는 곳에 걸어두라"며 차 할머니의 도전정신을 강조했다. 이어 "만일 아이들이 누구인지 물어본다면 960번의 실패 끝에 운전면허증을 따낸 올해 69세 한국의 할머니라고 말하라"고 조언했다.

「시카고 트리뷴」은 빌 클린턴 전 대통령, 『해리 포터』의 작가 롤링, 애플의 스티브 잡스, 프로 풋볼리그(NFL)의 노장 선수 쿼터백 브렛 파브 등을 예로 들며 차 할머니의 오뚝이 정신을 높이 평가했다. 2010년 9월 한국광고PR실학회 역시 '올해의 광고모델상' 수상자로 선정했다. 차 할머니는 현대자동차그룹의 '달리는 당신을 사랑합니다' 캠페인 광고 한 편에 등장했다(한국경제, 2010.11.28.).

행동(practice)과 습관(habit)의 장

'꿈 너머 꿈'을 담은 명함을 제작하라!

필자는 삶이란? 의미있고 건강한 가치를 지켜가면서 살아가다가 '별 너머의 먼지'로 돌아가는 것이 인생이라 생각한다. 그렇다면 별 너머의 먼지로 돌아가기 전에 나의 가치와 꿈을 담은 '꿈 너머 꿈'의 명함을 한 번 만들어 보기를 추천한다. 명함 앞면에는 이름, 연락처 이외에 내 가치를 가장 잘 표현하는 꿈의 명함을 작성해 보는 것이다.

1년 후, 5년 후, 10년 후의 명함을 만드는 것이다. 회사명, 직위, 성명, 연락처 등이 전부인 천편일률적인 명함 대신 당신의 가치를 담은 명함을 가지고 다녀라. 명함은 나를 알릴 수 있는 가장 효과적인 도구인 동시에 나 스스로에게 인생의 사명과 당면한 목표를 확실하게 해 주는 훌륭한 도구다. 왜 꼭 현재의 명함만 가지고 다니는가? 당신 미래의 명함,

그림 4-7 꿈 너머 꿈을 담은 명함

가령 1년 뒤의 명함, 5년 뒤의 명함을 만들어 가지고 다니자. 그리고 명함 속에 목표를 새겨 넣자. 세상에 내놓고 싶은 나만의 가치와 원칙을 담은 명함을 만들어 보자. 이때 자신의 사회적 지위뿐만 아니라 '꿈 너머 꿈'을 적는 것이 더 중요하다.[22)]

명함 뒷면에는 나만이 아주 훌륭하게 잘 해낼 수 있는 것 세 가지, 조직에서 나에 돈을 많이 주고라도 사고 싶어하는 것 세 가지, 나의 핵심 역량이라고 할 수 있는 자신의 전문분야를 세 가지도 적어 본다. 공짜는 없다. 아는 만큼만 보이게 마련이다. 나만의 꿈을 명함에 새기다 보면 나의 가치와 원칙이 정리되면서 그 꿈을 이루기 위해 준비하게 될 것이다. 이름 앞을 꾸밀 '타이틀'을 어떻게 적을 것인가 고민하고, 자신의 사회적 지위를 꾸밀 단어를 선택하는 과정에서 우리는 자신이 이제껏 한 일과 앞으로 더 확장시킬 꿈에 대해 깊은 성찰을 할 수밖에 없다. 이런 작업을 하게 되면 분명 명함을 만들고자 했지만 내 삶을 한번 정리하는 느낌을 받을 것이다. 꿈 너머 꿈을 담은 명함을 가지고 서강대로 찾아오라. 점심은 내가 사겠다.

22) 예를 들어 '나누는 펀드 매니저', '착한 공무원', '사랑밥 먹여 주는 법조인', '행복한 부자 아빠', '인자한 재벌', '작가 같은 사업가', '지친 마음을 위로해 주는 요리연구가' '선량한 나눔 부자' 등을 적는다.

제 5 장 이미지 리더십

코칭(coaching)

'이미지'란, 어떤 사람이나 사물로부터 받은 느낌, 인상을 뜻하는 말한다. 최근 우리 사회는 '이미지 시대'라는 말이 과언이 아닐 만큼 이미지의 중요성이 증대되고 있다. 다른 사람들과의 관계에서나 취업뿐 아니라 조직에서의 성공 요건으로도 개인의 이미지 관리는 매우 중요하다. 이미지는 타고난 것이 아니라 만들어지는 것으로, 특히 이미지가 자신의 브랜드 가치와 직결되는 연예인의 경우 이미지 메이킹은 많은 관리를 필요로 한다. 하지만 요즘은 연예인뿐만 아니라 일반 사람들, 더 나아가 국가 역시 자신만의 브랜드를 창조해야 하는 시대가 되었다. 아무리 외모가 매력적으로 생겼어도 그 사람에게 맡겨진 임무, 역할을 못하게 보인다면 그 사람의 가치는 떨어질 것이다. 매력적인 이미지에다가 프로패셔널한 이미지를 줄 수 있다면 최상의 이미지일 것이다. 그래서 이미지가 곧 경쟁력이 되었다.

제 1 절 이미지 파워

이미지(image)란 라틴어의 Imago에서 유래했다. 표상(表象)이며, 생각의 덩어리, 특유한 감정, 고유의 느낌을 의미한다. 즉, '마음의 모양'으로 안의 생각이 밖으로 드러난다는 의미다. 그래서 얼굴이란 말도 '얼이 담긴 꼴'(얼꼴)에서 유래한 것이다. 그만큼 이미지란 그 사람의 생각과 밀접한 관계가 있다. 그렇다면 이미지는 왜 그렇게 중요할까? 리더가 딱딱한 모습을 하고 있으면 아무도 그 사람에게 다가가려 하지 않고, 가더라도 말문을 닫는다. 예로부터 "웃는 얼굴에 침 못 뱉는다", "○○이는 애가 참~ 괜찮어! 인사성이 어찌나 바른지……", "옷이 날개여~"라고 했다. 서양에서도 "인상을 쓰고 있는 상사는 직원 앞에서 파업을 하는 것과 같다"라는 격언이 있다. 그래서 웃으면 웃을 일이 생긴다고 했다. 좋은 이미지는 성공 뒤에 오는 것이 아니라 성공보다 앞서는 것이다.[1]

최근 이슈가 되고 있는 PI(president identity), CI(corporate identity)와 UI (university identity)는 관련 분야에서 리더가 되기 위한 자기관리 기술이다. PI란 CEO 이미지 관리로서 기업 이미지 관리로 불리는 CI, 대학교 이미지 관리인 UI와 같은 것으로 기업과 대학교라는 개념에 개인을 도입한 것이다. 따라서 최근 국내 굴지의 그룹들은 비용을 들여 CI를 관리하는 것은 물론, 그룹 총수와 최고 경영자들의 PI 관리에도 많은 노력을 기울이고 있다. 물론 국가 이미지 사업, 지역 이미지 사업, 도시 이미지 사업, 대학 이미지 사업 역시 이미지 리더십과 관련된 것이다. 이런 점에서 국가브랜드위원회가 출범한 것도 '이미지 행정'의 한 사례라고 할 수 있다.[2]

1 이미지 파워도 리더십이다

디지털 시대가 만능은 아니다. 사람과 사람이 직접 만나서 눈을 맞추고 표정을 서로 맞추면서 이야기를 하고 악수를 하면서 스킨십을 하는 것은 순전히 아날로그적이다. 그래서 디지털 시대에는 아날로그적인 방법이 더욱더 빛이 나고 귀중하고, 소중하다. 그래서 이것에 대한 방법론 연구가 더욱더 확대되고 있다.

나를 좀 더 나답게 만드는 재미있는 놀이가 바로 '이미지 메이킹'이다. 시간과 장소와 상황에 맞게 나의 이미지를 연출한다면 반드시 어디서나 호감 이미지로 다시 한 번 만나고 싶은 사람이 되어 대인관계에서 성공의 지름길이 될 것이며 성공하는 리더의 길이다.

말과 행동, 걸음걸이와 표정, 대인관계에서 교양이 높은 사람은 성공하는 리더의 이미지 연출 상(像)을 지니고 있다. 하지만 진정 성공하는 리더는 주어진 아름다움보다 자신에 대한 관심으로 스스로 아름다움을 창조해 가는 적극성을 갖춘 사람이다. 글로벌 21세기는 자기 전문 분야의 전문 성과뿐만 아니라, 당당한 자기 개발과 펀(fun) 리더십을 갖춤으로써 진정한 리더의 모습을 찾아간다. 사람은 자신 있고 여유

1) 많은 사람을 만나고, 새롭게 시작될 성공적인 인간관계를 위해 나의 좋은 면을 보여 주기 위해 끊임없이 노력하는 것을 우리는 페이스워크(facework: 이미지 관리)라고 한다.

2) 대통령 직속 국가브랜드위원회(위원장 이배용)는 2011년 8월 25일~28일 4일간 서울 삼성동 코엑스에서 "한류, 세계와 함께 미래로"라는 주제로 '2011 대한민국 국가브랜드 컨벤션'을 개최했다.

있을 때 웃을 수 있다. 공격당할까봐 방어적이 되거나 소심해지면 표정도 굳는다. 꾹 다문 입과 굳은 얼굴로는 자신의 의욕과 능력을 전달할 수 없다.

리더의 위치에 있는 사람들은 마음을 잘 다스리고 그것을 자연스럽게 얼굴로 전달할 수 있어야 한다. "지혜로움을 나타내는 가장 분명한 표현은 명랑한 얼굴이다." 몽테뉴(Michel E. de Montaigne)의 얘기다. 이제 이미지 리더십이라면 이상하게 웃는 법이나 가르치고, 본래 모습과는 동떨어진 연출된 이미지를 강요하는 것으로 연상하면 안 되고, 그 사람이 살아온 '삶의 대차대조표'임을 명심해야 한다. 링컨 대통령이 괜히 나이 40세이면 자기 얼굴에 책임을 지라고 그랬겠는가? 이미지 파워를 실감해 보기 바란다.

1) 모든 순간에 인상은 중요하다

"첫인상이 좋아야 한다"라고 한다. '진상 종합선물세트'가 되거나 '또라이'로 불려서는 안 된다. 그래서 끝인상이 '인품'이라면 첫인상은 '간판'이다. 우리는 모르는 지역에서 어떤 것을 사거나 식당을 고를 때 일단 간판을 보고 들어가는 경향이 많다. 그만큼 간판(첫인상)은 중요하다. 일단 간판에 마음이 쏠리면 들어가고 주인이나 물건이 마음에 들면 단골손님이 되는 것이다. 활을 멀리 정확하게 쏘려면 시위를 강하게 당겨야 하듯이 우리는 자신의 첫인상에 대해 냉철한 판단을 받아서 반드시 좋은 이미지로 만들 필요가 있다. 왜냐하면 첫인상이 중요한 이유는 자칫 한번 잘못 주게 되면 좀처럼 바꾸기 어렵기 때문이다.[3]

짐 스토벌(Jim Stovall)의 『오늘이 그날이다』에 이런 글이 있다. '좋은 첫인상을 남길 수 있는 기회는 단 한 번뿐'이라는 말을 들어보았을 것이다. 한 번 남에게 남긴 인상은 결코 없애거나 되돌릴 수 없다. 결국 모든 만남과 모든 순간이 중요하다. 서로간에 다리를 놓을 수 있는 성공적인 인간관계를 원한다면 오늘 당장 시작하라!' 첫인상도 중요하지만, 끝인상은 더 중요하다.

하지만 필자의 견해는 다르다. 매 순간 인상은 중요하다. 매일 모든 순간 보여 주는 당신의 행동 하나하나가 서로에게 관계의 다리를 놓을 수 있지만 갈등의 벽이 될 수도 있다. 매순간 '진정성'과 '정직함'으로 최선을 다하지 않으면, 놓았던 다리의 관계가 벽이 되고 만다. 서로의 관계에서 다리를 놓을 것인가? 벽을 쌓을 것인가? 그것은 당신의 선택과 이미지에 달려 있다.

---

3) 이 같은 '초두 효과'도 중요하지만 마지막에 보고 들은 것이 강하게 인상에 남는다는 '종말 효과'의 중요함도 함께 기억하기 바란다.

2) 깔끔하고 세련된 외모, 속 빈 강정 아니다

이미지 리더십의 흐름은 이제 거부하기 힘들다. 겉모습만으로 판단하는 것은 옳지 않지만 세상에는 그것도 못하는 사람이 많다. 외면은 내면의 또 다른 표현이기 때문이다. 이미지 리더십 칼럼리스트인 정연아 씨가 쓴 글이 바로 이러한 점을 잘 입증해준다. 흔히 21세기를 3D(Digital, Design, DNA) 시대라 부른다. 이 중 디자인은 시각적 이미지로 사람의 외모에 속한다. 디자인 시대이므로 사람에게 외모지상주의(lookism)가 대두되고 있음에도 불구하고, 외모지상주의는 부정적으로 치부된다. 비슷한 기능의 상품을 살 때 기왕이면 디자인이 좋은 것을 선택하듯이 사람 역시 첫인상에서 호감을 주는 사람에게 마음을 여는 것은 당연한 이치다.

사실 처음에는 겉모습으로 평가받을 수밖에 없다. 그리고 첫인상은 사진처럼 한번 찍히면 바꾸기 어렵다. 깔끔하고 세련된 외모를 가졌다고 속 빈 강정으로 치부하는 것은 비시대적 발상이다. 우리는 얼굴 보면서 “아~ 저 사람 인상 정말 좋아 보인다”, 아니면 “별로인데”라는 표현을 하게 된다. 좋은 인상이 꼭 타고나는 것일까? 흔히 “생긴대로 산다”라는 말을 하는데 필자의 견해다. 인상은 노력하면 언제나 변할 수 있고 또 운명이 아니라 언제나 개척 가능하다는 것이다.

3) 때로는 이미지가 정책을 압도한다

성공하는 사람에겐 리더십이라는 말이 흔하게 따라붙는다. 최근에는 퍼거슨 리더십, 오바마 리더십, 세종대왕 리더십이니 이순신 리더십이니 해서 그 종류도 참 다양해졌다. 당대(當代)에 성공한 인물들의 처세술이나 전략을 분석해서 성공 모델로 삼아 그 가치를 습득하는 것들이다. 하지만 이제는 이미지 리더십에 대한 관심도 상당히 부각되고 있다.

탁월한 리더는 굳이 입으로 비전을 말하지 않아도 온 몸에서 비전이 뿜어져 나온다. 무표정한 얼굴과 우중충한 옷차림새, 경직된 제스처로 비시대적인 이미지를 풍기는 사람이 어떻게 비전을 말할 수 있겠는가? 이러한 리더의 설득력은 떨어지기 마련이다. 그러나 아직도 외모에 대한 편견을 가진 대부분의 한국 리더를 대할 때마다 이미지 리더십이 아쉽다.

실제로 한국인들은 겉으로 드러나는 표정이나 대인관계 및 커뮤니케이션 기술 등에 너무나 미숙하다. 이런 한국인에게 세련된 매너나 이미지 기법을 강조하는 것이 문제가 있다고 한다면 매우 비현실적이다. 모든 인간에게 올바른 성품은 기본이다.

한국의 장차관 혹은 CEO 중에서 내적 성품을 갖춘 사람임에도 불구하고 단순한 '표현 미숙'으로 마이너스 이미지를 얻을 뿐만 아니라 비즈니스 측면에서도 손해를 보는 사람이 매우 많다.

이처럼 한국인은 자신을 표현하는 데 매우 미숙한 민족임에도 불구하고 표정이나 옷차림새, 제스처 등의 외적 이미지를 다루는 프로그램을 가볍게 치부한 점은 우리 현실을 외면한 것이다. 비즈니스 문화의 오랜 역사를 가진 미국인의 습관과 표현하는 것에 익숙하지 못한 우리나라 사람들의 습관과는 분명히 차이가 있다.

특히, 옷차림은 우리를 바라보는 사람에 대한 평가뿐 아니라 우리 자신의 태도에까지 영향을 미친다. 다른 사람의 마음을 끄는 사람은 때와 장소에 어울리는 옷차림을 할 줄 안다. 겉모습 때문에 내면을 보여 줄 수 있는 기회를 놓친다면 그것은 너무나 아쉬운 일이다. 문 밖에 발을 내딛는 순간부터 우리의 옷차림은 다른 사람에게 엄청난 양의 정보를 제공한다는 사실을 명심하자.

오늘이 아주 중요하고 특별한 날인 것처럼 옷을 차려 입으면 당신을 대하는 사람들의 태도도 달라진다. 그날은 정말로 가슴 설레는 중요한 날이 될 것이다. "신은 사람의 마음을 보지만, 사람은 겉모습을 먼저 본다. 사람을 신으로 착각하지 말라. 밥은 자기를 위해 먹지만, 옷은 남을 위해 입어라." 세계적인 성공학 연구자인 힐(Napoleon Hill, 1883-1970)이 전하는 말이다.

2 이미지의 진정한 파워

1) 이미지 마인드

CNB(Cyber News Broadcasting) NEWS(2007. 10. 28)에 소개된 '이미지 마인드(Image Mind)'라는 칼럼 내용을 먼저 소개한다. 이미지를 만드는 과정에서 무엇보다도 가장 중요한 것은 자신의 마인드(mind)다. 많은 책에서 외모는 자신의 내부에 있는 모습을 표현하는 방법이며, 이미지 개선의 중심은 자신의 마인드라고 적고 있다.

로빈스(Anthony Robbins)의 저서 『네 안의 잠든 거인을 깨워라(*Awaken the Giant Within*)』에서도 마인드에 관련된 신경학, 심리학적 부분에 대한 내용을 싣고 있다. 미국의 메라비언(Albert Mehrabian) 교수는 어느 누구에게나 시각적 이미지 55%, 청각적 이미지 38%, 언어적 이미지 7%로 이미지를 이루고 있다고 했다. 따라

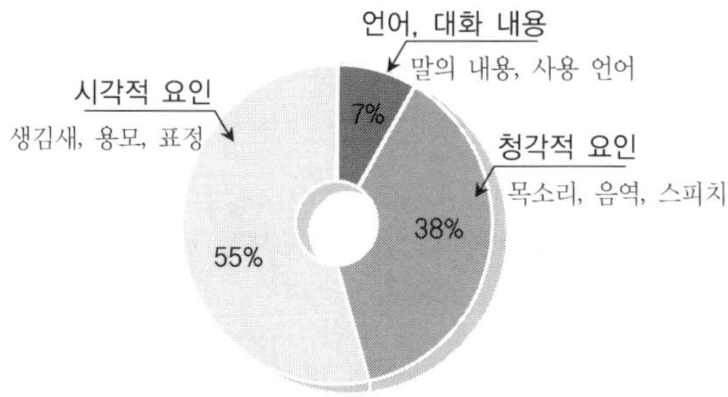

그림 5-1 메라비언의 법칙

서 사람의 이미지를 결정하는 요소에는 유전적으로 갖춰진 외모에 입고 있는 의상 등 시각적 이미지, 자신의 목소리로 대변되는 청각적 이미지, 그리고 말의 내용인 언어적 이미지, 이 세 가지가 이미지를 이루는 대표 요소다.

하지만 21세기 현대 사회에서 진정한 이미지 리더십은 시각적 이미지란 '믿음'과 '신뢰감'을 의미한다. 청각적 이미지란 상대방에게 편안한 침대나 날카로운 칼이 될 수도 있는 '혀'의 사용법과 친절한 '말투'와 목소리에 대한 이미지다. 끝으로 언어적 이미지는 진정한 마음으로 전하는 인간적 '대화법'을 의미한다고 할 수 있다.

우리는 타인에게 호감 가는 이미지를 주기 위해 노력한다. 그래서 때로는 실제 본 모습과는 다른 가식적인 모습을 보여 주기도 한다. 하지만 그러한 행동은 언제나 한때일 뿐이다. 인격이 올바르지 못한 사람은 언젠가는 그 본질이 드러나기 때문이다. 우리가 아무리 겉으로 달콤한 말을 하더라도 내면의 인격에서 나오는 파동은 너무나 깊어서 사람은 결국 알아차린다. 따라서 잠깐 가식으로 좋은 이미지를 만들려고 하기보다는 내면의 인격을 갈고 닦는 일에 정진해야 한다. 지금 당장 눈에 보이지 않더라도 훌륭한 인격은 언젠가는 빛을 보기 때문이다.

2) 나만의 '꼴' 찾기

이미지 관리란 없는 것을 있는 것처럼 보이게 하는 것이 아니라 단점을 보완하면서 숨겨진 장점을 찾아내 더 잘 보이게 부각시켜 그 사람을 돋보이게 하는 것이다.[4]

진정한 이미지 파워는 외적인 이미지만을 의미하는 것이 아니라 '내적 아름다움'이 자연스럽게 외적으로 표출되어 진정 그 사람의 참모습이 그대로 보일 수 있도록 하

4) 그러나 최근에는 보이는 부분에만 너무 신경을 쓰는 것 같다. '몸짱', '얼짱' 신드롬을 그 예로 들 수 있다.

는 것이다. 그리고 그 속에서 그 사람이 가지고 있는 장점을 찾아내어 가치를 높여 줌과 동시에 성공적이고 자신감 있는 삶을 살 수 있도록 하는 것이다. 따라서 외적인 '꼴'은 매우 아름다운데 내적인 '꼴'은 전혀 그렇지가 않다면 그것은 진정한 이미지 관리라고 할 수 없다. 자기 몸에 똥이 묻었다면 먼저 똥을 닦아야지 향수를 뿌린다고 되는 것이 아닌 것처럼 말이다.

좋은 이미지를 갖추기 위해서는 결국 본인 스스로가 좋은 사람이어야 한다는 것이다. 그러면 아름다움을 어디에서 어떻게 찾고 있는가? 자연에서 혹은 다른 사람에게서 아름다움을 찾는가? 아니다. 바로 자기 자신에게서 아름다움을 찾는 것이 옳다. 가식적인 미소는 0.3초면 알 수 있듯이 가식적인 모습은 오래가지 않아 공허한 모습, 허상으로 돌아온다.

고기는 치아로 먹어야 맛이고, 말은 해야 맛이다. 칭찬은 할수록 늘고, 편지는 쓸수록 감동을 주며, 어려운 이는 찾아갈수록 친근해진다. 인간관계에서 감동을 주는 사람은 오랫동안 기억에 남을 것이다. 창 밖 어둠 속의 사물을 선명하게 보려면 내 방의 불을 끄면 되듯이, 인간관계도 마찬가지로 내 안의 불을 끄면 상대가 훨씬 잘 보이게 된다. 세상에서 가장 어려운 싸움은 자신과의 싸움일 것이다.

'나'라는 한 사람의 존재 또는 말과 행동이 그 사람에게 부여되는 가치의 척도가 될 뿐만 아니라 더 나아가 우리 사회가 변할 수도 있는 엄청난 효과를 가져올 수 있다. 요즘 사람들은 '몸짱', '얼짱' 등 외형적인 몸 만들기에 열성인데, '가슴이 따뜻한 사람과 만나고 싶다'는 한 커피 회사의 CF처럼 자신을 따뜻하고 훈훈한 마음을 가진 '맘짱'으로 만들어 보는 건 어떨까? 내면의 '꼴'이 남을 공감하고 배려하고 열정을 가지고 있고 아름다운 마음의 소유자라면 분명 아름다운 사람으로 외적으로도 비춰질 것이다. 그래서 리더의 '꼴'이 더 잘 표현될 수 있도록 하는 것이 진정한 의미의 이미지 파워다.

겉으로 드러난 아름다움은 물질적 포장에 불과하다. 진정한 아름다움은 바로 생명의 신비이며 생명 그 자체다. 그럼에도 불구하고 우리는 늘 삶과 생명을 한탄하며 불행하다고 절망한다. 물론 '배짱', '말짱', '일짱', '꿈짱'까지 된다면 리더로서 자격은 모두 갖춘 셈이 되겠지만. 우리는 살아 숨쉬는 생명을 가진 것만으로도 충분히 아름답고 경이로운 세상을 살고 있는 것이다.

3) 회사후소, 군자무본

현대를 살아가면서 사람을 평가하는 기준은 겉으로 보이는 외모나, 수치로 나타나는 능력만을 본다. 그 사람의 인격은 어떠한지 또 삶을 살아가는 철학은 무엇인지 관심이 없고 오로지 겉모습에만 관심을 갖고 있는 사회는 그다지 희망이 없어 보인다.

'회사후소(繪事後素)'란 『논어』에 나오는 글이다.[5] 겉으로 꾸며진 아름다움에 앞서 내면의 아름다움이 선행되어야 한다는 뜻이다. 즉 그림을 그리는 일은 하얀 바탕이 있은 이후에 가능하다는 뜻이다. 아무리 훌륭한 그림을 그린다 하더라도 하얀 바탕이 없다면 그림이 아름다울 수 없다는 것이다. 한마디로 기본이 바로 서야 함을 강조하는 말이다. 자하(子夏)는 후에 형식적인 예(禮)보다도 그 예의 근본이 되는 인(仁)한 마음이 중요하다는 걸 깨달았다고 한다. 마음이 아름답지 못한데 겉으로 아무리 예쁜 표정과 눈웃음을 쳐도 그 아름다움은 잠깐일 뿐, 오래가지 못한다는 뜻도 된다.

'군자무본(君子務本)'이라고 했다. 군자는 근본에 힘쓴다는 의미다.[6] 어느 분야에서든 정상에 우뚝 선 사람들의 공통점은 유자(有子)의 '군자무본'의 정신처럼 '기본에 충실'했던 사람들이다. 피겨의 김연아, 축구의 박지성, 수영의 박태환, 요리사 에드워드 권(권영민) 등 전 세계에 한국을 빛내고 있는 이들의 공통점은 모두 철저한 '기본기'에 있는 것이다. 안으로 채워 밖으로 넘쳐야 함에도 불구하고, 내면의 본질은 바닥을 치고 있는데 겉모습만 화려하게 꾸미는 시대가 되어서는 안 된다. 잃어버린 내면의

그림 5-2 정말 중요한 것은 '겉모양'이 아닐지도 모른다

5) 공자의 언행, 제자와 제후들과의 문답, 제자끼리의 문답 등을 모아서 엮은 책인 『논어』 3편 팔일(八佾)장에 회사후소(繪事後素)라는 글귀가 나온다. 이 사자성어는 공자가 그의 제자인 자하에게 말한 것으로 "그림을 그리는 데 흰 바탕이 있은 뒤에 채색을 해야 아름답게 된다"는 것을 뜻한다.

6) '군자무본(君子務本), 본립이도생(本立而道生).' 공자의 제자인 유자(有子)가 남긴 유명한 논어 구절로 "군자는 무엇보다도 기본에 힘써야 하고, 기본이 확실히 서면 도가 생긴다"는 말이다.

아름다움을 다시 한 번 돌이켜보아야 할 때다. 2000년 전의 공자의 말씀이 귓전에 메아리친다. 회사후소(繪事後素), 군자무본(君子務本), 모든 인류와 국가 및 지역, 그리고 사회단체와 청년들에게 적극 추천한다. 기본이 안 된 당신이라면 행복을 꿈꾸지 마라!

3 리더의 매력 발산법

우리는 정치가나 기업가의 독특한 분위기와 멋진 모습에 입을 다물지 못하거나 남들 앞에서 멋지게 말하고 행동하는 그들을 보면서 저 사람은 정말 리더가 될 자격이 있는 인물이라고 혀를 내두른다. 어쩌면 저렇게 대범하고 말을 잘하며 당당하고 식견이 넓을까! 그런데 그들이 10분간의 훌륭한 연설이나 강연을 위해 10시간이 넘는 준비와 연습을 했다는 사실을 아는 사람이 몇이나 될까?

많은 리더가 집무실에까지 전문가를 불러 남모르는 교육을 받는다. 그들은 걸음걸이와 손동작, 매너와 말투, 강연의 기교뿐만 아니라 옷 입고 화장하는 법까지 세심하게 리허설하고 훈련하는 방법을 배운다. 이러한 세심한 연구와 훈련, 구체적인 표현력과 연습, 반복된 수련을 통해 사람을 끌어당기는 매력을 배우고 발산할 수 있다. 이렇게 해서 '미운 오리새끼'가 '아름다운 백조'로 된다. 즉 화려한 말솜씨, 당당하고 멋진 행동, 완벽한 이미지와 매력의 소유자가 되는 것이다.

정도의 차이는 있겠지만 모든 사람이 자신만의 독특한 매력을 지니고 있다. 그것은 개발을 기다리는 매력적인 미개척지나 다름없다. 최고 지도자들은 더욱 그렇다. 리더들은 일반인과 다른 성취와 지위, 부(富)와 재능을 가진 경우가 많은데, 이런 것들은 이미지를 개선하고 매력을 보강시킨 후에 얻어지곤 한다. 빛나는 이미지를 창조한 리더들은 반드시 이미지를 세심하게 연구하고 개발했다는 사실을 잊지 말자.

화려한 말솜씨, 당당하고 자신감 넘치는 멋진 행동 등은 보이지 않는 인내와 노력, 끊임없는 연습을 통해 이뤄지는 경우가 많다. 매일 조금씩 나만의 매력, 나만의 이미지를 개발해 보면, 어느 순간 리더가 되어 있는 자신의 모습을 발견하게 되지 않을까? 그럼 이미지 파워 업(power up)을 위한 방법에는 무엇이 있을까?

1) 너 자신을 알라

이미지 파워를 위한 첫 단계는 너 자신을 알라(Know yourself)다. 프랑스 여기자가 쓴 칼럼에서 한·중·일 3국의 일반적인 표정을 묘사한 내용 중에 무덤덤하게 느긋하게 걸어오면? 중국인. 온화하게 종종 걸어오면? 일본인, 화난 표정으로 급하게 걸어오면? 한국인으로 표현했다고 한다. 동물 중 가장 무표정한 동물은 악어인데 악어보다 더 무표정한 얼굴이 한국인이라고 할 정도이니 한국인의 얼굴 이미지는 과히 좋은 점수는 아니다. 인정하자! 그리고 노력하자.

이미지는 메시지라 했다. 당신 자신의 표정이 바로 메시지다. 자기 자신을 제대로 아는 것에서부터 이미지 파워는 시작된다. 많은 사람이 자신의 강점이 무엇인지 알지 못한 채, 주어진 환경 속에서 하루하루를 막연하게 살아가는 경우가 많다. 자기 자신을 발견하고 바로 보기 위해 가장 먼저 해야 할 일은 자기 성찰이다. 그러기 위해 날마다 끊임없이 자기 관찰을 하는 것이 매우 중요하다. 이를 위해 아침마다 잠에서 깰 때, 5분간 자기 관찰을 하는 것이다. 자기가 어떤 사람이고 자신이 어떤 강점을 가지고 있는지에 대한 기본적인 성찰이 중요하다.

이것을 알면 자신의 '매력 발산법' 중 절반은 성공한 것이다. 또한 자기 성찰을 통해 자신을 사랑하고 자신을 긍정적으로 바라보는 것이 중요하다. 그러기 위해 긍정적인 격려의 말(pep talk)을 출근하기 전 거울 앞에서 3분간 하는 것도 좋은 이미지 형성에 도움이 될 것이다.[7)]

2) 자기 자신의 내부에서 열정 찾기

자기 자신의 내부에서 열정을 찾아내는 것이다. 다양한 방법으로 자신과 인터뷰(interview)를 시도해 보라. 3분 동안에 내 안의 장점 16개를 찾아서 적을 수 있겠는가? 자기 안에서 열정을 발견할 수 없다면 자기의 삶을 기쁨으로 만들기는 어렵다. 열정을 가지고 있는 사람은 눈빛에 생기가 있으며 역동적이며 진취적이고 표정이 항상 밝고 환하다. 삶을 가치 있게 하는 것은 뭔가? 또 놓치고 있는 것은 뭔가? 어떻게 사람의 사랑을 느낄 수 있고 느끼게 할 수 있을까? 어떨 때 보람을 느끼는가? 등의 물음으로 자신이 하고 있는 일에서 열정을 끌어내 보자.

하루 중 가장 많은 시간을 조직에서 보내고 인생의 3분의 2 이상을 조직 내에서 보낸다고 볼 때 조직 내에서 내가 어떤 이미지로 비춰지느냐에 따라 '성공과 실패'가 좌우된다고 볼 수 있다. 당신의 어머니에게, 친구에게 나를 생각하면 어떤 이미지가 떠오르는지 한번 물어 보아라.

---

7) 예를 들면 '나는 나날이 좋아지고 있다, 나는 잘 웃는 사람이다, 나는 매력적이다, 나는 내가 좋다, 나는 정말 친절하다' 등이다. 특히 이런 훈련은 일선 대민 부서(주민센터, 경찰서, 보건소, 구청)에서 근무하는 일선 관료들에게 매우 필요한 방법이다.

생활 속에서 보람과 인생의 의미를 찾는다면 인생을 성공적으로 사는 것이라고 해도 과언이 아닐 것이다. 내가 하고 있는 일에서 보람과 가치를 찾아내고 열정을 가진다면 매사에 즐겁게 일할 수 있고 일 자체를 즐기며 할 수 있을 것이다. 그러니 내가 하고 있는 일에 의미를 부여하고 열정을 찾아라.

3) 가슴이 따뜻한 호감가는 사람으로

퀴즈 하나! 남편이 집에 가면 제일 먼저 하는 것은? 샤워? 아니다! 마누라 눈치, 아이들 눈치를 보는 것이다. 왜? 상대의 표정, 집안 분위기를 파악하기 위함이다. 이것은 직원이 아침에 회사 가면 제일 먼저 상사의 눈치(표정, 분위기)를 파악하는 것과 같다. 어쩌면 이러한 행동의 이유는 그만큼 가슴이 따뜻한 사람을 만나고 싶은 심정에서 나온 행동일 것이다.

다른 사람이 나에게 호감을 느끼도록 해야 한다. 당신은 상대에게 어떤 사람으로 기억되고 싶은가? 성공한 사람들의 공통점을 보면 그들은 권위적이거나 강함을 내세우지 않고, 온유하고 차분하면서도 사람들의 마음을 얻는다. 그들은 '따뜻한 인성'의 소유자로 싸우지 않고 이기는 힘을 가지고 있는 사람, 다른 사람과 더불어 잘살 수 있는 능력을 가진 사람이다. 이런 사람들은 호감 주는 인상을 지니고 있다. 그래서 똑똑하기보다는 친절함과 느리게 사는 지혜로움과 여유를 지니고 있다.

인상이 좋은 사람은 또 보고 싶어진다. 이처럼 좋은 인상을 주기 위해 자신의 책상 위에 작은 거울을 세워두고 전화를 하면서도, 업무 중간중간에 쉬는 시간에도 스스로의 얼굴을 확인해 가며 표정 관리에 신경을 써야 한다. 웃는 얼굴이 싫은 사람은 아무도 없으며 15초 웃을 때마다 수명이 이틀씩 연장된다고 하지 않던가? 몸은 마음을 컨트롤하고 형식은 내용을 지배한다고 했다. 밝은 마음과 환한 미소는 나 자신을 위해서도 좋은 것이다.

4) 구체적인 실천 전략을 세워라

자신의 약점을 잘 분석해서 자신의 이미지 목표를 구체적으로 정하고, 그에 따라 긍정적으로 생각하며 구체적으로 실천 전략을 만드는 것이다. 전략은 다음과 같다.

첫째, 외관적 이미지 전략을 세운다. 예컨대 만나는 사람 1인당 최소한 5회 이상의 눈접촉(eye-contact)을 한다. 그리고 "도움이 필요하면 언제든지 말씀하십시오"라고 늘 말한다. 보이지 않는 곳에서 버릇이 나오지 않도록 신경 쓴다. 둘째, 지적 · 전문적 이미지 전략을 세운다. 예컨대 사회의 다양한 이슈에 관심을 가지거나 컴퓨터 활용

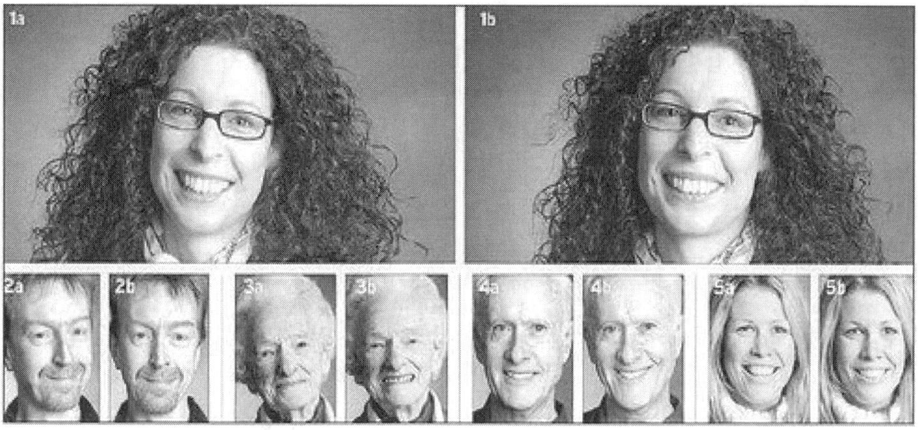

그림 5-3 어느 쪽이 진짜 미소인지 맞혀 보세요.*

능력을 향상시키는 것이다. 셋째, 감정적 이미지 전략을 세운다. 예컨대 오후 시간 피곤할 때 맨손체조를 하겠다거나 잠시 명상을 한다고 계획을 세우는 것이다. 넷째, 사회적 이미지 전략을 세운다. 예컨대 사회봉사 활동에 참여하는 것 등이다.

4 리더십 교육자가 갖춰야 할 이미지

리더십 교육자의 길은 특별하다. 그것은 수행과 단련, 두려운 만남의 설렘과 숱한 이별의 아픔을 수반한 길고 고된 길이다. 천금을 버는 것도 아니고, 만금을 남에게 베풀 수 있는 직업도 아니다. 그러나 필자는 얻었다. 그리고 나눠 주었다. 그래서 보람을 느끼며 살고 있다. 얻은 것은 인간과 삶의 소중함이고, 나눠 준 것은 작은 사랑이었다. 비록 그 크기는 만족할 만한 것이 못 될지라도 사람의 참 모습, 삶의 진정한 모습을 배우고 얻었다. 필자가 강단에서 떠드는 동안 더 많은 것을 수강생들은 필자에게 듬뿍 주었다. 그래서 갈수록 수강생이 무섭다. 강단에 오르기 직전, 목이 타들어 가는 긴장감과 설렘, 그것은 해가 갈수록 더 크고 깊어져 간다. 오늘의 강의 대상은 누구이며, 무엇을 하는 사람이며, 연령과 성별은 어떨까? 무엇을 얻고자 하는 사람들일까. 무엇으로 말문을 열까? 걱정하면서 단상에 오르지만 끝나고 나면 감사와 희열이

* 문제의 정답은 다음과 같다. 1a, 2b, 3a, 4b, 5a

넘친다. 마치 경건한 기도 후에 얻는 행복이라고나 할까? 필자가 10년간 강단에 서면서 느낀 바를 리더십 교육자에게 다음과 같은 이미지 파워를 조심스럽게 권한다.

1) 우선 단점을 분석하고 보완하라

기본적으로 자신의 단점을 분석하고 보완해야 한다. 대화할 때 드러나는 잘못된 습관은 혹시 없는지 주변에 나를 가장 잘 알고 있는 친구와 선배에게 진지하게 물어보면 의외로 솔직한 답변을 얻을 수 있다. 동시에 깔끔하고 단정한 외모가 가장 기본이다. 유행도 좋고 예쁜 것도 좋지만 기본적으로 깔끔하고 단정한 외모 관리가 가장 중요하다. 예를 들면 다리가 무척 건강한 여성이 유행을 좇아 흰색 스타킹에 주름치마를 입고 있는 모습은 좋은 이미지를 주기 어렵다. 뛰어난 화장술보다 더 매력적이고 부러운 것은 깨끗한 피부와 머릿결이라는 것을 여성 교육자라면 누구나 잘 알고 있을 것이다. 그러므로 일단 자신에 대해 파악하고 부족한 점을 채워라.

2) 닮고 싶은 모델을 분석하라

성공한 사람들 가운데 자신의 이상형인 '모델'을 정해 분석한다. 잘 알려진 공인(公人), 연예인 가운데 자신이 닮고 싶은 모델이 있을 것이다. 평소 TV를 통해 그의 헤어스타일, 옷차림 등을 살펴보고 자신이 소화할 수 있는 것부터 하나하나 공략해 나간다. 이때 더욱 중요한 것은 전체적인 느낌이다. 그가 지닌 액세서리나 명품 핸드백이 아닌 그 사람의 전체적인 이미지와 좀 더 욕심을 낸다면 사람을 대하는 태도나 세련된 말투 등을 보고 배우도록 한다.

3) 많이 읽고 배워라

많이 읽어라. 읽어야 뭐가 나온다. 심지어 수련이나 명상도 무언가 머리에 들어가 있어야 가능하다. 리더십 교육자의 내면을 가꾸는 데 가장 효과적인 방법은 '부지런한 독서'다. 책을 통해 일과 관련된 다양한 지식과 정보가 나오고 사람들과의 사랑이 깊어지는 지혜를 얻을 수도 있다. 오늘부터 약속 장소를 서점으로 하면 독서의 기회가 좀 더 늘어나지 않을까? 한번은 시집 코너, 또 한번은 베스트셀러 코너 등으로 돌아가며 약속을 정하는 것도 좋다. 특히 자주 지각하는 사람과의 약속은 반드시 서점에서 하면 좋다. 일주일에 두 권 이상의 책을 읽어야 한다. 밥을 먹듯이 책을 먹어야 한다. 얄팍한 몇 줄의 학식으로 절대로 강단에 나서지 마라! 필자는 그런 사람을 봤고, 그들의 허상을 알고 있다.

4) 절박감과 진지함을 지녀라

미국 교육학자 브루너(Jerome S. Bruner)의 말처럼 명품 강사가 되려면 세 가지가 필요하다. 첫째, 가르치는 일 자체를 좋아해야 한다. 둘째, 학생들을 좋아해야 한다. 셋째, 자기가 가르치려는 과목이 미치도록 좋아야 한다.

그러나 이것은 어디까지나 교육과정의 원칙에 불과하다. 그보다는 열정과 전문성을 겸비한 프로패셔널이어야 한다. 즉 이 일이 아니면 나는 굶어죽는다는 절박감을 지니고 어둠 속에서 바늘귀에 실을 꿰듯이, 사자가 토끼를 잡듯이 그런 진지함으로 나서야 한다. '레저형' 강사보다 '명품' 강사가 되어야 한다.

5) 자기만의 캐릭터를 창조하라

자기만의 캐릭터를 창조해야 한다. 언어(음색, 음량 등), 제스처, 옷차림, 눈빛, 표정까지 남과는 다른 차원, 그러면서도 전혀 거부감이 없는 그런 브랜드를 만들어야 한다. 하지만 목소리만 높이 외친다고 좋은 것은 아니다. 그래서 대화법, 설득의 기법, 화술, 교수법, 기도법, 낭송법, 노래하는 법, 침묵하는 법까지 총동원해 나름대로 소화한 교육의 기술이 절대로 필요하다.

그동안 우리는 겉으로만 보이는 이미지에만 시간과 노력을 투자하고 있었던 것은 아닌지 한번쯤 생각해 보자. 그와 반대로 외적인 이미지를 가시적이라 생각하고 무심하고 소홀했던 강사도 역시 성공하기는 어렵다. 결국 내적인 것과 외적인 것 두 가지가 잘 조화되어야만 말 그대로 균형잡힌 삶이 이뤄지고 자신이 원하는 리더십 명강사의 이미지가 완성될 것이다. 필자는 당신의 아우라(Aura)를 믿는다.

제 2 절 달라지는 인생, 이미지의 힘

1 국가 이미지

국가 이미지란 국가에 대한 호감도, 신뢰도 등을 총칭하는 개념으로 여행을 해본 한국인은 경험했을 것이다. '북쪽 출신이냐 남쪽 출신인가(North or South)?' 정말 무수하게 들어야 하는 '김정일' 이야기…… "여전히 그들은 한국이란 나라에 아는 것도 없고 관심도 없다." 국민들 역시 알게 모르게 국가 브랜드 가치와 이미지가 얼마나 중요한 것인가를 점차 피부로 느끼고 있고 기업, 지자체, 문화예술 분야 할 것 없이 국가 이미지가 얼마나 중요한지 알고 있다.

최근에는 국력의 전통적 요소인 군사력, 경제력보다 국가의 품격, 이미지가 국가 브랜드에 많은 영향을 미치고 있는 추세다. 국가 브랜드는 국민, 상품, 기업에 대한 평가에 결정적 영향을 끼치므로, 대한민국의 국가 브랜드 가치가 상승하면 우리나라 기업과 제품이 세계 시장에서 높은 평가를 받을 수 있을 뿐만 아니라 우리 국민도 세계인들로부터 존중을 받을 수 있기 때문에 국가 브랜드 이미지가 점점 중요해지고 있다.

세계의 주요 국가들은 그 나라에 걸맞은 각각의 이미지를 가지고 있다. 미국 하면 컴퓨터와 비행기가, 일본은 전자제품과 자동차, 스위스는 시계와 은행, 프랑스는 와인과 향수, 이탈리아는 디자인과 패션이 떠올린다. 한국은 어떨까? 월드리서치의 자료에 따르면, 세계인은 한국의 이미지로 김치, 불고기 등의 한국 음식과 한복, 한글을

표 5-1 세계 속 한국 이미지는?

이미지 순위	종합	경제/기업	과학/기술	인프라	정책/제도	전통 문화	현대 문화	국민	유명인
1	독일(5)	일본(1)	일본(1)	캐나다(6)	캐나다(2)	그리스(2)	미국(1)	캐나다(2)	미국(1)
2	캐나다(8)	미국(3)	미국(5)	독일(4)	스위스(3)	이탈리아(3)	프랑스(2)	스위스(3)	프랑스(2)
3	일본(2)	독일(2)	독일(2)	일본(3)	스웨덴(1)	이집트(4)	캐나다(8)	스웨덴(1)	영국(3)
4	미국(6)	캐나다(8)	캐나다(8)	미국(7)	독일(6)	프랑스(1)	독일(6)	일본(4)	독일(5)
5	영국(4)	스위스(6)	영국(6)	스위스(5)	네덜란드(7)	스페인(6)	영국(4)	네덜란드(5)	이탈리아(6)
6	스위스(7)	영국(5)	스웨덴(3)	스웨덴(1)	호주(9)	중국(19)	이탈리아(3)	핀란드(13)	러시아(4)
7	프랑스(1)	스웨덴(7)	스위스(7)	영국(8)	덴마크(15)	스위스(9)	일본(5)	벨기에(6)	중국(10)
8	스웨덴(3)	프랑스(4)	프랑스(4)	프랑스(2)	핀란드(11)	일본(12)	스페인(10)	오스티라아(16)	일본(7)
9	이탈리아(10)	호주(10)	핀란드(12)	네덜란드(9)	오스트리아(17)	캐나다(13)	호주(10)	독일(9)	스페인(8)
10	호주(11)	중국(14)	한국(9)	호주(10)	일본(8)	오스트리아(17)	네덜란드(13)	덴마크(14)	그리스(9)
비고	한국19(20)	한국13(15)	-	한국20(21)	한국25(27)	한국33(34)	한국21(24)	한국21(22)	한국27(27)

주: ( ) 안은 2009년 순위.
출처: 국가브랜드위원회(http://www.koreabrand.go.kr/, 2012).

지목하고 한국의 정보통신 기술에 긍정적 이미지를 가지고 있는 것으로 나타났다.

하지만, 한국에 대한 세계인의 이미지는 실제보다 저평가되는 경향을 보인다. 흔히 우리나라 사람들이 외국에 나가면 South Korea인지 North Korea인지 혼동하는 경우도 있고, 한국의 유명 브랜드는 일본의 브랜드인 것으로 잘못 여겨지는 경우도 많다. 또한 한국산 제품은 동일한 미국산 제품에 비해 66~67%가량 저평가되고 있다는 자료를 볼 때, 한국이라는 국가 이미지가 세계 경제 규모 11위에 미치지 못하는 것을 알 수 있다.

동남아시아에서 한국 대중문화에 대한 열풍으로 시작된 한류는 한국 제품에 대한 선호와 한국에 대한 애정으로 나타나고 있으며 점차 유럽 전역, 남미, 이집트 등 더 넓은 세계로 퍼져가고 있다. 초기 한류는 한국 드라마와 같은 한국의 대중문화 부문의 인기에 치우쳐 있었지만, 현재는 이러한 '문화 한류'에서 더욱 진화해 다양한 분야에서 한류 바람을 일으키고 있다. 세계를 이끄는 글로벌 기업들은 '경제 한류'를, 한국 지역의 범위를 벗어나 세계를 무대로 하는 지역 브랜드는 '지역 한류'를, 또한 지구촌 곳곳에서 나눔을 실천하는 한국인들과 세계 무대에서 활약해 한국을 널리 알린 스포츠 선수들, 창의력과 도전 의식을 바탕으로 세계 시장에서 활약하는 젊은이들은 '국민 한류'를 새롭게 만들었다. 이제 한류는 더 이상 단순한 문화산업이 아니라 국가 브랜드의 일부로서 보아야 한다. K-POP 열풍도 마찬가지다.

한국문화를 아끼고 다문화를 포용하며 세계인들과 소통하는 것, 그리고 글로벌 이슈에 적극적 관심을 보여 국제사회에 참여하는 것은 국가 이미지를 업그레이드하는 데 필수적이다. 또한, 글로벌 시민 의식을 향상시키는 것도 중요하다. 해외 유명 관광지에 방문하다 보면 한글로 쓰여진 낙서들을 발견할 때가 있다. 나라들 간의 교류가 많아진 만큼, 자국과 타국에서의 글로벌 에티켓이 국가 브랜드 이미지에 영향을 미치는 정도는 매우 크다. 사소한 낙서 하나가 한 나라의 매너와 교양 수준을 판단하는 잣대가 될 수도 있기 때문이다. 국민 한 사람 한 사람이 국가 브랜드 대표가 될 수 있는 만큼 우리 모두 글로벌 에티켓을 잘 준수해야 한다.

이제 국가 브랜드 및 국가 이미지가 국제 경쟁력을 강화할 수 있는 핵심이라는 사실은 모두가 인식하고 있다. 국가 이미지 및 브랜드 가치가 한 단계 상승할 경우 수출 가격이 약 10% 이상 상향될 수 있다고 한다. 이제 정부뿐 아니라 기업, 시민단체, 온 국민이 함께 동참해 국가 이미지 제고에 힘써 KOREA의 대표적인 호감 이미지를 찾아 국가 브랜드 가치가 상승하는 데 일익을 담당해야 할 것이다. 왜냐하면 대한민국의 이미지는 바로 나 자신의 이미지이기 때문이다.

2 국가원수의 이미지

1) 케네디 대통령의 이미지 리더십

이미지 리더십으로 성공한 대표적인 정치인은 케네디 대통령이다. 미국의 유명한 정치 컨설턴트 모리스(Dick Morris)는 그의 책 『파워 게임의 법칙(*Power Plays*)』에서 "닉슨은 정말 얼굴이 못생겨서 케네디에게 졌을까?"라며 미국 정치 사상 최초로 이뤄진 닉슨과 케네디의 TV 토론회에 얽힌 일을 재미있게 표현하고 있다. "케네디는 마치 미인 선발대회 참가자인 양, 매력적으로 비치도록 꾸미고 또 연기하는 데 집중적인 노력을 기울였다. 그는 다른 학자들이 지적한 것처럼 '기꺼이 미디어 상품이 되고자 했던' 최초의 정치인이었다. 그러나 케네디의 매력적인 이미지는 타고난 것이 아니었다. 평생에 걸친 오랜 연구와 노력, 근면의 산물이었다."

반면에 닉슨은 대통령으로서 어떻게 비쳐지는가에 대해서 전혀 의식하지 않았다. 그는 훗날 TV 토론의 패배를 오히려 은근히 자랑스럽게 여기는 듯한 글을 회고록에서 밝혔다. "나는 그때 외모에 별로 신경을 안 쓰고 실질적 내용에만 지나칠 정도로 많은 관심을 쏟았다. 첫 번째 토론에서 나를 가장 언짢게 만든 점은, 케네디와 내가 벌인 대결의 실질적 내용을 따지는 것이 아니라 두 사람의 외모에 대한 유·불리를 비교한 것이었다." 이처럼 닉슨은 유권자들이 정치 후보의 외모를 보고 표를 던진 사실을 두고두고 억울해 했다 한다. 왜냐하면 TV를 시청한 유권자는 케네디를 지지했지만, 라디오를 청취한 사람들은 지지도에서 별 차이가 없었기 때문이다.

외모를 갖추면 실제적인 내면이 떨어져 보인다는 비시대적인 발상이 그를 실패로 이끌었던 것이다. 이때 마키아벨리(Niccolo Machiavelli)의 말이 의미심장하다. 그는 "사람들은 당신이 어떤 사람인 것처럼 보이는가는 알지만 실제로 당신이 어떤 사람인지를 아는 사람은 없다"고 했다. 그래서 이겨야 할 때 이겨야 꿈을 이룰 수 있다.

2) 한국 대통령의 인상과 이미지 파워

(1) 한국 역대 대통령의 이미지

재임 시절 큰 인기도 없고, 심지어 무능한 듯 여겼던 노무현 대통령의 죽음에 온 국민은 애도의 뜻을 표한 바 있다. 대중의 마음이란 조변석개(朝變夕改)라고 하지만, 하루 사이에 그는 최고의 대통령으로 추앙된 것이다. 어떻게 이런 일이? 혹자는 이것을 감성적인 한국 사람의 특성으로 돌렸다. 분위기에 쉽게 휩쓸리고 또 냄비처럼 금방 끓다가 금방 식어버리는 국민성의 발로로 해석한다. 어떻게 해석되든, 대중의 행동은 대한민국 국민이 간절히 바라는 대통령의 이미지를 반영한다.

일반적으로 한국 사람이라면 이승만은 부정선거와 건국, 윤보선은 눈 가리고 대통령직 수행, 박정희는 삽질 공화국의 시초이며 산업화의 기반을 이룩한 이미지, 최규하는 키 큰 허수아비 대통령의 눈물로 각인되고 있다. 전두환은 12·12 쿠데타로 정권을 잡은 것과 박대통령을 시해한 김재규 처벌과 조폭들을 정리하면서 각인된 삼청교육대의 이미지, 노태우는 사과상자로 비자금을 조성한 것과 보통사람을 외치면서 가방을 몸소 들고 TV에 자주 나왔다는 이미지, 김영삼은 민주화를 외쳐 당선되었고, IMF와 삼풍백화점의 이미지, 김대중은 IMF 때 금모으기 행사와 통일과 평화, 그리고 김정일과의 회담 이미지, 노무현은 인터넷 대통령, 권위주의를 타파하는 이미지를 지니고 있다. 이명박은 경제의 어려움으로 인해 경제 성장을 부르짖으며 당선된 이미지를 지니고 있다.[9]

(2) 대통령의 인상

인상과 관상이 좋아야 대통령이 될까? 대통령이나 국회의원을 선출할 때 삼각형 뱀눈이나 눈썹이 난잡한 사람, 코가 삐뚤어진 사람, 턱 아래가 두툼해 욕심이 많고 음흉한 사람, 입 가장자리가 아래로 처진 배신자형은 낙선시켜야 한다는 말이 있다. 관상은 마음이 외관으로 나타난 것이라 인격을 판단할 수 있는 수단이기 때문에 이런 말이 나온 것이다.

역대 대통령 대부분은 이마가 넓고 귀가 크고 두텁다는 공통점이 있다. 40여 년간 인상학을 연구해 온 전문가에 의하면 대통령 관상을 동물 형상으로 비유해 보면 맹수류에 속하는 상이 많다고 지적했다. 여러 인상학자와 관상학자들은 이명박 대통령을 '여우 상', '매 상'에 비유했다. 여우 상은 꾀가 많다. 작은 눈은 사물을 꿰뚫어보며 권위보다는 사안을 직시하고 실천한다. 두 눈이 살아 있는 매 상은 잡은 먹이를 놓지 않는 집요함이 있다.[10]

---

9) 한편, 대통령리더십연구소의 최진 소장은 역대 한국 대통령들의 특징을 보면 이승만 전 대통령은 외교력, 박정희 전 대통령은 추진력, 전두환 전 대통령은 결단력, 노태우 전 대통령은 인내력, 김영삼 전 대통령은 돌파력, 김대중 전 대통령은 기획력, 노무현 대통령은 파괴력으로 특징지었다.

10) 또 다른 인상학자는 이 대통령이 '쥐 상'에 가깝다고 했다. 이 대통령이 최근 안경을 착용해 이전보다 훨씬 부드러워진 이미지를 갖고 있다고 했다. 이 대통령은 2010년 2월 설 연휴를 이용해 오른쪽 눈에 백내장 수술을 받은 이후 지금까지 안경을 쓰고 있다.

박정희 전 대통령(1963~1979 재임)은 '봉황 상'이나 '용 상'에 가깝다고 한다. 봉황 상과 용 상은 권력을 잡는 인물의 상이다. 봉황은 물형 가운데 최강으로 꼽힌다. 박 전 대통령의 눈·코·입·귀·눈썹 등은 군인으로, 정치가로, 통치자로 제격이다. 하지만 짧고 뒤로 젖혀진 턱 끝은 흠이다. 이런 턱은 60세가 넘으면 윗자리에 머물지 못해 박 전 대통령이 시해되는 비운을 맞을 수밖에 없었다고 한다.

전두환 전 대통령(1980~1988 재임)과 노태우 전 대통령(1988~1993 재임)은 '사자 상'이라고 한다. 전두환 전 대통령은 암컷 사자에, 노태우 전 대통령은 수컷 사자에 비유된다. 사자상은 양보나 타협이 없다. 암컷이 수컷보다 훨씬 적극적이다. 전 전 대통령은 암사자처럼 우악스러운 힘으로 대통령의 자리에 올랐다. 전 전 대통령은 1979년 12·12 군사 반란을 일으켜 군부를 장악한 후 정권을 장악하기 위해 5·17 쿠데타를 일으켰다. 이에 항거해 발생한 5·18 광주민주화운동의 진압을 주도한 이후 대통령으로 취임했다. 노 전 대통령이 전 전 대통령과 12·12사태 이후 의기투합해 정권을 휘어잡을 수 있었던 것도 두 사람이 암·수 사자 상이라 호흡이 잘 맞았기 때문이라는 분석도 있다. 김영삼 전 대통령(1993~1998 재임)은 '갈매기 상'이란다. 넓은 이마와 미간을 갖고 있다. 콧망울이 재물을 부르지 못해 취임과 동시에 외환위기가 찾아왔다.

김대중 전 대통령(1998~2003 재임)은 '거북 상'. 거북 상은 도서국에서 우두머리가 되는 상이다. 삼면이 바다인 한반도에서 거북상 지도자의 출현은 예상된 일이다. 넓은 이마와 균형 잡힌 이목구비는 노벨평화상 등 큰 상을 받을 운이다. 노무현 전 대통령(2003~2008 재임)은 '살쾡이 상', '시라소니 상'에 비유된다.[11] 살쾡이는 야행성이며 술수가 뛰어나다. 무리지어 사는 것을 싫어하고 항상 발자국 소리를 죽이며 홀로 활보한다. 이웃이 없고 주변 형성이 잘 이루어지지 않는다는 뜻이다(뉴시스, 2010.10.31).

3 CEO와 기업 이미지

1) CEO와 총수 이미지

최근 "최고 경영자가 살아야 회사가 산다"라는 전략으로 각 그룹들은 재벌 총수의

11) 시라소니는 호랑이보다 작아도 더 빠르고 날카롭다. 누구에게도 의지하지 않고 혼자서 간다. 불의에 굽히지 않고 고독하게 걸어간다. 이마의 굵은 주름이 대통령 자리에 오르게 했다.

이미지 관리(President Identity: PI)에 '올인'하고 있다. 그룹의 얼굴, 움직이는 기업 간판으로서 재벌 총수들은 손짓 하나, 말 한 마디가 어떤 광고보다 큰 파괴력을 갖는다. 재벌 총수의 이미지가 기업의 생사를 좌지우지할 수 있다는 것이 재계의 기본적 시각일 정도다. 따라서 재벌 총수의 이미지와 기업 이미지의 일체화 작업을 실시하고 있는 상태다. 재벌 총수가 공식석상에서 하는 말부터, 옷차림까지 치밀한 계산이 밑바탕에 깔려 있는 것이다. 최근 『포춘』이 미국 50대 기업 CEO 사진을 분석한 결과, "3명을 제외하고 모두 왼쪽 가르마를 좋아한다"는 보도를 낼 정도로 이미지에 관한 연구는 매우 활발하다(조선일보, 2008. 5. 4).

실제로 재벌 총수들은 상황에 따라 입고 나갈 의상 색까지도 깊게 고민한다는 후문이다. 마음가짐과 외모 등 '선천적 이미지'는 바꿀 수 없지만, 겉으로 보여 주는 '사회적 이미지'는 '꾸준한 노력'에 의해 바뀔 수 있다는 이유에서다. 그룹들이 생사를 걸고 추진하는 재벌 총수 이미지 관리가 어떻게 이뤄지며, 어떻게 활용되고 있는지 시사주간지 『일요시사』에 보도된 바 있다. 이 글의 요지를 살펴보면 다음과 같다.

재벌 총수들이 이미지 관리를 하는 이유는 변화된 상황에 맞춰 이미지를 바꿈으로써 글로벌 기업으로 도약하기 위한 유리한 위치 선점 혹은 위기 상황 탈출 등을 꾀하려고 하는 것이다. 그렇다면 재벌 총수의 이미지는 어떻게 만들어질까? 국내 기업의 경우 PI전략 수립은 홍보 라인의 임원급들의 논의를 거쳐 이뤄지며, 팀원들이 실무 작업을 담당한다. 또한 이미지 컨설팅 업체에 방법을 의뢰, 협조 관계를 유지하고 있는 것이 일반적이다.

실제로 국내 굴지의 정치인, 재벌 총수 등의 이미지 컨설팅을 담당하는 전문업체 관계자는 "최근 재벌 총수들의 PI전략이 한창이다"며 "이름만 대면 알 만한 분들의 PI 요청 비용은 수백만 원에 이른다"고 귀띔했다. 재벌 총수 및 재벌 총수가 갖는 그룹의 상징성은 고객과 직원들에게 엄청난 영향을 끼치기 때문이라는 것이다. 또한 최근 어수선한 재계 상황을 고려했을 때, 겉으로 보이는 이미지에 따라 위기 상황을 호기로 바꿀 수 있는 계기로 활용한다는 설명이다. 재벌 총수의 PI전략이 필요할 때는 크게 세 가지로 분류된다. 첫째, 공식 행사에 참여해 외부에 재벌 총수가 공개적으로 노출될 때, 둘째, 법적 문제에 연루되어 위기관리가 필요할 때, 셋째, 그룹의 규모가 확장될 때로 나뉜다.

공식 행사에 참석할 경우 연설문에서 입는 옷의 컬러까지도 신경을 쓴다. 기업 이미지와 적합한 이미지를 활용해 기업 홍보 효과를 자연스레 이끌어 내겠다는 의도에서다. 케네디의 매력적 이미지는 타고난 것이 아니었다. 평생에 걸친 오랜 연구와 노력, 근면의 산물이었다.” 재벌 총수에게 무슨 일이 생기면 환자복과 마스크 등이 종종 동원되는 모습을 쉽게 찾을 수 있는 것이 단적인 사례다. 더욱이 M&A 등을 통해 그룹 규모가 확장되었을 경우 활동적이면서도 진취적인 이미지를 통해 기존 직원들과 외부에서 작용하는 우려를 불식시키기 위해 활용된다. PI전략의 개별적 사례를 살펴보면 다음과 같다.

첫째, PI전략의 대표 주자로 허동수 GS칼텍스 회장이 꼽힌다. ‘미스터 오일(Mr. Oil)’이라는 이미지가 이를 대변한다. 허 회장은 LG그룹에서 분리 이후 각종 공식석상에 모습을 보이며, 에너지 전문가 이미지를 확고히 다졌다. 그룹 분리 이후 자칫 흔들릴 수 있는 에너지 전문 기업의 이미지를 굳건히 하기 위함에서였다. 결과는 대성공이다. 현재 GS칼텍스는 허 회장의 PI전략 노력에 힘입어, 전문성이 뛰어난 업체로 대중에게 인식되고 있다. 그룹 총수의 PI전략이 기업의 이미지와 대외 신뢰도에 영향을 미치고 있음의 방증이다.

둘째, 이건희 삼성그룹 회장은 PI전략 중에서도 언변에 특히 신경을 쓰고 있다는 후문이다. 국내 굴지 기업의 총수로서, 선 굵은 이미지를 좀 더 효율적으로 강조하기 위해서라는 것이다. 실제로 이 회장의 말 한 마디는 사회에 적지 않은 파장을 미치는 화두를 던지는 인물로 유명하다. 인터넷상에 ‘이건희 어록’이라 불리는 문구들을 종종 찾을 수 있다. 최근엔 “천재 1명이 1만 명을 먹여 살린다”는 말로 인재 중심의 변화된 미래 산업의 인력 구조의 맥을 짚었다는 평가를 받았다. 물론 인재 중심의 경영이라는 비판이 함께 제기되기도 했다. 하지만 이 회장은 이 같은 말 한 마디로 미래를 예측하는 국내 최고의 경영자라는 이미지를 갖게 됐다. 덕분에 삼성도 미래를 선도하는 기업의 이미지를 추가로 갖게 됐다.

셋째, 구본무 LG그룹 회장은 ‘1등 LG’의 이미지 만들기에 혼신을 다한다. 따라서 구 회장은 1등을 향해 역동적이고 활동적인 이미지 만들기에 한창이다. 현장 경영을 강조하는 것과 언론에 노출될 때 넥타이 차림의 정장보다 노타이의 편안한 복장을 즐겨 입는 것이 단적인 예다. 특히 직원들에게도 노타이 차림의 자율 복장을 허락해 역동감 넘치는 기업 이미지를 구축하고 있다.

이 밖에도 재벌 총수의 PI전략을 통해 기업 이미지의 극대화를 이끌고 있는 재벌 총수로는 최태원 SK그룹 회장의 사회봉사, 김승연 한화그룹 회장의 차별성, 정몽구 현대기아차그룹 회장의 현장 경영 강조 등이 있다. 이쯤 되면 재벌 총수의 이미지 하나가 조직의 브랜드 파워라고 할 수 있다.

위에서 살펴본 바와 같이 각 그룹은 재벌 총수의 이미지 전략을 활용할 수 있는 글로벌 사업 진출 계획에 온힘을 다하고 있다. 따라서 국내에서 그룹 이미지와 총수 이미지의 일체화를 통해 효과를 거둔 이상 향후 해외 시장에서 사용될 재벌 총수들의 PI전략이 어떻게 전개될지 필자의 주요 관심사 중의 하나가 되었다.

2) '4대 그룹맨'과 홍보 이미지

중앙일보와 잡코리아(www.jobkorea.co.kr)가 2008년 4월 17~25일 전국 대학생 2,536명을 상대로 4대 그룹 임직원의 이미지를 성별·체형·나이·키·얼굴형 등에 관한 공동 설문조사를 한 바 있다. 그 결과에 의하면 삼성맨 하면 큰 키에 롱다리 체형의 30대 초반 남성을 떠올리면서 세련된 사무직 느낌, 지적이며 유행에 민감한 정장 스타일의 옷차림을 떠올렸다.

현대·기아자동차 그룹은 사각형 얼굴의 40대 초반의 씩씩한 모습인 남성적 강인함을 그려냈다. 그리고 유행을 타지 않는 정장 스타일의 옷차림을 연상했다. SK는 20대 중반의 젊은 피인 남성을 꼽아 가장 젊은 인상을 지닌 그룹으로 평가됐다. 그리고 유행에 민감한 영파워의 캐주얼한 옷차림을 연상했다. LG는 4대 그룹 중 여성 이미지를 떠올리는 대학생이 가장 많았다. 친근하고 편한 느낌을 주며 유행에 민감한 캐주얼 차림이 어울린다고 답했다. 이러한 현상은 삼성은 삼성전자가 주력이라 전문직 이미지가 강한 것이고, 자동차가 핵심인 현대·기아차는 과거 현대그룹 모태인 건설·중공업 등 생산 직종의 이미지가 강인함을 떠올리게 했을 것이다. LG는 유명 여배우의 오랜 기간 광고와 화장품 때문이 아닌가 하는 해석이 가능하다(중앙일보, 2008. 5. 8).

하지만, 삼성은 호감이 가는 따뜻한 이미지, 현대는 세련되고 현대적인 기업 이미지, SK는 각 분야 최고의 전문가집단이라는 이미지, LG는 진취성과 함께 고객을 이해하고 배려하는 이미지를 풍겼으면 좋겠다. 그리고 4대 그룹 공통으로 진취적인 글로벌 마인드와 나눔을 실천하는 이미지를 풍겼으면 하는 것이 필자의 바람이다.

그림 5-4 4대 그룹맨의 이미지

한편, 홍보 전략 역시 총수와 유사하다. 삼성의 홍보는 치밀하면서도 대담하다. 치밀하다는 것은 전략적이고 단계적이라는 의미다. 삼성을 출입하는 기자들의 말을 들어보면 실감이 난다. 어떤 삼성 임원도 기자들의 질문을 받으면 "홍보 임원의 허락 없이는 말할 수 없다"고 말한다. 그만큼 매뉴얼화가 잘 돼 있다는 뜻이다. 현대자동차의 홍보는 통이 크다. 통이 크다는 것은 선이 굵고 메시지 전달이 확실하다는 것이다. LG 홍보는 유연하다. 유연함이란 상황 변화에 따라 크게 문제를 일으키지 않고 그때그때 잘 적응해 가는 것을 의미한다. 크게 이슈를 창출하거나 돌발적 사태를 발생시키기보다 차분하고 무난하게 상황을 처리해 나가는 능력이 있다. SK의 홍보는 젊고 창의적이다. 장학퀴즈에 대한 오랜 후원으로 다져진 미래 지향적 이미지와 패기를 강조하는 SK의 기업문화적 특성, 그리고 최태원 회장의 젊음이 홍보 라인에도 그대로 녹아 있다(이코노믹 리뷰, 2009).

4 중국 4대 미인의 이미지

중국은 땅이 넓고 인구도 많고 기인(奇人)도 많다. 천 년이 흘러도 회자되는 인물들이 많다. 그래서 영웅 호걸도 많았지만 미인도 많았다. 중국에서 미인을 표현하는 대표적인 어휘가 있으니 그것이 바로 "침어낙안(沈魚落雁) 폐월수화(閉月羞花)"다. 그 중에서 각각 '침어(沈魚)', '낙안(落雁)', '폐월(閉月)', '수화(羞花)'의 대명사 격인 4명의 여인을 골랐으니 이들을 일컬어 '중국 4대 미인'이라 칭했다. 중국 4대 미인이라 함은 서시, 왕소군, 초선, 양귀비를 가리키는 것으로, 이들의 초상화는 많은 인기를 얻고 있으며, 4명의 미인 중 어느 여인이 가장 아름다운지를 놓고 실랑이를 벌이기도 한다.12)

서양의 클레오파트라. 조선의 황진이 등이 전래되지만 중국의 4대 미인에 견줄 바가 아닌 듯하다. 중국 미인들은 역사의 한 페이지를 화려하게 장식해 놓았다. 그래서

12) 4대 미인에서 아쉽게 탈락한 미녀가 있는데 그녀는 조비연(趙飛燕)이다. 탈락한 이유는 아무래도 그녀의 특징이 아름다움보다 몸이 가벼웠기 때문인 듯하다. '작장중무(作掌中舞)' 가볍기 그지없어 손바닥 위에서도 춤을 출 수 있을 정도였다고 한다. 그녀를 지칭할 때는 항상 4대 미인의 한 사람인 양귀비(楊貴妃)와 더불어 거론된다. 바로 '연수환비(燕瘦環肥)'라는 성어인데 그 뜻은 조비연은 말랐으나[瘦] 미인이었고, 양귀비[본명: 양옥환(楊玉環)]는 뚱뚱했으나[肥] 미인이었다. 흔히 조비연은 날씬한 미인의 대명사로 임풍양류(臨風楊柳)형 미인, 양귀비는 풍만한 미인의 대명사로 부귀모란(富貴牡丹)형 미인이라 한다.

경국지색(傾國之色)[13]이란 말이 나온다. 이 말은 중국이라는 거대한 나라가 한 명의 미인에 의해 나라가 무너지고 마는 경우가 많았기에 생겨난 말이다. 또한, 대다수의 미인은 그 종말이 순탄하지 않은 인물이 대부분이다. 그래서 '미인박명(美人薄命)'이라는 고사가 따라 붙었다. 대다수의 미인은 20대 아니면 30대 중반 전에 죽었다. 양귀비는 38세에 죽음을 맞이했다. 조선 최고의 미인으로 알려진 황진이는 40세에 숨을 거뒀다. 다이애나 비는 36세에 죽었다. 미인들이 대개 일찍 죽는 이유는 그들의 건강 때문이 아니라 여러 가지 환경 때문이다. 정치와 권력의 틈바구니 속에서 불가피하게 권력이 끝나는 동시에 그들의 생명도 끝이 나는 경우가 많았기 때문이다.

사실 미인의 기준이라는 것이 추상적이고 상대적인 개념이기에 보는 사람에 따라 다르게 느껴질 것이다. 성형에 대한 거부감이 없고 일반화 되다시피 한 요즘 시대에 미인의 기준을 눈는 이렇게, 코은 이런 모양, 입술은 요렇게, 턱은 또 저렇게 하는 식으로 계량화해 놓고 그 기준에 맞추기는 어렵다. 중요한 관점은 미인을 둘러싼 역사적 환경과 스토리를 보고 미인의 선택 기준에 많은 영향을 끼쳤을 것이다.

한 나라를 좌지우지할 정도의 미모를 가진 미녀들, 그들은 도대체 누구인가? 중국 4대 미인의 이미지를 어떻게 표현했으며, 그녀들의 삶이 리더와 리더십에 어떤 영향을 미쳤는지 알아보자. 외적 이미지와 함께 4대 미인의 내적 성향도 동시에 살펴보면 좋은 교육이 될 것이다.

1) 침어-서시: "물고기가 헤엄치는 것을 잊어먹다"

춘추 시대(春秋時代) 말 월(越)나라의 가난한 나무꾼의 딸이었던 서시(西施)는 기가 막히게 빼어난 용모를 갖추고 있었다. 어느 날 그녀는 강변에 있었는데, 맑고 투명한 강물이 그녀의 아름다운 모습을 비췄다. 그 모습에 수중의 물고기가 수영하는 것을 잊고 천천히 강바닥으로 가라앉았다. 그래서 서시는 침어(浸魚)라는 칭호를 얻게 되었다.

그녀의 삶을 살펴보면, 오(吳)나라와의 전쟁에서 패한 월나라의 왕 구천(勾踐)과 책사 범려 등은 오나라에 대한 복수의 방편으로 서시를 이용한 미인계를 이용하기로 한다. 서시의 얼굴이 얼마나 예뻤던지 그녀를 한번이라도 보고자 하는 구경꾼들이 인산인해(人山人海)를 이뤘기 때문에 범려는 서시를 보기 희망하는 사람들한테 돈을

---

13) 경국지색(傾國之色)이란 傾(경) 기울다 國(국) 나라 之(지) 어조사 色(색) 색, 즉 '나라가 색-여자에 의해 기울다'라는 뜻으로, 경국지미(傾國之美), 경성지미(傾城之美), 경성지색(傾城之色)이라는 말로도 표현한다.

받아 이 돈으로 무기를 만들고 병사들을 훈련하는 데 사용했다.

범려는 서시를 극진하게 대우해 주며 3년간의 고된 훈련을 통해 잘 다듬어진 스파이로 키운다. 지금으로 말하면 제2차 세계대전 때의 마타하리이고 영화로 얘기하면 니키타 정도 될 것이다. 드디어 서시는 오나라 왕 부차(夫差)에게 보여지고 서시를 본 부차는 첫눈에 빠져든다.

부차는 서시가 하고 싶은 일은 무엇이든 하게 했고, 특히 그녀가 뱃놀이를 좋아했기 때문에 대운하 공사를 벌였으며 이는 오나라의 국력을 낭비시키고 높은 세금과 강제 노역으로 백성들을 심하게 괴롭히는 결과를 초래했다. 어찌 됐든 서시는 오나라 왕 부차의 넋을 빼놓아 부차는 국정을 돌보지 않고 사치와 환락의 세월을 보내게 되었던 것이다. 이 틈을 이용해 월나라가 국권 회복을 할 수 있었음은 물론이다.[14)]

2) 낙안-왕소군: "하늘을 날던 기러기가 날개 움직이는 것을 잊고 땅으로 떨어지다"

시대는 한(漢)나라 원제(元帝) 건소(建昭) 원년이다. 옛날의 왕들이 다 그렇듯이 원제 또한 전국의 미인들을 모집해 후궁으로 삼게 된다. 물론 우리의 왕소군(王昭君)도 18세의 꽃다운 나이와 아름다운 미모로 당당히 입궁한다. 이런 것도 공통점이라면 공통점이다. 그때의 왕들은 왜 하나같이 욕심이 많았을까? 남 주기는 아까우니 세상 모든 여자를 죄다 입궁시켜 놓고 보니 선택의 폭이 너무 컸던 모양이다. 그래서 궁중 화가인 모연수(毛延壽)에게 후궁들의 얼굴을 그리게 하고 그 초상화에 의거 수청들 후궁을 간택하게 된다.

이때 부귀한 집안의 출신이거나 경성에 후원자가 있는 궁녀들은 모연수에게 각종 뇌물과 청탁을 하며 자신의 얼굴과 자태를 예쁘게 그려 달라고 한다. 지금의 촌지와 포토샵과 같은 형태다. 그러나 왕소군은 집안이 비천해 아는 사람도 없고 황제에게 자신의 용모를 속일 마음은 물론 그렇게 한다는 것 자체가 자신의 얼굴에 먹칠을 하는 것이라 믿었다. 결국 모연수는 자신에게 뇌물을 바치지 않은 왕소군을 추녀로 그려서 황제에게 보여 줬고 이런 왕소군한테 황제는 5년 동안 전혀 관심이 없었음은

14) 그런데 서시는 어려서부터 가슴앓이라는 지병이 있어 가슴이 자주 아팠고 이때마다 얼굴을 찡그리게 되었는데 이 찡그린 얼굴이 형용할 수 없을 정도로 아름다웠다 한다. 물론 부차 또한 서시의 이런 아름다운 모습에 완전히 넋이 나갔음은 물론이다. 또한 이 소문이 궁중 밖으로까지 퍼지자 오나라 여자들은 자신들도 찡그리면 모두 예쁜 줄 알고 오나라 여자들 모두가 찡그리고 다녔다 한다. 그래서 찡그린 미인 하면 서시를 말한다.

물론이다.

그러던 중에 한나라는 흉노족(匈奴族)의 지배를 받게 되고 흉노의 왕인 호한야(胡韓耶)를 장인으로 모셔야 하는 굴욕적인 상황에 처하게 된다. 이에 원제는 자신의 호탕함을 과시하기 위해 자신의 부인(후궁)들 중에 마음에 드는 사람이 있으면 얼마든지 가져도 된다는 제안을 한다. 원제는 호한야에게 직접 선택하도록 했고, 호한야가 가리킨 그곳에는 천하절색의 미녀가 사뿐히 절을 하고 있었다. 곱고 윤기있는 머릿결은 광채를 발하고, 살짝 찡그린 두 눈엔 원망이 서린 듯 하기도 했다. 그러나 한번 내뱉은 말은 주워담을 수 없는 법. 처음으로 왕소군을 실제 보면서 그녀의 아름다움을 알게 된 원제는 그 자리에서 모연수의 목을 베어 버린다.

졸지에 말도 통하지 않는 흉노족에게 시집을 가게 된 왕소군은 집을 떠나가는 도중 멀리서 날아가고 있는 기러기를 보고 고향 생각이 나 금(琴)을 연주하자 한 무리의 기러기가 그 소리를 듣고 날개 움직이는 것을 잊고 땅으로 떨어져 내렸다. 이에 낙안(落雁)이라는 고사성어가 생겼다 한다. 또한 왕소군이 흉노족 호한야한테 시집가서 지은 시 중에 우리가 자주 인용하는 유명한 구절이 이것이다.

> 胡地無花草, 春來不似春 (호지무화초, 춘래불사춘)
> 오랑캐 땅인들 화초가 없으련만, 봄이 와도 봄 같지가 않구나!

왕소군의 이 역사적인 드라마틱한 슬픈 이야기는 오랑캐들을 달래기 위한 화친정책 때문에 생긴 비극이라 할 수 있다.

3) 폐월-초선: "달이 부끄러워 얼굴을 가리다"

초선(貂蟬)은 『삼국지』의 초기에 나오는 인물로 한나라 대신 왕윤(王允)의 양녀인데, 용모가 명월 같았을 뿐 아니라 노래와 춤에 능했다.[15] 왕윤은 동한 왕조를 찬탈하려는 동탁(董卓)을 제거하는 작전을 짠다. 전형적인 미인계(美人計)요, 연환계(連環計)의 계략을 꾸미는데, 초선이 있었기에 가능했다. 먼저 초선을 젊은 여포(呂布)에게 결혼을 약속하고는 늙은 동탁에게 바친다. 동탁과 여포는 양부와 양자로 맺어진 사이인데 이 둘이 서로 칼을 들이대게 하려는 반간계(反間計)의 작전을 펼친 것이다.

---

15) 삼국 시대의 초선에 대한 기록은 확실치가 않다. 실재했던 인물인지 가공의 인물인지 어느 것 하나 확실치 않은 상태에서 지난 2000년 5월경에 초선의 무덤이라고 추측되는 묘를 발굴하기는 했으나 이것마저 확실치는 않다. 그러다 보니 초선은 왕윤의 양녀(養女) 또는 가기(歌妓), 동탁의 시녀(侍女), 여포의 아내 등등 갖가지 설이 난무하다.

여포가 어쩔 수 없이 초선을 동탁에게 빼앗기다시피 바칠 수밖에 없게 되자 속에서는 불이 일었다. 이러던 차에 여포가 동탁부에 들러 봉의정(鳳儀亭)에서 초선을 만나고 이에 초선은 그동안 동탁에게서 받은 온갖 설움을 눈물로 하소연한다. 물론 시나리오에 의한 초선의 연기이기는 하지만 내가 사랑하는 예쁜 여자의 한숨 어린 눈물에 돌지 않는 남자가 있을까. 여포는 당연히 분노했고 동탁이 돌아오기를 기다려 동탁에게 칼질을 한다. 그러나 노회한 동탁이지만 순간적인 위기를 모면하고 오히려 여포를 궁지로 몰아 내쫒는다. 당연히 이 둘 사이는 철천지 원수가 되었고 중간에 낀 왕윤은 여포에게 지혜를 주어 여포의 양부(養父)인 동탁을 양자(養子)인 여포가 죽이게 한다.

이러한 계략이 성공한 후에 초선은 달밤의 후원에서 왕윤의 무사 기원을 달에게 빌었는데, 그때 구름이 달을 가렸기에 이 모습을 본 왕윤이 "너무나도 아름다운 초선의 미모에 달도 구름 사이로 숨어 버렸구나" 한 데서 폐월(閉月)이라는 말을 얻었다 한다. 그후 그녀는 의로운 목숨을 거둔다.

4) 수화-양귀비: "꽃이 부끄러워 잎을 말아올림"

양귀비(楊貴妃)의 본명은 옥환(玉環)이고, 원래는 현종의 열여덟 번째 아들 수왕(壽王) 이모(李瑁)의 아내였다. 수왕 이모는 현종이 그토록 사랑한 무혜비와의 사이에서 낳은 아들이니 양귀비는 움직일 수 없는 현종의 며느리인 것이다. 56세의 시아버지와 22세의 며느리가 사랑을 불태운다는 것은 동서고금(東西古今)을 통해 엄청난 스캔들이 아닐 수 없다. 양귀비는 고아 출신으로 양씨 가문의 양녀로 들어갔기 때문

그림 5-6 침어낙안(沈魚落雁) 폐월수화(閉月羞花)의 이미지

에 혈연을 같이할 친척이 없었지만 현종은 양귀비의 환심을 사기 위해 양씨 일족에게도 후한 대접을 하게 된다.

당대(唐代)의 미녀 양옥환(楊玉環)은 당명황(唐明皇)에게 간택되어 입궁한 후로 하루 종일 우울했다. 어느 날 그녀가 화원에 가서 꽃을 감상하며 우울함을 달래는데 무의식중에 함수화(含羞花)를 건드렸다. 함수화는 바로 잎을 말아 올렸다. 당명황이 그녀의 '꽃을 부끄럽게 하는 아름다움'에 찬탄하고는 그녀를 '절대가인(絶對佳人)'이라고 칭했다.

생각의 장(coaching point)

패션을 통한 이미지 리더십: 인기 연예인과 영부인

우리 시대 패션 파워는 누굴까?[16] 집계 결과 은반의 여왕이 패션의 여왕이었다. 김연아가 독보적인 1위를 차지했다. 응답자들은 "그동안 '완판(입고 나온 옷이 매장에서 즉시 모두 팔림)' 보증수표로서 패션 영향력을 다져온 그녀가 동계 올림픽 유치 프레젠테이션 때의 'PT 패션'으로 타의 추종을 불허하는 패션 아이콘으로 확실히 자리매김했다"고 입을 모았다. "지금까지 그녀의 패션을 보면 수습 기간 없이 정직원이 된 듯 완벽하다" "공적인 자리에서 품위를 잃지 않으면서도 나이에 걸맞은 발랄함을 지녔다" "감성을 영리하게 표현하는 스타일" 등의 호평이 나왔다.

연예인 중 가장 패션 영향력이 큰 사람으로 평가된 사람은 아이돌그룹 빅뱅의 리더 지드래곤(권지용)이었다. 9표로 전체 3위, 남자 연예인 중 1위였다. "파격적인 시도를 두려워하지 않는 패션 탐험가"라는 평이다. 파급 효과가 큰 10~20대의 절대적 지지를 받는다는 점이 주효했다. "그가 시도한 새 패션 아이템은 무엇이든 다음날 동대문(의류상가)을 뒤덮는다"는 말이 이를 입증한다.

여자 연예인으로는 공효진(8표 · 4위), 이효리(5표 · 공동 5위)가 앞자리를 차지했다. 공효진은 '밋밋한 듯한 얼굴이 그녀의 패션 감각을 더 부각시키는 경우'였다. 전문가들은 "옷 잘 입는 옆집 언니 같은 편안한 이미지 때문에 누구나 따라 하면 될 것 같은 착각을 준다"고 했다. 이효리는 "'섹시=싸구려'라는 인식을 바꾼 진정한 패셔니스타"로 평가받았다.

---

16) 패션 디자이너, 스타일리스트, 패션잡지 편집장, 패션학과 교수 등 국내 패션 전문가 32명을 대상으로 '2011 우리 시대의 패션 파워 랭킹'을 조사했다. 옷을 잘 입고 대중의 패션 스타일에 영향을 미치는 유명 인사를 '패션 파워'로 규정했다. 응답자들로부터 정치 · 경제 · 스포츠 · 문화 · 연예계 등 분야 구분 없이 5명의 인사를 무순위로 추천받아 다득표 순으로 집계해 랭킹을 매겼다(조선일보, 2011.7.22. A20면).

한편, 영부인의 패션 스타일은 늘 세간의 관심거리다. 영부인의 옷차림은 개인의 취향을 넘어 시대 상황과 그 나라의 문화 수준 등을 보여 주기 때문이다. 외국의 퍼스트레이디들은 자신의 개성을 적극 드러내지만 우리나라 역대 영부인은 대체로 보수적이며 절제된 패션을 연출했다. 이명박 대통령의 부인 김윤옥 여사는 현 정부 초기에 푸근하고 전통적인 어머니상을 연출했다.[17)]

역대 우리나라 영부인의 패션 스타일을 보면 육영수, 김옥숙, 손명순 여사는 한복을 즐겨 입었다. 이희호 여사는 양장을 선호했으며 이순자, 권양숙 여사는 한복과 양장을 두루 소화했다. 박정희 전 대통령의 부인 육영수 여사의 대표적인 패션·헤어스타일은 '올림머리에 한복차림'이다. 얼굴선과 목선이 아름다워 한복 맵시가 좋아 즐겨 입었다고 한다. 유명 디자이너의 한복보다 직접 옷감을 사서 주문해 입은 것으로 알려지고 있다. 또 단아한 스타일의 양장도 즐겨 입었다. 육 여사는 역대 다른 영부인들이 롤 모델로 삼을 정도로 패션 감각이 뛰어났다고 한다.

전두환 전 대통령의 부인 이순자 여사는 역대 영부인 가운데 가장 화려한 스타일을 추구했던 것으로 꼽힌다. 전두환 전 대통령의 취임식 때 화려한 문양의 한복을 입었는가 하면 공식석상에서 궁중의상인 당의(여성들이 저고리 위에 덧입는 한복)를 선보이기도 했다. 이 여사의 한복을 디자인한 한 디자이너는 화려한 스타일을 선호한 이 여사를 위해 금박 문양을 개발하고 치마도 풍성하게 만들었다고 한다. 메이크업도 의상에 걸맞게 화려했으며 헤어스타일도 풍성한 짧은 단발 스타일을 유지했다.

노태우 전 대통령의 부인 김옥숙 여사도 한복을 즐겨 입었다. 노태우 대통령이 재임 기간 '보통사람'임을 강조한 탓에 김 여사는 화려한 색상보다 흰색, 옥색 등의 수수한 색상의 한복을 자주 입었다. 소박하면서도 기품 있는 스타일을 추구했다. 김영삼 전 대통령의 부인 손명순 여사도 한복을 선호했다. 튀는 색상을 좋아하지 않아 흰색, 옥색 등의 색상을 입었으며 구설수에 오를 것을 우려해 옷의 라벨을 떼고 입었다고 전해진다.

김대중 전 대통령의 부인 이희호 여사는 양장을 선호했다. 주로 하얀색과 검정색의 무채색 계열 색상이나 파스텔 톤의 정장을 입었다. 치마 길이를 약간 길게 했다. 이 여사는 실용적인 스타일을 추구해 한복을 입어야 할 때면 개량 한복을 선호했다. 노무현 전 대통령의 부인 권양숙 여사는 한복과 양장을 두루 소화했다. 평소에는 소박한 스타일을 선호

---

17) 하지만 최근 김 여사의 패션스타일은 젊어졌다는 평을 받고 있다. 기존의 보수적인 스타일에서 벗어나 파랑, 빨강 등 원색을 시도해 밝고 역동적인 이미지를 연출했다. 실크 등 고급 원단을 사용한 의상도 입어 고급스러우면서 화려한 느낌을 연출했다. 치마 길이도 달라졌다. 무릎 아래치마 길이에서 무릎 선으로 유지했다. 기존의 머리 길이보다 짧아진 머리 스타일로 훨씬 젊어 보이는 이미지를 완성했다. 목걸이와 귀걸이는 주로 진주로 장식, 깔끔함과 우아함을 살렸다. 이명박 대통령이 대선 후보 시절이던 2007년 당시 김 여사는 편안한 스타일을 선호해 액세서리를 피했다(뉴시스, 2010.10.24.).

그림 5-6 영부인의 이미지

했지만 공식 석상에서는 빨강, 파랑, 분홍 등의 원색이나 화사한 색깔의 한복이나 정장을 자주 입었다.

행동(practice)과 습관(habit)의 장

첫인상 분석

이 테스트는 심리적 측면과 보편성을 토대로 한국인의 정서와 느낌을 고려해 만들어진 첫인상 분석 자료다(김재득, 2009a: 217-219).

다음의 문항들을 솔직한 마음으로 선택하라.

1. 누군가를 기다릴 때
   ① 입구 쪽을 바라본다. ② 다른 생각에 잠긴다.
   ③ 읽을거리를 보고 있다. ④ 다른 사람과 통화를 한다.

2. 외출할 때 주로 귀하의 옷차림은?
   ① 주로 정장을 한다. ② 별로 신경을 쓰지 않는다.
   ③ 내가 편하게 입는다. ④ 상황에 맞게 입는다.

3. 처음 만나는 모임에서 귀하의 행동은?

① 소개해 주는 사람이 있으면 인사를 나눈다.

② 먼저 찾아다니면서 인사한다.

③ 다른 사람이 찾아와서 인사할 때까지 기다린다.

④ 조용히 앉아 있는다.

4. 약속 시간은?

① 먼저 가서 기다리는 편이다. ② 정시에 칼같이 나타난다.

③ 조금씩 늦는 편이다. ④ 잘 못 지키는 편이다.

5. 귀하의 웃는 눈을 자세히 보면?

① 다정하게 웃고 있다. ② 멍하니 보고 있다.

③ 노려보는 듯하다. ④ 약간 웃는 듯하다.

6. 귀하의 웃는 입을 자세히 보면?

① 입꼬리(口角)가 위로 올라가 있다.

② 입이 일(一)자형이다.

③ 아래로 처져 있다.

④ 한쪽은 올라가고 한쪽은 내려가 있다.

7. 악수를 할 때 상대방의 손을 어떻게 잡는가?

① 힘 있게 잡는다. ② 부드럽게 잡는다.

③ 상대방이 잡도록 내밀고 있다. ④ 가볍게 댄다.

8. 처음 만나는 사람에게 주로 쓰는 인사말은 무엇인가?

① 안녕하십니까? ② 말은 거의 하지 않는다.

③ 반갑습니다. ④ 처음 뵙겠습니다.

9. 대화를 나눌 때 주로 상대방의 어디를 보는가?

① 눈을 본다. ② 얼굴 전체를 본다.

③ 입과 목 부위를 본다. ④ 얼굴을 보기가 민망하다.

10. 귀하가 어린 아기를 보고 웃으면 그 아기의 반응은?

① 고개를 돌린다. ② 방긋방긋 웃는다.

③ 눈을 피한다. ④ 삐쭉거리다가 울어 버린다.

결과 분석

(1) 정답 수가 4개 이하라면 당신의 첫인상은 대체로 낮은 편이다. 주위 사람들은 당신을 다소 심각한 사람으로 볼 것이다. 여러 가지 방법을 통해 인상관리에 신경쓰는 것이 좋다.
(2) 정답 수가 5~7개라면 당신의 첫인상은 양호한 편이다. 그러나 주위 사람들을 편안하게 대해 주고 즐겁게 해 줄 수 있을 만큼의 이미지 수준이 높은 것은 아니다.
(3) 정답 수가 8개 이상이라면 당신의 이미지 수준은 높은 편이다. 주위 사람들은 당신을 쾌활한 사람으로 생각하고 있으며, 그들은 당신과의 관계를 통해서 대체로 즐거운 감정을 경험하게 될 것이다.

〈추천 답〉

1. ① 먼저 가서 입구 쪽을 보라. 먼저 간 자는 주도권을 잡을 수 있음과 동시에 대화에서 상대방을 집중하게 할 수 있다.
2. ④ 시간, 장소, 상황에 맞는 옷차림이어야 한다.
3. ② 가만히 남이 먼저 해오기를 바라지 말고 먼저 행동하라.
4. ① 인간은 기다리는 동안 그 사람의 장점을 생각하기보다 단점을 생각한다. 첫 약속 시간은 반드시 먼저 가라.
5. ① 웃는 얼굴에 침 못 뱉는다.
6. ① 복(福)을 담은 입모양을 위로 올라가게 하라. 모나리자의 미소를 늘 생각하라.
7. ① 한국 사회에서 죽은 물고기처럼 힘없는 악수는 성의가 없어 보인다. 힘있게 잡아라.
8. ③ 처음에는 반갑습니다가 좋다. 그 다음으로 처음 뵙겠습니다가 좋다.
9. ① 항상 눈맞춤이 중요하다. 눈을 피하면 상대를 무시하는 것이 된다.
10. ② 당신의 보이지 않는 '기(氣)'를 느낀다. 아이의 마음을 얻도록 표정이나 마음가짐을 늘 편하게 가져라.

제 6 장 신뢰와 도덕적 리더십

● 코칭(coaching)

현대 사회에서 사람의 선택을 받으려면 무엇보다도 신뢰에 바탕을 둔 관계 구축이 필요하다. 그러나 자칫 눈앞의 성과에 몰두해 사교술과 전문 지식을 갈고 닦는 데에만 심혈을 기울인 나머지 '신뢰 쌓기'에 관해서는 소홀해지는 경우가 많다. 하지만 신뢰야말로 가장 먼저 갖춰야 할 필수 조건이다. 리더십은 겸손, 봉사, 비전, 용기 등 여러 가지 특성 위에 세워지지만 기본적으로 '신뢰' 위에 구축되어야 한다. 각종 부정과 부패에서 비롯된 불신을 해소하고 무너진 리더십의 권위를 세울 수 있는 길은 '신뢰' 회복의 길밖에 없다.

현실적으로 '능력 있어 보이는' 리더가 '도덕적으로 보이는' 리더보다 더 먼저 더 많은 선택을 받았다. 그러나 진정한 리더십은 도덕적인 노력이다. 도덕성이 결여된 리더십은 결국 붕괴한다. 탐욕에 빠져 있는 사람은 결코 리더십의 완성된 단계인 '완전한' 리더십에 이를 수 없는 것이다.

제 1 절 신뢰 리더십

미국의 사회학자 후쿠야마(Francis Fukuyama)는 그의 저서 『신뢰(*Trust*)』에서 "선진국과 후진국 차이는 바로 신뢰의 차이이며 신뢰 기반이 없는 나라는 사회적 비용이 급격하게 커져 선진국 문턱에서 좌절할 것"이라고 지적했다. 그러므로 신뢰 문제는 선진국으로 넘어가기 위해 반드시 넘어야 할 관문이다.[1)]

필자가 여러 학자와 함께 참여하고 있는 '사회정의시민행동'이라는 단체에서 느낀 점은 신뢰받는 리더는 신뢰받는 조직을 만들고, 조직이 성공할 수 있도록 인도한다는

1) 이제 모든 분야에서 신뢰의 경제학을 도입하고 신뢰 비용을 구체적인 변수로 고려해야 한다. 즉 신뢰의 경제적 효과에 주목해야 한다. 한편, 신뢰의 경제적 가치를 흔히 사회적 자본이라고 한다.

점이다. 요즘 세상은 부동산 투기, 논문 표절, 떡값, 병역 기피, 학력 위조, 조직 기밀 팔아넘기기 등 장·차관이나 고위 공무원, 일선 공무원, 보험 및 자동차 영업사원에 이르기까지 지위 고하를 막론하고 신뢰를 저버리는 행동을 했다는 소식이 거의 매일 들려오고 있다. 이처럼 우리 사회는 국가, 사회, 직장, 가정은 물론이고 자기에 대한 신뢰마저도 위기를 겪고 있다.

오랜 세월 반복되어 온 정치적 불신감에 진저리를 치는 사람들이 많다. 콩으로 메주를 쑨다 해도 정치인들의 말이라면 믿지 않는 사람들도 많다. 지나친 정쟁과 폭로전, 그리고 그로 인한 불신감이 큰 이유일 것이다. 그래서 불신은 대단히 비싼 대가를 치르게 되는 것이다.

'신뢰'란 단지 상사와 부하 사이의 신뢰만 뜻하는 것이 아니라, 부서 대 부서, 동료 대 동료, 주민과 공무원 등 세상을 살아가면서 형성되는 모든 관계에서의 신뢰를 의미한다. 그래서 신뢰는 문화처럼 손으로 만질 수 없는 것이지만 가시적인 프로세스에서 나오는 하나의 '결과'로 생각하면 된다.

어떤 사람이 능력이 뛰어나고 실적이 좋을지라도 정직하지 않으면 신뢰할 수 없다. 예를 들어 누군가의 인품이 신뢰할 만하다면 내가 집을 떠나 있을 때 아이를 맡길 수 있다. 하지만 신뢰할 수 없으면 선뜻 아이를 맡기지는 못할 것이다. 우리가 누군가를 또는 무엇인가를 믿는다는 것, 신뢰만큼 이 사회를 든든하게 받쳐 주는 것이 또 있을까? 서로 간에 신뢰가 없으면 어떤 것도 성취되기 힘들다는 것을 누구나 알면서도 위기와 유혹 앞에서 가장 쉽게 무너질 수 있는 것이 신뢰다. 개인과 개인 사이에도 신뢰가 있어야 좋은 관계를 유지할 수 있는데, 하물며 공직사회에서 신뢰는 그 어느 때보다 중요해지고 있다. 왜냐하면 신뢰는 칫솔과 같아서 남이 쓰던 것을 사용할 수가 없고, 한번 잃은 신뢰는 그만큼 제자리로 가져다 놓기 힘들기 때문이다.

1 신뢰받는 리더의 기준

믿고 따를 지도자가 없다. 공직 부패, 금품 수수, 검찰 비리, 장관 교체 등으로 애써 쌓아 왔던 신뢰가 무너지고 있다. 조직의 성공은 팀과 상관, 동료, 아래 사람들 간의 강력한 연대감을 고취하는 리더십에 의존하고 있는데, 그러한 조직에서는 신뢰받는 리더가 절실히 요구된다. 조직 내에서 리더에 대한 신뢰가 무너지면 그 조직을 떠나더라도 잊을 수 없을 것이고, 모든 행동이나 반응의 부정적 영향은 오래도록 지속될 것이다.

오늘날 국민의 요구, 새로운 형태의 고용 계약은 신뢰받는 리더십이 그 어느 때보다 중요해졌다는 점을 시사한다. 그래서 동료 간, 직제 간, 부서 간, 지역 간, 국가 간에 강하고 깊은 신뢰감으로 작동되는 조직을 만드는 것은 리더의 성공에 이르는 '보물상자'다. 따라서 조직 내에서 신뢰 문제는 리더십의 근원인 것이다.

그러면 신뢰받는 리더의 기준으로 언행일치와 곤스타인(Jon Gornstein)의 네 가지 핵심 요소(4C)를 소개한다.

1) 언행일치

법과 정치가 지배하는 세계에서 신뢰가 없으면 분열과 환멸, 규칙에 의존하는 관료주의적 관계, 자유시민사회를 위협하는 행동의 출현 등 많은 해악이 등장한다. 신뢰를 상실하면 리더로서의 지도력은 급격하게 상실된다. 좋은 리더는 자신이 어디로 가고 있는지 알고, 그를 따르는 사람들은 그것이 올바른 방향이라고 믿는다. 그러나 신뢰가 없으면 성공하지 못한다.

신용이란 단어를 뜻글자인 한문으로 풀어보면 사람 인(人) 변에 말씀 언(言)이 믿을 신(信) 자다. 거기다가 쓸 용(用) 자를 붙인 것이 신용(信用)이다. 그렇다면 신용의 기준은 그 사람이 쓰는 말이 과연 믿을 만한가, 아닌가가 아닐까? 그래서 옛날부터 인간 평가의 기준이 있어 왔다. 그 기준을 살펴보면 다음과 같다.

첫째, 언행일치(言行一致)로서 그 사람이 한 말과 행동이 일치하는 '살림꾼' 스타일의 상급 인간이다. 옛날에는 언행일치의 뜻이 동서양이 달랐다. 동양은 말에 대한 '책임'이었고, 서양은 말과 행동의 '표현'이 일치되어야 한다고 생각했다. 그러나 참다운 언행일치는 말과 행동이 표현에서 책임까지 일치되어야 한다.

둘째, 불언행동(不言行動)으로 할 말은 다하지 않지만 할 일은 다하는 중급의 인간이다. 묵묵히 소처럼 일하는 과묵한 타입의 '일꾼'으로 우선 당장에는 답답하지만 오랜 인간관계에서는 신임을 얻을 수 있다.

셋째, 불언불실행(不言不實行)으로 할 말도 안하고 할 일도 안 하는 하급의 인간이다. 한마디로 '날 잡아잡수' 하는 처치 곤란한 'BJR(배째라)' 스타일이다. 이런 인간은 실제로 배를 째 주어야 한다. 단, 난폭한 조폭의 사시미(회칼)가 아닌 외과 의사의 수술용 메스(mes)로 환자를 치료하는 심정으로 대해야 한다.

넷째, 유언불실행(有言不實行)으로 말은 그럴 듯하게 해놓고서 행동은 전혀 하지 않는 나쁜 인간이다. 그야말로 '사기꾼' 스타일이다. 사기란 법률상으로 속이려는 고의성이 있어야만 범죄가 성립되지만 리더십에서는 고의성이 없었어도, 자기 딴에는 애를 썼다고 하더라도 결과론에서 유언불실행이 되면 나쁜 삶이란 평가를 받는다.

옛부터 신언서판(身言書判)으로 신체 다음이 말인데, 한때 우리 사회는 말을 경시하는 풍조가 있었다. 그 이유가 바로 말만 번지르르하게 늘어놓고 행동에 책임을 지지 않았던 유언불실행에서 온 결과다. 말이나 안 했으면 기대나 않을 것을 기대 심리를 배반당하면 인간은 화가 난다. 따라서 언행일치의 리더가 남에게 신뢰를 받는다.

우리는 새로운 풍토에 걸맞은 리더, 즉 신뢰의 본질이 무엇이고 그것이 어떻게 형성되어 유지되는지 이해할 수 있는 리더가 필요하다. 국민의 의견에 의도적으로 귀를 기울이고, 정직하게 말하며, 성실하게 행동하고, 모든 문제에 최선의 이익을 내는 인간미를 추구하는 것, 그것이 바로 언행일치의 리더십이다.

그림 6-1 리더십의 기초, 신뢰와 윤리

2) 신뢰 구축을 위한 네 가지 핵심 요소(4C)

예전에 한국퍼포먼스센터가 주최한 인력개발 세미나에서 인력 전문가 곤스타인은 "직장인이 직장을 옮기는 것은 회사를 떠나는 것이 아니라 '직장 상사'를 떠나는 것"이라는 내용의 강연을 한 적이 있다. 최고의 조직원을 유지하려면 먼저 리더와 구성원 간에 신뢰를 바탕으로 하는 상생의 관계가 형성될 필요가 있다. 특히, 리더십이란 남들이 스스로 따라오게 만드는 기술이므로, 남들로 하여금 따라오게 만들려면 믿음, 즉 리더에 대한 신뢰가 전제되지 않고서는 불가능하다. 이제 리더가 구성원으로부터 신뢰를 얻기 위한 다음 네 가지 핵심 요소(4C)를 소개하고자 한다.

(1) 능력(competency)

한 마리의 양이 이끄는 100마리의 사자 군단보다는 한 마리의 사자가 이끄는 100마리의 양의 군단이 낫다"는 말은 리더의 능력을 잘 표현하는 것이다. "엘리트는 자신만을 성공하게 하는 사람이지만, 리더는 주위에 있는 사람들을 성공하게 하는 사람이다"라고 말한다. 그러면 훌륭한 리더의 능력은 어디서 오는 것일까?

'소통력'이다. 리더는 구성원을 조직의 비전과 목표를 향해 "우리는 하나"라는 공동 운명체로 공감을 불러일으키는 소통 능력이 있어야 한다. 때로는 사자의 용맹한 리더십도 필요하지만. 때로는 기러기의 희생과 상호 협력의 리더십도 필요하고, 때로는 "하늘의 때(天時)는 땅의 이득(地利)만 못하고. 땅의 이득은 사람의 화합(人和)만 못하다"는 맹자의 통합의 리더십이 필요하다. 그런데 사자의 리더십이든, 기러기의 리더십이든, 통합의 리더십이든 그 출발은 리더와 구성원 간의 소통에서 출발하는 것이다. 그 소통 능력을 위해 리더가 기억해야 할 것은 "보통 리더는 지껄인다. 좋은 리더는 잘 가르친다. 훌륭한 리더는 스스로 해 보인다. 위대한 리더는 가슴에 불을 지른다"는 것이다.

(2) 관심(care)

대부분의 사람은 나름의 방식으로 서로에게 관심을 표현하고 있다. 그러나 주로 자신의 마음을 전달하는 데만 집중할 뿐 관심을 받는 사람의 입장을 고려하지 않은 '차가운 관심'일 가능성이 높다. 소중한 사람과 후회하지 않고 행복하게 사는 비결은 바로 뜨거운 관심이다.

돈으로 사람을 살 수는 있지만 그 사람의 마음까지 얻을 수는 없다. 많은 사람이 돈으로 사람을 쓰고 돈을 따라 움직이지만, 그런 관계는 돈이 없어지면 언제 그랬냐는 듯 다시 끊어지고 만다. 하지만 사람의 마음을 얻으면 사람뿐만 아니라 모든 성공이 따라오게 된다.

그렇다면 마음을 얻기 위해 어떻게 해야 할까? 누군가를 사랑하면 끊임없이 그 사람에게 관심을 갖게 되듯, 사람들을 대할 때도 그런 관심을 가지면 된다. 마음을 얻기 위해 일부러 듣기 좋은 말을 많이 늘어놓을 필요가 없다. 그 사람이 무엇을 원하는지 관찰하고 이야기를 귀 기울여 들으면 된다. 이것이 관심의 시작이다. 관심을 가지고 보아야만 그 사람이 진정 원하는 것을 알고 '공감'과 '배려'를 해 줄 수 있기 때문이다.

(3) 비밀 유지(confidentiality)

조직원의 약점 등을 남에게 알리지 않는 비밀 유지다. 옛날 초(楚)나라 장왕이 반란을 평정하고 돌아와 이를 축하하기 위해 연회를 베풀었다. 그런데 연회 도중에 갑자기 모든 촛불이 일시에 꺼지자, 한 장수가 장왕이 사랑하는 허희(許姬)의 소매를 끌었다. 이에 허희는 얼른 그의 관끈을 잡아당겨 끊고 장왕에게 이 사실을 고했다. 그러나 장왕은 오히려 자신이 연회를 밤늦게까지 이어지게 한 탓이라 대답하고, 모든 이의 관끈을 끊고 다시 불을 켜게 함으로써 그 장수의 잘못을 덮어 주었다. 훗날 이 장수는 진(晉)나라와의 전쟁에서 목숨을 내던져 장왕을 구함으로써 은혜를 갚았다.

몇 해 전 군사 정권 시절을 배경으로 하는 모 TV 프로그램에 등장하는 카리스마 넘치는 리더의 경우도, 자신의 부하에 대해서 타인들이 폄하하는 이야기를 하더라도 듣지 않거나 아예 얘기 자체를 하지 못하도록 배려하는 모습을 보여 주었다고 한다. 남달리 주변에 충성스러운 인물이 많은 것도 그와 무관하지 않을 것으로 보인다.

(4) 일관성(consistency)

미래학의 대가인 드러커는 지난 100년간의 미국 대통령 중 가장 유능한 사람 중 한 명이 제33대 대통령 트루먼(Harry S. Truman)이라고 한다. 트루먼에게는 카리스마가 전혀 없었다. 하지만 그의 밑에서 일해 본 사람들 모두 그를 절대적으로 믿고 흠모했다. 한번 ‘노(No)’면 끝까지 ‘노(No)’였고, 누구에겐 ‘예스(Yes)’인데 다른 이에겐 ‘노(No)’라고 말하는 법이 없었기 때문이라고 한다. 상황이 변하더라도 핵심 가치는 저버리지 말아야 한다.

이상의 네 가지 요인을 모두 다 갖추기는 쉽지 않다. 하지만 리더에 대한 신뢰는 이 네 가지 영양분이 다 있을 때 잘 자라는 나무와 같다. 따라서 우선 자신이 잘할 수 있는 부분을 바탕으로 부족한 부분을 꾸준히 개발해 이를 잘 발휘한다면 부하의 신뢰를 받는 훌륭한 리더가 될 수 있을 것이다.

2 주인 의식과 주인의 본심

1) 주인 의식과 오너십

아무리 가족적이고 투명한 조직이라 해도 구성원 모두에게 모든 사실을 곧이곧대로 말하지는 않는다. 대개의 경우 그러면 안 되기 때문이다. 법적인 책임 문제도 있지만, 더 많은 정보가 구성원에게 더 도움이 된다는 상관관계가 없기 때문이기도 하다. 그러다보니, 조직이라는 유기체에 대해 수많은 신화가 존재한다. 습윤한 음모의 냄새, 고집불통의 완고함, 전제적 강압주의 등과 같은 말들이다. 어떤 사람은 몸으로 때워 가며, 어떤 사람은 술자리의 가르침에서 조직의 생리를 깨달아 가며 어떻게 행동해야 하는지 배워 가기도 한다. 하지만 겉보기엔 복잡해 보여도 조직은 의외로 단순한 원리로 움직일 때가 많다. 그것은 '자기 보호'라는 생리다.

바로 역린(逆鱗)이라는 말이다. 용의 거꾸로 난 비늘인데, 용은 잘 지내다가도 이 부분을 건드리면 반드시 그 사람을 죽인다고 알려져 있다. 통상 군주에게 건드려서는 안 되는 언터처블(untouchable)임을 상징한다. 조직에도 역린이 있다. 이 부분을 건드리면 자기 보호의 메커니즘이 발동된다. 그리고 소위 말하는 '조직의 쓴맛'을 보게 된다. 즉, 조직이 드러내놓고 말해 주지 않는 '명백한 금기 사항'이 있는 것이다. 멋모르고 이런 행동을 한 구성원은 자신이 무엇을 잘못했는지도 모른 채 조직생활이 꼬여 간다는 것을 느낀다. 구조 조정이 있기 훨씬 전부터 존재감이 없어지고, 주류에서 밀려나며, 공공연히 무시당한다. 그러다가 자신이 구조 조정 대상임을 통보받는다.

자기 보호는 필연적인 생리다. 다만 그것이 혁신을 가로막을 수 있다는 우려는 있다. 조직에 속한 모든 이가 주인 의식을 가지고 생활하는 것이 정답이겠지만 변화에 기여할 수 있는 '정도'의 차이, 또 그들 나름대로 변화하고자 생각하는 '모습'의 차이는 엄연히 존재한다.[2] 어떻게 보면 당연할 수 있는데도 그냥 무섭다는 생각이 드는 것은 왜일까? 하지만, 조직 속에서 잘 지내는 것도 의외로 쉽다. 단지 말 잘 듣는 착한 부하가 되라는 뜻이 아니다. 주인 의식 또는 오너십(ownership)을 지니라는 것이다.

내가 주인공이라는 생각으로 생활하다 보면 어느새 서클 내(inner circle)에 들어가 있는 스스로를 발견할 수 있을 것이다.[3] 이 또한 조직의 자기 성장 메커니즘이다.

---

2) 병자호란 당시 명분(名分)과 실리(實利)로 맞섰던 서인(西人)의 두 거두 김상헌과 최명길 모두 조선의 안녕을 위해 노력한 사람들이었다. 다만 '생각'이 달랐을 뿐이다. 우리 조직에서도 김상헌과 최명길의 사례처럼 조직의 방향과 누가 부합하건 간에, 정의와 상관없이 부합하지 않은 쪽이 잘못되었고, 또 그로 인해 심하게는 죽을 수도 있다는 것이다.

3) 관객은 일이 끝나면 외투와 가방을 챙기고 가지만 주인은 일이 끝난다 하더라도 빗자루와 걸레를 챙긴다. 필자는 평소 많은 사람과 공동체를 함께 해왔다. 모이고 흩어지는 수많은 무리를 보면서 주인과 관객의 하는 일이 너무나 확연함을 보게 되었다. 관객은 정시에 와서 시간이 끝나면 외투와 가방만 챙기고 자리를 뜬다. 하지만 주인은 미리 1~2시간 전에 오고 심지어 아침 일찍 와서 저녁 늦게까지 빗자루와 걸레를 들게 된다. 모든 일 처리를 다 하고 나서야 자리를 뜬다.

'액션 플랜(action plan)'이 맞는 새로운 성장 주역을 지속적으로 발굴해야만 조직의 운영이 가능하기 때문이다. 조직생활에서 절대로 해서는 안 되는 금기 사항을 알고 어디쯤 덫이 있고 어떻게 그것을 피해야 하는지 아는 자는 능력이 뛰어난 리더이거나 팔로어로 성공할 가능성이 높다. 그렇다면 주인의 눈으로 자신을 볼 줄 알아야 하는 것이다.

2) 조직의 비밀과 본심

필자는 샤피로(Cynthia Shapiro)의 『회사가 당신에게 알려 주지 않는 50가지 비밀(*Corporate Confidential*)』을 읽고 다음과 같은 내용이 눈에 들어왔다. 한 줄 한 줄 가슴을 강타하는 삶의 지침이 번뜩이는 부문을 소개한다.

구조 조정 대상이 된 걸 모른 채 출근해 느닷없이 해고 통지서를 받는 직장인들. "형편이 안 좋아 어쩔 수 없다"거나 "회사 방침상 해당 부서가 없어진다"는 설명은 절대 진실이 아니다. 오히려 회사는 '블랙 리스트'로 찍힌 직원을 어떻게 법망을 피해 제거할 수 있을지 궁리한다. 낮은 인사고과를 줘 합법적으로 해고하거나 스스로 걸어 나가도록 만드는 게 대표적이다. 회사가 대외 홍보용으로 내세우는 가치를 믿었다간 낭패를 보기 쉽다.

미국 『포춘』지 선정 500대 기업은 몇 해 전 '일과 삶을 조화시키는 캠페인'을 벌여 일주일에 50시간만 일하도록 권장했다. 그러나 실제로 '칼 퇴근'한 직원은 형편없이 낮은 인사고과를 받고 승진에서 낙오된 반면 늦게까지 일한 직원은 신임을 얻었다. "회사가 이런 캠페인을 벌이는 이유는 오직 대외적 이미지 때문"이라고 설명한다(Shapiro, 2009).

(1) 그래도 조직의 본심 정도는 파악해 두라

자판기 앞에서 동료와 나눈 대화 한 마디로 문제가 생길 수도 있다. 이메일 한 통 때문에 요주의 인물로 찍힐 수도 있다. 조직에는 '보이지 않는' 금기 사항이 있기 때문이다. 이를 모르고 행동했다가 뭘 잘못했는지도 모른 채 일이 꼬이기 일쑤다. 덫이 어디에 있고, 어떻게 피해 가는지 아는 직원은 능력이 뛰어난 직원보다 성공할 가능성이 높다. 나이는 승진이나 연봉은 물론 정리해고 대상자를 정할 때도 영향을 미친다. 중요한 것은 실제 나이가 아니라 몇 살처럼 행동하느냐 하는 것이다.

어린 직원은 신선한 아이디어나 열정을 쏟아내 능력을 증명하는 것보다는 회사와 상사를 존중한다는 믿음을 주는 게 먼저다. 나이가 많은 직원이 "내가 왕년에는",

"요즘 노래는 통 모르겠어"라고 말하는 건 바보 같은 짓이다. 조직의 정책이나 상관에 대해 공개적으로 문제를 제기하는 것도 조심해야 한다. 평소 조직 방침을 100% 지지하는 태도를 보여 신뢰를 쌓고 문제가 생기면 개인적으로 말해야 한다.

책에서 나오는 글을 계속 인용해 보면, 직원이 회사에서 하는 모든 일은 오로지 상사의 평가에 달렸다. 회사의 눈에는 상사의 눈에 비친 당신이 전부다. 상사가 바뀌더라도 부하 직원에게 내린 평가는 영원히 따라다니고, 상사와 마찰을 빚었다면 이유를 막론하고 무조건 아랫사람 잘못이라는 거다. 회사는 직원이 너무 똑똑한 체하는 것도 별로 좋아하지 않는다. 똑똑한 체 하는 순간 이미 똑똑한 짓이 아니다. 회사에 존경심을 보이는 게 먼저고, 자진해서 문제를 제기하거나 잘못된 점을 지적하는 건 피해야 한다. 상사가 자신의 의견을 무시하면 바로 입을 다무는 게 좋고, 좋은 일은 반드시 상사의 공으로 돌려야 한다.

당신의 자리는 오직 상사의 손에 달려 있다. 상사는 영원하다. 상사는 반드시 복수한다. 직장에서는 친구를 사귈 때에도 머리를 잘 굴려야 한다. 회사 일을 즐기고 일도 잘하던 직원이 회사에서 비판적인 목소리를 자주 내는 동료와 친하게 지내다가 함께 구조 조정 대상자 명단에 올랐다. 질투심에 사로잡힌 동료가 사생활을 폭로하면서 크게 망신을 당하는 일도 있다. 잘못된 진영에 자리잡으면 '적'으로 간주될 수 있으므로 조심하라.

직장에서는 모든 일이 급격하게 바뀌기 때문에 오늘의 친구가 내일의 적이 될 수 있다. "직장에서 가장 높이 승진하는 사람은 대부분 모든 직원과 잘 어울리지만 특정 그룹과 친하지 않은 사람"이라고 밝혀졌다. 특히 직장 동료에게 이혼이나 건강 상태, 경제적 어려움 등을 토로하는 것은 어리석은 일이다. 겉으로는 걱정해 주는 척해도 중요한 업무에서 제외할 수 있기 때문이다. 너무 무서운가? 물론 공조직, 사조직, 큰 조직, 작은 조직에 따라 다를 수 있다. 그래도 조직의 본심, 리더의 본심 정도는 파악해 둘 만하지 않은가?

(2) 게임의 룰을 알아라

인사고과는 업무 실적에 따라 달라질까? 저자에 따르면 절대 아니다. 스스로를 어떻게 생각하는가보다 상사가 부하 직원을 어떻게 생각하는지가 중요하다. 좋은 인사고과를 받으려면 업무 실적보다 상사의 시각을 관리하는 게 더 유용하다. 병가나 육아휴직은 법적으로 보호되는 '권리'라기보다는 자칫 동료보다 뒤처지는 계기가 될 수 있다. 회사에 청구하는 비용 청구서는 직원의 충성도를 재는 비밀 척도로 사용될 수 있으므로 언제나 회사 돈을 자기 돈처럼 아껴야 한다.

외모도 중요하다. 저자는 "당신의 외모가 당신이 어떤 사람인지 나타낸다"면서 화려한 복장을 자제하고 보수적인 옷차림을 해야 한다고 조언한다. 사적인 공간인 책상도 직원의 생각을 말해 주는 단서가 될 수 있다. 당신의 책상은 당신이 지금 무슨 생각을 하고 있는지, 무엇에 가치를 두고 있는지를 보여 주는 '메시지의 장'이다. 그래서 너무 지저분한 책상은 "중요한 프로젝트를 칠칠치 못한 사람에게 맡길 수 없지"라는 인상을 주고, 아무것도 없이 지나치게 깨끗한 책상은 "회사 일에 애정이 없는 모양이야"라는 생각이 들게 한다. 종이는 사람을 안심시키고, 상사도 안심시킨다. 그러니 어느 정도의 종이와 파일은 있는 것이 좋다. '종이 없는 사무실'은 아직은 허상이다.

그렇다면 회사에서 인정받는 조직원이 되는 비결은 뭘까. 그저 '일벌'에 그쳐서도 안 되고 존재감 없는 조직원이 되어서도 안 된다. 조직원은 회사의 신임을 얻기 위해 '충성 서약'을 해야 하는데, 회사 일을 자기 일처럼 헌신적으로 맡거나 새로운 업무나 프로젝트에 자원하는 게 한 방법이다. 회사에서 승승장구한다고 안심할 수도 없다. 높은 위치에 올라갈수록 회사 내 동맹군을 만들어야 한다.

누구에게나 좋은 사람이 되려고 하면 아무에게도 존경받지 못한다. 부하 직원과 친구가 될 수 없다는 사실을 받아들이고 부하 직원의 문제를 대신 해결해 주려 하지 말아야 한다. 저자는 직장생활에 숨겨진 규범 50가지를 소개한 다음 마지막으로 "모든 일이 잘될 거라는 막연한 희망으로 출근하지 말고 자신을 위해 동원할 수 있는 모든 무기를 준비하라"고 말한다. 또 "수많은 사람이 뒤늦게 깨닫는 진실은 조직은 위에서 바꿀 수 있을 뿐이며 밑에서는 절대 바꾸지 못한다는 사실"이라며 "게임 플레이에 능한 사람만이 최고 자리에 오르는 악순환을 바꾸기 위해서라도 당신은 게임의 룰을 알아야 한다"고 강조한다. 우리가 믿었던 조직에 대한 통념들과는 거리가 멀다고 생각하는 독자가 있을 수도 있겠으나 한번쯤 새겨볼 만한 대목들이 너무 많다.

3 신뢰에 목숨 거는 삶을 존중하라!

1) 신뢰의 의자에 앉아라

신뢰는 리더가 호흡하는 '공기'라고 할 수 있다. '신뢰의 의자'에 앉지 않고서는 어떤 리더로 제대로 이끌 수 없다. 조직을 올바르게 이끌기 위한 신뢰 리더십을 실천한 리더로는 슐츠(Howard Schultz) 스타벅스 회장의 일화가 있다. 그 유명한 '스타벅스 신화'의 뒤에는 슐츠의 신뢰 리더십이 있었다. 그는 텍사스에 있는 스타벅스 점포에 강도가 들어 점포 관리자가 사망했다는 소식을 듣고 다음 날이나 다음 주가 아니고 바로 그 날 밤 즉시 전세 비행기를 타고 텍사스로 갔다. 그는 점포의 문을 닫은 후 그곳에 머무르면서 가족들과 종업원을 만나 상담하고 지원함으로써 깊고 진지한 관심을 보여 주었다. 그러나 그는 거기서 멈추지 않았다.

그는 죽은 관리자의 가족을 위해 기금을 조성했다. 그리고 그 관리자를 기념하기 위해 사건이 일어난 점포를 기증했으며, 그 점포의 수익을 가족의 부양과 아이들의 교육을 위해 헌납했다. 그는 굳이 사고가 발생한 점포를 그 관리자의 가족에게 기증하지 않을 수도 있었지만, 주저없이 기증했다. 그런 슐츠의 모습을 본 스타벅스의 직원들은 "내가 만에 하나 회사를 위해 일하다 사고를 당해도, 최소한 리더가 나 대신 내 가족을 책임지고 지켜 주겠구나……"라고 생각했을 것이다. 여기서부터 신뢰가 형성된 것이다.

한편, 필자가 알고 있는 해병대의 문구가 있다. 그 내용은 다음과 같다.[4)]

낙엽은 떨어져도 소리가 없고
새는 울어도 눈물이 없고
해병은 죽어도 말이 없다.

누군가 해야 할 일이라면 내가 하고
언젠가 해야 할 일이라면 지금 하고
피할 수 없는 일이라면 차라리 즐겨라.

해병은 전쟁터에서 결코 외롭지 않다.
왜냐하면 해병은 절대 전우를 버리지 않기 때문이다.

위와 같은 문구 중 "해병은 전쟁터에서 결코 외롭지 않다. 왜냐하면 해병은 절대 전우를 버리지 않기 때문이다"에서 알 수 있듯이 조직에 대한 신뢰는 충성심으로 이어지고 결국은 탄탄한 조직력으로 나타나는 것이다. 이러한 신뢰의 해병대 정신은 오직 해병들에게만 적용되는 것은 아니다. 조직을 이끌어야 하는 리더에게도 믿음을 주

---

4) 이 문구는 영화 「위워 솔저스(We were solider」(2002)에 나오는 출정식 명대사와 유사하다. 좀 더 자세한 내용은 제13장 제2절 시네마 리더십에 나온다.

는 해병대의 정신이 더욱 요구된다. 나그네의 겉옷을 벗기려면 거센 바람이 아니라 따뜻한 햇빛이 필요하듯 조직원의 마음을 움직이려면 거센 카리스마가 아니라 따뜻한 신뢰가 필요한 것이다. 국민이 국가의 리더십에 신뢰를 갖게 되면 국가가 위기 상황일 경우 기꺼이 목숨을 걸고 전쟁터에 몸을 던질 수 있다. 국가의 리더십에 신뢰를 갖고 있는 국민들이 있어야, 그 나라는 경제적으로도 부유한 나라가 될 수 있다.

2) 신뢰 보내기 네 가지 유형

코비는 『신뢰의 속도』에서 다음과 같이 언급한 바 있다. 상대방에게 신뢰를 보내면 옛말에 자기를 알아 주는 사람을 위해서는 목숨도 바친다고 했듯이 상대방에게 강한 믿음을 보낼 때 그는 움직인다. 특히 리더가 자신을 믿어 주면 그를 위해 자신이 가진 능력과 기술을 다해 하고자 노력한다고 했다. 그러나 신뢰의 기본 속성상 신뢰에는 항상 위험이 따른다. "믿는 도끼에 발등 찍힌다"는 속담처럼 상대에게 믿음을 주었다가 이용만 당하고 손해 보는 경우도 발생하기 때문이다. 그래서 상대에게 신뢰를 보내는 것도 신중함과 함께 지혜도 필요하다.

사람들은 성장하는 과정에 신뢰 성향을 가지게 된다. 어떤 사람은 쉽게 신뢰를 보내는 성향을 가진 반면 어떤 사람은 다른 사람들을 잘 믿지 못하고 항상 의심의 눈으로 바라보는 성향이 강한 경우도 있다. 따라서 먼저 자신이 신뢰성향에 대한 이해가 필요하다. [그림 6-2]에 나타난 바와 같이 개인이 신뢰를 보내는 특성을 상대에 대해 어느 정도 강한 신뢰를 보내는가 하는 신뢰성과 상대방을 얼마나 정확하게 파악하고 있는가에 따라 네 가지 유형으로 분류할 수 있다(스티븐 코비, 2009: 461).

신뢰성		
높음	1. 맹목적 신뢰 (순진)	2. 진정한 신뢰 (현명)
	3. 무관심	4. 낮은 신뢰 (불신)
낮음	낮음 — 분석 정도 — 높음	

그림 6-2 신뢰 보내기의 네 가지 영역

출처: 스티븐 M. R. 코비(2009), 연구자 재구성.

(1) 맹목적인 신뢰 영역

맹목적인 신뢰 영역은 상대에 대해 구체적으로 파악하지도 않고 깊이 있게 알지도 못하면서 무조건적으로 신뢰를 보내는 경우다. 이러한 경우 우리는 너무 순진하고 단순하다고 표현을 한다. 이러할 경우 상대에게 거래 관계에서 손해를 입을 가능성이 높고 상대로부터 이용당할 가능성도 높다.

(2) 진정한 신뢰 영역

진정한 신뢰 영역은 상대의 능력, 성품 그리고 경험 등을 면밀히 살펴보고 일단 충분히 상대를 파악한다. 다음으로 상대를 충분히 믿을 만하다고 판단되면 끝없는 신뢰를 보내는 것이다. 그 좋은 예로 삼성의 창업자 이병철 회장을 들 수 있다. 그는 사람을 쓰고자 할 때는 철저히 살펴보고 검증한 다음 썼다고 한다.[5] 그리고 일단 사람을 쓰면 그에 대한 무한한 신뢰를 보냈다고 한다. 그에게 믿고 끝까지 일을 맡기는 것이다. 이것이 진정한 위임이고 임파워먼트다. 이때 신뢰를 받은 사람은 충성심이 높아지고 자신에게 신뢰를 주는 사람을 위해 기꺼이 자신을 희생하려는 마음 자세를 갖게 된다. 네 가지 유형 중에 가장 바람직한 영역이다. 신뢰를 보내는데 상대방을 충분히 알고 신뢰를 보내고 일단 믿으면 지속적인 믿음을 보내는 것이다

(3) 무관심 영역

무관심 영역은 상대방에 대해 잘 알아보지도 않고 신뢰도 보내지 않는다. 이러한 경우 대부분 불안감, 불신, 특히 자신감이 없어 사람들과의 관계가 원만하지 않은 경우 나타나는 현상이다.

(4) 낮은 신뢰 영역

낮은 신뢰 영역은 상대에 대해 항상 의심하고 전혀 신뢰를 보내지 않는 경우다. 여러 가지로 알아보고 살펴보고 그래도 믿지 못하고 간섭하고자 한다. 사람들을 항상 경계의 대상으로 생각하고 아무리 정확하고 솔직하게 말을 해도 믿으려 들지 않는다. 대부분 세세한 부분까지 꼼꼼하게 챙기고 항상 불안한 완벽주의자들에게 많이 나타나는 현상이다.

---

5) 중국 사서 『송사(宋史)』에 '의인불용 용인불의(疑人不用 用人不疑)'라는 말이 나온다. 의심나는 사람은 쓰지 말고 쓴 사람은 의심하지 말라는 뜻이다. 고(故) 이병철 삼성 회장은 이 말을 인사 철학으로 삼고 실천하면서 회사를 세계적 기업의 반열에 올려놓았다. 사람을 잘 골라 일을 맡긴 인재 경영이 성공의 밑거름이었다는 이야기다.

가장 바람직한 영역이 두 번째라면 무조건적 신뢰와 지속적인 의심은 문제 영역이다. 그래서 진정한 의미의 신뢰를 보내기 위해서 몇 가지 항상 염두에 두어야 할 사항이 있다. 신뢰하기 전에 먼저 그 사람을 충분히 알도록 하는 노력이다. 또한 상황에 따라 다른 정도의 신뢰 보내기가 중요하다. 코비에 의하면 신뢰 보내기의 정도를 결정할 때 중요한 요소는 업무의 성격, 위험의 정도 그리고 상대의 성품과 능력이라고 했다(스티븐 코비, 2009: 469).

제 2 절 도덕적 리더십

도덕성 우선의 리더십(ethical leadership)은 새로운 개념의 리더십은 아니다. 그러나 가장 강력한 리더십의 유형이다. 범세계적 분쟁과 환경 오염의 폐해와 같은 불확실한 미래에 직면한 지금, 인류 공동의 이익을 추구하는 리더십으로서 윤리적 요구는 현실적 필연이며 리더가 반드시 갖춰야 할 자기 수양이다.

간디(Mahatma Gandhi)의 비폭력 무저항 운동, 만델라(Nelson R. Mandela)가 청춘을 감옥에서 보내면서도 외친 인종 차별 철폐, 킹(Martin Luther King) 목사의 인권운동, 테레사(Mother Teresa) 수녀의 빈민 구제활동 등 도덕적 리더십의 사례는 끝이 없을 정도다. 그래서 도덕적 리더십은 가치에 기초한(value-based) 높은 수준의 리더십 형태다.

간디	넬슨 만델라	마틴 루터킹	마더 테레사
비폭력 무저항 운동	인종 차별 철폐	인권운동	민민 구제활동

그림 6-2 가치에 기초한 높은 수준의 리더십

1 인격과 정의의 위기

1) 100-1=99가 아니다

이념과 달리 현실 속에서 우리는 도덕적 리더를 두려워한다. 그들이 팔로어인 우리에게도 같은 것을 요구하기 때문이다. 어쩌면 우리는 리더가 추락하는 모습을 더 보고 싶어한다. 그들의 도덕적 실패가 숨통을 틔워 주기 때문이다. 우리는 필사적으로 도덕적 리더십을 필요로 하지만 그것을 질식시키기 위해 할 수 있는 일은 모두 다 하고 있다. 이것이 바로 우리 시대의 '어리석음'이다.

이처럼 우리는 필사적으로 도덕적 리더십을 요구하면서도 그것을 폄하한다. 그것은 우리 사회가 '도덕적 리더십'보다 '유능한 리더십'을 우위에 놓기 때문이다. 인격적인 사회에 대한 강력한 비전이 없는 상태에서 우리 문화는 그저 일이 제대로 되기만을 바라고 있다. 그래서 결국 실용주의가 지배한다.

우리는 가슴이 없는 인간을 만들어놓고 그들에게 덕과 진취성을 기대한다. 우리는 명예를 비웃으면서도 우리 사이에서 배반자를 발견하고 경악한다. 우리는 거세해 놓고 많은 결실을 맺으라고 이야기한다. 이것이 우리 시대 리더십의 위기다. 즉 우리 시대의 최대 위기는 리더십의 위기이고, 리더십의 최대 위기는 인격과 정의의 위기다. 우리는 인격적이고 헌신적이며 섬기는 자세를 지닌 사람을 나약하다거나 패배적이라거나 심지어 비현실적 인물로 치부하는 사람들에게 오도되지 말아야 한다.

도덕적 기준을 준수하는 것은 기본이고 당연한 것이다. 따라서 도덕적 리더십은 사리사욕을 채우기 위해 자신에게 부여된 특권을 남용하지 않는 리더로서, 자리를 자신이 획득한 것이 아니라 그 자리에 자신이 '부름받았다'는 소명 의식(calling)을 가지고 있는 사람이다. 우리가 도덕적 리더십을 강조하는 것은 수학 공식처럼 100-1=99가 아니기 때문이다. 리더의 자질 중에서 도덕과 신뢰가 빠지면 그것은 99가 아니고 제로 혹은 마이너스가 될 수 있기 때문이다.

물론, 리더가 도덕적이기만 해서는 곤란하다. 우리가 해외 여행을 가서 현지의 화장실에 들렀다고 가정하자. 이때 현지 화장실의 위생 상태가 가는 곳곳마다 안 좋으면 지금까지 가지고 있던 여행지의 상쾌한 기분이 단번에 날아갈 것이다. 하지만 관광은 별로였는데 화장실만 좋다고 해서 사람들이 다음 번에도 화장실을 보기 위해 일부러 다시 가지는 않을 것이기 때문이다.

2) 정의에 조준하라

얼마 전 하버드대학교 샌델(Michael J. Sandel) 교수의 『정의란 무엇인가』라는 책이 한국 사회에 유례없는 '정의' 논쟁을 불러일으켰다. 책의 내용이나 강의가 간단하고 쉽지만은 않은데도 그렇게 인기가 많은 이유는 무엇일까? 잘 먹고 잘살면 그만이라는 무조건적인 경제 논리가 팽배한 우리 사회에 '정의'라는 주제가 화두로 떠오를 수 있었던 것은 그만큼 우리 사회가 정의롭지 못하다는 반증이 아닐까? 연일 미디어를 통해 노출되는 실망스러운 우리의 정치, 경제 모습은 독자들로 하여금 부패한 사회에 대한 거부감과 함께 정의로운 사회를 위한 갈망이 반영된 듯하다.

국어사전에서 정의는 "진리에 맞는 올바른 도리"라고 되어 있다. 정의란 말 그대로 '옳은 것', '바른 것'이다. 정의에 관한 이처럼 간단명료한 뜻풀이는 시간이 지나도 변함이 없을 것이다. 그런데 무엇이 바르고 옳은 일인지 구체적인 사례로 들어가 보면 간단치 않다. 사람들은 어떤 일에 대해 무엇이 옳은지 판단할 때면 단순히 옳고 그름만을 따지는 것이 아니라, 좋고 나쁨, 즉 선악의 문제까지 일체로 생각해서 결론을 내리는 경향이 크다. 사람들 간에 옳은 일과 그른 일에 대해서는 대체로 견해 차이가 크지 않고, 그에 대한 판단 기준도 시대에 따라 자주 변하지 않는다.[6]

어떤 일을 두고 누구에게나 옳고, 누구에게나 좋은 일이면, 정의 문제에 대해 고민할 필요가 없고 비난받을 일도 없다. 그러나 이 세상에 그런 일은 찾기 어렵다. 항상 옳다고 생각하는 사람과 옳지 않다고 생각하는 사람, 좋다고 생각하는 사람과 좋지 않다고 생각하는 사람이 갈라진다. 국민 대다수가 옳고 좋다고 생각해도, 소수의 피

그림 6-3 인격과 정의의 위기

---

6) 하지만, 좋은 일과 나쁜 일에 대한 생각은 시대에 따라, 그리고 집단의 이해관계에 따라 쉽게 바뀐다. 특히 어떤 일에 자기와 이해관계가 조금이라도 걸려 있으면 더더욱 그렇다. 바로 여기서 '시대 정의'나 '시대 정신'이라는 말이 생겨난다. 이 말의 의미는 결국 정의란 만고불변의 법칙이 아니며 특정 시대 대다수의 사람이, 혹은 대상에 대한 통제가 가능한 집권 세력이 옳고, 좋다고 생각하는 방향으로 결론나기 마련이라는 것을 가르쳐 주는 것이다.

해가 너무 크면, 자기들의 이익을 지키기 위해 죽도록 투쟁한다. 또 국가나 지역사회를 위해 장기적으로 옳지 않은 일이라고 생각하면서도, 대다수가 당장 자기에게 이익이 된다고 생각하면 눈감아 주는 경우가 많다.[7] 바로 이런 문제 때문에 정의라는 말의 뜻은 간단하지만, 그 구체적인 실천에 들어가면 복잡해지는 것이다.

누구든지 권력을 가진 사람은 리더십을 발휘하고자 한다. 그러나 권력에 기반을 두고 있는 대신 리더십은 항상 공정해야 하고 정의에 조준된 리더십을 발휘해야 할 것이다. 그것이 보장되지 않으면 마치 히틀러(Adolf Hitler)처럼 조직이나 사회를 죽이는 흉기로 변할 것이다.

2 인간을 위한 리더십

필자는 도덕적 리더십을 '인간을 위한 리더십'이라고 부르고 싶다. 그러나 각종 기업 스캔들과 정치인 등 유명인의 부정 행위들로 신문지상이 채워지고 있는 시대에 사람들이 바라는 것은 도덕적 리더십을 원하지만 실제 생활에서는 그것을 무시하고 거부한다.

정부 개각 때마다 많은 장관 후보자가 부동산 투기 의혹과 이중 국적, 논문 표절 등 부도덕한 의혹에 휩싸였고 후보자들이 낙마한다. 예나 지금이나 여전히 임용된 장관과 청와대 수석 중에도 부적격 논란은 계속되고 있다. 최근 모 은행은 경영 실패로 6,000억 원의 적자를 내고도 은행장은 시중 은행장들의 4~5배에 달하는 16억 8천만 원을 연봉으로 받았다. 이런 점에서 CEO의 도덕성에 대한 문제점을 제기하지만 현실 속에서는 '도덕적 리더'가 '유능한 리더'에 비해 홀대받고 있는 것이다.

최근 외신을 장식한 사진이 생각난다. 아프가니스탄에서 10개월 복무하고 있는 영국의 해리 왕자가 평범한 군 생활을 하고 있는 모습이었다. 일국의 왕자가 해외 격전지에서 일반 병사로 근무하면서 지도층의 솔선수범을 실천하는 모습이었다. 이러한 것이 진정한 솔선수범의 모습이며, 노블레스 오블리주(noblesse oblige) 정신이다.[8]

7) 지역 일꾼을 뽑는 자치단체장 선거나 각종 지역개발사업에서 우리는 이런 경우를 자주 보아 왔다. 김제공항, 무안공항, 양양공항이 바로 이런 사례이고, 세종시와 동남권 신공항도 이런 사례다.

8) '노블레스 오블리주'란 고귀한 신분에 따르는 도덕적 의무와 책임을 뜻한다. 정당하게 대접받기 위해서는 '명예(노블레스)'만큼 의무(오블리주)를 다해야 한다는 것이다. 즉 지도층의 솔선수범을 말하며, 특권에는 반드시 책임이 따르고 고귀한 신분일수록 의무에 충실해야 한다.

영국 왕족의 이러한 솔선수범의 모습을 보면서 영국 국민들이 느끼는 자부심은 이루 말할 수 없을 것이다. 영국 지도층의 사례를 보면서 우리 사회의 지도층은 어떠한 덕목을 지녀야 하며, 진정한 지도력은 어떤 것인지를 다시 생각할 계기가 되고 있다.

사회지도층으로 명예를 갖기 위해서는 의무를 다해야 하며 또한 도덕적 청렴성이 그만큼 높아야 한다. 즉 한 시대를 이끌어 갈 역사적 임무를 가진 사람들이 부끄러움이 있어서는 그 사회의 리더가 될 수 없다.

정부는 지도자의 자질을 갖춘 사람들로 검증해 기용하는 검증 시스템에 대한 수고를 아끼지 말아야 한다. 이것이 바로 대한민국 국민으로서 자부심을 높이는 길이며 이 사회가 천박하게 되지 않게 하는 길일 것이다. 땅 투기로 치부하고 논문 표절로 안위하고 이중 국적으로 국민을 실망시키는 일이 더 이상 없어야 한다. 따라서 '낙마의 법칙'에 반드시 도덕성이 포함되어야 하는 것이다.

하지만 온갖 부정과 거짓 행위로 얼룩진 개인과 조직들이 결국 어떻게 되는지 수차례 목격했으면서도 우리는 당장 눈앞에 보이는 부풀려진 실적으로 조직과 그 리더를 높이 평가하는 오류를 범한다. 언제나 '능력 있어 보이는' 리더가 '도덕적으로 보이는' 리더보다 더 먼저 더 많이 선택받아 왔다. 그러나 진정한 리더십은 도덕적인 노력이다. 도덕성이 결여된 리더십은 결국 붕괴한다. 탐욕에 빠져 있는 사람은 절대로 리더십의 '완결 구도', '완전한 단계'로 진출할 수 없다.

그림 6-4 아프가니스탄에서 복무 중인 영국 해리 왕자

3 도덕적 리더십의 딜레마

우리는 영혼이 있는 리더, 진정으로 섬기는 리더를 원한다. 하지만 국민의 복지를

위해 도덕적이고 창의적인 리더십을 발휘하기보다는 개인적인 사욕과 당리당략에 따라 행동하는 정치인들이 그 자리를 차지하고 있다. 그것은 우리들이 올바른 리더십의 본질을 이해하지 못하고 일시적인 인기나 학벌이나 그럴 듯한 겉포장에 현혹되어 그런 사람을 우리의 리더로 선출하고 인정했기 때문이다.

리더 역시 인간이기에 아무리 도덕적 리더십을 발휘한다고 해도 수많은 장애물과 유혹의 지뢰밭을 통과하기에는 역부족이며 결국은 인간적인 한계에 직면할 수밖에 없다. '이끌기의 예술'인 리더십에서 도덕성은 누구도 피해 갈 수 없고 아무리 강조해도 지나치지 않다. 왜냐하면 이들은 영혼과 가슴을 지닌 진정으로 이 시대가 요구하는 필요한 리더이기 때문이다.

한편, 도덕성이 리더십을 지탱하는 힘임에도 불구하고 도덕적 딜레마[9]에 빠지게 되는 경우가 있다. 특히 '리더의 사생활은 보호되어야 하는가?' 하는 딜레마다. 클린턴(Bill Clinton) 대통령의 성추문 사건처럼 개인의 사생활은 어느 정도 존중되고 보호되어야 할까? 클린턴의 고백처럼 '부적절한 행동에 대한 개인적인 실수'였는지, 아니면 '미국 사회의 도덕적 윤리를 붕괴시킨 책임'이 있는지에 대해 상당한 논란이 있었던 것처럼 리더의 사생활 보호와 공익 증진 간에는 다양한 견해가 존재한다.

공적인 도덕성과 사적인 도덕성의 구별은 없다. 도덕성이란 용어는 조건을 붙일 수 없지만, 공공 영역 특히 공직자들에게는 사적인 도덕성이 문제될 때 철저하게 밝혀져야 한다.[10] 르윈스키와 클린턴의 사적인 관계는 국가의 업무가 아닐 뿐만 아니라, 효과적인 리더의 능력에 영향을 미치는 것도 아니다. 하지만 국민을 속이려는 시도야말로 리더십을 손상시키는 것이다. 거짓과 책임 회피, 그것이야말로 리더십의 장애 요인이다.

리더십은 평가할 때 어떤 기준을 적용하느냐가 매우 중요한 문제다. 인간이 신이 아닌 이상, 모든 리더십 유형에 걸쳐 긍정적인 평가를 받기란 쉽지 않다. 또한 리더

9) 민주사회에서 삶은 옳고 그름, 정의와 부정에 관한 이견으로 가득하게 마련이다. 어떤 사람은 낙태의 권리를 옹호하지만, 또 어떤 사람은 낙태를 살인으로 간주한다. 어떤 사람은 부자에게 세금을 거둬 가난한 사람을 도와야 공정하다고 생각하지만, 또 어떤 사람은 노력으로 번 돈을 세금으로 빼앗는 행위는 공정치 못하다고 생각한다. 대학 입학에서 소수집단 우대정책을 놓고도 어떤 사람은 잘못을 바로잡는 정책이라고 하는 반면, 또 다른 사람은 능력 있는 인재를 역차별하는 공정치 못한 정책이라고 비난한다. 어떤 사람은 테러 용의자를 고문하는 행위는 자유 사회에 걸맞지 않은 혐오스러운 일이라며 반대하지만, 또 다른 사람은 테러를 예방하는 마지막 수단이라며 찬성한다. 선거에서는 이런 이견에 따라 당락이 좌우된다(마이클 샌델, 2010: 44).

10) 일반적인 견해는 리더라 해도 개인적인 관계나 행위는 공개되지 말아야 한다. 언론의 편향된 보도와 국민들의 위선 때문에 이슈를 해결할 수 없게 되기 때문이다.

그림 6-5 도덕적 딜레마

십의 덕목을 모두 구비할 수는 없다. 그래서 역사적으로 리더를 평가할 때 가장 중요한 업적을 중심으로 평가할 수밖에 없다. 그러나 좀 더 심도 있게 파헤쳐 보면 리더의 부정적인 측면도 발견하게 된다.

성공한 시민운동가가 훌륭한 정치가가 될 수 있는가? 성공한 야당 리더가 성공한 대통령이 될 수 있는가? 인품은 괜찮은데 능력이 의심되는 딜레마를 어떻게 해결할 것인가? 능력은 있는데 도덕성이 결여된 문제를 어떻게 극복할 수 있을까? 도덕성과 능력 사이의 상반되는 딜레마를 어떻게 해결할 수 있을까? 만델라 남아공 대통령처럼 민주화운동의 성공을 국민 통합과 국정 운영으로 연결지을 수는 없을까?

인생의 거시적 삶과 미시적 삶을 볼 때, 우리는 이중적인 기준을 갖고 있다고 느낀다. 죄지은 자에게 다 같이 돌을 던지면서도 첫 번째 돌을 던지는 사람을 비난한다. 리더에게 요구하는 동일한 기준을 모든 사람들에게 적용하면 누가 누구를 비난할 수 있겠는가? "너희 중에 죄 없는 자가 돌로 치라"는 예수의 목소리는 오늘날에도 적용되는지 도덕적 리더십의 딜레마다.

4 제갈공명의 도덕적 리더십

제갈공명, 그는 만고의 지략가다. 그뿐만 아니라 탁월한 행정가이며 상식을 뛰어넘는 발명가였고 뭇 사람들의 심금을 울리는 명문장가이기도 했다. 특히 그의 일관된 신념과 도덕성에 바탕을 둔 리더십은 아직 자리잡지 못한 유비 진영을 어엿한 삼국의 하나로 일어설 수 있게 했다.

그는 원칙에 충실한 리더로서 인재 기용 시에 도덕성에 큰 비중을 두었다. 조조가 유재시거(唯才是擧)라 하여 능력만을 중요시했던 데 비해 그는 능력과 도덕성을 갖춘 인물을 기용했다. 또한 처음부터 한실(漢室)의 회복이라는 천하 통일의 일관된 신념(삼고초려로 유비와 만난 27세 때부터 오장원에서 죽을 때까지 27년간)을 간직하며 변절하지 않았다.

그는 또한 정책에 책임을 지고 신상필벌과 믿음을 근본으로 하는 리더십을 지니고 있었다. 그러면서도 과감한 개혁정책을 감행함으로써 경제 살리기에 성공해 백성들을 잘살게 했으며, 국토를 넓힌 후에는 포용과 화합의 리더십을 보여 주었다.

무엇보다도 제갈공명의 리더십은 일관된 신념과 도덕성에 있었다. 유비의 대를 이어 왕이 된 유선(劉禪)에게 올린 출사표(出師表)에서 인재를 보는 그의 시각이 잘 드러난다.[11]

공명이 발탁했거나 중용한 인물들을 보면 모두 한결같이 도덕성을 갖췄다. 위(魏)의 진영에는 인재가 많았지만, 촉(蜀)의 진영은 인재에 항상 갈급증을 느꼈다. 좁은 익주 한 곳에서만, 그것도 도덕성을 갖춘 인재를 등용하다 보니 정작 쓸 수 있는 인재는 늘 부족했던 것이다.

그러나 조조는 도덕성을 고려하지 않는 인재 기용 때문에 간사한 자들이 드나들고 반역자들이 쏟아져 나왔다. 한 예로 조조는 아첨하는 동소의 말에 귀를 귀울인 탓에 위왕이 되고, 나중에는 '한실(漢室)의 찬탈자'라는 역사의 오명을 쓰게 되었다. 생전에는 그의 카리스마 때문에 드러나지 않았지만, 그가 죽은 후에는 사마의의 쿠데타로 왕조가 뒤엎히고 말았다.

한편, 제갈량은 도덕성을 강조하다 보니 남을 믿지 못하고 모든 일을 거의 혼자 처리하려는 독단과 지나친 간섭과 통제로 후계자를 키우지 못하는 어리석음을 범했다고 평가할 수 있다. 인재 활용면에서 조조와 제갈량을 비교해 보면 흥미있는 사실을 발견할 수 있는데 비록 문치(文治)와 무공(武功)에서 조조를 압도했던 제갈량이었지만 조조의 수하에 뛰어난 인재가 많았던 것과는 대조적으로 제갈량의 주위에는 오호대장들뿐이었다.

---

11) "…… 시중시랑 곽유지, 비위, 동윤 등은 모두 진실되고, 뜻과 헤아림이 충성되며 순수합니다. …… 궁중의 크고 작음을 가리지 말고 모두 다 그들에게 물어 보십시오. 그런 연후에 행하신다면, 필시 그들은 폐하를 보좌해 빠지거나 새는 일이 없도록 보필해 널리 이로움이 있게 할 것입니다. …… 장군 상총은 성품과 행함이 맑고 곧으며 군사(軍事)의 일에도 밝습니다. …… 현 시중상서, 장사, 참군 세 사람은 곧고 명석해 절개를 위해 죽을 신하들입니다. 바라건대 폐하께서는 그들을 가까이 하시어 믿어 주십시오……"(『삼국지』, 출사표 편).

모든 일을 직접 챙겼던 제갈량에 비해 많은 일을 독자적으로 수행하도록 권한을 위임했던 조조의 수하에는 독자적인 전투 능력을 보유했던 수많은 인재가 조조의 번창함을 도와 준 것이다. “천리마는 늘 있지만 명마(名馬)를 알아보는 안목은 늘 있는 것이 아니다”라는 말이 있다. 인재를 알아보는 것의 어려움을 뜻하는 말이다.

천하 통일의 제업(帝業)에서 유비가 조조에게 패한 것도 인재 활용에서는 조조가 한 수 위였기 때문이다. 하지만 조조의 리더십은 수단과 비용을 중시하고 위선적인 이중 척도를 활용할 뿐만 아니라 부하의 충성을 경시함으로써 단기적인 성과를 얻어내는 장점은 있으나, 상하 간에 진정한 신뢰 관계가 성립되지 않아 진정한 충성심과 성과를 얻기는 어렵다. 이러한 점에서 필자는 도덕적 리더십의 딜레마를 통감할 수 있었다.

생각의 장(coaching point)

무재칠시

어떤 이가 석가모니를 찾아가 대화를 나눴다. “저는 하는 일마다 제대로 되는 일이 없으니 이 무슨 이유입니까?” “그것은 네가 남에게 베풀지 않았기 때문이니라.” “저는 아무것도 가진 것이 없는 빈털터리입니다. 남에게 줄 것이 있어야 주지 뭘 준단 말입니까?” “그렇지 않느니라. 아무 재산이 없더라도 줄 수 있는 일곱 가지는 있는 것이다.” 첫째는 화안시(和顔施), 얼굴에 화색을 띠고 부드럽고 정다운 얼굴로 남을 대하는 것이요. 둘째는 언시(言施), 말로써 얼마든지 베풀 수 있으니 사랑의 말, 칭찬의 말, 위로의 말, 격려의 말, 부드러운 말 등이다. 셋째는 심시(心施), 마음의 문을 열고 따뜻한 마음을 주는 것이다. 넷째는 안시(眼施), 호의를 담은 눈으로 사람을 보는 것처럼 눈으로 베푸는 것이요. 다섯째는 신시(身施), 몸으로 때우는 것으로 남의 짐을 들어 준다거나 일을 돕는 것이요. 여섯째는 좌시(座施), 자리를 내주어 양보하는 것이요. 일곱째는 찰시(察施), 굳이 묻지 않고 상대의 속을 헤아려서 도와 주는 것이다. “네가 이 일곱 가지를 행하여 습관이 붙으면 너에게 행운이 따르리라.” 석가의 무재칠시(無財七施)에 대한 가르침이다.

행동(practice)과 습관(habit)의 장

조직의 비밀과 본심

조직에서 개인의 능력은 물론 중요하다. 하지만 능력이 뛰어나고 열심히 일한다고 해서 안전할 거라고 믿는 것은 잘못이다. 임원들이나 인력개발팀은 해고 사유를 사실대로 말하기보다는 '능력'을 들먹이도록 교육받는다. 그 편이 훨씬 안전하기 때문이다. 능력은 매우 주관적인 기준이므로, 해당 직원의 능력이 회사가 요구하는 것과 '차이가 있다'는 이유를 대면 법적인 소송에 휘말릴 확률이 줄어든다.

이것이 능력의 중요성에 대한 과장된 인식으로 이어지면서 마치 능력이 직장생활에 가장 중요한 요소인 양 착각하게 만들고, 능력만 뛰어나면 자신의 일자리가 안전할 것이라고 잘못 이해하는 결과를 낳았다. 아무리 능력이 뛰어나더라도 결정권자들의 신임을 얻지 못하면, 그 어떤 기회의 문도 열리지 않는다. 모든 조직에는 제거하려는 조직원들의 블랙리스트가 있다. 또한 무슨 일이 있어도 보호하려는 조직원들의 명단도 있다.

대학을 갓 졸업하고 청운의 꿈을 품고 직업 전선에 뛰어든 새내기 신입 사원들과 산전수전 다 겪은 경험 많은 경력자와는 조직에 대해 서로 느끼는 바가 다를 것이다. 조직에는 비밀이 있다고 주장하는 샤피로(Cynthia Shapiro)의 『회사가 당신에게 알려 주지 않는 50가지 비밀(*Corporate Confidential*)』에 나온 14개의 질문에 답하고 당신의 의견을 서로 토론해 보라. 저자는 아래의 질문에서 1개라도 "그렇다"라고 응답했다면 "당신은 위험하다"라고 경고하고 있다.

조직의 비밀과 본심 ('나의 상사는~' or '나의 동료는~')		Check	
		Yes	No
1	내가 옳다면 조직은 상사보다 내 편을 들어 줄 것이다.		
2	내 업무 공간은 최대한 나의 개성을 발휘해 꾸며야 한다.		
3	내가 맡은 업무는 책임지고 알아서 처리하는 게 좋다.		
4	노동법은 부당해고로부터 직원을 보호해 준다.		
5	능력이나 실적이 뛰어나면 승진이나 연봉은 자연스럽게 따라온다.		
6	실적이 좋으면 당연히 높은 인사고과를 받을 수 있다.		
7	어려운 문제가 생기면 동료나 인력개발팀 담당자와 상의한다.		
8	조직과 상사는 똑똑하고 유능한 인재를 원한다.		
9	직장에서 말하지 못했던 불만 사항은 회식 때 자연스럽게 꺼내는 게 좋다.		
10	조직은 재정적 어려움 때문에 어쩔 수 없이 정리해고를 단행한다.		
11	조직은 직원들을 신뢰해야 한다.		
12	직장 사람들은 가족이나 마찬가지다.		
13	직접 하기 어려운 말은 이메일로 전달하는 게 편하다.		
14	휴가는 재충전의 시간이므로 한꺼번에 몰아서 장기간 다녀오는 것이 좋다.		

출처: 김재득, 2009a: 186-187.

제 7 장 팔로어십과 수퍼 리더십

코칭(coaching)

과거에도 팔로어는 단순히 리더를 따르는 자가 아니었다. 고대 로마 스파르타쿠스의 노예반란, 프랑스 대혁명, 한국의 1970, 80년대 민주화운동 모두 시대와 장소는 달라도 수많은 팔로어가 리더의 지배와 통제에 반해 변화를 이끈 사건이었다. 그러한 변화가 발전된 기술문명에 힘입어 오늘날 전 세계적 연대와 지지 속에서 힘을 얻고 있다.

조직은 점점 수평적으로 바뀌고 있고, 리더들은 늘 감시의 대상이 되고 있다. 소비자단체, 환경단체와 같은 NGO, 트위터(twitter)를 통한 투표 독려, 네티즌 수사대, 위키리크스(wikileaks) 등 지구 곳곳에서 벌어지는 현상 속에 활약한 것은 리더가 아닌 팔로어였다. 근래에 유행하는 오디션 프로그램들은 의사결정에서 팔로어(청중평가단)의 역할을 중요시한다. 여전히 위계를 중요시하고 조직 운영에 보수적인 한국의 행정과 기업들이 경쟁력을 갖추기 위해 정작 필요한 것은 이렇듯 팔로어의 가치를 인정하는 세계적 흐름에 발맞추는 것일 것이다.

제 1 절 해답은 오히려 팔로어십이다

필자는 최근 일본 동북부 대지진 사태와 참사 현장에 대한 일본 지도자의 리더십 행태를 보고 느낀 바가 크다. 세계 최고의 팔로어십을 감당하지 못하는 '약체 리더십'을 본 것이다. 이번 사태에 대처하는 일본 사회를 보면서 새삼 팔로어십의 위력을 느꼈다. 일본은 세계 최고의 팔로어십을 갖춘 나라라는 점이다. 성숙한 시민 의식과 무서울 정도의 인내력, 일 하는 사람 발목 잡지 않고 진득하게 기다리는 시민들로 가득한 나라가 일본이었다. 바보라서 참고 기다리는 게 아니다. 공동체 전체가 잘 돼서 결국 나에게도 이익이 돌아오길 바라는 장기적 안목에서 참고 기다리는 것이었다. 사람의 몸에서 발생하는 모든 질병의 원인이 감기 때문일 수 없듯이 조직에서 발생하는 문제 역시 전적으로 리더십에 의한 것으로만 볼 수 없다. 팔로어란 리더를 좇아 업무를 보좌해서 원하는 방향으로 판단을 유도하기도 하며, 때로는 반대편에 서서 리더가 잘못된 길로 들어서는 것을 바로잡아 주는 사람이다. 즉, 공동의 목표를 향해 나아가는 파트너를 의미한다. 일종의 페이스메이커(pacemaker)라 할 수 있다.

현실적으로 리더는 단 한 명이다. 한 사회나 조직의 구성원 수가 n이라면 리더는 1명이다. 나머지, 즉 n-1은 싫든 좋든 리더를 따르는 자, 팔로어(follower)다. 절대다수다. 리더가 되지 못하면 가만히만 있어도 팔로어에 속하겠지만 좋은 팔로어, '유능한 팔로어'는 아무나 되는 게 아니다. 리더십 못지않게 팔로어십이 중요한 이유다.[1] 훌륭한 팔로어십은 좋은 리더를 만들고, 좋은 팔로어 없이 위대한 리더는 결코 탄생될 수 없다. 역으로 후계자를 키우는 리더가 진정한 리더이며, 리더는 시작을 잘하는 만큼 끝을 잘 맺는 것도 중요하다는 점을 잊지 말아야 한다.

1 보이지 않는 힘 팔로어십

1980년대 이후 '리더는 ~해야 한다'라는 식으로 리더가 갖춰야 할 필수 역량과 덕목은 강조되어 왔지만, 리더와 불가분의 관계에 놓인 팔로어들에 대한 이해와 관심은 극히 미비했다. 팔로어십과 리더십, 이 두 단어를 구글링(googlering)해 보면 리더십은 4억 9천만 건 이상이 검색되는 데 반해 팔로어십은 80만 건에 불과하다.

1989년 『포춘』 잡지에서 미국 100대 최우수 회사 중 아홉 번째로 설정된 허먼 밀러(Herman Miller) 가구 제조 업체의 디프리(Max DePree) 회장의 말에 의하면 "야구 경기에서 투수가 아무리 잘 던져도 그 공을 제대로 받을 수 있는 좋은 포수가 없으면 아무 의미가 없다"고 한 바 있다. 이제 팔로어십을 빼고 리더십을 논하지 말라!

1) 성공 스토리의 숨은 열쇠

최고의 리더는 팔로어에게 요구를 잘하는 사람이 아니라, 팔로어의 상황적 요구를

---

1) 성경 속에서도 팔로어십은 나오는데 "나를 따르라, 그러면 내가 너를 사람을 낚는 어부가 되게 하리라", "누구든 자기 십자가를 지고 나를 따르지 않으면 안 된다"고. 성경에서조차도 따르는 일도 이끄는 일 못지않게 어렵고 힘들다는 의미로 '따르는 것의 힘(power of followership)'에 대한 구절이 나온다(마태복음 4 : 18-22).

가장 잘 들을 수 있는 사람이다. 그래서 리더십의 또 다른 이름은 팔로어십이다. 리더십과 팔로어십의 관계는 빙산에 비유할 수 있다. 즉, 우리가 배를 탄 채로 볼 수 있는 빙산은 바다 위에 모습을 드러내고 있는 뾰족한 일부분에 불과하듯이 실제 조직의 대부분은 바닷물 속에 가라앉아 있고, 오직 리더만이 물 위로 솟아오른 빙산처럼 뾰족하게 그 모습을 드러내고 있다. 바다 아래에 있는 팔로어들이 어떤 역량을 발휘하고 어떤 수준의 성과를 내느냐에 따라 솟아 있는 리더에 대한 평가가 결정된다.

사실 그것 때문에 이때까지 리더에 대한 '지나친 관심'과 '편애'가 있어 왔다. 그러나 이제 조직의 운명을 리더에게만 맡겨 놓는 시기는 지났다. 우리는 지금 20%의 리더가 아닌 80%의 팔로어가 조직의 운명을 결정하는, 바야흐로 빙산이 거꾸로 솟아오르는 '역삼각형의 시대'에 살고 있기 때문이다.

'참모', '팔로어'라는 단어가 삶의 현장에 서 있는 노동자에게 주는 희망은 성공 스토리의 숨은 열쇠를 찾는 데서 출발한다. 즉, 어떤 사람이 성공했다면 그 뒤에는 '팔로어', '참모' 혹은 '조언자'가 있을 것이므로 그로부터 성공의 비결을 배워야 한다. "평범 속에 진리가 있다"라는 말 역시 귀가 따갑게 듣고 있지만 우리는 언제나 특별한 것을 찾아 헤맨다. 사실 리더를 리더답게 재탄생시키는 것은 팔로어십의 세계다.

리더는 혼자 잘나서 리더가 된 것이 아니다. 리더 없는 팀은 존재하지만 팀 없는 리더는 존재하지 않는다. 즉, 리더는 자신을 받쳐 주는 수많은 팔로어들에 의해 유지되고 성장한다. 그래서 "남을 따르는 법을 알지 못하는 사람은 좋은 지도자가 될 수 없다"고 아리스토텔레스(Aristoteles)가 설파했다. 하지만 우리는 수없이 잊고 지낸다.

2) 세상을 바꾸고 리더를 움직이는 보이지 않는 힘

2011년 7월 여름 하버드대학교 케네디스쿨 여교수로서 리더십 전문가인 켈러먼(Barbara Kellerman)의 『팔로어십』이 번역되었다. 팔로어의 중요성을 또 다시 환기시킨 이 책의 빛나는 내용 일부와 필자가 느낀 바를 소개한다.

저자는 권력(power), 권한(authority), 영향력(influence)의 역학 관계(dynamics)를 기준으로 더 많이 가진 자를 리더로, 덜 가진 자는 팔로어로 구분한다. 그리고 왜 지금껏 리더만이 강조되었고 이런 흐름에 어떤 변화가 있는지, 팔로어가 리더를 따르는 이유는 무엇이며, 반대로 반대하는 이유 또한 무엇인지 등에 대한 이론을 정부, 군대, 기업, 사회운동 등의 사례와 더불어 설명한다.

저자는 팔로어의 유형을 리더와 조직에 연계된 정도에 따라 무관심자(isolate), 방관자(bystander), 참여자(participant), 운동가(activist), 완고주의자(diehard)로 분류한 뒤, 각 유형이 근래에 발생한 유명 사건에서 어떤 모습을 보여 줬는지를 설명한다.

첫째, 무관심자는 관심의 동기가 없는 자들로 리더와 조직으로부터 완전히 분리되어 스스로 힘이 없다고 생각하고 정보도 갖고 있지 않다. 여기서 그녀가 예로 든 것은 미국의 선거 현실이다. 즉, '왜 투표하지 않는가?'라는 질문으로 이는 우리 한국의 상황에도 적용된다. 결론은 특별한 이유와 목적에서가 아니라 단순히 선거와 정치에 관심이 없기 때문이다.

둘째, 방관자는 그저 지켜보기만 할 뿐 참여하지 않는 자들이다. 그들의 결정은 사실상 중립 선언으로, 현상 유지를 위해 누구든 그리고 무엇이든 암묵적으로 지지하는 것이다. 그 예로 나치 독일 시대의 독일 민족과 유대인 사이에서 방관한 국가들과 국제기구들을 든다.

셋째, 참여자는 리더와 조직에 깊이 연계된 자들로서 시간 등을 투자해 자신의 영향력을 최대한 발휘하고자 하는 자들이다.[2]

넷째, 운동가는 리더와 조직에 대해 매우 의욕적이고 적극적으로 참여하는 자들로서, 리더를 대신해 열심히 일하거나, 반대로 그들을 약화시키기 위해 노력한다.[3]

마지막으로 완고주의자는 목적을 위해 죽을 각오로 뛰어드는 팔로어로, 그 예는 아프가니스탄을 배경으로 한 미국 펜타곤 주도의 아나콘다 작전이다. 비록 실패한 작전이었지만, 저자는 군대라는 조직에서 임무를 수행하기 위해 목숨을 내건 군인들을 다루며 리더와 조직이 어떤 사람의 힘으로 유지되고 움직이는지를 보여 준다(바버라 켈러먼, 2011).

위에서 살펴본 바와 같이 팔로어의 가치를 인정하는 조직만이 살아남는다. 리더의 존재는 팔로어 때문에 가능하다. 팔로어 없는 리더는 있을 수 없다. 둘의 관계에 따라 조직의 성패가 좌우되며, 일방적 관계가 아닌 양자의 조화로운 관계가 팀을 살린다. 그러면서 리더는 팔로어가 리더가 되는 날이 분명히 온다는 사실을 잊지 말고 함께 일하는 분위기를 만들어 가야 할 것이다.

---

2) 사례로는 최고의 제약회사이자 윤리경영으로 유명했던 머크(Merks) 사(社)가 2000년을 전후해 바이옥스 제품의 부작용과 사측의 은폐로 인해 하루아침에 명예가 실추된 사건을 들며, 여기에 개입했던 나쁜 팔로어와 좋은 팔로어의 이야기를 드라마처럼 전개한다.

3) 사례로는 1990년대부터 드러난 보스턴의 가톨릭교회 성직자의 성추행 사건에 대해 교회가 피의자를 보호하면서 시작된 신자들의 저항이다. '신념자의 목소리'라는 이름의 평신도 단체가 어떻게 교회의 지도자(추기경)를 몰아냈는지를 보여 준다.

3) 조직의 명운을 가르는 선택은 누가 하는가?

제2차 세계대전 중 일어난 유대인 대학살이 히틀러만의 잘못일까? 우리는 대개 유대인 대학살 하면 히틀러를 떠올린다. 그리고 우리는 그를 유대인 대학살의 원흉이라 생각한다. 그러나 유대인 대학살의 책임이 꼭 히틀러에게만 있는 것이 아니다. 600만이나 되는 유럽의 유대인을 죽이려 했어도 히틀러의 지시를 따르는 자가 없었으면 실현이 불가능했을 것이다. 즉 수많은 유대인이 학살될 수 있었던 것은 히틀러의 지시를 따르는 암묵적 팔로어가 있었기 때문에 가능했다.

타당성이 있는 주장이라 생각한다. 히틀러가 아무리 혼자서 유대인을 학살하려 했어도 자발적으로 따르는 자들이 없었다면 그 많은 사람을 학살하는 일은 불가능했을 것이기 때문이다. 우리가 제2차 세계대전의 주범을 오직 히틀러라고만 생각하고 유대인 대학살의 책임을 오로지 히틀러에게만 돌리는 것은 리더 입장만 고려하기 때문이다. 옛날에 왕이 말도 안 되는 지시를 내려도 신하들이 따를 수밖에 없었을 것이라고 생각하는 것과 같이 히틀러 혼자서 잔혹한 지시를 내렸어도 그 밑의 계급자들은 순순히 그를 따를 수밖에 없었을 것이라 생각해 모든 죄를 히틀러에게 덮어씌우는 것이다.

우리나라 조선 시대 왕만 보더라도 신하들의 암묵적인 동의 없이 멋대로 국사를 운영한 왕은 단 한 명도 없었다. 팔로어인 신하들의 의견을 무시하고 제멋대로 행동하려 했던 연산군이나 광해군은 쿠데타로 인해 자리에서 물러나야 했다. 왕권이 아주 강했던 태종이나 세조 그리고 영조조차도 신하들의 의견을 완전히 묵살해 가며 정치를 하지 않았음을 우린 『조선왕조실록』이라는 기록을 통해 아주 잘 알고 있다.

이와 같은 리더와 팔로어의 관계를 알고 있다면 히틀러 혼자서 모든 잘못을 저질렀다고 보긴 어렵다는 사실을 우린 추론할 수 있다. 분명 히틀러를 따르는 다수의 팔로어가 있었기에 히틀러는 자신의 뜻을 펼칠 수 있었고 600만의 유대인을 무참히 학살할 수 있었던 것이다. 히틀러에게 죄가 없다고 말할 수는 없지만 그래도 혼자만 모든 죄를 뒤집어쓰고 혼자만 비난받는 것은 그의 입장에서는 너무 억울할 수도 있다는 생각이 든다.

우린 지금까지 리더에만 집중한 나머지 팔로어의 중요성을 간과한 채 살아왔다. 그래서 많은 실책을 저질렀고 시행착오를 겪었다. 필자에게 "조직의 주인은 누구인가? 조직의 성패를 좌우하는 열쇠는 누구에게 있는가? 리더인가 팔로어인가? 조직의 명운을 가르는 선택은 누가 하는가?"라는 질문을 받을 때마다 팔로어십을 배제한 채 리더십을 생각하는 것은 단순히 잘못 인도되는 것(misleading)이 아니라 잘못하는 것(mistaken)"이라는 켈러먼의 글이 생각난다.

2 팔로어의 다섯 가지 유형

팔로어십은 켈리(R. E. Kelley)의 『팔로어십의 위력(*The Power of Followership*)』이 발간되면서 논의가 가열되었다. 켈리(Kelley, 1994)는 "조직 목표 달성에 리더가 기여하는 정도는 10~20%에 불과하고 나머지 80~90%는 팔로어에 의해 결정된다"고 주장해 팔로어십의 중요성을 강조했다. 이는 팔로어가 단순히 리더와의 종속 관계에 있는 인물이 아니라 주체적 행동을 수행하는 조직 내 중요한 인물임을 부각시키는 것이며, 지금까지 리더 입장에서 다루던 리더십을 추종자의 입장에서도 전개할 수 있음을 의미하는 것이다. 그는 팔로어들을 면접한 뒤 [그림 7-1]에 나타난 바와 같이 팔로어의 사고 성향과 행동 성향을 기준으로 다섯 가지 팔로어십 유형을 제시했다. 즉, 팔로어의 사고 성향이 독립적·비판적인가, 의존적·무비판적인가, 행동 성향이 수동적·적극적인가를 기준으로 소외형(alienated), 순응형(conformist), 수동형(passive), 모범형(effective), 실무형(pragmatist) 팔로어로 구분했다.

1) 소외형 팔로어

소외형 팔로어는 독립적이고 비판적인 사고를 견지하지만 역할 수행에는 소극적인 유형으로 리더의 노력을 빈정거리며 비판하면서도 스스로는 노력을 하지 않거나 불만스러운 침묵으로 일관하는 형이다. 일종의 '불평불만형' 팔로어다. 전체 팔로어의 15~20%를 차지한다. 이들의 소외는 충족되지 않는 기대나 신뢰의 결여에서 비롯된다. 신뢰의 결여는 중요한 문제다. 이들은 대부분 모범형 팔로어였으나 부당한 대우나 리더와의 갈등 등의 계기로 인해 냉소적으로 변해 버렸다. 일종의 '저격수'로 변한 것이다. 한 조사에 따르면 팔로어가 만난 리더 중 2/5만이 신뢰와 자신감을 심어 주었다고 했다. 이들이 모범적인 팔로어가 되기 위해서는 독립적·비판적인 사고는 유지하면서 소극적인 면을 극복하고 긍정적 인식을 회복해 적극적으로 참여하는 사람이 되게 하는 것이다.

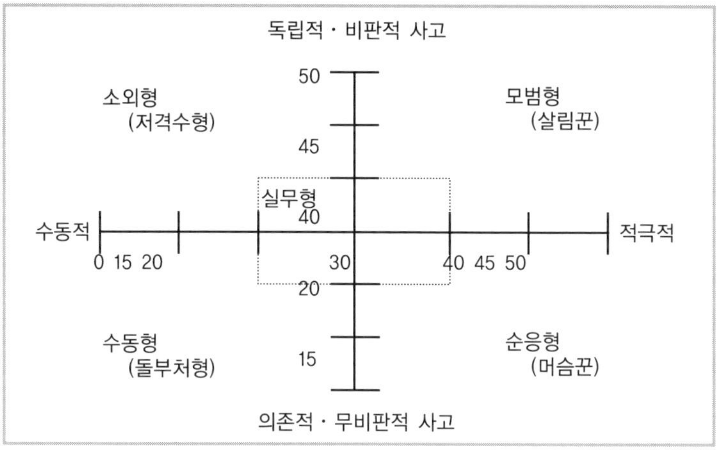

그림 7-1 팔로어의 다섯 가지 유형

자료: Kelley(1994), 저자 재구성.

2) 순응형 팔로어

순응형 팔로어는 소외형과 반대로 독립적 · 비판적인 사고는 모자라지만 자신의 역할을 적극적으로 수행하는 유형으로 역할에 불편해 하지는 않지만 리더의 판단에 지나치게 의존하는 형이다. 순응형은 전체 팔로어의 20~30%를 차지하며 리더의 명령에 순종하며, 리더의 견해나 판단을 지나치게 따른다. 그래서 묵묵히 따르기만하는 '머슴형'이다. 이는 순응을 조장하는 사회적 풍토나 전제적 리더 밑에서 많이 나타날 수 있는 팔로어형으로 특히 전제적 리더들은 그들의 권력욕을 충족시키기 위해 순응형 팔로어를 장려한다. 이들이 모범형 팔로어가 되기 위해서는 자신의 견해에 대해 자신감을 심어 주고, 조직이 자신의 견해를 필요로 한다는 것을 깨우쳐 주어야 한다.

3) 실무형 팔로어

실무형 팔로어는 별로 비판적이지 않으며 리더의 가치와 판단에 의문을 품기도 하지만 적극적으로 대립하지도 않고, 시키는 일은 잘 수행하지만 모험을 보이지도 않는 형으로 전체 팔로어의 25~30%를 차지한다. 이러한 팔로어형은 성격 탓도 있지만 사회나 조직이 불안정한 상황 속에서 많이 나타난다. 모범형 팔로어로 변화하기 위해서는 먼저 목표를 설정하고 사람들의 신뢰를 회복할 수 있도록 해야 하며, 자기를 먼저 생각하기보다 다른 사람들의 목표 달성을 돕는 데서 시작해야 한다.

4) 수동형 팔로어

수동형 팔로어는 생각도 하지 않고 열심히 참여도 하지 않는 형으로 책임감이 결여되어 있고 솔선수범하지도 않으며, 지시 없이는 주어진 임무를 수행하지도 않는다. 시키는 일만 하는 '돌부처형' 팔로어다. 전체 팔로어의 5~10%의 소수를 차지하며 이들은 맡겨진 일 이상은 절대 하지 않는다. 리더가 모든 상황을 통제하고 팔로어에게 규정을 지키도록 위협적인 수단을 사용할 때 수동형 팔로어가 많이 생긴다. 이들이 모범형 팔로어가 되기 위해서는 팔로어의 재능부터 배워야 한다. 즉, 자신을 희생하고 모든 일에 적극적으로 참여하는 방법을 익혀야 한다.

5) 모범형 팔로어

모범형 팔로어는 스스로 생각하고 알아서 행동할 줄 아는 '살림꾼형' 팔로어다. 리더의 입장에서 생각하고 절반의 책임을 지는 팔로어다. 그래서 이러한 모범형 팔로어는 독립심이 강하고 헌신적이며 독창적이고 건설적인 비판을 내놓으며 때로는 리더와도 용감하게 맞서 싸운다. 또한 장애가 있더라도 자신과 조직의 이익을 위해 자신의 재능을 유감 없이 발휘한다. 전체 팔로어의 약 5~10%를 차지하는 이들은 솔선수범하고 주인 의식을 가지고 있으며, 집단과 리더를 도와 주고, 자신이 맡은 일보다 훨씬 많은 일을 하려고 한다. 그래서 적극적인 참여를 통해 리더의 힘을 약화시키는 것이 아니라 오히려 강화시킬 수 있다.

이제 리더는 예스맨 문화(Yes-man culture), 즉 '무기력한 팔로어'를 구분할 줄 알아야 한다. 똑똑하고 능력 있지만 부도덕한 리더와 그의 어두운 면에 대해 철저하게 입을 다문 팔로어들의 긴밀한 '밀월의 결과'는 조직을 망하게 한다. 그것은 팔로어가 아니라 '리더의 킬러'들이며 최악의 팔로어들이다. 리더의 의중을 이리저리 옮기며 호가호위(狐假虎威)하거나 리더의 의견에 색안경을 끼고 무조건 반대만을 일삼는 '청개구리족' 팔로어도 문제지만 리더의 의견에 어떠한 의견도 달지 않고 그저 자기 일신의 안위만을 위해 침묵하는 팔로어는 리더의 잘못된 독주에 가속도를 붙여 나중에 더 큰 재앙을 불러일으킬 수 있다.

역사적으로 단순한 팔로어의 위치에 만족하지 않고 저항한 사례는 많다. 수양대군은 조카인 단종이 왕위에 올랐을 때 기득권을 포기해야 하는 점에 대해 화가 났었고 속상했으며 불만족스러워 했다. 그래서 수양대군은 한명회와 신숙주 그리고 그를 추종하는 세력들과 몰래 쿠데타를 모의했다. 그 과정에서 수양대군은 단종을 지지하는 김종서 일당을 제거하고 경쟁자인 안평대군을 죽이는 계유정난을 일으키고 만다. 그로 인해 수양대군은 조카를 몰아내고 왕의 자리에 앉아 조선의 7대 왕인 세조가 되어 마음껏 통치하며 한 세상을 팔로어가 아닌 리더로 살다 갈 수 있었다.

이런 사례에서 인간은 사회적 동물이라 리더를 따르며 팔로어로서 만족하기도 하지만 팔로어의 자리가 만족스럽지 않을 땐 저항해 리더를 끌어내리기도 한다는 사실을 알 수 있다.[4] 모든 팔로어가 따르는 데 만족하지는 않는다는 점이다. 어떤 팔로어는 권리를 포기해야 하는 점에 대해 너무 화나고 속상하고 불만족스러워서 저항한다. 이 저항은 조직적으로 사전에 계획되거나 모의될 수 있고, 사전 고민 없이 즉흥적으로 폭발할 수도 있고, 단독으로 행해지기도 하고, 같은 불만을 품은 다른 사람들과 뭉쳐 집단으로 행해질 수도 있고, 비밀리에 진행될 수도 있고, 공개 대결로 진행될 수도 있다. 그래서 간할 줄 아는 팔로어, 들을 줄 아는 리더가 필요한 시점이다.

3 탁월한 팔로어의 태도는 무엇인가?

필자는 얼마 전 재미있는 글귀를 보게 되었다. 그것은 바로 "달력에서 빨간 날짜를 기다리면 월급쟁이, 검은 날짜를 기다리면 사장"이라는 문구였다. 보자마자 풋! 하고 웃음이 나왔다. 한때 빨간 날짜를 기다렸던 필자는 월급쟁이였던 것이다. 플라톤의 제자인 아리스토텔레스는 "돼지에게 진주를 주지 말라", "남을 따르는 법을 알지 못하는 사람은 좋은 지도자가 될 수 없다"라고 수천 년 전에 이미 이렇게 말했다. 그의 생각에 깊이 공감하며 "리더는 세상을 바꾸지만 팔로어는 세상을 지킨다"라고 말하고 싶다.

예수에게 수제자이자 브레인이었던 베드로가 없었다면, 석가모니에게 가섭(迦葉)이나 아난(阿難)이란 팔로어가 없었다면 기독교와 불교라는 세계 종교가 탄생할 수 있었을까? 중국 대륙을 통일한 마오쩌둥(毛澤東)이 저우언라이(周恩來)란 조역 없이 중국인의 마음을 다스려 나갈 수 있었을까? 마이크로소프트라는 IT제국이 '악동' 발머(Steve Ballmer)의 악역 없이 오직 게이츠(Bill Gates)의 손에 의해서만 건설되었다고 보는 게 가능할까? 베드로든 가섭이든, 저우언라이든, 발머든 그들이 불린 이름

4) 중종반정이나 인조반정 그리고 박정희의 쿠데타 모두 자신의 자리에 만족하지 못한 팔로어들의 저항이었다.

이야 다양하지만 결국은 모두 팔로어다. 그것도 모두 승패를 좌우한 팔로어들이다. 그럼 탁월한 팔로어의 태도에 어떤 것이 있는지 살펴보자.

1) 굴신제천하

굴신제천하(屈臣制天下)란 자신보다 못한 사람에게도 뜻을 굽혀 큰일을 성취한다는 뜻으로, 극천하이굴신(克天下而屈臣)이라고도 한다.[5] 최고의 팔로어는 승패의 열쇠라 할 수 있다. '날건달' 유방(劉邦)을 후대에 길이 남을 영웅으로 재탄생시킨 장량(張良), 이성계를 도와 쇠퇴한 고려왕조를 무너뜨리고 새로운 왕조 조선을 연 정도전(鄭道傳), 르윈스키 스캔들로 위기에 처한 클린턴을 구한 선거 참모 모리스(Dick Morris), 평생을 조조와 함께하며 조조가 위나라를 세우는 데 절대적인 공헌을 한 순욱(荀彧), 수양대군을 왕권 중심 체제의 머리로 세운 한명회(韓明澮), 영국 블레어(Tony Blair) 총리를 '열정에 찬 지도자'로 만든 굴드(Philip Gould)가 처음부터 성공으로 가는 탄탄대로를 걸었거나 좋은 배경 때문에 어려움 없이 승승장구해 승자가 되었던 것은 아니다.

장량은 수배령이 떨어진 도망자 신세였고, 순욱은 주군으로부터 퇴출당한 낙오자였다. 정도전은 귀양가 세월을 한탄하던 처지에 있었고, 한명회는 과거에 거듭 낙방해 출세의 길이 원천적으로 봉쇄당한 낙천거사(落薦居士)였다. 역사적 사례를 좀 더 자세히 살펴보면 다음과 같은 비하인드 스토리가 있다.

첫째, 날건달 유방이 장량 덕에 관중에 입성하자 그는 댓바람에 보물과 여자가 넘쳐나는 궁전으로 달려갔다. 그건 승자의 당연한 권리였기에 누가 탓할 일도 아니었다. 그러나 장량은 단호하게 '노'라고 외쳤다. 인심을 잃으면 천하를 얻지 못한다고 유방을 질타해 그의 마음을 돌렸다.

둘째, 조조가 천하의 향배를 놓고 원소와 건곤일척의 승부를 가르고 있을 때였다. 관도에서 대치하던 조조는 군량미가 부족해지자 회군하려 했다. 그러나 순욱은 불가를 간했다. 지금 이 순간을 놓치면 향후 형세가 절대적으로 불리할 것임을 지적했다. 조조는 순욱의 말에 따랐고, 마침내 승리할 수 있었다. 조조가 천하의 패권을 장악하

---

5) 『전국책(戰國策)』의 진책(秦策) 편에 나오는 말이다. 진(秦)나라와 조(趙)나라의 장평(長平) 싸움은 진나라의 승리로 끝을 맺었다. 그로부터 1년 후 진의 소왕(昭王)은 다시 조나라를 공격하려고 했다. 이때 그의 명장이었던 무안군(武安君) 백기(白起)가 소왕에게 반대 의견을 올렸다. "조나라를 공격하고 저를 벌주시려고 한다면, 이는 신하에게 이기고 천하에게 지는 것입니다. 저를 이겨서 폐하의 위엄을 세우는 것과 저에게 굽히고 천하를 이겨서 폐하의 자리를 빛내는 것 중 어느 쪽이 낫습니까?" 소왕은 무안군의 간언(諫言)에 기분이 상했지만 그대로 돌아왔다.

게 되는 분수령이었던 관도대전에서 순욱의 '아니오'를 수용했기 때문이다.

셋째, 잘 나가던 차세대 주역 루스벨트(Franklin Delano Roosevelt)가 '바람'을 피웠다. 부인에게 들통나자 루스벨트는 이혼을 결심했다. 어머니조차 나서서 말렸으나 루스벨트의 결심은 요지부동이었다. 마침내 하우(Louis McHenry Howe)가 나섰다. "이 시점에서 다섯 아이가 있는 부인과 이혼하고, 가톨릭 신자인 그녀와 재혼한다면 당신의 정치 생명은 끝난다." 하우의 일갈에 정신이 번쩍 든 루스벨트는 이혼 결심을 철회했고, '바람'을 가라앉혔다.

넷째, 제1차 세계대전을 승리로 이끈 윌슨(Thomas Woodrow Wilson) 대통령은 오직 국제연맹의 창설에만 매달렸다. 국제연맹을 창설해야 인류가 세계대전의 참화로부터 해방될 수 있다는 믿음 때문이었다. 그러나 문제는 야당이 지배하는 의회였다. '그림자 수상'이라 불릴 정도로 가까운 측근 참모였던 하우스(Edward House)는 의회와의 타협을 주장했다. 그러나 윌슨은 그 어떤 타협도 거부하고 정면 대결'했다. 하우스가 반대했으나 윌슨은 꿈쩍도 하지 않았다. 결과는 참담한 패배였다. 국제연맹은 사산했고, 윌슨도 병석에 누워야 했다. 참모의 '아니오'를 듣지 않아 겪게 되는 폐해를 실증적으로 보여 주는 생생한 사례라 하겠다.

좋은 리더란 좋은 팔로어를 알아볼 수 있는 사람이다. 좋은 팔로어란 훌륭한 리더를 알아보고 그를 도와 일을 할 수 있는 사람이다. 훌륭한 리더와 좋은 팔로어가 만날 때 걸작을 만들 수 있고 이것이 성과로 연결되는 것이다. 그래서 좋은 팔로어를 만나지 못하면 리더도 제 역량을 발휘하지 못한다.

2) 구동존이

구동존이(求同尊異), "같은 것을 추구하되 다른 점을 존중하라"는 것은 리더와 팔로어의 이상적인 철학을 말해 준다.[6] 그렇게 해야 성숙해지며 더욱 행복해진다. 다른 것을 배척하면서 각을 세우기보다는 비슷한 점을 찾아서 공유하고 다른 점은 서로가 존중해 나가야 한다. 시카고 컵스의 소유자였던 리글리(Philip Wrigley)는 "사업을 하는 두 사람의 의견이 항상 일치한다면 둘 중 한 명은 불필요한 존재"라고 이야기했다.

6) 중국인의 협상 원칙들 중에서도 가장 중요한 협상 코드 중의 하나가 '치우퉁춘이'다. 우리말로 구동존이(求同存異)의 원칙이다. 중국인들의 많은 존경을 받고 있는 저우언라이(周恩來)가 이 원칙을 강조한 이래 중국 회교의 제 1원칙으로 사용된다. 구동(求同)은 상대방과 같은 것을 찾으려고 노력하는 것이며, 존이(存異)는 지금 당장 생각과 입장이 다른 것은 잠시 마음속에 보존해 놓으라는 의미다.

만일 리더와 팔로어가 같은 생각을 갖고 있다면 두 사람이 다 있을 필요가 없다는 말이다. 리더가 다른 생각이 있다고 할 때 상사를 비난하는 대신 그를 이해하고 보완하도록 노력해야 한다. 그가 진정으로 원하고 필요로 하는 것이 무엇인지 생각하며 리더십을 발휘하고 내가 이 상황에서 할 수 있는 최선의 행동은 무엇인가를 늘 생각해야 한다. 그것이 바로 팔로어십이다.

리더와 팔로어, 둘 사이는 늘 상호 보완하는 존재이어야 한다. 상호 보완을 할 때 둘 다 살 수 있는 것이다. "마오쩌둥(毛澤東)이 없었다면 중국의 혁명은 결코 불붙지 않았을 것이다. 하지만 저우언라이(周恩來)가 없었다면 그 불길은 다 타서 재가 되고 말았을 것이다." 닉슨(Richard Milhous Nixon) 대통령의 말이다. 구동존이는 만일 리더와 팔로어 사이에 서로 협상을 할 때 서로 같은 점이 무엇인지 찾으려고 노력하고, 의견 차이나 입장 차이는 잠시 보류해 놓는다는 뜻으로도 풀이가 가능하다. 만나서 서로 다른 점만 찾으려 한다면 협상을 해 보기도 전에 공감대가 형성되지 못하고 협상은 깨질 것이다. 그래서 서로 같은 점을 찾으려고 노력하는 것이야 말로 협상을 성공적으로 이끄는 길이다. 이런 점에서, 2011년 후진타오(胡錦濤) 주석이 미국 방문 당시 백악관 환영 행사에서 남긴 말도 바로 "등고망원(登高望遠), 구동존이(求同存異)"다. 즉 "높은 곳에 올라 멀리 내다보고, 같은 점은 추구하고 서로 다른 점은 남겨두자"라는 뜻이다. 이는 후진타오 체제가 들어서면서 중국이 취해 오고 있는 대외정책의 하나이기도 하다.

3) 순자가 말하는 팔로어 방식

순자(荀子)에 의하면 군주를 모실 때에도 그의 성격이나 능력에 따라 섬김이 달라져야 한다고 주장하고, 그는 군주를 세 가지로 분류하고 그에 따른 섬김의 방식도 다르게 규정했다.[7]

첫째, 이상형 군주는 매사에 신중하게 생각하고 빈틈없이 실천할 것, 둘째, 평범한 군주는 성심성의를 다하지만, 기분이 상하지 않도록 주의할 것, 견해 차이가 생겼을 때는 우선 타협하려는 자세가 필요하며 상대의 의도에 말리지 말 것, 셋째, 폭군형 군주는 장점만 보고 결점에는 신경쓰지 말것, 작은 성과에 대해서는 적극 칭찬하고

---

7) 노자(老子) 역시 "리더가 되기 위해서는 그들의 뒤에서 걸어라"라고 말한 바 있다. 팔로어들은 리더의 자리나 리더의 옆자리보다는 리더의 뒷자리를 지키며, 리더가 보지 못하지만 리더를 향해 날아오는 위험을 막고, 리더의 약한 뒷모습을 보좌해야 한다. 탁월한 팔로어는 조직의 비전을 완성하기 위해 헌신하며 나중에 리더가 되었을 때에는 더욱 탁월한 리더십으로 조직을 이끌게 된다.

실패는 전혀 언급하지 말라고 했다.

순자는 또, 뛰어난 부하 한 명이 군주의 운명을 좌우한다면서 네 가지 형태의 부하를 분류했다. 첫째, 실속 없는 부하는 하는 일 없이 아첨하는 데만 능한 부하다. 둘째, 나라를 잃게 만드는 부하는 자기 이익이나 인기에 관심을 두고 자기 세력을 키우는 부하다. 셋째, 쓸모 있는 부하는 덕망 있고 주위의 신뢰를 받으며, 군주를 위해 희생하는 책임감 있는 부하다. 넷째, 이상적인 부하는 군주의 권위를 높여 주고 백성의 어려움을 동정하고 모범을 보이고 솔선수범하며 위기 대처 능력이 뛰어난 부하로 구분했다.

이처럼 순자는 지도자 자신의 능력도 중요하지만, 어떤 일이든 안심하고 맡길 수 있는 협력자로서 유능한 부하를 두는 것도 중요하다고 생각했다. 따라서 많은 인물 가운데서 유능한 팔로워를 찾아내는 것도 성공하는 리더의 기본 요건임을 알 수 있다.

4 세컨드 리더와 2인자 리더십

개그 콘서트란 프로그램에서 "1등만 기억하는 더러운 세상"이라고 외친 코너가 있었다. 스포츠건 연예인이건 공부건 예술이건 2등은 주목받지 못하는 게 현실을 풍자한 말이다. 비록 무모하면서 유치한 요구였지만 그 유행어에 많은 사람이 공감했다.

이제 필자는 세컨드 리더(second-leader), 제2인자(버금이)의 중요성에 대해 언급하고자 한다.

1) 1등 지상주의와 승자독식사회

몇 해 전 삼성그룹이 로고를 바꾸면서 대대적으로 펼친 이미지 광고가 있다. 당시 그 카피는 신문과 방송을 타고 전 국민의 뇌리에 깊숙이 뿌리내렸고, 온 나라가 오로지 1등만을 위한 무한경쟁의 장이 되었던 기억이 난다. '세계 일류' 광고에 암스트롱(Neil A. Armstrong)이 달에 첫 발자국을 내딛는 순간의 사진을 실었다. "아무도 2등은 기억하지 않습니다"라는 헤드 카피 아래, 암스트롱에 이어 달에 발을 디딘 올드린(Edwin Buzz Aldrin)은 아무도 기억하지 않는다는 광고였다.

광고는 시리즈로 계속되었다. 아문센(Roald Amundsen)에 바로 뒤이어 남극점에 도달한 뒤 전 대원이 비극적 최후를 맞은 스콧(Robert F. Scott)을 비교하면서도, "아무도 2등은 기억하지 않습니다"라고 광고했다. 린드버그(Charles A. Lindbergh)보다 2주 늦게 대서양을 횡단한 체임벌린(Clarence D. Chamberlin)을 비교하면서도

그림 7-2 남극점에 도달한 아문센과 스콧

"2등은 아무도 기억하지 않습니다"는 메시지는 반복되었다. 광고는 성공작으로 평가 받았다. 그러나 1등만이 생존하고 기억된다는 메시지는 1등을 꿈꿀 수 없는 다수의 사람에게 희망적 메시지가 될 수 없었다.

더욱이 암스트롱의 달 착륙 성공은 함께 목숨을 걸고 우주 여행을 한 동료들의 도움으로 가능했다는 점과, 아문센의 주도면밀한 성공 못지않게 죽어가면서까지 전 대원이 동료애와 인간적 위엄을 잃지 않았던 스콧 탐험대의 불굴의 정신을 기리는 사람들에게 "아무도 2등은 기억하지 않는다"는 메시지는 '언어적 폭력' 이상이었다. 누구나 찬탄해 마지않는 '1등'의 삶은 과연 만족스러운 것일까? 암스트롱이 달에 인류 첫 발자국을 디디며 남긴, "이 한 걸음은 한 인간에게는 작은 발걸음일 뿐이나 인류에게는 거대한 도약이다"라는 멋진 말만큼 그의 이후 삶은 화려한 것이었을까?

"아무도 2등은 기억하지 않는다"라는 광고가 좋은 광고로 인정받는 나라에서는 전 세계에서 2등을 한 '빛나는 업적'임에도 불구하고 즐거움보다는 미련과 아쉬움의 표정으로 나타난다. 이처럼 우리는 1등 지상주의에 묻혀서 살고 있다. 올림픽에서도 우리는 금메달에만 열광한다. 그래서 아주 열심히 노력해서 은메달이나 동메달을 딴 선수가 기쁨의 눈물이 아닌 아쉬움의 눈물을 흘리는 경우를 종종 볼 수 있다. 침울한 선수의 표정을 한국 사람 이외에는 이해하지 못한다.

이런 1등 지상주의와 승자독식사회(winner takes all society)적 사고 때문에 오케스트라에서도 제1연주자만 되고 싶어하는 것이다. 그러나 오케스트라의 좋은 연주가 제2연주자 없이는 이뤄지지 않듯이 어떤 조직이나 국가도 1인자를 보좌하는 2인자의 역할이 없이는 존재할 수는 없다.[8]

2등은 아무도 기억하지 않는다는 삼성의 광고처럼 우리 시대 1등이 최고의 미덕인 줄만 알았던 시절이 있었지만 현재는 1인자만큼이나 주목받는 2인자들이 각계각층에서 명성을 날리고 있다. 1인자를 보필하는 '1인자 메이커'로서, 모든 것을 희생하기보다 평범하게 살며 삶을 즐기려는 '실속파'로서 귀결점은 '굵고 짧게'가 아닌 '가늘고 길게' 살고자 하는 것이다.

이런 점에서 몇 해 전 상영된 영화 「우리 생애 최고의 순간」이라는 핸드볼 경기의 은메달 스토리는 우리에게 시사하는 바가 크다. 특히, 2인자 활동이 가장 활발한 곳은 대중문화 분야인데 과거처럼 패배 의식에 사로잡힌 2인자는 사라지고 '2인자=개성 강한 캐릭터'로 자리매김하고 있다.[9] 오늘날 급변하는 환경 속에서 조직이 생존하기 위해서는 리더 혼자서 모든 것을 다 맡아 할 수 없다. 그러기에는 예측해야 할 변수와 취해야 할 행동이 너무 많다. 따라서 훌륭한 버금이, 세컨드 리더의 도움이 절실히 요구된다.

그래서 2인자 리더십은 1인자 리더십과 다르다. 2인자 리더십은 모든 사람이 다 가질 수 있는 리더십이다. "외로운 1등보다 유덕한 2등이 낫다.", "1등하고 불행한 것보다 2, 3등 하고 행복한 것이 좋다"는 사람이 있는 것을 보면 항상 1등만을 추구하는 삶이 얼마나 피곤하고 덧없는 것인가를 느끼게 한다.

2) 『삼국지』 속의 세컨드 리더

나채훈은 『삼국지에서 배우는 2인자 리더십』이라는 책에 이어 『삼국지의 책사들』이란 책을 내었다. 세컨드 리더, 즉 2인자 리더십에 대해 새삼 깨달은 바가 커 감동받은 다음과 같은 내용을 소개한다.

2인자들은 다양한 유형으로 분류된다. 즉 사마의(司馬懿, 179-251)처럼 1인자를 넘보는 자신의 야심을 가슴 깊숙이 감춘 채 행동한 승진 추구형 2인자가 있는가 하면, 개혁과 올바른 세상을 위해 일한 2인자(저수, 제갈량, 노숙, 순욱, 진궁), 처음부터 동

---

8) 어떤 기자가 지휘자 번스타인(Leonard Bernstein)에게 "오케스트라에서 없어서는 안 될 가장 중요한 역할을 하는 악기는 무엇입니까?"라고 물었을 때, 그는 "제2 바이올린입니다. 제1 바이올린을 훌륭하게 연주할 수 있는 사람은 얼마든지 구할 수 있습니다. 그러나 제1 바이올린을 연주하는 사람과 똑같은 열의를 가지고 제2 바이올린을 연주하는 사람을 구하기는 매우 어렵습니다. 만약 제2 연주자가 존재하지 않는다면 음악이란 영원히 불가능해질 것입니다"라고 답변했다고 한다. 지당한 말씀이다.

9) 예능에서 MC 옆에서 감초 역할을 하는 고정 패널들과 보조 MC를 2인자로 지칭한다면, 배우는 명품 조연으로 이름을 날리는 미친 존재감들을 들 수 있을 것이다. 과거 정치인으로는 김종필, 장세동이라면 예능에서는 이계인, 전원주, 조형기, 박명수, 이수근 등이 있다.

맹자로 가담한 2인자(주유, 장소, 순유), 1인자와의 혈연 관계나 특이한 인연으로 봉사한 2인자(관우, 여몽, 가후, 육손)들도 있다.

제갈량의 기기묘묘한 계략이 없었다면, 관우의 흔들림 없는 신의가 없었다면 과연 유비가 촉한을 세우고 이끌어 갈 수 있었을까? 평소에도 인재 욕심이 많았던 조조는 순욱과 곽가 등을 자기 휘하로 받아들여 그들의 의견에 귀를 기울임으로써 위나라 창업의 기반을 닦았다. 또한 강동을 다스린 손씨 군벌의 1인자 손책(孫策, 175-200)은 자기 동생이자 후계자인 손권(孫權, 182-252)을 불러놓고 항상 국내 문제는 장소와, 군사·외교 문제는 주유와 의논하라는 유언을 남겼는데, 이는 1인자의 자세와 2인자의 역할이 어떤 관계에 있는지를 잘 보여 주는 예다.[10]

무조건적인 명령과 맹목적인 순종을 강요하던 주종 관계의 시대는 이제 끝났다. 오늘날 각계의 최고 자리에 오른 사람 뒤에는 항상 든든한 협력자, 즉 1인자를 보좌하는 분야별 전문가가 따라다닌다. 이들은 『삼국지』에 등장하는 수많은 책사와 같은 역할을 맡고 있다. 물론 어떤 문제에 대한 최종 결정은 1인자의 몫이다. 하지만 최선의 결정이 내려지기 전까지 2인자는 흩어져 있는 정보를 수집하고 경쟁 상대의 장단점을 분석하는 등의 과정을 통해 치밀한 계획과 실천 방안들을 제시한다.

또한 2인자는 1인자의 신뢰를 밑바탕으로 자기 재능과 능력을 최대한 발휘해야 하고, 1인자와의 소통과 교감을 통해 조직이 나아가야 할 방향과 목표를 정하는 자리에 서 있다. 따라서 2인자는 훨씬 더 객관적인 입장에서 조직 안팎의 상황을 면밀히 살필 수 있고, 창의적인 사고력을 발휘해 성공 전략을 세울 수 있다.

사회가 세분화되어 갈수록, 조직의 규모가 커져갈수록 1인자의 역할은 축소되는 반면 2인자들의 역할은 증대된다.[11] 최종 결정권을 가진 1인자는 항상 2인자들의 조언과 도움을 필요로 한다. 제아무리 뛰어난 재능과 능력을 갖고 있어도 그것을 인정하고 신뢰하는 1인자를 만나지 못하면 그 어떤 성공도 이끌어낼 수 없다. 또한 조직의 역량이 커져갈수록 1인자는 2인자의 소신을 존중하고 발전적인 관계를 유지해야 한다. 자칫 둘의 관계가 어느 한쪽으로 기울면 독단으로 흐르거나 배신의 빌미가 된다(나채훈, 2010).

---

10) 한편, 가장 강력한 세력을 형성하고 있었음에도 원소(袁紹, ?-202)는 저수와 전풍같이 유능한 2인자를 오히려 핍박해 죽음에 이르게 함으로써 자멸했다.

11) 2000년 이후 세계 각국의 기업들에서는 CEO의 권한을 보충 또는 견제하고 전문적인 역할 분담을 통한 구조 개편에 적극적으로 나서고 있다. 즉 최고 재무관리자(CFO), 최고 정보보호 책임자(CPO), 최고 운영책임자(COO), 콘텐트 기획책임자(CCO) 등의 새로운 직책이 속속 신설되는 현상은 점점 더 2인자의 역할이 중요해지고 있다는 반증이다.

『삼국지』의 2인자들의 삶 속에는 분명 세상을 살아가는 평범한 이치부터 온갖 권모술수와 변신, 그리고 모략 등 그들의 다양한 능력과 처세술이 숨어 있다. 그리고 그들의 성공과 실패는 오늘을 사는 우리에게 하나의 역할 모델이 될 뿐만 아니라 조직 운영의 기본 원칙과 2인자의 자격, 역할과 성공 요인 등을 일깨워 준다. 천하제일(天下第一)! 그 가장 높은 자리는 소중한 자를 위해 남겨두고, 그들은 세상 천하를 이인자로 살아간 것이다.

생각의 장(coaching point)

당신의 리더, 무엇이 마음에 안 드는가?

대부분의 사람이 소수만 앉을 수 있는 리더를 꿈꾸지만 실제로 리더가 될 수 있는 사람은 그야말로 1%도 안 된다. 이 말은 대부분 리더가 아닌 팔로워의 자리에서 리더를 도와 세상을 움직여야 한다는 것이다.

리더는 전지전능한 신이 아니다. 성직자도 아니다. 리더도 때로는 한잔 술에 횡설수설하기도 하고, 때로는 중요한 정책결정에서 중대한 실수를 남기기도 한다. 필자의 경험상 많은 리더와 사람들이 완벽한 리더십에 대한 '환상'을 가지고 있었다. 간디와 같은 품성과 칭기즈칸(成吉思汗)의 카리스마, 케네디 대통령 같은 외모, 아인슈타인의 천재성을 가진 사람을 원한다. 그러나 모든 문제를 처리하는 팔방미인의 만능해결사형 리더는 지구상 어디에도 존재하지 않는다. 더 이상 수퍼맨 같은 리더는 없다.

환상은 깨어져야 한다! 오직 '엄친딸(엄마 친구 딸)', '엄친아(엄마 친구 아들)', '아친남(아내친구 남편)'만이 소설처럼 가능할 뿐이다. 자! 이제 당신의 리더로부터 무엇이 마음에 안 드는지 종이를 꺼내어 자세히 적어 보라. 당신의 리더는 어떠한가? 당신은 무엇 때문에 당신의 리더가 불만인지 종이에 적어 보라. 종이에 기록한 결점이 결정적 오류가 아니라면 찢어버려라! 그래야 리더가 이해되고, 그럼으로써 리더와의 관계에 신천지가 펼쳐진다.

행동(practice)과 습관(habit)의 장

리더와 팔로어의 덕목 비교

1993년 코즈(J. M. Kouzes)와 포스너(B. Z. Posner)의 책 『*Credibility: How leaders gain and lose it, Why people demand it*』에 '리더의 덕목과 팔로어의 덕목'에 대한 순위가 발표된 적이 있다. 1위와 4위가 '정직'과 '능력'으로서 리더와 팔로어 동일하게 요구하고 있

음을 알 수 있다. 내가 속한 조직(팀, 동아리, 공동체)에서 리더와 팔로어의 덕목 다섯 가지를 서로 논의해 찾아 적어 보아라.

순위	리더의 덕목	팔로어의 덕목
1위	정직	정직
2위	미래 지향적 사고	협동심
3위	동기부여 역량	믿음을 줌
4위	능력	능력

출처: Kouzes & Posner(1993).

(1) 내가 속한 조직(팀, 동아리)에서 필요한 리더와 팔로어의 덕목은 무엇인가?

순위	리더의 덕목	팔로어의 덕목
1위		
2위		
3위		
4위		
5위		

(2) 그 이유는 무엇인가?

____

____

제 2 절 수퍼 리더십

필자는 학창 시절 '수퍼 리더십(super-leadership)'이란 단어를 처음 대했을 때 앞에 '수퍼'라는 말에 초점이 맞춰져 그 의미를 '모든 것에 만능이 되는 리더', 즉 리더가 수퍼맨과 같이 강한 리더십이라 생각했다. 하지만 발표와 시험을 준비해 가면서 수퍼 리더십의 진정한 의미와 초점이 리더가 아닌 팔로어에게 맞춰져 있음을 알게 되었다. 간단히 말해 리더가 수퍼맨이 되는 것이 아니라 팔로어를 수퍼맨으로 만드는 리더십! 그래서 수퍼 리더십이란 단어를 사용했음을 알게 되었다.

강단에 선 지금, 필자의 바람이 있다면 수강생들이 수강 이전에는 비전과 계획을 수립하고 실천하는 프리 리더(pre-leader)였지만, 수강 이후에는 셀프 리더(self-leader)로 성장한 다음, 10년 이내에 다른 사람도 셀프 리더십을 가질 수 있도록 이끄는 수퍼 리더(super-leader)가 되길 간절히 바라고 있다.

1 인재 육성과 수퍼 리더십

1) '나폴레옹형' 리더는 이제 인기가 없다

수퍼 리더십이란 다른 사람을 리더로 만드는 리더십이다. 수퍼라는 단어는 어감에서 풍기는 '수퍼맨'의 이미지와는 전혀 다른 것이다. 즉 수퍼 리더가 모든 권력을 장악하고 구성원들을 보호하고 구원해 주는 영웅적 스타일과는 거리가 멀고 오히려 구성원들이 더 이상 자신을 필요로 하지 않는 상태로 인도하는 탁월한 능력을 지닌 사람을 의미한다. 즉, 부하들이 스스로 자신들을 이끌어 갈 수 있게 만드는 리더십이다. 이런 점에서 "나를 따르라!"는 식의 나폴레옹(Napoléon Bonaparte) 같은 '나폴레옹형' 리더는 이제 인기가 없다. 과거의 경험에만 의존하는 '독불장군형' 리더들이 몰락하고 있는 것이다.[12] 내가 일할 때는 이렇게 했다는 식의 '전설의 고향' 내레이션으로 똑같은 대사를 날리는 리더에게 귀 기울이는 사람은 어제 입사한 신입사원 한 명 정도일 것이다.

반면 '동기부여형', '임파워먼트형', '인재육성형' 리더들이 각광을 받고 있다. 이러한 유형의 리더들은 '나보다 더 똑똑한 부하들이 많이 있다'는 사실을 강조하면서 팔로어들이 마음껏 실력을 발휘하도록 환경을 조성해 주고 동기부여를 할 줄 아는 사람들이다. 다양한 직무 경험 기회를 제공해 폭넓은 시각을 지닌 인재, 최고의 기술과 노하우를 가진 글로벌 인재로 육성하고자 하는 의지와 시각을 지닌 리더가 절대적으로 요구된다.

부하들이 자기 뒤에 줄을 서야 직성이 풀리고, 자기와 무언가(?) 연줄이 있어야 하는 몰지각형의 리더, 자신의 말을 듣지 않는다고 사표를 강요하며 '줄을 잘 서라'고 강요하는 비호감형 리더는 이제 인기가 없다. 팔로어들에게 복종을 강요하고 징계와

12) "나를 따르라"라는 말은 단순히 너희들의 각개인의 자유의지를 버리고 나에게 복종해서 내가 시키는 대로 너희의 신체를 움직이라는 막연한 강요이다. 그래서 팔로어에게 의존성이 생기게 하며 목표 의식을 심어 주지 못한다.

질책을 일삼는 리더는 사라져야 한다. 리더 뒤로 줄을 세우지 않고, 오히려 부하들이 줄 서 있는 그 줄 뒤로 조용히 서서 순서를 기다리며, 새로운 기회의 진로(paths of opportunity)를 모색하도록 뒤에서 격려하는 그런 수퍼 리더가 인기 있다.

2) 수퍼 리더십와 리더십 유형 비교

청렴성을 모토로 정계에 진출해 총리직을 맡게 된 모 총장은 조직 장악을 위해 올바른 말을 하는 두 학자를 중용했는데, 나중에 알고 보니 그들이 오히려 가장 기피했어야 할 인물이었다고 한다. 우스개 같은 이 일화는 학자가 더 이상 정치를 하면 안 된다는 것을 풍자한 것이지만 수퍼 리더십의 발휘가 그만큼 어렵다는 것을 시사해 준다.

능력 있는 사람을 확보하는 것이 경쟁력 강화의 가장 근본임은 이미 강조한 바 있다. 문제는 '능력 있어 보이는 사람'과 '능력 있는 사람'을 처음부터 구분하기는 쉽지 않다는 사실이다. 따라서 자질 있는 리더를 확보하려는 노력도 중요하지만 선택된 리더를 올바른 셀프 리더로 육성하는 수퍼 리더십이 더 어렵다.

조선왕조 제4대 임금이자 가장 훌륭한 군주로 추앙받는 대왕 세종은 조선 초기 태평 시대를 이끈 최고의 임금이자 우리 민족이 가장 사랑하는 영웅이다. 그런데 대왕 세종이 최고의 군주로 추앙받을 수 있었던 것은 똑똑하고 재능 많은 신하들을 육성했기 때문이다. 대왕 세종의 신하들이야말로 동방의 작은 나라 조선을 강대국으로 만

표 7-1 수퍼 리더십과 리더십 유형 비교

구분	영웅형 리더	강자형 리더	거래형 리더	수퍼 리더
초점	비전	명령	보상	셀프 리더십
권력의 유형	관계적, 영감적	직위, 권한	보상	공유 가치
리더의 지혜와 지식의 원천	리더	리더	리더	• 대부분의 팔로어 • 셀프 리더
팔로어들의 반응	리더의 비전에 기초한 감정 동화	강압에 의한 복종	계산상의 복종	주인 의식에 기초한 동화
리더의 전형적인 행동들	• 리더 비전의 교감 • 리더 가치관의 강조 • 훈계 • 교화적 설득	• 지시와 명령 • 목표 부여 • 협박 • 징계와 질책	• 상호 교환적 목표 선정 • 조건부, 개인적 보상 • 조건부 징계와 질책	• 유능한 셀프 리더 되기 • 긍정적 사고 패턴의 창출 • 보상 · 건설적 징계를 통한 셀프 리더십 개발 • 자체 감독 팀 조성 • 셀프 리더십 문화의 촉진

출처: Manz & Sims, Jr.(1991), 필자 재구성.

든 주인공인 셈이다. 이런 점에서 세종대왕은 인재를 발굴하고 키울 줄 아는, 그리고 적재적소에 인재를 배치할 줄 아는 수퍼 리더십을 지닌 것이다.

수퍼 리더십을 다른 유형의 리더십과 비교하면 <표 7-1>에 나타난 바와 같이 영웅형 리더가 비전, 강자형 리더가 명령, 거래형 리더가 보상에 초점을 둔다면 수퍼 리더는 셀프 리더십에 초점을 두고 있다.

지혜와 지식의 원천은 리더에게만 의존하지 않고 팔로어와 셀프 리더들이다. 이러한 리더의 행동에 대한 팔로어의 반응은 주인 의식에 기초한 동화(同和)로 나타난다. 이것은 강자형 리더의 강압에 의한 복종, 거래형 리더의 계산상의 복종, 영웅형 리더의 비전에 기초한 감정의 동화와는 차원이 다른 반응이다. 수퍼 리더의 전형적인 행동은 유능한 셀프 리더 되기, 긍정적 사고 패턴의 창출, 보상과 건설적 징계를 통한 셀프 리더십 개발, 자체 감독 팀(self-directed team) 조성, 셀프 리더십 문화의 촉진 등으로 나타난다.

2 영웅을 만들어 내는 사람이 더 영웅이다

광속으로 변하는 오늘날 과거처럼 지시적·통제적 리더십으로 조직을 성장·발전시키기에는 한계가 있다. 21세기 정보사회의 흐름 속에서 구성원 스스로가 끊임없이 변화하지 않으면 생존할 수 없다. 조직에 요구되는 압력은 조직 내 구성원에게는 창의성과 자율성을 모두 요구하고 있다. 이때 지혜로운 리더는 어떻게 해야 사람들이 최고의 역량을 발휘하는지 잘 안다. 잘못했을 때 따끔하게 혼내고, 힘들 때는 삼촌처럼 위로해 주고, 잘했을 때는 나의 일처럼 기뻐해 주는 것이다.

만츠(C. Manz)와 심스(H. Sims)에 의하면 수퍼 리더십이란 "리더 자신의 영광을 위해서가 아니라, 권한과 명령을 통해서가 아니라, 부하들이 스스로 자신들을 리드하도록 하여 탁월성을 추구하도록 만드는 과정"이라고 정의하고 있다(만츠, 1995).

"물고기를 한 마리 준다면 하루밖에 살지 못하지만, 물고기 잡는 방법을 가르쳐 준다면 한평생을 살아갈 수 있다." 이 유명한 탈무드의 가르침이 바로 수퍼 리더십이다. 수퍼 리더십은 조직 구성원들이 스스로 자신을 이끌도록 함이 주요 목적이다. 즉, 수퍼 리더가 해야 할 일은 구성원 모두가 뛰어난 셀프 리더가 되도록 개발하는 것이다. 따라서 수퍼 리더의 행동은 셀프 리더십의 모범이 된다. '셀프 리더'는 스스로를 리드해 나가는 사람을 말하는데 '수퍼 리더'는 팔로어를 셀프 리더로 육성하는 사람을 의미한다. 그럼 인재 없다 말고 사람을 키우자! 수퍼 리더십을 발휘하기 위해서는 다음과 같은 세 가지가 중요하다.

1) 먼저 셀프 리더가 되라

타인을 셀프 리더로 만드는 수퍼 리더가 되기 위해 무엇보다 자기 자신이 스스로 셀프 리더가 되어야 한다. 스스로 일을 찾아서 해결하지 못하고 부하에게만 강요해서는 신뢰감을 얻을 수 없다. 자신의 행위가 과연 부하들이 보고 배울 만한 가치가 있는 행위인가? 고쳐야 하는 행위는 없는가에 대한 깊은 성찰을 통해 강점은 잘 발휘하고 약점은 최대한 보완하는 자기계발의 노력이 필요하다. 그래야만 타인으로부터 책임감이나 창의력, 자발성, 지속적인 개선과 전체적인 능률을 촉진할 수 있다.

자신의 과업에 대해 "할 수 있다"라는 신념과 자신감을 갖게 되고 탁월한 성과를 낼 수 있는 인재가 될 것이다. 영웅도 중요하지만 영웅을 만들어 내는 사람은 더 중요하다. "내가 남에게 불을 붙이고자 하기 이전에 내 안의 불부터 불타고 있어야 하는 것이다." 로마제국의 초대 황제 아우구스투스(Augustus)의 말이다.

2) 권한위임을 통해 존중해 주라

부하들이 스스로 결정하고 팀워크를 살려나갈 수 있게 자유로운 분위기를 조성하고 최대한 권한위임을 통해 개인 존중의 자세를 취해야 한다. 현명한 사람을 영입하고, 교육과 훈련을 통한 인재 육성을 강조해 학습 조직을 만든다. 각자가 스스로의 주인이고 리더가 되어야 진정한 조직 경쟁력이 형성된다.

3) 셀프 리더로 육성하라

부하들이 자기계발의 도전 목표를 세워 나갈 수 있도록 유도해 나가야 한다. 이때 칭찬과 격려, 적절한 보상이 필수적이다. 수퍼 리더는 많은 사람의 장점을 개발하고 결집시켜야 한다. 따라서 수퍼 리더는 급속하게 변화하고 있는 첨단 기술의 세계를 혼자 짊어지고 가는 것이 아니고, 그 짐을 다른 사람들과 함께 나눠 지고 가고 있는 것이다. 그렇게 된다면 조직 구성원들은 그들의 자발적 주도성, 창의력 및 실제적인 공헌을 통해 더욱더 열성적이 될 것이다. 이렇게 다른 사람들이 열성적이 됨에 따라 리더는 많은 사람이 발휘되지 못한 잠재력을 작동하게 되고 그 결과 자기 자신은 수퍼 리더로 성장하는 것이다.

생각의 장(coaching point)

수퍼 리더십을 발휘한 이 시대의 인물

수퍼 리더십을 발휘한 리더로 어떤 사람이 있을까? 장애를 극복한 헬렌 켈러의 전기에서 헬렌 켈러가 위대했지만 그녀를 그렇게 할 수 있도록 열성적으로 지도했던 설리번(Anne Sullivan) 선생이 더 위대했다.

2010년 제21회 밴쿠버 동계올림픽 피겨스케이팅 여자 싱글 금메달을 딴 피겨 여신을 창조한 건 엄마 박미희 씨다. 올림픽 피겨 챔피언의 탄생 뒤에는 위대한 모정(母情)이 있었다. 어린 김연아가 재능을 보여 본격적으로 피겨 스케이팅을 시작한 이후 박씨는 자기 인생을 모두 딸에게 바쳤다. 오전 9시부터 새벽 1시까지 하루 16시간의 강훈련 동안 엄마는 딸의 곁을 떠나지 않았다. 딸의 운전기사 역할은 물론 김연아가 게으름을 부리면 사정없이 질책하는 매서운 코치가 됐다. 가장 힘든 시기는 연아가 사춘기를 겪은 초등학교 6학년 때였다고 한다. 딸은 쉴 틈 없이 매정하게 몰아붙이는 엄마가 야속해 은퇴하겠다고 고집을 부렸고, 엄마는 자기 마음을 몰라 주는 딸을 더 다그쳤다. 모녀는 하루하루 전쟁을 치르듯이 다투고 화해하며 스케이트장을 다녔다. 어머니 박미희 씨는 “나는 학창 시절 어느 때보다 열심히 연아에 대해 공부했고 연애할 때보다 뜨겁게 연아에게 헌신했다”고 밝힌 바 있다. 작은 딸 김연아 뒷바라지 때문에 남편 생일을 잊고 큰 딸 졸업식에 참가하지 못할 정도였다고 한다.

외환위기가 한창이던 1998년 US여자오픈에서 ‘맨발 투혼’으로 우승한 박세리는 국민에게 감동을 안겨 주었다. 미국 여자프로골프(LPGA) 명예의 전당에 최연소 입회자 박세리의 아버지 박준철 씨는 박세리에게 골프채를 처음 쥐어 주었고, 딸에게 담력을 키워 주고자 공동묘지 훈련까지 시켰다. 박세리는 아파트 15층 계단을 매일 수차례 오르내리게 한 아버지의 스파르타식 훈련을 통해 골프 여왕으로 성장했다.

비록 자식을 위한 것이지만 이들 역시 수퍼 리더십을 발휘한 인물로 평할 수 있다. 박미희 씨와 박준철 씨는 운전기사, 매니저, 코치 노릇까지 도맡았다. 이들은 경비를 줄이고자 운전사를 자청하고, 자식의 입맛이 떨어질세라 요리사, 지친 몸을 마사지하는 트레이너 노릇까지 떠맡는다. 이러한 헌신적인 뒷바라지는 김연아와 박세리가 세계 정상에 오르는 원동력이 됐다. 수퍼 리더는 멀리 있지 않다.

제 3 부

치국평천하(治國平天下)의 길(道)

제 8 장

글로벌 리더와 창조적 리더십

● 코칭(coaching)

21세기는 글로벌 리더십(global leadership)의 시대라고 할 수 있다. 글로벌 리더십에 관한 명확한 정의는 없지만 글로벌 리더십은 "세계 무대를 겨냥해 조직의 전략적 방향을 설정하고 글로벌 역량을 갖춘 인재를 적재적소에 배치할 수 있는 역량"으로 정의할 수 있다. 글로벌 경쟁 사회에서 성공하기 위해 가장 중요한 것은 무엇일까? 우리는 흔히 영어 실력이라고 생각하지만, 사실 영어는 기본일 뿐 전부가 될 수 없다. 하루가 다르게 변해 가는 글로벌 무한 경쟁의 시대에서 언어와 문화가 다른 사람들과 같이 어울려 원활하게 일할 수 있는 능력을 갖춘 인재가 성공할 수 있다. 대사대성(大思大成)의 정신처럼 크게 생각하고 크게 이룬다는 각오로 미래를 개척해야 한다. 넓게 멀리 볼수록 세상은 기회의 창이다. 가장 높이 나는 새가 가장 멀리 볼 수 있으며, 가장 멀리 가본 사람이 가장 높게 볼 수 있다. 리더십, 그것은 넓고 길게 바라보는 안목에서 비롯되는 것이다.

제 1 절 글로벌 리더십

급격한 경제 발전과 국가 위상 상승, 국제화・세계화 시대를 맞아 해외 여행・유학・이민이 늘어나면서 '코스모폴리턴(cosmopolitan)', '글로벌 리더'를 꿈꾸는 사람들이 많아졌다. 성숙한 사고를 가진 글로벌 시티즌(global citizen)의 리더상이 요구된다. 이제는 "과거에 해오던 대로 하면 된다"는 자세는 어떠한 발전도 기대할 수 없다. 다른 각도에서 사물을 새롭게 보고 창의력을 키우는 노력이 필요하다. 상식의 벽을 뛰어넘고 상상의 나래를 펴기 바란다. 배는 항구에 있을 때 가장 안전하다. 그러나 배는 안전을 위해 만들어진 것이 아니라 항해를 위해 만들어진 것이다. 사람도 마찬가지다. 위험을 감수하지 않으면 지금 있는 자리에 영원히 머물 수밖에 없다. 그것은 내가 이 아름다운 세상에 태어난 목적과는 완전히 상치되는 것이다. 한국을 넘어 세계와 소통해야 한다. 영어 실력보다 글로벌 소통력이 필요하다. 세계는 쿨한 한국인을 원한다.

1 리더의 진정한 무대는 세계다

1) 등태산 소천하

사람은 세상을 바라보는 시야를 넓게 키워야 한다. 사소한 일에 목숨을 걸 필요는 없다. 『맹자』의 진심상(盡心上)에 나오는 등태산 소천하(登泰山 小天下: 공자가 태산에 오른 뒤에야 비로소 천하가 작다는 것을 알았다는 이야기)가 주는 메시지는 글로벌화(globalization)의 기본이기도 하며 글로벌 리더십에 대한 지혜 중의 지혜다.[1)]

동네 앞산에서 바라다보는 세상과 그보다 높은 산에서 아래로 내려다보는 세상은 다를 것이다. 바다를 구경한 사람은 크게 보이던 강물이 너무도 작게 생각되고, 성인과 같은 위대한 분에게 조석으로 가르침을 받은 사람은 옛날에 좋게 들리고 훌륭하

그림 8-1 등태산 소천하(登泰山 小天下)

1) 예로부터, 태산(泰山)은 세상에서 가장 높은 산의 별칭으로 통용되어 왔다. 태산은 중국 산둥성(山東省)의 루중산지(魯中山地) 서쪽에 있는 산으로 해발 고도 1,532m로서 중국 5악(五嶽) 가운데 하나인 동악(東嶽)으로 통칭되는 산이다. “공자께서 노나라 동산(東山)에 올라가서는 노나라를 작게 여기시고, 태산에 올라가서는 천하를 작게 여기셨다. 그렇기 때문에 바다를 구경한 사람에게는 어지간한 큰 강물 따위는 물같이 보이지가 않고 성인(聖人)의 문에서 배운 사람에게는 어지간한 말들은 말같이 들리지가 않는 법이다” (『맹자』, 진심상(盡心上).

게 느껴졌던 말들이 한갓 말 재주나 부린 알맹이 없는 것으로 느껴진다는 의미다. 보이는 세상의 넓이와 깊이뿐만 아니라, 그 시야 역시 한없이 넓게 비쳐질 것임은 두 번 묻지 않아도 미뤄 짐작할 수 있다. 하물며, 태산에 올라 내려다보는 세상은 더욱 더 스케일이 웅장하고 끝이 없는 넓은 세상을 넉넉하게 내려다볼 수 있을 것이다.

계곡이나 능선에서 바라보는 시각은 산 정상에서 보는 그것과 확연하게 다를 것이다. 공자의 말은 그냥 흘려들을 것이 아니라 글로벌 플레이어를 꿈꾸는 지금 우리에게 꼭 필요하다. 자기 일에만 얽매어 주변 사람들이 어떤 일을 하는지, 세상이 어떻게 돌아가는지 제대로 파악하지 못하는 사람은 우물 안 개구리가 된다. 업무 능력이 뛰어난 매니저는 될 수 있어도 미래를 예상하고 창조적 관점에서 행동하는 리더가 되기 힘들다는 것이다.

우리는 넓은 시야를 키워 인생을 관조해 보아야 한다. 그것이 삶의 지혜다. 작고 지엽적인 일에 집착하지 말아야 한다. 두려움도 화냄도 부분에만 집착하는 것이 아니라 전체를 보고 정진하는 마음에서 나온다. 시야를 넓게 보고 주어진 일을 통찰력 있게 추진해야 한다. 마치 태산에 올라 세상을 바라다보는 것처럼 넓은 시야를 가지고 세상을 바라다보자.

지금 조직들은 국경 없이 상호 연결된 글로벌 시대의 출현으로 인해 엄청난 경쟁과 불확실성에 직면하고 있다. 이러한 상황 속에서 조직이 지속적으로 생존·발전하기 위해서는 글로벌 차원의 역량을 갖춘 리더들을 육성하는 것이 절실히 요구된다. 해외 조직이 국내에 들어오고, 국내 조직이 해외로 진출하면서 지구촌 어느 곳에서나 세계 초일류 조직들과의 경쟁이 불가피해졌다. 국경 없이 상호 연결된 글로벌 경제의 중심에서, 조직의 경쟁력은 글로벌 리더십을 갖춘 역량 있는 인재들을 얼마나 많이 확보하고 있느냐에 달려 있다. 대한민국의 새로운 도약을 위해, 통치자는 초일류 조직들처럼 글로벌 리더십 개발을 위한 노력을 서둘러야 할 때다.

2) 글로벌 리더가 세상을 움직인다

세계를 상대로 전략을 수립하고 현지에 맞게 행동할 줄 아는(Think globally, Act locally) 글로벌 인재의 필요성이 더욱 커지고 있다. 왜냐하면 영토의 한계를 넘어 국제적인 이슈의 대폭적인 증가 때문이다. 전쟁과 빈곤, 핵무기 증가와 국제적 테러, 생태계 파괴, 한·미 FTA 체결 이후의 대비 등 세계적인 문제가 해결을 기다리고 있다. 누가 어떻게 이 국제적인 문제들을 해결할 수 있을까?

케네디 스쿨의 학장이자 국제 정치학자인 나이(Joseph Nye)는 "인터넷으로 대표되는 통신 비용의 감소로 인해 더 많은 사람이 국제 무대에 참여하게 되었다. 그들은 거대한 관료주의나 국가를 필요로 하지 않는다"라고 말했다. 다국적 조직이 세계 주요 시장을 재편하는 상황에서 전통적인 내부 지향의 리더십만으로는 한계에 이를 수밖에 없는 것이다.

포스트모던 시대에 살고 있는 우리에게 권위주의적 지시형보다는 팀 워크형 리더십이 훨씬 유리하다. 홍수처럼 넘치는 지식과 상황의 다변화로 이제는 한 사람의 생각만 가지고는 좋은 해법이 나오기 힘들다. 람보 같은 1인 지도력으로는 다변화된 글로벌 시대에 대응하지 못한다. 글로벌 리더십으로 경쟁 우위를 확보하기 위해서는 무엇보다도 글로벌 감각과 능력을 갖춘 사람이 필요하다.

각국의 문화적 다양성을 이해하고 다양한 인종과 국적으로 구성된 사람들과 효율적으로 대화하는 것은 글로벌 리더가 갖춰야 할 필수 덕목이다. 문화에 대한 감각을 가진 사람으로 이중문화권, 삼중문화권 또는 다중문화권에 대해 알고 그 가운데서 적절한 판단과 행동을 할 수 있는 사람이 필요하다. 글로벌 리더십은 단순히 언어 능력에 그치는 것이 아니라 자신 있는 자세로 다국적 환경에서 활동할 수 있는 능력을 갖춘 리더를 말한다.

그런데 문제는 글로벌 리더가 부족하다는 사실이다. 미국의 500대 조직을 대상으로 실시한 설문조사 결과에 의하면, 유능한 리더는 조직의 글로벌화를 가장 중요한 성공 요인으로 꼽았으며, 설문 대상 조직의 85%가 글로벌 리더를 충분히 보유하고 있지 않다고 응답했고, 67%는 글로벌 리더들의 현재 능력이 불충분하다고 인식했다. 또한 2006년도에 전 세계의 글로벌 조직 HR(Human Resources) 전문가들을 대상으로 한 설문조사에 따르면 설문 응답자들 중 75%가 인재를 확보하는 것이 가장 시급한 현안이며, 65%가 글로벌 인재의 부족을 걱정했다. 이러한 글로벌 인재 및 리더의 부족 현상은 현재 국내 조직에서도 마찬가지다. 이제 진정한 리더의 무대는 세계다. 글로벌 리더가 세상을 움직인다. 그들의 핵심 역량에 대해 살펴보자.

2 글로벌 리더십의 핵심 역량

구성원들에게 어떻게 글로벌 리더십을 갖추게 할 수 있을까? 이것은 학계와 조직이 공동으로 해결해야 할 시급한 과제다. 학계에서는 역량 중심(competency-based)의 개발이 가장 효과적인 전략이라는 데 대체로 의견이 일치한다. 즉 먼저 조직 내에서 글로벌 리더십을 구성하는 핵심 역량이 무엇인가를 명확하게 해야 조직의 최고 책임자와 리더들이 글로벌 리더십을 체계적으로 육성시킬 수 있다는 것이다. 여기서 글로벌 리더십 역량에 관한 연구 중 세계적인 글로벌 리더십 개발 전문가인 라인스미스(Stephen H. Rhinesmith)가 제시한 글로벌 리더십 역량 모형에 대해 살펴보기로 한다.

1) 라인스미스 박사가 전하는 글로벌 리더십

라인스미스에 의하면, 글로벌 리더십은 여섯 가지 항목, 즉 글로벌 조직관리 역량, 다양성 적응 역량, 유연한 조직 적응 역량, 다문화 팀 관리 역량, 불확실성 관리 역량, 학습조직 조성 역량으로 구성된다고 했다. 구체적인 사항은 아래와 같다(차동옥, 2007).

첫째, 조직관리 역량이다. 조직관리 역량은 글로벌 차원에서 자본, 기술, 공급자, 설비, 시장 기회, 인적 자원에 관한 정보를 수집하고 활용하는 능력을 의미한다. 글로벌 조직관리 역량을 배양하기 위해 리더들은 세계의 변화하는 정치·경제·사회·문화적 상황에 대해 끊임없이 관심을 갖고 지켜보고 또한 최신 조직관리 기법에 관한 지식을 넓혀 나가는 것이 중요하다.

둘째, 다양성에 대한 적응 역량이다. 다양성 적응 역량은 개인 및 조직의 성과에 영향을 미치는 다이내믹한 관계를 인식하고 분석하며 관리할 수 있는 능력을 의미한다. 또한 개인이 직면하게 될 모순된 상황을 균형된 시각을 가지고 해결할 수 있는 능력을 뜻한다. 글로벌 조직에서는 조직 내에 다양한 관점과 견해가 존재하기 때문에 국내에서만 활동하는 조직보다 더 많은 갈등이 발생할 수 있으므로 상반되는 견해들을 이해하고 통합할 수 있는 갈등관리 기술이 요구된다.

셋째, 유연한 조직 적응 역량이다. 세계화 시대에서는 환경 변화에 따라 조직 내에서 팀과 기구들이 수시로 만들어지고 또한 해체되어야 한다. 유연한 조직 적응 역량은 이렇게 탄력적으로 조직을 설계하고 조직의 규정을 바꿀 수 있는 능력과 조직 내에서 의사결정 권한을 글로벌 차원에서 적절하게 분배하고 통합하는 능력을 의미한다.

넷째, 다(多)문화 팀의 관리 역량이다. 세계화 시대에서 조직은 다양한 문화적 배경을 가진 사람들로 구성된다. 그러므로 오늘날 리더에게는 이러한 문화적 차이를 활용해서 창조적인 혁신 및 시너지를 이끌어 내며 동시에 갈등을 건설적으로 관리해 나가는 능력이 필요하다. 또한 조직 구성원들 간의 가치의 다양성을 인정하며 타문화에

그림 8-2 라인스미스의 글로벌 리더십 여섯 가지 역량

대해 유연한 태도를 갖는 것이 요구된다.

다섯째, 불확실성에 대한 관리 역량이다. 환경 변화에 적극적으로 대응하고 계속되는 변화와 혼돈 속에서 새로운 기회를 창출해 내는 능력을 의미한다. 리더는 환경 변화로 인해 오는 불확실성을 기꺼이 받아들여 불안감을 극복하고 오히려 이것을 활용하려는 진취적인 마음가짐을 가져야 한다.

여섯째, 학습조직 조성 역량이다. 글로벌 시대에는 매일매일 엄청나게 빠른 속도로 수많은 새로운 지식과 기술이 생성된다. 그러므로 리더들은 개인이나 조직 차원에서 열린 마음(open mind)을 가지고 이러한 새로운 지식과 기술 및 관점을 탐색하고 익히는 것이 무엇보다도 필요하다.

지금까지 논의된 라인스미스의 글로벌 리더십 역량 모형은 글로벌 리더 양성 시 여러 조직에게 보편적으로 적용될 수 있는 모형이라고 볼 수 있다. IBM, 모토로라, HP, 3M 등과 같은 세계적 조직들을 살펴보면 일찍부터 조직학자들이 제시한 글로벌 리더십 역량 모형에 기반을 두고 글로벌 리더 양성에 힘써 왔다. 더 나아가 자기 조직에 더 적합한 글로벌 리더십 역량 모형을 찾으려는 노력을 계속적으로 하고 있다. 어느 한 조직의 글로벌 경쟁력은 조직이 글로벌 리더십을 갖춘 역량 있는 핵심 인재들을 얼마나 많이 확보하고 있느냐에 달려 있다. 우리나라의 조직들도 조직 구성원들의 글로벌 리더십 개발에 대해 더 많은 관심을 기울여야 할 것이다.

2) 반기문 총장이 전하는 글로벌 리더

반기문 총장은 외국 생활을 오랫동안 한 교포도, 아주 돈 많은 재벌 집 아들도 아닌 그냥 충청북도 음성 출신의 평범한 사람이었다. 1944년생인 그는 한국전쟁을 겪

그림 8-3 반기문 총장이 전하는 글로벌 리더

으면서 배고픔, 공포, 외로움이 어떤 것인지 경험하며, 교실도 지붕도 없이 부서진 건물 잔해가 나뒹구는 학교 아닌 학교에서 공부해야 했다. 그뿐만 아니라 열악한 상황 속에서도 그의 가족들은 명절 때마다 음식을 평소보다 훨씬 많이 해 마을 사람들에게 나눠 주곤 했다. 그뿐만 아니라 전염병을 앓는 사람들을 집으로 데리고 와 돌보기도 했고, 외국인 강사가 집이 없어 힘들어 할 때 집의 방 한 칸을 내어주기도 했다.

그의 학업 성적은 화려했다. 어릴 때 케네디 대통령을 직접 만난 그는 케네디 대통령의 꿈이 뭐냐라는 질문에 외교관이라 답했다고 한다. 그래서 그는 꿈을 키우기 위해 서울대 외교학과에 입학해 공부벌레라는 별명에 걸맞게 체육을 제외한 모든 과목에서 A학점을 받아 우등생으로 선발되어 졸업하기도 했다.

그런 그는 학업을 마치고 외무고시에 합격해 외무부 여권과에서 일을 시작했다. 이 시절에는 여권 발급이 어려워 여기저기 어두운 뒷거래들이 많이 들어왔었지만 그는 모두 거절했다. 이런 청렴한 그의 모습은 유엔 사무총장이 되어서도 나타났다. 바로 유엔 관직에 있는 사람이 역사상 최초로 개인 자산을 공개한 것이다. 투명하고 깨끗한 유엔을 위해 밝힌 것이다.

이런 그는 '글로벌 리더의 조건'이라는 주제로 대학생들을 대상으로 한 특강을 한 적이 있다. 여기에서 그는 모험을 두려워하지 않는 사람, 어려운 환경을 극복하고 지혜를 얻는 사람, 자신에게 부끄러운 일을 하지 않는 사람, 공공을 위해 봉사하는 사람, 환경에 관심을 가지는 사람, 모두 하나라는 생각을 가지는 사람 바로 이런 사람이 글로벌 리더의 조건이라며 내세웠다(우먼센스, 2009년 7월호). 지금도 세계 곳곳을 직접 발로 뛰고 있을 그의 모습에서 글로벌 리더의 조건들을 찾아볼 수 있다.

3) 글로벌 리더가 전하는 글로벌 리더십의 조건

'21세기 글로벌 리더십'의 조건은 무엇일까? 줄리아니(Rudy Giuliani) 전 뉴욕 시장, 웰치(Jack Welch) 전 GE 회장, 『성공하는 사람들의 일곱 가지 습관』의 저자 코비(Steven Coby), 경영 컨설턴트 트레이시(Brian Tracy), 부동산 황제 트럼프(Donald Trump), 여성 파이낸셜 플래너 오만(Suze Orman), 35년간 GE, 듀폰 등에서 세계적인 CEO들의 비즈니스 코치로 활약한 차란(Ram Charan) 등 이름만 들어도 귀를 쫑긋 세우게 되는 명사들이 전하는 '변화하는 시대의 효과적인 리더십'을 소개하면 다음과 같다.

첫째, 줄리아니 전 뉴욕 시장은 리더를 길러내는 여덟 가지 원칙으로 강력한 신념체계, 낙관주의, 용기, 윤리 의식, 철저한 준비, 팀워크, 의사 소통, 유머를 제시했다. 그는 자신의 이러한 여덟 가지 원칙을 통해 9·11 테러 현장에서 리더십을 발휘할 수 있었다고 했다.

둘째, 20년간 GE의 최고경영자로 재직하면서 GE를 130억 달러에서 5,000억 달러의 시장 가치를 지닌 초우량 기업으로 키운 웰치 전 회장은 '글로벌 리더십'의 조건으로 에너지, 비전, 타인을 열광케 하는 열정을 리더십의 주요 덕목으로 꼽았다. 그는 "규율과 도덕의 문화는 명확한 기준을 갖고 있는 조직에서 나온다"며 "가장 바람직한 세계 기준에 맞춰 계획과 비전을 세워야 한다"고 주장했다.

셋째, 『성공하는 사람들의 일곱 가지 습관』의 저자로 널리 알려진 코비는 기업의 비전과 전략을 만들기 위한 '여덟 번째 습관'을 글로벌 리더십의 조건으로 제시한다. 그는 "여덟 번째 습관이란 자신만의 내면의 목소리를 듣고 다른 사람들도 각자 자신만의 내면의 목소리를 찾을 수 있도록 영감을 주는 것"이라고 했다.

넷째, 『성취의 심리학』, 『내 인생을 바꾼 스무 살 여행』의 저자이며 세계 최고의 경영 컨설턴트로 유명한 트레이시는 광속의 시대인 21세기에 살아남고 성공하기 위해 가장 중요한 자질로 '융통성(유연성)'을 꼽았다.

다섯째, 오만은 성공적인 재무관리를 위한 다양한 노하우를 부동산, 주식, 신용카드, 세금 등의 실질적이고 구체적인 예를 통해 제시한다. 그녀는 "생각이 운명을 만든다"고 강조하며, "위대한 사람이 되기 위해 위대한 생각을 하고, 소원(所願)할 것"을 당부했다.

여섯째, 뉴욕의 트럼프 타워와 엠파이어 스테이트 빌딩을 소유하고 있는 미국 부동산 업계의 황제 트럼프는 가족, 인간관계, 사업 등 모든 분야에서 성공하기 위해서는 '관계'를 잘 맺는 것이 가장 중요하다고 강조했다.

일곱째, 차란은 '실행력'에 집중해 위대한 성과를 이루는 방법은 "10년 후 본인이 꿈꾸는 모습을 위해 먼저 현재 본인의 능력 수준, 강점과 약점 등을 잘 살피고, 달성하고자 하는 능력을 성취하기 위해 해야 할 것 한두 가지를 계속 연습하는 것"이라고 했다(구자홍, 미디어다음, 2006. 9. 12).

4) 글로벌 리더를 양성하는 아주 특별한 수업

필자는 리더십에 대한 연구를 하던 중 글로벌 인재들이 어떻게 훈련되는지, 글로벌 경쟁력이란 무엇인지 무척 알고 싶었다. 그리하여 하버드대 케네디 스쿨에 관심을 갖게 되었고 MPP(Master in Public Policy), MPA(Master in Public Administration), MPAID(Master in Public Administration in International Development), 그리고 1년 과정의 경력자 행정학 석사(Mid-career Master in Public Administration) 과정 등 여러 경로를 통해 보던 중 부모님 두 분의 모두의 암 투병과 개인적인 파산(bankrup)으로 당해 학위 과정을 포기하는 경험을 겪게 된다.

이때, 여한구의 『하버드 MBA의 경영수업』이라는 책은 글로벌 리더를 양성하는 아주 특별한 수업을 소개하고 있어서 필자가 학위를 하고자 했던 케네디 스쿨과는 다른 코스인 MBA 과정이지만 아주 유사하고 공감하는 부분이 많아 소개한다. 저자는 하버드를 입학해서 떠날 때까지 가슴 쓰라린 의문을 하나 가졌다고 한다. '개개인의 자질은 별다를 게 없는데 왜 그들은 세계 최고로 길러지고, 세계 최고로 대접받는가?', '왜 우리는 꿈과 야망에 찬 젊은이들을 글로벌 인재로 유도하지 못하는가?', '혹 시대에 뒤떨어진 교육 방식으로 개인의 열정과 국가의 잠재력이 낭비되고 있는 것은 아닌가?' 저자의 이런 뼈아픈 의문은 하나의 물음으로 이어진다. '글로벌 리더는 어떻게 태어나는가!'라는 내용이 책 전체를 관통하는 큰 맥락이다.

거스너(Louis Gerstner) IBM 전 회장, 이멜트(Jeffrey Immelt) GE 회장, 휘트먼(Meg Whitman) 이베이 회장, 블룸버그(Michal Bloomberg) 뉴욕 시장 등, 세계의 리더들을 키워낸 뒤에는 최고만을 고집하는 하버드 비즈니스 스쿨의 철저한 장인 정신이 있다. 일정 기준에 미치지 않으면 졸업을 시키지 않는 엄격한 낙제 시스템(hit the screen), 정답도 교과서도 없이 학생들의 토론으로만 진행되는 사례 교습법, 견식을 넓히기 위해 전 세계를 도는 커리어 트랙(career track), 실제 기업 현장에서 경험을 쌓는 서머 인턴십 등, 전 학사 과정 하나하나가 글로벌 리더가 되기 위한 훈련이다. 그 치열한 훈련 현장, 최고의 인재를 만들기 위한 학교 측의 까다롭고도 치밀한 학사 시스템을 엿보고 있노라면, 과연 글로벌 인재는 어떻게 태어나는지, 오늘날 세계가 요구하는 글로벌 경쟁력이란 무엇인지 절로 고개를 끄덕이게 된다(여한구, 2007).

글로벌 경쟁력을 갖춰라, 리더가 되어라. 이 두 가지는 요즘 우리 사회가 앞으로 우리나라를 이끌고 갈 젊은이들에게 요구하는 숙명적인 과제다. 하지만, 미래의 리더를 꿈꾸는 젊은이들 중 상당수가 글로벌, 글로벌 노래에 너무 쉽게 해외 유학, 어학연수, MBA 등을 선택하고, 예상 외의 현실에 기대만큼의 효과를 거두지 못하고 돌아오거나 심지어 낙오한다.

하버드 MBA생들의 낮밤 없는 훈련 과정, 살아남기 위해 상대를 상어처럼 물어뜯는 그들의 전투적인 경쟁의 현장은 우물에 갇힌 우리 젊은이들에게 글로벌 경쟁 시대의 살벌한 현주소를 읽게 한다. 또한 세계 기구와 투자 은행에서의 인턴십 체험 속에는 매일매일 국경이 무너지고 온 세계가 하나의 온라인으로 움직이는 '진짜' 글로벌 시대의 리얼함이 살아 있다.

3 글로벌 조직의 역할과 책임

몇 해 전 미국에서 한국의 재벌로서는 상상하기도 힘든 일들이 벌어졌다. 희한한 일의 주역은 미국의 부자들이다. 부시(George Walker Bush) 대통령은 1조 달러가 넘는 야심적인 감세안을 발표하면서 "미국 국민들 그 누구도 자신이 버는 수입의 3분의 1 이상을 세금으로 내는 일이 있어서는 안 된다"고 천명했는데 정작 이 발표로 가장 많은 혜택이 돌아갈 수밖에 없는 부자들이 "이건 안 된다"고 반대하고 나선 것이다.

부시 대통령의 감세안의 주요 골자는 부자들의 상속세를 향후 수년 내에 걸쳐 점진적으로 폐지하고 현재 연수입이 3백만 달러가 넘으면 약 55% 정도를 세금으로 납부하게 되어 있는 것을 최고 세율 33%로 고치겠다는 것 등이다.[2]

내용대로 감세안이 확정된다면 미국의 재벌들은 그야말로 세금으로 내온 엄청난 돈을 내지 않아도 되게끔 되어 있다. 그런데 부시의 그 감세안을 재벌들이 가장 앞장서 반대하고 나선 것이다. 마이크로소프트의 빌 게이츠(Bill Gates) 회장, 한국에도

2) 미국에서는 2011년부터 유산 중 100만 달러를 넘는 액수에 대해서는 55%의 세율이 적용되고 있다. 기존 300만 달러 이상, 45% 조항이 오히려 강화되었다.

잘 알려진 증권가의 큰손 조지 소로스(George Soros) 등 세계 최고 갑부급의 약 140여 명이 반대 캠페인을 벌이는 것을 『뉴욕 타임스』가 1면 기사로 보도했고, 아예 유수 신문지상에 부시 감세안 반대 캠페인 광고까지 내었다. "우리의 세율이 낮아지면 그만큼 중산층, 저소득층에게 부담이 돌아간다"는 것이다. 이런 장면이 한국의 재벌에게는 어떤 메시지를 전해졌을까? 글로벌 조직의 역할과 책임에 대해 새삼 생각게 하는 대목이다.

현대 사회에서 어떠한 국가와 어떠한 조직도 글로벌화되어 가고 있는 세계적 환경을 외면하거나 전략적 제휴의 네트워크 싸움에서 뒤처진다면 서서히 도태될 수밖에 없다. 이런 변화무쌍한 생존 경쟁의 틀 속에서 전 세계에 인정받는 지속 가능한 글로벌 리더로서의 역할과 책임은 무엇일까? BMW 코리아 김효진 사장은 글로벌 리더의 역할과 책임에 대해 『조선일보』의 아침 논단에서 언급한 내용을 필자의 견해와 함께 재정리하면 다음과 같다.

1) 영적 가치를 추구하라

글로벌 리더는 영적(靈的) 가치(spiritual value)를 추구해야 한다. 성장 시대에 만연해 있던 배금주의와 수익 추구에 수반되는 양극화 등 많은 사회문제로 인해 이제는 기업이 '물적 충족'을 넘어 무엇인가 정신적 의미가 있는 것, 즉 영적 가치의 추구에 앞장서야 한다. 그 시작이 윤리적이고 투명한 행정이다.

공조직은 공익을 우선 가치로 하지만 사조직은 이익을 내고 새로운 가치 창출에 그 목적을 둔다. 그러나 그 생각이 반듯하고 실천하는 과정이 올바르지 않다면 사회적 의미를 부여받기 어렵다. 바르고 윤리적인 책임 경영과 책임 행정으로 세계인에게 존경받을 수 있는 투명한 수익과 가치를 창출하는 것이 중요하다.

한국 경제 발전을 저해하는 요인 중 하나가 우리 조직들의 '투명성'과 '윤리성'이라는 해외 기업인들의 지적을 주목할 필요가 있다. 이제부터라도 국민과 구성원에 대한 의무, 사회와 공동체에 대한 사회적 책임, 그리고 주주에 대한 책임을 명확히 하여 모든 이해관계자로부터 존경받으며 사회적 가치를 증대시키는 노블레스 오블리주(noblesse oblige)를 꼭 추구해야 한다.

2) 사회적 책임을 국제적 관점으로 배양하라

세계의 모든 사회적 이슈, 즉 하루 4만 명의 어린이가 기아로 굶어 죽거나, 전 세계 12억의 인구가 하루 1달러 미만으로 근근이 삶을 이어가고 있다는 사실에 관심을 기울여야 한다. 청년 실업자가 늘고 있으며, 소외되는 노년층이 확대되고 있다. 사조직이라 해도 더 이상 '이윤 추구'로만 지속적인 성장을 추구할 수는 없다. 세계 곳곳에 글로벌 리더들의 도움과 역할이 절실한 곳이 매우 많다. 빈곤과 질병, 인권 그리고 특히 전 인류의 안위와 밀접한 관계가 있는 생태문제 등 국제사회와 더불어 호흡할 수 있는 '세계적인 책임 활동'을 외면해서는 안 된다. '가난한 이들을 위한 우선적 선택(option for the poor)' 정신에 입각해 '공동선'과 그의 구현을 위한 '사회 정의' 문제에도 초점을 맞춰야 한다.

3) 언약적 관계의 폭을 확대하라

글로벌 리더는 이해관계자는 물론 시장의 일반 고객과도 '언약적 관계(covenantal relationship)'의 폭을 확대해 나가야 한다. 단순한 보상이나 물질적 도구로 연결된 '계약적 관계'의 개념을 넘어 가치 공유와 사랑, 존경, 신뢰 등의 유대감으로 표현될 수 있는 언약적 관계가 되어야 한다. 그래야 외부로는 고객이나 이해관계자와 함께 호흡할 수 있으며, 내부로는 핵심 인재를 양성해 내는 데 견고한 반석이 될 것이다. 그래야만 조직이 자랑스럽게 만들어 내는 제품이나 서비스의 철학과 가치를 세계 시장이나 고객에게 전달해 내는 데 모자람이 없을 것이다.

조직의 목표는 지속적인 가치 창출에 있다. 그 가치가 경제적 부(富)가 되었건 새로운 기술이 되었건 또는 새로운 문화의 창조이건 간에 현대 사회를 이끌어 가는 가치의 원천은 기업에서 나온다. 그 때문에 선진 외국에서는 큰 기업들이 늘 존경과 성원을 받는다. 이제 세계 시장으로 뻗어나가기 위한 우리 기업들의 체질을 국제화하기 위해서라도 이미 선진 시장에 글로벌 스탠더드가 된 윤리와 투명 경영을 정착하고 전 세계의 사회적 이슈에 관심을 가져야 한다.

전 세계인을 향한 제품에 철학을 담고 사회적 가치를 나누는 신뢰 관계를 구축해야 한다. 우리 사회에 만연해 있는 반(反)기업 또는 반(反)기업가 정서를 넘어 궁극적으로 세계로부터 존경받는 글로벌 기업으로 가는 길이 여기에 있다.

생각의 장(coaching point)

통찰력을 키우기 위한 나만의 실천법

미래를 내다보는 눈을 가진 사람은 사람들의 욕구를 세밀하게 관찰한다. 이제는 상상력으로 시간과 공간을 뛰어넘어야 한다. 미래는 상상을 타고 온다. 상상력을 총동원해 미래를 예측하고 대비하자. 미래가 예정된 것이든 만들어 가는 것이든 한 가지 분명한 사실은 미래는 준비하는 자의 것이라는 점이다. 꿈꾸는 자만이 미래를 맞이할 수 있다. 설령 미래가 예정되어 있다 하더라도 준비하고 기다리는 자에게 열릴 것은 너무나 당연한 일이다.

미래에 대한 통찰(insight)을 지닌 리더라면 항상 배우는 자세로 '지적 희열'을 즐긴다. 정보를 구하기 위해 많은 시간을 투자한다. 사물이나 현상을 다양한 각도에서 생각한다. 글로벌 환경 변화에 따른 현재와 미래의 연결점을 찾아본다. 미래는 정해지지 않은 무한한 가능성 세계이므로 미래에 대한 예측은 막강한 힘을 발휘한다.

이제 우리는 과거에는 꿈도 꾸지 못했던 예측들을 컴퓨터와 같은 도구를 이용해 정교하게 구체화할 수 있는 능력을 갖게 되었다. 미래를 보는 눈을 키우기 위해 실천하고 있는 방법에 대해 한 가지씩 구체적인 사례를 들어 이야기를 나눠 보라. 나는 미래를 보는 눈을 키우기 위해 어떤 노력을 기울이고 있는가?

행동(practice)과 습관(habit)의 장

외부 청강을 시도하라

우리나라에는 한국리더십센터를 비롯해 리더피아 등 유수한 단체에서 실시하는 리더십 관련 프로그램이 많다. 또한 한양대, 경희대, 연세대, 이화여대, 고려대, 숙명여대 등 전국의 대학교에서 리더십 프로그램이 많이 진행되고 있다. 이들 프로그램의 주요 맥락은 조직 구성원들의 동기부여를 통한 조직 목적 달성이지만 최근에 내용이 무척 다양해졌다. 필자가 외부 청강을 요구하는 것은 다양한 내용을 체험해 봄으로써 진정한 리더십의 의미를 터득할 수 있기 때문이다. 또한 우리는 현실을 살면서 익숙해진 자기 현실에만 안주하려는 경향이 있다. 전혀 낯선 공간이나 낯선 사람들을 만나는 것을 두려워하기 때문에 접촉하는 것조차 기피하는 경향이 있다. 이러한 태도는 고정된 공간에서의 편견을 키워 주고 있다.

우리는 한 단계씩 성장하면서 새로운 사람들을 만나고 낯선 환경을 맞이하게 된다. 그러나 이것을 받아들일 수 있는 자세가 되어 있지 않으면 자기 성장은 불가능해지고 새로운 집단에서 이방인이 될 수밖에 없다. 외부 청강은 이러한 두려움을 없애 주고 처음 만나는 사람과 환경에 적응할 수 있는 경험을 제공한다. 외부 청강은 교육 프로그램의 내용도 중요하지만 낯선 공간과 사람들과의 새로운 인간관계를 유지하고 교류함으로써 자신의 사고 폭을 넓혀 주고 자신감을 갖도록 하는 데 큰 도움이 된다. 철저히 준비하고 시도하라.[3] 실행력이 정답이다!

외부 청강 시 주의 사항은 다음과 같다. 첫째, 복장을 단정히 하고 기본 예의를 지킨다. 둘째, 강의 시간 30분쯤 전에 방문해 교수에게 인사하고 양해를 구한다. 셋째, 가능하면 필기 도구를 반드시 준비해서 앞자리에 앉는다. 넷째, 간단하게 본인을 소개할 수 있도록 준비한다. 다섯째, 수업이 끝나면 반드시 고맙다고 인사한 후 사인을 받거나 혹은 인증샷을 찍는다. 여섯째, 수업 내용물이 있으면 보고서에 첨부한다. 일곱째, 발표를 요구받으면 망설이지 말고 자신있게 말한다. 여덟째, 강의 내용뿐 아니라 방문한 학교나 교육기관의 특성도 함께 파악한다.

제 2 절 창조적 리더십

과거 KTF의 공익성 캠페인 광고를 떠올리면 '창조적 리더십(creative leadership)'이라는 단어가 떠오른다. 조선의 문화 르네상스를 이룬 세종대왕의 업적을 '아니다'라는 반어법을 사용해 세종의 혁명적 정신을 부각시킨 ('아니다. 그 생각이 혁명의 시작입니다-세종대왕' 편) 광고가 바로 그것이다.

> 하늘이 노하셨다……/아니다. 세종 24년 일식과 월식을 정확히 예측하다.
> 어찌 노비의 자식에게 벼슬을……/아니다. 세종 5년 노비의 자식 장영실을 발탁, 과학을 발전시키다.
> 풍년과 흉년은 하늘의 뜻이거늘……/아니다. 세종 11년 『농사직설』을 편찬, 농업혁명을 이루다.
> 한자가 있사온데 어찌 무익한 글자를……/아니다. 아니다. 아니다/아니다. 세종 25년 훈민정음 창제.
> 아니다. 아니다. 아니다/세종대왕의 그 생각이 시작이었습니다.

위와 같은 카피가 30초 동안 쉼없이 쏟아진다. 필자는 이와 같은 세종대왕의 '아니다, 아니다, 아니다'라는 혁명적인 생각이 조선을 변화시켰듯이 끊임없는 변화와 혁

3) 외부 청강 준비 단계는 첫째, 사전에 수강하고 싶은 학교, 기관 및 과목의 정보를 수집한다. 둘째, 시간과 프로그램을 비교한 후 과목을 선택한다. 셋째, 내용이나 기관을 잘 모르면 담당 교수와 상의한다. 넷째, 필요한 경우 담당 교수에게 협조 공문을 요청한다. 다섯째, 여러 명이 수강할 때는 반드시 사전에 전화나 이메일로 양해를 구한다. 여섯째, 수강 시간은 2~3시간 정도로 한다. 일곱째, 초·중·고등학교 친구의 학교를 선택해 함께 수강할 수 있다. 여덟째, 학생들이 특정 과목, 특정 학교에 집중하지 않도록 한다. 아홉째, 담당 교수는 학생들의 정보를 취합, 정리해 관련 정보를 제공한다.

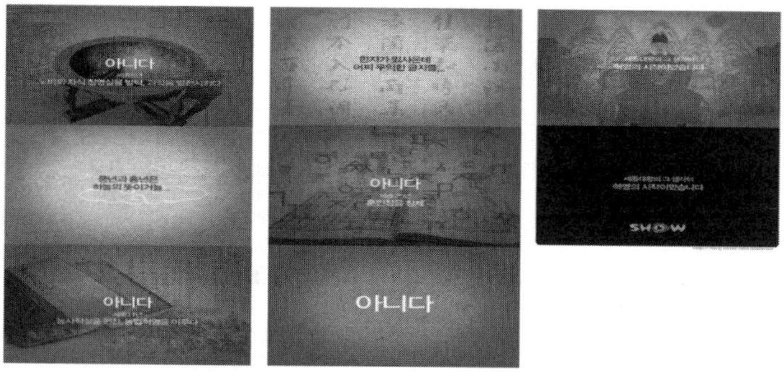

그림 8-4 세종대왕의 창조적 리더십

신 그리고 새로운 것에 대한 도전과 창조정신은 변혁의 시기에 더욱 부각된다고 확신한다.

1 창조적으로 이끌기 위한 리더의 기술

창조행정, 창조경영의 시대가 왔다.[4] 시대가 변하면 행정 기법이나 리더십도 진화하기 마련이다. 참여와 창조의 시대에 창조적으로 혁신을 이끌어 나갈 수 있는 방법을 강구해야 한다. 변화하는 시대에 적응하기 위해 조직, 정책, 인사, 재무, 리더십도 변해야 한다. 계층제에 의한 획일적 통제 방식의 리더십으로는 직원들을 동기부여해서 이끌어 나가기 힘들다.

이처럼 변화의 흐름을 읽고 그 변화에 대응하기 위한 전략을 짜고 변화를 시도해서 오히려 변화를 기회로 바꿀 리더가 필요하다. 미래의 리더가 갖춰야 할 최고의 덕목은 '상상력'이다. 그래서 상상력을 위해서는 많이 읽고, 많이 보고, 많이 경험해야 한다.

1) 비용, 가격보다 가치 창조가 먼저다

잠재적 창조 역량을 최대화할 수 있는 손에 잡히는 아이디어가 있다면, 일단 창조성을 관리할 생각을 하지 말고, 구성원들에게 자유를 주어야 한다. 의사결정 권한은

---

4) 창조행정이란 자체가 일반적인 행정과 마찬가지로 상호 모순된 것 사이에 적절한 배합과 균형을 만들어 가는 일이다. 그래서 창조행정은 과학적인 엄격함과 예술적인 자유분방함을 동시에 포함하고 있다. 따라서 창조행정=과학적 엄격함(좌뇌)+예술적 자유분방함(우뇌)이라 할 수 있다.

아래로 내려보내야 한다. 중앙에 권한이 덜 집중되어야 한다. 창조성을 관리하는 것은 불가능하고 창조성은 대부분 밑에서부터 위로 올라오는 것이기 때문이다. 따라서 재능 있고 똑똑하고 잘 교육된 사람들을 뽑아 그들이 기술을 사용할 수 있도록 해야 한다.

공직사회의 경우는 충북 진천군은 창조행정 시대에 발맞춰 군을 대표하는 독창성, 파급성, 우수성이 뛰어난 시책을 발굴하고 이를 통해 군민들에게 최고의 감동 서비스를 제공하기 위한 '행정명품'을 지속 확대하기로 했고, 2011년 8월 합천군은 창조행정의 가시적 성과를 발표한 바 있다.[5)]

조직 내 사람들의 재능과 지식이 아이디어를 사용하는 데는 매우 개방되어야 한다. 때로는 자유방임적인 리더십이 지시를 내리고 카리스마를 발휘하는 리더십보다 낫다는 얘기도 있다. 하지만 아무것이나 괜찮다는 자유방임은 안 된다. 만약 핵심 가치를 위반하거나 고객과 동료 직원에 대해 적절치 못한 태도를 보인다면 해고되어야 한다.

비용(cost)과 가격(price)보다 가치 창조(value)가 훨씬 상위임을 의미한다.

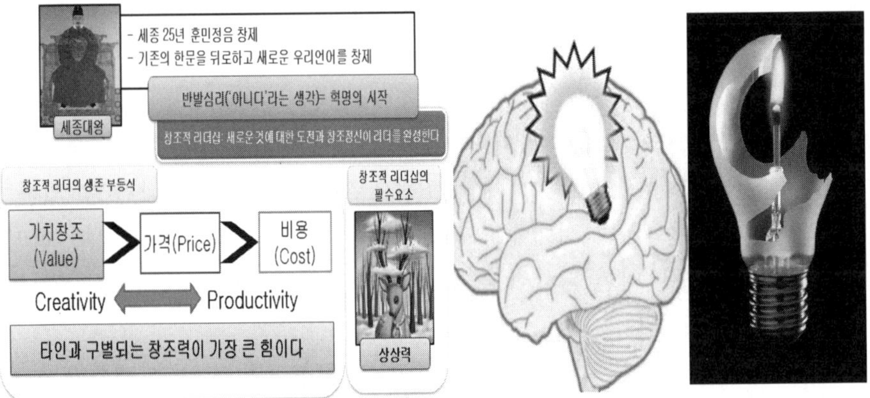

그림 8-5 창조적 리더의 생존 부등식

2) 창조적 리더의 기술

구성원을 창조적으로 이끌기 위한 리더의 기술은 다음과 같다.

5) 부산시를 비롯해 많은 자치단체에서 업무 형태에 창의적이고 혁신적인 일대 변화를 가져올 태스크 포스(task force) 팀을 가동했고, 제주특별자치도 역시 효율적인 도정(道政) 홍보로 특별자치 역량을 극대화하고 도민 만족의 창조 행정에 올인했다. 전남 목포시도 직원 각 개인의 자발적인 참여로 '새로운 목포를 창조하는 행정'을 추진하고 있다(뉴스웨이, 2011. 8. 11.).

첫째, 리더는 먼저 창조적인 사람을 대우하려고 적극 노력해야 하며 다양한 분야에 종사하는 사람들의 공헌에 감사해야 한다. 이러한 과정을 통해 새로운 아이디어를 생산하도록 격려할 수 있어야 한다. 구체적으로 리더는 창조적인 사람들을 조직의 관료주의로부터 보호해야 한다. 또한 창조 능력과 결과물에 민감해야 하고, 과거에 전혀 상상하지 못했던 새로운 수준의 품질을 평가할 수 있는 안목을 가져야 한다.

이러한 일이 쉽지는 않지만, 실제로 창조적인 사람들이 조직을 변화시킨다. 또한 리더는 창조적인 사람들을 전체 조직에 연결시켜야 하며, 아랫사람들이 이해하도록 분위기를 조성해야 한다. 그리고 구성원 모두는 창조적 일의 가치를 인정해야 한다. 무엇보다도 창조적인 사람들이 조직 내 위계 질서 속에서 공평한 대우를 받을 수 있도록 많은 기회와 공정한 대우를 제공해야 한다.

둘째, 창조적인 사람이 조직의 중요한 핵심이란 점을 기억해야 한다. 먼저 창조적인 아이디어를 가진 사람들이 언제든지 리더에게 접근할 수 있도록 기회를 부여해야 한다. 좋은 아이디어를 개진할 기회가 주어지지 않는다면 어느 누구도 노력하지 않을 것이다. 혹은 창조적인 생각이 떠올라도 발표를 보류하거나 썩히게 마련이다.

셋째, 창조적인 사람에게는 분명한 영역을 주어야 한다. 화가 렘브란트(Harmensz van Rijn Rembrandt)가 제한된 캔버스 위에 그림을 그리듯, 좋은 아이디어도 명확한 영역 속에서 도출된다. 창조적인 사람의 가장 놀라운 특징 중 하나는 제한된 한계 속에서 자신을 새롭게 하는 능력이 있다는 것이다.

넷째, 창조적 사람에게는 반대할 자유가 주어져야 한다. 반대할 자유가 없는 문화 속에서는 상상력이 풍부한 아이디어가 생겨날 수 없다. 리더는 창조적인 사람을 다룰 때 그의 반대 의견을 효율적으로 사용해야 한다. 자칫 그들의 의견에 귀를 기울이지 않는다면 냉소주의자로 변할 가능성이 크다. 창조적인 사람은 그의 작품이 빛을 볼 수 있는 충분한 기회를 가져야 한다. 현실화되지 않은 좋은 아이디어는 하드웨어든 소프트웨어든 의미가 없다. 정보든 커뮤니케이션이든 창조적 작업의 결과는 조직의 발전을 위해 사용해야 한다.

다섯째, 창조적인 사람 역시 유능한 동료들과 협력할 필요가 있다. 가령 수준이 더 높은 사람과 테니스를 칠 때 도전 의식을 느끼고 실력이 발전하게 된다. 일도 마찬가지다. 유능한 사람과 일할 기회를 가질 때 좋은 결과를 낳게 된다. 창조적인 사람은 상을 바라고 일을 시작하지 않고 문제 해결 과정에서 명성을 쌓고, 훌륭한 작품만이 그들의 목표다. 명성은 그 결과일 뿐이다.

3) 창조=새로움+유용함

창조성(creativity)은 새롭고 유용한 산출물을 내는 능력으로 도덕성을 바탕으로 한 '새로움'과 '유용성'으로 요약할 수 있다. 그래서 창조적 리더십은 기존의 것보다 새롭고도 유용한 것을 만드는 것이다. 유용성도 새로움도 없다면 '답습'에 불과하고, 새로움은 없는데 유용성만 있다면 그것은 '모방'이며, 유용성은 없으면서 새로움만 있다면 '환상'에 불과하다. 남들이 다 아는 객관적 지식으로는 새로움에 이를 수 없다. 객관적 지식을 자기만의 것, 즉 주관적인 지식으로 전환해 삶 속에 적용할 때 창의는 무럭무럭 자라는 것이다.

돋아난 싹을 잘 가꾸려면 물을 주고 햇빛을 쬐어 주어야 하듯이 지식이 주관화되어 창의력으로 나타나려면 생활 속에서 배운 지식들을 과감하게 많이 사용해야 한다. Everywhere, Everyday, Everything, Everybody의 4E에서 처럼 창의는 언제, 어디서나, 어떤 일에나 적용할 수 있기 때문에 마음만 먹으면 누구나 할 수 있다. 생활 속에서 지식을 적용해 지혜롭게 살아가면 그는 이미 창조인이 되어 있는 것이다. 생활 속 창조는 창조적 마인드를 갖는 것이 관건이다. 창조적 마인드 형성을 위해 창조성 관련 서적을 읽든지, 창조인을 만나 대화를 나눠 보라.

필자가 알고 있는 유명한 질문 '만년필 이야기'를 하나 하겠다. 한 회사 사장이 만년필을 들더니 "자 지금 내가 든 것이 무엇인지 맞추면 100만 원을 보너스로 주겠습니다. 대신 틀리면 감봉입니다"라고 했더니 '만년필 같은데, 그렇지만 설마 만년필을 맞추는 데 100만 원을 걸지는 않았겠지. 만년필이 아닌 다른 기능이 있는 제품일 거야'라는 생각으로 아무도 맞추지 못했다는 이야기다.

또 이런 사례가 있다. 어떤 운송 업체에서 면접에 실기 문제를 냈다. "자 여기 복잡한 매듭으로 묶인 포장 상자가 있습니다. 이 안에 들어 있는 물건을 빨리 꺼내는 것이 실기 문제입니다." 모두 끈을 푸느라고 낑낑 대는데 K는 칼로 줄을 뚝뚝 끊더니 물건을 재빨리 꺼냈다. 다른 수험생은 바보라고 놀렸다. "누가 칼로 줄을 자르면 빨리 꺼내는 줄을 모르냐. 복잡한 매듭을 푸는 것이 힘드니까 문제로 낸 거지." 그렇지만 결과는 K의 승리.[6] 발명이나 발견, 사업의 성공담을 들어보면 상당수는 고정 관

---

6) 면접관은 물건을 빨리 꺼내라고 과제를 낸 것이지 매듭을 손상시키지 말라고 말한 적이 없었다. 운송 업체의 목표인 빠른 시간에 물건을 배달하는 개념을 제대로 이해하고, 촌각을 다투는 상황에서 가장 빨리 대처할 수 있는 능력은 K가 뛰어난 것이다. 다른 수험생은 누가 요구한 것도 아닌데 매듭을 손상시키면 안 된다는 생각에 사로잡혀 있었고, 운반이 끝나면 쓰레기가 될 포장 상자와 매듭을 정성스럽게 푸는 일에 집착했다. 그래서 한 사람이 매듭을 풀기 시작하자 모두 매듭 푸는 일에 매달

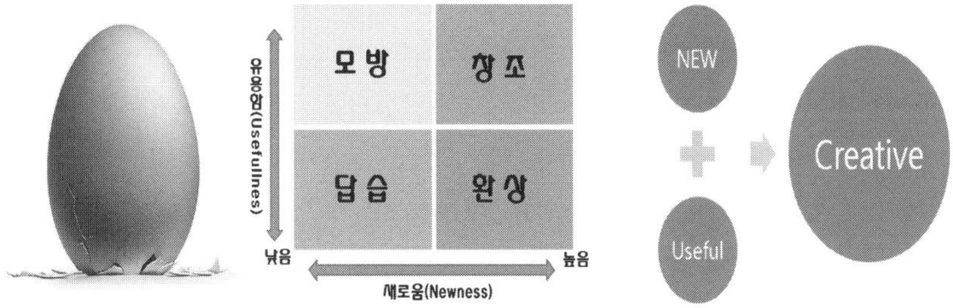

그림 8-6 창조=새로움+유용함

념을 깨는 것이 성공의 비결이라고 말한다. '콜럼버스의 달걀' 이야기부터 요즘의 만년필 이야기까지 많은 이야기가 고정 관념 깨기의 어려움을 말해 준다. 이는 곧 유연한 사고를 갖추기가 쉽지 않음을 의미한다.

2 창조적 리더의 삶을 찾아서

우리는 가끔 창의성과 천재성을 오해하고 있다. 창의성은 타고난 재능이 아니고 새로운 물결을 만들고 시대를 선도하는 새로운 시각과 독특한 해석 능력에서 오는 것이다. 요즘 학생들은 알바에 시달리고 시험에 찌드는 상황에서 새로운 환경에 대한 신선한 모험은 원천적으로 불가능하게 되었다. 우리 사회의 창의성 부재는 바로 이런 현상이 걸림돌이 되고 있다.[7)]

이때 잊어서 안 될 것은 우리의 내면에는 창의성의 씨앗이 자라고 있다는 점이다. 다만, 그 씨앗을 틔우기 위해 다양한 경험과 독서, 공상을 통한 창의성이 자랄 토양을 기름지게 해야 한다는 점이. 또 몸으로 실천하는 행동을 통해 싹이 돋아날 수 있는 기회를 마련해야 한다. 그럼 여기에서 소개하는 창조적 리더의 삶을 읽고 당신의 창의성을 발휘해 보기 바란다.

린 것이다. 만약 "매듭을 손상시키지 않는 것과 고객에게 물건을 빨리 배달하는 일 중에서 어느 것이 더 중요한가?"라고 물었다면 그들도 모두 "고객에게 물건을 빨리 배달하는 일"이라고 대답했을 것이다.

7) 창의성의 발현은 직접 보고 듣고 경험한 추억의 퇴비 속에서 이뤄진다. 동물원의 황새가 슬픈 눈으로 사육사에게 먹이를 받아먹는 장면이 아니라, 어린 시절 툇마루에 앉아 생생하게 목격한 황새가 미꾸라지를 잡아먹는 모습에서 창의성은 꿈틀거린다(박경철, 2011).

1) 토머스 에디슨

무한 경쟁 시대에 살아남는 법을 알고 있는가? 100년 전에 이노베이터(innovator) 에디슨(Thomas Alva Edison, 1847-1931)은 그 모든 것을 이미 알고 있었다. 21세기는 조직의 창조적 행위를 돕고 새로운 아이디어를 뽑아내 시장을 개척하는 이들만이 살아남는다. 이런 과정을 우리는 이노베이션이라고 부른다. 그러나 이노베이션, 창조경영, 창조행정 이런 것이 도대체 무엇이며 이를 위해 필요한 역량과 전략은 무엇인지 아는 사람은 많지 않다. 우리는 그 해답을 발명가로만 알려져 있는 에디슨에게서 찾을 수 있다.8)

그는 발명가이기 이전에 창조적 기업가였다(그는 다국적 기업 GE의 창립자이기도 하다). 24시간 동안 여덟 가지의 상품을 기획하고, 한 가지 문제에도 마흔여덟 가지의 해답을 제시하는 CEO였다. 84년 동안 1,083개의 특허를 따내고 시멘트, 축음기, 전력 인프라, 전시 방어 시스템까지 고안해 낸 그의 비결은 무엇일까? 스스로 블루오션을 만들고 끊임없이 수익을 창출해 낸 에디슨. 그는 누구보다 폭넓은 인맥을 관리하는 CEO였다. 그와 동시에 10대 시절부터 고객의 마음을 읽고 히트 상품을 기획해 내는 데 탁월했다(마이클 J. 겔브, 2008). 100여 년 전 이미 그는 이노베이션을 통한 창조경영을 실현하고 있었던 것이다! 우리는 그를 통해 무한경쟁 시대를 살아가는 데 필요한 창조적 리더십과 이노베이션의 핵심 전략을 배울 수 있다.

2) 스티브 잡스

잡스(Steven Paul Jobs, 1955-2011)는 상상력과 창의성으로 성공을 꿈꾸는 젊은이들이 가장 닮고 싶어하는 사람이다. 그는 1955년 미국 캘리포니아 주 샌프란시스코에서 미혼모 대학원생의 아이로 태어났다. 아이가 없던 폴 잡스 부부에게 입양된 그는 실리콘밸리에서 자라며 전자기술의 세계에 대한 호기심을 키워갔다. 스무 살에 부모님의 차고에서 전자공학도였던 워즈니악(Steve Wozniak)과 함께 애플 컴퓨터 회

---

8) 에디슨이 말한 어록 10계명을 소개한다. ① 만약 우리가 할 수 있는 일을 모두 한다면 우리들은 우리 자신에 깜짝 놀랄 것이다. ② 사람들이 원하지 않는 것을 발명하지 말라. ③ 사람의 마음을 창조하는 것은 사람의 인격이 조종할 수 있다. ④ 나는 실망하지 않는다. 잘못된 시도로 실패한 것은 성공으로 한 걸음 더 나아가는 밑거름이 되기 때문이다. ⑤ 내 인생의 철학은 모든 것의 밝은 면을 보고 일하자는 것이다. ⑥ 세상을 위해 일하지 않으면 사는 데 의의가 없다. ⑦ 나는 아주 싸게 전깃불을 만들어 오직 부자들만이 촛불을 사용할 수 있도록 하고 싶다. ⑧ 모든 진보나 성공은 생각으로부터 나온다. ⑨ 최상의 사고(思考)는 고독 안에서 이뤄진다. 최악의 사고는 혼란 속에서 나온다. ⑩ 과거는 모두 잊었다. 나는 미래만 보고 있다.

사를 창업했다. 이후 획기적인 컴퓨터들을 세상에 선보였고 기업 공개와 함께 백만장자가 되었다. 자신이 창업한 애플에서 쫓겨나게 되었으나 그 위기를 기회로 삼아 애니메이션 장편영화를 제작하는 사업을 시작했다. 10년 만에 다시 애플 CEO로 복귀해 아이맥과 아이팟, 아이폰을 차례로 성공시켰다. 컴퓨터와 영화와 음악 산업의 중심에 있는 존재로서 성공한 기업인을 넘어 "우리 시대의 아이콘"으로 불린다. "차가운 전자 기기에 따뜻한 인간의 영혼을 불어넣는 사람"이라는 평가를 받고 있다.

롤러코스터를 타는 것 같은 청소년기를 지낸 소년. 공식 석상에서 명품 슈트 대신 터틀넥에 청바지를 입고 나타나는 개성 강한 사람. 그리고 2009년 『포춘』 지가 '최근 10년 최고 CEO'로 선정하고 시대의 아이콘으로 불리며 애플 신화의 창조가가 된 스티브 잡스. 그는 스무 살 때 기술로 세상을 바꿀 수 있다고 믿었다. 그러나 이제는 다르다. 그는 "컴퓨터와 기술이 세상을 바꾸지는 못한다"고 잘라 말한다. 그럼 무엇이 세상을 바꿀 수 있을까? 그것은 바로 대담한 상상력이다. 이 시대의 청소년들에게 필요한 것도 바로 그 대담한 상상력이다. 우리가 그를 주목해야 하는 것도 그 이유다. 스티브는 신이 인간에게 내려준 상상력이란 것을 가장 대담하게 사용한 사람 중 하나이기 때문이다.[9]

3) 대왕 세종

세종대왕의 리더십은 현대 행정의 요체인 통찰력(head), 실행력(hand) 및 열정(heart) 등 3H의 완벽한 조화를 이룬 리더십의 결정체다. 세종대왕의 한글 창제는 '창조행정', '지식행정'의 모범 사례이며, 집현전 신하들을 끌어안는 '감성행정'은 인간 행정의 진면목을 보여 준다. 소통하는 리더, 백성을 위해 헌신하는 리더, 모두가 반대하더라도 끝까지 설득하고 이끌어 추진하는 리더였다. 왕은 소통을 원했고, 왕은 인재를 찾았고, 왕은 여론을 알았다. 그리하여 "이것이 오직 백성을 위해 필요하고 쓸모있는 것이냐?"라는 명제에 부응하기 위해 온몸으로 실천한 위대한 지도자였다.

조선 건국 당시 국민 1인당 GNP는 불과 80달러였는데 세종 때 GNP는 200달러로 세 배로 늘어난 것으로 추산된다. 1960년 우리나라 GNP가 80달러인 것을 생각하면 놀라운 경제 수준이 아닐 수 없다. 『세종실록』에는 세종의 나라가 어땠는지를 다음

---

9) "해적(海賊)이 되자." 2011년 8월 24일 미국 애플의 최고경영자(CEO)에서 물러난 잡스가 늘 직원들에게 했던 말이다. 다른 사람의 시선이나 고정 관념·규칙에 얽매이지 말고 세상이 깜짝 놀랄 일을 하자는 뜻이다. 그는 실제로 해적처럼 살아왔고 직원들도 그렇게 행동하기를 원했다. 잡스 창의력의 원천은 '해적 정신'이었다는 알려지지 않은 뒷이야기도 재미있다(조선일보, 2011. 8. 27.).

한 구절로 요약하고 있다. "왜인과 야인들도 세종의 위엄을 두려워하고 덕을 사모했으며, 세종 30년간 백성은 전쟁을 보지 않고 편히 살면서 생업을 즐겼다(倭野人畏威懷德 三十餘年之間 民不見兵 按堵樂業)."

특히, 세종의 조선은 유달리 창의력도 왕성했다. 세종 시대에 조선의 세계적인 발명은 29건이었는데 중국은 5건, 일본은 한 건도 없다. 한국과 중국을 제외한 나머지 나라는 모두 합해 28개라고 일본 도쿄대학(東京大學)에서 발행한 『과학사사전』이 기록하고 있다. 그리고 세종대에 나온 새로운 발명은 무려 5천 건에 이른다. 가히 세종 르네상스라고 하지 않을 수 없다.[10]

어쨌든 세종은 세계 최초이자 유일하게 백성을 위해 직접 글자를 만든 임금이고, 이 점은 세계 속 어떤 언어의 태생과도 차별화된다.[11] 디지털이 0과 1, 두 숫자로 이뤄졌듯이 한글은 모음이 천지인(天地人) 세 글자, 그리고 자음의 경우 조음기관의 모양에 따른 아설순치후 다섯 글자 등 총 여덟 자를 응용해 만들어진 정말 단순하면서도 과학적인 언어다. 이 때문에 필자는 디지털 시대에 소셜네트워크서비스(SNS)를 통한 '소통'을 가장 쉽고 합리적으로 구현할 수 있는 언어가 바로 한글이라고 자부한다.

4) 셰이크 무하마드

2024년 하계올림픽 유치를 준비하는 곳, '두바이'라는 이름을 모르는 사람은 없다. 두바이는 우리에게 많은 것을 떠올리게 한다. Do bai(메뚜기)라는 뜻이 Do Buy라는 뜻으로 통하게 되고 두바이에는 실패를 제외하고는 모든 것이 가능한 곳이 되었다.[12]

---

10) 세종 르네상스를 이끈 세종의 창의적 리더십은 어디서 나왔을까? 최근에는 그의 불행한 유년 시절을 주목하고 있다. 그 이유로 1397년 조선 건국 5년째에 태어난 그는 피비린내 나는 두 왕자의 난을 온몸으로 겪으며, 정치게임에서 생존하려면 어떻게 처신해야 하는지 본능적으로 체득했다고 보는 견해도 있다.

11) 「용비어천가」 첫 문장인 '뿌리 깊은 나무'의 뿌리는 백성을 지칭한 것으로 뿌리, 즉 백성이 건강해야 나라가 튼튼하게 지탱된다는 걸 담고 있다. 2011년 겨울에 방영한 SBS 「뿌리 깊은 나무」에서 세종(한석규 분)은 이렇게 탄식한다. "나는 백성들이 미웠다. 그래서 나는 글자를 만들었다!" 이것은 복합적인 감정의 표현이며 인간적이며, 고독한 리더의 모습이다.

12) 셰이크 무하마드가 두바이의 미래 발전계획 구상을 선언하며 내건 대국민 모토는 "꿈에는 한계가 없다. 미래로 나아가라(Dreams have no limits. Go further)"다. 이 짧은 문구 안에 그의 통치철학이 함축되어 있다. 그것은 바로 꿈의 실현이다. 두바이에서는 꿈을 꾸면 곧 현실이 된다. 열사(熱砂)의 땅에서 스키를 즐길 수 있고, 해저 20m에 위치한 호텔 방에 누워 걸프 해의 심해를 감상하고, 원격으로 조정되는 로봇 기수가 이끄는 낙타들의 경주를 관람할 수 있다. 또한 해상에서는 야자수와 세계 지도를 본딴 인공 섬이 펼쳐지고 불모의 땅 지상에서는 각양각색의 외관을 한 300여 고층 건물들의 마천루 쇼가 공연된다. 모두가 불가능하다고 생각할 때 그는 그것을 가능한 것으로 만든다.

그림 8-7 세계적 이목을 집중시킨 두바이를 알리는 이벤트

불과 30만 명의 부족을 이끌고 있는 한 베두인(Bedouin) 족장이 "이제 두바이는 세계 도시가 아닌 세계 그 자체"라고 외쳤다. 부족민들도 "우리는 세계 최초, 세계 최대, 세계 최고"라고 따라 외치고 있다. 돈키호테의 허풍처럼 들리는 이야기지만 그들은 꿈을 현실로 만들고 있다. 중동 국가들 사이에서는 두바이식 개발 붐이 몰아쳐 거품 논쟁까지 일 정도다. 그렇다면 '두바이'라는 생소한 이름의 도시가 어느 순간 우리에게 이렇게 빠르게 다가올 수 있었던 이유는 무엇일까?

사막이라는 공간적 한계과 석유 고갈이라는 시간적 한계를 극복하고 새로운 기회로 창출하는 '통찰력'의 리더십과 사막에서는 상상하기 어려운 실내 스키장이나 바다 위에 인공섬을 만들어 해상도시를 건설하는 것은 알래스카에서 냉장고를 팔겠다는 역발상의 '창의력' 리더십 때문이다. 전 세계 부호(외국 자본)들을 두바이로 끌어들이기 위해 과감한 규제 철폐와 자본 자유화의 신속한 단행은 사업 목표를 세우면 흔들리지 않는 '추진력'의 리더십을 갖춘 인물이 바로 세이크 무하마드다.

현재 두바이는 3무(無), 즉 세금, 비자, 도둑이 없다고 할 정도로 성황을 이루고 있으며 두바이의 도로를 지나다 보면 많은 구호를 볼 수 있다고 한다. 그 중 하나가 'Do Buy'다. 'Do buy Dubai'. 두바이를 사라. 모든 것이 가능하고 역동적이고 발전하고 있고, 세계의 중심이 될 두바이를 사라는 것이다. 두바이에 투자하라는 것이다. 두바이는 실제로 여러 대륙 간의 석유 및 재화의 중개 무역을 위한 준비를 하고 있다. 공항과 항만의 인프라 구축을 통한 중개 수익을 노리는 계획이 진행 중이다.

무하마드(Sheikh Mohammed) 국왕은 지금 자신의 아버지가 꿈꿔 왔던 것의 10분의 1도 이루지 않았다고 말한다. 그러나 현실을 냉철하게 진단하는 통찰력, 도전과 모험 정신으로 먼 미래를 내다보고 발전상을 머리에 그릴 줄 아는 상상력, 불가능은 없다는 자세로 일사천리 밀어붙이는 실천력 등 리더십의 3대 조건을 고루 갖춘 지도자 무하마드가 있기 때문에 그 꿈을 이루리라고 본다.

물론 모든 것이 그렇듯이 양지가 있으면 음지가 있게 마련이다. 두바이가 지금의 화려한 모습을 갖췄다면 그것을 이루기 위한 피해와 아픔의 흔적이 남아 있을 수 없다. 두바이에 대한 가장 큰 걱정은 부동산에 관련된 문제, 투자 자금에 관련된 문제다. 두바이 경제 발전의 대부분이 외국 자본에 의한 것이라는 것이다. 그것은 외국 자본이 빠져나가면 일시에 두바이 경제가 휘청할 수 있다는 이야기다.

또한 지나친 개발정책에 의한 부동산 가격의 상승이다. 이는 매년 10% 이상씩 상승하는 임대료에서 보듯 그곳의 거주민들에게 큰 부담을 주고 있다. 더구나 부동산 가격의 거품 붕괴 우려로 분양된 건물들의 입주가 20%에도 못 미치는 곳이 많다고 한다. 물론 이러한 걱정과 우려에 대해 두바이 정부는 급성장하는 청년의 모습에 비유하면서 성장 중에는 아무리 많은 것을 먹어치워도 절대 소화시키지 못할 것은 없다고 주장한다. 그러나 아직도 그러한 우려가 완전 해소된 것은 아니다. 그러나 그들의 지금까지의 결과를 폄하하는 사람은 적다.

생각의 장(coaching point)

란체스터 마케팅 전략: 3배의 법칙

란체스터 마케팅 전략(Lanchester's Strategy Master's)에는 3배의 법칙이라는 것이 있다. 2등은 3배의 노력을 해야만 겨우 1등과 비슷해진다. 1등이라면 동일화 전략을 써야 하고, 2등 이하는 차별화 전략을 추구해야만 성공의 길이 보인다. 흔히 1등을 모방하고 따라하기 쉬운데 그러면 오히려 1등을 도와 주는 결과가 된다.

'블루 오션 마케팅(blue ocean marketing)'에서 2등 이하가 어떤 주장을 할 때, 1등이 그 주장을 해버리면 사람들은 2등이 아니라 1등의 말에 귀를 기울인다. 그래서 1등에게는 동일화 전략이 효과적이다. 1등 프리미엄이 무서운 이유이기도 하다. 1등이 아닌 모든 조직은 1등과는 다른 차별화된 모습을 찾아서 자기 주장을 해야만 비로소 생존의 길이 보인다. 블루 오션을 외친 지 몇 년이 지났지만 아직 5%도 진행되지 않았다고 한다. 블루 오션을 찾는 창조적 리더십을 발휘해 보자.

행동(practice)과 습관(habit)의 장

역발상과 창의적 리더

정보와 지식은 더 이상 부를 창출하는 기반이 되지 못한다. 이제 무엇이 새로운 '부'의 창출을 지배할 것인가? 결론부터 말하자면 답은 '아이디어'와 '창의성'이다. 정보 격차 대신 아이디어 격차가 모든 경쟁력을 좌우할 것이며, 그 경쟁력은 부의 창출을 원천적으로 지배하는 '창의적 계급'을 만들어 낼 것이다.

바퀴를 활용해 새로운 물건을 만든 두 사람이 있다. 한 사람은 바퀴 달린 장갑을, 다른 한 사람은 바퀴 달린 운동화를 만들었다. 둘 다 남들이 생각하지 못한 것을 발명했으니 똑같이 창의적이라 할 수 있을까? 이 중 상품화되어 여러 사람에게 즐거움을 주는 것은 바퀴 달린 운동화다. 창의성이란 이미 있는 것을 새로운 방식으로 조합하거나 분해해 재구성하는 사고 성향이다. 독창적인 아이디어로 남들이 생각지 못한 물건이나 이론을 창조한 것만으로는 창의적이라고 할 수 없다. 새로 만들어 낸 것이 전의 것보다 더 효용 가치가 있어야만 창의적이라 할 수 있다.

창의성은 학교 성적과는 직접적인 관련성이 없다. 누구든 가치 있는 것을 창조해 내려는 의지와 호기심을 가진다면, 창의성을 기를 수 있다. 창의성은 우리가 접하는 일상생활에서도 개발되고 발휘된다. 작은 사물이나 사소한 현상도 그냥 지나치지 않고 거기서 뭔가 새로운 것을 발견하려는 노력, 고정된 관념을 깨고 달리 생각해 보려는 노력에 의해 우리의 뇌는 차츰 창의적으로 발전하는 것이다. 마치 우리가 운동을 통해 근육을 잘 발달시킬 수 있듯이 끊임없는 두뇌 훈련을 통해 창의적 사고 능력 또한 길러질 수 있는 것이다.

사하라 사막에 사는 사람들에게 눈을 치우는 제설차를 수출한 사람이 있다. 평생 눈을 한 번도 구경해 본 적도 없는 사람들에게 눈을 치우는 차가 무슨 소용이 있을까. 그래서 그는 제설차를 모래를 치우는 데 좋은 차로 선전해 수출했다. 그래서 사막에 사는 사람들은 지금도 고속도로에 쌓인 모래를 제설차로 치우고 있다. 이러한 열정의 상혼(商魂)과 창의성을 발휘해 에스키모인에게 냉장고를 파는 법과 스님에게 빗을 파는 법 등등 아래 질문에 토의하고 그 결과를 적어 보기 바란다.

(1) 스님에게 빗을 파는 법은?

(2) 에스키모인에게 냉장고(에어컨)를 파는 법은?

(3) 종이컵으로 할 수 있는 것 100가지?

(4) 이 세상에 종이가 한 장도 없이 사라진다면 어떤 일이 일어날까?

(5) 모든 사람의 얼굴이 같다면 어떤 일이 일어날까?

(6) 바람을 그림으로 그려 본다면 어떻게 그릴 것인가?

(7) 계란으로 할 수 있는 것은 몇 가지나 될까?

(8) "죽여준다"는 말을 어떤 상황에서 사용할 수 있을 까?

(9) '사랑'을 그림으로 그려 본다면 어떻게 그릴 수 있을까?

(10) 나를 동물이나 식물으로 표현해서 그리면 어떻게 그리겠는가?

제 9 장 여성 리더십과 감성 리더

제 1 절 여성 리더십

여성 리더십은 21세기 피할 수 없는 리더십의 유형이다. 여성 리더십이 부상하고 있다. 사회의 고도화, 글로벌화와 이해관계의 다양화로 갈등 조정, 중재 능력이 더 많이 필요해졌다. 소통과 네트워크의 중요성이 증대되고 있는 업무 환경으로 인해 직장인 10명 중 7명이 여성 리더십을 선호하고 있다. 여성 리더십은 감성을 기반으로 섬세하고 부드러우며, 공사(公私) 구분이 명확하고, 직무보다는 사람 간의 관계를 중요시하는 리더십이기 때문이다.[1)]

여성 리더십은 여성의 사회경제 활동 참여가 증가하고, 여성의 사회적 지위가 높아지고, 사회 각계에서 여성 리더들이 활약하면서 연구도 활발히 진행되었다. 즉, 리더의 위치에 오르는 여성이 남성에 비하면 소수이기 때문에 많은 사람이 관심을 갖게 되었고, 이러한 관심은 과연 여성이 리더로서 어떤 자질을 가지고 있는가, 남성과 비교할 때 여성의 리더십 스타일은 무엇이 다른가 하는 논쟁을 불러일으키고 있는 것이다.

---

1) 여성 리더십이란 말에서 풍기는 이미지 자체가 우리나라의 깊이 뿌리박힌 남녀 성차별을 의미하는 말처럼 느낌을 받았지만, 여성 리더십은 1985년 로덴(Marilyn Loden)에 의해 여성적 리더십(feminine leadership)이라는 개념으로 제시했다. 요즘에는 전제 군주적 리더십을 거부하고 섬김·포용·배려와 팀 위주의 참여적 관리구조를 선호한다. 그래서 팀과 협동적 의사결정을 특징으로 하는 여성 리더십이 계층과 전제적 의사 결정에 의존하는 전통적 리더십보다 주목받는다고 주장했다.

또한 조직의 변화에 따라 남성적이며 가부장적 리더십의 비효율성이 드러나면서 그에 대한 불만과 대안적 리더십에 대한 욕구가 증대되면서 증가되면서 여성 리더십이 주목받게 되었다. 남성만의 리그에서 승리하기 위한 여성 리더십이 무엇인지 알아본다.

1 여성 리더십의 특징

국내외에서 여성 파워가 날로 강해지고 있다. 남녀가 동등하다는 인식이 확산되면서 여성의 사회 진출이 활발해지고, 성별로 직업을 구분해 오던 경계선도 더욱 모호해지는 추세다.

이러한 '여풍(女風)' 현상은 남녀 관계를 질적으로도 변화시켰다. 예전에는 엄두조차 내지 못했던 직종과 직위에 진출하는가 하면 일부 분야에서는 '여초(女超)' 현상을 걱정해야 할 정도다. 이런 추세에 힘입어 여성의 한계처럼 받아들여지던 이른바 '유리 천장(glass ceiling)'이 사회 곳곳에서 균열을 넘어 파열 조짐을 보인다. 이는 행정, 정치, 법조, 외교 등 각 분야에서 다양하게 나타나고 있으며, 상대적으로 여성 약세가 심했던 대기업 분야에서도 유사 현상이 미흡하나마 조금씩 일고 있다.[2)]

이제 공부, 운동, 리더십, 인간관계 등 모든 면에서 남학생을 능가하는 여학생을 일컫는 엘리트 소녀인 '알파 걸(alpha girls)'이 미국 등 선진국은 물론, 우리나라에서도 출현해 새로운 여자의 탄생을 알리고 있다. 이러한 현상 속에서 여성 리더십의 특성을 살펴보면 다음과 같다.

1) 관계 중심적 리더십이다

리더와 팔로어 관계를 중요하게 생각하는 것은 성공한 여성 리더들의 특징이다. 여성들은 권력으로 타인 위에 군림하고, 타인을 압도하고 지배하는 것을 좋아하지 않는다. 경직된 상하 관계보다는 유연한 상호작용 관계를 추구한다. 여성들이 좋아하는 권력은 공유, 동반, 공존의 이미지를 갖고 있다. 관계 중심적 리더십에서 통용되는 권력은 돌봄, 배려, 헌신과 같은 여성이 가지고 있는 모성애를 기초로 한다고 보면 된다.

---

2) 앞으로 변호사의 대부분은 여성이고, 검사도 여성이며, 판사도 여성이 대부분일 것이라는 전망과 함께 오직 범인(犯人)만 남성일 것이라는 유머가 있을 정도다.

이제 황제적 리더의 시대는 저물고 리더의 인격에 대한 관심이 증가되면서 겸손하고 도덕적 리더, 단순히 가족과 일뿐 아니라 전체 삶의 균형을 가진 리더, 말과 행동이 일치하는 리더가 존경받고 있다. 그러므로 관계 지향적이며 '여성성'의 속성을 바탕으로 한 여성 리더십은 지식행정 시대에 새롭게 요구되는 대안적 리더십으로 유용할 것이다. 이러한 모성애에 기반한 여성 리더십은 감성을 바탕으로 조직원 간의 정서적 친밀감을 중요하게 생각하고 가정 친화적인 조직 분위기를 만든다.

관계 중심적 리더십은 규칙에 의한 통제 방식보다는 친밀감과 이해, 배려에 바탕을 둔 업무환경을 조성하는 것이다. 반드시 존댓말을 사용하고 정중함은 기본이다. 나이 어린 직원을 대할 때도 야단칠 때도 부드러운 방법을 선택하려고 노력한다. 남자 부하를 대할 때도 가장으로서의 자존심을 배려하는 세심함이 보이고 있다. 성공한 여성은 타인을 감동시키는 능력을 리더십으로 보여 준다.[3] 이러한 리더십은 마더 테레사(Mother Theresa)를 통해 익히 검증된 바 있다.

2) 유연한 갈등 대처 능력을 보여 준다

여성 리더십은 강한 감정 통제력과 유연한 갈등 대처 능력을 보여 준다. 여성에게 비친화적이었던 조직문화, 홍일점 시기를 거쳐야 했던 여성들은 자연스럽게 남성보다 훨씬 더 많은 갈등 상황에 노출되었다. 따라서 성공한 여성들은 이 갈등 상황을 넘어서는 자기만의 전략을 갖고 있다. 부하들을 다스리는 방법에 대한 노하우에서부터 구설수에 대응하는 법, 여성을 순한 양으로 길들이려는 교육에 대한 대처법, '착한 여자 콤플렉스'에서 벗어나는 법, 팀 리더로서 자리를 찾는 법 등 조직 속에서 성공한 여성은 자기 나름대로의 갈등 대처 능력이 있다. 아무리 불리한 상황에서도 어려움을 이겨내고 상황을 통제할 줄 아는 '왕언니'인 것이다.

예를 들어 여성은 조금만 부각되면 구설수에 오르는 경우가 많다. 회사의 고위층과의 스캔들이나 성격이 이상해서 이혼했다 등의 소문들이 나돈다. 그럴 때 절대 흥분하지 않고 소문이 잠잠해질 때까지 기다린다. 그리고 기회가 오면 자신의 능력을 보여 줌으로써 그 소문을 아무것도 아니게 만들어 버리는 것이다. 억울하다고 직접 해명하겠다고 나서면 더 이상한 여성으로 보일 수도 있음을 잘 알고 있는 것이다.

---

3) 예를 들면, 어떤 특별한 날 여성 리더가 직원들에게 자신이 직접 고르고 직접 포장한 선물을 하나하나 나눠 주는 것과 같은 일이다. 선물을 준다는 자체만으로도 감동인데, 직접 고르고 포장한 정성이 선물에 담겨져 있기 때문에 직원들은 큰 감동을 받게 되고, 이런 과정을 통해 직원들은 리더의 헌신적인 추종자가 되고 리더와 추종자 간에 정신적인 유대감이 생기게 된다.

3) 감정 통제력이 강하다

여성 리더십은 감정 통제력이 강하다. 감정적인 성향, 이는 여자들의 약점으로 자주 지적되곤 한다. 대부분의 여성이 마음에 안 들거나 억울한 일이 있으면 눈물을 보이거나 언성을 높이면서 싸운다. 이것은 여성에게 엄청난 손해를 가져온다. 앞뒤 맥락은 없어지고 여자가 울고불고 싸웠다는 사실만 남아 소문이 되어 돌아다니기 때문이다. 이는 결국 자질 부족으로 여겨지기 쉽다. 이러한 사실을 여성 리더들은 잘 알고 있다. 술자리에서 음담패설을 하거나, 사적인 심부름을 시키는 등 여자라는 이유로 부당한 대우를 받았을 때 감정을 통제하고, 약간의 뻔뻔함, 동요되지 않는 자세, 여유 있는 웃음, 무관심 등의 유연한 대처 능력을 가지고 있는 것이다.

4) 민주적 리더십이다

민주적 리더십은 참여적 리더십이라고도 한다. 이것은 조직의 방침과 활동은 다수 성원의 의사를 종합해 결정하고, 자발적인 의욕과 참여에 의해 조직 목표를 달성하려는 것이다. 이때 조직원들은 리더를 중심으로 적극적인 참여와 협조를 아끼지 않는다. 기본적으로 리더와 조직 구성원들은 서로의 의사 소통을 원활히 하고 창의와 개발에 노력한다. 특히 적극적인 참여와 협력을 통해 능률을 높인다. 이러한 민주적 리더십이 여성 리더십의 가장 큰 특징이자 장점이다.

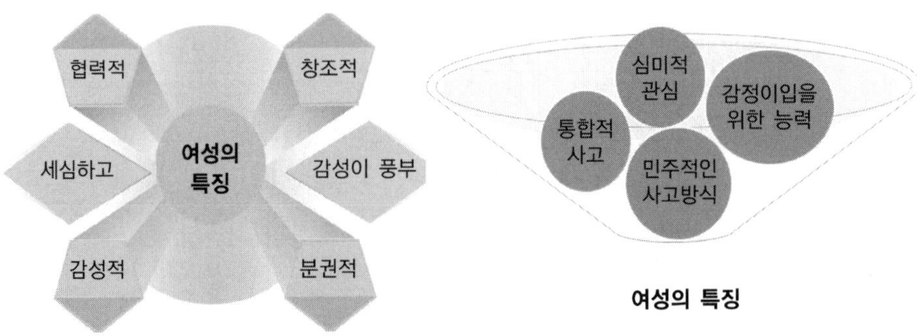

그림 9-1 여성 리더십의 특징

2 여성 리더십의 계발과 노하우

여성 문화에 비해 남성 문화는 폭탄주를 돌리면서 조직을 장악하는 리더십이다. 하지만 여성들은 남성들과 동등한 실력 대결을 펼쳐 실적으로 승부하는 리더십, 합리적이고 철저한 업무 처리로 청렴성과 도덕성을 앞세우는 리더십으로 남성 중심적 사회에서 성공하기 위해 펼쳐 왔다. 그러나 21세기 새로운 여성 리더십은 남성 문화의 경쟁과 대결 중심의 리더십이 아니라 여성이 가지고 있는 특유의 가치관과 노하우를 발휘하는 리더십이다.

누구나 클레오파트라가 될 수 없고, 누구나 마돈나가 될 수 없고, 누구나 힐러리가 될 수 없고, 누구나 양귀비가 될 수 없다. 오히려 그것이 이상하다. 그들처럼 되고자 하기 전에 먼저 자신이 누구인지 자신의 감정에 올인하고 여성이 약점이 아닌 경쟁력임을 알아야 한다. 백마탄 왕자는 동화 속에나 나오는 이야기다. 자신을 구원할 수 있는 유일한 사람은 '남자'가 아니라 바로 '그녀 자신'이라는 것이다.

1) 여성들이여, 출세하고 싶은가?

1990년 헬겔슨(Sally Helgensen)은 여성 리더들의 시간 활용을 연구해서 여성 리더십의 방식을 밝혔다. 그 결과에 따르면 여성은 꾸준한 속도로 일하는 반면 쉬는 시간이 많지 않다. 그들은 40~60%의 시간을 공식적인 일을 하는 데 사용한다. 여성은 계획되지 않은 우연한 일을 방해라고 생각하지 않는다. 그리고 여성은 일과 직접 관련이 없는 과외활동을 하는 데 기꺼이 시간을 배정한다. 여성은 실제적인 만남을 더 좋아하지만, 간접적인 교류인 편지 쓰기와 읽기에도 시간을 할애한다. 여성은 조직 외 사람들과 많은 네트워크를 형성하고 유지하려고 노력한다. 그리고 여성들은 위계적 지휘 체계의 위(top)에서 지도하는 것이 아니라 조직의 중심(center)에서 조직을 이끌어 가는 경향이 있다고 했다.

성공한 여성 리더들은 환경과 변화에 관심을 갖고 있으며, 자신이 맡고 있는 여러 가지 측면에서 아이덴티티를 갖고 싶어한다. 많은 여성이 새로운 프로젝트를 시작하거나 업무를 수행하던 중 예기치 못한 복병을 만났을 때 어디서부터 풀어 나가야 할지 당황한다. 정보사회에서는 서로 다른 것을 묶어 줘야 하는 경우가 많은데 이러한 휴먼 네트워킹이 약하면 실력을 발휘할 수 없다. 그러나 성공한 여성 리더는 그렇지 않다.

여성 리더로 성공한 한 여성의 말이다. "점심 시간만큼은 반드시 밖에서 먹으라" 그 이유는 점심 때 친구나 동종 업계 관계자들과 어울리며 정보를 수집하고 교분을 넓힐 수 있기 때문이다.

2) 차세대 여성 리더의 노하우

래드클리프연구소(Radcliff Institute)의 연구에 의하면 여성 리더십에 대한 현황 파악과 더불어, 여성이 어떻게 리더십 기술을 계발할 수 있는지 그 나름대로의 방법을 제안했다. 짤리는 여자, 승진하는 여자는 어떤 것인지 필자의 견해와 함께 재구성해서 소개한다.

첫째, 내면의 호기심과 열정을 따라라. 도덕성과 가족에 대한 가치를 명확히 설정하고, 그것을 리더십의 중심에 놓아라. 무엇보다 주인 정신이 중요하다.

둘째, 직업에서의 성공과 만족을 위해 다양한 길을 모색하라. 단순히 전통적인 직업을 선택하지 마라. 결혼이나 할까라고 말하지 말고 다양한 방향을 찾아보아라.

셋째, 모든 것을 가질 수 없다는 부정적인 사람의 말을 듣지 마라. 가능한 교육을 많이 받아라. 직업을 자꾸 바꾸고 경력 초기에 어려운 업무나 외국 업무를 맡아라. 일을 위해 가족을 희생하지 마라. 그럴 필요가 없다.

넷째, 실제로 모든 것을 완벽하게 할 수 없다. 사소한 상처에서 벗어나야 한다. 인생에서 가장 중요한 것, 가장 행복한 것을 달성하기 위한 목표를 세우고 나머지는 포기할 수도 있어야 한다.

다섯째, 자신만의 독창성을 살려라. 여성의 특징을 거부하지 말고, 감성과 직관의 균형을 잡도록 배워라. 논리적인 사고가 필요하고 사소한 하소연에서 벗어나야 한다. 수다보다 침묵을 활용 하는 법도 배워라.

여섯째, 끊임없이 배워라. 여성이 아닌 한 개인으로서 만족할 수 있는 직업을 선택하라. 남성의 세계에서 남성같이 되려고 노력하지 말고, 당신의 인생에서 품위 있는 여성이 되려고 노력하라. 남성을 알아야 조직에서 이길 수 있다.

일곱째, NQ가 기회를 만든다. 강한 네트워크를 형성하라. 수퍼 우먼이 되려고 노력하지 말고 인맥을 쌓아라. 30~40년 동안 가족과 일을 위해 동시에 노력해야 한다. 남자 친구의 약속보다 회식 시간을 지켜야 한다.

여덟째, 직면하는 도전, 특히 직업과 가족이라는 두 가지 일에서 현실적으로 균형을 잡는 것이 필요하다. 여성의 현실을 이해하고, 가족 중심적으로 회사 분위기를 발전시켜야 한다. 하지만 사내정치는 필수 불가결함을 알아라. 상사의 입장에서 한번쯤

그림 9-2 여성 리더십

바라보라.

아홉째, 충성심을 보여라. 상사들이 직원을 평가할 때 가장 중요하게 생각하는 기준은 무엇일까. 아무래도 충성심일 것이다. 많은 남성이 여자는 '의리'가 없다는 말을 한다. 능력 좋은 사람이나 일을 잘하는 사람은 얼마든지 뽑을 수 있지만 그 회사를 잘 알고 또 충성심이 있는 사람을 찾기는 쉽지 않다. 성공하려면 실력뿐 아니라 조직을 이해하고 인생을 바쳐 비전을 함께할 수 있어야 한다. 어느 정도 지나면 비전을 함께할 수 있는지, 부하 다루는 능력은 어떤지 등을 중심으로 검증하게 되는데 여기서 밀려나면 안 된다. 과연 여성들이 이것이 가능할까 싶지만 성공한 여성 리더는 이렇게 했다.

마지막으로, 아이를 낳았다고 중단하지 말라. 입사 초기에 잘 나가던 여성 팀장은 지금 평범한 가정주부다. 아이를 낳은 뒤 한 해만 쉬려고 했으나 한 해가 지나자 자신감이 떨어져 직장 복귀를 포기했기 때문이다. 아기를 낳더라도 곧바로 복귀하라고 주문하고 싶다. 만일 여성 리더를 꿈꾼다면 말이다. 월급의 대부분을 보육비로 지출하더라도 투자라고 생각하라. 당장은 수입이 다 나가지만 시간이 지나면 그 정도 지출은 충분히 감당할 정도가 된다. 육아를 도와 줄 시어머니가 있는 집을 택해 결혼하는 것도 한 방법이다. 대신 회사에서는 회사 일만, 집에서는 집안 일만 하도록 하라. 너무 어려운가? 안 되면 말고. 래드클리프연구소에서 하는 말이다.

3 여성 리더십을 발휘한 인물들

최근 여성 리더에 관한 책들은 긍정적인 의견이 대부분인데, 필자도 여기에 준해서 긍정적인 사례를 찾아보았다. 든든한 버팀목이 되길 바란다.

1) 오드리 헵번

오드리 헵번(Audrey Hepburn, 1929-1993)은 「로마의 휴일」이라는 영화로 일약 전 세계 남성들의 로망이 된 그녀였지만 화려한 삶 그 이면에 또 다른 삶을 살았다. 살아 생전 많은 봉사와 희생을 베풀며 산 것이다. 아프리카의 불쌍한 어린이들을 돌보는 그녀를 보며 사람들은 진정한 아름다움을 느꼈다. 그래서 사람들은 그녀의 아름다운 외모뿐 아니라 아름다운 마음씨까지 사랑했다.

헵번은 유명세나 용모의 아름다움으로 인해 얻은 개인적인 가치는 금방 사라진다는 점을 아주 일찍 깨달았다. 그렇기 때문에 그녀는 자신만의 방식으로 스스로를 영원히 기억되도록 했고 불의를 보면 항상 거기에 맞섰으며 자신이 절감하고 있는 화제들이 주목을 끌도록 자신의 모든 에너지를 쏟아부었다. 너무나 아름다운 그녀는 1993년 대장암으로 우리 곁을 떠났다.

헵번의 인생에는 사랑과 로맨스와 화려함만 있었다고 사람들은 쉽게 생각하지만, 그 뒤에는 좌절과 외로움과 철저한 자기 훈련이 있었다. 헵번이 성공한 뒤에도 오만하지 않았고 불행 속에서도 행복을 꿈꾸고 자기관리에 철저했던 강철 같은 여성의 모습과 숨을 거두기 일 년 전 크리스마스 이브 때에 아들에게 남긴 유언의 내용이 있다.

헵번이 애송한 시는 '아름다움을 위한 방법'이다. 외형적 아름다움만을 위해 달려가는 현대인들에게 내면의 아름다움의 중요성을 일깨워 주며, 대장암 투병 중에도 불구하고 봉사의 정신을 잃지 않았던 헵번의 신념을 엿볼 수 있는 시다. 이 시는 원작자인 레븐슨(Sam Levenson)이 자신의 손녀딸에게 보낸 편지 속에 있던 시로 헵번이 세상을 떠나기 1년 전 그녀의 아들에게 읽어 준 유서와 같은 시이기도 하다.[4)]

---

4) 음악과 함께 사진을 보기 원한다면 다음(Daum) 카페의 '서강대학교 리더십센터(http://cafe.daum.net/leadershipandKJD)'에서 찾을 수 있다 그 내용은 다음과 같다.

아름다운 입술을 가지고 싶으면 / 친절한 말을 하라. 사랑스런 눈을 갖고 싶으면 / 사람들에게서 좋은 점을 봐라. 날씬한 몸매를 갖고 싶으면 / 너의 음식을 배고픈 사람과 나눠라. 아름다운 머리카락을 갖고 싶으면 하루에 한 번 / 어린이가 손가락으로 너의 머리를 쓰다듬게 하라. 아름다운 자세를 갖고

2) 마더 테레사

'빈자(貧者)의 성녀(聖女)'로 온 세계의 추앙을 받은 마더 테레사(Mother Theresa) 수녀의 주름진 얼굴, 웅크린 몸가짐, 기도하는 모습은 '사랑'과 '평화' 그 자체다. 그녀는 'Poor is Beautiful', 즉 '가난한 사람은 아름답다'라고 말하며, 가난한 사람들을 보살펴 주는 것은 그리스도를 대하는 것과 같다는 신념으로 평생 헌신해 왔다. 테레사 수녀의 외모는 왜소한데다 주름살투성이 얼굴이다. 그러나 기도로 무장한 그분은 위대한 의지와 강한 실천력을 가진 진정 '가난한 자'와 '병든 자'의 어머니였다. 신(神) 마저도 외면해버린 듯한 캘커타의 악명 높은 빈민굴에서 교황청의 보호도 없이 혈혈단신 이곳에 뛰어든 30대의 수녀가 반세기 동안 일궈낸 '사랑의 기적'에 대한 힘을 느낀다.

누구나 죽어가는 순간만큼은 사람답게 해 주고자 세운 '임종자의 집'과 버려진 아이들을 위해 세운 '고아의 집', 그리고 한센병 환자들을 위해 세운 '평화의 마을' 등 병들고 소외되고 버려진 사람들을 위해 살아온 테레사가 걸어온 길을 통해, 우리의 삶과 신념 속에서 참된 사랑뿐 아니라, 기쁨과 행복, 보람과 희망 등을 찾아서 기록해 보자. 여성 리더로서 바람직한 삶의 태도란 도대체 어떤 삶일까?

3) 오프라 윈프리

2011년 5월 24일 미국 역사상 큰 인기를 끌었던 오프라 윈프리 쇼가 25년 만에 막을 내렸다. 오프라 윈프리(Oprah Winfrey)를 모르는 사람은 없다. 그녀는 미국을 움직이는 또 하나의 힘이자 막강한 브랜드다. 불행한 어린 시절을 이겨냈고 '기회의 나라', '평등의 나라'라고 하지만 유색 인종에 대한 편견이 존재하는 미국 사회에서 흑인인 그녀는 모든 악조건을 극복하고 당당하게 성공했다.

윈프리의 과거를 보면 까만 피부의 흑인, 100kg의 뚱뚱한 몸매, 지독히 가난한 어린 시절, 결혼하지 않은 부모 사이에서 태어났고, 아홉 살에 사촌오빠로부터 강간당하고, 열네 살이 될 때까지 계속되던 친척들의 학대, 열네 살에 출산과 함께 미혼모가 되었고, 2주 후 아기의 죽음 등 불행한 과거를 경험한 여자다.

그녀의 대단한 성공의 비결은 뭘까? 윈프리는 흑인에다 뚱뚱했고, 가난하고 불행

싶으면/결코 너 혼자 걷고 있지 않음을 명심하라. [중략] 기억하라. 만약 도움의 손이 필요하다면/너의 팔 끝에 있는 손을 이용하면 된다. 네가 더 나이가 들면 손이 두 개라는 걸 발견하게 된다. 한 손은 너 자신을 돕는 손이고/다른 한 손은 다른 사람을 돕는 손이다.

했던 어린 시절을 겪었지만 오늘날 세계에서 성공한 여성 중 하나로 손꼽힌다. 어려운 환경에도 불구하고 그녀가 성공할 수 있었던 비결은 끊임없는 '지적 탐구'다. 윈프리는 어린 시절 아버지가 성경을 암송시키고 꼭 일주일에 책 한 권을 읽게 할 정도로 독서를 중요시했다.

그러나 윈프리의 삶을 오늘날 성공으로 이끈 것은 물론 '오프라 윈프리 쇼'다. 수많은 토크 쇼 중에서 윈프리 쇼는 따뜻해서 돋보인다는 평가다. 성폭행, 이혼, 아동 문제 등 누구나 공감할 수 있는 주제와 시사 문제를 섞어가면서 호스트와 시청자가 함께 울고 웃는다. 윈프리는 또한 자신의 프로그램에 유명 인사와 스타는 사양한다. 스포트라이트를 평범한 시청자들에게 비추는 것이다.[5] 유명했던 몇 가지 장면을 소개하면 다음과 같다.

첫 번째, "나는 어렸을 적 강간당했습니다"라는 고백 장면이다. 윈프리는 자신의 쇼가 시작된 1986년, 쇼를 찾은 관객들에게 "나는 어릴 적 강간당한 적이 있다"고 말했다. 윈프리는 10대 흑인 미혼모에게서 태어나고 나서 친척집을 전전하며 살았으며 아홉 살 때부터 친척과 이웃으로부터 지속적인 강간을 당했다. 그의 고백은 한 강간 피해자의 선언으로 그치지 않았다. 윈프리는 쇼를 찾은 사람들을 자신 옆에 마련된 소파에 앉히고 숨겨왔던 이야기를 꺼내놓게 만들었다. "나는 강간당했다"라 말할 수 있는 '진솔함'과 '감정이입'에 수많은 스타도 자신의 마음을 열었다.

둘째, 지방 덩어리를 손수레에 끌고 나오는 장면이다. 1988년 윈프리는 옵티패스트 다이어트(단식하며 다이어트 보조식품을 먹는 방식) 선언 4개월 만에 30㎏을 감량했다. 그는 감량 직후, 10사이즈 청바지를 입고 손수레에 30㎏의 지방 덩어리를 실은 채 등장했다. 얼마 후 "4개월간 단식했으나 방송 직후 축하 음식을 마구 먹었더니 이틀 만에 청바지가 맞지 않았다"고 털어놨다.

셋째, '통 큰 선물'을 하는 장면이다. 2004년 9월, 쇼의 19번째 시즌을 시작하면서 윈프리는 방청객 276명 모두에게 제너럴모터스(GM)의 스포츠 세단인 폰티액 G6을 한 대씩 선물했다. 이날 방청객이 받은 자동차의 가격은 모두 합해 8백만 달러(약 920억 원)에 이른다. 선물을 받은 방청객들은 '내 가족과 친구들이 차를 받아야 하는 이유'를 편지로 써 보낸 사람들. 쇼는 윈프리가 방청객 11명을 무대로 불러내면서 시

---

5) 세계적으로 알려진 오프라 쇼의 인기 비결은 한마디로 그녀의 아픈 과거와 이에 대한 그녀의 진솔한 고백이다. 또한 앵커 우먼을 하기에는 적절치 않다는 평가를 받았던 격한 성격도 그녀의 토크 쇼에 도움이 되었다. 방송 중 예정에도 없이 스튜디오 이곳저곳을 활보하고 갑자기 화를 내거나 박장대소 하는 모습에서, 시청자들은 기존의 틀에 박힌 형식과 권위가 아닌 자유를 느낄 수 있는 것이다.

작됐다. 그는 이들에게 차를 한 대씩 선물했으며, 이어 남은 방청객들에게 선물 상자를 하나씩 나눠 줬다. 윈프리는 방청객들에게 나눠 준 상자들 중 하나에 12번째 차 열쇠가 들어 있다고 말했지만, 방청객들이 상자를 열자 모든 상자에 자동차 열쇠가 들어 있었다.

넷째, 남아프리카에 여학교를 개교하는 장면이다. 오프라 윈프리는 2007년 남아프리카공화국 요하네스버그 근처에 40만 달러(약 4억 4,000만 원)를 들여 여학교를 설립했다. 그는 "내 생애 가장 자랑스러운 순간"이라고 감격했고 학생 선발 과정에도 직접 참여하는 등 학교에 대한 깊은 애정을 보였다. 하지만 그 후 두 차례 교사 섹스 스캔들과 성희롱 사건이 발생했으며, 지역 주민들과도 각종 문제가 발생해 운영에 어려움을 겪었다.

다섯째, 힐러리가 아닌 오바마를 지지하는 장면이다. 역대 미국 대통령 선거에서 정치권의 구애를 거부해 왔던 윈프리는 2007년 5월 일천한 경력의 당시 오바마 민주당 대통령 후보에 대한 지지를 선언했다. 이후 그는 민주당 경선 과정에서 오바마 지원 연설에 나서기도 했다. 윈프리는 당시 여성인 힐러리 대신에, 피부색이 같은 오바마를 지지했다는 이유로 백인 여성 지지자들로부터 많은 비난을 받기도 했다.

그렇다. 운명은 개척하는 것이다. 자신의 삶을 책임지고, 지켜 나가며, 발전시키는 것이 가장 중요하다. 먼 훗날 그녀처럼 세계 속의 여성이 되길 꿈꾸며 인생을 살아가자. 노력하는 여성이라면 당신은 아름답다!

4) 프리 마돈나 강수진

발레리나 강수진의 발을 보았는가? 언론 보도를 통해 몇 번 봤고, 사진 전시회 때도 봤다. 볼 때마다 드는 생각은 나무의 나이테와 같다는 느낌이다. 가슴이 뭉클하다. 강수진의 역사는 그 발이 온전히 말해 준다. 1967년생, 독일 슈투트가르트 발레단의 유일한 종신 단원. 그녀는 한 시즌에 토슈즈를 250켤레 쓴다고 한다. 일주일에 10켤레다. 그녀는 SBS 인터뷰에서 인터넷에서 화제가 됐던 자신의 발 사진에 대해 "너무 못생겼다, 그 이외에는 별로 생각이 없다"고 말했단다. 그러나 사람들은 그 사진을 보고 세상에서 가장 아름다운 발이라고 여긴다.

5) 한비야

한비야는 7년간에 걸쳐 이뤄진 세계 오지 여행 경험을 담은 『바람의 딸, 걸어서 지구 세 바퀴 반』, 해남 땅끝마을에서 강원도 통일전망대까지 우리 땅을 걸으며 적어

그림 9-3 우리가 기억하는 여성 리더들

내려간 『바람의 딸, 우리 땅에 서다』, 중국어 공부를 위해 꼬박 한 해 동안 머물렀던 중국에서 건져 올린 쫀득쫀득한 이야기 꾸러미 『한비야의 중국견문록』 등을 썼다. 네티즌이 만나고 싶은 사람 1위, 닮고 싶은 여성 2위, 여성특위가 뽑은 신지식인 5명 중 한 명, 평화를 만드는 100인(문화일보 주최) 등에 선정되었다.

첫째도 도전, 둘째도 도전, 셋째도 도전하라. 그리고 끊임없이 변화하라고 외치는 한비야! 그녀는 한국 나이로 지천명(知天命)을 넘겼지만 청년과 같은 열정을 지닌 여전히 '젊은 지도자'다. 주체적으로 자신의 삶을 사는 한비야에게도 한 가지 원칙이 있다. 모든 일에 겁내고 주저하기보다는 부딪쳐 본다는 자세로 임하되, 일단 하기로 마음먹었으면 '진인사(盡人事)'한다는 것이다. 99도까지 끓어오른 물을 멈추지 않고 100도까지 마저 끌어올려 '끓는 물'의 완성을 이루려는 마음가짐, 0.1퍼센트의 가능성만 보여도 끝까지 물고 늘어지는 끈기, 천재가 하루아침에 이루어놓은 일보다 보통 사람이 몇 년에 걸쳐 땀과 열정을 바쳐 이룬 일을 훨씬 더 값지게 쳐주는 삶의 태도다. 그런 그녀는 지구촌(global village)가 아니라 지구집(global home)이라는 용어를 사용하면서, 다른 나라의 다른 민족들도 진정한 한 공동체 안에 있음을 강조하고 서로 도와야 한다고 말한다. 기독교의 대형 국제구호개발기구인 월드비전 긴급구호팀장으로 일하다가 2009년 7월에 그만두었다.[6]

---

6) 그녀의 저서 상당 부분이 실제 현지 상황과는 상이한 점이 많고 내용에 앞뒤가 맞지 않는 점이 많다는 점에서 실제로 소설에 나온 지역들을 여행했던 여행가들과 네티즌들에게 조작 및 부풀림의 의혹을 받고 있다(위키 백과사전, 2012).

6) 서진규

『나는 희망의 증거가 되고 싶다』의 저자인 서진규는 20대 후반에 한 아이의 엄마로서 미군에 입대해 스무 살 장정들과 힘겨루기를 이겨내며 당당히 미군 장교로 등극했던 여자다. 최초의 주일 미군 여성 장교가 되기까지 그녀가 걸어온 길은 결코 순탄치만은 않았다. 그녀의 어린 시절은 가발 공장과 판잣집을 오가는 지독하게 가난한 생활의 연속이었다. 그러나 가난하다고 희망을 접어버릴 순 없었다. 막연한 희망과 꿈을 담은 100달러 한 장을 가지고 그녀는 미국으로 갔다. 미국에서의 생활도 힘들고 어렵기는 마찬가지였다. 식당 웨이트리스로 간신히 취직을 한 그녀는 이대로 살 수는 없다는 생각에 버루크대학에 입학했다. 낮에는 대학생으로 밤에는 웨이트리스로 지내다 결혼을 했다. 그러나 행복한 생활 대신 남편의 폭력이 기다리고 있었다. 매맞는 아내는 죽기보다 고통스러웠다 모욕감으로 괴로워하던 그녀는 마침내 미 육사에 지원했고 결국 최우수 성적으로 졸업했다.

첫 남편의 매질로부터 벗어나기 위해 뛰어든 군대 생활이지만 그녀는 모진 훈련을 이겨내며 최우수훈련병상, 최우수지도자상, 표창장 등을 거머쥐는 한편, 업무평점 만점 신기록도 낸다. 스무 살의 어린 나이에 홀로 미국으로 떠났던 그 용기와 끊임없는 도전 정신이 있기에 가능했던 일이다. 그러나 그런 그녀 뒤에는 '가시나'여서 당한 구박과 가발 공장 여공이어야 했던 가난의 이력이 있었다. 오뚝이 인생을 살아온 그녀는 결코 '희망'을 버리지 않았다. 또 다른 '희망'을 향한 서진규는 편히 살아갈 수 있는 여건이 마련된 군인의 길을 과감히 포기하고 이제는 하버드대 학생으로서 학자의 길에 들어선 것이다. 끊임없이 역동할 수 있는 힘! 그 힘의 원천을 찾아보면 다음과 같다.

첫째, 쉬우면 재미없다. 지금도 미 8군 부대에서 몸을 단련하는 그녀는 부대 안에서 여자이기에 당한 오해도 많았다. 그럼에도 불구하고 여유를 잃지 않았던 것은 남녀 구분을 두지 않은 혹독한 장교 훈련을 거친 저력이 있었기 때문이다. 1등상과 최우수지도자상을 거머쥐며 장교학교를 졸업한 그녀는 한국의 퇴계원 유류 중대로 파견된다. 여기서도 근무평점 만점을 받으며 이임식을 했던 그녀는 힘든 것을 이겼을 때 만족감을 알았던 것이다.

둘째, 가시나(여자)도 사람이다. 어려서부터 '사내'와 다른 취급을 당하며 자란 그녀는 이러한 차별은 여고 졸업 후에 취직해서도 이어졌다. 공부도 가난 때문에 물거품이 되어 짓밟힌 자존심에 미국행을 택하게 된다. 그러나 그곳에서 매맞는 아내가 된 그녀는 군대를 선택하게 되고 출산과 유산의 고통이 채 가시기 전임에도 불구하고 최우수 훈련병에 오른다. 남편의 폭력에서 벗어나고자 일에 몰두한 그녀는 보급과 검열 통과는 물론 표창장까지 받는다. 이런 사연은 『코리아타임스』에도 기사화되었는데, 이러한 태도가 그녀를 최고의 미국 사병으로 만든 것이다.

셋째, '나'를 드러내다. 이미 하버드대에서 먼저 알려져 그녀와 딸 이야기는 하버드 한국학연구소 신문에 실리기도 했는데, 그후 그녀는 한국에서도 매스컴의 주인공이 되고, 이는 『나는 희망의 증거가 되고 싶다』란 그녀의 자전 에세이로 이어졌다. 열흘 만에 350페이지를 써내려가 출판사를 놀라게 했던 그녀는 이 책을 베스트셀러로 올려놓았다.

"세상에서 가장 나쁜 것은 희망 없이 산다는 것이다. 예전에 내가 겪었던 것처럼 사회적 편견에서 벗어나지 못하거나 스스로 자신의 길을 찾지 못하는 그런 사람들을 나는 돕고 싶다." 남다른 고통의 세월이 또 다른 고통을 이길 수 있는 힘이 되었고, 이제 그 고통이 바로 남을 일으킬 수 있는 희망의 증거가 된다는 것이 그녀의 고백이다.

4 여성 리더와 남성 리더의 비교

전통적으로 리더는 이성적이며 냉철해야 한다는 관념이 강하다. 그러나 여성 리더가 통합적 사고, 심미적 관심, 감정이입을 위한 능력, 민주적인 사고 방식 등 여성의 특징을 강점으로 살린다면 조직 성원의 창의적이고 자발적인 참여를 이끌어 낼 수 있는 조화로운 리더십을 발휘할 수 있을 것이다.

여성들은 리더로서 의사결정을 할 때, 독단적으로 처리하는 것을 좋아하지 않는다. 합의, 회의, 의견 수렴, 협력, 타협, 조정 같은 단어로 여성의 민주적 리더십을 표현할 수 있다. 권위적인 리더십은 무조건적으로 리더의 명령에 따라야 하기 때문에 내면에는 많은 갈등이 존재하지만 밖으로는 표출되지 않는다. 그러나 반대로 여성 리더십은 무조건적인 복종을 좋아하지 않기 때문에 어떠한 의견 갈등도 허용하며, 발생된 갈등을 민주적으로 해결해 나가는 리더십이다.

미국의 여성학자 로즈너(Judy Rosner)의 저서 『여성이 리드하는 방법』을 읽어보면 남성 리더와 여성 리더의 비교 연구에서 여성 리더들이 여성적 원칙을 고수하는 면을 밝히고, 여성 리더십을 상호작용적 리더십(interactive leadership)이라고 이름 붙였다. 이것을 요약해 보면 <표 9-1>과 같다. 이제는 남성이 여성 리더십을 배

표 9-1 여성 리더와 남성 리더의 비교

구분	여성 리더	남성 리더
환경	• 협력적 환경, 정서적 신뢰감	• 규칙에 의한 딱딱한 업무환경
다양성	• 다양성 인정, 탄력적 운영 • 융통성이 높다.	• 다양성에 대해 보수적 • 융통성이 낮다.
권력	• 공유하는 에너지, 힘, 능력 • 관계적인 것 • 협동, 상호 의존성	• 다른 사람을 지배, 통제 • 계급주의적 • 경쟁과 지배
정보 공유	• 공유의 개념 중시	• 정보와 전문가적 지식을 권력의 원천으로 본다. • 배타적 개념
의사결정	• 관계에 중점 • 구성원 모두에 관심을 보인다. • 다양한 정보 채택	• 계급제에 의해 리드 • 권력과 관계된 특정인에게만 관심을 보인다. • 한정적 정보만 채택
갈등관리	• 중요한 상호작용의 과정으로 인식한다. • 타협과 합의 등으로 문제를 해결하려 한다.	• 갈등을 위협적이고 부정적인 것으로 본다. • 억눌러야 하는 것으로 인식한다.
리더십	• 조직의 중심에서 방사형으로 파악한다.	• 위에서 아래로의 계급적 구조로 파악한다.

출처: 주디 로즈너(2006), 필자 재구성.

워야 하는 시대다. 꼭 실천해 보길 권한다.

생각의 장(coaching point)

여성 리더의 발목을 잡는 허들(hurdle)

여자들은 사춘기가 되면 자신감을 잃고 열등감에 휩싸이게 된다는 게 그동안 심리학계의 유력 학설이었으나 '알파 걸'은 여자라는 이유로 제약감을 갖기는커녕 남학생들보다 더 씩씩하게 생활해 간다. 알파 걸의 등장은 곧바로 '알파 우먼'의 증가로 나타나 전반적으로 여성 파워의 향상을 이끌고 있다. 이러한 추이에 대한 국내외 사례를 찾아보자. 판에 박힌 역할과 남성에게 호감을 사서 승진하는 것이 아니라 제대로 된 식견을 가지고 사람의 존경을 받아서 품격 있는 신데렐라가 된 여성의 삶을 발견해 보자. 즉, 여성 리더로 향한 길목에서 발목잡는 문제점(hurdle)을 해결하고 품격 있는 여성으로 변신한 여성 리더를 찾아보고 벤치마킹하라. 동시에 고(高)학력화에 따른 '교육 허들', 일과 생활 균형을 위한 '계속 근무 허들', 리더십과 네트워크 배양을 위한 '리더 역량 허들' 이러한 세 가지 허들을 잘 극복하길 바란다.

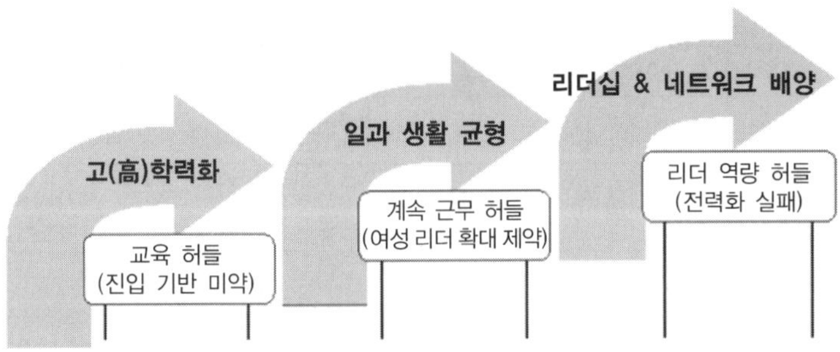

그림 9-4 여성 리더의 발목을 잡는 허들(문제점)과 해결

제 2 절 감성 리더십

토끼를 잡으려면 귀를 잡아야 하고, 고양이를 잡으려면 목덜미를 잡아야 하고, 사람을 잡으려면 마음을 잡아야 한다. 그래서 리더십은 '테크닉'이 아니라 '마음'이라 했다. 고로 "공감 능력이 사람을 부른다"는 대처(Margaret Thatcher)의 말처럼 감성 리더십(emotional leadership)은 자신의 깊은 성찰에서 시작된다. 감성 리더십은 팔로어의 감성 및 요구(needs)를 이해하고 배려함에서 나온다. 동시에 서로가 함께 추구해 가야 할 지향점으로 '공동의 선(善)'을 찾아 이를 향해 자연스럽게 구성원들을 이끌 수 있는 능력이다. 대표적 사례로 노자(老子)의 『도덕경』에서 밝히고 있는 지도자의 모습과 『좋은 기업을 넘어 위대한 기업으로(*Good to Great*)』의 저자인 콜린스(Jim Collins)가 강조한 'Level 5' 리더를 살펴보면 쉽게 이해할 수 있다.

이와 반대로 감성 능력이 부족한 리더의 공통된 특징을 보면, 우선 대부분이 타인을 이해하고 배려하기보다 자신의 입장과 이익에 몰두하는 경향이 있다. 또한 현장에 밀착해서 구성원들과 함께 아이디어를 제시하고 서로의 의견을 나눔으로써 문제 해결에 앞장서기보다 자신의 권위와 권력에 매료된 나머지 매우 독선적이고 강압적인 리더십을 발휘하는 경우가 많다. 필자는 이러한 사실을 조직 생활에서 직접 겪어본 적이 있다. 그래서 인재를 육성하지 못하고 오히려 망치는 '인재 킬러형' 리더들의 근본적인 문제점은 감성 지능의 결핍에서 비롯되었다고 할 수 있다.

1 리더의 감성 엔진과 감성 역량

1) 감성행정과 감성경영

한류 드라마의 대표작 「대장금(大長今)」의 명장면 중에 조선 최고의 수라간 상궁 자리를 놓고 한상궁과 최상궁이 '밥짓기' 대결을 벌이는 장면이 있다. 결과는 최상궁 5표, 한상궁은 9표로 한상궁이 이긴다. 승리의 원인은 사람에 대한 정확한 분석과 애정이다. 그들이 '진밥'을 좋아하는지 '된밥'을 좋아하는지 사람들의 기호까지 파악한 세심함과 감성으로 다가선 한상궁의 리더십이 통했기 때문이다.

디지털 세상의 진정한 승자가 되려면 감성으로 승부해야 한다. 감성의 로직(logic) 즉 센솔러지(sensology)를 존중하고 감성의 그물망을 펼쳐야 한다. 거기에 자기만의 독특한 감성 바이러스를 퍼뜨리면 이긴다. 감성이 통한다는 말이다. 디지털과 마음 산업의 시대에는 감성의 눈으로 사람을 대하고 조직을 바라볼 수 있는 '감성 리더'가 바로 진정한 리더로 부상한다.

지역 간 경쟁이 치열해지면서 창의력이 강조되는 시대에 억압이나 틀에 꽉 짜여진 행정으로는 한계가 있다. 내적 동기부여가 중요하고 이를 위해 '감성행정'이 반드시 필요하다. 광주 광산구 구청장은 공직사회 변화와 소통을 위해 '감성행정'을 정책적으로 추진했다. 직원들의 연가를 통한 재충전을 비롯해 만남과 교류를 통한 소통 확대, 각계 전문가들의 초청 강연 등도 마련해 공직사회에 생기를 불어넣고 있다(광남일보, 2011. 6. 26).

감성행정을 통해 군민 모두의 행복을 극대화해야 군정도 발전할 수 있다는 것이 감성행정의 모토다. 또 군정 성과가 아무리 좋더라도 군민이 행복하지 않으면 행정은 결국 공격의 대상이 될 수밖에 없다. 바로 이러한 시도가 감성행정이다. 이처럼 행정 분야에 감성행정은 시대적 사명이다. 전시행정이 아닌 감성행정으로 주민에게 최상의 치안 서비스를 제공하고 있는 것이다.

2) 감성이 곧 '리더의 힘'이다

'감성 융합'과 '마음산업'이 주목받으면서 '감성 리더십'이 위대한 조직, 위대한 리더를 위한 새로운 아이콘으로 급부상하고 있다. 냉정함과 따뜻함의 기막힌 조화가 필요한 세계에서 이제 '감성' 코드는 조용하지만 강력한 변화의 원동력이 되고 있다.

'감성'은 우리 시대의 키워드가 되었다. 감성행정, 감성경영, 감성 리더, 감성 CEO, 감성 리더십 등 이제는 감성이 곧 '리더의 힘'이 되었다. 해박한 지식과 논리적 설득이 아니라, 감성 바이러스가 담긴 이야기를 통해 사람들의 잠재된 욕망을 자극하고 공감을 이끌어 낼 수 있다면 그가 바로 곧 탁월한 리더다.

이처럼 감성이 각광받게 된 원인으로 정진홍의 연구에 의하면 '눈의 확장'으로서의 신문, '귀의 확장'으로서의 라디오 등 과거 아날로그 시대의 미디어로는 인간이 갖고 있는 오감을 이제는 제대로 전달할 수 없다고 한다. 반면에 디지털 시대의 미디어 등장은 사운드, 이미지, 텍스트, 데이터 등 다양한 요소가 복합적으로 어우러져 오감을 자유자재로 섞어서 전달하는 것이 가능해졌다. 결국 아날로그 시대가 '감성 분할'의 시대였다면 디지털 시대는 '감성 융합'의 시대라는 것이다.

비유하자면, 아날로그는 오감 즉 감성의 '따로국밥' 같은 것이고, 디지털은 오감 곧 감성의 '섞어찌개' 같은 것이라고 했다. 결국 감성 융합의 디지털 시대에는 더더욱 감성이 주목될 수밖에 없다. 어업, 농업, 목축업 등이 제1의 산업이고, 제조업 공업 등이 제2의 산업, 그리고 서비스 물류업 등이 제3의 산업이며, IT 등 하이테크 산업이 제4의 산업이라면 '하이터치'의 마음산업은 제5의 산업이다. 마음 시대가 온 것이다.

그는 "마음산업(mind industry)의 시대가 열리면서 기존의 산업들이 마음 산업으로 급속히 위치 이동을 하고 있다"고 말하면서 이것을 토플러(Alvin Toffler)가 말한 '권력 이동'에 빗대어 대대적인 '산업 이동'이라고 지적했다.[7] 마음산업 시대는 '욕구나 필요성(needs)'이 아니라 '욕망(desire)'에 부응한다.[8] 그래서 1등 리더는 '감성 엔진'과 '감성 역량'을 배양해야 한다.

2 살아 숨쉬는 감성 지능 높이기

최근 들어 두드러지게 나타나는 조직 현상 가운데 하나를 꼽으라면, 단연코 종결자급 핵심 인력 유치를 위해 펼쳐지고 있는 '인재 전쟁(talent war)'이라고 할 수 있

---

7) 일례로 제1산업의 대표적 산물인 쌀의 경우 이젠 고객을 잡기 위해 '고향의 마음'까지 담아 쌀을 '마음 상품화'하는 경우가 거의 일반화되었다. 즉 감성 마케팅의 서막이다.

8) 백색가전 시장에서 소비자들이 아직 쓸 만한 단문형 냉장고를 처분하고 새로 양문형 냉장고를 구입하는 것은 필요가 아니라 욕망에 따른 것이라는 진단이다. 자동차 시장에서도 마찬가지여서 경차의 구입이 줄고 중대형 차를 선호하는 것은 결국 욕망이 움직이기 때문이라는 것이다.

다. 예컨대 국내외 명문 대학, 고시 출신자 및 MBA 출신의 엘리트 확보를 위해 리더가 앞장서서 유치 활동에 적극 나서고 있는 모습은 이제 더 이상 낯선 풍경이 아니다.

어렵게 확보한 인재들이 하루라도 빨리 조직을 책임질 리더로 성장할 수 있도록 조직들은 다양한 육성 노력과 투자를 아끼지 않고 있다. 이렇듯 많은 조직이 핵심 리더급 인력의 확보 및 육성을 위해 총력전을 기울이는 이유는 간단명료하다. '1등 리더'의 탁월한 리더십 없이는 결코 '1등 조직'을 창출할 수 없기 때문이다.

그렇다면 진정한 1등 리더가 되기 위해서는 어떤 자질과 특성이 필요한 것일까? 이에 대해서는 리더십 전문가인 네프(Thomas J. Neff)와 시트린(James M. Citrin)이 『최고경영자에게서 배우다(*Lessons from the Top*)』란 책을 통해 시장에서 사업을 1등으로 이끌고 있는 성공 리더 50명의 열다섯 가지 공통 자질을 제시하고 있다. 그런데 이러한 자질 중 단지 세 가지만이 지적 혹은 기술적 능력과 관련되었을 뿐, 대부분이 소프트한 차원의 감성 지능(emotional intelligence)을 기반으로 한 태도나 의지라는 점에 주목할 필요가 있다. 여기서 놓쳐서는 안 될 시사점은 지적 능력 혹은 기술적 능력은 훌륭한 리더가 되기 위한 필요 조건이긴 하나, 충분 조건은 아니라는 것이다. 엘리트 코스를 밟고 탄탄한 지식으로 무장한 스마트한 사람(smart people)들이 꼭 1등 리더는 아니라는 것이다.

이들이 진정 1등 리더로 거듭나기 위해서는 살아 숨쉬는 감성 지능을 갖춰야 했다. 그렇다면 감성 지능이 특히 향후 리더가 갖춰야 할 기본 자질로 자리매김하고 있는 이유는 무엇일까? 우선 행정환경이 변화하는 속도만큼이나 조직 구성원들의 가치관 또한 너무나 빠르고 다양하게 변화하고 있다. 따라서 리더는 구성원들의 다양한 가치관과 시각을 제대로 이해하고 수용할 수 있어야 하며, 구성원들과 밀접한 상호 관계를 형성해야 하기 때문이다. 즉, 풍부한 감성 지능을 바탕으로 한 감성적 리더십을 발휘할 수 있어야 하는 것이다. 그래야만 구성원들의 필요를 충족시킬 수 있고 만족감을 느끼게 할 수 있다. 이를 통해 구성원들이 열정을 다해 일에 몰입하게 함으로써 높은 성과 창출이 가능한 것이다. 더 나아가 조직 차원에서 보면 리더와 부하 직원 간의 이해와 배려를 바탕으로 한 인간적 유대감은 신바람나게 일할 수 있는 강한 조직문화를 형성하는 토대를 마련해 준다.

이러한 사실은 심리학자인 골먼(Daniel Goleman)이 성공적인 리더와 그렇지 못한 리더 간의 차이는 기술적 능력이나 지능 지수(IQ)보다 감성 지능(EI)에 의해 크게 좌우된다는 연구 결과에서도 알 수 있다. 약 80% 정도의 감성 지능과 20% 정도의 지적 능력이 적절히 조화를 이룰 때, 리더는 효과적으로 리더십을 발휘할 수 있다는 연구 결과다. 이러한 연구는 해외 선진 조직에서 인적 자원 관리를 위한 역량 평가 도구 및 리더십 교육훈련에 적극 활용되고 있다.9)

3 감성 리더십 기법 4단계

지적·인지적 역량과는 달리 감성 역량은 중뇌에서 그 학습을 주관한다. 즉, 지적·인지적 역량은 이해와 암기, 계산 등을 통해 학습되는 것으로 전두엽에서 주관한다. 하지만 감성적 역량은 '체득'을 주요 학습법으로 하는 중뇌에서 주관한다. 그러므로 감성 역량 개발을 위해서는 기존의 이해, 암기 중심의 교육이 아닌, 실제 체험 중심의 교육이 필요하다. 많은 조직이 감성 역량 개발에 실패했던 원인 중의 하나도 바로 이해와 암기의 방식에 의존했던 것이다. 그러므로 감성 역량 개발을 위해서는 기존의 이해, 암기 중심의 교육이 아닌, 실제 체험 중심의 교육이 필요하다. 그러면 효과적인 감성 리더십 기법 4단계를 소개한다.

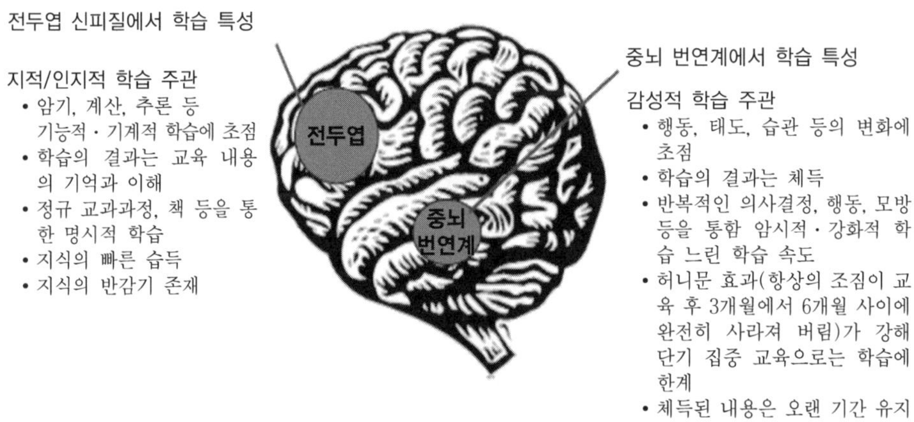

그림 9-5 뇌의 학습 특성

9) 예컨대 사우스웨스트(Southwest) 항공사가 인재를 채용할 때 '유머 감각'과 같은 태도 요인을 집요하게 심사해 선발하는 것도 감성 지능에 대한 중요성을 나타내는 주요 사례다. 또한 시스코(CISCO)사는 혁신문화에 적합한 인재 유치를 위해 전문 지식이나 직무 스킬 등 하드(hard)한 스킬보다는 대인관계, 팀워크 등 태도 및 행동과 관련된 소프트(soft)한 스킬을 80%나 반영하고 있다. GE나 3M 등도 리더십 역량 평가 항목으로 성실성이나 도덕성과 같은 감성 지능 관련 지표를 주요한 평가 기준으로 삼고 있다.

1) 자아 인식 능력

자아 인식(self-awareness) 능력이란 자신의 기분, 감정, 취향 타인에게 미치는 영향을 분명히 인식하고 이해하는 능력이다. 이상적 자아에는 사람의 열정, 감정, 동기가 스며 있다. 자기 자신을 객관적이고 냉철하게 평가하고 솔직할 수 있어야 한다. 그래서 자아 인식 능력을 갖춘 리더는 자기 자신의 감정 상태, 강점과 약점, 니즈(needs), 지향점, 가치 등을 있는 그대로 파악할 수 있다.

자아 인식 능력이 높을수록 강한 신념과 자신감을 지닐 수 있으며, 자신의 실수에 대해서도 솔직히 인정하는 태도를 갖출 수 있다. 그렇지 못할 경우 구성원들에게 거짓된 모습을 보이는 경우가 많고, 결국 구성원들로부터 불신을 받게 된다. 삶의 가능성에 갑작스러운 열정을 가지면 그때 자신의 이상적 자아의 모습을 본 것이다. 그렇다면 감성 리더가 되기 위해 무엇보다 먼저 이상적 자아로부터 힘을 끌어와야 한다. 왜냐하면 습관을 바꾼다는 것은 매우 힘든 일이기 때문이다. 개인적으로 가지고 있는 이상적 자아에 대한 이미지가 미래를 향한 공동의 비전으로 바뀌어야 하기 때문이다.

2) 자기 관리 능력

자기 관리(self-regulation) 능력이란 부정적인 충동과 기분을 통제하거나 바꿀 수 있는 능력이다. 행동하기 전 판단을 잠시 보류할 수 있는 능력이라 할 수 있다. 만일 리더가 팔로어의 사소한 실수에도 쉽게 흥분하고 자신의 감정을 통제하지 못해 팔로어를 모욕하는 언사를 자주 한다면, 그러한 리더는 구성원들의 사기뿐만 아니라 창의성을 저해하는 결과를 초래한다.

자기 관리 능력을 키우기 위해서는 이상적 자아와 현실적 자아의 유사점과 차이점에 대해 이해가 있어야만 한다. 그래서 여러 사람으로부터 다양한 피드백을 통해 정보를 모으면 자신의 행동과 다른 사람들의 당신의 행동을 어떻게 바라보는지에 대한 다양한 관점을 얻을 수 있다. 자기 자신을 효과적으로 관리할 수 있는 능력을 갖춘 리더는 자제력이나 참을성이 강하고, 성실성과 정직성을 일관되게 보여 준다. 따라서 업무에서 오는 스트레스나 갑작스러운 변화에 대한 적응력 또한 뛰어날 것이다. 이러한 리더는 쉽게 평정을 잃지 않으며, 냉철한 판단력을 가질 수 있으므로 변화의 와중에 구성원들이 리더를 믿고 따를 수 있게 하는 힘이 있다.

3) 사회적 인식 능력

사회적 인식(social-awareness) 능력이란 타인의 감정과 시각을 헤아리고 관심을 보일 수 있는 능력이다. 즉, 다른사람의 얼굴과 목소리를 통해 그 사람의 감정을 읽어내고 대화 도중에 상대방의 감정에 동조·공감하는 능력이다. 따라서 다른 사람의 감정적인 반응에 대응하고 처리하는 기술이므로 나의 사고틀에서 벗어나야만 한다. 우선 감성 지능 능력을 360도 평가를 통해 자신의 장점과 한계에 대해 면밀한 진단이 필요하다. 자기가 스스로 내린 평가와 다른 직원들이 내린 평가 사이의 차이를 확인해야 한다. 그 결과에 따라서 학습계획에 초점을 맞춰야 한다. 다른 사람들에게 자신의 생각을 이야기할 기회도 주어야 하고 자신만의 사고의 틀에서 벗어나야 한다.

4) 관계 관리 능력

사회적 관계 관리 능력(social skill)이란 인간관계를 형성하고 관리하는 능력이다. 공통의 입장을 발견하고 친밀한 관계를 형성하는 능력이다. 나를 지탱하는 관계의 힘은 무엇인가? 리더로서의 성공을 준 것은 훈련 프로그램이 아니라 '사람들, 그리고 그들과 맺은 인간관계'였다. 인간관계는 리더십 능력이 얼마나 향상되었는가를 파악하고 학습의 유용성을 파악할 수 있다. 체계적인 리더십 계발 훈련을 받은 사람들끼리 서로 도우면 더욱 쉽게 새로운 리더십을 창조할 수 있다.

극도의 겸손함과 감성적 리더십을 지닌 소유자의 공통점 다섯 가지를 콜린스 역시 제시한 바 있다. 소개하면 다음과 같다. 첫째, 상대가 저절로 느끼게 되는 겸손함과

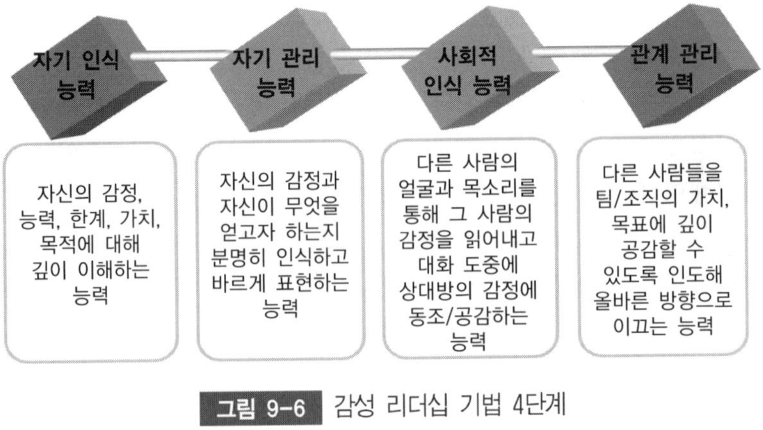

그림 9-6 감성 리더십 기법 4단계

절대 과장하지 않는다. 둘째, 고요한 가운데 침착하게 결정하고 이행한다. 셋째, 야망을 갖되 자신의 성공이 아닌 공동체를 위한다. 넷째, 잘못된 결과에 대해 창문이 아닌 거울을 보며 그 책임을 타인에게 전가하지 않는다. 다섯째, 그 조직이 성공을 하면 그 공을 타인과 외부 요인과 공유한다. 그렇다. 성공하면 그 성과를 타인과 공유해야 한다.

생각의 장(coaching point)

박칼린에게 배우는 감성 리더십

박칼린. 얼마 전 「남자의 자격」을 통해 탁월한 리더십을 보여 준 박칼린에 대한 우리 사회의 관심이 뜨겁다. 그녀는 어느 날 갑자기 나타난 신데렐라가 아니다. 방송에 출연해 합창단을 이끌기 이전에도 20여 년간 한국 뮤지컬을 개척하고 지켜온 최고의 음악감독이자, 연출도 겸하는 예술감독이다.[10] TV 속에서 오합지졸 합창단을 이끌던 당당한 모습은 이 시대가 그토록 찾아 헤매던 멘토이자 감성 리더의 얼굴이었다.

그녀가 자신의 단원들에게 보여 준 진심어린 사랑과 믿음은 '따뜻한 카리스마'라는 수식어를 만들어 냈다. 그녀는 인생을 여행의 연속이라 생각하며 존재하지 않는 새로운 것을 찾는 도전, 그리고 그것을 즐기는 열정으로 살고 있으며, 포기하고 주저하려는 사람에게는 '3일 혹은 100번'을 해보았냐고 물어보고 자신을 속이지 말기를 당부한다.

박칼린의 칼 같은 카리스마 뒤에는 구성원들을 따뜻하게 포용하고 소통하는 감성의 지도력이 숨어 있었다. 개그맨, 신인가수, 격투기 선수, 일반인 등 다양한 직종의 사람들로

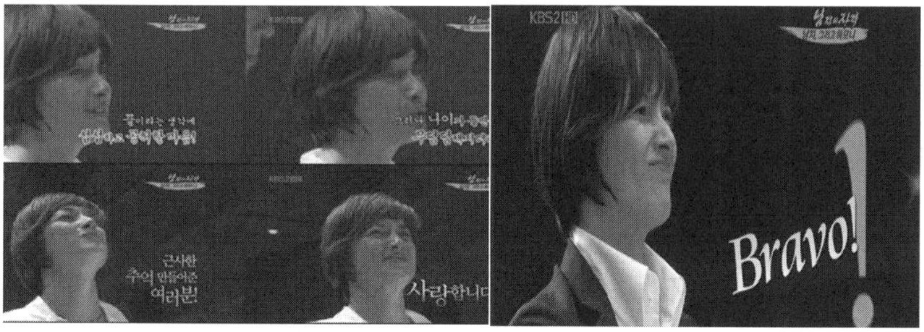

그림 9-7 박칼린의 감성 리더십

10) 현재, 음악감독은 물론 연출가로 또 다른 도전을 시작했으며 호원대학교 뮤지컬과 교수로 재임 중이다.

이뤄진 오합지졸 합창단을 단 두 달 만에 훌륭한 단원으로 조련하며 많은 시청자에게 깊은 감동과 깨달음을 선사했다. 그녀가 보여 준 원칙을 중시하는 강건함과 포용적이고 공정한 지도력은 살아 숨쉬는 감성 리더십을 갈구하고 있는 한국 사회에 시사점하는 바가 크다.

행동(practice)과 습관(habit)의 장

나의 감성 지능은?

오랜 연구의 결과 낙천주의나 침착성과 같은 감성 지능(emotional intelligence)의 특정한 측면들은 거의 완벽하게 수치로 표시될 수 있다는 것이 확인되었다. 다음은 골먼(Daniel Goleman)이 인터넷을 통해 비공식적으로 실시한 설문 조사에서 사용한 질문들이다. 이를 통해 당신의 감성 지능이 어떠한지 적어도 대략적으로는 알 수 있을 것이다.11) 당신의 행동에 가장 근접하는 항목을 고르시오.

1. 당신은 지금 극심하게 흔들리는 비행기 안에 앉아 있다. 어떻게 행동할 것인가?
   ① 대수롭게 생각하지 않고 조용히 읽던 책을 계속해서 읽는다.
   ② 스튜어디스의 태도를 통해 상황의 심각성을 확인해 보는 한편, 신중을 기하기 위해 구명조끼를 한번 만져본다.
   ③ ①와 ②의 중간쯤 행동을 한다.
   ④ 모르겠다. 당해 보지 않아서.

2. 당신은 딸을 데리고 몇몇 이웃 아이들과 함께 놀이터에 갔다. 갑자기 한 아이가 울기 시작했는데, 다른 아이들이 그 아이와 같이 놀려고 하지 않기 때문이다. 당신은 어떻게 행동할 것인가?
   ① 간섭하지 않는다. 아이들끼리 해결해야 한다.
   ② 어떻게 하면 다른 아이들이 그 아이와 같이 놀아 줄까 하고, 우는 아이와 골똘히 생각한다.
   ③ 그 아이에게 울지 말라고 친절하게 이야기한다.
   ④ 장난감을 가지고 우는 아이의 마음을 다른 곳으로 돌린다.

---

11) 감성 지능의 비판자나 옹호자를 막론하고 아직은 많은 사람이 감성 지능을 수치를 통해 적절하게 나타낼 수 있다는 가능성에 대해 의심을 품고 있다. 그것은 아마도 감성적 능력이 워낙 다양하고 개인마다 상이해서 똑같은 기준으로 평가하고 측정하기 어렵다고 믿기 때문인 것 같다.

3. 당신은 좋은 성적을 기대했던 중간시험을 망쳤다. 어떤 반응을 보이게 될 것인가?
   ① 다음 번 시험에서 성적을 올리기 위해 학습계획을 세우고, 이 계획을 철저하게 지키려고 결심한다.
   ② 앞으로 더 열심히 노력하려고 결심한다.
   ③ 스스로에게 그 과목의 성적은 그렇게 중요하지 않다고 말하며, 그 대신 성적이 더 잘 나온 과목에 집중한다.
   ④ 교수와 면담하고 성적을 다시 한 번 생각해 달라고 부탁한다.

4. 당신은 전화로 어떤 물건을 판매하는 일을 하고 있다. 그런데 당신이 접촉했던 15명의 고객이 당신의 전화에 퇴짜를 놓았다. 어떻게 행동할 것인가?
   ① 오늘은 그만두고, 내일은 운이 좋아질 것이라고 생각한다.
   ② 성공하지 못한 원인이 무엇인가 골똘하게 생각한다.
   ③ 다음번에 전화할 때에는 다른 방식으로 시도하고, 그렇게 빨리 포기해서는 안 된다고 자신을 타이른다.
   ④ 이것이 자신에게 옳은 직업인지 스스로 물어본다.

5. 자동차를 운전하던 당신의 여자 친구는 위험스럽게도 바로 앞으로 끼어드는 다른 자동차 운전자 때문에 몹시 흥분해 있다. 그녀를 달래기 위해 당신은 어떻게 행동할 것인가?
   ① "잊어버려, 아무 일도 생기지 않았잖아"라고 말한다.
   ② 그녀의 마음을 돌리기 위해 그녀가 좋아하는 음악 CD를 꽂는다.
   ③ 그녀와의 연대감을 나타내기 위해 그녀의 욕설에 동조한다.
   ④ 당신도 최근 비슷한 경험을 한 일이 있는데, 알고 보니 그 차가 구급차였다고 이야기해 준다.

6. 당신과 당신 파트너 사이에 시비가 고조되었다. 둘은 매우 흥분한 상태이고 사실이 아닌 비난으로 서로를 공격한다. 어떻게 행동할 것인가?
   ① 20분간의 휴식을 제의하고, 그 뒤에 토론을 계속한다.
   ② 싸움을 중지하고 더 이상 아무 말도 하지 않는다.
   ③ 유감스럽다고 말하고, 상대방에게 사과할 것을 청한다.
   ④ 정신을 차리고 잠시 숙고한 후, 자신이 할 수 있는 범위에서 자신의 관점을 정확히 설명한다.

7. 당신의 세 살 된 아들은 태어나면서부터 낯선 사람과 환경에 소심한 반응을 보이며 수줍음을 매우 많이 탄다. 어떻게 대처할 것인가?
   ① 그 아이가 선천적으로 수줍어한다는 사실을 인정하고, 그를 자극하는 상황으로부터 어떻게 하면 보호할 수 있을까 숙고한다.

② 아동심리학자와 상담한다.
③ 아이를 의도적으로 새로운 사람과 상황에 가능한 한 많이 직면하게 하여 불안을 떨치게 한다.
④ 아이에게 다른 사람과 많이 어울릴 수 있도록 용기를 주는 경험들을 점진적으로 하게 한다.

8. 당신은 어렸을 때 피아노를 배웠으나 오랫동안 치지 않았다. 이제 당신은 피아노를 다시 치려고 한다. 어떻게 하면 가장 빨리 배울 수 있을까?
① 일정한 시간에 매일 연습한다.
② 어렵지만 습득할 수 있는 곡을 선택해 연습한다.
③ 실제로 피아노를 치고 싶은 기분이 들 때 연습한다.
④ 상당한 노력을 들여야만 칠 수 있는 매우 어려운 곡을 선택해 연습한다.

결과 분석

질문 1: ①=20 ②=20 ③=20 ④=0
답변 ④번을 제외한 모든 것이 정답이 될 수 있다. ④는 당신은 스트레스 반응을 의식하고 있지 않다는 것을 보여 준다.

질문 2: ①=0 ②=20 ③=0 ④=0
②가 최상이다. 감성 지능이 있는 부모는 아이들의 부정적 감정을 감성 훈련의 기회로 삼는다. 부모는 아이들에게 흥분하는 원인을 이해하게 하고, 자신들의 감정을 인지하고 다른 방법의 행동 가능성들을 찾도록 도와 준다.

질문 3: ①=20 ②=0 ③=0 ④=0
최상의 답변은 ①이다. 스스로의 동기부여는 무엇보다도 행동계획을 세우고 관철시킬 수 있는 능력 속에서 나타난다.

질문 4: ①=0 ②=0 ③=20 ④=0
최상의 답변은 ③이다. 낙관주의는 감성 지능의 한 표시다. 낙관주의자는 어려운 상황을 배울 기회가 있는 도전으로 간주한다. 자기 자신에게 책임을 돌리거나 절망하지 않고 끝까지 견디며 항상 새로운 것을 시도한다.

질문 5: ①=0 ②=5 ③=5 ④=20
최상의 답변은 ④이다. 몹시 화가 난 사람에게는 그 분노에 대해 설명을 해주면 빨리 진정된다. 분노의 원인으로부터 그 사람의 마음을 돌려놓거나 왜 화를 내는지 충분히 이해가 간다고 말해 주는 것도 도움이 된다.

질문 6: ①=20 ②=0 ③=0 ④=0
최상의 답변은 ①이다. 흥분한 육체가 다시 진정될 때까지의 시간으로써 20분 혹은 그 이상의 시간 동안 싸움을 중단하는 것은 적절하다. 둘 중 하나 혹은 둘 다 맥박이 180일 때에는 상대방의 감정과 논증을 받아들일 자세가 차단되어 있다.

질문 7: ①=0 ②=5 ③=0 ④=20
④가 최상의 답변이다. 선천적으로 수줍어하는 아이들은 불안을 야기하는 상황에 점차적으로 직면한다면, 자신이 갖고 있는 억제감을 쉽게 떨칠 수 있다.

질문 8: ①=0 ②=20 ③=0 ④=0
성취 가능한 도전의 경우에 잠재되어 있던 성취 능력이 가장 잘 발휘될 수 있다.

(1) 60점 이하: 당신은 무조건 EQ를 개발해야 한다. 지능 지수와는 달리 감성 지수는 상대적으로 쉽게 향상될 수 있다.
(2) 60~120점: 당신의 감성 지수는 평균이다.
(3) 121점 이상: 당신은 상당한 감성 지능을 소유하고 있다. 당신은 자신과의 문제가 없으며, 자신의 감정을 잘 다루고 다른 사람을 잘 이해할 뿐 아니라 다른 사람들과 다감하게 교제하는 편이다.

표 9-2 종합진단 비교표

진단 내용	본인 진단점수	팀 진단점수	타인 진단점수			본인-타인 최대 차이
			상사	동료	부하	

* 본인과 타인 간의 점수 차이가 클수록 원인을 잘 점검하고 개선할 필요성이 있다.
* 좀 더 신뢰성 있는 평가를 원한다면 진단표에 제시된 문답 중에서 자신이 더욱 개선되기 위해 노력해야 하는 항목을 조직(집, 학교, 공동체, 직장)에서 가장 신뢰하는 사람이나 정직한 피드백을 줄 것 같은 사람을 선정해 경청한다.

제10장 섬김과 겸손 리더십

코칭(coaching)

'테레사 효과'라는 말이 있다. 헌신적인 봉사와 사랑, 섬김의 생애를 살았던 테레사 수녀를 연상하는 효과다. 어쩐지 그 옆에 가기만 해도, 그 이름을 듣기만 해도, 멀리서 보기만 해도 마음이 착해지는 효과를 일컫는 말이다. "저는 하느님이 쓰시는 몽당연필입니다." 그 짧은 말 한 마디는 큰 감동을 준다. 그 '몽당연필' 하나가 오늘도 많은 사람에게 꿈과 희망을 안겨 주고 있다. 그리고 '몽당연필' 하나의 향기가 오늘도 멀고도 후미진 세상 구석구석까지 널리 퍼져가고 있다. 바로 '테레사 효과'다. 헌신적인 봉사와 사랑, 섬김의 생애를 살았던 테레사 수녀를 연상하는 효과다. 어쩐지 그 옆에 가기만 해도, 그 이름을 듣기만 해도, 멀리서 보기만 해도 마음이 착해지는 효과를 일컫는 말이다.

겸손은 타인에게 자만심이나 거만함 또는 가식적인 태도를 보이지 않고 진실하게 행동하는 것이다. 겸손한 리더는 약간의 열등감이 있다 하더라도 결코 주눅들지 않는다. 결코 자신을 비하하지 않는다. 대신 타인의 견해에 기꺼이 귀를 열고 다가가며 반대의 의견도 폭넓게 수용한다. 겸손한 리더는 자신이 모든 답을 갖고 있지 않다는 사실을 항상 기억한다. 그래서 자신의 모자란 점도 기꺼이 공개한다. 그러나 자신의 가치관과 도덕성에 부합하거나 옳은 일이라고 판단될 때는 강력한 추진력을 보인다. 그리고 있는 것을 있는 그대로 보는 눈을 가지려고 노력한다.

제 1 절 섬김 리더십

필자는 영화광이다. 틈만 나면 극장을 찾는다. 하루에 다섯 편을 연속적으로 본 적도 있었다. 필자가 이러한 이야기를 서두에서 꺼내는 이유는 영화배우 황정민 씨가 2005년 제26회 청룡영화상 때 「너는 내 운명」으로 남우주연상을 수상한 뒤 밝힌 이른바 '밥상론' 때문이다.[1)] 그는 시상식에서 "스태프들이 차려놓은 밥상에 맛있게 밥만 먹었을 뿐"이라고 밝혔는데 바로 그것이 겸손이며 서번트를 의미하기 때문이다.

오늘날 왜 우리에게 섬김(서번트) 리더십(servant leadership)이 필요한가? 헌터(James C. Hunter)는 그의 저서 『서번트 리더십』에서 무엇보다 변함없는 리더십의 유일한 원칙은 "서번트"임을 밝히고 있다. 사람들은 누구나 서로 가치관이 다르고 사는 방식이 다르기 때문에 부딪히게 마련이다. 그리고 이상과 현실 간의 괴리 때문에 자기 자신과도 끊임없이 부딪힌다. 그 부딪히는 부분은 상대방에 대한 포용력이 결여된 영역이다.

특히 크든 적든 늘 집단의 문제에 직면해야 하는 리더(집안의 가장, 직장의 상사, 강단의 교사 등)는 부딪히는 빈도와 강도가 심하다. 서로 부딪히는 문제(갈등 관계)를 '관리'로 푸는 데는 한계가 있으며, 그 효과 역시 '일시적인 통제'일 뿐이지 '근본적인 해소'를 기대하기는 어렵다. 따라서 서번트 리더십은 갈등의 근본적인 해소를 위해 '내 안으로터의 혁명'을 핵심 솔루션으로 삼고 있다. 문제의 근원을 밖(다른 사람)이 아니라 안(자기 자신)에서 찾아야 한다(제임스 C. 헌터, 2011).

21세기에는 리더가 부하들보다 우월한 위치에서 조직원을 이끄는 기존의 리더십 패러다임 대신 리더가 열린 마음에서 부하들의 의견을 경청하고, 그들의 성장을 위해 노력하고 헌신하며, 부하들과 함께 더 나은 공동체를 만들어 가는 서번트 리더십이 요구된다. 이제 부드러운 힘이 세상을 바꾸는 것이다.[2] 그래서 섬김의 리더는 바로 보되, 낮은 곳에서부터 본다. 뜻을 세우되, 크게 듣는다. 고로 세상을 이기는 리더는 세상을 섬기는 데에서 시작한다.

하지만 섬김 리더십은 '만기가 없는 저축'과도 같아서, 오늘날 일선 공무원은 물론이고 고위 공무원, 국가 차원의 의식 함양도 이런 수준으로 맞추려 하고 있지만 여전히 실행은 어려운 것 같다.[3]

---

1) 당시 그가 밝힌 수상 소감은 다음과 같다. "나에게도 이런 좋은 상이 오는군요. 항상 마음속에서 생각하고 겉으로 표현하지 못했는데 하나님께 제일 감사드립니다. 사람들에게 일개 배우 나부랭이라고 나를 소개합니다. 60여 명의 스태프들이 차려놓은 밥상에서 나는 그저 맛있게 먹기만 하면 되기 때문입니다. 그런데 나만 스포트라이트를 받아 죄송합니다. 트로피의 여자 발가락 몇 개만 떼어가도 좋을 것 같습니다."

2) 2011년 7월 의정부시는 섬김행정의 진면목을 집대성한 시정성과집 『섬김록』을 발간했다. "의정부의 가치를 높이겠습니다"란 슬로건으로 민선 5기 의정부시장에 취임한 안병용 시장은 섬김행정, 소통행정, 복지행정, 창의행정의 4대 시정방침을 정하고, "희망도시 의정부"를 만들기 위해 혼신의 노력을 기울여 왔다. 구체적으로 살펴보면, 섬김과 소통행정을 위해 3S(Stand Up, Smile, Say yes)운동 실천, 365 열린 시청 운영, 찾아 가는 주민등록증 현장방문 발급 서비스, 개명신고 당일처리 서비스 등 시종일관 낮은 자세로 시민을 섬겨 왔다.

1 변함없는 리더십의 유일한 원칙

1) 섬김 리더십의 연원

지금까지 제시된 21세기 리더십 패러다임 중 공직 사회뿐만 아니라 현재 국내외에서 가장 각광을 받고 있는 것은 '서번트 리더십'이다. 그런데 이는 최근에 등장한 개념은 아니다. 이미 30여 년 전, 미국 최대의 전화 회사 AT&T에서 경영 관련 교육과 연구를 담당했던 그린리프(Robert Greenleaf, 1904−1990) 부회장이 처음 제시한 것이지만, 섬김 리더십(servant leadership)은 존재를 위협하는 위기의 순간과 절망적인 상황 속에서도 삶을 이끄는 힘과 희망을 잃지 않았던 헤세(Herman Hesse, 1877--1962)와 그린리프에게서 유래한다.[4)]

소설의 주인공인 레오라는 사람은 여기에서 서번트, 즉 머슴 혹은 하인으로서 여행을 함께 떠나게 된다. 레오는 순례자들이 여행에 차질이 없도록 헌신적으로 봉사한다. 하지만 어느 날 주인공 레오가 순례집단에서 갑자기 사라지는 일이 생긴다. 그동안 레오는 일개 하인에 불과했기 때문에 순례자들은 레오의 존재를 거의 느끼지 못했다. 그러나 귀족의 불평에 견디다 못한 레오가 마침내 사라져 버리자 귀족들은 오합지졸이 돼 우왕좌왕한다. 어디로 가야 할지, 무엇을 보아야 할지, 무엇을 먹어야 할지 등에 대해 알 수가 없었다. 결국 여행은 끝이 났다. 그들은 순례집단의 하인이었던 레오가 실제로는 순례단의 정신적 지도자이자 진정한 리더라는 사실을 알게 된다.

필자의 주변에 섬김, 나눔, 서번트 리더라하면 무조건 희생하고 손해만 보는 리더를 판단하는 우매한 인간들이 있다. 서번트의 의미를 제대로 파악 못하고 따라하거나

3) 김문수 경기지사는 북한 지도부에게 "국민이 살아야 지도부도 살고, 국가도 산다는 것을 북한은 명심하시기 바란다"고 하면서 "이 시대가 요구하는 리더십은 바로 위대한 리더십이고, 위대한 리더십은 바로 서번트 리더십"이다. "서번트 리더십은 철저한 자기 희생에서 비롯된다. 위대한 리더십은 위대한 국민, 위대한 국가, 위대한 세계를 섬기려고 하는데서 시작해야 한다"고 역설했다(파이낸셜뉴스, 2011. 4. 11).

4) 그린리프는 1936년 발표된 헤세의 『동방순례(*Die Morgenlandfahrt*)』에 등장하는 하인 레오(Leo)의 모습에서 섬기는 리더의 모습과 리더십을 찾아낸 것이다. 즉 섬기는 리더는 부드러운 힘으로 강한 힘을 이기고, 낮은 곳으로 흐르는 강물처럼 자신을 겸손하게 낮출 수 있으며, 모든 것을 포용하면서, 조직의 구성원이 성장하도록 돕고, 조직이 지향하는 비전과 가치를 실현시키기 위해 헌신적으로 봉사하는 인물이다.

무시하지 말라는 이야기다. 왜냐하면 서번트에는 다양한 핵심 요소들이 포함하고 있기 때문이다. 섬김의 리더는 가장 먼저 자신이 서번트라는 생각에서 출발해야 한다. 이것은 사람이라면 누구나 타인에게 봉사하고자 하는 인간 본연의 양심과 사랑을 가지고 있다는 대전제에서 시작된다. 진정한 리더는 먼저 다른 사람에게 봉사하는 가운데 그들을 이끌어 간다. 따라서 서번트 리더십은 과업 달성과 관계 유지를 상반된 개념으로 보지 않고 리더의 서비스 행위 중 하나로 통합시킨 개념이다.

서번트 리더는 자신의 잠재력과 가치를 자유롭게 발휘하도록 격려하면서 지원을 강화한다. 그래서 구성원들의 성장과 발전을 지원하는 가운데 조직의 목표를 달성해 간다. 동시에 서번트 리더십은 윤리적 이슈들에 대한 적절한 연구를 제공하고 있다. 즉, 리더가 어떻게 생각해야 하고 어떻게 그것을 실행할 것인가에 대한 방향을 제시했으며, 리더와 팔로어의 윤리가 매우 중요하고 필수적인 구성 요소가 되어야 한다는 점을 제시하고 있다. 따라서 구성원들에 대한 존중, 공정심, 공동체의 확립 등을 포함하는 개념이 바로 서번트 리더십이다.

2) 서번트 리더와 전통적 리더의 비교

MB정부 초기에 '머슴론'과 더불어 서번트라는 단어가 자주 등장했는데, '신뢰의 위기'를 맞고 있는 우리 시대의 리더들에게 서번트 리더십은 절대적으로 필요한 미덕이라고 할 수 있다. 서번트 리더십과 전통적 리더십을 비교 설명하면 다음과 같다.

첫째, 자원 측면에서 서번트 리더는 조직의 목적을 달성하는 데 가장 중요한 자원이 사람이라고 생각하는 반면에 전통적 리더는 사람은 여러 자원 중의 일부로 생각한다.

둘째, 가치관에서 서번트 리더는 다른 삶을 신뢰하며 그들의 생각을 수용하는 개방적 가치를 가진 코치(coach)인 동시에 경청자가 되는 반면에 전통적 리더는 자기중심적인 가치관을 가지고 있어 부하들이 자신의 기준에 맞춰 줄 것을 요구한다.

셋째, 조직관에서 서번트 리더는 조직을 정원(庭園)으로, 그 자신을 '정원사'로 생각하는 반면 전통적 리더는 조직을 하나의 피라미드로 보고 그 자신을 최고의 '건축가'로 생각한다.

넷째, 시간관에서 서번트 리더는 구성원들을 위해 자신과 시간을 기꺼이 할애하고 시간을 만드는 반면에 전통적 리더는 스스로 시간이 없다는 점을 강조한다.

다섯째, 정보관에서 서번트 리더는 목표 수립 과정에서 부하와의 커뮤니케이션을 활성화시켜 크고작은 정보를 모두 공유하는 반면에 전통적 리더는 상의하달식의

표 10-1 서번트 리더와 전통적 리더의 차이점

범주	서번트 리더	전통적 리더
사람	가장 중요한 자원	여러 자원 중 일부
과제와 사람	사람 우선, 조직원 성장에 몰입	과제가 우선
관계의 질	존중과 관심, 배려, 봉사	상명 하복, 일사불란
추진 방식	경청자, 항상 학습하는 태도, 아이디어를 구함	독선적, 자기 방식 강조
생산성	부하들의 자발성 정도	시간과 비용, 생산량
관심 영역	일 추진 시 장애 요인	일의 결과
가치관	양심, 개방적	성공, 자기 중심적
시간관	스스로 시간을 만듦	시간이 항상 없다
정보관	커뮤니케이션 활성화 (정보 공유)	일방적 커뮤니케이션 (상의하달식)
경쟁의 시각	지나친 개인 경쟁을 경계	내부 경쟁을 조장
평가	노력 정도에 대한 평가	최종 결과 중심

방적 커뮤니케이션에 익숙해 있다.

여섯째, 평가 측면에서 서번트 리더는 생산성을 측정할 때 일의 결과와 함께 자발적인 노력의 정도를 평가하는 반면에 전통적 리더는 시간이나 경비, 또는 생산량 등 가시적이며 양적인 기준을 중심으로 평가한다.

3) 서번트 리더십의 핵심 요소

서번트 리더십을 이루는 핵심 요소는 무엇일까? 전문가들은 경청, 공감, 치유, 스튜어드십(stewardship: 청지기 정신), 아랫사람의 성장을 위한 노력, 공동체 형성을 핵심 요소라고 이야기한다. 즉, 경청을 통해 팔로어가 바라는 욕구를 알아내고, 높은 차원의 이해심인 '공감'을 통해 이끌어야 할 요소를 찾아낸다. 그 이후 보살펴 주어야 하는 부분을 중심으로 '치유'와 '스튜어드십'을 통해 팔로어의 자원을 관리하고 봉사함으로써 팔로어의 성장을 위해 노력한다. 그리고 마침내 서로 보살피고 존중하는 '공동체'를 만들어 가는 것을 서번트 리더십이라고 정의한다.[5]

---

5) 한편, 전문가와 필자가 정한 서번트 리더십의 특징으로는 첫째, 서번트 리더는 설득과 대화로 과업을 수행한다. 둘째, 서번트 리더는 자신을 서번트(하인 혹은 머슴) 또는 지원자(supporter)로 인식한다. 셋째, 서번트 리더는 조직원을 성장하도록 몰입하게 한다. 넷째, 서번트 리더는 항상 학습하는 태도를 보인다. 다섯째, 서번트 리더는 감정이입적 경청자다. 여섯째, 서번트 리더는 신뢰의 관계를 중요하게 생각한다. 일곱째, 서번트 리더는 자신의 꿈을 개념화해 비전을 제시한다. 마지막으로 도덕적

필자는 추가적으로 '사랑'을 덧붙이고 싶다. 서번트 리더십의 본질은 '사랑'이다. 사랑에는 인내, 친절, 겸손, 존중, 이타주의, 용서, 정직, 헌신 등이 모두 포함된다. 인내는 책임있는 행동의 원천이며, 친절은 상대에게 관심을 갖고 상대를 인정하고 격려하는 것이다. 겸손한 사람은 자기의 혀를 마음속에 두지만, 어리석은 자는 자기 마음을 혀에 둔다. 존중은 다른 사람을 소중한 존재로 대하는 것이다. 사람은 자기가 사랑하는 만큼 용서하는 법이며, 정직은 리더가 지녀야 할 최대의 덕목이다. 끝으로 헌신은 자신의 선택에 전념하는 것이다. 하지만 이러한 것들도 실행하지 않으면 아무런 의미가 없다. 그래서 필자는 사랑이란 '타인을 향한 감정'이 아니라 '타인을 향한 행동'이라고 하고 싶다.

그러므로 주지 않으면서 사랑을 논하지 말자. 사랑은 주는 것이다. 받아보지 않고 사랑한다 하지 말자. 사랑은 받는 자가 또 줄 수 있는 것이다. 고난의 터널을 통과하지 아니하고 사랑하지 말자. 고난을 당해야 더 진실하게 인생을 살게 된다. 억울한 일을 당하지 아니하고 사랑을 말하지 말자. 그래야 상대의 마음을 용서할 수 있다. 질투심에 밤새워 봐야 사랑을 말할 수 있다. 가지려는 질투심이 주려는 마음으로 바뀔 때까지 말이다. 가난해 보지 않고 사랑을 말하지 말자. 물질이 가난하면 마음까지 가난해 낮아짐을 배우기 때문이다. 알았는가? 이제 함부로 서번트를 말하지 말자 상대의 입장을 생각하지 아니하고 사랑을 말하지 말자.

2 자신을 낮추고 내려놓은 리더

1) 종의 리더십

2011년 다큐멘터리 영화 「울지 마 톤즈」의 주인공 이태석 신부의 무엇이 머나먼 아프리카 톤즈의 가난한 사람들과 이 땅의 가난하지 않은 사람들 모두를 울게 만들었을까? 필자는 그 질문에 대한 대답을 '종'의 리더십에서 찾고자 한다.[6)]

권위, 즉 '양심'이 서번트 리더십의 중요한 핵심이다.

6) 고(故) 이태석 신부는 "세상에서 가장 보잘것없는 사람에게 해 주는 것이 내게 해 주는 것과 다름없다"고 하신 예수님의 말씀과 그가 몸 담았던 살레시오회의 영성인 '나에게 영혼을 달라. 나머지는 다 가져가라'(라틴어: *Da mihi animas cetera tolle*)라는 돈보스코의 가르침을 따라 아무도 쉽게 다가가지 못했던 아프리카 남수단 룸백 교구의 톤즈에서 선교생활을 시작했다. 교육을 받지 못하고 전쟁의 고통과 가난에 시달리던 톤즈의 아이들은 처음에는 굉장히 폭력적이고 충동적이었다. 그러나 살레시오 영성 안에서 이태석 신부는 그곳의 가난한 청소년들을 위해 학교를 짓고, 음악을 가르치고, 치료

그는 "배움을 통한 아이들의 변화는 내게는 기쁨이요, 행복입니다"라며 소외받은 땅에서 사목을 수행하다가 2010년 1월 뒤늦게 발견된 대장암과 사투를 벌이면서도 "난 형제들과 아이들이 없으면 못 살 것 같아"라고 말하면서, "돈보스코가 저를 축복했습니다"라는 말을 남기고 선종했다.7)

스스로에게 "나는 사랑을 실천하고 있는가? 나는 내가 가진 것에 감사하고, 나누려 하는가?"라는 질문에 다다르게 된다. 사랑은 관념이 아니라 실천으로, 살피는 마음이라 했다. 사랑은 내 이웃에 관심을 갖는 일에서부터 시작되고, 관심은 마음을 내어 시간과 공간을 함께하는 일이라 했다. 우리가 누군가의 고통을 조금이라도 위로할 수 있는 삶이라면 헛되이 산 것이 결코 아니다. 사랑은 세상을 아름답게 만드는 원동력이고, 가진 것에 감사하고 나누고자 하는 마음이 바로 행복의 원천이다. 그러나 안타깝게도 우리는 마치 많이 가짐으로써 행복할 수 있다는 착각에 사로잡혀 종종 지금 가진 것에 감사하기보다는 가지지 못한 것에 안달할 때가 많음을 스스로 고백하지 않을 수 없다.

이태석 신부는 우리에게 나누기에는 가진 것이 너무 적음을 걱정하지 말라고 전한다. 우리에게는 하찮은 1%가 누군가에게는 간절한 100%가 되고, 나누고자 함이 바로 기적이라고 말한다. 사랑과 나눔의 실천은 내가 가진 것을 내어놓는 것이 아니라, 주는 것보다 얻는 것이 많고 얼마나 행복한 일인지 깨닫게 해 준다.

그림 10-1 「울지 마 톤즈」의 이태석 신부

를 해 주었고, 이러한 배움과 사랑을 통해 톤즈의 아이들은 조금씩 변화되었다.

7) 자신에게 주어진 편안한 길을 미련 없이 뒤로 한 채, 가장 낮은 자로서의 사랑을 실천한 이태석 신부를 필자는 2009년 여름 태안반도 '성직자 리더십' 연수에서 강사와 수강생으로 처음 만났고, 친필 사인한 책까지 선물받았다.

사랑을 입에 담는 것은 쉽다. 하지만 고통받는 이들과 함께하며 혼신을 다 바쳐 실천하는 사람을 만나기란 쉬운 일이 아니다. 이제 우리는 '종'의 리더십을 갖추고 이기적인 삶을 뉘우치며 '이웃사랑'의 바다에 무조건 뛰어들어야 한다.

2) 약함의 리더십

필자가 읽은 수백 권의 '리더'와 '리더십' 관련 서적의 내용을 분석하면, 많은 책이 조직을 통제하고 관리하는 기술, 적극적인 사고 방식, 동기부여, 전략을 통해 실적을 성취하는 강하고 흠집 없는 리더를 기대하고 우리 또한 그런 사람이 되고자 한다. 그러나 진짜 우리 삶에서 벌어지는 일은 그렇게 간단하지 않다.

필자는 가끔씩 사면초가의 상황에서 더 이상 버틸 힘이 없을 때, 나 자신과 우리 팀을 앞으로 나아가게 해 주는 길이 과연 있기나 한 것일까? '목표'와 '긍정의 힘'만이 유일한 길인가? 이런 물음에 대해 고민하던 중 필자가 리더십에 관한 책을 집필 중이라는 사실을 알고 있는 서강대 김녕 교수로부터 한 줄기 빛과 같은 책을 선물받게 된다. 그 책이 바로 알렌더(Dan B. Allender)의 『약함의 리더십(*Leading with a Limp: Turning Your Struggles into Strengths*)』이다.

이 책에서 알렌더는 리더십에 대한 낭만적인 환상을 내려놓고 현실적인 문제에 직면하도록 우리를 인도해 준다. 이 책에 의하면 하느님은 야곱처럼 약점 많은 사람을 리더로 부르셨다. 그리고 우리의 일반적인 생각과는 달리 하느님이 선택한 성경 속 리더들은 모두 약하고 흠이 많은 사람이었다.[8]

그들은 하느님이 부르셨을 때조차 리더가 되기를 주저했고, 마지못해 리더 역할을 수행했다. 그들은 자신의 약함을 아는 리더, 자신에게 자격이 없음을 아는 리더, 그래서 주저하고 부서지고 실패하는 리더들이었다. 하지만, 하느님이 바라시는 리더란 인간의 강함과 지혜가 힘을 못 쓰는 실패의 순간에 증명하고 있다. 나아가 리더는 태어나거나 만들어지는 것이 아니라 하느님에게 부름받아야 되는 것이며 자신의 약함을 솔직하게 고백할 때 참된 리더가 된다는 놀라운 역설을 적고 있었다. 문제 많은 사람이 리더로 부름받는 이유는 그들이야말로 가슴 찡한 이야기를 창조하고 들려 주는 자들이기 때문이다(댄 알렌더, 2007: 90). 성경 속 리더들은 그들의 약점이 오히려 하느님을 만나는 최선의 통로였고, 약해졌을 때 비로소 하느님이 원하는 리더가 될 수 있었다. 하느님이 바라는 리더는 인간의 강함과 지혜가 힘을 못 쓰는 실패의 순간에

8) 종교를 지닌 신자이든 비신자이든 종교를 초월해서 소개하는 내용이니 무신론자들에게로 편하게 볼 수 있는 내용이므로 추천하는 바다.

태어났다는 점이다.

이 책에서 강하게 필자가 느낀 점은 약함을 인정하고 대면하며 고백할 줄 아는 리더, 리더의 가장 큰 자산은 능력이 아니라, 자신의 약함과 불완전함을 인정하고 다루는 용기라는 점이다. 따라서 진일보한 리더십을 지니고자 한다면 '약함의 힘(power of weakness)'을 느껴보는 것이다. 개인이나 조직의 힘을 갖고 주도하는 것이 아니라 스스로 약점을 인정하고 남의 비판을 겸허히 받아들이는 리더의 모습이다. 이러한 삶의 태도는 코칭 리더로 살아가고자 하는 필자에게 새로운 시각과 접근 방법, 용기와 빛을 비춰 주었다.

3) 강한 리더와 착한 리더의 비교

필자는 처음 김성회 소장의 『우리는 강한 리더를 원한다』(2011)라는 책을 처음 접했을 때 "하… 책제목 한번 섹시하다." 하고 생각했다. 하지만 "똑똑하게 현명하게, 꼭 필요한 시점에 강하게 나갈 수 있는 리더가 되는 법"에 대한 이야기라는 것을 쉽게 알 수 있었다. 부드러운 카리스마도 따뜻한 카리스마도 일단 강한 리더[9]가 되어 리더로서 업무를 똑소리나게 할 줄 알게 된 후에 참고해야 한다는 생각이 들었다. 다음은 필자가 느낀 내용과 핵심 내용을 중심으로 재구성해 소개한다.

(1) 부드러움과 '유약함'을 혼동하지 마라

리더십에도 유행이 있을까? 최근 몇 년간 '펀', '서번트', '칭찬' 등 소프트 리더십이 각광받고 있다. 자율적이고 활기찬 조직을 만들겠다는 포부로 친근한 리더가 되기로 결심한 수많은 리더. 그들은 과연 소기의 목적을 달성했을까? 천만에. 대부분은 "좋은 리더십 이론이라고 해서 따라 해보았는데 왜 나는 안 되고, 우리 조직엔 안 먹히지? 잘되기는커녕 왜 예전보다 더 나빠지지? 역시 우리 조직은 안 되는 건가?"라는 좌절로 끝나는 경우가 많았다.

'부드러운 카리스마'를 꿈꾸는 리더들이 모르는 것이 있다. 조직도, 구성원들도 친구 같은 착한 리더를 좋아하지 않는다. '부드러움'과 '유약함'을 혼동하고 원칙을 어김으로써 조직을 친목단체처럼 만들고, 결국 성과를 갉아먹기 때문이다. 보고서를 대강

9) '강한 리더'의 핵심 요건은 규율 확립, 신뢰 확보, 그리고 소통 강화다. 이를 실현하기 위해 때로는 매섭게 몰아붙이고, 때로는 부드럽게 사로잡는 이중인격이 되라고 적고 있다. 착한 리더가 아니라 강한 리더가 되어 권력을 통치하는 실전전략, 공평한 리더보다 공정한 리더가 되어 신뢰를 구축하는 법, 감정을 표현하기보다 통제하는 데 능숙한 사려 깊은 리더가 되는 법을 배우라고 한다.

작성해도 싫은 소리 한번 안 하는 리더 밑에서 무엇을 배우겠는가. 그런 리더가 무슨 일을 제대로 하겠는가. 그보다는 제대로 안 하면 닦아 세우고, 될 때까지 물고 늘어지고, 못하는 이는 차별대우하는 매정한 리더를 더 따른다. '저 리더에게는 배울 것이 많다'는 확신만 들면 아무리 매운 '직장살이'라도 인내력을 발휘하며 버티게 돼 있다.

잊지 말아야 한다. 리더의 힘은 '친근함'이 아니라 '영향력'에서 나온다. 부하를 전사(戰士)로 성장시키는 '능력'과, 조직의 핵심으로 키울 수 있는 '권력'이 있어야 한다. 능력과 권력을 갖춘 리더가 친근하게 배려하는 것은 시너지를 내지만, 그런 역량도 없이 배려의 제스처를 한다면 '친근한' 리더가 아니라 '만만한' 리더가 될 뿐이다.[10)] 부하를 전사(戰士)로 만들 것인가, 맥없이 전사(戰死)시킬 것인가? 그것은 바로 리더십에 달려 있다.

혹시 '부드러운 카리스마'에 빠져 있지는 않은가? '칭찬해 주고 편하게 대해 주면 부하들도 힘 받아서 최고의 능력을 발휘하겠지'라고 생각하지는 않는가? 천만의 말씀. 느슨하게 풀어 주기만 하는 리더십으로는 성과를 내지도, 부하를 키우지도 못한다. 부하를 쥐기만 하면 기를 못 펴고, 펴주기만 하면 오만해지는 법이다. 강한 조직을 만들고 싶으면 쥐지도 말고 펴지도 말고, 쥐락펴락하라. 나를 알고, 부하를 파악하고, 상황에 맞춰 팔색조가 되어 성과를 내는 '강한 리더'가 되어야 한다.

(2) 부하의 언어, '그래도'와 '그런데'에 귀기울여라

강한 리더 밑에서 일하는 부하들과, 싫은 소리 한번 할 줄 모르는 착한 리더의 부하들 사이에서 드러나는 언어 습관의 가장 큰 차이가 뭔지 아는가? '그래도'와 '그런데'다. 강한 리더 밑의 부하들은 "우리 부장님 정말 독해. 지난번 프로젝트 말이야, 밤새며 해야 했다니까. 정말 힘들어 죽겠어" 하다가도, 잠시 생각하고는 "그래도 이번 일을 통해 회계 처리하는 법은 확실히 배웠어. 어디를 가도 이제는 겁나지 않을 것 같아" 하며 "다른 건 몰라도 일에서만큼은 배울 만하다니까"라고 마무리한다.[11)] 리더가 숨쉴 틈 없이 몰아붙여 죽기 직전이라고 들숨 날숨을 내쉬면서도, '그래도'의 전환

---

10) 펀 경영의 대명사로 불리는 사우스웨스트의 축제문화 이면에는 강력한 전사(戰士) 윤리가 있어서, 회사가 요구하는 규율을 위반하면 가차 없이 퇴출된다. 소프트 리더십의 대가일수록 이면에 강한 규율과 저돌적인 추진력을 겸비하는 법이다.

11) 강한 리더가 되려면 조직을 위해 때론 부하들이 싫어하는 일을 할 줄도 알아야 한다. 부하와의 갈등을 피하지 말라. 리더는 때로 손에 피를 묻힐 줄도 알아야 한다. 이는 강한 리더가 되기 위한 동서고금의 공통 수칙이다. 빌 게이츠 역시 비슷한 취지의 말을 한 바 있다. "나는 성공의 열쇠는 모른다. 그러나 실패의 열쇠는 안다. 그것은 모두의 비위를 맞추려 드는 것이다."

접속사를 쓰며 직장살이를 견뎌낸다. 그런데 배울 것이 없다라고 생각한다면 그것으로 리더는 끝장이다.

전통적으로 인(仁)은 '인약(仁弱)'과 '인강(仁强)'으로 구분된다. '인약'은 이해가 작용하지 않는 일에는 인정이 넘치지만, 정작 이해관계가 생기면 몰인정하다. 반면 '인강'은 공정한 원칙에 따라 베풂을 일컫는다. 인약은 리더의 원칙 없는 자질구레한 인정 때문에 부하들 간의 갈등을 키우는 반면, 인강은 원칙 있는 인정으로 단합을 낳는다.

작은 인약보다 큰 인강을 베풀어야 한다. 자비와 선심이 당장은 대중의 기대치를 높여 줄지 몰라도, 합당한 정책이 따르지 않는다면 대중의 불만을 폭발케 하는 기폭제로 돌변해 버린다. 실제로 형님, 아우 수십백씩 거느린 리더들이 리더십 대면평가에서 직원들에게 형편없는 점수를 받는 경우가 허다하다. 조직은 놀이터도, 친목계를 하는 곳도 아니다. 그런데도 많은 직장인이 '온정-다정'과 '리더십'을 착각하곤 한다. 따라서 리더라면 경고할 때는 경고하고, 평가할 때는 평가해야 한다.

(3) '눈' 같은 리더가 아니라 '비' 같은 리더가 되라

필자가 가장 찔리면서 읽은 대목은 '불에 타죽는 사람보다 물에 빠져 죽는 사람이 더 많다'는 내용이다 불은 기세가 맹렬해서 사람들이 조심하지만, 물은 평온하고 부드러워 보여 만만하게 여기다 빠져 죽는 사람이 많다는 것이다. 리더의 부드러움에 직원들이 빠져 죽는 일이 없도록 하라는 것이다. 이어서 이 책은 눈 같은 리더가 되지 말고 비 같은 리더가 되라고 한다. 비보다 눈을 좋아하는 필자로서는 이게 뭔 말인가 싶었다. 눈 같은 리더는 문제의 본질을 아름답게 덮어버린 채 해결책을 제시하지 않는다. 그러다가 눈이 녹은 후에 질척거리는 길처럼 문제를 더욱 복잡하게 만든다. 비 같은 리더는 당장은 추적추적 개운치 않고 불편하지만 모든 더러운 것을 싹 씻어 준다. 싸우기 싫어서, 갈등 상황이 버거워서 문제를 덮는 데 급급했던 내게 푹 와서 박힌 대목이다. 눈처럼 표면만 덮지 말고, 비처럼 문제를 씻어내는 리더가 되자. 필자가 한 다짐이다.

제 2 절 겸손 리더십

오늘날은 참으로 겸손하기 어려운 시대인것 같다. 필자 역시 내가 믿는 것만이 세상의 진실이며 내 행동만이 옳다고 믿었던 젊은 시절이 있었다. 그때 필자는 겸손을 모르고 오만했으며 지혜롭지 못하고 오직 뜨겁기만 했다. 윗사람의 조언과 충고는 기득권의 고리타분한 방어로 매도해 버렸던 때가 나에게도 있었다. 요즘 취업이 주요 관건인 20대 중, 후반을 살고 있는 청년들에게는 더욱 그러해 보인다. 오히려 '자신'이라는 상품을 고용주의 마음에 적합하게 하기 위해 보기 좋게 포장하는 오늘날 겸손이라는 것이 과연 어떤 의미가 있을까? 함께 고민해 보자.

1 완장을 제거할 수 있는 힘

"인간은 '경건'과 '겸손'을 잃는 순간 추락한다." 유명한 등반가 엄홍길의 말이다. 그래서 탁월한 리더에게는 겸손하다는 공통점이 있다. 성공은 항상 시간의 개념이다. 당분간은 성공할 수 있지만 계속해서 성공하기란 쉬운 일이 아니다. 성공을 지속시키기 위해 무엇보다 필요한 것이 겸손이다. 모든 사람을 진정한 인격체로 대하는 것이 겸손이다. 계급을 의식하지 않고 일을 할 수 있는 것이 겸손이다. 겸손은 완장을 제거할 수 있는 힘이다.

헌 옷걸이가 새로 갓 들어온 옷걸이에게 한 마디 한다. "너는 단지 옷걸이일 뿐이라는 사실을 잊지 말라." 잠깐씩 입혀지는 옷을 자기의 신분인 양 우쭐대거나 교만하지 말라는 뜻이다. 하지만 얼마나 많은 사람이 잠깐씩 입혀지는 옷을 자기의 신분인 양 뽐내고 있는가? "복이 있다 해서 다 누리지 말라. 복이 다하면 몸이 빈궁에 처하게 된다. 권세가 있다고 해서 그것을 다 부리지 마라. 권세가 다하면 원수를 만나게 된다." 『명심보감(明心寶鑑)』에 나오는 말이다.

1) 오만과 겸손 사이

시인 정상은 겸손에 대해 이렇게 말한다.

"일상에서 만나는 사람들 중 잘난 사람과 못난 사람이 분명히 있기 마련이다. 그렇다면 그들 사이에 어떤 차이가 분명 있을 터다. 과연 그 차이가 무엇일까? 나는 그 차이를 그 사람이 '겸손한가?'의 여부에 둔다. 물론 '오만한가?'의 여부를 그 기준으로 삼아도 좋다. 사실 겸손과 오만 사이에는 건널 수 없는 강이 있다. 오만의 강은 검고 짓푸르다. 따라서 그 강 속에서는 오로지 자신만이 보인다. '오만의 강'에 빠지면 주변이 전혀 보이질 않는다. 우리가 오만 속으로 더 깊게 빠져드는 이유다.

그러나 겸손의 세계는 그것과는 다르다. 겸손의 세계는 이타(利他), 즉 타인에 대한 배려가 앞선다. 이러한 우리의 태도를 '겸양지덕(謙讓之德)'이라 한다. 겸손한 나, 즉 나를 낮춤으로써 남이 나를 깔보거나 무시하는 것이 아니라 오히려 나에 대해 존경심을 불러일으킨다. 이처럼 나의 겸손한 태도, 즉 겸양지덕은 이내 존경이라는 아름다움, 즉 미학을 창조한다."

사실 겸손의 미학은 나의 겸손한 태도를 말하며, 이내 나의 그러한 태도가 곧 타인을 감동시켜 종래 존경심을 불러일으키는 것을 두고 이르는 말이다. 나의 오만은 결코 타인을 감동시킬 수 없다. 그러나 나로부터 감동을 받은 자는 반드시 내 편이다. 결국 겸손은 사람을 내 주위로 불러모은다. 하지만 나의 오만을 발견한 자는 나의 우호 세력이 될 수 없다. 그는 오히려 복수심을 키워 어느 땐가 반드시 나를 공격하는 나의 적이 되기 마련이다.

적을 두고 내 마음이 편할 수 있는가? 나의 오만은 마침내 나로부터 모든 사람을 떼어놓는다. 우리가 겸손의 미학을 실천할 때 비로소 타인으로부터 그 덕목을 인정받는다. 나를 인정하는 그들이 곧 나의 아군이다. 그럼 자신의 안하무인(眼下無人)과 기고만장(氣高萬丈)한 점이 있는지 지금 점검해 보기 바란다.

2) 겸손 리더십은 이런 태도에서 나온다

[그림 10-2]의 사진은 빈 라덴의 최후'를 지켜보는 백악관 상황실이다. 오사마 빈 라덴 제거 작전이 전격적으로 진행되는 동안 백악관 상황실에서 이를 지켜보는 미국 버락 오바마 대통령과 참모진의 모습이다.[12]

중요한 장면은 쪼그려 앉은 군통수권자의 모습이다. 승리는 바로 이런 데서 나온다. 비밀 작전을 실시간으로 지켜보는 긴박한 상황에서 대통령은 상황을 분석하는 군 관계자(합동특수작전사령부 웹[Marshall B. Webb] 준장)에게 상석을 내줬다. 실무가 우선이지, 권력이 우선이 아니었다. 벙커에서 뻔한 지시나 내리고, 보고 내용을 듣고 '격퇴'만을 외치는 그런 지도자가 아니었다. 군인에게 승리의 다짐을 하도록 하고 그 다짐을 받는 식의 근엄한 군 통수권자가 아니었다. 오바마에게 격식은 '실전에선 군을 잘 아는 사람이 존중받아야 한다'는 것이었다.

---

12) 흰색 와이셔츠에 남색 점퍼 차림으로 한켠에 쪼그려 앉은 버락 오바마 대통령이 보인다. 앉아 있는 사람들 왼쪽부터 조 바이든 부통령, 오바마 대통령, 마셜 웹 연합특수전사령부 부사령관, 데니스 맥도너 국가안보 부(副)보좌관, 힐러리 클린턴 국무장관, 로버트 게이츠 국방장관이다. 서 있는 사람들은 왼쪽부터 마이크 멀린 합참의장, 톰 도닐런 국가안보보좌관, 빌 데일리 백악관 비서실장, 토니 빙큰 부통령 안보보좌관, 오드리 토머슨 대테러 디렉터, 존 브레넌 백악관 테러담당 보좌관, 제임스 클래퍼 국가정보국장이다 (Newsweek 한국판, 2011. 5. 11).

그림 10-2 승리는 바로 이런 데서 나온다

미 해군 특수부대 네이비실(Navy SEAL) 중에서도 최정예로 꼽히는 '팀 식스(Team Six)'가 작전을 개시하는 순간, 오바마 대통령은 웹 준장의 오른쪽에 앉았다. 그것도 목받침도 없고 등받이도 낮은 간이의자에 쪼그린 듯 앉은 모습이다.

일촉즉발의 현장을 지켜보며 실무적인 군사 지휘가 필요했던 만큼 그는 군의 실무 지휘관에게 상석을 넘긴 것이다. 작전 개시를 결정하는 회의를 주재할 때와는 딴판이다. 우리나라를 비롯한 다른 나라라면 어땠을까?. 상황이 아무리 긴박하게 전개되더라도 대통령이 벙커에 나타나면 벌떡 일어나 상석을 대통령에게 양보하고 보고하기 바빴을 것이다.

"천하를 가진 천자라도 겸손하지 않으면 천하를 잃고 망하기 마련이다." 주공(周公)[13]이 아들에게 겸손을 가르치며 한 말이다. 그렇다. 귀신은 자만한 리더를 해치고 겸허한 리더에게 복을 내리며, 사람은 자만한 리더를 싫어하고 겸허한 리더를 좋아한다.

3) 동양의 '겸손 리더십' 세계의 박수 받다

한국인 최초의 유엔 사무총장에 이어 연임까지 일궈낸 반기문 총장의 리더십과 성공 비결이 새삼 주목받고 있다. 사무총장 연임으로 겸손과 성실, 근면 등 동양적 리더십에 바탕한 반 총장 특유의 '부드러운 카리스마'가 한국뿐만 아니라 국제 무대에서도 인정받았기 때문이다.

---

13) 주왕조를 세운 문왕(文王)의 아들이며 중국 주(周)나라의 정치가. 예악(禮樂)과 법도(法度)를 제정해 제도문물을 창시했다. "하늘의 도는 자만하는 자를 멸하고 겸허한 자를 이롭게 하며, 땅의 도는 자만한 자를 어지럽히고 겸허한 자에게 순응한다. 귀신은 자만한 자를 해치고 겸허한 자에게 복을 내리며, 사람은 자만한 자를 싫어하고 겸허한 자를 좋아한다."

반 총장은 임기 초기에만 해도 카리스마가 부족하다는 평을 받았다. 쇼맨십이나 퍼포먼스에 강했던 전임 사무총장들과 달리 반 총장은 천성적으로 튀지 않았다. 하지만 지금 어느 누구도 반 총장의 리더십에 이의를 제기하지 않는다. 초기에 나왔던 비판도 쏙 들어가고, 반 총장은 2011년 6월 21일 미 뉴욕 유엔본부에서 열린 총회에서 192개 회원국 모두의 지지를 받으며 당당히 연임에 성공했다. 경쟁자나 표결 없이 단 3초 만에 그의 연임이 확정됐다.

우정을 쌓는 것이 불가능에 가까운 냉혹한 국제정치 무대에서도 반 총장은 사람을 설득하고 끌어들일 수 있는 묘한 매력을 지니고 있다. 그리고 반 총장의 이 같은 매력은 타고난 겸손과 모든 일, 모든 사람에게 최선을 다하는 태도로 더욱 빛을 발하고 있다. 희로애락을 잘 드러내지 않으며 함부로 사람을 대하지 않는 그는 '적'이 없기로 유명하다.

그는 "태산의 티끌도 가치가 있다"는 신조로 높고 낮은 직책을 가리지 않고 만나는 모든 사람에게 진심으로 정성을 다한다. 그러나 항상 부드러운 것만은 아니다. 독재자들과 대면할 때는 인권 및 민주화와 같은 민감한 이슈를 놓고 얼굴을 붉혀가면서 맞서는 것을 전혀 주저하지 않는 소신도 있다. 이 같은 측면에서 반 총장은 외유내강형 동양적 겸손 리더십의 전형으로 묘사되기도 한다.[14)]

2 죽음 앞의 겸손, 나의 묘비명

필자는 죽음에 대해 일찍부터 관심을 가지고 있었다. 인간은 누구나 죽는다. 당신이 죽으면 주변 사람들이 나를 어떻게 기억할까 생각해 본 적이 있는가? 아니면 내가 죽고나서 사람들이 나를 이렇게 기억해 주었으면 좋겠다고 생각해 본 적이 있는가? 사람들이 한 생을 마감하는 절박한 종지부를 어떻게 찍고 갔을까? 때로는 유언으로, 혹은 글 속에 함축된 생사관(生死觀)으로, 더러는 죽음 뒤에 세운 묘비명(epitaph)으로 남겨진 다양한 자취들을 살펴보면 겸손과 서번트 리더십 함양에 많은

14) 반 총장은 성실한 것으로 정평이 나 있다. 어릴 적부터 '책벌레' '공부벌레'란 말을 듣고 자랐고, 외교관이 된 이후에도 '일벌레'라는 얘기를 들어야 했다. 가끔 골프를 치는 것 이외에 운동도 하지 않는다. 반 총장 스스로도 "어떤 자리를 바라고 일하지도 않으며 내게 주어진 일에 최선을 다할 뿐이다"라고 강조하곤 한다. 성실함이 신뢰를 쌓게 하고, 원칙과 부드러움을 겸비한 중도적 리더십을 가능하게 만들었다는 분석이다(문화일보, 천영식, 2011. 6. 23.).

도움이 될 것이다. 죽음 앞에 명예로운 삶을 위해, 자기 구원을 위해, 역사 속에 살아 숨쉬는 이들의 인생을 보라. 내 삶의 지표이자 지혜가 될 것이다.[15] 죽고나서 어떤 사람으로 기억되고 싶은가? 죽음을 기억하라! 그리고 현재를 살아라! 살아온 날과 살아갈 날들의 중간 지점에 서 있는 독자에게 인생을 보는 통찰을 주는 기회가 되길 바란다.

보통의 경우 묘비는 이름과 생몰 연도를 쓰고 그 다음 자식들의 이름을 쓴다. 그러나 일부 리더의 경우에는 그 사람이 생전에 했던 일을 칭송하거나, 아니면 그 사람의 삶을 간략히 평하는 말을 써놓는다. 죽음 앞에서는 모두 겸손해질 수밖에 없는 우리의 인생이다. 과연 리더들의 묘비명에는 어떤 문장들이 적혀 있을까? 나는 유명인들이 작성한 『묘비명: 세상에 건네는 마지막 인사』라는 책에서 그들이 작성한 내용에 대해 묘한 동지애를 느낄 수 있었다.

(1) 조지 버나드 쇼

타고난 유머로 유명했던 쇼(George Bernard Shaw, 1856-1950)가 죽은 다음 그의 서재에서 나온 유서에는 이렇게 쓰여 있었다. "내가 죽거든 내 뼈와 아내의 뼈를 함께 태워 재로 만든 다음, 그것을 뒤섞어서 정원에 뿌려 주길 바란다. 또 무덤의 묘비는 십자가나 또는 그 밖의 어떠한 피의 희생을 상징하는 심벌의 형태가 되지 않도록 해 주길 바란다." 그러면서 그는 이런 자필 묘비명을 남겼다. "나 우물쭈물하다가 이렇게 될 줄 알았다(I knew if I stayed around long enough, something like this would happen)."

아무리 글쓰는 것으로 평생 업을 삼았고 위트와 유머가 넘치는 사람일지라도 자기 묘비에 이렇게 새겨놓기란 쉽지 않다. 확실히 버나드 쇼는 범상치 않은 인물임에 틀림없다. 더구나 근 100년의 세월을, 그것도 제1, 2차 세계대전을 모두 겪으며 산전수전, 심지어 공중전까지 다 치른 사람의 말이기에 한 번 더 눈길이 간다. 그렇다! 우물쭈물하다간 그냥 간다. 그렇게 놓쳐버린 기회가 좀 많은가. 괜히 손에 잡히지도 않는 달만 쳐다보며 우물쭈물하지 말자.[16] 인생의 진검승부 앞에서 머뭇거리지도 말자. 오

---

15) '메멘토 모리(*memento mori*)'라는 철학 용어가 있다. '반드시 죽는다는 것을 기억하라'는 뜻이다. 당신은 죽은 후에 무엇으로 기억되고 싶은가? 죽은 자는 침묵하지만 묘비명은 그 사람을 전한다. 묘비명을 통해 인물의 삶과 가치관을 조명하자. 다양한 묘비명에서 인생을 돌아보는 지혜를 얻을 수 있다.

16) 『손자병법』과 함께 전세계 경영인들의 필독서로 자리잡은 최고의 병법서이자 일본 사무라이들의 고전이라 할 『오륜서(五輪書)』의 저자 미야모토 무사시(宮本武藏)는 진검승부에 임하는 '배움의 초

롯이 내 삶을 이어갈 점들을 정직하게 또 다부지게 찍어가자. 후회 없도록.

(2) 웨스트민스터 사원에 묻힌 어느 성공회 주교의 묘비문

영국 웨스트민스터의 대성당 지하 묘지에 있는 한 성공회 주교의 묘비문이 도전적으로 다가온다.

"내가 젊고 자유로워서 무한한 상상력을 가졌을 때, 나는 세상을 변화시키겠다는 꿈을 가졌었다. 좀 더 나이가 들고 지혜를 얻었을 때 나는 세상이 변하지 않으리라는 걸 알았다. 그래서 내가 살고 있는 나라를 변화시키겠다고 결심했다. 그러나 그것 역시 불가능한 일이었다. 황혼의 나이가 되었을 때 마지막 시도로, 가장 가까운 내 가족을 변화시키겠다고 마음을 정했다. 그러나 아무것도 달라지지 않았다.

이제 죽음을 맞이하는 자리에서 나는 깨닫는다. 만일 내가 나 자신을 먼저 변화시켰더라면, 그것을 보고 내 가족이 변화되었을 것을. 또한 그것에 용기를 얻어 내 나라를 더 좋은 곳으로 바꿀 수 있었을 것을. 누가 아는가, 그러면 세상까지도 변화되었을지!"

(3) 앤드류 카네기

"여기, 자신보다 현명한 사람을 주위에 모으는 기술을 알고 있었던 한 인간이 잠들다." 카네기(Andrew Carnegie) 자신이 노령에 접어들 무렵 직접 준비했다는 이 묘비명은 중요한 인생의 가치를 가르쳐 준다. 철강왕이라 불렸던 카네기는 원래 철강 관련 지식이 많은 사람은 아니었다. 그러나 그는 전문가들을 잘 찾아내서 부리는 데 탁월한 능력을 지닌 사람이었다. 그는 부(富)를 쌓았음에도 불구하고 권력에 집착하지 않았다. 교육사업과 문화사업에 아낌없이 돈을 헌납했다. 그의 겸손한 묘비명은 그의 삶을 단적으로 보여 준다.

(4) 아르키메데스

지렛대의 이론, 부력의 원리, 우주의 크기를 나타내는 기수법(記數法) 등에 큰 업적을 남긴 아르키메데스(Archimedes)의 묘비명은 도형이었다. 그의 묘비에는 원기둥에 내접하는 구의 그림이 새겨져 있다. 그가 발견한 '원기둥의 부피는 그것에 내접하는 공의 부피의 1.5배다'라는 공식을 자랑하고 싶어서였을까? 그는 죽는 순간까지

식' 첫 자세로 "머뭇거리지 말라"는 한 마디로 압축했다. 연습이 아닌 진검승부에서는 머뭇거리면 그대로 칼을 맞기 때문이다. 칼 맞은 후에 자세를 가다듬어 봐야 소용없다. 뒤늦게 상대의 마음을 꿰뚫어 몸을 사리지 않고 공격의 리듬을 타 본들 이미 늦었다. 어차피 인생은 진검승부다. 머뭇거리면 칼 맞고, 우물쭈물하면 그냥 사정없이 밟혀 버린다.

도 단순한 기술자가 아닌 기하학자로서 면모를 보여 주었다. 아르키메데스는 뜰의 모래 위에 도형을 그리며 기하학의 연구에 몰두하고 있던 중, 다가오는 사람 그림자가 로마 병사인 줄도 모르고 "물러서거라, 내 도형(圖形)이 망가진다"고 외쳤다. 그러나 로마 병사는 그를 몰라보고 그의 목을 내리침으로써 그는 생을 마감하게 된다. 생전의 아르키메데스는 기하학의 증명, 특히 원과 구에 대한 문제를 좋아했다고 하며, 그의 묘비에는 그가 부탁한 대로 '구(球)의 체적은 외접하는 원기둥 체적의 2/3다'라는 그가 발견한 도형인 구와 원기둥 모양의 묘비명이 새겨져 있다.

(5) 디오판토스

고대 그리스의 수학자 디오판토스(Diophantos)의 묘비명은 방정식이었다. "여행자여! 이 돌 아래에는 디오판토스의 영혼이 잠들어 있다. 그의 신비스런 생애를 수로 말해 보겠다. 그 생애의 1/6은 소년이었고, 그 후 1/12이 지나서 수염이 나기 시작했고, 또다시 1/7이 지나서 결혼했다. 그가 결혼한 5년 뒤에 아들이 태어났으나 그 아들은 아버지의 반밖에 살지 못했다. 아들이 죽은 4년 후에 그는 죽었다."

(6) 유명인들의 묘비명

① "괜히 왔다 간다." 기행(奇行)으로 유명한 걸레스님 중광(重光)의 묘비명에 써 있는 문장이다. 그의 삶이 기행으로 점철되어 있는 것처럼 그의 묘비명도 시니컬하다.

② "고로 여기 이 철학자는 영원히 존재할 것이다." 데카르트(René Descartes)는 21세기를 살고 있는 현대인들에게도 그의 묘비명처럼 영원히 존재한다.

③ "마르크스(Karl Marx)의 절반이 여기 잠들다." 카를 마르크스의 아내이자 혁명동지인 예니 마르크스의 묘비명에 나오는 문장으로, 마르크스가 아내의 가치를 표현해 주고 있는 것으로 보인다.

④ "아는 것이 힘이다." 베이컨(Francis Bacon)의 이 유명한 문장은 그의 묘비명에까지 적혀 있다.

⑤ "잘사는 것이 최상의 복수다." 「러브 스토리」와 「대부」의 제작자 로버트 에번스(Robert Evans)의 묘비명으로, 자본주의의 가치를 가장 극명하게 보여 준다. 그러나 그는 아직 살아 있다. 미국인들은 명사들이 자신이 죽기 전에 미리 묘비명을 정해 놓는 풍습이 있다고 한다.

⑥ "필사즉생, 필생즉사 必死卽生 必生卽死)." 충무공 이순신의 전쟁에 임하면서

장수로서의 마음가짐을 보여 준다. 23전 23승 무패의 전적으로 절체절명의 조선을 구해낸 것은 바로 이순신의 이러한 비장함 때문이 아니었을까?

⑦ 노무현 전 대통령은 '삶과 죽음은 자연의 한 조각'이라는 생사일여(生死一如)의 유서와 함께 "작은 비석하나만 남겨라"고 했다. 비문에는 '민주주의 최후의 보루는 깨어 있는 시민의 조직된 힘입니다'라는 어록을 인용해 새겨 넣었다.

⑧ "나, 열렬하게 사랑했고 열렬하게 상처받았고 열렬하게 좌절했고 열렬하게 슬퍼했으나, 모든 것을 열렬한 삶으로 받아들였다." 소설가 공지영 씨가 미리 써놓은 묘비명이다.17)

⑨ 도요토미 히데요시(豊臣秀吉)의 묘비명에는 "이슬처럼 왔다가 이슬처럼 사라지는 게 인생인가 보다! 살아온 한 세상이 봄날의 꿈만 같구나!"라고 적혀 있다.

⑩ 페스탈로치(Johann H. Pestalozzi)의 묘비명은 "모든 일을 남을 위해 했을 뿐, 그 자신을 위해서는 아무것도 하지 않는다"라고 적혀 있다.

⑪ 『연애론』과 『적과 흑』을 쓴 프랑스 소설가 스탕달(Stendhal)의 묘비명은 세 마디다. "살았다, 썼다, 사랑했다."

⑫ 김수환 추기경은 시편 23편 1절인 "너희와 모든 이를 위하여, 주님은 나의 목자, 나는 아쉬울 것이 없어라"라는 비문이 새겨져 있다.18)

그림 10-3 버나드 쇼, 김수환 추기경, 노무현 대통령의 묘비문

---

17) 일부 연예인의 경우 다음과 같은 묘비명을 말한 바 있다. 이효리는 '세기를 뒤흔든 섹시녀', 탁재훈은 '내가 누구게?' 신정환 '닮지 마라, 나'.

18) 몇 가지 비문을 소개한다. "매 순간 최선을 다하며 열심히 또 항상 긍정적으로 살아왔던 그녀. 행복한 추억들을 한아름 안고 하늘나라로의 여행길에 오르다", "당신들을 떠올리며 행복하게 떠났다. 그

마지막 13번째의 묘비명은 독자의 몫이다. 어떤 묘비명을 원하는가? 당신은 어떤 사람이고 싶었습니까?

3 웰빙과 웰엔딩

웰빙(well-being: 참살이)이란 단어가 삶의 화두로 등장한 이유는 삶의 질을 생각하기에는 매일매일의 삶에 급급했기 때문일 것이다. 어느 정도 의식주가 해결되자. 우리는 너나없이 삶의 질에 대해 생각하게 된 것이다. 하지만 웰빙만이 중요한 것이 아니다. 사람은 죽어서 이름을 남긴다고 했던가? 이제는 어떻게 죽을 것인가도 생각해 봐야 할 때다.

웰엔딩(well-ending)은 단순히 이 세상을 떠난다는 의미가 아니라 사람들과의 관계 속에서 어떤 삶을 살아왔나를 말하는 것이다. 과거 죽음을 부정하고 무시했던 한국인이 웰엔딩을 고민하기 시작한 것은 바로 가치관의 성숙을 의미한다. 죽음을 준비하는 작업은 곧 삶을 숭고하게 하는 일이다. 내가 죽은 후에 사람들이 나를 어떻게 기억해 줄 것인가를 생각한다면 우리는 하루하루의 삶에 더욱 충실할 수도 있을 것이다. 그렇기에 웰빙과 웰엔딩은 그리 멀리 있지 않다. 오늘 내가 죽는다고 생각한다면 오늘 하루의 삶이 매우 소중하게 느껴질 것이고, 내가 그동안 미워했던 사람에게도 손을 건넬 수 있는 용기가 생길 것이다.

리더들의 묘비명을 통해 '자신의 삶을 돌아보고 내가 지금 어디에 있는지, 어떤 의미 있는 일을 하는지를 생각해 보자. 지금 이 땅에 살아 숨쉬고 있는 우리들에게 어떤 삶이 '웰빙'인지와 또 '웰엔딩'인지 다음의 이야기는 우리에게 많은 것을 생각나게 한다. 『머나먼 나라』라는 글로서 내용은 이러하다.

위의 이야기에 나오는 '머나먼 나라'는 『잡아함경(雜阿含經)』에 나오는 글로서 '저승길'을 말한다. 그리고 '아내'들은 '살면서 아내처럼 버릴 수 없는 네 가지'를 비유하는 것이다.

러니 이 비문을 보는 당신, 웃으세요", "평생 나는 꿈을 꾸었던 영혼, 드디어 날아가고 말았다", "저를 기억해 주시는 당신의 행복을 기원합니다", "하나의 밀알이 되어 이 옥토에 썩어지리라", "간절히 원했다. 해냈다. 그리고 눈을 감다", "후회 없이 살다 갑니다. 당당하게 살다갑니다. 길고 굵게 살았습니다", "이루지 못한 1%, 니가 채워라","소녀시대와 댄스 배틀 해보고 싶었는데……".

네 명의 아내를 둔 남자가 있습니다.
그는 첫째 아내를 너무 사랑한 나머지 자나깨나 늘 곁에 두고 살아갑니다.
둘째 아내는 아주 힘겹게 얻은 아내입니다.
사람들과 피투성이가 되어 싸우면서 쟁취한 아내이니만큼 사랑 또한 극진하기 이를 데 없습니다.
그에게 둘째는 든든하기 그지없는 성(城)과도 같습니다.
셋째와 그는 특히 마음이 잘 맞아 늘 같이 어울려 다니며 즐거워합니다.
그러나 넷째에게는 별 관심이 없습니다.
그녀는 늘 하녀 취급을 받았으며, 온갖 궂은 일을 도맡아 했지만 싫은 내색을 전혀 하지 않습니다.
그저 묵묵히 그의 뜻에 순종하기만 합니다.
어느 때 그가 머나먼 나라로 떠나게 되어 첫째에게 같이 가자고 합니다.
그러나 첫째는 냉정히 거절합니다.
그는 엄청난 충격을 받습니다.
둘째에게 가자고 했지만 둘째 역시 거절합니다.
첫째도 안 따라가는데 자기가 왜 가느냐는 것입니다.
그는 셋째에게 같이 가자고 한다. 셋째는 말합니다.
성문 밖까지 배웅해 줄 수는 있지만, 같이 갈 수 없다고 말합니다.
그는 넷째에게 같이 가자고 합니다.
넷째는 말한다. 당신이 가는 곳이면 어디든 따라가겠습니다.
이렇게 하여 그는 넷째 아내만을 데리고 머나먼 나라로 떠나갑니다.

첫째 아내는 '육체'를 비유한다. 육체가 곧 나라고 생각하며 함께 살아가지만 죽게 되면 우리는 이 육신을 데리고 갈 수 없다. 사람들과 피투성이가 되어 싸우면서 얻은 둘째 아내는 '재물'을 의미한다. 든든하기가 성과 같았던 재물도 우리와 함께 가지 못한다. 죽을 때는 자기가 쓰던 볼펜 하나도 가져가지 못하면서 우린 그걸 잊고 살고 있다. 셋째 아내는 친척, 친구들이다. 마음이 맞아 늘 같이 어울려 다니던 이들도 문 밖까지는 따라와 주지만 끝까지 함께 가 줄 수는 없다. 그리고 시간이 지나면 조금씩 나를 잊어버릴 것이다. 마지막 넷째 아내는 바로 '마음'이다. 살아 있는 동안은 별 관심도 보여 주지 않고 궂은 일만 도맡아 하게 했지만 죽을 때 어디든 따라가겠다고 나서는 것은 마음뿐이다.

어두운 땅 속 밑이든 서방정토든 지옥의 끓는 불 속이든 마음이 앞장서서 나를 데리고 갈 것이다. 살아 생전에 마음이 자주 다니던 길이 음습하고 추잡한 악행의 자갈

길이었으면 늘 다니던 그 자갈길로 나를 데리고 갈 것이고, 선과 덕을 쌓으며 걸어다니던 밝고 환한 길이면 늘 다니던 그 환한 길로 나를 데리고 갈 것이다. 그래서 살아있는 동안 어떤 마음으로 어떤 업을 짓느냐가 죽고난 뒤보다 더 중요하다.

생각의 장(coaching point)

자신 있는 사람만이 갖출 수 있는 인격, 겸손

겸손할 줄 모르는 자가 성공한 것을 본 적이 있는가? 있다! 하지만 그것은 진정한 성공이 아니라고 본다. 겸손은 인생에서 성공하기 위한 첫 번째 열쇠다. 겸손은 아름답다. 겸손이란 참으로 자신 있는 사람만이 갖출 수 있는 인격이다. 자신과 자부심이 없는 사람은 열등 의식이나 비굴감은 있을지언정 겸손한 미덕을 갖추기 어렵다. 겸손은 자기를 투시할 줄 아는 맑은 자의식을 가진 사람의 속에 있는 것이다.

자기의 한계를 알고 한정된 자신의 운명과 우주의 영원 무변성과를 대비할 줄 아는 분별력을 가진 사람만이 겸손할 수가 있다. 또한 겸손은 생명 있는 모든 것, 혹은 무생물의 모든 것까지 애련히 여기는 마음에서 유래하는 것이며 그들의 존재함에 대한 외경심에서 비롯하는 것이다. 자연의 모든 뜻, 옆에 있는 사람이나 사물을 모두 스승으로 삼아 가르침을 얻고자 하는 겸허함을 가진 이의 삶은 경건하다.

경건한 삶을 사는 사람은 함부로 부화뇌동하지 않으며, 함부로 속단하지 않으며, 운명을 수긍하고 인내하고 사랑함으로써 극복하는 이다. 그런 사려 깊은 삶을 사는 사람을 우리는 사랑하지 않을 수 없을 것이다. 다시 한 번 묻는다. 겸손할 줄 모르는 자가 성공한 것을 본 적이 있는가?

미국의 정치가이자 발명가였던 벤자민 프랭클린 역시 평생 동안 자신이 만든 인생지침을 지키며 살았다. 프랭클린은 어려서부터 겪은 체험에서 얻은 값진 교훈을 인생지침으로 삼았는데, 20세 무렵부터 수첩에 적어가지고 다니며 철저하게 실천에 옮겼다고 한다. 어느 날 프랭클린은 한 선배의 집을 찾아갔다. 그 선배 역시 가난해 다락방에 살고 있었다. 프랭클린은 다락방으로 들어서다가 문이 너무 작아 이마를 부딪치고 말았다. "어이쿠!" 프랭클린은 아파서 순간적으로 인상을 찡그렸다. 이때 선배가 프랭클린에게 다음과 같이 말했다. "아프지? 자넨 지금 아주 중요한 것을 배운 거야. 세상을 살아가기 위해서는 머리를 숙여라! 이것이 자네가 오늘 나의 다락방에 들어오면서 배운 인생지침이라네." 프랭클린의 수첩에 '겸손'이라는 인생지침이 추가되는 순간이었다. 이렇게 만든 인생지침은 가난했던 프랭클린을 나중에 피뢰침의 발명가로, 위대한 정치가로 변신시켜 주었다. 그가 죽을 때 주머니에서 나온 낡은 수첩에는 다음과 같은 인생지침 13가지가 적혀 있었다.[20] 그 중에서 가장 마지막에 나온다. 그리고 가장 실천하기가 어려웠던 것이 겸손이라고 자서전에서 고백하고 있다.

행동(practice)과 습관(habit)의 장

깨우침의 고향

(1) 내가 가장 절실히 동경하는 것은 무엇인가? 그것을 알 수만 있다면 얼마나 좋겠습니까? 내가 그것 없이는 살아 갈 수 없다고 여기는 그것은 바로 __________이다.

(2) 나는 어떤 때 의심을 품는가? 내가 던지는 가장 깊은 질문은 무엇인가?

(3) 내 삶을 '함께 만들어 온' 가장 중요한 세 가지 '예'와 '아니오'는 무엇인가?

(4) 나는 무엇에 만족하며 무엇에 가장 깊은 평화를 얻는가?

(5) 나의 정신적 지주는 누구인가? ____________, ____________, ____________

(6) 내가 지금까지 살아온 삶의 과정에서 제목을 붙인다면? '________________'이다.

(7) 내 삶에서 가장 중요한 체험은 무엇이었나?

(8) 나는 "사랑한다"는 말을 달리 어떻게 표현하는가?

(9) 사랑은 내게 어떻게 왔는가?

(10) 나는 자신에 대해 말하는가? 아니면 불안해서 말하지 못하는가?

(11) 신이 있다면 '한번 이렇게 말씀하셨으면' 하고 바라는 것은 무엇인가?

---

20) 13가지 인생지침은 절약, 근면, 성실, 정의, 침묵, 규율, 중용, 청결, 건강, 평정, 순결, 결단, 겸손이다.

제11장 위기관리와 서바이벌 리더십

● 코칭(coaching)

당 태종이 위징(魏徵)으로부터 다음과 같은 간함을 듣고 이를 지켜 명군의 자리에 오른 데서 유래한 거안사위(居安思危)라는 사자성어가 있다. "보통의 황제는 나라가 위기에 빠졌을 때는 뛰어난 인재를 등용하여 그 의견에 귀를 기울이지만, 나라의 기반이 튼튼해진 후에는 마음이 해이해진다. 그러나 성인은 나라가 태평할 때야말로 한층 더 마음을 긴장시켜 정치에 임하지 않으면 안 된다"는 뜻이다.

뛰어난 사람이 더 많이 연습한다. 피아노 건반을 두드리는 것보다 더 지루한 일은 없다. 그러나 명성을 날리고 연주활동이 많은 피아니스트일수록 더욱더 열심히, 시간이 날 때마다, 매일매일 한 주도 빠지지 않고 연습하지 않으면 안 된다. 마찬가지로 유능한 외과 의사일수록 더 충실하게, 틈나는 대로, 매일 그리고 매주, 봉합술을 연습해야 한다. – 피터 드러커 –

제 1 절 위기관리 리더십

지난 2011년 3월 11일 일본 동북부 지역에 규모 9.0의 강진과 쓰나미가 강타한 일본에서 보여 준 극도의 차분한 위기 대처와 상대를 배려하는 국민들의 모습에 전 세계가 감탄했다. 핵재앙이 현실화될 것이라는 우려 속에서도 전 세계 이목은 놀랄 만한 국민 의식에 눈을 돌려 '일본을 배워야 한다'는 분위기가 형성되고 있다.

마찬가지로 우리 민족 역시 수많은 위기 상황이 있었다. 임진왜란, 일제 식민지, 6·25동란, 광주민주화운동, IMF 등 수많은 위기 상황에 직면했었다. 앞으로도 위기는 언제나 상존할 것이므로 이러한 위기를 극복할 수 있는 위기관리의 필요성이 더욱 커지고 있다.

그림 11-1 위기관리, 구름이 없는 맑은 하늘일 때 배워라!

바꿔 생각하면, 위기가 안타깝긴 하지만 더 나은 리더를 양성할 수 있는 뚜렷한 기회가 되기도 한다. 임진왜란 당시, 이순신 장군은 명량대첩에서 불과 12척의 부실한 배로 200여 척의 왜적을 물리친 위기관리 능력을 보여 주었다. 절체절명의 순간에 위기를 예견하고 평소 준비를 한 이순신 장군의 위기관리 리더십은 충남 태안 기름 유출 사고와 숭례문 화재 사건 때 나타난 위기관리 리더십에 대한 귀감이 된다.

현대 행정에서 리더는 위기 상황별로 기관장을 비롯한 주요 인물들이 확인 조치하고, 구체화한 의사결정 매뉴얼을 평소에 훈련할 필요성이 있다. 튼튼한 조직도 언제 위기가 닥칠지 모르므로 매일매일 위기라고 생각하고 대비하는 습관을 길러야 한다. 준비된 조직과 준비되지 않은 조직의 위기관리 대처 능력은 천지 차이다. 위기를 통해 더 나은 리더로 거듭날 수 있다. 전 세계가 부러워하는 IT 강국인 우리로서는 정보 및 기술 보호의 차원에서 조직의 위기관리 리더십이 더욱더 절실할 때다.

1 조직의 흥망성쇠를 좌우하는 힘

위기관리는 위기가 발생한 후의 조치는 물론, 발생 가능한 위기 상황을 예측해 실제 상황에 대비하고 훈련하며, 실제 위기를 겪고난 다음에 앞날을 위해 철저한 평가를 내리는 일련의 과정이다. 조직 내 리더의 위기관리 능력은 그 조직의 흥망성쇠를 좌우하는 절대적이다. 그래서 위기로 인한 손실(loss)과 그 손실을 줄이는 데 드는 비용(cost)을 비교해 본다면 위기에 대비해 미리 준비하는 것이 훨씬 경제적이다.

2001년 9월 11일 뉴욕의 쌍둥이 빌딩이 테러 공격을 받고, 워싱턴의 펜타곤 건물도 일부 공격을 받았다. 이러한 위기 상황에 리더들은 어떻게 대처했고, 대통령과 뉴욕 시장, 기업의 회장들은 어떤 조치를 취했는가? 신속하고도 결단력 있는 행동이 필요했다. 그리고 불안을 진정시키고 차후 대책을 논의해야 한다. 더 이상의 피해가 발생하지 않도록 대처하고 빠른 시일 내에 복구에 힘써야 한다. 리더가 갖춰야 할 능력 중 하나가 바로 이러한 위기관리 리더십이다.

위기가 닥쳤을 때 빛나는 리더십이 있는 반면, 오히려 위축되는 리더십이 있다. 위기관리는 폭풍우가 휘몰아칠 때 현장에서 배워야 할 원칙이 아니다. 구름이 없는 맑은 하늘일 때 배워서 익혀야 한다.[1)]

위기에 잘 대처하는 조직은 평소에도 정리정돈이 잘 되어 있다. 그들의 가치가 무엇인지, 조직 안에서 흐르는 주어진 일(mission)이 무엇인지 잘 알고 있다. 이는 조직의 존재 이유를 알기 때문이다. 위기가 닥쳐오면 존재 이유를 모르고 무너지는 조직이 있는 반면에, 잘 준비된 조직은 오히려 강화된다. 그래서 리더십은 위기를 극복하는 방법보다는 어떻게 조직을 존재시키느냐가 핵심이다.

위기는 언제 누구에게나 닥칠 수 있는 잠재된 실체이므로, 매일 위기의 연속이라 여겨 철저히 대비하는 유비무환(有備無患)의 대응 자세가 필요하며, 이는 개인도 기업도 국가도 결코 다를 수 없다. 거꾸로 무비유환(無備有患)의 결과가 가져온 참상이 얼마나 끔찍한지를 우리는 지금 서해안 태안 기름 유출사건과 숭례문 화재 사건에서 뼈저리게 겪은 바 있다. 서브프라임 모기지 사태에서 시작된 미국 금융시장 불안정, 글로벌 더블딥, 고유가에 대해서도 전혀 대비하지 못한 사례와 일본의 독도 영유권 주장, IT사업의 지각 변동 등에서 유비무환의 자세가 절실히 요구된다.

2 위기관리 프로그램과 메커니즘

위기관리란 말은 위기가 발생한 후 대응한다는 것과 같은 의미다. 다시 말해, 이것은 낮은 수준의 관리 행위일 뿐이다. 대개의 경우, 위기관리 리더십은 단순한 대응이라기보다는 학습이나 배움에 의한 것으로 좀 더 고품격이다. 결국 이것은 위기가 발생하기 전 미연의 방지를 위해 사람이 할 수 있는 한도 내의 모든 것을 해 보는 것, 즉 모든 합당한 수단을 미리 취하는 것을 말한다. 중대한 위기가 닥쳐오기 전에 위기관리 프로그램과 메커니즘을 적재적소에 배치하는 것이다. 따라서 임박한 위기들을 날려버릴 수 있는 조기 경보 신호를 어떻게 하면 좀 더 상세히 할 수 있을지 브레인스토밍을 수행해야 한다.

---

1) 드골(Charles de Gaulle)은 "위기가 닥칠 때 덕망을 갖춘 리더가 필요하다. 그는 책임이라는 쓰라린 환희를 추구한다"고 말했다.

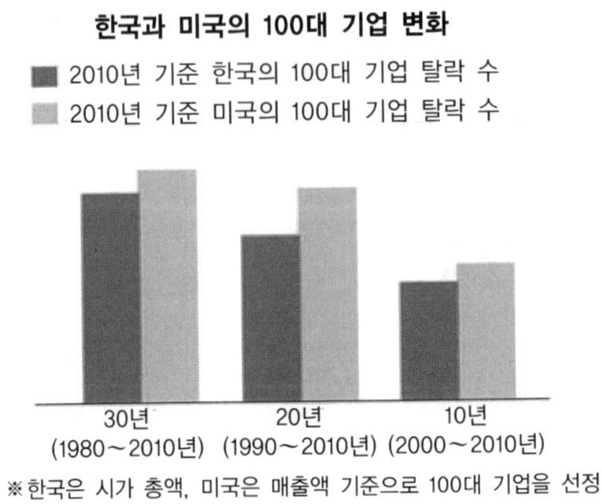

그림 11-2 한국과 미국의 100대 기업의 변화

자료: 대한상공회의소(2012).

또한 왜 위기가 일어났는지, 다시 발발하지 않기 위해서는 무엇이 필요한지 파악할 수 있는 독자적인 조사원을 고용해야 한다. 이것을 즉시 이행하지 않는다면 언젠가는 강제로 하게 될 날이 온다. 그리고 매년 최소한 하나 정도는 해결되지 않고 질질 끌고 있는 위기 상황이 뭔지 파악해야 한다. 우리가 진정한 '위기관리 리더십'을 이행할 때까지 위기의 연속은 계속되고 있기 때문이다.

[그림 11-2]에 나타난 바와 같이 2011년 7월 대한상공회의소의 '100대 기업의 변천과 시사점' 보고서에 따르면 1980년 시가 총액 상위 100위 안에 들었던 국내 기업 중 73개가 지난 30년 사이(1980~2010년) 후발 기업에 자리를 내주고 탈락했다. 국내 100대 기업의 41%가 10년 사이 바뀐 것으로 나타났다. 30년으로 시기를 넓히면 73%가 100대 기업 명단에서 사라진 것이다.

1980년 시가 총액 기준으로 국내 1~3위 기업은 어디일까? 삼성전자, 금성사(현 LG전자), 현대자동차, 유공(현 SK이노베이션) 등을 떠올리기 십상이지만, 실상은 다르다. 삼성전자·대림산업·대한전선이 1~3위였다. 2011년 현재 대한전선은 시가 총액 100위권 안에 아예 이름을 올리지 못했다. 대한전선과 함께 30년 전 상위권에 올랐던 쌍용양회공업(4위)·한일시멘트(15위)·한국유리공업(19위)·태광산업(50위) 등도 현재는 100위권 밖이다.[2)]

2) 대한상공회의소, 100대 기업의 변천과 시사점'을 분석한 보고서, 2011. 7. 28.

미국의 경우 100대 기업 자리 바뀜이 한국보다 더 많았다. 대한상의가 미국의 경제 전문잡지 『포춘(*Fortune*)』이 선정한 미국 100대 기업(매출액 기준)을 분석한 결과, 30년 사이 81개 기업이 100대 기업에서 탈락했다. 지난 10년 사이엔 47개 기업이 바뀌었다. 미국은 우리나라보다 기업 생태계의 신진대사가 더 역동적이었다. 1980년 100대 기업 순위 안에 들었던 US스틸(14위)·크라이슬러(17위)·코닥(30위)·모토로라(37위) 등이 물러나고, AIG(16위)·화이자제약(40위)·애플(56위)·페덱스(60위)·아마존(100위) 등이 새로 100대 기업에 이름을 올렸다.

100대 기업의 절반가량이 10년을 버티지 못하고 후발 주자에 자리를 내주고 있다. 탈락하는 기업들은 현실 안주와 무리한 사업다각화 등으로 어려움을 겪었기 때문에 이러한 위기 상황을 경계해야 한다. '정글의 법칙'이 적용되는 치열한 경쟁과 위기 속에서 위기관리 리더십은 더욱 필요함을 느끼게 하는 통계다.

3 성웅 이순신 장군의 위기관리

임진왜란의 7년 전쟁 동안 23전 23승의 경이적인 신화를 남긴 조선 최초의 해군 참모총장 이순신 장군에 대한 칭송은 수많은 곳에서 나타난다. 프로 축구도 아니고 프로 야구도 아닌 전쟁터에서의 기적 같은 '무패' 기록이다. 일본의 근세 사상 최고의 해군 명장으로 꼽히며, 러일전쟁에서 러시아 발트 함대를 전멸시킨 일본의 군신(軍神) 도고 헤이하치로(東鄕平八郞, 1847－1939) 해군 제독은 1905년 2월 쓰시마해협에서 러시아 발트 함대를 무찌른 뒤 이를 축하하는 피로연 자리에서 자신을 영국의 넬슨(Horatio Nelson, 1758－1805)과 조선의 이순신에 비겨서 칭찬하는 축사를 듣고 답사에서 이순신과 비유하는 것은 감당할 수 없는 일이라고 했다.[3]

일본의 언론인 도쿠토미 이이치로(德富猪一郞) 역시 "그는 이기고 죽었으며, 죽고 나서도 이겼다. 동양 삼국을 통틀어 최고의 영웅이었다"라고 했다. 이처럼 임진왜란의 승리는 기적이 아니었다. 조선 최초의 삼도수군통제사 이순신의 리더십이 이뤄낸 쾌거였다. 이제 신화가 되어버린 이 완벽한 리더, 성웅 이순신 장군의 리더십을 한 발자국씩 따라가 보자.

---

3) "나를 넬슨에게 비유하는 것은 가하나 이순신에게 비유하는 것은 감당할 수 없는 일이다"면서 자기를 이순신 장군에 비할 수 없다고 했다. 그리고 "이순신 장군에 비하면 나는 일개 하사관에 불과하다. 만일 이순신 장군이 나의 함대를 가졌다면 세계의 바다를 제패했을 것이다"라고 말했다.

1) 미신불사 상유십이척

이순신 장군은 리스크 관리에 철저했다고 본다. 장군은 승리할 시기와 장소를 주도적으로 선택했다. 그는 적군의 동향과 지형, 심지어 바닷물의 흐름까지 면밀하게 분석한 후 승산이 있을 때 비로소 진군 나팔을 불게 했다. 임금이 출전하라고 해도 승산이 없으면 나서지 않았고, 후임 원균(元均) 장군이 칠천량 해전에서 궤멸된 뒤 백의종군으로 복귀한 이순신 장군은 불과 12척만 남은 전선으로 200여 척의 왜선 함대를 맞아 또다시 승전고를 울린다. 세계 해전사에 길이 빛나는 명량대첩이다.

그가 지략과 위기관리 능력이 뛰어난 멀티 플레이어이자 미래의 진정한 리더로 불리는 것은 “미신불사 상유십이척(微臣不死 尙有十二隻: 미천한 신하는 죽지 않았고, 아직 저에게는 12척의 배가 남아 있습니다)”라는 문구를 언급하며, 죄인이 됐으면서도 백의종군해 해전을 승리로 이끌어 나라를 지켰기 때문이다. 이순신 장군의 백성 사랑과 창의력, 전술 능력 등을 볼 때 사람이 갈 수 있는 최고의 경지에 도달한 인물이라고 평하고 싶다.

절세의 명장 이순신은 단순히 명장이었을 뿐만 아니라 열세를 우세로, 수세를 공세로, 위기를 기회로 반전시킨 탁월한 지도자였다. 이러한 출중한 리더십은 오로지 ‘필생즉사(必生卽死) 필사즉생(必死則生)’, 곧 ‘살려고 하면 죽고, 죽기를 각오하고 싸우면 이긴다’는 비상한 지휘 철학에서 비롯된다. 세종대왕이 역사상 가장 훌륭한 제왕이었다면 이순신은 가장 훌륭한 군신(軍神)이라고 해도 지나침이 없다.

그림 11-3 명량해전의 일자진법

2) 23전 23승 무패

이순신은 바다에서 적을 대할 때 철저한 분석과 정보를 근거로, 승리를 확정한 상황에서만 전투를 벌였다. 그는 남해안의 복잡한 지형과 조류를 완전히 파악했다. 전라좌수영의 관할 해역과 더불어 대부분의 해전이 벌어진 경상도 해안까지 현장 답사를 게을리하지 않았다. 피난민과 포로들로부터 정보를 수집하고 정보원과 정탐선을 투입해 적진의 형세와 이동 경로 등을 면밀히 관찰했다. 이를 반영해 이순신은 해전에서 기습과 같은 공격으로 적에게 큰 피해를 주었지만, 아군이 기습에 노출되는 상황은 일어나지 않았다. 그리하여 23전 23승 무패의 전적을 이룬 것이다.

이순신이 위기관리 리더십을 발휘할 수 있었던 가장 큰 이유는 그가 부하 장수들과 더불어 백성들에게 보여 준 신뢰에 있다. 하급 관리 시절부터 실천했던 청렴성과 공사의 엄격한 구분이 일부 상관들에게는 미움을 사는 요인이 되기도 했으나, 부하들에게는 신뢰를 주었던 것이다. 이러한 도덕성의 영향을 받아 부하들도 역시 높은 도덕성을 견지할 수 있었다. 그리고 어떠한 상황에서도 좌절하거나 두려워하지 않는 모습이 부하들로 하여금 깊은 신뢰감과 충성심을 불러일으킨 것이다.

이순신은 죽음을 각오하고 솔선수범의 모습을 보여 줌으로써 전투에 대한 부담감과 두려움에 빠진 장병들의 분투를 이끌어 냈다. 실제로 명량해전에서 이순신의 지휘선이 단독으로 고군분투하는 모습을 보여 줌으로써, 부하들의 사기를 올리고 전투에 적극적인 동참을 유도했다. 조직이 위기를 돌파하기 위해서는 누구보다도 먼저 조직의 리더가 희생정신을 발휘해 솔선수범하는 것이 최선의 방법이다.[4]

그림 11-4 유비무환과 필사즉생, 필생즉사(必死卽生 必生卽死)

4) 한편, 영국의 밸러드(G. A. Ballard)가 "이순신 제독이 넬슨보다 나은 점을 가졌으니, 그것은 기계 발명에 대한 비상한 재능을 갖고 있었다는 점이다"라고 평가했는데, 이러한 기계의 발명은 곧 거북선과 총통을 의미한다. 칭기즈칸처럼 기술을 중요시한 점도 장군의 위대함을 엿볼 수 있다.

행동(practice)과 습관(habit)의 장

누구를 태울 것인가?

정부기관 면접 시험에 나왔다는 전설적인 문제이지만 지금은 유명한 기출 문제가 된 질문이다. 이 문제에 대해 당신은 과연 어떤 대답을 할 수 있을까?[5)]

> 당신은 거센 폭풍우가 몰아치는 밤길에 운전을 하고 있습니다. 마침 버스 정류장을 지나치는데, 그곳에는 세 사람이 버스를 기다리고 있었습니다. 약하고 지쳐서 아주 생명이 위급해 보이는(빨리 병원에 모시고 가야 하는) 듯한 할머니, (당신을 보고 반색하는) 당신의 생명을 구해 준 적이 있는 정말 고마운 의사, (이번에 지나치면 다시는 만날 수 없는) 당신이 꿈에도 그리던 이상형의 사람. 기다리는 버스 시간은 멀었고 차에는 단 한 명만이 더 탈 수 있는 상황입니다. 당신은 어떤 사람을 태우겠습니까? 당신의 선택과 그 이유를 설명하시오.

이 문제에 대한 정답이 없다. 면접관이 요구한 것은 수험자가 선택과 이유를 통해 수험자의 가치관을 파악하려는 것이다. 여러분의 선택과 이유는 무엇인가? '할머니, 생명이 제일 소중하니까' 또는 '이상형, 평생 후회하고 싶지 않아서' 등을 선택했을 것이다. 아마 많은 사람이 이런 식으로 답을 썼을 것이다. 그런데 한 수험자는 면접관을 감탄시킨 답을 적어냈다. 그 수험자가 적어낸 답은 "의사에게 차를 몰게 해 할머니를 병원에 모시고 가게 한다. 그리고 나는 남아서 이상형과 나란히 버스를 기다리겠다"였다.

문제를 낸 출제진조차도 '자신의 차에 어떤 사람을 태울 것인가'에만 정신을 팔고 있었는데, K 수험자는 자신이 내림으로써 최상의 정답을 발견한 것이다. K는 '자신의 차', '한 사람을 더 태운다'라는 상황에 사고를 고정시키지 않았던 것이다. 이 한 마디 대답으로 K는 출제진을 뛰어넘는 유연한 사고를 보여 주었고, 위기 상황에 가장 주목받는 합격자가 되었다. 당신은 또 어떤 답을 가지고 있는가?

제 2 절 서바이벌 리더십

현대 사회는 평탄한 곳이 아니다. 수많은 변화와 예상치 못한 환경이 우리를 힘들게 한다. 그러나 어려움 속에서 삶의 의미를 다시 한 번 생각하게 하는 계기가 되기도 하고 인간이 더 성숙해지기도 한다. 서바이벌 리더십(survival leadership)은 군림

---

5) 독자는 해답풀이를 보기 전에 문제를 읽고 자신의 생각을 정리한 다음 해설을 읽기 바란다.

하는 리더이기 전에, '함께하는 리더'다. 이것은 불가능(Impossible)에 점(땀 한 방울) 하나를 찍은 가능(I'm possible)으로 만드는 리더십이다.

서바이벌 리더십은 아랫사람들에게 죽음으로 인도하는 사람이 아니고, 삶으로 희망으로 인도하는 리더다. 그리고 극한 상황에 부딪친 조직에게 가장 필요한 것이 희망과 팀워크임을 말하고, 자신에 대한 믿음과 타인에 대한 신뢰가 얼마나 중요한지를 새삼 깨닫게 해 주는 것이 바로 서바이벌 리더십이다.

작금의 시대는 가히 리더십의 홍수에 살고 있다고 할 정도로 리더십에 관한 수많은 서적과 영상물들이 있다. 실제로 필자가 자주 이용하는 교보문고에 가면 항상 느끼는 것이지만 리더십에 관한 책들이 아주 많아졌다는 점이다. 필자는 리더십에 관한 수많은 책을 읽어 보았고, 그 많은 책 속에서 식상함도 느끼기도 했지만, 서바이벌 리더십에 관한 한 『섀클턴의 리더십』은 아주 인상적이었다.

1 섀클턴의 생존 리더십

섀클턴(Sir Ernest H. Shackleton, 1874-1922)경은 학생들에게 낯선 이름일지 모른다. 그러나 그는 지난 천 년 동안 가장 위대했던 탐험가로 손꼽히는 인물이다. 당시 아문센과 스콧은 경쟁적으로 남극 탐험을 시도하고 있었다. 섀클턴 역시 남극 탐험에 대한 열정은 대단했지만 늦게 발을 들여놓았기 때문에 언제나 아문센(Roald Amundsen)과 스콧(Robert F. Scott)의 그늘에 가려져 있었다. 그리고 남극점 최초의 정복이라는 영광은 당시 영국과 정치적으로 사이가 좋지 못했던 노르웨이의 아문센이 누렸다.

영국은 자존심에 상처를 입었고 이것은 섀클턴의 의욕을 더욱 부추겼다. 그러나 때마침 제1차 세계대전이 발발해 섀클턴의 탐험 계획이 수포로 돌아갈 상황이 되고 말았다. 하지만 당시 해군 참모 총장이던 처칠(Winston Churchill)이 그의 남극 횡단 탐험을 승인해 준다. 스콧과 떠난 첫 번째 남극 탐험에서 괴혈병으로 도중하차하자 섀클턴은 자존심에 큰 상처를 받는다. 그러나 굴하지 않고 두 번째 시도를 하여 스콧의 탐험대보다 580㎞나 더 내려간 남쪽을 탐험하는 기록을 세우며 동시에 전 대원들을 무사히 귀환시키는 쾌거를 이룬 것이다. 당시엔 일단 탐험에 나서면 전 대원이 모두 살아서 돌아오는 일이 거의 없었기 때문에 섀클턴은 국민들의 대대적인 환영과 함께 스콧도 받지 못한 '경(卿)'이라는 칭호를 받는다.

1) 전원 생존!

지금으로부터 약 100년 전 1914년 8월 두 팀의 탐험대가 각각 북극과 남극으로 탐험을 떠났다. 칼럭(Karluk) 호는 북극으로, 섀클턴의 이끄는 인듀어런스(Endurance) 호는 남극으로. 하지만 공교롭게도 두 팀 모두 사방이 얼음으로 뒤덮인 바다에서 배가 꼼짝도 할 수 없는 상황에 처하게 되었다. 조난이 길어지자 칼럭 호의 대원들은 서로 식량과 연료를 놓고 싸우다가 몇 달 만에 11명 전원이 숨지게 되었다. 인듀어런스 호 역시 남극해에 도달하자마자 난파를 당해 28명 모두 조난된 영국 탐험대이지만 그들은 634일이라는 조난 기간 동안 단 한 명의 사망자도 없이 전원 생존해 돌아왔다. 통신 장비마저 없었던 당시, 이 기적적인 역사를 만들어 낸 사람은 탐험대의 대장 '어니스트 섀클턴'이었다.

그는 남극 대륙 탐험 중 배가 얼음덩이에 갇히게 되었고 결국 배가 난파당하게 된다. 이런 절망적인 상황에서 그가 좌절을 했다면 그는 그와 비슷한 처지의 사람들, 예를 들어 북극 쪽으로 탐험을 갔다가 난파를 당한 칼럭 호와 같은 운명으로 스스로 쓰러져 갔을 것이다. 하지만 그는 달랐다. 그는 그런 절망적인 상황에서도 리더십을 발휘해 끝까지 모두를 안전하게 복귀시켰다. 그는 고래 기름으로 스튜(stew)를 만들고 바다표범과 펭귄을 잡아먹으며 놀라운 적응력을 보여 준다.[6] 섀클턴은 구조 요청을 위해 다섯 명의 대원들과 함께 고래잡이 배를 타고 남극 해를 건너 사우스조지아 섬으로 항해해 간다. 이때부터 남아 있는 스물두 명 대원들의 지루한 기다림이 시작된다.

한편, 가까스로 사우스조지아 섬에 다다른 섀클턴과 다섯 명의 대원들은 세 명만 구조 요청을 위해 떠나기로 한다. 최후의 구조 요청을 위해 길을 떠난 섀클턴과 두 명의 대원들은 달빛을 받으며 2박 3일 동안 쉬지 않고 험준한 절벽들을 달린다. 1916년 5월 21일, 그들은 마침내 포경 기지인 스트롬니스 만에 도달한다. 섀클턴과 다섯 명의 대원들은 엘리펀트 섬을 떠난 지 4개월 만에 스물두 명의 동료들을 구하러 나타난다.

2) '신' 다음으로 위대한 지도자

'신' 다음으로 가장 위대한 지도자! 이 얼마나 오만한 표현인가라는 생각이 들 것이

6) 남극의 풍경은 낭만적이지만은 않다. 생전 처음 들어 보는 장송곡 같은 펭귄의 울음소리라든가 고래 기름으로 스튜를 해먹는 이야기와 영하 60도까지 내려가는 날씨라든가 바다 위에 떠 있는 얼음의 압력이 배를 쪼개는 등의 사건은 일상의 사고를 뛰어넘는다.

다. 하지만 그의 리더십은 바로 현대 사회에서 가장 필요한 것이다. 그는 가치 있는 위험에는 기꺼이 도전하는 모습을 보였다. 얼지 않은 땅을 찾아 800마일을 보트로 이동하는 등 섀클턴은 조난 상태를 극복하기 위해 수많은 시도를 했다. 도전만이 새로운 가능성을 열어 주기 때문이었다. 또한 그는 현실적 기반 위에서 낙천성을 잃지 않았다. 섀클턴은 난파된 배 위에서도 책을 읽었고 배를 포기하기 전날까지 웃는 얼굴로 선상 파티를 열 정도로 낙천적이었다.

그는 공정한 리더로서 극한 상황에서 '공정함'이 무엇인지 보여 준 위대한 리더였다.[7] 어떤 상황에서도 리더인 자신이 동요하지 않으면 대원들도 낙담하지 않을 것이라는 사실을 알았던 것이다. 지금까지도 미국과 유럽에서 '신(神) 다음으로 위대한 지도자'라고 평가받는 리더이기도 하다.[8]

2 아문센, 스콧 그리고 섀클턴의 리더십 차이

20세기 초 극지방을 둘러싸고 벌어진 세 사람, 아문센, 스콧, 섀클턴의 리더십을 비교해 살펴보자. 다음의 글은 인터넷 사이트에 올라 있는 여러 글을 필자가 재구성해 정리한 것이다.

세 사람은 모두 남극 탐험에 도전했지만 그들의 리더십은 각자 달랐다. 그들 중 한 명만 성공하고 나머지 두 사람은 실패한다. 그들은 모두 영광을 누렸지만 그 영광의 빛은 각자 달랐다. 그러나 유일한 공통점은 그들 모두 빙하 사이에서 영원한 안식을 맞이한 것이다. 아문센은 북극 비행 도중 실종되고, 섀클턴은 네 번째 남극 탐험 도중 심장마비로 사망하고,[9] 스콧은 남극점을 정복하고 돌아오는 길에 탐험대와 함께 최후를 맞이한다. 그들은 똑같은 꿈을 가졌지만 성장 환경부터 성격까지 완전히 달랐

7) "가죽 백이 18개밖에 없어 우리는 제비뽑기를 했다. 난생 처음으로 내가 당첨되었다." "그런데 그 뒤로 항상 좋은 가죽 백이 걸린다" 섀클턴 본인은 항상 축축한 침낭이 걸리게 제비뽑기가 조작된 것이다. 리더의 공정함이란 그런 것이다. 당신도 제비뽑기, 사다리 타기를 조작해 본 경험이 있는가? 부하를 위해 한번 해보라.

8) 1999년 말 영국 BBC 방송이 실시한 여론조사 결과 지난 1000년 동안 최고의 탐험가 10인 중 크리스토퍼 콜럼버스(Chistopher Columbus), 제임스 쿡(James Cook), 닐 암스트롱(Neil A. Armstrong), 마르코 폴로(Marco Polo)에 이어 5위에 랭크되기도 했던 섀클턴은 로알 아문센(Roald Amundsen)과 로버트 스콧(Robert F. Scott)이 남극 탐험의 개가를 올리던 시대의 사람이다.

9) 섀클턴은 네 번째 탐험에서 죽는다. 그가 죽자 남극 탐험사에서 영웅의 시대도 끝이 난다. 모든 어려움을 개인의 영웅적 의지와 투지로 극복하면서 미지의 대륙을 탐험하던 시대가 끝난 것이다.

다. 낭만적이고 비장한 그들의 탐험도 저마다 무척 다르다. 그래서 아직도 사람들의 입에 오르내리는지도 모른다. 자! 그들의 리더십을 비교해 본다.

1) 아문센의 실용적 리더십

로알 아문센(Roald Amundsen, 1872－1928)은 선원의 아들로 노르웨이 보르게에서 태어났다. 그는 어릴 때부터 모험을 동경했지만 아들을 위험에 내몰고 싶지 않았던 어머니 덕분에 의과대학에 입학했다. 그러나 어머니가 사망하자 아문센은 본격적으로 탐험을 시작하고 노르웨이의 국민적 영웅인 난센(Fridegot Nansen, 1861－1930)으로부터 극지탐험선 '프람 호'를 물려받고 남극 정복에 나선다. 선원의 아들답게 그는 철저한 실용주의자였다. 형식적 예의나 절차 따위는 간단히 무시해 버렸고 인도주의나 과학적 탐구도 그에게 중요하지 않았다. 그에게는 가장 먼저, 가장 빨리, 가장 안전하게 극점을 정복하는 것 외엔 아무것도 중요하지 않았다.

아문센은 가장 쉬운 루트를 선택했고 에스키모처럼 모피로 된 옷을 입고 개썰매를 이용했다. 그리고 나중에는 부족한 식량을 보충하기 위해 썰매를 끌던 개를 잡아먹는다. 또 짐을 줄이기 위해 측량 도구 같은 시시콜콜한 실험 도구는 모두 캠프에 남겨둔다.

결국 아문센은 손쉽게 1911년 12월 19일 남극점 정복에 성공한다. 그러나 아문센의 탐험은 '최초의 정복' 외에는 아무것도 남겨 주지 않았다. 아문센의 주도면밀함과 대담함에 모두 감탄하지만 그뿐이었다. 아문센의 남극 정복으로 새롭게 알려진 과학적 사실은 거의 없었고 낭만적 모험과 비장한 용기도 찾을 수 없었다.

2) 스콧의 인도주의적 리더십

반면에 로버트 스콧(Robert Falcon Scott, 1868－1912)은 아문센과는 전혀 다른 스타일의 리더십 소유자다. 좋은 집안에서 태어나 해군 장교가 된 그는 아문센과 달리 명예와 예의를 중시하는 전형적인 영국 신사였다. 아문센과 달리 가장 먼저, 가장 빨리, 가장 안전하게 극점을 정복하는 것은 스콧에게 크게 중요하지 않았다. 험한 길을 선택하지 않고 안전한 길을 선택하는 것은 대영제국 장교의 명예에 어긋나는 행동이라 생각했고, 인도주의는 어떤 경우에도 지켜야 했으며 과학적 탐구는 결코 빼놓을 수 없었다. 이러한 아문센과 스콧의 리더십 차이는 그들의 탐험에서 극명하게 드러난다.

스콧은 가장 험한 루트를 선택했고 또 동물 살해에 반대했기 때문에 아문센과 달리 스콧 탐험대는 합성 섬유로 된 방한복을 이용했다. 또 개에게 썰매를 끌게 하는 것을 비인도적이라 생각했기 때문에 개 대신 만주산 조랑말과 엔진이 달린 자동썰매를 이용한다. 아문센처럼 개를 잡아 부족한 식량을 보충하는 것을 스콧은 상상조차 할 수 없었고 스콧이 챙긴 여러 실험 도구는 무거운 짐을 더욱 무겁게 했다.

결국 스콧의 탐험은 실패한다. 그는 극점 정복에는 성공했지만 아문센에게 '최초의 영광'을 30일 먼저 빼앗겼고 결국 돌아오는 길에 대원들과 함께 쓸쓸한 최후를 맞이하게 된다. 그러나 후일 수색대가 스콧 탐험대의 마지막 캠프를 발견하면서 스콧은 살아서 얻지 못한 영광을 얻게 된다. 스콧을 비롯한 세 명의 시체와 함께 스콧의 일기와 편지가 발견되고 마지막까지 인도주의와 애국심을 잃지 않았던 영국 해군 장교에게 사람들은 무한한 경의를 표한다.[10] 이러한 스콧의 탐험은 아문센의 탐험보다 훨씬 더 많고 더 귀중한 과학적 자료를 남겨 주었고, 지금도 신화로 기억되고 있다.

3) 섀클턴의 서바이벌 리더십

섀클턴은 스콧이나 아문센과는 또 다른 존재다. 아일랜드에서 태어난 섀클턴은 아문센과 같은 철저한 실용주의자는 물론 스콧 같은 인도주의자도 아니었다. 아문센의 주도면밀함이나 대담함도 없었고 스콧 같은 탐구 정신이나 기사도 정신도 없었다. 그는 거칠고 성질 급한 아일랜드 사람이었고 대단한 용기를 지녔지만 비합리적이고 감정적 판단을 자주 내렸다. 그런 그에게 몇 안 되는 장점이 있었다면 어떤 순간에도 희망을 버리지 않는 낙천주의와 강력한 카리스마였다.

1912년 말 스콧탐험대의 불운한 최후가 알려지자 이미 남극 탐험으로 기사 작위를 받은 섀클턴은 다시 한 번 남극 횡단에 도전한다. 그렇지만 탐험은 간단하지 않았고 준비에만 2년이 걸린다. 1914년 섀클턴은 준비를 마치지만 제1차 세계대전이 발발하고 탐험은 무산될 위기에 놓인다. 그러나 해군장관 처칠의 명령으로 섀클턴은 예정대로 탐험을 떠나게 된다. 섀클턴의 가훈 Fortitudine vincimus를 따 Endurance(인내)라 이름붙인 극지 탐험선은 처음 몇 달 동안 순조로운 항해를 하지만 곧 빙하를 만나게 되고 결국 1915년 1월 빙하에 갇혀 버린다. 이때부터 섀클턴의 지옥 같은 경험이

10) 스콧이 영국민에게 보낸 마지막 편지 내용을 보면 다음과 같다. "나 스스로는 이 여정을 후회하지 않는다.…… 가지런하지 못한 메모들과 우리들의 주검만이 남아 훗날 그 이야기를 전할 터이지만, 틀림없이 그리고 분명히 우리나라와 같이 위대하고 부유한 나라는 우리들을 의지할 것이라고 믿는다." 마지막 순간까지 위엄을 잃지 않고 영국민에게 보낸 이 마지막 메시지는 영국에서 널리 회자되고 있다.

그림 11-5 아문센, 스콧, 섀클턴 리더십의 비교

시작된다.

스콧의 탐험은 실패했기에 신화로 남고 스콧이 신화 속의 비극적 영웅이 될 수 있었던 것처럼 섀클턴도 실패했지만 전원 생존했기에 그의 이야기는 전설이 되고 전설 속의 고집 센 영웅으로 남게 된다. 아문센, 스콧, 섀클턴 모두와 함께 탐험한 경험이 있던 지질학자 프리슬리(Raymond Priestly)는 세 사람에 대해 이런 말을 남겼다. "과학탐사대의 지도자로는 스콧이 적격이다. 신속하고 유능한 극점 공격에는 아문센을 따라올 사람이 없다. 그러나 구원의 손길이 보이지 않는 역경에 직면한다면 나는 무릎을 꿇고 기도하겠다. 섀클턴을 어서 보내 달라"고 할 것이라고.

3 서바이벌 리더십의 특징

미국과 유럽에서는 지금 섀클턴 배우기가 한창이다. 수익 악화 등의 어려움에 처한 미국 기업들은 섀클턴을 위기를 헤쳐 나갈 리더십의 모델로 여기고 있으며, TheStreet.com의 창업자 크레이머(James Kramer)는 사무실 칠판에 "낙관론은 진정한 도덕적 용기"라는 섀클턴의 말을 써놓기도 했다. 또한 최근 미 국방부에서는 간부들을 대상으로 섀클턴의 리더십에 대해 세미나를 열고 있다.

버링검(Edward Burringahm)은 "섀클턴은 오늘날의 시대 정신에 부합한다"고 말하며 "대중은 늘 굶주려 있다. 국민들을 분열시키는 일반적인 가치들은 사실 그리 중요치 않다. 그들에게 필요한 핵심적인 가치는 리더십, 인내심, 도덕적·육체적 용기로 이런 것들이야말로 국민들을 연합시킨다"라고 말했다. 또한 뉴욕 경제연합의 맥

그리거(Frank McGregor)의 공동 경영자 맥그리거(James McGregor)는 "섀클턴은 위기에 처했을 때 당신이 어떻게 해야 하는지 본보기를 보여 주는 사람이다"라고 정의했다.

『실패한 탐험가 성공한 리더』는 16년 이상 섀클턴의 리더십을 연구해 온 특파원 모렐(Margot Morrell)과 저널리스트 카파렐(Stephanie Capparell)이 섀클턴 자신의 글을 비롯해 인듀어런스 호 대원들의 일기와 여러 자료들을 바탕으로 섀클턴의 탁월한 리더십을 밝혀내고 있다. 섀클턴 서바이벌 리더십의 특징들은 이 책을 중심으로 필자가 다음과 같이 정리했다(마곳 모렐 외, 2003).

1) 개개인의 장점을 파악하라

섀클턴은 대원들의 기질을 오랫동안 관찰하면서 대원들 각자가 가장 좋아하고 가장 잘할 수 있어서 오래 할 수 있는 일을 맡기고자 했다. 그는 휘하의 모든 대원을 '아랫사람'이 아닌 동등한 한 인간으로 대할 줄 알았다. 다른 모든 대원이 잠자리에 든 후 섀클턴은 잠자리에 들기 전 반 시간 정도 불침번과 얘기를 나누거나 같이 담배를 피우곤 했는데 그런 그의 모습이 낯설지 않았다.

2) 낙천적 마인드와 자기 확신을 가져라

섀클턴은 대원들에게 자신이 책임자의 위치에서 반드시 성공할 수 있다는 자신감을 갖게 해 주었다. 그는 모든 사람에게 낙관적인 생각을 심어 주었다. 그가 대원들 앞에서 앞으로의 계획과 일정들에 대해 말한 연설은 낙담에 빠진 대원들을 다시 일으켜 세우기에 충분했다. 정말 훌륭한 연설이었다. 단순 명료하고 감동적이며 낙관적이면서 아주 효과적이었다. 덕분에 그들은 의기소침한 상태에서 빠져나와 기운을 차렸고 저녁을 먹었다.

또한 그는 위험한 상황에서 정말로 필요한 일이 무엇인지 아는 사람이었다. 육지로의 행군이 결정되었을 때 그는 극히 필수적인 몇몇 가지 소지품을 제외한 전부를 버리도록 대원들에게 명령했다. 그 자신도 금시계, 금화 50파운드, 은빗, 여행 가방, 책들, 알렉산드라 여왕이 선물한 성경책(여왕의 사인과 욥기 한 장만 찢어냈다) 등을 모두 버려 먼저 모범을 보였다. 하지만 밴조(banjo)는 꼭 들고 갈 것을 명령했다. 그 이유는 간단했다. '정신 건강에 아주 중요하기' 때문이었다. 그는 항상 사기가 고조되도록 힘썼다. 특히 날씨가 험악해져서 텐트 밖으로 나가지 못하는 날엔 다양한 오락거리와 풍족한 식사를 대원들에게 제공해 대원들의 사기가 저하되지 않도록 세심하게 배려했다.

3) 열정을 함께할 사람을 골라라

섀클턴은 인듀어런스 원정대원을 뽑는 광고를 내면서 지금까지 그 누구도 시도한 적이 없는 파격적인 문안을 선보였다. “인간은 모험의 길을 갈망해 왔다. 낮은 임금, 혹독한 추위, 오랜 기간의 칠흑 같은 어둠, 끊임없는 위험들. 살아 돌아오리라는 확신도 없다. 성공할 때 얻는 것이라곤 명예와 주변의 인정뿐이다.” 낙천주의자였던 섀클턴이 실제로 무사 귀환을 보장해 줄 자신이 없었다는 의미가 아니었다. 이 문구는 위험한 임무를 자청할 사람들을 즐겁게 해 주기 위해 만들어 낸 장치 같은 것이었다. 섀클턴은 원정 경험이 많은 노련한 사람들을 중심으로 짐을 꾸렸으며 탐험에 관한 자신의 열정을 함께 공유할 수 있는 사람들을 골랐다.

그는 유능한 인재를 찾아내기 위해 틀에 얽매이지 않은 면접을 실시하기도 했다. “……섀클턴은 저에게 노래를 부를 줄 아는지 물었어요. 제가 잠시 당황하자 그는 다시 물었지요. ‘아니, 내 질문은 카루소처럼 부를 수 있는가를 물어본 게 아니오. 내가 알고 싶은 것은 당신이 남자들과 함께 악을 쓰며 노래를 부를 수 있느냐 하는 것이오’”(레지널드 제임스). 노래에 관한 질문은 섀클턴의 선발면접 레퍼토리 중의 하나였으며, 사람들의 단체 행동력을 재는 시금석과 같은 것이었다.

4) 팀 메시지를 끊임없이 강화하라

섀클턴은 모든 일을 성사시키기 위해 전적인 책임을 졌다. 제아무리 ‘노련한’ 베테랑들도 때로 커다란 실수를 저지를 때가 있다는 것을 그는 알았다. 그래서 그는 일을 끝까지 할 수 있는 영감을 불어넣어야 했다. “우리는 하나다. 함께 살고 함께 죽는다.” 그는 항상 더 큰 것에 주목하려고 힘썼다. 그는 자기 일이 아니어도 기꺼이 다른 사람의 일을 도와 주었다. 대원들 전원이 무사히 구조되었을 때 섀클턴의 리더로서 책임감에 대원들은 경의를 표한다.

5) 공정하게 대하라

섀클턴은 명령 체계와 일의 순서를 잘 세워 놓았기 때문에 각 대원은 자신들이 무엇을 해야 할지 잘 알았다. 그는 구태의연한 위계 질서를 거부하고 대원들을 공정하게 대했다. 뱃사람들과 연구원들과의 괴리감을 좁히기 위해 모든 일을 다 같이 하도록 짜놓았다. 그래서 배의 조종, 밤에 불침번 서는 일, 얼음의 상태 기록, 아궁이에 불길을 유지하는 일, 기상 관측, 아울러 바닥 청소, 식량 꾸러미를 묶고 또 풀어놓는 일, 개 돌보기 등을 모두 번갈아가며 했다. 누구도 불평하지 않았고 불평해 보았자 소용이 없었다. 대장은 한 사람이었고 그의 지시는 그대로 행해졌다.

그는 공동체 정신을 심어 주기 위해 허심탄회한 자리를 자주 마련했으며 휴식과 오락은 그가 편성한 스케줄의 중요한 부분이었다. 토요일 날이면 언제나 떠들썩한 파티를 열었으며 5월의 어느 날 대원 전원이 다 같이 머리카락을 자르는 일도 있었다. 인듀어런스 호는 심지어 배를 버리고 유빙 조각 위에 갇혀 있던 1915년 크리스마스도 잊지 않고 챙겨서 기념할 정도였다.

한편, 섀클턴이 생각하는 공정함이란 바로 '제비뽑기' 사건에서 분명히 나타난다. 부빙 위에서 삐걱거리는 얼음소리를 들으며, 찢어진 텐트 사이로 하늘에 뜬 달이 보이고, 방수되지 않은 그라운드시트에 누워 있는 상황이라면 슬리핑백이 얼마나 중요한 역할을 하는지는 새삼 말할 것도 없다. 하지만 가죽 백은 18개, 대원은 모두 28명. 무조건 10명은 질이 훨씬 떨어지는 재규어 울 백을 덮고 밤을 견뎌야 한다. 제비뽑기가 시작되었다. 목숨이 달린 일이었다. 선장과 부대장, 그 외 고급 대원들 모두가 울 백을 뽑았다. 품질이 좋고 따뜻한 가죽 백은 모두 일반 대원들의 몫이 되었다. 거기엔 조작의 냄새가 강하게 풍겼다.

절대 절명의 순간에 나라면 어떻게 했을까? 또 이 땅의 지도자들은 어떻게 했을까? 과연 조작을 해서라도 부하들에게 가죽 백이 돌아가도록 그들을 존중해 주고, 귀하게 대접해 주었을까? 죽음을 무릅쓰고? 이처럼 섀클턴이 생각하는 공정함이란 리더가 손해를 보는 것이었다. 조작된 제비뽑기 혹은 사다리 타기를 생각하며, 우리도 이런 게임 한 번 해봤으면 하는 마음이다. 과욕일까?

6) 현실을 직시하고 행동으로 솔선수범하라

섀클턴은 선발대 격인 상륙팀을 구성할 때 각 팀마다 능력과 경험을 잘 배합했다. 각 팀이 각자의 일을 제대로 진행할 수 있도록 격려했으며 순간순간 적절한 판단을 내리는 데 주력했다. 순탄하던 계획이 사전 논의 없이 갑자기 수정되었고 새로운 계획이 만들어졌다. 당혹스러운 감이 없지는 않았지만 결국 대개 더 나은 결과를 낳았다. 이렇게 순간순간 대처하는 능력도 보스의 강점 중의 하나였다. 그는 절대로 두 가지 생각 사이에서 우왕좌왕하지 않았다. 두 번째 것이 낫다 생각되면 곧바로 실행에 옮겼다. 그는 확신에 찬 사람이었다. 그는 모든 현장에 모습을 드러냈고 한시도 주의를 게을리하지 않았으며 팀의 유대가 약한 곳엔 도움의 손길을 주었다.

그는 아주 후덕하고 타고난 리더였다. 필자의 견해로 전 대서양 탐사를 통틀어 가장 탁월한 인물이 아닌가 싶다. 섀클턴은 영국으로 돌아간 뒤에도 자신과 함께 살아남은 대원들에 대해 칭찬을 아끼지 않았다. "어떤 말로도 그들의 용기와 유쾌함을 표현할 수 없다. 유쾌하게 용감하기, 기쁜 마음으로 인내하기, 웃음과 노래로 갈증의 고통을 이겨내기, 몇 달 동안 죽음 곁에서 걸으면서도 절대 슬퍼하지 않기. 이런 정신들 때문에 용기라는 것이 그 가치를 지니게 되는 것이다. 나는 나의 대원들을 사랑한다."

필자는 섀클턴을 보면서 인간에게 모험 정신(venture spirit)은 내재되어 있는 것일지도 모른다는 생각을 해봤다. 섀클턴이 했다는 말 세 가지 "인간은 새로운 목표에 자신을 적응시켜야 한다. 과거의 목표는 사라졌다." "우리는 성공하거나 아니면 죽을 것이다." "주어진 상황을 냉철하게 인식하고 긍정하는 자가 진정 용기 있는 자다. 절망하지 않는 한 우리는 살 수 있다." 이 얼마나 멋진 말인가. 이런 리더를 한번 만나보고 싶다. 남극에 가고 싶다.[11]

생각의 장(coaching point)

아프리카에서 살아남기

당신이 아프리카 한가운데 떨어졌다. 칼과 물통밖에 없다면 당신은 어떻게 살아남을 것인가? 아프리카의 사바나(savanna)에는 내비게이션이 없다. 그러나 위험은 도처에 있다. 현대의 조직환경과 비슷할 것이다. 3,000여 종의 동물이 살고 있으며, 동물원에서 귀엽게 보는 코끼리조차도 사람을 공격해서 밟아 죽이는 곳이다. 이곳에서 사람은 아마 먹이사슬의 가장 밑바닥에 있을 것이다. 서바이벌 리더십은 현대 조직이나 아프리카의 사바나는 비슷한 원칙을 가지고 있다. 그렇다면 어떻게 살아남을 수 있을까?

현대 사회는 지도가 없다. 지금 있는 정보를 잘 사용해서 최선의 결정을 할 수밖에 없다. 아프리카도 행정환경과 마찬가지로 정글이다. 리더는 아프리카건 유럽이건 불평할 수 없다. 팔로어들을 이끌고 살아나야 한다. 아프리카에서 물과 먹을 것 그리고 그늘이 필요하다. 조직마다 다르겠지만 확실이 필수적인 요소들이 있다. 정글에서의 서바이벌은 일맥상통한다. 리더십을 위해서 아프리카에서 길을 잃을 필요는 없겠지만 자신이 언제 어디

---

11) '인듀어런스 탐험'에 대한 영상은 EBS 홈페이지의 지식채널에 '돌아온 28인'이라는 VOD로 7부작이 제작되어 있다. 책의 내용을 그대로 영상으로 옮겨서 사람들에게 그 의미 전달이 쉽게 되어 있다. 주소는 http://home.ebs.co.kr/jisike/main.jsp 으로 검색란에 '돌아온 28인'이라는 검색어를 입력하고 검색하면 내용을 볼 수 있다. 물론 회원 가입은 필수다.

서 길을 잃을지 모르지 않은가?

행동(practice)과 습관(habit)의 장

'생존 영화' 속 서바이벌 리더십 찾기

서바이벌은 리더십과 동떨어져 보일 수도 있다. 그러나 목표를 가지고 그것을 향해 나아가는 것은 리더십과 같다. 그 목표는 살아남는 것이며 죽지 않는 것이다. 리더십의 목표도 남들로부터 도태되지 않는 것이 목표라고 할 수 있다. 서바이벌 상황처럼 항상 포기하지 않고 자신의 기운을 북돋우며 앞으로 나아갈 용기를 가질 수 있다면 성공적인 리더가 될 수 있는 것이다. 인간의 놀랄 만한 생존 의지를 보여 주는 '생존 영화'는 우리로 하여금 살아 있음에 감사함을 느끼게 한다.

「쇼생크 탈출(The Shawshank Redemption)」(1994), 「얼라이브(Alive)」(2008), 『캐스트 어웨이(Cast Away)』(2000), 「피닉스(Flight of the Phoenix)」(2004), 「김씨표류기(Castaway on the Moon)」(2009), 「웨이 백(The Way Back)」(2011) 등 많은 생존 영화가 있다. 찾아서 삶의 의미를 느껴보기 바란다.

그림 11-6 생존 영화 속 리더십 찾기

제 4 부

살아 숨쉬는 리더십을 찾아서

제12장

리더십 불변의 법칙: 누가 위대한 리더인가?

코칭(coaching)

리더십을 논할 때 탁월한 리더의 삶에 대한 스토리는 우리에게 살아 있는 감동으로 다가온다. 어쩌면 '리더십 브랜드'를 여는 강력한 대안이기도 하다. 리더들의 삶과 경험을 바탕으로 일관성 있는 스토리는 우리에게 강력한 설득력이 있다. 역사 속 다양한 인물을 통해 위대한 리더십의 사례를 만날 수 있다. 사람들의 마음과 영혼 그리고 기억에 영원히 각인되는 이야기는 당신이 어떤 분야에서 일하고 있든 간에 당신의 능력을 십분 발휘하게 해 줄 것이다.

세계사 속에서 인류는 공존보다는 대립을 통해 관계를 맺어 왔다. 마치 싸우면서 키가 큰다는 인간의 성장 과정과도 같이 인류는 경쟁 관계에 놓인 존재들끼리 끊임없이 싸워왔다. 그래서 라이벌들 간의 대결은 인류를 성장시킨 역사의 동력이었다. 라이벌들이 주어진 환경 속에서 서로 발휘한 리더십을 찾아보자. 논리와 이성보다는 감동과 공감을 통한 스토리를 찾아보자.

제 1 절 라이벌 리더십

서로 다른 리더십 스타일을 보이며 라이벌(rival)[1] 관계라고 할 수 있는 리더들을 비교하고자 한다. 라이벌은 서로가 서로를 의식하고 강처럼 적당한 간격을 두어 목표를 향해 달리는 것이다. 결국 서로가 발전할 수 있도록 라이벌 의식을 가지면서도 시선은 목표를 향해 전속력으로 달려야만 하는 것이다. 강을 사이에 두고 부족들이 대

1) 라이벌(rival)의 어원에 대해서는 많은 설이 존재한다. 그 중 라이벌은 강(river)이라는 단어에서 파생된 단어라는 설을 예로 들어보겠다. 라이벌(rival)의 라틴어 어원은 강(river)을 뜻하는 '리부스(rivus)'인데, 강물을 함께 사용하는 부족을 일컫는 '리발리스(rivalis)'라는 말에서 파생됐다고 한다. 강을 사이에 두고 서로 다른 부족이 대치하면서 더 많은 물고기를 잡기 위해 서로 경쟁한다는 의미를 갖고 있음이다.

치하면서 더 많은 물고기를 잡기 위해 치열하게 경쟁을 하는데 여기에는 불문율이 있다. 경쟁이 아무리 치열하더라도 상대를 죽이기 위해 강물에 독을 타지 않는다는 것이다. 독을 타면 자신도 그 물을 마시고 죽는다는 것을 잘 알기 때문이다. 라이벌 리더십을 통해 우리가 이해할 수 있는 것은 라이벌은 상호 견제 혹은 경쟁과 동시에 '공동'이라는 개념을 포함한다는 것이다. '너를 이겨야만 내가 살 수 있다'가 아니라 '내가 너를 이기고, 또 네가 나를 이기면서 함께 살 수 있다'가 진정한 라이벌의 의미라는 것이다.

'라이벌 리더십'은 한 사람의 삶만을 묘사하는 위인전보다 더 많은 재미와 교훈을 준다. 다양한 분야에서 성공을 거둔 동서양의 리더들, 대왕, 군인, 정치가, 혁명가, 대통령……. 그들은 모두 한 개인이었지만 개인의 범주를 넘어 인류의 역사를 변화시킨 이들이다. 그리고 그들에게는 모두 한 가지 공통점이 있었으니 바로 대결을 통해 극복해야 할 라이벌이 있었다는 것이다. 그 라이벌은 국경선 밖의 적일 수도 있고, 나라 안의 경쟁자일 수도 있고, 동료일 수도 있고, 한 가문일 수도 있고, 형제일 수도 있다.

그 관계가 어찌 되었든 이들의 대결은 피비린내는 다툼, 전쟁, 숙청, 혁명을 불러일으켰고 궁극적으로 세계 역사를 바꿨다. 당연히 오늘날 우리가 사는 삶의 방식도 바꿨다. 그래서 이런 라이벌전은 10대에게는 꿈꾸는 힘을, 20~30대에게는 창조와 실행정신을, 40대 이상에게는 현재와 미래를 점검하는 통찰력을 준다. 그러면 기억에 각인되는 라이벌전 속으로 들어가 본다.

1 동양사 속의 라이벌

1) 대왕 세종과 정조

사실 세종과 정조는 서로 직접적인 대결을 통해 세상을 바꾼 인물은 아니다. 시대를 넘어서 두 임금의 인품과 리더십을 비교해 보았다. 세종이 '뒤에서 미는' 방식의 포용적 리더였던 반면 정조는 '앞에서 끄는' 스타일의 개혁적 리더십을 발휘한 왕이다. 두 임금은 우선 회의 운영 방식부터 달랐다. 세종은 신하들에게 발언 기회를 최대한 주고 이를 경청하는 리더십으로 회의를 진행했다. 정조는 어전 회의를 시종 주도하면서 신하들의 과도한 발언을 견제하는 데 주력했다.

세종은 충분한 찬반 토론을 거쳐 정책의 장단점이 드러나게 한 뒤 일을 주관하는 사람에게 전적으로 맡긴 반면 정조는 목표를 정해 놓고 신하들의 동참을 설득했다는 것이다. 이런 차이는 당시의 '싱크 탱크(think tank)'였던 집현전과 규장각을 운영하는 데서도 그대로 나타났다. 세종은 과제를 집현전 학사들에게 던져놓고 결과물이 나올 때까지 기다렸다. 그러나 정조는 규장각에서 신하들을 직접 가르치기까지 했다.

두 임금 간의 리더십의 차이가 컸던 이유는 집권 당시 상황의 차이를 들 수 있다. 세종은 부왕 태종이 공신과 외척을 모두 제거해 준 덕택에 개혁을 추진하는 데 장애가 없었다면, 정조는 사도세자의 아들이라는 핸디캡을 안고 있었고, 세종 시대와 비교할 수 없을 정도로 심각한 붕당(朋黨) 간 대립 구도 속에서 왕권을 지켜야 했다.

두 임금은 말투와 성격에서도 차이를 보였다. 세종은 신하들의 비판이 날카로워도 일단 긍정하면서 대화를 시작하는 스타일이었지만 정조는 다소 논쟁적이었다. 기록을 보면 "그렇지 않다", "경들이 하는 일이 한탄스럽다"는 정조의 말이 자주 등장한다. 또 세종은 좀처럼 속마음을 드러내지 않는 내향적 성격이었지만 정조는 신하들보다 더 말을 많이 해 비판을 받을 정도로 '다변(多辯)'이었고 격정적인 성격을 지닌 것으로 전해진다. 이처럼 리더십에서 차이를 보였지만 국정 운영의 목표는 다르지 않았다. 두 임금 모두 신하와 백성의 소리를 잘 듣는 것에 국정의 출발점을 두었고 '백성을 편안하게 하는 것'을 리더십의 궁극 목적으로 삼았다.

2) 조조와 유비

역사적으로 라이벌은 많이 있었다. 항우와 유방, 나폴레옹과 웰링턴, 제갈량과 사마의, 이성계와 최영, 그랜트와 리, 김대중과 김영삼 등 수많은 리더에게는 숙적이 있었다. 하지만 그 중에서도 조조와 유비만큼 확실하게 대조적인 모습을 보이는 라이벌도 없을 것이다. 흔히 조조는 악인, 유비는 선인의 대표적인 인물로 알려져 있지만 반드시 그런 것만은 아니다. '쪼다'라는 애칭을 가진 유비와 '꾀보'라는 조조, 이 두 거물에 대해 알아보자.

(1) 유비의 리더십

필자의 아들이 유비(劉備, 161－223)보다도 좋아하는 조조의 리더십은 우선 능력 위주로 이뤄졌다. 물론 조조도 부하를 인간적으로 아끼고 약점을 감싸주었다. 그러나 그의 리더십은 어디까지나 유재시거(唯才是擧: 오직 재능 있는 자만 기용한다)라 하여 '능력'을 최우선으로 고려해 사람을 뽑았다. 이에 비해 유비는 듣고, 기다리고, 믿는 쪽에 비중을 두었다. 예를 들자면 나이 어린 제갈량을 스승처럼 받들었고, 책사 방통의 교만함보다 지모를 받아 줄 줄 알았고, 성질 급한 장비의 단점보다는 그의 용맹함과 의리를 믿을 줄 알았다. 둘 다 모두 어지러운 세상에 몸을 일으켜, 천신만고의 역경을 뚫고 한 국가의 기반을 닦은 비범한 리더들이었던 것이다. 그러나 조조와 유비가 서로 반대되는 리더십을 지녔던 것은 사실이다.

유비의 가장 큰 장점은 그가 사람을 정성과 믿음을 가지고 대했다는 점이다. 상대편이 훌륭한 인물이라고 생각되면 지위를 막론하고 서슴없이 고개를 숙였으며, 부하를 믿고 깊은 정을 쏟았다. 백면서생에 불과했던 제갈량을 맞아들이기 위해, 유비는 관우와 장비의 불평에도 아랑곳하지 않고 세 번씩이나 제갈량의 집을 찾아갔다. 그리하여 마침내 제갈량을 군사(軍師)로 맞는 데 성공하자, "물고기가 물을 얻었다"고 크게 기뻐했다.

유비의 제갈량에 대한 신뢰는 죽을 때까지 변하지 않았다. 또, 유비가 조조에게 쫓겨 강릉으로 도망갈 때, 그를 따르는 10여만의 백성들 때문에 행군 속도가 말할 수 없이 느렸다. 이를 보다 못한 제갈량이 "백성을 버리고 속히 강릉으로 가셔야 한다. 만약, 조조의 대군이 밀려오면 우리는 전멸을 면치 못할 것입니다." 하고 권했지만, 유비는 "큰일을 하려면 사람을 아껴야 하는 법이다. 나를 믿고 따르는 백성들인데, 내가 죽으면 죽었지 어찌 버릴 수가 있단 말인가!" 하며 듣지 않았다. 이것이 바로 후일의 촉나라 황제 유비를 가능하게 해 주었던 밑거름이었다.

촉을 세운 유비는 브랜드 파워가 높은 국가 통치자였다. 인정, 의리, 기다림의 화신인 그의 주변에는 늘 사람들이 북적였다. 의형제 관우와 장비는 말할 것도 없고, 조자룡, 제갈공명 등 당대 초일류 인재들이 모두 유비가 별 볼일 없을 때 하나둘 찾아왔다. 요즘 말로 리더인 유비만 보고 벤처 조직에 인생을 풀 베팅했던 것이다.

유비의 용인술(用人術)은 한마디로 부드러움이다. 잘난 사람이 모이면 충돌하게 마련인데 유비는 견제와 균형으로 개성 강한 인재들이 서로 충성 경쟁을 벌이게 만들었다. 위대한 리더에겐 당장 손해를 보더라도 이상과 원칙을 지키는 뱃심과 결의가 필요하다. 지금 적당히 타협하면 평범한 리더는 될 수 있어도 위대한 리더는 될 수가 없다. 유비가 실천한 '사람 우선 원칙과 바른 길'은 당장은 바보스럽고 답답해 보이지만 오히려 빠른 길이 되었다.

(2) 조조의 리더십

최근 인간관계가 복잡해지고, 명분보다는 실리를 추구하는 사회로 변해 감에 따라

『삼국지』에서 간웅(奸雄)의 전형적 모형인 조조가 다시 주목받고 있다. 조조(曹操, 155-220)는 유비에 비해 전략면에서 훨씬 뛰어났으며, 그의 권모술수는 당대에 따를 자가 없었다. 조조는 시기를 잘 파악해 기민하게 대처해 나갔으며, 과단성 있고, 부하의 옳은 말을 잘 들어 주었다. 참다운 무사를 보면 아군이건 적이건 가리지 않고 아껴 등용했다. 명분보다 능력 우선으로 인물을 기용하고, 준법으로 기강을 세웠으며, 풍부한 인재와 좋은 시스템을 유산으로 남겼다.

관우가 오관참육장(五觀斬六將)을 벌일 때 적장 관우를 융숭하게 대접해 무사히 돌려보낸 것이라든가, 세 살된 어린 아두(阿斗, 劉禪)를 품에 안고 단기필마로 사투하는 조운에게 매료되어 화살촉을 제거한 화살을 쏘도록 명령한 것과 같은 행동은 영웅이 아니고서는 도저히 흉내도 낼 수 없는 모습이다.

얼음장처럼 차가운 인물로 알려진 조조이지만, 부하들을 때맞춰 칭찬해 감동시키는 자질도 타고났다. 총애했던 곽가(郭嘉)가 38세로 병사하자 보기 안쓰러울 정도로 통곡하며 "한 세대 젊은 그대가 갔으니 우리 앞날은 누구에게 부탁할꼬"라고 탄식했다. 또한, 충직하고 용맹스러워 늘 조조의 곁을 지킨 전위(典韋)[2]가 적군과 싸우다 장렬한 최후를 맞자 "그대의 죽음으로 내가 여기 서 있노라! 그대의 죽음으로 우리가 여기 있노라!" 하고 부하 장수 전위의 죽음을 눈물을 흘리며 장남과 조카의 죽음보다 더 슬퍼했다. 이처럼 조조는 사람 마음을 움직이는 인간 경영을 할 줄 알았던 인물이다.

그는 전략가이면서 애민사상가이기도 하다. 그는 전투에서 거의 패한 적이 없으며, 철저한 능력 제일주의자였고, 카리스마 넘치는 리더였다. 그리고 조조는 천하 통치의 뜻을 문학으로 펼친 감성적인 인물이었고, 뛰어난 시인이기도 했던 그는 인간 본성의 양면성을 정확히 파악하고 있어서 인간 경영에 탁월했다. 기업 경영에 비유하자면, 그는 창업이 빠르고 시장점유율이 높았으며, 수익률과 재무구조도 가장 좋았다. 사소한 싸움에서는 손권이나 유비가 이길 때도 있었지만, 대세를 바꾸지는 못했다.

3) 오다, 도요토미, 그리고 도쿠가와

필자는 중간고사를 앞둔 적당한 시점에 강의 도중 묻는 질문이 하나 있다. 결석자도 생기고 지각자도 생기는 시점이다. 필자가 묻는 질문은 두견새에 대한 세간의 얘

2) 전위(典韋, 160-197)는 조조 최고의 맹장 중 한 사람이다. 팔의 힘이 무척 뛰어나서 80근이나 되는 쌍철극(雙鐵戟)을 잘 쓰며 악래(惡來)라 불렸다. 항상 조조의 측근에서 시위했으며 허저와 함께 호위군(虎位軍)을 이뤘다. 많은 전투에 참가해 공을 세웠으나 완(宛)성에서 장수·가후의 모략에 빠져 맨손으로 조조를 무사히 탈출시키고 교전 중 화살을 맞아 죽는다.

기들이다. 이것은 '울지 않는 새'에 대한 일본 3대 바쿠후(幕府) 리더들의 성향에 대한 재미있는 에피소드를 수업과 연관해서 물어보는 것이다.

"저 두견새가 울지 않으면 죽여버려라." 일본 통일의 기반을 다졌다는 오다 노부나가(織田信長, 1534-1582)의 말이다. "저 두견새가 울지 않으면 울게 하리라." 일본의 천하 통일의 첫발은 디딘 도요토미 히데요시(豊臣秀吉, 1536-1598)의 말이다. "저 두견새가 울지 않으면 울 때까지 기다리지요." 일본의 천하 통일을 완성시켰다는 도쿠가와 이에야스(德川家康, 1543-1616)의 말이다.

각각의 대답이 해당 장군의 리더십 스타일을 비유한 것이라 지금까지도 유명한 화두로 남았다. 세 장수는 '울지 않는 새는 가치가 없으니 바로 '죽인다', '울게 만든다', '울 때까지 기다린다'라고 답했고, 실제 그들의 행동도 그러했다. 오다 노부나가는 다혈질의 불 같은 성격으로 안목이 없고, 토요토미 히데요시는 꾀쟁이요, 도쿠가와 이에야스는 묵묵히 기다리는 성격이었다.

결국 전국 시대를 차지하는 대망(大望)을 이룬 것은 도쿠가와 이에야스였지만 기다릴 줄 아는 도쿠가와 이에야스가 리더십에 대한 모델로서 종결자는 아니다. 그래서 이 질문에 정답은 없다. '울지 않는 새'와 같은 질문은 면접 볼 때 나올 수 있는 유형의 질문이다.3)

(1) 오다 노부나가

잔인하기로 유명한 오와리(尾張)의 영주 오다 노부히데의 아들 오다 노부나가는 아버지를 두려워하지 않고 한심하고 못된 행동만 일삼아 천하의 멍청이, 깽깽거리는 말로 불리는 천하 제일의 기인(奇人)이었다. 들로 산으로 강으로 골목대장들을 거느리고 놀러다니다가 살무사의 딸 노히메와 정략 결혼을 하면서부터 적과의 동침을 시작한다. 죽고 죽이는 센고쿠(汕告) 시대에 목숨 건 싸움을 앞두고 부채춤을 추며 노래하는 시대의 풍운아였다. 바보를 가장한 천재의 기이하고 현란한 삶을 펼친다.

손에 피를 묻히는 것을 두려워하지 않는 자로서 현대 사회로 비유하면 구조 조정을 잘할 수 있는 개척자적 정신을 소유한 리더이기에 일본에서 인기 1~2위를 달리는 리더형이다. 신식 무기(조총) 도입과 그에 따른 전술 체제를 혁신했고, 철저한 실

3) "전선 위에 눈이 쌓여 통신이 두절되었다. 가장 빠르게 눈을 치우는 방법은 무엇인가?", "무인도에 가져갈 세 가지 물건을 고르고 이유를 쓰시오.", "도망간 애인은 죽인다, 돌아오게 만든다, 돌아올 때까지 기다린다.", "종이컵으로 할 수 있는 일은" 등 수업의 상황에 따라 여러 질문도 함께 한다. 이 글을 읽는 독자라면 이에 대한 해답을 미리 준비해 보라. 비록 똑같은 질문이 나오지 않겠지만 질문을 응하는 태도를 평소에 익혀둔다면 질문자가 흡족할 만한 답변을 할 가능성이 높을 것이다.

력 위주의 인재 관리, 소수의 엘리트 체제 확립, 직업군인제를 적극 활용, 정확한 정보를 가지고 온 부하에게 큰 상을 주는 정책과 같은 지도력을 발휘했다.

(2) 도요토미 히데요시

일명 '원숭이'로 불리던 도요토미 히데요시는 아버지가 죽은 뒤 가출해 바늘장사를 시작하지만, 장사로는 돈밖에 만질 수 없음을 깨닫는다. 평소 존경해 오던 노부나가의 모습을 훔쳐본 뒤 스스로 하인이 된 히데요시는 아무리 사소한 일이라 해도 항상 남들이 생각지 못한 방식으로 최고의 성과를 달성한다. 신분보다는 능력을 중시하는 노부나가는 그런 히데요시에게 무사의 직위를 내린다.

누구보다 노부나가의 생각을 정확히 이해한 히데요시는 치밀한 지략과 발빠른 정보력으로 노부나가의 신임을 얻어 마침내 리더의 지위에 오른다. 히데요시의 리더십 유형은 사람들의 융화를 존중하고 현장의 사기 증진을 도모하는 데에 중점을 두고 있다. 또한 한번 마음 먹은 일은 반드시 관철하는 유형이다.

(3) 도쿠가와 이에야스

인내로 대표되는 도쿠가와 이에야스는 일본 중부 지역 현재 아이치현(愛知縣)인 미카와쿠니의 오카자키(岡崎)성 성주의 장남으로 태어났다. 이에야스는 불과 2세 때 어머니와 헤어지는 불행을 겪는다. 그 후 도쿠가와 이에야스는 죽은 뒤 신의 경지에 올라 도쇼신군(東照神君), 곤겐사마(權現樣)라고 불렸으며 죽은 뒤에도 에도(江戶) 시대 내내 그의 카리스마와 영향력을 미쳤다. 두 가지 상반된 평가가 내려지지만 근본은 하나다. 그것은 도저히 벗어날 수 없어 보이는 온갖 위기 상황을 어떻게든 극복하고 마침내 최후의 승자가 된 그의 삶을 바라보는 시각 차이인 것이다. 그만큼 도쿠가와 이에야스의 삶은 고난과 위기 극복의 연속이었다.[4] 도요토미 히데요시와 팽팽한 세력을 가지고 있던 그였지만, 몇 번의 기회가 있었음에도 불구하고 그는 히데요시를 죽이지 않았다. 그가 원한 것은 진정한 일본의 평화였고, 이를 위해서는 히데요시의 세력 또한 필요했다.

하루빨리 자신의 주군이 천하인이 되기를 원하는 가신들에게 이에야스는 이렇게 말했다. "내가 히데요시보다 오래 살 것이다"라고. 이처럼 자신의 때를 기다리는 자세는 조직을 키워 나가는 리더에게는 참으로 중요하다. '때'를 위해 인내의 시간과 엔

4) 한편으로 도쿠가와 이에야스는 전국 시대를 거치면서 일본 최고의 자리에 오르기까지 그가 보여 준 처세술이 너무 음흉하고 교활하다 하여 '살쾡이 영감'이라는 별명으로 불리기도 한다.

딩 목표를 위한 치밀한 계획과 전략을 수립하는 능력은 대통령이건 CEO건 모두 지녀야 할 덕목이다.

도쿠가와는 조직의 질서와 체계를 중요시했다. 끈기있게 구성원의 의식과 능력을 이끌어 내면서 교묘하게 통제하는 것이 바로 이에야스의 스타일이다. 도쿠가와는 권력을 가진 자에게는 급여를 적게 주고, 급여가 많은 자에게는 권력을 주지 않았다. 한 사람에게 권력과 경제력을 동시에 주지 않음으로써 서로를 견제하는 데 성공했고, 이러한 인간 관리전략은 도쿠가와 바쿠후가 260년간 안정적으로 유지되는 기초가 되었다. “꽃은 주어도 열매는 주지 않는다”는 리더십이었다.

후세에 위작된 글이라고 하지만 도쿠가와 이에야스의 유훈은 그의 리더십 자체를 표현한 것이라 해도 과언은 아니다. 다음은 그의 리더십이 담긴 유훈이다.

> 사람의 일생은 무거운 짐을 지고 가는 먼 길과 같다. 그러니 서두르지 마라. 무슨 일이든 마음대로 되는 것이 없음을 알면 오히려 불만 가질 이유도 없다. 마음에 욕심이 차오를 때는 빈궁했던 시절을 떠올려라. 인내는 무사장구(無事長久)의 근본이요, 분노는 적이라고 생각해라. 이기는 것만 알고 정녕 지는 것을 모르면 반드시 해가 미친다. 오로지 자신만을 탓할 것이며 남을 탓하지 마라. 모자라는 것이 넘치는 것보다 낫다. 자기 분수를 알아라. 풀잎 위의 이슬도 무거우면 떨어지기 마련이다.

한편, 독자는 여기서 ‘울지 않는 새’에 대한 3대 바쿠후의 답변만 고집할 필요가 없다. “울지 않는 새라도 생명이니 그대로 두고 감상하겠다”라는 답변을 할 수 있다. “울지 않는 새는 새장에서 놔주겠다”, “울지 않는 새와 우는 새를 구별해서 적절한 곳에 배치시켜 관리하겠다”, “울지 않는 이유가 있을 것이다”와 같은 답변을 할 수도 있다. “성대 수술을 시켜 소리를 내게 하겠다”는 엽기적인 답도 나올 수 있다.

만약 여러분이 “저라면 새가 울 때까지 기다리겠습니다”라고 대답한다면 면접 점수는 평범할 것이다. 그러나 “일본 전국 시대 세 무장은 각각 ‘A, B, C’라고 말했지만, 나는 새를 자유롭게 풀어 주겠으며, 그 이유는 이러저러해서입니다”라고 대답한다면 높은 점수를 받을 것이다. 이 대답은 면접자의 박학다식함과 세 가지 선택에 대한 평소의 분석력, 독창성, 결단력, 자신감, 확고한 가치관 등을 모두 포함한 준비된 답이기 때문이다. 한편, 여기에서 ‘새’는 ‘환경’을 비유한 비유법임을 이미 눈치챘을 것이다.

2 서양사 속의 라이벌

1) 알렉산드로스 대왕과 다리우스 3세

마케도니아의 왕 알렉산드로스(Alexandros of Alexandreia, 250-328)와 페르시아의 왕 다리우스 3세(Darius III, ?-BC 330)는 서사적 영웅의 시대를 살았다. 그들은 왕이자 전사였다. 알렉산드로스는 승산을 염두에 두지 않고 미친 듯이 검을 휘두르며 전투에 뛰어드는 것으로 유명했다. 다리우스 3세는 알렉산드로스보다 스무 살이 많았으나 역시 유혈이 낭자한 난투에 몸을 던지곤 했다. 불안정한 왕실에서 왕위에 오른 두 통치자는 여러 면에서 닮은꼴이었다.

두 사람은 위험한 상황에 신속하게 대처할 줄 알았다. 다리우스 3세는 자신을 독살하려던 암살자를 역습해 치명적인 독약을 암살자 스스로 마시도록 만들었다. 또한 중대한 위험에 직면했을 때 알렉산드로스가 보인 침착한 판단력은 나폴레옹을 제외하고는 따라갈 전술가가 없을 정도다. 그러나 기원전 4세기에 무력외교를 배경으로 한 그들의 관계는 서로를 죽여야만 하는 적대적 상황이었다. 알렉산드로스와 다리우스 3세는 4년에 걸쳐 세 번의 중대한 전투를 일으켰으며 결국 알렉산드로스의 승리로 막을 내렸다. 이후 서구 문명의 중흥을 이끈 헬레니즘 시대가 도래했다.

2) 나폴레옹과 웰링턴

프랑스와 영국을 대표하는 전략가이자 세계를 뒤흔든 나폴레옹(Napoléon Bonaparte)과 나폴레옹 시대를 종결시킨 웰링턴(Arthur Wellesley Wellington)은 1769년생 동갑내기다. 두 사람의 대결에서 웰링턴이 승리하기는 했지만 그가 나폴레옹의 적수가 되지 못함은 주지의 사실이다. 오늘날의 평가에서, 나폴레옹과 웰링턴은 결코 동급으로 평가받지 않는다. 나폴레옹은 국가를 쓰러뜨리고 왕가를 굴복시키는 전략과 전술을 모두 가진 위대한 장군이자 정치가로서 말 그대로 황제였던 반면에, 웰링턴은 고작 수비 전술 하나를 주특기로 가진 유능한 장군일 뿐이었기 때문이다. 이처럼 승리는 거머쥐었지만 웰링턴은 미미한 존재라 할 수 있다. 하지만 워털루에서의 승리는 이후 유럽을 변모시켰다. 싹트던 혁명의 분위기가 사라지고 다시 보수의 시대로 돌아섰다.

코르시카 섬에서 온 키 작은 나폴레옹과 영국 귀족 가문의 아들 웰링턴의 대결은 프랑스와 영국의 대결이라는 차원을 뛰어넘어 혁명과 보수의 대결이라고 할 수 있다(다른 한편 '세계 정복'과 '독재의 분쇄'라는 측면도 있다). 만약 그날 그 전투에서 나폴레옹이 승리했더라면 세계의 모습은 지금과 완전히 달라졌을 것이다. 나폴레옹은 1797년에 이런 명언을 남겼다. "내 목표는 오직 하나, 즉 적의 주력 부대다. 나는 그것을 격파하려고 노력할 뿐이다. 그것을 이루고나면 나머지 문제들은 그냥 놔둬도 스스로 해결된다." 지금의 관점으로 생각해도 정말 맞는 말이다.

우리는 나폴레옹과 웰링턴을 통해 시대를 넘어 영원히 군림하는 영웅은 없다는 점과 '영원한 최고는 없다'는 점을 명심했으면 좋겠다.

3 현대사 속의 라이벌

1) 히틀러와 처칠

히틀러(Adolf Hitler)와 처칠(Winston Churchill), 그들에게 어떤 리더십이 있었을까? 그들을 비교한다. 세계 최초의 리더십학 교수인 아데어(John Adaire)는 "평화로운 룩셈부르크에서는 위대한 지도자가 나오기 어렵다"라고 말한 바 있다. 이 말은 리더십에서 시간과 공간이 얼마나 중요한지 명료하게 정의한 것이다. 리더십에는 크게 두 가지 유형이 있다. 권위적인 '히틀러식 리더십'과 선견지명과 영감을 주는 '처칠식 리더십'이다. 역설적으로 처칠에게는 그가 달성한 업적마다 위대함을 최고로 부각시켜 줄 나치스 당원이 필요했다.

히틀러의 경우 첫손가락으로 꼽히는 능력은 대중을 선동하는 웅변술이다. 히틀러는 독일 국민이 민주주의를 포기하고, 기회가 있을 때마다 옛 영토 수복 정책을 부르짖는 지도자를 선택하도록 최면 상태로 만들었다. 그리고 이 최면술의 비밀은 바로 그의 웅변술이 밑바탕이 되었다.

모름지기 지도자는 배우가 될 수 있어야 한다는 것이 히틀러의 생각이었다. 지금처럼 미디어가 발달하기 전 정치가들은 무대를 통해 국민들에게 자신의 생각을 전달하고 호소를 이끌어 냈기 때문이다. 히틀러는 군중의 마음을 사로잡는 방법을 연구하기 위해 바바리아 출신 코미디언 바이스 페르(Weiss Per)의 연기를 배우며 끊임없이 연구했다고 한다.

그는 대중과의 일체감을 조성하고 흡인력을 높이기 위해 군가나 깃발의 물결, 폭풍 같은 대규모 군대 행렬, 그리고 극적인 조명 등의 영화적 효과를 집회나 연설에 사용했다. 히틀러가 연설 능력만 뛰어났던 것은 아니다. '구슬이 서 말이라도 꿰어야 보배'라는 말이 있듯이 그는 자신을 보석으로 포장하는 탁월한 능력도 갖고 있었다.

한편, 히틀러와 대비해 처칠도 연설에 능했을까? 오히려 처칠은 눌변에 가까웠다고 평가한다. 처칠은 연설을 몇 번 하지도 않았을 뿐 아니라 특수 효과 같은 것도 동원하지 않았다. 그가 좋아하는 장소는 의회나 라디오 방송국처럼 대중과 직접 마주칠 기회가 적은 곳이었다. 또한 처칠은 대중 연설의 취약점인 가벼운 말더듬과 혀 짧은 소리로 고통을 겪었다. 하지만 처칠에겐 상대를 설득시키는 토론 능력이 있었다.

그에게 히틀러의 선동적인 수법은 없었지만 피나는 연습과 노력에 의존했다. 한창 시절에는 몇 년 동안이나 연설 원고를 쓰느라 보낼 정도였고, 완벽하다고 생각할 때까지 연설문을 고쳐 썼다. 이러한 노력으로 처칠은 호방하고 자신만만한 문체, 신랄한 위트를 결합한 자신만의 웅변술을 창조해 내었다.

이처럼 히틀러와 처칠의 리더십 스타일은 완전히 달랐지만 리더로서 공통점도 있다. 바로 국민들에게 강력한 비전을 제시했고, 강력한 소신과 고집을 갖고 있었다는 점이다. 이러한 점은 정치적인 환경이 바뀌자 많은 추종자들을 끌어 모을 수 있는 매력으로 작용했다.[5]

(1) 히틀러의 위험한 리더십

처음 히틀러는 독일 국민들의 열렬한 애국심을 고취하는 데 힘을 쏟았다. 하지만 그 방식은 부정적인 방법으로 이용되었다. 히틀러는 독일 국민의 분노와 적개심을 교묘하게 이용했다. 즉 순수 정통 독일인들만이 우수한 민족이라는 의식을 고취함으로써 대대로 독일에 뿌리박고 있는 유대인들조차 배척했다. 그럼으로써 '정통 독일인'의 민족주의를 자극했고 도취하게 만들었다.

히틀러의 리더십 중에서 효과적으로 발휘한 것은 그가 권위를 행사하지 않아도 부하들이 그를 만족시켜 줄 만한 업무를 자진해서 수행하는 '총통에 대한 충성' 개념을 주입시킨 것이다. 나치 독일에서 유대인 반대운동이 벌어졌을 때, 그의 부하들은 경쟁적으로 유대인을 학살할 '좋은 방법'을 내놓으며 히틀러에 대한 충성을 맹세했다. 히틀러에게 점수를 따기 위해 그의 부하들은 알아서 더 잔혹한 방법으로 (예를 들면 수

---

5) 히틀러와 처칠이 비전을 제시한 방법은 고상한 이념을 추구하는 방법은 아니었다. 예를 들면 처칠은 현대 민주주의의 정신에 따라 미래를 설계하고 그에 맞는 국가관을 제시한다는 이상적인 비전이 아니라 "우리 영국인의 생존과 대영제국과 그 체제의 영속성"만을 강조하는 방식이었다.

용소에 가스를 주입해 싼 비용으로 효율을 높이는 등) 유대인 학살에 앞장서게 된다.

이런 과정에서 부하들은 자연스레 갈등이 쌓이게 되었고 히틀러는 갈등의 중심에 서서 중재자의 역할을 하면서 더욱 강력한 리더십을 확보할 수 있었다. 히틀러가 부하들에게 리더십을 확보할 수 있었던 또 다른 중요한 요인은 정치나 행정의 자세한 부분은 전적으로 부하에게 위임했다는 점이다. 자신이 전체적인 목표를 정하고나면 나머지는 부하들끼리 꾸려가게 내버려 두었다. 하지만, 혼돈의 시대가 낳은 위험한 리더십을 지닌 영웅이었다.

(2) 처칠의 감성 리더십

사실 처칠은 남의 일에 시시콜콜 잔소리를 하고 참견하기로 악명 높았다. 또한 자신이 임명한 사람이 기대를 충족시키지 못할 경우 아무리 가까운 친구라도 무자비하게 대했다. 개인적 친분보다 국가의 미래가 먼저였다. 어쩌면 처칠이 이처럼 학연과 지연을 벗어나 국익을 앞세웠기 때문에 그의 리더십은 더욱 확고해질 수 있었다. 하지만 처칠은 감성이 풍부하고 눈물이 많은 리더였다.

처칠은 제2차 세계대전 동안 눈물로 보내는 날이 많았고 국민들 앞에서 감상적이 되는 것을 꺼리지 않았다. 오늘날 강조되는 감성 리더십을 가진 리더라고 볼 수 있다. 또한 처칠은 모든 상황이 자신에게 불리하게 돌아갈 때에도 순순히 인신 공격을 받아들였다. 의회 비공개 회의에서도 처칠은 자신의 실수를 순순히 인정했다. 하지만 히틀러는 끊임없이 남의 탓으로 돌렸다. 자신의 천재성을 무시하는 장군들 그리고 독일 국민 전체에 책임을 전가했다(앤드류 로버츠, 2003).

바로 이것이 지금의 역사가 이 두 사람에 대해 정반대로 평가하고 있는 이유 중 하나라고 볼 수 있다. 결국 히틀러의 리더십은 그를 두려워하게 만들 수는 있었지만 그의 생각을 바꾸도록 조언해 줄 사람이 아무도 없었다. 하지만 처칠은 그를 위해 건설적인 비판을 해 주는 사람들에 둘러싸여 있었다. 물론 그러한 조언을 제대로 듣지 않아 결정적인 실수(떠나야 할 때를 아는 것)를 저지르기는 했지만, 은퇴 후 '역사'를 남겨 노벨상을 수상한 훌륭한 지도자이기도 하다. 리더십의 관점에서 봤을 때 처칠이 탁월한 리더로서 A^+라면 히틀러는 낙제생이라고 할 수 있다. 히틀러가 자신을 위해 전체를 존재하게 한 것이라면 처칠은 전체를 위해 자신을 존재하게 한 셈이다.

2) 케네디와 닉슨

미국 제35대 대통령 자리를 향한 케네디(John F. Kennedy)와 닉슨(Richard M.

Nixon) 두 사람의 대결은 미국의 현대 역사를 바꿨다. 정치 입문 시절 두 사람은 서로를 존중했지만(소속 정당은 달랐어도 개인적으로는 친했다) 대통령 선거전에 뛰어들면서 라이벌이 될 수밖에 없었다. 두 사람의 행동 역시 판이하게 달랐다. 1961년 미국 역사상 최연소이자 최초의 가톨릭 신자로서 전형적인 바람둥이 기질이었다면 닉슨은 공부벌레 스타일이었다. 두 사람의 대결에서 케네디가 승리했지만 그는 저격당했고, 닉슨은 이후 대통령의 꿈을 이뤘지만 불명예를 안고 퇴진해야 했다.[6]

한 명은 순교자가 되고 한 명은 거짓말쟁이가 된 두 사람의 대결은 미국 정치의 여러 모습을 바꿨다. 대통령 선거에 첫 도입된 TV 토론은 이후 거의 모든 나라에서 TV가 정치에 많은 영향을 끼치기 시작했다. 케네디의 승리는 이후 쿠바 사태를 승리로 이끌어 세계 역사에 영향을 끼쳤지만 그는 저격당하고 말았다.

하지만 1,000일의 대통령 케네디는 아직도 살아 있는 전설이다. 재임 기간이 3년이 채 안 되고(1,037일) 가슴에 품은 웅대한 비전을 마저 펼쳐 보이기도 전에 세상을 떴으나, 그가 다스렸던 미국은 물론 전 세계가 위기에 처할 때마다 용기와 지혜를 반추하는 세기의 정치가다. 그는 미국인들에게 희망을 보여 주었으며 인류의 숭고한 가치를 실현하기 위해 부단한 노력을 기울였다.[7]

3) 스티브 잡스와 빌 게이츠

21세기 현대사에서 살아 움직이는 리더이자 대조적인 두 거인, 고(故)스티브 잡스(Steven Jobs)와 빌 게이츠(Bill Gates)의 열정과 도전의 발자취를 알아보자. 다케우치 가즈마사(竹內一正)를 아는가? 프로세스 혁신 분야의 가치 창조에 탁월한 일본인

6) 닉슨은 일생에 세 번 대통령 선거에 출마했다. 첫 번째는 1960년 선거에서 민주당 존 F. 케네디와 경합을 벌였으나, 0.5%의 근소한 표 차이로 졌다. 3년 뒤인 1963년 11월 22일 케네디는 암살되었다. 두 번째 출마는 1968년 선거에서 케네디의 막내동생인 로버트 케네디와 경합을 벌였고, 케네디는 6월 5일 캘리포니아 주 예비 선거에서 승리를 거둔 직후 저격당해 다음날 아침에 죽었다. 이로 인해 닉슨은 미국 37대 대통령에 취임하게 된다. 세 번째 출마는 1972년 선거에서 재선을 위해 출마하게 되는데, 민주당의 맥거번과 무소속의 조지 윌리스와 경합을 벌였다. 윌리스는 닉슨과 사상이 비슷하고, 보수층을 기반으로 한다는 점에서 닉슨의 표를 깎아 먹었다. 그러나 윌리스는 1972년 5월 선거 유세 중 저격을 당해 하반신 불수가 되고 선거를 포기함으로써 닉슨이 대통령에 당선된다.

7) 재미있게 본 링컨과 케네디의 비교점이다. 링컨은 1846년 하원의원에 당선되었고, 케네디는 1946년 하원에 진출했다. 링컨은 1860년 대통령에 당선되었고, 케네디는 1960년 대통령에 당선되었다. 두 대통령이 저격당한 것은 금요일이었다. 둘 다 머리 총상을 입었다. 범인으로 체포된 사람은 모두 남부 출신이었다. 그들의 후임도 남부 출신이다. 후임자의 이름은 모두 존슨이다. 링컨 후임 앤드류 존슨은 1808년생이고, 케네디의 후임 린든 존슨은 1908년생이다.

컨설턴트다. 그가 저술한 『스티브 잡스 VS 빌 게이츠』(2010)를 읽고 서평 겸 몇 가지 주요 내용을 재구성해 소개한다.

(1) 성장 환경

둘 다 1955년에 태어났지만 자라난 환경은 크게 달랐다. 머리가 좋고 집중력이 매우 좋은 게이츠와 잡스의 학창 시절은 모범생의 이미지와는 거리가 멀었다. 잡스는 사생아로 태어나 블루칼라인 양부모 밑에서 자랐고, 학교에서는 우등생과는 거리가 먼 문제아였다. 잡스에 비해 부유한 변호사의 아들로 태어나 유명 사립고등학교와 하버드대학교에 입학한 게이츠가 성장 환경 그 자체는 잡스에 비해 월등히 좋았던 것은 부인할 수 없는 사실이다.

(2) 인간성

게이츠는 자신이 일에 몰두하는 깊이와 집중이 높았던 만큼 직원들에게도 강한 기대로 압박을 가했다. 잡스 역시 자신이 직접 상품 개발을 하는 것은 아니지만 직원들에게 강도 높은 일을 주문했고, 칭찬과 질책을 천국과 지옥만큼이나 온도차를 주면서 직원들을 다뤘다. 둘 다 훌륭한 리더에게 요구되는 훌륭한 인간성을 가졌다고는 할 수 없는데, 이는 그만큼 경쟁에서 살아남기 위한 그들의 전략이었다고도 할 수 있다.

(3) 예견 능력

게이츠는 일찍이 소프트웨어가 중요한 시장이 올 것임을 예견하고 소프트웨어에 집중했다. 하지만 잡스는 애플Ⅰ과 애플Ⅱ의 성공 이후 더욱더 하드웨어에만 집중하면서, 넥스트 컴퓨터에서 대실패를 경험하기도 한다. 하지만 하드웨어에 대한 잡스의 깊은 사랑은 아이팟, 아이폰, 아이패드 등 소비자의 변화하는 취향을 정확히 예견하면서 소비자들의 광적인 지지를 받는 제품을 속속 생산해 냈다.

(4) 인재 확보 능력

게이츠는 남보다 훨씬 뛰어난 프로그래머를 확보함으로써 다른 우수한 프로그래머를 찾아내고, 그들이 다시 또 다른 프로그래머를 입사시키도록 하는 방법을 취했다. 그에 비해 잡스는 자신이 원하는 인재를 한 명 한 명 직접 설득해서 데려오는 방법을 썼다. 마이크로소프트에 입사하는 사람은 뛰어난 사람들과 함께 일하는 조직을 선택한 것이지만, 애플에 입사하는 사람은 모두 잡스와 일하기 싶기 때문에 애플에 왔다고 할 수 있다.

(5) 커뮤니케이션 능력

게이츠는 모든 소프트웨어 사용자들을 대상으로 불법 복사에 대한 단호한 공개장을 발표할 만큼 용기와 배짱을 가지고 있었다. 하지만 잡스의 커뮤니케이션 능력은 오랜 준비와 훈련을 통해 이뤄진 것인데, 그의 프레젠테이션과 연설은 많은 사람을 감동시키고 마음을 움직이는 힘을 가졌다.

(6) 협상 능력

변호사 아버지를 둔 게이츠는 자신에게 불리하거나 시장 상황이 불리한 방향으로 전개되면 자신에게 유리하도록 계약 내용을 바꾸는 데 뛰어난 협상 능력을 발휘했다. 하지만 잡스는 계약 자체에는 큰 의미를 두지 않고, 언제든지 상황이 바뀌면 전방위에서 압박하면서 상대가 백기를 들게 하는 협상에 능했다.

(7) 라이벌 대응 능력

게이츠가 생각하는 라이벌은 항상 외부에 있었다. 마이크로소프트보다 뛰어난 제품을 먼저 생산하는 회사 등이 주요 라이벌이었다. 그래서 라이벌의 시장 점유가 확대되기 전에 물리치는 전략을 취했다. 하지만 잡스의 라이벌은 항상 조직 내에 있었다. 잡스의 생각과 잡스의 경영 방침에 방해가 된다고 판단하면 아무리 자신을 돌봐준 은인이라 해도 조직에서 내보내는 방법을 썼다.

이렇듯 여러 가지 면에서 대조적이지만, 두 사람은 모두 강렬한 개성을 가졌다. 잡스는 게임회사 아타리(Atari)에서 일했을 때, 해외 출장을 갔다가 복귀하지 않고 인도를 방랑하며 가진 돈을 다 쓰고 난 뒤에야 돌아온 적도 있다. 한편 게이츠는 컴퓨터를 좋아하는 우등생으로 생각하기 쉽지만 어떤 부분에서는 잡스를 능가하는 괴짜이기도 했다. 자동차를 좋아하고 스피드광인 그는 교통법규 위반 상습범으로 법원의 소환을 받은 적도 있다. 학창 시절에도 머리는 뛰어나게 좋았지만, 그것을 너무 드러내는 바람에 주위 사람들과 마찰을 빚기도 했다.

이 두 사람을 가까이서 지켜본 사람들의 이야기 속에도 그들의 열정과 도전을 읽을 수 있다. 애플의 전 CEO인 존 스컬리(John Scully)는 "잡스는 아무것도 만들지 않았지만 모든 것을 만들었다. 잡스가 다른 사람들과 다른 점은 무엇을 하느냐가 아니라 무엇을 하지 않느냐를 결정하는 것이 무엇보다 가장 중요한 일이라고 믿었던 것이다"라고 말했다. 스티브 발머(Steven A. Ballmer) 마이크로소프트 CEO는 "빌 게이츠는 정말로 내가 아는 가장 똑똑한 친구였다. 누구보다 뜨거운 열정을 지녔으며 집중력이 대단했다. 그는 자신이 하는 일을 분명히 알고 있었으며, 철저히 파고들어 갔다. 또 그 일을 아주 좋아했다"라고 말했다.

제 2 절 우리 시대의 살아 있는 리더십 스토리

1 종교지도자의 리더십

자신의 영혼에 깊은 울림을 줄 수 있는 종교지도자의 리더십은 무엇보다 강하게 다가온다. 청빈한 생활의 실천가로서 짝퉁과 꼼수가 판치는 시대에 우리 시대의 위대한 성자로 기억될 이들의 리더십에서 수많은 가르침을 배우고 전파하고 실천해 보자. 몸소 보여 준 사랑 실천이 반짝 움직임으로 끝나는 것이 아니라 계속해서 이어지도록 실천할 수 있는 과제가 무엇이 있는지 종교지도자의 삶을 통해 찾아보자.

1) 불교계의 성철과 법정 스님

"산은 산이요. 물은 물이다"라는 법문은 한국인들이 가장 존경하는 큰 스승, 성철 스님이 하신 말씀이다. 성철 스님은 불교 신자들뿐 아니라 일반 대중에게도 큰 존경을 받는 스님이다. 종교를 초월해 많은 사람은 열반한 지 20년 세월이 흐른 지금까지도 스님이 마음 깊은 곳에 심어 준 가르침을 잊지 못하고 있다. 성철 스님은 파계사에서 수행할 당시, 8년 동안 누워 자지 않는 '장좌불와(長坐不臥)'[8]를 했다. 성철 스님의 끈기와 열정이 얼마나 대단한지 알 수 있는 대목이다. 성철 스님을 만나러 오는 신도들에게 "삼천 배를 하면 만나 주겠다"고 말씀하시면서, 육체적 고통을 감수하며 다른 사람을 위해 기도하는 것이 자기의 마음을 바로 보는 기회가 될 것이라는 말씀을 주었다.

스님은 세상을 멀리하며 평생 모든 중생을 위해 기도하는 모습을 보여 주셨다. "도(道)를 이루려면 가난부터 배워라"고 가르치면서 스스로 철저한 '무소유의 삶'을 보이셨다. 음식은 영양실조에 걸리지 않을 정도면 된다며 소식하셨고, 40년 동안 손수

8) 장좌불와는 벽에 등을 기댈 수도 없고, 편안히 누워 잠을 잘 수도 없는 고된 수행으로, 몸을 편안히 하고 싶은 욕구를 억누르며 오직 깨달음을 찾기 위한 수행에만 집중해야 한다.

꿰매고 덧댄 옷 두 벌로 사셨을 정도로 청렴했다. 1993년 11월 성철 스님의 다비식 날, 3㎞의 산길을 가득 메우고도 넘칠 만큼 많은 사람들이 해인사로 몰려들었다.

"불필요한 것을 갖지 않는 것이 무소유다", "살아 있는 것은 다 행복하라"를 외친 위대한 사상가 법정 스님! 물질로 인한 속박에서 벗어나 참 자유를 누리며, 넘치는 부유함보다 맑은 가난이 훨씬 귀하고 값지다는 것을 몸소 실천으로 보여 준 법정 스님은 자기 수행에 그치지 않고 독재정권에 맞서 민주화를 부르짖었으며, 사회 현실 참여를 통해 종교인이 가야 할 길을 보여 주었다. 무소유를 실천한 법정 스님은 생명을 귀하게 여기고, 가난한 이웃을 보살피는 일에는 열정적이었지만, 자기 자신에겐 더없이 엄격했던 '가난한 부자'였다. 김수환 추기경과 이해인 수녀가 우러러 존경했던 이 시대의 참 스승으로 법정은 종교 간의 벽을 허물고, 한 마음 한 뜻으로 사회와 인류를 위해 봉사하는 종교인이 되자며, 모든 종교와의 교류를 원활히 했다. 1997년 길상사 창건 법회에 김수환 추기경께서 참석해 축사를 해 주시고, 1998년 명동성당 축성 100돌 기념으로 법정 스님께서 초청 강연을 여셨다고 하니, 두 분의 모습에 고개가 절로 숙여진다.9)

2) 천주교계 김수환 추기경

2009년 2월 16일 오후 6시 12분께 향년 87세로 김수환 추기경이 선종하셨다. 명동 한복판에 운집한 수십만 명의 애도의 추모 행렬이 기억에 생생하다. "사랑하고 또 사랑하고 용서하세요.", "고맙습니다. 서로 사랑하세요." 이 말은 '거룩한 바보' 김수환 추기경이 우리 바보들에게 건네는 마지막 가르침이다. 선종한 김수환 추기경도 소유에 집착하지 않았다. 얼마 되지 않는 사재를 털어 줄곧 불우한 계층을 도왔던 그는 정작 식구들에게는 물질적 도움을 주지 못해 미안해 했다고 한다. 대주교이자 추기경의 반열에 오른 그가 남기고 간 것은 낡은 의복과 안경 그리고 푼돈이 들어 있는 통장이 전부였다.

선종 당시 통장에는 1,000만 원 남짓의 잔액만이 있었다. 그나마 선물로 산 묵주값 등이 빠져나가 남는 것이 없어졌다. 그는 권력에도 청빈했다. 엄격한 위계가 규범화e된 사제 조직의 수장이자 4백만 가톨릭 신자의 영적 지도자이지만 그는 권위를 내세우며 민중 위에 군림하는 존재가 아니었다. 오히려 자신을 '바보'로 지칭하고 모든 것

---

9) 한편, '성철'과 '법정' 스님의 이름이 우리에게 잃어버린 본질적인 가치에 대한 성찰을 떠올리게 한다면, 최근 '생활불교'를 주창해 대중 속으로 들어온 '법륜' 스님의 이름은 실천과 삶이라는 영역을 표상하는 이미지로 자리 잡아 가고 있다(박경철, 2011).

을 “내 탓이오”라고 고백하면서 소외되고 버림받은 자들에게 다가간 소탈한 이웃집 할아버지였다. 노사연의 「만남」을 즐겨 부르곤 했고, 몸소 철거민의 발을 씻어 주었으며, 명절 때는 성당에서 일하는 아주머니를 위해 혼자 나가 식사를 했다고 한다.

하지만 그가 진짜 갖지 못했다고 생각하는 사람은 없다. 그는 갖지 않음으로써 세상으로부터 ‘존경’이라는 최고의 가치를 얻었다. 분열과 갈등으로 얼룩진 격동의 한국 현대사에서 그가 가르치고 실천한 사랑과 나눔의 큰 뜻은 종교와 이념을 불문하고 모든 이에게 진한 감동으로 다가온다. 김수환 추기경의 선종 이후 사회적으로 확산되고 있는 ‘장기 기증’ 역시 이웃 사랑에 공감했기 때문이다.

3) 개신교계 옥한흠 목사

리더십을 연구하는 필자로서 옥한흠 목사는 리더십 훈련 분야에 탁월한 업적을 남겼다고 평가하고 싶다. 그래서 많은 목사 중에서도 돋보인다. 옥한흠 목사 하면 제일 먼저 떠오르는 것이 ‘제자 훈련’이고 그는 그것이 얼마나 소중한 운동인지 보여 줬다. 그는 제자 훈련을 거친 평신도를 ‘동역자’라고 강조하며, 목회자가 미쳐야 제자 훈련이 성공함을 몸소 보여 줬다. 옥 목사는 아름다운 세대 교체의 본을 보인 인물이기도 하다. 그는 “교회가 목회자와 함께 늙으면 안 된다”며 정년을 5년 남겨놓고 스스로 담임목사직을 떠나 신선한 충격을 던졌다. 누구보다 예수를 닮아가는 제자의 삶을 강조했던 사람, 작은 예수를 향한 열정 하나로 한국 교회의 영적 멘토이자 제자 훈련 목회의 산 증인으로 살아 온 옥한흠 목사의 삶은 헌신과 신념 그 자체였다. 제자 훈련의 원류, 본류는 성경인데 그는 사람을 세우는 일과 한 영혼에 대한 열정을 가지고

그림 12-1 종교지도자의 리더십

제자를 양성했다.

존경할 만한 어른이나 사표(師表)가 드문 한국 사회에 성철, 법정 스님과 김수환 추기경, 옥한흠 목사와 같은 큰어른이 계셨던 것은 참 감사한 일이다.

2 TV 속 명MC와 리더십

다채널의 등장 이후 김동건, 황인용, 허참, 이덕화, 자니 윤, 주병진, 서세원과 같은 '1인 MC'의 전성 시대에서 '집단 MC'의 등장이 두드러지고 있다. 이러한 시대에 필자가 개인적으로 선호하는 프로는 시사 프로와 뉴스 다음으로 강호동, 유재석, 이경규, 신동엽, 김제동, 그리고 개그 우먼 신봉선, 조혜련 등이 출연하는 토크 쇼 프로다. 필자는 이들의 언어 능력과 삶을 리더십에 맞춰 보는 작업에 아주 관심이 많았다. 심지어 노홍철 리더십, 김제동 리더십, 여성으로는 조혜련, 신봉선, 현영, 박경림의 리더십까지 분석해 본 적이 있다. 어쨌든 필자는 새벽까지 작업을 하고 피로를 풀기 위해 가끔씩 채널을 돌리면서 찾는 것이 이들이 나오는 프로그램이다.

예능 프로그램에서 리더십의 중요성은 집단 진행 체제에서 기인한다. 메인 MC 한둘이 프로그램을 진행하던 방식은 이제 옛날 버전이 되었다. 점차 MC의 숫자가 늘어나 5, 6명씩 떼를 지어 프로그램을 이끌기도 한다. 모두가 MC인 것 같지만 그 안에는 엄연히 질서가 존재한다. 그 질서를 이끄는 사람이 바로 이들이다.

자칫 산만하게 흐르기 쉬운 프로그램은 강호동, 유재석, 신동엽, 이경규와 같은 명MC들의 '조절'에 의해 유기적으로 움직인다. 예능 프로그램에 출연하는 개성 강한 모래알, 아니 '자갈' 같은 출연자들을 이끌어 커다란 웃음을 만들어 내는 재주, 그것이 바로 리더십이다. 그런데 MC의 리더십과 진행 방식에는 뚜렷이 비교되는 특징이 있다. 『유재석처럼 말하고 강호동 행동하라』라는 책이 나올 만큼 그들의 삶도 우리가 눈여겨볼 만한 가치는 있다. 방송대상을 수상한 강호동과 유재석을 중심으로 MC의 리더십을 살펴보면 다음과 같다.

1) 유재석의 통합 리더십

「무한도전」의 일인자 유재석은 「유재석 · 김원희의 놀러 와」, 「일요일이 좋다–런닝맨'」 「해피투게더 시즌 4」 등을 이끌고 있다. 유재석의 모습은 융화형 리더다. 어떤 때는 누가 MC이고 누가 게스트인지 혼동될 때도 있다. 그러나 그런 속에서도 큰 흐름을 놓치는 법이 없다. 함께 출연하는 동료 MC들을 돋보이게 하는 리더십이다.

유재석과 손발을 맞추기 시작한 MC들, 즉 박명수, 하하, 정준하, 정형돈, 노홍철, 길 등은 유재석과 에너지를 주거니받거니 하면서 '더불어 성장'했다. 「무한도전」이 대상을 받을 수 있었던 것도 유재석의 걸출한 융화력에서부터 확대 해석할 수 있다.

유재석은 출연자를 최대한 배려해 주면서 상대방의 장점과 매력 등 뭔가를 자연스럽게 끄집어 낼 줄 안다. 행여 상대방이 짓궂게 공격해 오면 넉넉한 미소를 지으며 묵묵히 받아낸다. 프로그램의 흐름을 주도하지만 튀는 법이 없다. 있는 듯 없는 듯 다른 출연자 사이에 섞여서 분위기를 이끌어 가고, 프로그램이 나아갈 방향을 조정해 주는 선장 역할을 한다. MC 유재석의 이러한 장점은 4년 2개월 동안 진행한 「진실게임」을 통해 갈고 다듬어졌으며 「무한도전」에서 만개한 듯하다. 조직에서 이런 리더를 만난다면 조직 구성원은 굉장한 행운아다. 융화형 리더를 만나면 조직원들은 명령이 주는 불쾌감을 떨쳐버리고 임무를 수행할 수 있다. 즐기면서 일할 수 있는 분위기를 형성하기 때문이다.

다만, 「무한도전」이 오늘날의 위치에 오르기까지 오랜 '무명'의 시간이 필요했던 것처럼 이런 리더는 자칫 효율성의 도전을 받을 수 있다. 융화가 완성 단계에 이르기까지는 상당 기간이 필요하고 그 기간 동안은 상대적으로 효율성이 저하될 수 있다. 그러나 유재석은 극복했다. 그런 점에서 강호동, 유재석 등을 통해 이 시대의 지도자상 혹은 바람직한 리더십은 어떠해야 하는가를 간접적으로 엿보게 된다. 분명한 것은 조직의 리더라 하면 아랫사람 위에 군림하려고 해서는 안 된다. 그들의 단점을 감싸 안으면서 장점을 드러낼 수 있도록 넓은 가슴으로 배려해 줘야 한다.[10)]

하지만 '무한 배려'가 능사는 아니다. 때로는 자신의 능력을 발휘해 조직을 이끌어 가는 강력한 카리스마도 필요하다. 강호동, 유재석 그들이 있어 예능 프로그램을 지켜보는 맛이 남달랐다고 감히 말할 수 있으니 말이다.

2) 강호동의 현장형 리더십

2011년 9월 세금 과소 납부 논란과 관련해 연예계를 잠정 은퇴한 강호동의 첫인상은 일단 위압적이다. 씨름 천하장사 출신이라는 배경답게 체격만 봐도 기가 질린다. 어쩌면 예능 프로그램에 부적합한 조건일 수도 있다. 그러나 강호동은 자신의 그런 단점을 솔선수범으로 극복했다. 「스타킹」에서 강호동은 온몸을 던져 웃음을 유발했

10) 두 MC의 진행 스타일을 한 단어로 표현할 길은 없다. 어느 것이 낫다는 상대적인 판단은 내릴 수가 없다. 그때그때 상황과 결과에 따라 얼마든지 다르게 해석될 수 있는 이론들이다.

다. 자신을 모르모트(marmotte)로 기꺼이 내놓기도 한다. 「1박 2일」과 「무릎팍 도사」에서 최고의 인터뷰어가 될 수 있었던 것도 상대방과의 정서적 공감대가 있었기 때문에 가능했다. 야단법석을 떨며 분위기를 띄우는 것도 모두 까다로운 연예인의 입을 열게 하기 위한 사전 작업이다.

조직에서 이런 스타일은 '현장형 리더'로 분류될 수 있다. 조직의 상층부만 관리하는 것이 아니라 말단 직원까지 어울리며 때로는 대폿잔도 기울일 줄 아는 서민적인 리더가 강호동식 리더십이다. 자칫 현장에 너무 동화되다 보면 리더의 본업을 잊어버리는 위험성이 있기는 하지만 강호동의 첫인상처럼 타고난 카리스마를 지니고 있다면 이것 역시 극복될 수 있다.

유재석이 '물' 같은 진행을 하는 스타일이라면 강호동은 '불'에 비유할 수 있다. 모래판을 호령한 천하장사 출신답게 강호동은 힘과 카리스마의 상징이다. 하지만 그것이 전부가 아니다. 그는 경상도 사투리를 구사하면서 몸집에 어울리지 않게 귀여운 애교도 부린다. 불도저처럼 밀어붙이며 험상궂은 표정으로 상대방을 꼼짝 못하게 만들면서도 묘한 친근감을 일으키는 것이다.

이러한 진행 스타일의 매력은 최근 높은 시청률을 기록한 「강심장」과 「1박 2일」 등의 코너에서 제대로 빛을 발했다. 아무리 스타라고 해도 무릎팍 도사 앞에 앉기만 하면 서서히 마음의 문을 열고 내밀한 속내를 차츰 드러낸다. 「1박 2일」에서 동료애와 함께 '호동 형'의 말 한 마디에 동생들(이승기, 김종민, 은지원, 이수근)의 표정은 흐렸다 개였다 하기를 반복한다. 그래서 강호동의 리더십은 '솔선수범'의 리더십이라고도 할 수 있다.

3) 이금희의 공감 리더십

이금희 아나운서는 방송을 주재하면서도 결코 스스로를 전면에 내세우지 않고, 그러면서도 부드러운 진행으로 누군가가 다른 누군가를 파묻어 버리지 않게 하는 특별한 매력을 지녔다. 남을 배려하는 마음과 사람들에게 편안함을 제공하고, 게스트에 대한 적극적 경청과 균형 감각을 지니고 있다.

각 분야에 조로 현상이 심각하고 외모지상주의가 종교 수준인 우리나라에서 고령(?)의 나이와 체중이 좀 나가 보이는 체격을 지닌 여성으로서 자신의 이름을 내걸고 맹활약하는 것은 경이로운 일이다. 무조건 날씬하고 젊은 여성이 섹시한 옷차림으로 등장해 남자 MC들의 일방적인 진행에 "맞아요"라며 백치 같은 미소를 지어야 즐거워하는 이들에게 그녀의 존재는 부담스러울지도 모른다. 그런데도 이금희 씨가 진행하

그림 12-2 TV 속 명MC와 리더십

는 프로는 대부분 장수한다.

그녀는 항상 다른 사람의 말끝에 "오 저런", "그러셨어요.", "안됐군요." 이런 추임새를 넣는다. 남의 이야기에 공감하며 눈높이를 맞추고, 말하는 직업이 분명한데도 무릎 딱 꿇고 고개 끄덕이며 남의 말을 들어 주는 사람이다. 그녀의 가장 큰 무기와 저력은 바로 그 따스함과 부드러움과 온유함과 편안함이다. 그래서 상대방이 무장해제하고 마음 터놓고 이야기할 수 있도록 만든다. 그녀의 화합, 경청, 칭찬, 수용성의 리더십에 찬사를 보낸다.

생각의 장(coaching point)

보도 섀퍼의 전문성을 위한 4종 경기

일본 속담에 "칼을 잘 갈면 깊은 산 속에 있어도 사람들이 찾아온다"는 말이 있다. 전문가는 다른 사람들과 차별성을 가지고 있음을 의미한다. 보도 섀퍼(Bodo Schafer, 2003)는 전문성을 확보하기 위해 꼭 해야 하는 네 가지 활동이 있다고 한다. 그는 이를 4종 경기라고 칭했다. 그가 정한 4종 경기는 다음과 같다.

첫째, '책읽기'다. "한 인간은 그가 읽은 책의 총합이다"라는 말이 있다. 책을 통해 미래를 냄새 맡을 수가 있고 책을 통해 삶의 지혜와 바른 길을 발견할 수 있다. "내가 살던 마을의 작은 공립 도서관이 오늘의 나를 만들었다. 나는 오늘날까지 아무리 바빠도 매일 한 시간씩, 주말에는 두세 시간씩 책을 읽는다." 이는 빌 게이츠의 말이다. 우리가 습득하는 새로운 아이디어와 단어는 모두 책을 통해 얻어지는 것들이다. 책을 멀리하면서 그 분야에 전문가로 성장하는 것은 불가능하다.

둘째, '성공일지 쓰기'다. 소설 『빙점(氷點)』을 쓴 미우라 아야코(三浦綾子)는 "3년간 일기를 쓴 사람은 장래에 무슨 일이든 이룰 사람이며, 10년간 일기를 계속 쓴 사람은 이미 무언가를 이룬 사람"이라고 했다.[11] 일기는 '자신감을 불러일으키는 계속적인 마음의 외침'이다. 소망을 글로 써서 확인하는 가운데 자신감이 바이러스처럼 온몸에 퍼진다는 것이다.

한편, 학습을 위해 가장 중요한 것의 하나가 강화다.[12] 그 중에 일기는 자신이 왜 잘못을 했는지 그것을 피하기 위해서는 어떠한 노력이 필요한지를 뒤돌아보게 할 수 있다. 또한 자신이 올린 성과를 구체적으로 적으면서 자신감을 가지게 된다. 자신이 이룬 일들을 하나하나 적고, 미래의 꿈을 적으면서 자신감을 가지게 되고 미래의 꿈을 자신에게 다시 각인시키면서 자신을 채찍질하는 계기가 된다. 어느 한 사람을 다른 사람과 다르게 만드는 것은 언제나 그 사람의 자신감이다. 그래서 가장 체계적이고 효과적으로 자신감을 갖게 하는 자기 강화 방법이 바로 성공일지를 쓰는 것이다.

셋째, 자신이 관심 있는 분야에 대한 '세미나 참석하기'다. 세미나에서는 그 분야에서 최고 지식을 갖춘 사람이 최근 논의되는 최신의 주제를 다루는 경우가 많다. 책을 읽어서 자신이 소화하기 힘든 부분을 쉽게 이해할 수 있는 기회가 된다. 또한 같은 분야에 관심을 가지고 있는 많은 사람을 만나게 된다. 따라서 관심 분야의 전문가 집단과 인적 네트워크 형성 기회가 되고 자신이 가진 지식의 정도를 점검하는 기회가 될 수 있다. 정기적으로 자신이 관심 있는 분야에 어떤 세미나가 있는지 확인하고 가능한 시간을 내어 참석하면 그 분야의 전문가로 성장하는 발판이 만들어진다. 강의도 유용하다. 유료 강의와 무료 강의는 비용 말고도 차이가 많다. 강의 내용이 아니라 참가한 사람들의 수준차다. 무료 강의는 집중도가 떨어질 수밖에 없다. 돈을 들여 참가하는 강의만큼의 절실함이 빠져 있기 때문이다.

넷째, '모델 찾기'다. 주변에 항상 자신보다 더 나은 사람들과 함께해야 한다. 사람들은 주변 사람들의 영향을 받으면서 재구성되고 늘 새롭게 변화되어 가는 과정적 존재다. 롤모델이 있을 때 그를 닮아보려고 노력하는 과정에 서서히 자신은 그 방향으로 변화하게 되어 있다. 이상의 4종 경기를 통해 자신의 능력은 발전하게 되어 있다.

---

11) 축구선수 이청용, 피겨 여왕 김연아, 마라토너 황영조, 체조 스타 신수지. 이들의 공통분모는 지속적인 일기와 메모다. 일기는 경기력 향상에도 기여한다.

12) 반두라(Bandura, 1998)에 의하면 강화는 크게 세 가지로 나뉜다. 하나는 멘토와 상사들이 하는 '칭찬'이다. 즉 특정한 일을 잘할 경우 보상을 주는 것이다. 또 하나는 '대리 강화'다. 이는 주변 사람들이 성공하는 것을 보고 주변에 자신과 유사한 사람들이 보상을 받은 것을 보고 자신도 그 사람처럼 되고자 노력하는 것이 대리 강화다. 마지막으로 '자기 강화'다. 자기 강화는 스스로 자신을 돌아보고 반성하고 잘한 것을 기억하고 그것을 반복하며 실수를 반복하지 않으려는 것이다. 이 자기 강화를 가능하게 하는 방법이 바로 일기를 쓰는 것이다.

제13장 문화 속 스토리텔링과 리더십 여행

코칭(coaching)

감성의 시대다. 감각적이고 시각적인 세대의 흐름에 부응하고 감동과 재미와 메시지를 더불어 줄 수 있는 리더십 교육이 필요하다.그래서 감성과 창의성이 키워드인 정보화 시대에 문학작품만큼 좋은 소재는 없다. 사람의 심금을 울리는 음악은 21세기 사람의 마음을 읽어내는 새로운 키워드다. 전 미국 대통령이었던 빌 클린턴은 선거 유세장에서 멋들어지게 색소폰을 불어 유권자의 마음을 움직였고, 테러와의 전쟁을 이끈 강철 여인 콘돌리자 라이스 전 미 국무장관도 뛰어난 피아노 연주 실력으로 외교를 성공적으로 이끌기도 했다. 그뿐인가. 음악을 좋아하는 의사들은 환자를 잘 다룬다는 조사 결과도 있다. 이렇게 21세기형 리더십의 한가운데에는 음악이 있다.

한편 영화 속 다양한 사람들을 통해 여러 사례의 리더들을 만날 수 있다. 그들의 주위를 둘러싼 환경 속에서 발휘되는 리더십과 스토리텔링 기법으로 쉽게 다가오는 '영화 속 리더십 엿보기'는 리더십 훈련에서 한 차원 높은 선진 방식이다. 우리의 삶도 영화처럼 살았으면 좋겠다. 그래서 필자는 '시네마 리더십'이라고 적고 싶다.

제 1 절 음악 속 리더십 이야기

누가 예언했듯이 "변하지 않는 것은 별이 된다." 좋은 음악도 마찬가지다. 음악은 사람들로 하여금 생각하며 내 안의 아름다운 감정을 일깨워 준다. 그래서 좋은 음악은 '영혼의 소리'로서 내 안의 분노, 불안, 걱정을 제거해 준다. '희망'과 '자존감' 같은 비타민도 불러모은다. 음악을 즐기며 자신의 생각과 공감가는 사람이 함께 이 음악을 감상할 수 있다면 나는 행복하다. 잔잔함 속에서 다가오는 음악의 감동을 느끼며 행복한 리더로의 꿈을 이뤄가는 '영혼의 여행'에 동행해 보자. 말 많은 세상, 음악 속 가사가 더 진실한 소통인 것 같다. 명곡은 시대의 분위기도 대변해 준다. 그래서 좋은 음악이 주는 감동과 추억은 세대를 초월하는 것 같다. 노래처럼 담백하고 심플하게, 말도 줄이고 욕심도 줄이며 살고 싶다. 독자가 선정하는 리더십 음악들 중에서 대표적인 몇 곡을 소개한다 함께 느껴보자.[1)]

1 외국 음악 속 리더십 찾기

1) 「넬라 판타지아(Nella fantasia)」

Nella fantasia io vedo un mondo giusto,
Li tutti vivono in pace e in onestà.
Io sogno d'anime che sono sempre libere,
Come le nuvole che volano,
Pien' d'umanità in fondo all'anima.
Nella fantasia io vedo un mondo chiaro,
Li anche la notte è meno oscura.
Io sogno d'anime che sono sempre libere,
Come le nuvole che volano.
Pien' d'umanità in fondo all'anima.
Nella fantasia esiste un vento caldo,
Che soffia sulle città, come amico.
Io sogno d'anime che sono sempre libere,
Come le nuvole che volano,
Pien' d'umanità in fondo all'anima. —Sarah Brightman

---

1) 러브홀릭스- Butterfly, 인순이-거위의 꿈, 한승기-날아날아, 김광석-일어나, 윤태규-마이 웨이, 버즈-활주, 긱스-Champ, 양희은-상록수, god-촛불 하나, 마이클잭슨-Heal the World, 체리필터-오리날다, 강산에-거꾸로 강을 거슬러 오르는 저 힘찬 연어들처럼, 패닉-로시난테, 피구왕 통키, Steve Barakatt-Flying, Christina Aguilena-The voice within, Celtic Woman-You raise me up, to more than I can be, Vangelis-Conquest of Paradise, Queen-Love of my life, We are the champion 영화 음악 중에는 「글래디에이터(Gladiator)」의 주제곡을 비롯해 「플래시댄스(Flash dance)」의 Maniac, 인기 그룹 중에는 비틀즈(The Beatles)와 아바(ABBA)의 노래, 찬송가와 불교음악 중에서 리더십(자기계발, 인간관계)에 관한 다양한 음악들이 추천되었다.

나는 환상 속에서 모두들
정직하고 평화롭게 사는 세상을 봅니다.
나는 떠다니는 구름처럼
항상 자유로운 영혼을 꿈꿉니다.
깊은 곳까지 박애로 충만한 영혼을.
나는 환상 속에서 밤조차도
어둡지 않은 밝은 세상을 봅니다
나는 저 떠다니는 구름처럼
항상 자유로운 영혼을 꿈을 꿉니다.
영혼 깊은 곳까지 박애로 충만한 영혼을.
환상에서는 친구처럼 편안하고
따뜻한 바람이 불어옵니다.
나는 저 떠다니는 구름처럼
항상 자유로운 영혼을 꿈꿉니다.
영혼 깊은 곳까지 박애로 충만한 영혼을.

이 곡의 원제목은 「넬라 판타지아(Nella Fantasia)」가 아니라 「가브리엘의 오보에」다. 「넬라 판타지아」는 기악곡인 가브리엘의 오보에에 가사를 붙이면서 성악곡으로 만든 이름인데, 이 노래에는 심금을 울리는 감동적인 선율만큼이나 감동적인 이야기가 담겨 있다.[2] 이 곡에 가사를 붙여 처음 노래를 부른 것은 팝페라 가수 사라 브라이트만(Sarah Brightman)이다.

오래전부터 사라는 이 곡에 가사를 붙여 노래를 부르고 싶다고 생각했고 작곡자인 엔리오 모리꼬네에게 곡을 바꿔도 되는지 물었다. 하지만 그는 매정하게 거절했다. 자존심 강했던 거장은 자신이 아끼는 곡이 훼손되는 걸 원치 않았기 때문이다. 하지만 그녀는 포기하지 않았다. 두 달 간 매일 그에게 자신이 왜 그 곡을 부르고 싶은지에 대해 자필로 써내려 간 간곡한 부탁의 편지를 보냈다.

사라는 이미 팝페라 가수로서는 최고의 경지에 이른 가수였고 곡을 주겠다는 작곡

2) 넬라 판타지아는 영화 「미션(The Mission)」의 OST - '가브리엘 오보에'에 가사를 붙인 것이다. 작곡자는 영화음악의 거장 엔니오 모리꼬네다. 넬라 판타지아는 영화 「미션」 OST의 'ON EARTH AS IT IS IN HEAVEN'(하늘의 뜻이 땅에서도)와 '가브리엘 오보에'에 먼 훗날 팝페라 가수 사라브라이트만이 영어 가사를 붙이고, 페루라는 사람이 이탈리아어로 가사를 옮긴 것이다.

자 또한 많았다. 하지만 그녀는 진심으로 그 곡을 부르고 싶었고, 마음을 담은 편지를 썼다. 훗날 모리꼬네는 편지 읽는 것이 귀찮아, 승낙을 해줬다고 말했지만 그녀의 진심이 통했을 것이라는 것을 누구라도 짐작할 수 있을 것이다. 편곡을 승낙받은 그녀는 뛸듯이 기뻐했고 최고의 작사가와 함께 아름다운 성악곡 「넬라 판타지아」를 완성한다. 그리고 1998년 자신의 공연에 초대된 많은 청중 앞에서 그 노래를 부르게 된다.

"아름다운 이 노래를 부르게 되어 기쁘고 또 모리꼬네의 수락에 다시 한 번 감사드립니다." 이윽고 울려 퍼진 그녀의 목소리. 영화 속 음악 못지않게 아름다운 가사와 목소리에 사람들은 감동했고, 엔리오 모리꼬네마저 흡족해 했다는 후문이다. 모리꼬네의 거절에 그녀가 지레 포기했다면 아마도 우리는 이 아름다운 노래를 영원히 들을 수 없었을 것이다. 성공한 사람이든 그렇지 않은 사람이든 큰 꿈이든 작은 꿈이든 내 것으로 만들기 위해선 뭔가를 해야만 이뤄진다. 그것은 불멸의 진리다.

2) You raise me up

When I am down and oh my soul so weary
When troubles come and my heart burdened be
Then I am still and wait here in the silence
Until you come and sit awhile with me

You raise me up so I can stand on mountains
You raise me up to walk on stormy seas
I am strong when I am on your shoulders
You raise me up To more than I can be
< 중략 >
You raise me up To more than I can be
You raise me up To more than I can be
- Celtic Woman -

내 영혼이 힘들고 지칠 때
괴로움이 밀려와 나의 마음을 무겁게 할 때
나는 여기에서 고요히 당신을 기다립니다
당신이 내 옆에 와 앉을 때까지

당신이 나를 일으켜 주기에 나는 산에 우뚝 서 있을 수 있고
당신이 나를 일으켜 주기에 나는 폭풍의 바다도 건널 수 있습니다
당신이 나를 떠받쳐 줄 때 나는 강인해집니다
당신은 나를 일으켜, 나보다 더 큰 내가 되게 합니다.

갈망 없는 삶, 그런 인생이란 없는 것이지요
저마다 불안한 가슴은 제 멋대로 고동칩니다.
그러나 당신이 다가와 내 가슴이 경이로움에 가득찰 때면
가끔 내가 영원한 세계를 엿보고 있다는 생각이 듭니다.

당신이 나를 일으켜 주기에 나는 산에 우뚝 서 있을 수 있고
당신이 나를 일으켜 주시기에, 나는 폭풍의 바다도 건널 수 있습니다
당신이 나를 떠받쳐 줄 때 나는 강인해집니다.

당신은 나를 일으켜, 나보다 더 큰 내가 되게 합니다.
당신은 나를 일으켜, 나보다 더 큰 내가 되게 합니다.

외국 팝송 중에 가사 내용이 좋은 「You raise up me」을 리더십 음악으로 추천한다. 종교적인 의미를 떠나서 노랫말과 멜로디가 너무 좋은 음악이다. 한국인으로는 가수 박정현과 소향이 불렀으며, 한국컨티넨탈싱어즈가 「날 세우시네」로, 소울도 「날 세우시네」라는 제목의 번역곡을 불렀다. 여러 제목의 한국어 번안곡들이 있지만 원곡과 뜻은 거의 비슷하다.

하느님을 찬미하고 신의 존재성을 인정하며 그를 향해 인간의 나약함을 고백한다. 이런 의미에서 개인적으로 많이 듣는 음악이라 추천한다. 삶을 살아가다 보면 어려울 때나 슬플 때 나를 일으켜 주고, 도움을 주는 고마운 이를 만나는 것 같다. 세상 사는데 누구나 다 각자의 고뇌가 있을 듯하다. 언젠가 그 힘듦도 삶의 의미가 되고, 기회가 되지 않을까 싶다. 아일랜드 출신의 아이리시 여성 보컬 그룹 'Celtic Woman'이 2005년도에 발표한 팀이름과 같은 제목의 음반인 「Celtic Woman」에 수록되어 있는 이 음악의 동영상은 신비롭고도 감미롭다. 추천한다.

3) 베토벤의 「엘리제를 위하여(Fur Elise)」

사랑의 멜로디로 최고봉을 차지하고 있는 명곡이다. 악성 베토벤(Ludwig Van Beethoven, 1770-1827)이 1810년 무렵에 작곡한 피아노 독주곡 가단조. 작품 번호 173번으로 피아노를 배우는 사람이라면 즐겨 연주하는 쉬운 곡이다. 이 음악만큼 전 세계 사람들의 귀에 익은 멜로디는 없을 것이다. 이 곡은 멜로디가 경쾌하고 비교적 연주가 쉬워 특히 어린이들이 즐겨 연주하는 깔끔하고 사랑스런 피아노 소품이다.

아름다운 여성에게 바치기 위한 곡이었던 만큼 열정과 재치가 뛰어난 작품이다.[3] 테레제는 베토벤의 피아노 제자였는데 그는 한때 그녀와의 결혼을 진지하게 생각하고 있었지만 성사되지는 않았다. 테레제는 베토벤이 친하게 지내던 빈의 대지주의 딸로서 빈 사교계에 널리 알려진 대단한 미인이었다. 머리와 눈동자가 흑갈색인 명랑한 성격의 잘 웃는 아가씨였다고 한다. 그는 틈만 있으면 테레제의 집을 방문했고 또 열렬한 사랑의 편지를 그녀에게 보냈다. 이때 베토벤은 40세, 테레제는 23세 아래인 17세의 젊은 나이였다.

단순하지만 애절하게 아름다운 이 환상적인 소네트는 200년 동안 사람들로 하여금 상상의 나래를 활짝 펴게끔 해준 명곡 가운데 명곡으로 손꼽힌다. 오른손의 특징적인 멜로디와 왼손의 아르페지오 반주로 시작하며 소심한 듯한 격정적인 발전부와 짧은 카덴차가 지나간 뒤 다시금 반복부로 접어든다. 처음 시작부의 그 아름다움을 다시 한 번 발산한 뒤 공기 속으로 사그러지듯 마무리되는 이 곡은 무척이나 간결하고 짧지만 그 안에 담겨 있는 의미와 역사적인 배경은 비장하다 못해 미스터리하다.[4]

평생을 통해 베토벤은 많은 여인과 교류를 갖고 애정을 느꼈지만 끝내 그 어떤 여인과도 맺어질 수 없었는데, 그것은 음악가라는 신분상의 문제도 있었지만, 베토벤 스스로가 천성적으로 괴팍하고 고집이 세어 사교력이 결여된 채 자신을 안으로만 묶고 있었기 때문이라 한다.

리더십 측면에서 본 베토벤은 고전 음악 최대의 완성자인 동시에 그 완전한 형식

---

3) 이 사랑스런 피아노 소곡 「엘리제를 위하여」를 헌정받은 여인 엘리제가 어떤 여성인지는 밝혀지지 않고 있지만, 베토벤이 그 초고에 "테레제의 추억을 위해, 1810년 4월 27일 'L. V. Beethoven'이라 쓴 것으로 보아, 당시 베토벤이 연정을 품고 있던 스물세 살 차이의 테레제 마르파티((Therese Malfatti)가 아닐까 하고 추정한다. 왜냐하면 이 악보의 인쇄 작업에서 알아보기 힘든 베토벤의 필체가 잘못 읽히는 바람에 '테레제'가 '엘리제'로 바뀌어 버렸기 때문이다.

4) 한때 청소차가 왔다는 신호음악으로 사용된 적도 있고, 전화기에서 대기 중이나 휴대폰의 수신 신호를 알려 주는 전자 음악에 남용되는 수난도 겪었다. 이 사례는 서양에서도 마찬가지다.

그림 13-1 베토벤의 「엘리제를 위하여」

적인 예술에 좀 더 인간적이고 정신적 내용을 담은 위대한 작곡가였다. 그는 영웅적인 기백에 백절불굴의 투지로써 모든 난관을 극복한 승리자였으며 철학자이며 사상가였다. 그는 자유와 평등 그리고 인간애를 실천한 인도주의자였다. 그뿐만 아니라 그의 음악은 고전의 형식미에서 벗어나 낭만주의 음악에 문을 연 교량적인 역할을 한 위대한 리더이자 음악가였다.

그에게는 너무나 많은 역경과 고난이 겹쳐 들었다. 생활은 곤란했고 사랑은 실패했으며 음악가로서 치명적인 귓병을 앓고 있었다. 1814년 이래 그는 완전히 귀머거리가 되었다. 하지만 그 같은 고통 속에서도 비할 바 없는 위대한 예술이 나타났다. 1815년 이후의 작품은 그의 모든 창작 중의 일대 전환으로 웅대한 구성과 자유로운 형식, 진지한 표현 등은 거성이 아니고는 감히 도달할 수 없는 높은 경지라고 하겠다. 그의 작품은 낭만적인 영향도 받았지만 감정에 치우치지 않았고 냉정했으며, 안정된 형식미를 갖추는 것을 잊어버리지 않았다. 따라서 생명의 체험을 합리적인 형식을 통해 표현했다.[5]

---

5) 추가적으로 영화 「카핑 베토벤」을 보고 교향곡 9번(합창)의 감동도 함께 느껴보길 바란다. 베토벤이 들리지 않는 귀로 지휘를 제대로 할 수 없다고 사람들이 웅성거리는데, 자신의 악보를 사보하는 안나 홀츠에게 도움을 부탁한다. 그래서 안나가 소리를 들어가며 신호를 주고... 연주회는 대성공을 한다. 너무 멋있는 장면이다. 완전 감동의 도가니! 음악의 종결자다운 면모를 보여 준다.

2 한국 음악 속 리더십 찾기

1) 「여러분」

네가 만약 괴로울 때면
내가 위로해 줄께 네가~~ 만약 서러울 때면
내가 눈물이 되리

어두운 밤 험한 길 걸을 때~
내가 내가 내가 너의 등불이 되리
허전하고 쓸쓸할 때 내가 너의 벗 되리라

나는 너의 영원한 형제여
나는 너의 친구여

나는 너의 영원한 노래여
나는 나는 나는 나는 너의 기쁨이여

네가 만약 외로울 때면 내가 친구가 될께
네가 만약 힘들 때면 내가 웃음이 되리

어두운 밤 험한 길 걸을 때
내가 내가 내가 너의 등불이 되리

허전하고 쓸쓸할 때 내가 너의 벗 되리라
나는 너의 영원한 형제여
나는 너의 친구여
나는 너의 영원한 노래여
나는 나는 나는 나는 너의 기쁨이여

내가 만약 외로울 때면 누가 나를 위로해 주지.

바로, 여러분…
우어워 워~ 우어워어~ 워~ 우어워~어~어
— 임재범

「나는 가수다」에서 임재범이 부르면서 다시 주목을 받은 이 곡은 원래 가수 윤복희의 오빠이자 목사인 윤항기 씨가 첫 번째 이혼을 하고 돌아온 동생 윤복희를 위로하는 차원에서 세상에 둘밖에 없는 두 사람을 위해 만든 노래다. 윤항기, 복희 오누이는 유명한 음악인의 가정에서 태어났지만 일찍 부모를 잃고, 둘이서 서로 의지하며 음악에의 길을 꿈꿨다. 작사가 윤항기는 여동생을 향한 따뜻한 '사랑'이 가사의 직접 동기라고 한다.

이 곡에서 주목해야 할 부분은 바로 '너=타자'다. '나'는 '너'가 고통받을 때 위로해 주고 눈물을 흘리며, '너'가 외로울 때 친구가 되며 험한 길 걸을 때, '등불'이 되어 주려 한다. '너'와 함께 하면서 영원히 사랑한다는 가정은 '신'의 사랑과 같다. 그러나 여기서는 신의 사랑을 상정하기 전에 '나'라는 인간이 하는 행위의 범주다. '나'가 한 사람의 타인을 향해 존엄하게 대해 주며, 이를 무수히 반복한다면, 프랑스의 철학자 레비나스(Emmanuel Levinas)는 이를 통해 '타자'는 '존재'에서 '존재자'가 되며, 고유한 이름을 갖게 되며, '나'는 이러한 과정을 통해 '무한'을 경험할 수 있다고 했다.

인간은 유한하지만 영원과 무한의 경험은 사람을 새로운 세상으로 인도한다. 영혼의 무한한 사랑을 경험한 사람의 어제와 내일은 분명 다를 것이기 때문이다. 이 곡 마지막에서 가수는 무한한 사랑의 고백처럼 청중들에게 무릎을 꿇는다. 그리고 '여러분'이라고 외친다. 바로 이 대목에서 '타자'에 대한 무한한 존엄의 표현을 나타낸 것이다. 청중 모두에게는 아닐지라도 순간 어떤 의미에서 '사랑'이 이뤄진 것이다. 위대한 순간이 아닐 수 없다. 노래를 통해 인간 사회에서 가장 중요한 가치인 '타인에 대한 존엄'의 내용을 온몸으로 노래하는 이 노래는 나에게 운명처럼 다가오는 곡이다.

2) 「봉우리」

사람들은 손을 들어 가리키지/높고 뾰족한 봉우리만을 골라서
내가 전에 올라가 보았던 작은 봉우리 얘기 해줄까?
봉우리
지금은 그냥 아주 작은 동산일 뿐이지만/그래도 그때 난 그보다 더 큰
다른 산이 있다고는 생각지를 않았어 /나한텐 그게 전부였거든……

혼자였지
난 내가 아는 제일 높은 봉우리를 향해/오르고 있었던 거야
너무 높이 올라온 것일까?/너무 멀리 떠나온 것일까?

얼마 남진 않았는데……
잊어버려, 일단 무조건 올라 보는 거야
봉우리에 올라서서 손을 흔드는 거야
고함도 치면서/지금 힘든 것은 아무것도 아냐
저 위 제일 높은 봉우리에서/늘어지게 한숨 잘 텐데 뭐……

허나 내가 오른 곳은/그저 고갯마루였을 뿐/길은 다시 다른 봉우리로
거기 부러진 나무등걸에/걸터앉아서 나는 봤지
낮은 데로만 흘러 고인 바다/작은 배들이 연기 뿜으며 가고

이봐, 고갯마루에 먼저 오르더라도/뒤돌아 서서 고함치거나
손을 흔들어 댈 필요는 없어/난 바람에 나부끼는 자네 옷자락을
이 아래에서도 똑똑히/알아볼 수 있을 테니까 말야
또 그렇다고 괜히 허전해 하면서
주저앉아 땀이나 닦고 그러지는 마!
땀이야 지나가는 바람이 식혀 주겠지 뭐
혹시라도 어쩌다가 아픔 같은 것이 저며 올 땐
그럴 땐 바다를 생각해 바다……
봉우리란 그저 넘어가는 고갯마루일 뿐이라구

하여, 친구여 우리가 오를 봉우리는
바로 지금 여긴지도 몰라
우리 땀 흘리며 가는/여기 숲속의 좁게 난 길
높은 곳엔 봉우리는 없는지도 몰라
그래 친구여 바로 여긴지도 몰라
우리가 오를 봉우리는, 음~ 음~
— 김민기

김민기! 그 이름만으로도 설레던 시절이 있었다. 개인적으로는 몇 안 되는 천재 아티스트라 생각한다. 이 노래에 대한 정확한 근거는 찾을 길이 없지만 「모래시계」의 작가로 유명한 송지나 씨의 의뢰로 88올림픽에서 메달을 따지 못한 선수들을 위한 TV 프로그램의 테마 음악을 김민기 씨가 작곡하게 되었다고 한다.

> "사람들은 손을 들어 가리키지/ 높고 뾰족한 봉우리만을 골라서/
> 내가 전에 올라가 보았던 작은 봉우리 얘기해 줄까?"

뭐라고 쓰고 싶지만 쓸 말이 없다. 그렇다 조용히 감상하면 된다. 다만, 산(山)이란 꼭 우리들이 산다는 것과 비슷하다는 생각이 든다. 오르막이 있다 보면 내리막이 있고 힘들면 좀 쉬다가 가면 더 잘오르게 되고 너무 욕심만 부리지 말라고 자연이 말하는 것 같다.

이 노래를 듣는 내내 연상된 이미지는 '높고 뾰족한' 봉우리가 아닌 '바다'다. '혹시라도 어쩌다가 아픔 같은 것이 저며 올 때는/그럴 땐 바다를 생각해 바다……/봉우리란 그저 넘어가는 고갯마루일 뿐이라구'. '낮은 데로만 흘러 고인' 바다다. 필자는 바다의 해불양수(海不讓水)[6]가 지닌 덕목도 함께 느끼면서 들으니 더욱 좋았다. 어떻게 살아야 할지 그저 막막하기만 할 때 그때 듣고 싶은 노래다. 실패를 안고 굴절을 지닌 우리네 인생도 한번쯤 눈감아 되짚어봐도 될 것 같다.[7]

3) 「사랑으로」

내가 살아가는 동안에 할 일이 또 하나 있지
바람부는 벌판에 서 있어도 나는 외롭지 않아
그러나 솔잎 하나 떨어지면 눈물따라 흐르고
우리 타는 가슴 가슴마다 햇살은 다시 떠오르네

---

6) 해불양수라 함은 바다는 어떤 물도 사양하지 않고 받아들인다는 말로 바다같이 넓은 아량과 포용력을 가지고 세상 모든 사람을 대하라는 뜻이다. 물은 깨끗한 물이라고 해서 환영하고, 더러운 물이라고 해서 물리치지 않는다. 특히, 바다는 작은 물줄기라도 가리지 않고 깨끗한 물이거나 더러운 물이거나 물리치지 않는다. 바닷물은 그 어떤 환경을 구분하지 않고 모든 물은 다 받아들인다. 그리고 스스로 정화시키고 깊이를 이룬다. 삶을 살아가다 보면 사람은 한 번씩 바다를 생각하고 바다를 찾아가 새로운 깨달음을 얻을 때가 있다.

7) 이 곡은 꼭 헤드폰을 끼고 감상하라고 권해 주고 싶다. 6분 정도는 아무것도 하지 않고, 자기 자신을 돌아봐도 된다고 생각한다. 필자는 이 노래와 조용필의 「킬리만자로의 표범」을 같이 연상하며 듣는다. 김민기의 노래는 듣는 것이 아니리 느끼는 것이다. 철학이다. 대단하다.

아~ 영원히 변치 않을 우리들의 사랑으로
어두운 곳에 손을 내밀어 밝혀 주리라
내가 살아가는 동안에 할 일이 또 하나 있지
바람부는 벌판에 서 있어도 나는 외롭지 않아
그러나 솔잎 하나 떨어지면 눈물따라 흐르고
우리 타는 가슴 가슴마다 햇살은 다시 떠오르네
아아 영원히 변치 않을 우리들의 사랑으로
어두운 곳에 손을 내밀어 밝혀 주리라.

아~ 아~ 라라 라라라 라라라 라라 ~~~
우리들의 사랑으로 어두운 곳에 손을 내밀어 밝혀 주리라……
— 해바라기

1970~80년대 주옥 같은 멜로디와 가사로 사랑받았던 음유시인 해바라기의 노래다. 모든 사람은 사랑과 행복을 누릴 수 있는 권리가 있다. 모든 것을 사랑으로 해야 한다. 일도 사랑으로 하면 능률이 오르고, 꽃도 사랑으로 기르면 잘 자란다. 봉사도 사랑으로 하면 힘이 안 든다. 모든 것이 다 사랑인 것이다. 우리의 사는 날은 그리 길지만은 않다. 모든 것을 사랑으로. 결코 쉽지 않은 일이다. 그러나 거기에 길이 있다. 희망이 있다. 용서와 화해와 새 출발의 에너지가 그 안에 있다. 사랑은 생명력이며, 사람을 살려내는 힘이다. 사랑할 시간, 그리 길게 남지 않았다

그림 13-2 음악에서 찾은 리더십 이야기

제 2 절 시네마 리더십

필자의 개인적인 취향을 말하자면, 대학 시절에는 홍콩 영화의 매력에 푹 빠진 영화광이었다. 지금도 여전히 영화 매니아다.[8] 지금 감성 리더십의 시대다. 감성 리더십은 모든 조직 '트렌드'로 자리잡았다. 이런 점에서 '영화 속의 명장면, 명대사'를 통해 인물들의 다양한 모습을 찾아서 토론하고 나눈다면 리더십 교육에 한 차원 높은 '격(格)'이 될 것이다. 왜냐하면, 영화는 우리 주변을 둘러보게 만든다. 나를 응원해 주고 지지해 준 주변 사람을 떠올리게 한다.

영화 「라디오 스타」의 광고 문구처럼 "언제나 나를 최고라고 말해 준 당신이 있어 행복하다"라고 말해 줄 대상을 찾게 만든다. 그들이 지금의 나를 있게 만든 주인공이기 때문이다. 살다 보면 있을 때는 몰랐는데 떠난 자리가 유난히 크게 느껴지는 사람들이 있다. 알게 모르게 내 삶에 커다란 영향을 미치면서 내 삶의 버팀목이 되어 준 사람들이다. 그 사람들이 내 삶을 지금까지 이끌어 준 리더가 아니었을까 생각해 본다. 필자에게는 영화가 바로 이와 같은 존재였다. 지금의 나를 있게 한 영화 속 시네마 리더십(cinema leadership)으로 한 번 빠져 보자.

1 외국 영화 속 명대사, 명장면

1) 공포는 너를 감옥에 가두지만 희망은 너를 자유롭게 하리라

스티븐 킹 원작의 영화 「쇼생크 탈출」(1994) 포스터에는 이런 글씨가 써 있다. "공포는 너를 감옥에 가두지만 희망은 너를 자유롭게 하리라(Fear can hold you prisoner, hope can set you free)."

주인공인 앤디 듀프레인(팀 로빈스)이 독방에 갇힐 각오로 동료 죄수들에게 음악을 틀어 주는 장면이 나온다. 문제의 음악은 바로 모차르트의 「피가로의 결혼」에 나오는 아리아 「포근한 저녁바람」(일명 「편지의 이중창」)이었다. 이 음악은 죄수들에게

8) 참고로 필자는 회원 20,000명 정도의 다음카페 '수토피아'(http://cafe.daum.net/oci00)의 서울 운영진이며, '뮤비 스터디'를 운영하는 게시판지기다.

자유의 소중함을 환기시킨다. 그들은 자신도 모르는 힘에 이끌려 음악 가까이로 모여든다. 앤디는 그 덕분에 독방에 갇혔다가 돌아온 후 동료 죄수에게 고백한다. "내게서 모든 걸 빼앗아가도 내 머릿속에 있는 것은 빼앗아가지 못한다. 그것이 음악이다."

필자도 그랬다. 비록 악보를 그리진 못해도 음치여도 음악은 늘 내 가슴에서 물처럼 샘솟았다. 그 물이 나를 적셔 주었고 때마다 씻겨 주었다. 앤디가 친구 레드(모건 프리먼)에게 쓴 편지는 영화의 마지막 명대사다. "희망은 좋은 것, 최고의 것, 좋은 것은 사라지지 않는다(Hope is a good thing, maybe the best of things, and no good thing ever dies.)."

2) 그가 절대 거절하지 못할 제안을 할 거야

갱스터 영화의 영원한 고전 「대부(The God Father)」(1972)에서 말론 브랜도(Marlon Brando)는 멋지고도 간담이 서늘한 대사를 남긴다. "그가 절대 거절하지 못할 제안을 할 거야(I'll make him an offer he can't refuse)." 피 말리는 협상의 순간으로 들어가 보자.

리더는 수많은 협상 테이블에 앉게 마련이다. 상대가 절대로 거절하지 못할 제안, 그만큼 자신의 이익을 최대치까지 끌어올리면서 동시에 상대의 약점을 파고드는 제안일 것이다. 천국과 지옥을 오가는 협상 테이블에서는 냉정함을 잃지 않는 것이 리더의 자질이다. 평정심을 잃고 자신의 속내를 드러내는 순간 협상의 승부는 이미 결정되기 때문이다.

3) 돌아갈 힘을 남겨두지 않기 때문이야

"어떻게 내가 항상 이기는지 궁금하지? 그건 내가 항상 돌아갈 힘을 남겨두지 않기 때문이야." 영화 「가타카(Gattaca)」(1997)에 나오는 대사다. '행동한 뒤 실패하는 것'이 '행동하지 않고 실패도 하지 않는 것'보다 100배 낫다. 배수진을 쳐보라. 돌아갈 다리를 불태워보라. 승부욕이 일어날 것이다. Burn your bridge! 하라.

4) 넌 할 수 없다는 말은 듣지 마라! 그게 이 아빠라고 해도

크리스 가드너의 실화 영화인 「행복을 찾아서(The Pursuit of Happiness)」(2006)에서는 "넌 할 수 없다는 말은 듣지 마라. 그게 이 아빠라고 해도. 알겠어? 꿈을 가지고 있다면 그 꿈을 지켜 내거라. 사람들이란 자기가 할 수 없으면 너보고도 할 수 없다고 말한단다." "원하는 것이 있다면 쟁취하거라. 반드시!" 요즘엔 어느 조직에나 'NATO족(族)'이 너무 많다. NATO란 '북대서양조약기구'가 아니다. 'No Action, Talk Only'의 줄임말, 즉 '행동하지 않고 말만 번지르르하게 하는' 인간들을 일컫는다. 하버드생은 해마다 나오지만 오늘 태어난 아이가 하버드생이 아니다. 대통령은 태어난 후 후천적 노력에 의해 만들어지는 것이다. 오늘 태어난 아이가 대통령은 아닌 것이다.

5) 나는 내 부하들을 위해서 죽을 수도 있다

영화 「300」(2006)은 고대 그리스와 페르시아 전쟁 중 기원전 480년에 있었던 테르모필레(Thermopylae) 전투를 배경으로 만들어진 영화다.[9] 필자가 꼽는 가장 감동적인 명대사로 왕 레오니다스(Leonidas)는 페르시아와의 전투를 앞두고 부하들에게 이렇게 외친다. "아침을 든든히 먹어라. 저녁은 지옥에서 먹는다." 당시의 부패한 원로원을 뒤로 한 채 레오니다스 왕은 자신의 이상을 몸소 죽음으로써 실천하게 된다.

이 영화의 초점은 스파르타의 왕과 페르시아의 크세르크세스((Xerxés) 왕의 리더십 비교가 필자의 초점이다. 레오니다스는 헌신적이고 수평적인 리더십을 구사한 반면 크세르크세스는 공포와 권위로 조직을 장악하며 군대를 이끌었다. 그들의 리더십 스타일은 다음의 대사에서 극명한 차이가 있다. 크세르크세스가 "나는 승리를 위해 내 부하들을 모두 죽일 수도 있다"라고 말하면서 자기의 잔혹성과 능력을 자랑한다. 그러나 레오니다스 왕은 "나는 내 부하들을 위해 죽을 수도 있다"라고 말한다. 이 얼마나 엄청난 차이인가? 그리고 또 하나 레오니다스가 전쟁터로 떠나기 전에 아들에게 전하는 한 마디의 명대사, "그들을 존경하면 너 또한 그들로부터 존경받을 것이다." 아무리 영화지만 너무나 멋진 대사였다. 그의 행동에 뭔지 모를 감동이 밀려온다.

6) 죽은 자이건 산 자이건 우리 모두 함께 집에 온다

"모두 살아서 집에 돌아갈 수 있을 거라고 약속할 수는 없다.
그러나 너희들과 전지전능하신 신 앞에서 이거 하나만은 맹세할 수 있다.
전투에 임할 때 내가 땅에 가장 먼저 발을 내딛고,
철수를 할 때 내가 마지막에 발을 뗄 것이며
어느 누구도 적진에 남겨두지 않을 것이다.

---

9) 이 영화는 자유인으로 살아가기 위한 스파르타인들의 열정과 자신감을 엿볼 수 있는 영화로서, 레오니다스 왕은 300명의 용사들과 함께 장렬히 전사한다. 스파르타는 "왕은 왕으로서, 용사는 군인으로서" 열정과 자신감을 가지고 불리한 전쟁을 하고 있었다. 싸움을 좋아하는 사람들이 아닌, 자유를 좋아하는 사람들로서 전쟁에 임하고 있었다.

죽은 자이건 산 자이건 우리 모두 함께 집에 온다."

전쟁 영화를 좋아하는 사람이라면 누구나 보았을 영화 「위 워 솔저스(We Were Solider)」(2002)에서 멜 깁슨(무어 대령)이 한 명대사(대사가 나오는 상황: 베트남 출정식)다. 위의 대사는 강한 동료 의식을 통해 팔로어들에게 믿음을 주는 리더의 모습을 보여 준다. 멜 깁슨은 실제로 전투에서도 그러했다. 몰살 위기에서 혼자 돌아오라는 명령을 받자 "미친 소리, 부하를 남겨 두고 혼자 돌아오라니" 하며 포연 속으로 돌진한다.[10] 전투가 끝났을 땐 또 한 마디 명대사를 날린다. "나는 내 자신을 결코 용서하지 못할 것이다. 부하들처럼 죽지 못하고 살아남은 것이 부끄럽다"[11]라고.

단순히 '돌격하라!'가 아닌 리더의 살신성인적인 자세는 팔로어들에게 강한 믿음을 주었으며 그들의 사기를 북돋워 주었다. '이 사람은 나를 끝까지 이끌어 줄 것이다'라는 믿음이 강한 동료 의식(전우)과 만날 때, 그 집단은 강력한 '하나'가 된다. 하나가 된 집단은 하나의 목표를 지향하며 그 힘은 분산되지 않고 하나로 집중된다. 한 집단을 이렇게 만들 수 있는 자질이 훌륭한 리더의 중요한 자질 중 하나이지 않을까 생각한다.

7) 진짜 현실로 착각할 뿐이다

짐 캐리 주연의 영화 「트루먼 쇼(The Trueman Show)」(1998)에는 리더가 빠지기 쉬운 편견과 착시 현상을 콕 짚어낸 명대사가 있다. "우리는 늘 진짜 현실을 보는 것이 아니라, 그저 우리 눈앞에 제시되는 현상을 진짜 현실로 착각할 뿐이다(We accept the reality of the world with which we are presented)." 번드르르한 보고서와 청산유수 같은 브리핑이 과연 현실을 솔직히 말하고 있는 것일까? 늘 의문을 가지고 질문을 해야 한다. 중요한 건 현실이다.

---

10) 이 대사는 유해이든 생존자이든 단 한 명도 적지에 남겨두지 않겠다는 정책(Leave No Man Behind' Policy)과 맥을 같이하는 영화 「라이언 일병 구하기(Saving Private Ryan)」(1998)에서도 들을 수 있는 명대사이기도 하다.

11) 사실 이 명대사는 실제 있었던 말을 인용한 것이다. 바로 지평리 전투의 영웅인 미23연대 연대장인 프리먼(Paul L. Freeman) 대령이 한 말이다. 프리먼 대령은 미23연대 휘하 미군 3개 대대와 프랑스 대대를 이끌고 고립무원의 지평리 최전선에서 싸웠다. 그는 1951년 2월 14일 밤 전투에서 다리에 부상을 입었으나 헬기로 후송되는 것조차 거부하고 부하를 격려하며 싸웠다. 그는 응급 치료만 받고 붕대를 감은 절름발이로 부대를 지휘하면서 "내가 부하들을 이끌고 여기 왔다. 반드시 이들을 데리고 나갈 것이다"라고 장병들의 전의와 사기를 북돋우며 싸운 주인공이다. 그리고 그는 전투를 승리로 이끌었다.

8) 모든 사람이 진정으로 사는 것은 아니다

"모든 사람은 죽는다. 하지만 모든 사람이 진정으로 사는 것은 아니다(Every man dies. Not every man really lives)." 영화 「브레이브 하트(Brave Heart)」(1995) 속의 멋진 대사처럼 '진정으로 사는 길'을 택해야 한다. 행동하는 길뿐이다. 그리고 마지막 장면의 명대사 "Freedom." 당신은 어떤 자유를 갈망하는가?

9) 스스로 노력해서 달라지게. 그게 기적이야~!

셀프 리더와 관련된 명대사가 하나 있다. 「브루스 올마이티Bruce Almighty」(2003) 속의 대사다. 항상 불만에 가득 찬 짐 캐리에게 창조주 모건 프리먼이 말한다. "수프를 가른 건 기적이 아니고 속임수일 뿐이야." "사람들은 기적의 능력을 갖고서도 나한테 소원을 빌어" 자네, 기적을 보고 싶나? 스스로 노력해서 달라지게. 그게 기적이야~!(You want to be a miracle, son? Be a miracle.)[12]

10) 더 자주 'Yes'라고 말하세요

짐 캐리 주연의 영화 「예스 맨」(2008)은 대니 월러스의 자전적 소설을 영화화한 것이다. 영화 「예스 맨」은 일상의 소소한 사건과 만남들을 어떻게 맞아들이는가에 우리의 행복이 달려 있다고 말한다. 곧 'Yes'라고 더 자주 말할수록 행복의 기회는 더 많이 찾아온다는 것이다. 과연 그럴까? 영화 속 주인공 칼 앨런을 통해서도 알 수 있듯, 인간은 결코 합리적으로 선택하지 않는다.

칼의 프레임(frame)은 'NO'프레임이다. 칼이 'NO 프레임' 상태일 때는 모든 것이 그저 NO일 뿐이다. 친구에게 술을 사는 일도, 파티에 나서는 일도 없다. 반대로 'YES 프레임'으로 세상을 볼 때는 모든 것이 단지 YES로 답할 대상이다. 모든 것을 된다고 생각하고, 되는 쪽으로만 선택한다. 합리적 판단에 따른 선택이 아니라 마음 상태, 프레임에 따라 선택하는 것이다. 그런 선택이 전혀 다른 결과를 만들어 내는 것이다.

뛰어난 리더라면 주변 사람들이 긍정의 프레임을 가질 수 있도록 이끌어야 한다. 긍정의 프레임으로 세상을 바라보고, 더 생산적인 결과를 내는 방향으로 선택하는 모습을 끊임없이 보여 줘야 한다. 혹시 잘못된 프레임으로 말미암아 조직의 사기가 꺾

---

12) 영화 「스파이더맨(Spider-Man)」(2002)에서는 "큰 힘에는 큰 책임이 따르는 법이다(With great power comes great responsibility)"라면서 리더의 책임을 강조하고 있다.

이고, 경제적 손실을 입고 있는 것은 아닌지 쉼 없이 점검해야 한다. 영화 속 칼처럼 '긍정의 프레임'으로 무장해, 더욱 많은 긍정적인 결과들을 만들길 바란다.

11) 우리 제품은 유효 기간이 있다

「내 이름은 칸」(2010)은 어쩌면 매우 기본적이고, 모두가 다 알고 있고 초등학교, 아니 유치원을 다녔을 때부터 배운 것들, 하지만 실천하지 않는 것들에 대해 말하고 있다. 이 영화가 진정 말하려 하는 것은 '세상 속의 편견'에 대한 고발이다. 이슬람교도의 이름인 칸(Khan)이라는 이름을 쓴다는 이유로 테러리스트일지도 모른다는 미국인의 편견, 힌두교도는 이슬람교도를 싫어한다는 편견이다. 이러한 편견에 맞서서 칸이 살아가는 모습을 영화에서는 보여 준다. 다른 사람의 시선과는 상관없이, 종교적 신념을 지키며 미국 전역을 돌아다닌다. 미국 대통령을 만나겠다는 일념으로.

칸은 어머니로부터 배운 "우리 엄마는 세상엔 두 종류의 사람이 있다고 하셨죠. 좋은 사람과 나쁜 사람. 전 좋은 사람이에요. 전 좋은 행동을 하죠." 이 말을 자주 기억한다. 세상에는 다양한 인간이 있지만 그래도 굳이 규정짓고 싶다면 이렇게 하면 된다. 적군과 아군에서 좋은 사람과 나쁜 사람으로.

주인공 칸은 매우 정직하다. "6개는 필요하지 않다. 이곳에는 4개만이 필요할 것이다. 우리 제품은 유효 기간이 있다." 정직, 도덕성을 지닌 사람은 사람을 감동시킨다. 칸이 바로 그런 사람이다. 영화 속에서는 정말 놀라운 두 명의 여인이 나온다. 칸의 어머니, 그리고 칸의 아내다. 그들에게는 색안경이란 것은 존재하지 않았다. 단지 그들은 그 누구에게나 행했던 것처럼 그를 사랑했고 있는 그대로를 바라보았다. 하지만 아들의 죽음으로 인해 위기 상황에서 던지는 한 마디, "나 언제 다시 돌아올까?" 떠나기 전 아내에게 마지막으로 한 말이다. 질문의 중요성으로 질문 리더십이 얼마나 중요한지 일깨워 준다. "아름다운 질문은 언제나 아름다운 대답을 얻는다. 질문이 없으면 대답도 없다."

혹시 자신도 모르게 편견을 가지고 있는 분이 있다면 이런 말을 해 주고 싶다. "My name is Kahn. And I am not a terrorist." 인도 영화의 진수다. 추가적으로 인도 영화 「세 얼간이(3 idiots)」(2009)도 함께 추천한다.

12) "죠슈아, 이건 신나는 놀이이자 게임이야."

로베르토 베니니의 「인생은 아름다워(La Vita E Bella)」(1997)라는 이탈리아 영화는 로베르토 베니니가 감독과 각본, 주연을 맡은 영화인데 제목처럼 즐거운 내용이 아니다. 나치의 유대인 학살을 배경으로 비극적인 역사적 사실을 코믹하게 접근하면서 어떤 극한 상황에서도 '그래도 인생은 아름답고 살아남아야 한다'는 희망의 메시지를 전한다.[13)]

주인공 귀도(로베르토 베니니 분)는 얼굴도 못생기고 가진 것도 없지만 운명처럼 도라(니콜레타 브라스키 분)를 만난다. 도라에게는 약혼자가 있지만 돈키호테처럼 저돌적으로 사랑을 고백하고 결혼에 성공한다. 아들 죠슈아가 태어나 자라면서 이들 가족이 행복에 젖어갈 때쯤 독일의 유대인 말살 정책에 따라 귀도와 죠슈아는 수용소행 기차를 탄다.

귀도는 수용소에 도착한 순간부터 죠슈아에게 지금은 신나는 놀이이자 게임을 하고 있는 중이라고 속인다. 유대인을 가스실에서 학살하는 끔찍한 현실을 아들에게 알리고 싶지 않아서다. 아들은 다행히 아버지의 말을 따르면서 아슬아슬하게 위기를 넘긴다. 독일이 패망하는 조짐을 보이자 귀도는 아들과 함께 탈출을 시도한다. 그렇지만 죽음의 기차를 함께 탄 아내를 두고 탈출할 수 없다. 귀도는 아내를 찾아 나서면서 아들에게 60점만 더 따면 1,000점이 되고 그때는 탱크를 선물로 받게 된다면서 나무 궤짝에 숨어 날이 밝을 때까지 결코 나오지 말라고 한다. 하지만 아내를 찾아 나선 귀도는 그만 독일군에게 발각되고 처형장으로 끌려간다.

> "1,000점을 제일 먼저 따는 사람이 1등상으로 진짜 탱크를 받게 되는거야. 죠슈아, 이제 1,000점을 채우기 위해서는 마지막 숨바꼭질 게임에서 들키지만 않으면 우리가 1등이야. 절대 들키면 안돼. 쉿!" …… 뚜벅뚜벅뚜벅 탕!!!!!

궤짝에 숨어 있는 아들을 안심시키기 위해 우스꽝스러운 행군 자세를 보여 주면서 궤짝 앞을 지나간다(아버지가 울부짖거나 저항하는 모습을 보이면 아들은 숨어 있던 궤짝에서 튀어나올 수 있다). 아들은 그 모습을 궤짝에 난 구멍으로 보고 있는데, 아버지와 아들이 지상에서 마지막 이별하는 이 장면에서 뭉클한 전율을 느끼게 한다. 다음날 궤짝에서 나온 조슈아는 정적만이 가득한 포로수용소의 광장에 혼자 서 있다. 아빠의 말처럼 탱크가 나타나고 그 탱크를 타고 가던 조슈아는 극적으로 어머니를 만난다.

---

13) 영화 「인생은 아름다워」와 프랭클의 '인간이란 무엇인가'는 만화 '사막에서 살아남기'처럼 나치 수용소의 극한 상황에서의 살아남기를 다룬 명작이다. '그래도 인생은 아름답다'는 말은 러시아의 혁명가 트로츠키가 암살당하기 직전에 남긴 글이다.

그림 13-3 영화 속 명장면, 명대사

이 영화의 매력은 끔찍한 현실에서 위기를 이겨내게 하는 '긍정의 힘'이다. 참혹한 현실을 이기는 힘은 때로 마법과 같은 거짓이 필요하고 턱없을 정도의 낙천적인 생각들과 사랑하는 사람에 대한 기억들이라는 것이다. 나치 수용소와 같은 끔찍한 현실에 직면할 때 아름다운 사랑의 대상이야말로 고통을 이겨내게 하는 절대적인 힘이 된다는 것이다. 어렵고 힘든 시기에 지금, 모두에게 이런 아름다운 사랑이 있어 살아갈 용기와 위안을 얻기 바란다.

2 한국 드라마와 영화 속 명대사, 명장면

1) "꿈, 그게 어떻게 니 꿈이야? 움직이질 않는데! 그건 별이지!"

드라마 「베토벤 바이러스」는 꿈을 이루려는 평범한 사람들의 이야기다. 각자의 삶의 무게에 짓눌려 꿈을 덮고 살았던 사람들이 모였다. 더 늦기 전에 한 번쯤은 꿈을 향해 나아가고 싶어서 한 구석에서 먼지가 쌓여가던 악보와 악기를 꺼내 밤늦은 시간 연습장에 모여 꿈을 향해 나아가기 시작한다. 아직은 이름도 없고, 지휘자도 없는 아마추어 오케스트라는 강마에라는 괴팍하지만 진중한 지휘자를 만나면서 꿈을 향해 서툴지만 진지한 항해를 시작한다.

드라마 속에서 흐르던 아름다운 클래식 선율[14]과 각박한 현실 속에서 꿈을 꾸고

14) 드라마 속을 흐르던 수많은 클래식 넘버들 중 단연 사람들의 마음을 휘어잡았던 것은 영화 「미션」의 주제가다. 이 곡은 단원들과 지휘자 강마에와의 음악적 교감의 단초가 된 곡으로 드라마 속에서 강마에는 영화 속 상황을 재현하며 이렇게 외친다. "'넬라 판타지아'의 세상에 오신 걸 환영합니다."

서로의 꿈을 보듬어 주는 단원들과 지휘자의 이야기가 큰 감동을 줬다는 데 이견을 제시하는 사람은 없을 것이다. 하지만 그들은 성공하지 못했다. 예상도 못한 작은 성공에 기분 좋은 것도 잠깐, 현실의 장벽은 이들을 그대로 놓아두지 않았다. 갈수록 치매가 악화되는 할아버지, 가족에게 멸시를 받는 주부, 가난 때문에 꿈을 포기해야 하는 고등학생, 청력을 잃어가는 바이올리니스트, 아내와 두 딸 때문에 꿈을 포기하는 가장. 지휘에 재능을 보였던 '리틀 강마에' 건우는 강마에를 보며 느낀 음악적 한계 때문에 꿈을 포기하려 한다. 강마에 또한 자신만의 오케스트라를 갖지 못했다. 그들은 꿈을 이루지도 못했을 뿐더러 직장에서도 잘리고, 삶은 그 전보다 나빠졌다. 그래도 그들은 행복해 한다. 왜일까?

그림 13-4 「베토벤 바이러스」의 강마에 리더십

건우에게 지휘는 생각만 해도 가슴 뛰는 것이지만 벌써 유학가서 학위 따고 자리 잡은 사람들을 지금 시작해서 따라잡는 건 무리이기에 지휘자의 꿈을 포기하고 현 직업인 경찰에 충실하겠다는 건우에게 강마에게 묻는다.

> "폼이 멋진데? 내가 가르쳐 준 그 아까운 바통 테크닉을 여기서 써먹는 거야?
>
> 공연 날짜 하나도 못 챙기는 멍청한 널 위해 마련해 준 자리야. 공연시작은 6시고 니 솔로 연주곡은 2부 첫곡이야. 행복해? 고장 난 신호등 대신해서 허우적거리면서 매연 냄새에 찌들어가는게 행복하냐고? 아, 물론 인정해. 사람은 누구나 제각각이라서 돈이 최고인 사람, 김치 한 조각에 밥만 먹어도 되는 사람, 그 돈 다 모아서 이디오피아 난민한테 보내놔야 다리 뻗고 자는 사람. 다양하지. 옳고 그를 건 없어. 다 자기 가치에 따라 살 뿐이야. 그래서 넌 강건우 넌 니 가치에 따라 지금 이 순간 행복하냐고?"

"하나만 물어보자, 지휘 배우고 싶다는 건?"
"배우고 싶었습니다."
"근데?"
"꿈으로 그냥 놔 둘 겁니다."
"꿈? 그게 어떻게 니 꿈이야 움직이질 않는데, 그건 별이지. 하늘에 떠 있는 가질 수도 없는 시도조차 못하는 쳐다만 봐야 하는 별. 누가 지금 황당무계 별나라 이야기 하제? 니가 뭔가 해야 될 꺼 아냐. 조금이라도 부딪치고 애를 쓰고, 하다못해 계획이라도 세워봐야 거기 니 냄새든 색깔이든 발라 봐지는 거 아냐! 그래야 니 꿈이다!라고 말할 수 있는 거지. 아무거나 갖다 붙이면 다 니 꿈이야? 그렇게 쉬운 거면 의사, 박사, 변호사, 판사 몽땅 다 갖다 니 꿈하지 왜!, 꿈을 이루란 소리가 아니야. 꾸기라도 해보라는 거야. 사실 이런 얘기, 다 필요 없어. 내가 무슨 상관있겠어. 평생 괴로워할 건 넌데. 난 이 정도밖에 안 되는 놈이구나! 꿈도 없구나! 꾸지도 못했구나! 삶에 잡아 먹혔구나! 평생 살면서 니 머리나 쥐어뜯어봐. 죽기 직전이나 되서야 지휘? 단발마의 비명 정도 지르며 죽든지 말든지."

꿈을 꾸는 자는 많지만, 꿈을 이루는 사람은 흔치 않다. 그만큼 현실은 각박하고 꿈을 이루는 데는 시간과 노력 그리고 운까지 따라야 한다. 그래서 대부분의 사람이 현실과 타협하며 꿈을 그냥 하늘의 별로만 남겨둔다. 하지만 드라마 속 주인공들은 꿈을 하늘의 별로만 남겨두지 않았다. 단원들이 성공하지 못했음에도 행복해 했던 것은, 꿈을 향해 나아갔기 때문이다. 힘들고 고단했지만 영원히 빛날 인생의 소중한 한 때를 갖는다는 것. 그것은 앞으로 살아갈 현실에서 힘을 내고 또 희망을 품을 수 있는 소중한 에너지원이 된다. 우리가 조금 늦게라도 꿈을 향해 나아가야 하는 이유는 바로 이 때문이다. 나무가 곁가지를 내는 것처럼 한번 뿌리내린 꿈은 계속해서 자라나기 마련이니까.

2) 너나 잘 하세요

박찬욱 감독, 이영애 주연의 영화 「친절한 금자씨」(2005)에는 조직 내 '찌질이'들에게 일침을 가하는, 통쾌한 한 마디가 있다. "너나 잘 하세요." 100% 맞는 말이다. '너나 잘하면' 되는 사람들이 조직엔 너무나 많다. 각자 맡은 일이나 잘하면 될 터인데, 제 할 일도 하지 않으면서 남 탓만 하고 허울 좋은 조직 걱정만 한다. 일선 공무원은 일선 공무원대로, 중간관리자는 중간관리자대로, 리더는 리더대로 각기 할 일이 따로 있다. 셀프 리더가 되어야 한다. 제 할 일도 하지 않는 자가 어찌 조직을 걱정한단 말인가.

3) 뭐가 되도 되는 사람들의 특징이 뭔지 알아?

이란에서 시청률 90%를 기록한 「대장금」(2003－4)에 나오는 대사다. 제주도 유배지에서 의녀 장덕이 장금에게 한 말이다.

> "뭐가 되도 되는 사람들의 특징이 뭔지 알아? 단순하고 열정적인 거야. 허나 중요한 건 두 번째다. 현실을 알고 그 위에 서는 거야. 사람을 끌어들일 줄도 알아야 하고, 힘을 행사할 줄도 알아야 해. 이제 넌 그 두 번째에 도전할 거고, 그 도전에 성공하면, 네 바람대로 둘 다 이룰 수 있겠지……."

세상을 살다보면 훌륭한 멘토를 만나기가 쉽지 않다. 그러나 장금이는 표본이 될 만한 멘토로 한상궁과 장덕을 만난다. 두 사람은 장금이를 궁중에서 음식을 담당하는 수라간 궁녀와 의녀로 성장토록 하는 데 큰 도움을 준다. 한상궁은 수라간에서 장금에게 요리를 가르친다. 그리고 장금에게 미각을 그릴 줄 아는 재주를 발견토록 한다. 그리고 장금의 인성을 다듬은 인물이기도 하다. 대장금 전편에서 한상궁이 하던 장금의 멘토 역할은 후편에서는 제주도 출신 의녀 장덕이가 담당한다. 장덕은 장금의 감성을 가다듬은 한상궁과는 달리 현실을 냉철하게 볼 줄 아는 이성을 개발토록 한 인물이다. 장덕이 장금에게 한 이 대사는 업그레이드된 장금을 만드는 데 결정적인 역할을 했다. 거친 말투 속에는 인생을 몇 번쯤 살아본 듯한 예리한 통찰력이 배어 있다.

4) 형사는 무조건 잡는 거야!

안성기·박중훈 주연의 영화 「인정사정 볼 것 없다」(1999)에는 "자기 할 일이나 제대로 하자"는 뜻을 담은 강력계 형사의 무지막지한 대사가 나온다. "판단은 판사가 하고, 변명은 변호사가 하고, 용서는 목사가 하고, 형사는 무조건 잡는 거야!" 투박하면서도 정말 정곡을 찌르는 대사다. 하지만 리더 입장에서는 좀 다를 수도 있다. 조직 내에서 때론 판사도, 때론 변호사도, 때론 목사도, 때론 형사도 되어야 하는 존재가 바로 리더니까 말이다. 리더는 조직의 꼭대기에서부터 밑바닥까지 어떤 크고 작은 '구멍'들이 생겨나고 있는지를 항시 점검하고 고민해야 한다. 아무리 작은 실수라도 결국엔 돌이킬 수 없는 암 덩어리로 커질 수 있기 때문이다.[15)]

---

15) 프랑스 칸 영화제 심사위원 대상 수상작인 한국 영화 「올드 보이」에는 이런 대사가 나온다. "명심해요. 모래알이든 바윗덩어리든 물에 가라앉기는 마찬가지예요." 조직 내 허점이나 오류는 그 경중이 따로 없다는 얘기다.

5) 열심히 하는 게 중요한가? 잘 해야지

영화 「미녀는 괴로워」(2007)에는 이런 명대사가 있다. "열심히 하는 게 중요한가? 잘 해야지." 조직에는 골칫거리 인물이 있다. '무조건 열심히만 하는' 사람들이다. 지혜롭게 생각해 보지도 않고 일단 무지막지한 신념 하나로 들이대는 사람들이다. 물론 게으른 사람보다야 100배 낫지만, 사실 '멍부'(멍청하고 부지런한) 리더만큼이나 조직에 '재앙'인 사람도 없을 것이다. 부하 직원들은 '똑게'(똑똑하고 게으른) 리더를 가장 좋아한다.

「미녀는 괴로워」에서 또 다른 명대사는 "남자한테 여자는 딱 세 종류뿐이야. 예쁜 여자, 명품이지? 평범한 여자. 너? 바로 반품이야." 반품이란 말에 흥분한 김아중! "다가갈 수 없는데 바라보지도 못하면 어떻게 해야 되는 건데요? 좋아하는 사람의 발자국이라도 따라 걷고 싶은 심정을 당신이 아냐고요." 이미지 리더십과 관련된 발언이다. 필자는 이 영화 대사 장면에서 벤저민 프랭클린의 말이 순식간에 스쳤다. "밥은 자기 자신을 위해 먹지만, 옷은 남을 위해 입어라." 명언이다. "얼굴이 못생겼으면 옷이라도 잘 입어라." 나폴레온 힐(Napoleon Hill)의 말이다.

6) 호랭이는 가죽 땜시 죽고, 사람은 이름 땜시 죽는 거여!

이준익 감독의 코믹 사극 「황산벌」(2003)을 보면, 나당 연합군이 백제를 공격하기 위해 몰려온다. 백제의 계백(박중훈)은 황산벌 전투로 나가기 직전에 자신의 처자식을 제 손으로 베어 버린다. 전쟁에 임하는 자신의 결연한 의지를 만천하에 알리고 부하들에게 "죽음으로써 싸우자"는 강력한 메시지를 전하기 위해서였다. 계백은 아내(김선아)에게 칼을 겨누며 이렇게 외친다. "호랭이는 죽어서 거죽을 남기고, 사람은 죽어서 이름을 남긴다고 혔다." 이때 아내는 죽음을 순순히 받아들일까? 남편의 거룩한 뜻에 따라 스스로 목숨을 내어줄까?

그렇지 않다. 아내는 성난 얼굴로 이렇게 대꾸한다. "호랭이는 가죽 땜시(때문에) 죽고, 사람은 이름 땜시 죽는 거여, 인간아." 그렇다. 자기 이름을 남기고픈 공명심과 명예심은 '양날의 칼' 같은 것이다. 때론 자기 자신을 베어 리더의 수명을 단축시킬 수도 있다.

7) 식구가 뭐여? 같이 밥 먹는 입 구멍이여

공명심보다 중요한 건 가족이다. 가족은 나의 운명적인 파트너다. 아무리 용을 써도 벗어날 수 없는 게 가족이고, 아무리 미워해도 사랑할 수밖에 없는 게 가족이다. 영화 「비열한 거리」(2006)에서 조폭 중간 두목으로 나오는 배우 조인성의 다음과 같은 외침처럼, 식구란 늘 삶을 같이 해온 존재다. "식구가 뭐여. 같이 밥 먹는 입 구멍이여. 절대 배신해선 안 되는 거여." 가족은 이해의 대상이 아니라 무조건적인 사랑의 대상이다. 남들이 아무리 나를 욕하고 비난해도, 끝까지 나를 이해하고 감싸줄 사람은 가족뿐이다. 신뢰와 믿음, 모성 리더십을 전하는 대사다.

8) 복권에 맞을 확률은 50%야

백윤식 · 신하균 주연의 영화 「지구를 지켜라」(20003)에는 삶을 보는 시각 자체를 획기적으로 바꾸는 빛나는 대사가 있다. "복권에 맞을 확률은 50%야. 당첨이 되거나, 아니면 안 되거나……." 이 대사에 따르면 로또 복권에 당첨될 확률은 '하늘의 별 따기'보다 어렵다는 814만 5,060분의 1이 아니다. 단지 2분의 1이다. 당첨이 되거나 아니면 안 되거나, 둘 중 하나니까 말이다. 세상을 바꾸긴 어렵지만, 세상을 보는 나의 생각을 바꾸긴 쉽다. 로또 당첨은 로또를 산 사람만이 당첨이 된다. 사지 않은 사람(미실행)은 100일 기도가 아니라 1000년 기도를 올려도 무용지물이다. 긍정의 힘과 행함을 권하는 명대사다.

9) 울어라. 너 혼자 울게 될 것이다

영화 「올드 보이」(2003)에는 이런 절묘한 대사가 있다. "웃어라. 온 세상이 너와 함께 웃을 것이다. 울어라. 너 혼자 울게 될 것이다." 새로운 사업에 성공할 확률이 '50%밖에' 되지 않는다고? 절대 그렇지 않다. 성공할 확률이 '무려 50%나' 되는 것이다. 세상만사는 마음먹기에 달렸다. 일체유심조(一切唯心造)의 메시지가 전해지는 명대사다.

10) 나를 극복하는 그 순간…… 나는 칭기즈칸이 되었다!

"적은 밖에 있는 것이 아니라 바로 내 안에 있었다. 나는 내게 거추장스러운 모든 것을 쓸어버렸다. 나를 극복하는 그 순간…… 나는 칭기즈칸이 되었다!"라는 명대사로 필자에게 감동을 준 BBC 다큐드라마는 2005년 7월 9일 KBS에서 방영한 「위대한 리더십」이라는 프로그램이다.[16]

---

16) 칭기즈칸에 대한 곱지 않은 시선은 몇백 년간 이어져 왔지만 현대 사회에 들어서는 그의 리더십과 광활한 대륙을 정복하고 지배할 수 있었던 점이 높이 평가되어 세계 유수의 조직들이 그를 탐구하

역사상 가장 광활한 대륙을 정복했고 몇백 년이 지난 지금까지도 몽골인들에게 최고의 영웅으로 추앙받는 칭기즈칸. 그는 지금부터 850년 전에 이미 21세기를 살다 간 사람이다.

열세 살 때 부친을 잃은 뒤 겪은 30여 년 간의 고통과 역경 속에서도 칭기즈칸은 몽골 통일이라는 명확한 비전과 인내를 통해 이겨냈고, 마침내 자신의 꿈을 이뤘다. 칭기즈칸은 역경이 찾아오면 이렇게 외쳤다고 한다. "역경아, 이번엔 어떤 선물을 내게 주려고 왔느냐?" 리더십의 완성으로 가는 단계에서 첫 관문인 자기 이해의 단계에 관한 명대사다.

11) 혼자 빛나는 별은 없다

「라디오 스타」는 이준익 감독의 2006년 작품으로 한물간 가수 최곤(박중훈)은 매니저 박민수(안성기)가 억지로 시작한 지방 라디오 방송의 반응이 좋아 전국 방송이 됐다. 일이 좀 풀리는가 싶은데 갑자기 '민수 형'이 사라졌다. 그리고 대형 연예기획사에서 대신 매니지먼트를 해 주겠다고 찾아왔다. 성공을 위해서라면 당장 이 대형 기획사와 계약하는 게 좋겠지만 민수 형이 사라지니 아무것도 안 된다. 옆에서 늘 챙겨 주던 사람이 없으니 허전해 죽겠다. 라디오 방송이 성공한 것도 별로 기쁘지 않다. 최곤은 결국 전국으로 생중계되는 라디오 방송에서 울먹이며 이렇게 고백한다.

> "저도 사람을 찾겠습니다. 이름은 박민수. 나이 마흔여섯. 형…… 민수 형… 돌아와! 장난치는 거지? 나 조용필 만들어 준다면서…… 근데 이게 뭐야. 형, 듣고 있어?, 형이 그랬지? 저 혼자 빛나는 별은 없다며, 그럼 와서 나 좀 비춰 주라."

이 영화의 전반적인 콘셉트는 '정겨움'과 '진솔함'이다.[17] 그 중에서 민수가 보여준 '서번트 리더십'은 먼저 섬기다가 어느 순간에 리더의 역할을 담당하는 것을 말한다. 처음부터 리더가 되고 싶어서, 영향력을 발휘하고 싶어서 지도자가 되는 것과는 근본적으로 다르다. 영화 속 박민수처럼 처음엔 그저 최곤의 뒷바라지나 해 주는 사람에 불과했는데, 어느새 최곤의 삶을 이끌어 가는 것이다. 조직이 최고의 역량을 발휘할 수 있도록 묵묵히 뒷받침하는 역할이 서번트 리더의 가장 중요한 덕목이란 의

고 있다. 1995년 말 미국 『워싱턴포스트』지는 세계사에서 지난 1천 년간 가장 중요한 인물로 칭기즈칸을 뽑았을 정도다.

17) "3천만 원이라는 엄청난 거금을 한번에 확~ 쌩까버리신 그 거친 'Soul'을 존경합니다. 세상과 거침없이 부대끼며……음주-폭행-대마초.- 락의 정신을……"

미다.[18]

박민수가 최곤에게 한 역할이 바로 그것이다. 최곤은 가수왕을 한 이래 이젠 모두에게 잊혀진 존재다. 하지만 박민수는 최곤을 여전히 스타로 대해 준다. 자신감을 잃지 않도록 배려하고, 다시 성공할 수 있도록 이끄는 것이다. 서번트 리더는 비판하지 않는다. 비판하기보다는 지지하고 격려해 주는 태도, 먼저 섬기는 모습을 보여 줌으로써 조직이나 사람들을 자연스럽게 감동시키고 스스로 행동에 나서도록 하는 게 서번트 리더십의 핵심이다. 비판하고 요구하고 강제해서 되는 일이란 한계가 있게 마련이기 때문이다.

백 마디 말보다 이렇게 마음으로 다가오는 사람을 우리가 잊을 수 있을까? 박민수는 대형 연예기획사 사장으로부터 자신이 최곤의 성장에 걸림돌이 된다는 말을 듣자 조용히 사라진다. 최곤이 진정으로 성공하길 바라는 것이다. 하지만 최곤은 이제 박민수가 없으면 살지 못한다. 자신을 성공할 수 있도록 이끈 리더가 바로 박민수이기 때문이다. 박민수가 최곤에겐 최고의 서번트 리더였던 것이다.

12) 개새끼들아, 우리는 폭도가 아니야!!!

1980년 5월 18일, 그 봄, 일어난 믿지 못할 '사건'을 기억하는 사람들은 많다. 그러나 그날 그곳에서 영문도 이유도 모른 채 목숨을 잃어간 '사람'들을 기억해 주는 이는 많지 않다. 사랑하는 가족, 연인, 친구를 위해 총칼을 들어야만 했던 그들은 우리와 똑같은 평범한 시민이었고 다만 그들이 살던 곳이 광주였을 뿐이다. 영화 「화려한 휴가」(2007)는 '사건'이 아닌 '사람'들에 관한 이야기며 그들의 치열했던 열흘간을 기억해 내려 한다.

> 개새끼들아, 우리는 폭도가 아니야!!!
> "사랑도 명예도 이름도 남김없이 한평생 나가자던 뜨거운 맹세, 동지는 간데없고 깃발만 나부껴 새날이 올 때 까지 흔들리지 말자. 세월은 흘러가도 산천은 안다. 깨어나서 외치는 뜨거운 함성. 앞서서 나가니 산 자여 따르라. 앞서서 나가니 산 자여 따르라."

---

18) 영화에서도 박민수는 최곤을 향해 늘 웃음을 던진다. '너 이런 점을 고쳐라', '이런 식으로 해라'는 요구는 하지 않는다. 대신 미리 자리를 마련하고, 사정을 설명하고, 스스로 움직이게 유도한다. 영화에는 이런 장면이 있다. 최곤이 카페 손님과 시비가 붙어 경찰서에서 조사를 받는다. 이때 박민수는 사건을 무마하려 간곡히 사정을 설명한다. 경찰이 묻는다. "당신이 이 사람 때렸어?" 그러자 박민수가 대신 불쑥 대답한다. "예, 그렇게 하고 싶습니다. 그렇다고 믿고 싶습니다." 최곤의 잘못만 덮어진다면 자신이 대신 죄를 뒤집어쓰고 싶다는 말이다.

영화의 마지막 부분에 나오는 장면이자 강민우(김상경)가 외치는 소리에서 우리는 이 영화를 만든 이유이자, 그 당시 광주에서 희생된 분들이 하고 싶은 말을 읽을 수 있다.

우리의 지나온 역사는 어둠을 넘어 희망을 열어온 역사다. 그 희망을 만들어 온 것은 묵묵히 자신의 본분을 다해 온 우리의 민초들이다. 이 영화를 통해 우리가 숨쉬는 자유와 민주, 이런 것들이 어떤 한 영웅에 의해 한순간에 이뤄진 게 아니라 민초들의 피땀 흘린 노력의 결과라는 것이다. 자신을 희생하면서 광주를 지켜 준, 더 나아가 자유를 지켜 준 그들이 진정한 이 시대의 주인공이고 리더인 것이다. 사랑하는 가족과 이웃, 그 공동체를 지키려는 순수한 사람들의 진솔한 모습에서 '진정성'을 읽을 수 있으며 사람 냄새가 난다. 필자는 이 영화를 통해 서로 화합하고 용서를 구하고 마음을 여는 계기가 됐으면 좋겠다.

13) 짐은 왕이요, 그대들은 황제이니라

영화 「신기전」(2008)은 조선 시대의 위대했던 순간을 스크린을 통해 부활시킴으로써 오늘을 사는 대한민국 국민에게 통쾌한 기운을 불어넣는다. 1448년, 세종 30년, 신기전 기술자 '홍리(한은정)'와 보상단 설주(정재영)가 어명을 거역한 채 신기전의 최종 완성을 위한 싸움에서 승리한다. 그 후 세종은 이들을 궁으로 초대하고 공을 치하한다. 그 뒤 이들이 궁을 떠나자 떠나는 뒷모습을 보면서 절을 한다. 이때 세종의 호위무사인 창강(허준호)과 대신들이 놀라면서 말리자 세종은 기가 막힌 명대사를 날린다. 바로 그 대사는 바로 이렇다.

> "일개 적국의 사신에게도 사배를 하거늘, 하물며 이 나라의 백성에게 절을 하는 것이 어찌 허물이 되겠는가. 짐은 왕이요, 그대들은 황제이니라."

그림 13-5 영화 속 명장면, 명대사

560년 전 대륙의 위협 속에서 자존심을 꺾어야 했던 소국 '조선'의 설움은 주변 강대국들의 영향 속에서 자유롭지 못한 대한민국의 현 상황을 반영하고 있다. 아, 조선은 이랬구나…… 우리 선조들은 이렇게 초라하게 당했구나…… 이런 굴욕과 울분은 언제라도 반복될 수 있다. 조선을 향한 대륙의 위협에 맞선 것은 왕도, 국가도 아니었다! 바로 백성들이다. 우리의 대통령도 그런 마음으로 백성을 섬기는 리더십을 지녀야 할 것이다.

제 3 절 생태계 속의 리더십 찾기

1 기러기의 격려 리더십

기러기는 머나먼 여행을 떠나면서 목적지까지 가기 위해 진심으로 서로를 격려하고 응원한다. 기러기의 정신은 팔로워들에게 따뜻함과 희망을 가져다 준다. 기러기가 떼지어 나는 이유는 우선 먼 거리를 가는 데 안전을 생각한 부분이며, V대형으로 날아갈 때 혼자 날 때보다 71%의 효율이 올라간다. 그리고 날개 위치가 다른데, 그 이유는 바로 이런 효율을 극대화하기 위한 본능이다. 맨 앞의 기러기가 바람을 일으키면 이는 뒤 기러기에게 전달되어 훨씬 수월하게 부상할 수 있고, 이를 부상력(up-lifting power)이라 한다. 결국 맨 뒤의 기러기는 가장 쉽게 이동할 수 있는 것이다.

이때 앞장선 기러기가 가장 힘이 들고 리더라 할 수 있는데 체력도 한계가 있어서 힘이 들면 대열에서 이탈한다. 그러면 뒤에 있던 기러기가 알아서 그 자리를 채워 주며 포지션 변경을 하는데 이때는 맨 앞에 나선 기러기가 리더의 역할을 수행하게 된다. 결국 모두가 리더로서 역할을 수행하며 스스로 어려운 일을 자청해서 하게 되는 것이다. 나머지 기러기들도 힘의 차이에 따라 스스로 위치 변경을 자기들끼리 하게 된다.

리더의 역할은 가장 힘든 맞바람을 맞으며 최초의 부상력(浮上力)을 생성하는 일이다. 우리의 조직과 리더를 비교해 보자. 누가 과연 리더가 힘이 들 때 스스로 리더가 되어 고생을 자초할 것인가? 기러기들은 이 기나긴 여행에서 전체가 안전하게 목적지까지 도착하는 것을 최고의 목표로 삼는다. 그래서 만일 총상이나 부상 등으로 한 기러기가 이탈하게 되면 누가 시키지 않아도 두 마리가 따라붙어 지켜 준다. 다 나으면 같이 다음 대열이나 시간이 많이 걸리지 않았을 경우 본 대열에 합류한다.

이 대목에서 대부분 '버리고 간다'라는 대답을 한다. 그러나 사실은 동물이 인간처럼 그렇게 비정하지 않다. 이제는 이런 말을 써야 한다. "에이 기러기만도 못한 놈 !" 조직에서 가장 중요한 것은 서로를 존중하고 아끼는 것, 명확한 목표의 공유가 가장 중요하다.

여행 중 기러기들은 의사 소통을 어떻게 할까? 기러기 우는 소리는 우리에게는 '끼룩끼룩' 등의 형태로 들리나 외국인들은 'honk'로 들린다고 한다. 이 'honk'를 사전에서 찾아보면 '기러기 우는 소리' 또는 '경적을 울리다' 또는 '떽떽거리다' 등의 뜻이 있다. 기러기들은 이 여행의 과정에서 서로에게 'honk' 'honk' 하면서 서로를 격려한다. 신기한 것은 '똑바로 해! 너 때문에 늦잖아! 넌 빠져!' 이런 부정적 피드백은 없다는 사실이다. 모든 내용은 '힘내자! 파이팅! 잘하고 있어!'라는 의미의 '격려의 소리'라는 것이다. '믿거나 말거나'가 아니다.

과연 우리는 어떠한가? 서로가 서로를 믿고 격려하는 서로가 신바람나게 만드는 조직인가? 남이 그렇지 않다고 나까지 부정적인 부분만 보는 것은 아닐까? 조직의 진정한 힘은 서로의 힘이 긍정적으로 모이고 자발적인 격려에 의해 더욱 커진다. 하찮은 미물도 서로를 아끼고 존중하며 한 가지 공유된 목표에 대해 충실히 수행하는 것을 볼 수 있다. 또한 리더의 역할을 스스로가 설정하고 수행하는 셀프 리더십을 가지고 있음을 볼 수 있다.

자연의 세계에서 무엇을 배워야 하는가? 본능이다. 그렇다면 우리의 본능은 어떤 것인가? 혹 사람이 모여서 조직이 생기면 많은 갈등과 반목이 생기며 목표를 공유하려 하지 않고 공유했더라도 본인의 이익 여부에 따라 대충 지키려 하지 않는가? 리

그림 13-6 기러기 리더십

더를 하기 꺼려하며 마지못해 하더라도 진정한 희생 정신을 가지고 있는가? 또 언제라도 리더의 자리(고생의 자리)가 비었을 때 스스로 나설 수 있는 용기를 가지고 있는가?

진정한 격려는 시기적절(timely)하며, 즉각적(responsive)이며, 무조건적(unconditioned)이며, 열성적(enthusiastic)이다. 따라서 일의 결과만이 아니라 일의 진행 과정에서도 서로를 응원해야 한다. 왜냐하면 열정은 임무와 보상, 그리고 격려에 의해 비례되기 때문이다.

2 펭귄과 연어의 팀워크 리더십

펭귄은 영하 40도의 차가운 눈보라를 이겨내야 한다. 아빠 펭귄이 앞으로 태어날 알을 지키기 위해 혹독한 추위와 눈보라 속에서 힘겹게 견뎌내야 한다. 새끼 펭귄이 쑥쑥 커갈수록 아빠 펭귄은 점점 야위어가고, 극성스런 도둑 갈매기와 포악한 바다표범에게 온몸이 만신창이가 된 아빠 펭귄은 새끼에게 마지막 한 방울의 소화액까지 먹인다. 그리고 혹한의 추위를 견디기 위해 펭귄은 무리를 지어 있지 않으면 죽고 만다. 수천 마리의 수컷 펭귄은 서로 몸을 움츠리고 서로의 체온에 의지해 냉혹한 추위를 이겨낸다. 그래서 무한 경쟁사회에서 팀워크는 생존을 위한 필수 조건이다.

연어가 역류하는 강을 따라 몸부림치는 모습은 그야말로 '처절함' 그것이다. 연어는 역류하는 강을 오르면서도 절대로 포기하거나 낙담하지 않는다. 오르지 못할 강이라고, 이건 할 수 없는 일이라고, 그렇게 생각하지 않는다. 행여 오르지 못할 강이라 하더라도 그곳에서 마지막까지 최선의 몸부림을 친다. 행여 목숨이 그곳에서 다한다고 해도 말이다. 어떤 어려움이 닥쳤을 때 그 자리에서 주저앉고, 자포자기하고, 모든 것이 끝났다며 눈물짓고, 그래서 스스로 희망을 무너뜨리는 이들이 있다. 특히 금융위기 이후의 불안은 세계적 돌림병이 되어 지구를 배회하고 있다. 독일 파스빈더(Rainer Werner Fassbinder) 감독의 영화 제목처럼 우리는 지금 '불안이 영혼을 잠식하는' 시대를 살얼음판 딛듯 건너가고 있다. 단단한 땅을 편안하게 디딜 수 있는 날은 언제쯤일까? 하지만 리더가 되려면 감당할 수 없는 위기를 만났더라도, 펭귄과 연어처럼 포기하거나 희망을 버리지 말아야 한다.

3 연꽃의 덕(德) 리더십

연꽃[19]만큼 동양에서 널리 사랑받아온 꽃도 드물다. 유가(儒家)에서는 흙탕물에서도 깨끗한 꽃을 피운다 하여 귀하게 여겼고, 불가(佛家)에서는 속세의 더러움에 물들지 않는 청정함이 극락세계를 상징한다고 아꼈다. 혼탁함 속에서도 잃지 않는 꿋꿋한 고결함이 연꽃의 덕(德)인 셈이다. 이처럼 연화(蓮花)는 우리에게 덕의 리더십을 가르쳐 준다.

연꽃은 큰 잎을 가지고 있으면서도 비바람에 절대로 쓰러지지 않는다. 그것은 줄기가 비었기 때문이다. 만약 자신의 마음을 비우고 다른 사람과 함께 동사섭(同事攝)한다면 조직이 절대 쓰러지는 일은 없을 것이다 자신의 고집과 아만으로 가득 차 있으면 부러지게 마련이다. 연꽃이 피면 물속의 시궁창 냄새는 사라지고 향기가 연못에 가득하다. 한 사람의 인간애가 사회를 훈훈하게 만들기도 한다. 우리는 이렇게 사는 사람을 연꽃처럼 사는 사람이라고 한다.

바닥에 오물이 즐비해도 그 오물에 뿌리를 내린 연꽃의 줄기와 잎은 청정함을 잃지 않는다. 그래서 항상 청정한 몸과 마음을 간직한 사람은 연꽃처럼 사는 사람이라고 한다. 이런 사람을 연꽃의 본체청정(本體淸淨)의 특성을 닮은 리더라 한다.

고결한 인품은 그윽한 향을 품어서 사회를 정화한다. 한 자락 촛불이 방의 어둠을 가시게 하듯 한 송이 연꽃은 진흙탕의 연못을 향기로 채운다. 이런 사람을 연꽃의 계향충만(戒香充滿)의 특성을 닮은 리더라 할 수 있다. 연꽃은 진흙탕에서 자라지만 더러움에 물들지 않고 향기는 멀리 맑게 퍼진다. 그래서 주변의 부조리와 환경에 물들지 않고 고고하게 자라서 아름답게 꽃피우는 사람을 연꽃같이 사는 사람이라고 한다. 이런 사람을 연꽃의 이제염오(離諸染汚)의 특성을 닮은 리더라 한다.

연꽃잎 위에는 한 방울의 오물도 머무르지 않는다. 물이 연잎에 닿으면 그대로 굴러 떨어질 뿐이다. 물방울이 지나간 자리에 그 어떤 흔적도 남지 않는다. 이와 같아서 악과 거리가 먼 사람, 악이 있는 환경에서도 결코 악에 물들지 않는 사람을 연꽃처럼 사는 사람이라고 한다. 이런 사람을 연꽃의 불여악구(不與惡俱)의 특성을 닮은 리더라 한다.

연꽃은 피면 반드시 열매를 맺는다. 사람도 마찬가지다. 꽃피운 만큼의 선행은 꼭

19) 연꽃은 한자로 부용(芙蓉), 연화(蓮花), 하화(荷花)라고 하는데, 연꽃은 어떤 곳에 있어도 푸르고 맑은 줄기와 잎을 유지한다. 꽃말은 순수, 순결한 마음이다.

그만큼의 결과를 맺는다. 연꽃 열매처럼 좋은 씨앗을 맺는 사람을 연꽃처럼 사는 사람이라고 한다. 이런 사람을 연꽃의 개부구족(開敷具足)의 특성을 닮은 리더라 할 것이다. 겉으로는 남루해도 기품으로 채워지는 연꽃같은 삶을 살고 싶다. 그런 리더를 만나고 싶다.

생각의 장(coaching point)

대장금, 밥 짓기 경연대회

드라마 「대장금」에서 수라간 최고 상궁을 뽑기 위해 유력한 후보 두 상궁에게 요리 경연을 실시한다. 두 사람에게 주어진 미션은 '밥 짓기'다. 얼핏 생각한다면 밥 짓기는 이 두 상궁에게는 너무나도 조리하기 쉬운 미션일지도 모른다. 하지만 가장 쉬운 요리이기 때문에 가장 어려운 경연이기도 하다. 이 경연에서 최 상궁은 여태까지 사용하지 않은 새로운 방법을 시도해 더욱 찰지고 부드러운 밥을 지었다. 그 덕분에 많은 상궁은 최 상궁의 밥이 맛있다며 칭찬을 했다. 그러나 이 경연의 우승자는 한 상궁이었다. 모두가 의아스러워하며 왜 한 상궁이 우승을 했는지에 대해 궁금해 했다. 한 상궁의 밥을 선택한 상궁들은 최 상궁의 밥이 맛있었지만 한 상궁의 밥이 본인의 입맛에 더욱 맞았다고 선택의 이유를 말했다. 즉 각자의 입맛에 맞아 더 맛있게 느꼈다는 것이다.

한 상궁은 평범한 밥 짓기 방식에서 모두가 좋아하는 밥을 요리할 수 있는 방법을 연구했다. 이러한 연구를 통해 한 솥임에도 불구하고 진밥과 된밥이 모두 나올 수 있는 방법을 고안한 것이다. 한 상궁의 이와 같은 태도에서 우리는 그녀의 성품을 엿볼 수 있다. 모두가 좋아하는 밥을 먹을 수 있도록 고안한 방법에서 주변 사람의 기호를 살피는 세세함과 따뜻한 배려를 볼 수 있다. 그런데 그녀는 그 세심함을 단지 윗사람에게만 적용하지 않았다. 윗사람인 왕과 왕비는 물론이거니와 자신의 아래 상궁의 기호까지 유심히 살펴보았던 것이다. 이는 리더로서 따뜻한 마음과 배려를 갖춘 모습이라고 할 수 있다. 독자는 대장금의 밥 짓기 경연대회를 보고 어떤 생각을 했는가?

제14장 명품 리더십 사관학교

코칭(coaching)

좋은 리더는 자기를 따르는 구성원을 살리지만 그렇지 못한 리더는 그 구성원을 아프게 한다. 얼마나 많은 구성원과 조직이 좋은 리더 덕분에 활력이 넘치고 풍성해지는가? 또 얼마나 많은 조직과 구성원들이 잘못된 리더 때문에 상처받고 속상해 하는가? 조직을 망치고 구성원을 아프게 하는 리더들은 리더의 훈련을 받지 못했거나 잘못된 리더로부터 훈련을 받은 말하자면 준비되지 않은 리더들이다. 좋은 리더가 되기 위해서는 철저한 준비와 자기점검과 훈련이 필요하다. "준비된 리더만이 미래를 통치할 수 있다"고 했다. '준비된 리더십'을 위해 명품 리더십 사관학교를 찾아보자!

제 1 절 한국의 명품 리더십 사관학교를 찾아서

필자는 대학에서 강의를 하고 리더십을 연구하기 전에 이미 기업체 교육연수팀에서 연수담당자로 재직하면서 실무자 경험을 5년 정도 익힌 바가 있다. 그 당시 교육연수 담당자로서 고민했던 것은 다음과 같은 것이었다.

어떤 리더로 육성할 것인가? 누구를 육성할까? 어떻게 육성할까? 언제 육성할 것인가? 누가 육성할 것인가에 관한 고민이었다. 그래서 시장 흐름의 추적과 전문 시야 확대, 전략과 목표에 연계된 HRD 전략 공유, 지속적인 자기 역량 강화, 실천계획 수립, HRD 담당자의 퓨전 네트워크(fusion network), 정보와 지식의 셰어링(sharing) 문화 구축, 조직 구성원의 니즈(needs) 및 동향 분석과 공유 등 교육연수 담당자로서의 역할에 대한 내부 학습과 토론을 수없이 거쳤다. 물론 시행착오와 실패도 경험했다.

동양의 고전 『회남자(淮南子)』에 '욕래조자 선수목(欲來鳥者 先樹木)'이란 말이 있다. '새가 오길 바라는 자는 먼저 나무를 심어라'는 뜻이다. 프랭클린(Benjamin Franklin)은 "교육에 대한 투자는 가장 높은 이자를 받는다"고 했다. 인재를 양성하는 것이 우리의 미래에 대한 가장 확실한 투자다.

좋은 리더가 되려면 리더들도 훈련받아야 한다. 최근 '아빠학교'가 큰 인기를 끌고 있다. 과거에는 어린 시절 보아 왔던 아버지 모습만이 유일한 역할 모델로 되어 아빠 노릇을 해 왔었다. 당연히 첫아이는 아빠가 성숙한 아버지가 되는 실험 대상이 되는 경우가 많았다. 리더십도 마찬가지다. 지금까지는 '관리자가 되었으니 잘해 보라'는 식이었다. 이제부터라도 좋은 리더가 될 수 있는 가이드와 기법들을 가르쳐야 한다. 우리는 이러한 '준비 정신'과 '노력 정신'을 가지고 위대한 리더를 양성해야 할 것이다. 필자가 경험하고 명품 리더십 사관학교라 할 만한 전문 교육기관과 관련 프로그램을 소개한다. 꼭 가보길 권한다.

1 정부 차원의 교육원

1) 중앙공무원교육원

중앙부처의 교육원으로 대표적인 것은 행정안전부 산하의 공무원 교육훈련기관인 '중앙공무원교육원'(www.coti.go.kr)이다. 공무원교육의 메카로서 '더 큰 대한민국'을 만들어 갈 창의적 인재를 길러내는 국가 인재개발기관이다. 중앙공무원의 원장인 윤은기 원장에 의하면 "생각을 바꾸면 운명이 바뀌고, 공무원이 생각을 바꾸면 나라의 미래도 바뀔 수 있다. 우리에게 요청되는 것은 세계 경쟁의 시대에 공직자의 생각을 바꾸는 것이다. 더 큰 대한민국을 이끄는 주체인 공무원들은 새로운 생각으로 도전해야 한다"라고 했다. 특히 액션 리더십에서는 팀 리더십의 이해, 가치, 개인 수준(자기관리, 전문성, 창의성, 팔로어십, 시간관리), 팀 수준(변화 주도, 회의 운영 및 참여적 의사결정, 갈등관리, 의사소통 스킬, 동기부여와 신뢰 구축, 코칭 스킬, 권한위임), 조직 수준으로 나눠 강의하고 있다.[1)]

1) 교육 프로그램은 기본교육, 전문교육, 외국어교육, 창조학교, 사이버 교육으로 이뤄져 있다. 이 중에서 리더십 관련 교육은 전문교육 과정에서 사회통합 및 갈등관리, 공직 리더십, 글로벌 역량 강화 등이 있고, 창조학교에서는 미학과 인문학으로 배우는 창조 리더십 과정이 있다. 사이버 교육에서는 변혁적 리더십, 커뮤니케이션 스킬 업, 대인관계 경영전략, 협상·중재를 통한 갈등관리, 성공하는 직장

2) 지방행정연수원

가장 활발한 교육을 실시하는 곳은 '지방행정연수원'이다. 지방 핵심 리더를 양성하는 지방행정연수원은 지방혁신인력개발원에서 명칭이 변경된 명실상부한 대한민국 최고의 공무원 교육기관이다.

특히 지방행정연수원은 인재의 중요성이 더욱 커지는 21세기의 패러다임에 발맞춰 새로운 형태의 재교육에 치중하고 있다. 수요자 중심의 맞춤형 교육 프로그램을 개발하고 교육 운영 체제를 혁신하는 일환으로 '자격인증제'를 운영한다. 그리고 고품질 교육의 실용성 향상, 새로운 국정 철학과 국가 시책을 효율적으로 지방에 전파하고 교육시장의 새로운 블루 오션 개척과 정보화, 리더십 등 삼성이나 LG 등 민간 기업의 직원 교육 노하우를 공직자 교육에 적극 접목시키고 있다.[2)]

국제교육센터를 중심으로 그동안 연수를 받은 외국 공무원을 하나로 묶어내는 '풀뿌리 외교'에도 더욱 힘을 쏟고 있다. 지방행정연수원에서 실시하는 리더십 관련 주요 교육 프로그램은 다음과 같다.

(1) 고급 리더 과정

고급 리더 과정에서는 새 정부 국정철학 교육, 역량 강화 중심 학습 프로그램 운영, 자격 인증 과정 도입, 정책과제 연구 실시, 선택형 자기 계발 관리 등 참여 학습 지향, 연수생이 직접 강의하는 동료교수법(peer teaching) 도입, 교육 효과 제고를 위한 학습 평가 실시, 학습 평가 방식의 개선 및 교육 사후관리 체계 강화 등의 프로그램이 진행 중이다. 구체적인 교육 운영 시간표는 <표 14-1>과 같다.

(2) 여성 리더 양성 과정

여성 리더 양성 과정의 교육 목표는 조직의 변화와 가치를 창출하는 차세대 여성 리더 양성이다. 교육 운영 방향은 여성 리더로서 갖춰야 할 핵심 역량 향상에 중점을 두고 교과 편성, 지방행정의 전문가 양성을 위한 '자격 인증 과정' 운영, 직무 수행 실무책임자로서 실질적인 업무 능력 향상에 역점, 강의식 학습 방법에서 연수생 스스

인의 대화법이 있다.

2) 연수를 마친 교육생들의 피드백을 중시해 설문조사를 통해 프로그램을 평가하고, '360도 다면평가'를 실시해 재차 프로그램의 효과를 검증한다. 현업에 복귀한 공직자들의 '교육 효과' 평가는 물론 상사, 동료, 아래 직원들에게 설문을 통해 교육생의 변화를 체크한다. 그래서 만족도가 90% 이하일 경우 강사 교체는 물론 담당자의 문책, 심지어는 폐강 조치도 한다. 바로 이것이 '시간 때우기 식' 교육이 아닌 내실 있고 전문화된 교육의 질을 유지하는 비결이다.

표 14-1 지방행정연수원 고급 리더 과정

분야	교과목	시간 배정				
		계	강의		참여	기타
			집합	사이버	(실습)	
계(100%)	**5과목**	13	6		5	2
직무교과 (54%)	**3과목**	7	4		3	
	○ 공직가치 재확립	2	2			
	- 우수 정책 사례 상호학습	1.5	1.5			
	- 우수 정책 사례 상호학습	0.5	0.5			
	○ 고급 리더 역량 강화	5	2		3	
	- 우수 정책 사례 상호학습	2	2			
	- 우수 정책 사례 상호학습	3			3	
소양교과 (31%)	**2과목**	4	2		2	
	○ 조직관리에서의 유머와 소통	2	2			
	○ 소통과 공감의 장	2			2	
행정 및 기타 (15%)		2				2
	○ 입교 행사 및 과정 안내	1				1
	○ 수료 행사 및 설문조사	1				1

출처: 지방행정연수원(2012), 필자 재구성.

표 14-2 지방행정연수원 여성 리더 과정

분야	교과목	시간 배정				
		계	강의		참여	기타
			집합	사이버	(실습)	
계(100%)	**8과목**	18	11		5	2
직무교과 (61%)	**6과목**	11	11			
	○ 자치단체 여성 공무원의 자세와 역할	1	1			
	○ 여성 리더십 기반 강화	4	4			
	- 미래의 여성 리더십	2	2			
	- 여성 리더십과 경쟁력	2	2			
	○ 여성 리더십 핵심 역량 강화	6	6			
	- 여성 리더십 사례	2	2			
	- 여성 공무원의 열정과 리더십	2	2			
	- 여성 리더의 성공 DNA	2	2			
소양교과 (28%)	**2과목**	5			5	
	○ 조직관리에서의 유머와 소통	5	2		5	
	- 여연희 발전 포럼	2			2	
	- 한마음 화합의 시간	3			3	
행정 및 기타 (11%)		2				2
	○ 식전 행사	1				1
	○ 개회식 행사	1				1

출처: 지방행정연수원(2012), 필자 재구성.

로 참여하는 참여식 · 체험식 학습 프로그램 확대 운영 등 리더십을 12개 교과 39시간 실시하고 있다(<표 14-2> 참조).

2 민간 차원의 리더십 교육기관

한국에서 리더십 양성에 관한 명문 사관학교를 찾아가서 교육받기 바란다.[3] 필자가 권유하고 싶은 명품 리더십 교육기관으로, 첫째 리더십 전문 월간 『리더피아』를 발간하고 있는 리더피아와 제휴회사인 휴넷(hunet)이 있다. 둘째, 미국 프랭클린 코비 컴(Franklin Covey Com)의 한국 파트너 기관인 한국리더십센터(Korea Leadership Center: KLC)가 있다. 한국리더십센터는 스티븐 코비의 일곱 가지 습관(7 habits), 리더십, 코칭, 시간관리가 주력 프로그램이다. 셋째, 브라이언 트레이시 인터내셔널(Brian Tracy International)의 한국 독점 파트너 회사인 피닉스리더십센터(Phoenix Leadership Center)와 존 맥스웰 박사의 Maximum Impact Leadership를 가르치는 엑스퍼트 컨설팅(Expert Consulting), 대한민국 자기 계발 세계의 다작왕 공병호 박사가 운영하는 공병호경영연구소, 펀리더십을 강조하는 펀리더십협회가 필자가 선정한 리더십 명품 사관학교다. 그 외 백기락 크레벤 아카데미 대표강사가 운영하는 크레벤 성공센터도 있다.[4] 그 밖에 한국카네기연구소(Dale Carnegie Training)가 있지만 최근에 수준이 약화된 느낌이라 추천 사관학교에서 제외한다.

그림 14-1 한국의 명품 리더십 사관학교

3) 자신의 컴퓨터에 다음의 5개 교육기관을 '즐겨찾기'에 등록시켜 놓고 매일매일 클릭해 리더십 및 자기 계발에 관한 정보를 입수하기 바란다. 무료 혹은 공개교육 과정도 자주 있으므로 매월 1번 정도는 교육에 참여하기 바란다.

4) 백대표의 시간관리, 인맥관리, 서바이벌 리더십 강의는 압권이다.

1) 리더피아 비전 스쿨

필자도 재교육 차원에서 종종 참여하고 있는 '리더피아(Leaderpia)'의 주요한 리더십 교육을 살펴보면 '리더십 교육 현장'과 교육기관 소개를 위한 '리더십 아카데미' 코너를 활발히 운영한다. 그리고 세계적인 리더들의 시각을 통해서 리더십을 배우는 '월드 리더스 뷰(World Leader's View)', 리더십 전문가들이 말하는 리더십 소개 코너인 '리더십 전문가들의 인사이트(Leadership Guru's Insight)'로 구성되어 있다. 또한 경영 직무·리더십 전문교육 기관 휴넷(www.hunet.co.kr)과 협력해 리더십 전문 월간지 『리더피아』를 발간하고 있는 국내 최고의 리더십 교육기관이다.

교육 프로그램으로는 My Life, My Vision, 명품 인생, 커리어 개발하기, 성과 창출을 위한 마인드 혁신, 코칭 포유!(Coaching For You!), 리더십 에센스(ver.2.0), 최강의 팀을 만드는 팀 성과관리, 변화를 이끄는 혁신리더, 회사가 원하는 리더십, Thinking Revolution! 생각의 틀, 프레임을 탈출하라, Let's MOVE! 셀프 리더십, 너를 깨우고 나를 깨우는 코칭 기술 V.2.0 등 매우 다양하다. '리더피아'에서 실시되는 인기 교육훈련 프로그램을 살펴보면 다음과 같다.

(1) 코칭 포유! (Coaching For You!)

코칭 포유는 단순히 개념 전달에 목적을 두는 것이 아니라, 학습자의 마인드(mind) 변화를 유도하고 학습자가 실무에 적용할 수 있는 스킬을 습득할 수 있도록 초점을 맞춰서 학습한다. 학습 종료 후 업무 현장에서 실제 학습한 내용을 실행해 보도록 'Action 실습 노트'를 제공하고, 다음 차시 앞부분에서 실습 결과에 대해 피드백해 주는 코너를 마련해 e-러닝의 학습 효과를 더욱 극대화하는 'ACTION LEARNING' 기법도 도입했다.[5]

(2) My Life, My Vision

이 과정은 자신에 대한 진지한 성찰을 바탕으로 잃어버린 꿈과 비전을 다시 한 번 생각해 보고, 확고한 비전을 수립하고 비전을 달성하기 위해 열성을 다함으로써 진정한 자신만의 성공을 이룰 수 있도록 도와 주는 과정이다. 여러분은 눈에 보이는 생생한 비전을 가지고 계십니까? 하루하루의 일상과 업무에 밀려, 어느샌가 잃어버린 나

---

5) ACTION 노트를 제공하고, 매 차시 마지막 부분에 제시된 미션을 업무 현장에서 시행해 본 후 ACTION 노트에 시행 사항을 기록해 다음 차시 학습이 시작 시 이에 대한 피드백을 받을 수 있도록 한 'ACTION LEARNING 기법의 도입'으로 학습 효과를 극대화했다.

표 14-3 코칭 포유! (Coaching For You!) 세부 내용

제0장	오리엔테이션 제1절 오리엔테이션
제1장	코칭 패러다임 제1절 코칭이란?
제2장	코칭 스킬 제1절 적극적 경청 스킬 제2절 질문 스킬 제3절 긍정적 피드백 스킬 제4절 발전적 피드백 스킬 제5절 태도 스킬
제3장	코칭 프로세스 제1절 GRROW 모형의 이해 제2절 Goal (코칭 목표 정하기) 제3절 Reality (현실 파악하기) 제4절 Recognition (핵심 니즈 인식하기) 제5절 Option (대안 탐색하기) 제6절 Will (실천 의지 확인하기)
제4장	ISP(Incoaching Style Profile) 제1절 ISP 실시 및 기초 해석 제2절 ISP 유형별 대응전략
제5장	매니저 코칭 제1절 매니저 코칭이란?
제6장	셀프 코칭 제1절 셀프 코칭이란?

출처: 리더피아(2012), 필자 재구성.

의 꿈, 나의 비전. 진정한 나의 모습은 어디에 있는 것일까?

이 과정은 내가 진정으로 원하는 것이 무엇인지를 앎으로써 나를 알고 자신감을 얻을 수 있고, 인생의 궁극적 최종 지점이자 목표인 비전, 곧 사명선언서를 작성할 수 있도록 한다. 그래서 비전을 현실로 이루기 위한 삶에서의 실행 전략을 수립하고 습관화할 수 있다.

교육 특징은 비전을 가지고 위대한 삶을 살았던 위인들의 성공적인 사례를 풍부하게 제시해 개인의 비전 수립에 구체적이고 명확한 길잡이 역할을 하게 한다.[6] 세부 교육 내용은 <표 14-4>와 같다.

6) 학습 내용은 비전이라는 다소 막연한 주제를 개인적인 차원에서 쉽게 접근할 수 있도록 구성했다. 대표적 사례들은 대화 형식으로 재구성함으로써 학습자의 흥미 및 학습 효과의 극대화를 도모했다.

표 14-4 My Life, My Vision 세부 내용

제0장	꿈으로 가는 출사표 제1절 꿈으로 가는 출사표
제1장	인생의 보물섬을 찾아서 제1절 지금 당신에겐 비전이 필요하다 제2절 비전상실증후군 VS 비전 바이러스
제2장	잃어버린 내 안의 보물들 제1절 비전의 스타트라인, 자신감 제2절 잠들었던 열정을 꺼내어 제3절 기질, 꿈의 지문(指紋)을 해독하라 제4절 상상하고, 비상하면, 그 이상을 이룬다
제3장	당신의 보물섬은 무엇입니까? 제1절 세상이 지금 당신을 원하고 있다 제2절 재능에 날개를 달아라 제3절 꿈의 명작, 사명선언서
제4장	인생의 보물지도를 그려라 제1절 비전을 향한 전략지도 제2절 꿈을 이루는 액션 플랜
제5장	보물찾기 워밍업 제1절 내 삶의 쓰레기를 비우다 제2절 토털 웰빙을 위한 포트폴리오
제6장	떠나라! 당신의 보물섬으로! 제1절 꿈을 현실로 만드는 사람들 제2절 나는 리드한다. 고로 존재한다 제3절 당신의 "오늘"에 비전을 담아라

출처: 리더피아(2012), 필자 재구성.

2) 한국리더십센터

"개인과 조직의 위대한 성공을 돕습니다"라는 사명을 지닌 한국리더십센터(Korea Leadership Center: KLC)는 1994년 10월 1일에 출범한 기업 교육 및 연수 전문기관으로 세계적인 명성을 얻고 있는 미국 프랭클린 코비 컴(Franklin Covey Com)의 한국 파트너 기관이다.[7] KLC는 스티븐 코비의 리더십, 코칭, 시간관리, 일곱 가지 습관(7 habits) 등 교육 관련 프로그램이 주력 프로그램이다. 대학생과 입사 5년차 이하 직장인을 위한 '커리어 챌린지 스쿨'과 기업체 최고경영자(CEO) 등을 대상으로 한

7) 직원들은 사장을 "선생님"이라고 부르고, 사장은 직원들에게 "절대로 회사를 위해 일하지 말라"고 말하는 독특한 기업문화를 가지고 있다.

'CEO를 위한 비즈니스 코칭', 인생의 좌표를 정하는 데 도움이 되는 '소중한 것 먼저 하기' 프로그램 등도 운영한다.[8] KLC에서 실시하는 교육 훈련 프로그램을 소개하면 다음과 같다.

(1) 성공하는 대학생들의 일곱 가지 습관

이 과정은 자신의 적성, 흥미, 성격을 재발견하는 과정이다. 따라서 효과적인 삶의 기본 원칙과 습관들을 발견 및 체득하고 예비 사회인으로서 갖춰야 할 성품과 능력

표 14-5 성공하는 대학생들의 일곱 가지 습관

분		강의 내용	단원
1일차	09:00~12:00	오리엔테이션, 습관이란, 네 가지 차원의 리더십	
	13:00~15:00	성격윤리와 성품윤리, 감정은행 계좌, 패러다임	패러다임과 기본 원칙들
	15:00~19:00	자성예언, 원칙, 효과성, 3인 학습	
2일차	09:00~09:30	3인 학습	3인학습
	09:30~12:00	가치관에 따라 반응하기 영향력의 원에 노력을 집중하기, 변환자 되기	습관 1. 주도적이 되라
	13:00~15:00	정신적 창조, 물질적 창조, 삶의 중심 선택하기, 자기사명서, 비전 설정 습관	습관 2. 목표를 확립하고 행동하라
	15:00~19:00	나에게 가장 소중한 것 제2상한에서 효과적인 삶을 살기 6단계 실행 과정	습관 3. 소중한 것을 먼저 하라
3일차	09:00~09:30	3인학습, 사명서, 비전 낭독	3인학습
	09:30~12:00	인간 상호작용의 여섯 가지 패러다임, 승승(win-win)을 위한 삶의 재각본화, 승승의 네 가지 차원	습관 4. 상호 이익을 모색하라
	13:00~15:00	커뮤니케이션 방법, 처방하기 전에 진단하라, 듣기의 수준, 자서전적 응답	습관 5. 경청한 다음에 이해시켜라
	15:00~19:00	시너지란 차이점을 가치 있게 생각하기 제3의 대안 창출, 네 가지 차원의 자기 쇄신	습관 6. 시너지를 활용하라 습관 7. 심신을 단련하라

출처: 한국 리더십센터(2012), 필자 재구성.

8) 한국 리더십센터의 프로그램들은 기존의 반복 교육과는 다르게 체계적이고 논리적인 설명과 다채로운 실습, 그리고 교육 내용을 구체적으로 실천할 수 있게 해 주는 다양한 장치들을 갖췄기 때문에 교육이 더 이상 비용이 아니라 변혁의 시대에 가장 필요한 투자임을 확신시켜 주고 있다.

을 배양한다.[9] 그러므로 자신의 생각과 의사를 명확하게 전달하는 능력과 자신감을 체득하고, 소중한 것을 찾고 인생의 목표를 스스로 확립(사명, 비전, 장기 목표)하는 프로그램이다. 구체적인 프로그램은 <표 14-5>와 같다.

(2) 성공하는 리더들의 네 가지 역할(4RL)

성공하는 리더들의 네 가지 역할(4RL) 교육에서 던지는 교육 내용은 다음의 네 가지다.

첫째, 방향 설정(pathfinding)이다. 훌륭한 리더십을 갖춘 리더는 먼저 생각과 목적을 분명히 한다. 방향 설정은 사람이 꼭 얻고 싶어하는 것과 우리가 반드시 주고 싶어하는 것을 이어 주는 비전을 만드는 것이다. 이 워크숍에서는 창조적인 방향 설정 과정과 그 지침이 되는 세 가지 원칙을 가르쳐 준다.[10]

둘째, 방향 정렬(aligning)이다. 조직의 리더는 조직의 체제, 업무 절차, 구조를 원하는 결과에 맞춰 한 방향으로 정렬시켜야 한다. 한 방향 정렬은 기술적으로 정교한 업무 시스템을 만드는 것이다. 이 워크숍에서는 전체 시스템은 어떻게 함께 움직이는가? 시스템은 어떠한 부분들로 구성되어 있는가? 비전과 전략을 성취하기 위해 여러 부분을 어떻게 한 방향으로 정렬할 것인가 등을 교육한다.

셋째, 임파워해 주기(empowering)다. 진정한 임파워먼트는 개인 간에, 그리고 팀 간에 높은 신뢰, 풍부한 의사 소통과 대화를 통해 사람들이 재능, 정열, 공헌하려는 마음을 발휘하도록 하는 것이다. 사람들이 최선을 다하고 열심히 일하는 여건을 어떻게 조성하는가? 현재 행해지는 일의 성격은 무엇인가? 사람들은 어느 정도의 책임과 권한을 가져야 하는가? 누가, 무엇을, 어떻게, 어떠한 자원과 책임을 가지고 있으며, 왜 일하는가에 대해 교육한다.

넷째, 모델되기(modeling)다. 효과적인 리더십의 핵심인 모델되기는 다른 사람과의 관계에서 신뢰를 쌓는 것이다. 당신이 원칙을 이해하고 원칙에 따라 살아갈 때 다른 사람들이 당신을 신뢰하게 될 것이다. 여기에서는 성품과 역량의 균형에 대해 배운다. 누가 나를 따를 것인가? 나는 책임을 지는가? 나는 언행이 일치하는가? 나는

9) 교육의 목표는 실행(execution) 능력 향상 및 자긍심 증강, 계획 수립과 실천 방법을 통한 시간관리와 자기 관리 능력 배양, 대인관계에서 승-승(win-win)과 공감적 경청을 통한 시너지 창출, 효과적인 커뮤니케이션 능력 배양, 발표력 및 프레젠테이션 능력 향상이다.

10) 세 가지 원칙은 다음과 같다. 첫째, 우리에게 누가 중요하고, 그들에게는 무엇이 가장 소중한가? 둘째, 우리의 목적이 무엇이며, 우리에게 무엇이 가장 소중하며, 우리는 어떻게 서로를 향해 행동하는가? 셋째, 우리는 어디로 가고 있고, 목적지에 어떻게 도달할 것인가?

신뢰성을 갖추고 있는가에 대한 교육을 실시한다.

3) 피닉스리더십센터

피닉스리더십센터(Phoenix Leadership Center)의 교육은 1998년 김동수 원장이 미국 교육기관인 브라이언 트레이시(Brian Tracy)의 교육 과정을 국내에 독점 도입한 이후 동기부여, 리더십, 세일즈 교육 부문에서 좋은 평가를 받고 있다. 스티븐 코비(Steven Coby)와 쌍벽을 이루고 세계적으로 인정받고 있는 브라이언 트레이시 인터내셔널(Brian Tracy International)의 한국 독점 파트너 회사다.[11)]

브라이언 트레이시의 리더십 교육의 핵심은 긍정적인 태도를 갖도록 개인을 변화시키는 것이다. 태도의 변화가 마음의 변화를 가져오고, 마음의 변화가 인생의 변화를 가져올 수 있다고 보기 때문이다. 피닉스리더십센터의 주요 교육 내용은 긍정적인 생각과 모든 것이 자신의 책임이라는 것을 인정하고 이를 생활화할 때 리더십은 저절로 발휘될 수 있다는 것이다. 프로그램의 하나인 피닉스 리더십 세미나를 소개하면 다음과 같다.

(1) 1단계: 잠재 능력을 열어라

① 성취 심리: 성공의 일곱 가지 요소, 성공을 위한 핵심 공식, 현재 나의 위치는 어디이며, 어디로 가고 싶은가?

② 마음의 일곱 가지 법칙: 삶에 작용하고 있는 일곱 가지 마음의 법칙

③ 잠재 능력을 열어라: 긍정적 정신 자세(positive mental attitude), 자아 개념, 파괴적인 비판을 제거하고, 자부심을 높이는 방법, 효과적인 피드백

④ 잠재 능력의 힘: 의식과 잠재 의식의 관계, 잠재 능력을 극대화하는 방법

(2) 2단계: 도전 의식 개발

① 내 인생은 내 책임: 성숙과 미성숙의 차이, 책임감에 대한 명확한 이해, 자신의 삶에 대한 모든 책임을 받아들이는 방법

② 부정적 감정 제거: 부정적인 감정의 종류와 원인, 부정적인 감정을 제거하는 방법, 나도 모르는 내 안의 무법자 제거

③ 억제된 감정을 풀자: 죄책감에 대한 이해, 죄책감을 제거하는 방법(용서 청하기)

---

11) "우리는 최대의 성과와 행복한 삶을 위해 조직과 개인을 동기부여한다"는 미션과 "우리 인생은 빨리 지나가지만, 사랑이 깃든 일은 영원하다"는 핵심 가치를 지닌 명품 리더십센터다.

④ 걱정 사냥꾼: 걱정에 대한 이해, 걱정을 제거하는 방법, 미니맥스 후회 분석

⑤ 자아 개념을 바꾸자: 자아 개념을 변화시키는 단계, 3P에 기초한 긍정문, 빠른 변화를 위한 네 가지 열쇠

(3) 3단계: 성공을 위한 마음의 프로그램

① 성공을 위한 마음의 프로그램: 목표 달성을 위한 마음의 프로그래밍, 성공적인 변화를 위한 네 가지 요소, 21일 PMA 다이어트

② 새로운 마음의 다이어트: Everything Counts! (모든 것이 해당된다!), 마음을 프로그램하는 4단계, 최대의 성과를 내기 위해 마음을 양육하는 다섯 가지 방법

③ 두뇌용 소프트웨어: 필기 테크닉, 긍정문 테크닉, 마음의 리허설, 표준 프로그래밍 테크닉, 스포츠 프로그래밍 테크닉

(4) 4단계: 목표 달성과 성취

① 목표 설정의 다섯 가지 열쇠: 목표를 세우지 못하는 네 가지 이유, 목표 설정의 다섯 가지 열쇠

② 목표 달성의 열두 가지 단계: 목표 달성의 열두 가지 단계, 목표 달성을 위한 마음의 법칙

③ 시간관리 전략: 효율적 시간관리를 위한 일곱 가지 열쇠, ABCDE 시스템

④ 창의적 문제 해결 기법: 천재들의 네 가지 특징, 창의적 사고 방법 세 가지, 창의적 사고를 자극하기 위한 방법

(5) 5단계: 두뇌의 힘을 배가시켜라

① 스트레스 없애기: 스트레스와 긴장을 느끼게 하는 여섯 가지 조건, 스트레스와 긴장을 제거하는 방법

② 성공을 위한 인격 개발: 건강한 성격의 기준, 성공적인 인간관계의 열쇠

③ 훌륭한 인간관계: 인간관계에서 발생하는 일반적인 문제점, 성공적인 인간관계를 위한 여섯 가지 요소

④ 자녀를 훌륭하게 키우는 법: 부모의 역할, 자녀 양육의 일곱 가지 기본 원칙

⑤ 몸과 마음의 관계: 스트레스의 세 가지 원인, 에너지와 성취와의 관계, 부정적 감정 표현을 제거하는 방법

⑥ 에너지 수준을 높여라: 에너지 수준을 높이기 위한 일곱 가지 방법, 성공의 열쇠 다섯 가지

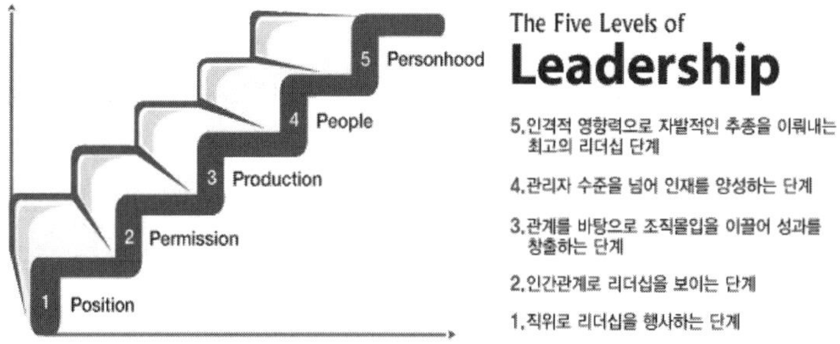

그림 14-2 맥스웰 리더십 과정의 5단계

출처: 엑스퍼트 컨설팅(Expert Consulting, 2012), 필자 재구성.

(6) 6단계: 긴장감 해소

① 긍정문: 명상 음악을 이용한 점진적 이완→정신적 이완과 음악

② 인생의 진정한 목적을 찾아라: 인생의 목적, 완전히 사랑하는 사람이 되는 방법, 한 인간으로서 자신의 성취를 측정하는 방법

(7) 7단계: 최상의 인간관계 개발

① 성공을 위한 인격 개발

② 훌륭한 인간관계

③ 자녀를 훌륭하게 키우는 법

④ 인생의 진정한 목적을 찾아라

4) 엑스퍼트 컨설팅

엑스퍼트 컨설팅(Expert Consulting)은 1994년 6월, 우리나라 산업 교육 발전에 뜻을 같이하는 컨설턴트, 전문 강사, 전문 스태프들의 공동 출자로 설립되어 국내 기업의 경영혁신 활동 및 산업교육의 수월성(excellans) 추구를 위한 여러 영역별 사업 활동을 전개해 왔다.

기업 교육 차원에서 한 걸음 더 나아가 성과 향상의 솔루션 제공으로 고객사와 고객사 구성원의 성공을 돕는 데 공헌하고자 하는 내실 있는 컨설팅 회사다. 다양한 교육 내용[12] 중 맥스웰 리더십(Maxwell Leadership) 과정을 소개하면 <표 14-6>과

12) 페르소나 설득적 커뮤니케이션, 핵심 가치 내재화 과정 개발, Genuine Leadership System, Maxwell Leadership, 변화관리, 의사결정, 코칭, Win-Win Communication, 맥시멈 리더십, 성과 추구 리더십, 팀장 리더십, Leadership Adventure 등의 교육이 있다.

표 14-6 맥스웰 리더십 과정 세부 내용

Introduction 〈강의/영상시청〉	영향력 법칙	과정 소개 및 학습 목표를 설정한다. 자발적인 추종자를 만들고 타인에게 영향력을 미치는 능력으로서 리더십의 정의를 이해한다.
	5단계 리더십	5단계 리더십의 개념을 개관한다. 직위에서만 파워가 발휘되는 1단계에서 벗어나 관계성과,리더 양성, 더 나아가 리더십 완성의 5단계로 발전하는 것의 중요성을 인식하고 현재의 자신의 리더십 수준을 진단해 본다.
Position to Permission 〈강의/그룹활동〉	관계 법칙	영향력 발휘의 토대로서 인간적인 신뢰 구축의 중요성을 인식하고 신뢰를 구축하기 위한 관계의 법칙을 연습한다.
	가치 중심 리더십	긍정적인 태도가 리더십에 미치는 영향을 인식한다. 나의 태도가 얼마나 긍정적인지 테스트하고 리더로서 보다 긍정적인 태도를 함양하기 위한 목표를 설정한다.
	진실성	리더의 언행일치와 진실성의 중요성을 인식한다. 가치카드 찾기 활동을 통해 리더의 핵심 가치관을 발견한다.
Permission to Production	우선 순위 법칙	신뢰를 토대로 조직 성과를 창출하는 3단계 리더십을 이해한다. 성과에 주요한 영향을 미치는 상위 20%와의 관계 강화를 위해 리더의 시간과 에너지를 집중한다.
	동기부여	나를 동기부여시키는 요인을 먼저 살펴보고 조직 구성원을 동기부여시키지 위한 요인을 파악한다. 동기부여가 인재 유지와 성과 향상에 미치는 영향을 인식한다.
	비전 공유	조직 성과 달성을 위해 전사적 비전 공유의 중요성을 인식한다. 조직 비전 달성을 위한 계획을 수립한다.
Production to People	리더 양성 프로세스	리더를 양성하는 리더십의 가치를 이해한다. 타인을 성장시키는 리더 양성 5단계 프로세스; I Model(모델되기) I Mentor(멘토되기) I Monitor(지켜보기) You Move forward(홀로서기) We Multiply(확산시키기)
	Inner circle 법칙	리더의 성공 여부는 그의 측근에 의해 결정된다. Inner circle을 구축하기 위한 계획을 수립한다.

출처: 엑스퍼트 컨설팅(Expert Consulting 2012). 필자 재구성.

같다.

국내 최초로 존 맥스웰 박사의 Maximum Impact Leadership은 자기 개발 차원의 셀프 리더십이 아닌 조직의 성과 창출을 극대화하기 위한 리더십 프로그램이다. 조직원 전체가 "마땅히 그렇게 해야 하기 때문에 따르는 리더십"의 문제점과 한계를 사례와 영상을 통해 이해시키고 있다. 동시에 교재에서 제공되는 각종 법칙을 기준으로 하여 적극적인 행동계획을 실행해 최종 단계로 성장하는 것을 목적으로 한다.

또한 과정은 리더십의 개념을 5단계로 명쾌하게 정의하면서 모든 피교육자가 5단계로 성장할 수 있도록 개인 차원의 리더십과 조직의 성과 창출의 리더십을 균형 있게 접근한다. 더욱이 조직의 실무적 성과를 가시적으로 변화시키기 위해 각 단계마다 핵심 메시지 중심의 다양하고 역동적인 활동을 하며, 이러한 과정을 통해 리더로서 새로운 생각과 행동의 변화를 유도한다.

5) 해병대 전략 캠프

해병대 전략 캠프는 해병대 교관 출신 예비역들이 2002년 7월부터 운영하고 있는 해병대 전우회 극기 훈련 캠프로서 실미도, 대부도, 청평, 안면도, 무주 등 다섯 곳에 훈련장이 있다. '안 되면 될 때까지', '피할 수 없으면 차라리 즐겨라', '나를 강하게', '세상을 당당하게'라는 모토와 자신의 성취, 조직에 대한 자부심, 그리고 비전을 갖도록 하는 것이 해병대 전략 캠프에서 행하는 리더십 훈련의 목적이다.

기업체와 청소년을 대상으로 계절 및 상황에 맞게 극기 훈련과 무인도 해상 보트 훈련, 야간 담력 훈련, 유격 훈련, 산악 행군, 장애물 훈련, 수퍼 리더십, 품성 훈련, 인성 훈련, 캠프파이어, 해상 래프팅(rafting), 챌린지 코스, 갯벌 훈련(여름), 설원 축구(겨울) 등을 진행하고 있다. 생존 훈련과 무인도 캠프 등의 기획 프로그램과 인성 훈련, 품성 훈련도 실시하고 있다.

기타 주요 프로그램은 제식훈련과 PT 체조, 유격훈련, 암벽 레펠, 지옥주훈련, 산악 종주, 독도법, IBS(해상보트 훈련), 공동묘지 공포 체험 등이다. 또 가족경영, 마음열기, 캠프파이어 등 소통 교육과 함께, 퇴소식 전날 밤에는 1년 후의 부자 관계를 생각하며 서로에게 쓰는 편지 프로그램도 포함되어 있어서 부자 간의 사랑과 희생을 배울 수 있게 했다.

3 유명 대학교의 리더십 프로그램

전국 각 대학들이 리더십 교육의 필요성을 각성하기 시작한 것은 얼마 되지 않았다. 초기에 의욕적으로 시도한 대학들도 조사해 보면 유명무실한 경우이거나 유명인사의 단발성 초청 특강에 거치는 경우가 허다했다. 필자가 조사한 바에 의하면 오히려 지방국립대학교나 전문대학에서 의욕적으로 시도하는 움직임이 나타나고 있다.

연세대, 성균관대, 덕성여대, 포항공대, 카이스트(KAIST) 역시 학생 취업 위주의 교육에 그치거나 명사 초빙과 같은 단발성 교육에 그치고 있는 인상이다. 비전과 철학, 미션과 교육 이념에 바탕한 체계적인 교육 프로그램이 부족하다는 의미다. 따라서 영속성과 토털 시스템에 의거한 리더십 교육이 필요하지만 여전히 한국 내 대학에서는 단발성 특강에 그치는 경우가 많다. 명문 서강대, 경희대, 연세대, 성균관대, 중앙대, 홍익대, 건국대, 동국대, 명지대, 경찰대, 인하대, 가톨릭대, 대림대, 충남대, 부산대, 경북대 등에서 명실상부한 리더십센터의 건립과 교육의 활성화를 기대해 본다.

1) 한양대학교 리더십센터

필자가 조사한 바에 의하면 가장 활발하고 제대로 작동되고 있는 대학 내 리더십센터로 한양대학교 리더십센터를 추천한다. 한양대학교는 '최고 경영자를 길러내는 대학'이라는 모토 아래 기업에서 따로 재교육을 할 필요가 없는 실무 능력을 완벽히 갖춘 준비된 리더 양성을 위해 한양 리더십센터를 설립했다. 한양 리더십센터에서는 조직의 비전과 핵심 가치를 분명히 이해하고 공유할 수 있으며, 변화에 도전적이고 유연하게 대처할 수 있는 리더, 조직과 구성원 간의 커뮤니케이션을 활성화시키며 도덕성과 사회 공헌 등 조직과 구성원에게 신뢰를 줄 수 있는 리더를 양성하고자 다양한 활동 및 교육 프로그램을 제공하고 있다.

특히 리더십 인증 프로그램인 'HELP 프로그램'을 통해 한양의 역사와 미래, 비전을 이해하고 사회와 기업이 요구하는 가치관 수립, 글로벌 패러다임과 매너, 시장경제 원리 등 글로벌 역량 함양과 경영 마인드를 확립시키고자 한다. 최종적으로 리더십 로드맵을 완성하도록 하여 한양대학생들이 사회인으로서의 준비를 마칠 수 있도록 했다.

'리더십 인증 아키텍처'는 경영 마인드를 갖춘 인재 육성과 체계적인 리더십 계발을 목적으로 하며, 한양대의 역사, 현재, 비전 및 사회와 기업이 요구하는 가치를 이해하고 개인의 인생 계획을 수립하는 1학년 단계, 실무영어와 시장경제 원리, 사회봉사 등 다문화에 대한 이해와 경영 마인드를 확립하는 2·3학년 단계, 사회인으로서 준비를 마치는 4학년 단계로 구성되어 있다. 특히 올바른 가치관 확립과 인생 설계에 역점을 둔 'HELP 1' 프로그램은 신입생들을 대상으로 운영된다. 글로벌 리더십 과정인 'HELP 2'와 경영 마인드 확립을 위한 'HELP 3', 자기 맞춤형 셀프 리더십 완성을 목표로 하는 'HELP 4'를 실시하고 있다.

그림 14-3 한양 리더십 프로그램

출처: 한양대학교 리더십센터(2012).

2) 숙명여자대학교 숙명리더십개발원

숙명여자대학교는 지난 10여 년간 리더와 구성원들의 화합과 헌신 속에 축적된 섬김 리더십 교육과 연구의 산물을 바탕으로 섬김 리더십을 함양한 인재를 양성하겠다는 꿈과 비전을 세웠다. 아울러 섬김 리더십 확산을 통해 국가와 사회, 민족과 인류의 평화와 공존에 기여하는 리더십 교육의 산실, 세계 최고의 리더십 대학이 되겠다는 비전을 갖고 있다. 이러한 비전과 목표를 달성하기 위해 리더십 특성화 정책을 세우고 세부적인 계획 속에 다양하고 차별화된 리더십 교육 프로그램을 운영해 오고 있다.[13)]

숙명리더십개발원은 리더십 개발 프로그램의 전체적인 기획, 네트워크 구축 및 추진을 담당하며 숙명 리더십 확산에 구심점 역할을 하고 있다. 또한 리더십 교양학부를 설치, 리더십 교양학부 교양 과정을 개편했으며, 리더십 관련 전임 교원을 충원했다. 20명의 리더십 전문교원을 확보해, 학생들에게 리더십 교양필수 과목인 '발표와

13) 숙명여자대학의 리더십 교육은 창조적 지식, 미래형 기술, 봉사적 성품, 건강한 심신을 갖춘 리더를 양성하는 데 초점을 맞추고 있다. 이를 위해 교양과정 리더십 기초 과목, 리더십 연계 전공을 개설하는 등 교과 과정을 개편했으며, 멘토 프로그램, 리더십 훈련 그룹 육성 등 재학생 대상의 각종 리더십 교육 프로그램을 운영해 오고 있다.

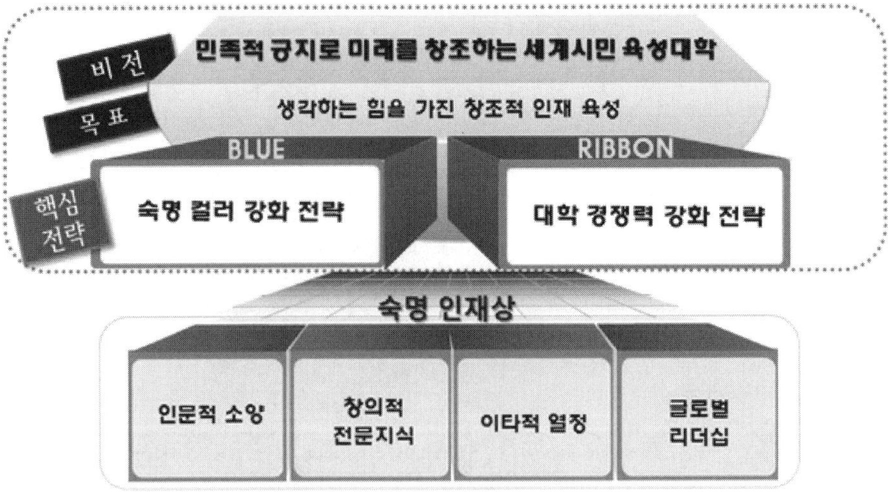

그림 14-4 숙명리더십개발원의 비전 및 철학

출처: 숙명리더십 개발원(2012).

토론', '글쓰기와 읽기', '숙명 리더십', '리더십 특강', 영어, 사회봉사 과목 등을 운영해 오고 있다.

개별 전공 학부에서도 기존의 일방적인 강의 방식을 탈피해 학생들의 문제 해결 능력과 창조적 사고력을 배양하는 '문제 해결 위주의 학습(Problem-Based Learning: PBL)'에 기반을 둔 전공 교육으로 전환시켜 가고 있다. 또한 숙명여대는 창학 101주년을 맞아 'S리더십 브랜드 선포식'을 열었다.[14)]

3) 이화여자대학교 이화리더십개발원

이화리더십개발원(Ewha School for Leadership Development)은 이화여자대학교의 여성 교육의 경험과 학문적 성과를 사회적으로 환원해 21세기가 요구하는 새로운 여성 리더십을 교육하고, 한국 사회를 이끌어 갈 '여성 지도자 100만인 양성'을 목표로 2003년 3월에 설립되었다. 주요 교육 과정 중 '이화 리더십' 과정은 기업, 정치, 공공, 시민사회 영역의 현역 리더 및 잠재적 리더들을 대상으로 개인, 조직, 사회, 국제적 차원의 종합적이고 균형 있는 리더십 역량과 스타일을 함양한다.

---

14) S리더십은 '봉사적 성품(Service)', '건강한 심신(Soundness)', '창조적 지식(Scholarship)', '미래형 기술(Skill)'을 근간으로 하는 21세기가 요구하는 미래형 리더십을 의미한다.

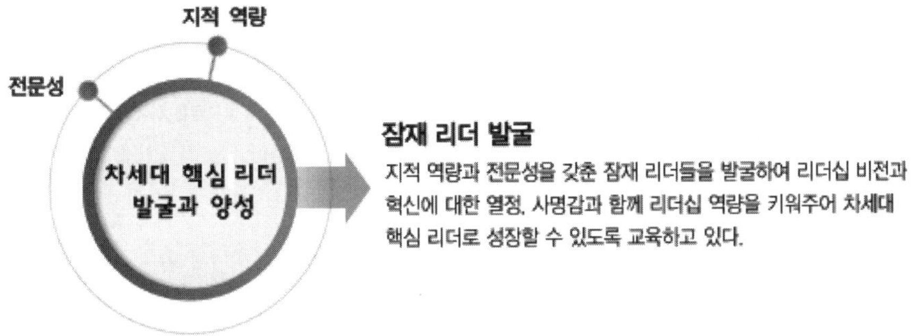

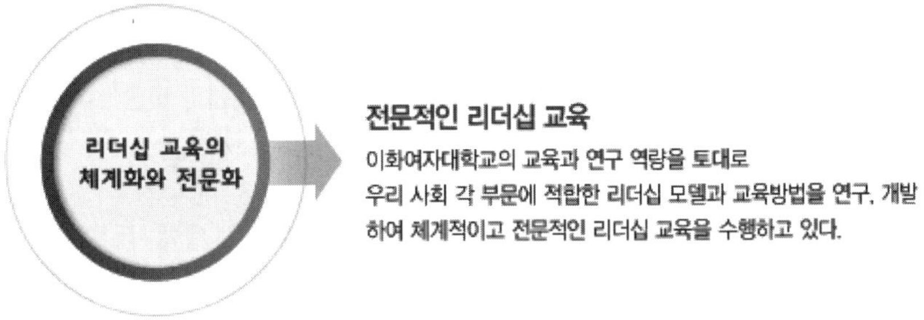

그림 14-5 리더십 개발의 단계

출처: 이화여자대학교 이화리더십개발원(2012).

리더십 관련 주요 과정으로는 기업여성 리더십 과정, 여성정치 리더십 과정, 공여성 리더십 과정, NPO 여성 리더십 과정이 있다. 각 분야의 리더십 과정은 15주 동안의 프로그램을 원칙으로 하나, 참가자들의 특성에 따라 일부 유동적으로 운영되고 있다.

'이화리더십 심화' 과정은 사회 각계의 여성 리더들이 전문성과 리더십을 더욱 강화할 수 있도록 단기 과정을 특화해서 심도 있는 교육 프로그램을 제공한다. 주요 과정으로는 협상·문제 해결, 커뮤니케이션, Mini-MBA, 정책 입안, 갈등관리, 코칭(coaching), 멘토링(mentoring) 등이 있다.

4) 고려대학교 글로벌리더십센터

고려대학교는 이화여자대학교에 비해 리더십센터 설립이 늦었지만 글로벌리더십센터(Global Leadership Development Center) 개소식을 2007년 12월 가졌다. 고려대학교는 21세기 글로벌 리더를 양성하기 위한 교육기관으로 학생들이 열정과 창의력, 도전 의식과 추진력, 그리고 이타심과 책임감을 갖춘 유능한 글로벌 리더로 성장

그림 14-6 고려대학교 글로벌리더십센터의 미션과 비전

출처: 고려대학교 글로벌리더십센터(2012), 필자 재구성.

할 수 있도록 지원하는 것을 핵심 목표로 삼고 있다. 좀 더 체계적이고 학제적인 교육 프로그램과 네트워크를 활성화하기 위해 2011년 4월부터 고려대학교 국제처 산하 교육기관으로 재편되어 지혜로운 글로벌 리더를 양성하는 세계적인 대학으로 도약하는 것을 목표로 삼고 있다.

글로벌리더십센터는 학부생 및 대학원생을 대상으로 글로벌리더십학교, 글로벌리더십 정규 강좌, 글로벌 리더스 라운드테이블, 해외 인턴십 및 국제학술 교류활동 지원, 국내외 유관 기관 네트워크 개발 등 다양한 프로그램을 통해 학생들로 하여금 글로벌 시대가 요구하는 리더십 자질을 습득할 수 있도록 지원하고 있다.

5) 서울대학교 공공리더십센터

서울대학교가 바라는 인재는 '자유인'이고 '사상가'이며 '세계인'이고 '미래인'이다. 도전 정신 없이 창조적 상상력 없이는 성취하기 어려운 인간상이다. 21세기 지도자는 과거와 같은 인상일 수는 없다. 지도자 따로 추종자 따로, 있는 것이 아니라 누구나가 지도자가 되고 추종자가 될 수 있다.

21세기 지도자는 미래를 모르고, 함께 더불어 일한다는 공존 의식 없이 남을 위해 일할 수는 없다. 그래서 21세기 리더십은 '팀 리더십', '공유하는 리더십', '파트너십'이라고 말하는 이유가 여기 있다. 이를 위해 서울대학교 공공리더십센터가 훈련을 위해 준거하는 특별한 '분석 틀'과 '이해 틀'이 있다.[15]

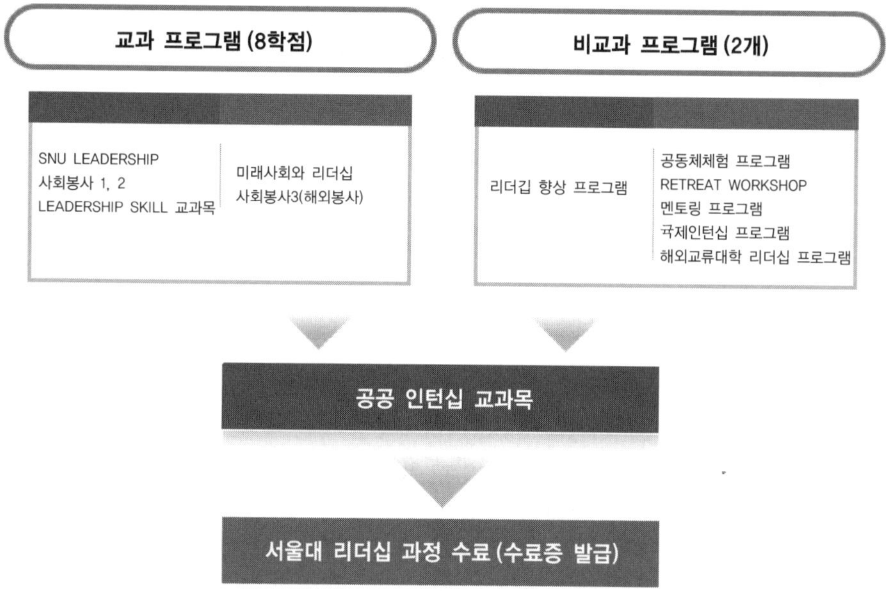

그림 14-7 서울대학교 리더십 교육 과정

출처: 서울려대학교 공공리더십센터(2012).

서울대 리더십 과정은 교과목 11학점 이수와 비교 과목 3개 프로그램 참여로 이뤄져 있다. '서울대 리더십(SNU Leadership)'이 서울대 리더십 프로그램을 특성화하는 대표 교과목이라면 '서울대 리더십 향상 프로그램'은 대표 비교 과목 프로그램이다. 현재 대학문화원에서 제공하고 있는 데일카네기 프로그램과 그 외 리더십 프로그램들의 내용을 비교 분석한 바탕 위에 서울대가 추구하는 리더십 상(像)을 구현할 수 있는 특화된 프로그램으로 개발해 시행하고 있다.[16]

---

15) 분석틀은 ① 분석과 종합의 세계(Analytic-Synthetic World), ② 창조의 세계(Creative World), 그리고 ③ 실천의 세계(Practical World)의 집합으로 각각의 세계가 만나는 교집합에 리듬이 자리하고 있다. 그리고 이해 틀은 ① 기억의 축(Axis of Memory), ② 이성의 축(Axis of Reason), ③ 상상의 축(Axis of Imagination)이다. 이들 세계와 축을 이론적 토대로 삼아 훈련 프로그램을 짜여 있다.

16) 서울대 리더십 향상 프로그램의 개발과 시행은 대학생활문화원이 담당하도록 하며 리더십센터가 지원하는 방식으로 운영한다. 서울대 리더십 향상 프로그램은 서울대 리더십 과정의 비교 과목 필수로 지정하고 있다.

제 2 절 미국의 명품 리더십 사관학교를 찾아서

1 미국 육군사관학교

1) 미국 육군사관학교 소개

미국 육군사관학교의 정식 명칭은 United States Military Academy이고, 위치한 주소를 따서 웨스트 포인트(West Point)라는 별칭으로 더 잘 알려져 있다. 1802년에 설립된 웨스트 포인트는 역사적으로 유명한 많은 인사를 배출하고 있고, 리더십의 소재로 많이 인용되는 명품 교육기관이다.

미 육군사관학교는 4년제로 운영된다. 졸업생들은 학사학위(Bachelor of Science)를 받으며, 미군에서 5년 동안 의무 복무 기간, 3년 동안의 예비역 기간을 갖게 된다. 4년의 재학 기간 동안 모든 학비는 연방정부에서 담당하고, 기숙사 비용을 포함한 모든 보험 비용도 지급된다.[17] 이들은 한국에서 ROTC 출신이 기업에서 환대받았던 것처럼 미 육군사관학교를 졸업한 생도들도 민간 기업으로부터 환영을 받는다. 재학 기간 동안에 배울 수 있는 리더십과 사회 곳곳의 동창생들의 힘 때문이다.

미 육군사관학교의 입학 과정에서 가장 독특한 점은 추천(nomination) 제도다. 지원자들은 대통령, 부통령, 상하원 의원 혹은 육군으로부터 추천을 받아 제출해야 한다. 매년 육군사관학교에서는 1,200명 정도의 신입생을 받아들이는데 7:1의 경쟁률을 뚫고 합격한 생도들이다. 기본 응시 자격은 17세 이상 23세 미만이어야 하고, 미혼자, 시민권자, 임신한 상태가 아니어야 하며 부양할 가족도 없는 사람이어야 한다.

이런 기본 조건을 가진 상태에서 네 가지 영역의 테스트를 받는데 그 중 주목할 만한 것이 잠재적 리더십(potential leadership)이다. 이 항목은 고등학교 재학 시절 리더십을 발휘하는 활동을 얼마나 많이 했나를 보는데, 리더십을 중요시하는 미 육군사관학교의 의중을 잘 반영한 것이다. 또한 2학년이 된 생도들은 1학년 신입 생도들을 2~3명 정도 맡아 개인적으로 교육하고 책임을 지는데 이것은 신입 생도들의 어려움

17) 연간 6,500달러의 생활비가 지급되므로, 4년 동안 투자되는 이러한 비용을 모두 합치면 생도별로 225,000달러에 상당한다.

을 해결하고 도움을 주는 데 유용한 과정이다.

이런 교육 과정을 통해 미 육군사관학교에서는 많은 인재를 배출하고 있다. 그런 인재들이 주목받는 공통적인 이유는 바로 리더십이다. 일반 대학과는 달리 리더십이라는 덕목을 중시하고 그것을 중심으로 교육하는 사관학교에서 리더를 배출하는 것은 당연한 일이다. 그리고 자신이 속한 지역이나 조직의 리더에게 추천을 필수로 하기 때문에 기본적인 리더십이 없다면 지원할 수조차 없다. 또한 학비를 면제해 주고 생활비를 지급함으로써 생활에 부담을 가지지 않게 하기 때문에 수업 과정에 최선을 다할 수 있게 해 준다.

일반 대학생들이 학비를 마련하느라 아르바이트를 하고 구직활동을 하는 시간을 낭비하는 반면 사관학교 생도들은 이러한 문제가 없기 때문에 자신을 개발하는 데 더욱 많은 투자를 할 수 있다. 즉, 미 육군사관학교는 잠재적으로 리더십이 풍부한 인재들을 선별해 자신을 개발하는 데 전력을 다할 수 있는 환경을 제공함으로써 그들을 진정한 리더로서 성장시키고 있다(출처: www.usma.edu, 2012).

2) 웨스트 포인트가 원하는 리더십

잠재력이 있는 리더를 선별해 그 선별된 집단의 인재들을 사회에서 유용한 리더로 키워 나가는 미 육군사관학교의 리더 육성 방법은 오늘날 많은 리더 육성기관의 모범이 되고 있다. 각국의 많은 사관학교를 비롯해 사립기관들이 이러한 리더의 덕목을 중요하게 생각하고 있다.

"지난 150여 년 동안 웨스트 포인트 생도들만큼 불모지였던 미 대륙을 세계에서 가장 강력한 국가로 만드는 데 완벽하게 기여한 사람들은 없었다." 플레밍(Thomas Fleming)이 한 말이다. 과연 웨스트 포인트가 어떤 곳이기에 이렇게 극찬을 아끼지 않는 것일까?

미국 최고의 리더십 스쿨로 불리는 웨스트 포인트에서는 "타고난 리더는 없다. 오직 리더로 단련될 뿐이다"라고 한다. 이러한 웨스트 포인트 사관학교가 바로 미국의 육군사관학교다. 이곳은 리더는 타고나는 것이 아니라, 만들어지고 형성된다는 신념으로 육사생도를 미국의 리더로 길러내는 곳이다. '두려움'을 경험해 그를 '용기'로 승화시키고, 이를 통해 개인의 허세와 허위 의식을 없애며, '명예'라는 단어만으로도 윤리 교육을 시켜서 생도들 스스로 명예 의식을 고취시키게 만드는 곳, 바로 이곳이 웨스트 포인트 사관학교다.[18]

1986~92년까지 웨스트 포인트의 교장이었던 파머(Dave Palmer)는 이렇게 말했

그림 14-8 웨스트 포인트

다. “정신병자만 빼고 누구든지 여기로 오시오. 그러면 내가 그를 리더로 바꾸어 놓겠소.” 이 말은 그만큼 웨스트 포인트에서는 생도들의 리더십 개발에 다양하고도 광범위한 요소를 결합한, 오랜 경험을 통해 인정된 통합적인 리더십 교육 방식을 가지고 있음을 뜻한다.

최근에는 일류 대학 수준을 유지하면서 급변하는 군대에 리더들을 공급하기 위해 중대한 변신을 꾀하고 있다. 웨스트 포인트는 군사, 학문, 체육이라는 세 가지 교육 프로그램을 운영하지만, 무엇보다도 훌륭한 인간을 만드는 데 교육의 초점을 맞추고 있다. 그래서 스포츠 팀의 주장이나 교회의 리더, 자원봉사 소방관 경력을 가진 우수한 스무 살의 젊은이들을 뽑아 “스스로 책임을 지겠다”는 자세를 심어 나간다. 이러한 웨스트 포인트는 각기 다른 경험을 갖는 네 가지 단계로 리더를 양성하고 있는데, 학년별로 1년씩 그 과정을 수행한다.

3) 웨스트 포인트 리더십의 네 단계 관문

웨스트 포인트 리더십의 첫 번째 관문에서 웨스트 포인트는 생도들에게 조직을 굳건히 만드는 단결력을 어떻게 강화하는지 보여 준다. 기본적으로 그것은 생도가 자신보다 더 고귀한 조직의 가치 체계를 받아들일 때 생기는 만족감과 팀워크를 강조함으로써 이뤄진다. 웨스트 포인트는 여기서 “거짓말을 하지 않으며, 속이지도 않고, 훔

18) 웨스트 포인트는 자유분방한 사고와 백절불굴의 정신력을 가진 리더를 길러내는 리더십 교육의 요람이다. 맥아더, 아이젠하워, 패튼 장군을 비롯해 걸프전의 영웅 노먼 슈와츠코프 장군 등 군사 부문과 코카콜라, 듀폰화학 등 주요 기업체의 회장, 여러 대학 등의 총·학장 등 미국의 역사를 이끈 수많은 리더와 인물을 배출한 곳이 바로 웨스트 포인트다.

치지도 않으며, 그런 행동을 하는 사람을 보고 참지도 않는다"는 명예 규범의 실천을 생도들에게 요구하고 있다. 이러한 가치의 공유를 통해 생도들에게 인격의 중요성과 "인격을 갖춘 리더가 인격을 갖춘 조직을 만든다"는 점을 새삼 깨우치게 한다.

두 번째 관문은 조직체 내에서 자신의 목소리를 내도록 도와 주는 단계다. 이 단계는 기업체의 초급 관리자 위치와 거의 비슷한 경험인 일대일 대면으로의 리더십과 명예로운 리더십의 기본이 되는 도덕적 이성을 강조한다. 이 관문은 일종의 정신적 독립을 가르치는 단계로서 웨스트 포인트는 미래의 리더들이 이기주의에 물들지 않도록 가르치고 있다.

세 번째 관문은 다른 사람들을 이끄는 리더들을 지도하기 위해 필요한 자신감과 도덕적 리더십을 가르친다. 여기에 이르면, 즉 붉은 견장의 3학년 생도에 이르면 생도들은 복잡한 상황에서 자신이 실제로 해야 할 일이 무엇인가를 생각하는 간접적인 리더십의 역할을 수행하게 된다. 웨스트 포인트는 그들에게 까다로운 도덕적 딜레마로 자극을 가해서 자각과 자기 확신을 증가시킬 수 있도록 교육하며, 여기서 중시되는 것은 윤리적 판단력이다.

네 번째 관문은 조직의 상부 경영층에서 발생하는 경영자적인 리더십을 익히는 단계다. 여기서는 생도들에게 그들 조직의 장기적인 관심사를 어떻게 다뤄야 할 것인지 가르친다. 즉 본질적으로 조직의 눈과 귀가 되어 보고, 생각하고 느끼는 일까지 수행해야 하는 경영자적 리더십의 단계로 리더로서 통합과 조정, 그리고 수많은 세부 사항을 관리하는 능력을 완전히 체득하도록 교육한다.

이처럼 웨스트 포인트의 리더십 훈련은 이론적 가치에서부터 실제적인 행동으로 발전되는 네 가지 관문, 즉 처음에는 신참으로 출발해서 직접적 리더와 간접적 리더의 단계를 거쳐 최종적으로는 조직 전체를 책임질 수 있는 경영자적 리더로 성장한다는 전망을 제시한다. 이러한 웨스트 포인트 리더십은 왜 그토록 중요시되고 각광받고 있을까?

필자에게 이러한 웨스트 포인트는 다음과 같은 이유로 벤치마킹 모델이 된다고 생각한다. 우선 포괄적인 시스템이고, 논리적인 단계로 진보를 추구한다. 그리고 실용적이다. 즉 이론과 실제가 겸비된 시스템이라는 것이다. 그리고 무엇보다도 이러한 웨스트 포인트 리더십이 역사를 가지고 가꿔 왔다는 점이 가장 큰 장점이라고 생각된다. 이처럼 전통성을 바탕으로 잘 가꿔진 시스템을 따르다 보면 자연스럽게 훌륭한 인격을 갖춘 리더로서 성장할 수 있게 되는 것이다.

4) 웨스트 포인트의 팔로어십

웨스트 포인트 리더십은 훌륭한 리더가 갖춰야 할 소양과 마음자세를 가르치고 그에 걸맞은 신체 모습도 키워 가는 전인적인 리더 육성 프로그램이다. 그런데 웨스트 포인트 리더십을 조사하다가 필자는 특별한 점을 느끼게 되었다. 흔히들 웨스트 포인트에서는 장교가 되는, 즉 리더가 되는 법을 가르친다고 생각할 것이다. 그러나 웨스트 포인트에서는 리더십 양성의 기본 과정으로 '팔로어(follower)'로서의 자세를 가르친다. "팔로어십(followership)의 완벽한 체득만이 리더십을 보증한다"라는 강령이 있듯이 팔로어십을 강조한다. 우선 팔로어로서 완벽한 자만이 리더로의 소질과 소양을 갖추게 된다는 말이다.

팔로어십 이론의 대가인 켈리(Robert E. Kelley)가 말했듯 조직의 80%의 영향은 리더가 아닌 팔로어가 이끌어 간다는 문구가 생각난다. 팔로어가 해야 할 일들, 그리고 목표 달성을 위해 나가는 방법 등을 아는 리더만이 진정한 리더가 된다는 웨스트 포인트의 리더십은 우리가 되고자 하는 진정한 리더의 모습이 아닐까? 필자는 리더로서 모습을 웨스트 포인트의 '명예' 속에 투영시켜 본다.

웨스트 포인트는 군에서 언어뿐만 아니라 몸동작으로 자신이 알고 있는 상황을 다른 팀원들에게 전달하는 '의사 소통' 방식도 가르친다. 경영에서 가장 중요한 요소로 손꼽히는 '커뮤니케이션'을 생도들에게 몸소 가르치는 것이다. 『성공 기업으로 가는 한국형 인재 경영』이라는 책에서 발췌하면 웨스트 포인트는 "팔로어십의 완벽한 체득만이 리더십을 보증한다"라는 행동 강령에 따라 장교들이 부하의 입장에서 지시받고 명령을 효과적으로 수행하기 위한 훈련에 대부분의 시간을 투자한다는 것을 알 수 있다. 그래서 이러한 훈련을 받은 사관학생들은 더 강력한 리더십을 체득한다.[19]

웨스트 포인트는 권위적 리더십, 동기적 리더십, 고무적 리더십을 동시에 가르친다. 권위적 리더십은 일을 강제적으로 하게 하는 힘이고, 동기적 리더십은 보상을 통해 일을 하게 하는 힘이다. 반면에 고무적 리더십은 리더가 원하는 일을 부하들이 자원해서 하도록 만드는 힘으로, 웨스트 포인트에서 가장 강조하는 리더십이다.

웨스트 포인트는 교육 과정을 조사하던 중 필자에게 인상적인 교육 중의 하나는 리더들이 만약 실패하지 않는다면 약간의 고의적인 방해를 통해 그에 대응하고 혼란

---

19) 필자가 연구・조사하기 전에는 명성 높은 미 육군사관학교가 왜 '경영대학'으로서 인정을 받는가 하는가에 대해 의문이 들었던 것이 사실이다. 하지만 자료를 찾는 동안 경영 전략에서 가장 중요하게 여기는 리더십과 커뮤니케이션을 생도들에게 함양시키는 웨스트 포인트만의 육성 철학을 이해하게 되었다.

을 다루도록 채택한 시스템이었다. 한 생도는 "리더로 성장하려면 실수를 두려워해서는 안 된다. 한 번 실수할 때마다 다른 아홉 가지 일을 바르게 하게 된다"고 한다. 과거 군사 독재에 대한 나쁜 인상으로 우리 사회에서는 군대를 리더십의 구현으로 받아들이는 인식이 희박하다. 하지만 그동안 우리 사회가 자본주의의 생존 윤리를 가르치는 공부였다면 이제는 의무를 앞세우는 웨스터 포인트와 해병대 리더십에도 관심을 기울일 시점이다.

2 하버드대학교 케네디 스쿨

케네디(John F. Kennedy) 전 대통령의 이름을 딴 케네디 스쿨(Kennedy School)은 하버드대 정치연구소와 행정대학원을 1966년 통합한 것이다. 하버드대 케네디 스쿨의 교육 목표는 공공 분야에서 공익을 위해 일할 인재를 키우는 것이다. 그런 의미에서 케네디 스쿨에서는 학생이 사회적으로 어떤 기여를 해 왔는지 특별한 관심을 갖는다. 지원자는 이력서, 학업계획서, 정책분석 에세이, 자신의 리더십 경험 에세이 등 네 편의 글을 제출해야 하는데, 자신의 사회적 공헌을 부각하는 것이 중요하다.[20]

1) 케네디 스쿨의 학위 과정

케네디 스쿨 석사 과정은 크게 네 그룹으로 나뉜다. 2년 과정인 공공정책 석사(Master in Public Policy: MPP), 행정학 석사(Master in Public Administration: MPA), 행정·국제개발 석사(Master in Public Administration in International Development: MPAID), 그리고 1년 과정의 경력자 행정학 석사(Mid-career Master in Public Administration) 과정이 그것이다.

MPP는 정치, 경제 개발 및 다양한 정책 분야를 포괄하는 학위이며, MPA는 중견 사회 경력을 지닌 학생들이 자유롭게 커리큘럼을 짜서 자신에 맞게 수강할 수 있도록 한 프로그램이다. MPAID는 국제 개발 분야에 초점이 맞춰져 있는데 IMF, 세계은행 등에서 일할 인력을 양성한다. 1년 과정의 경력자 행정학 석사는 주로 자기 분야에서 10년 이상 경력을 지닌 사람들이 지원한다. 하버드대 케네디 스쿨의 1년 학비

20) 외국인의 경우 영어 성적 제출은 필수다. 미국 대학원 입학자격 영어시험(GRE) 또는 GMAT 점수를 내면 된다. 성적이 최소 상위 10% 안에는 들어야 하며, 보통은 상위 1~4% 안에 들어야 경쟁력이 있다. 원서를 접수한 후에는 입학 담당관이 한국에 와서 구두 인터뷰와 에세이 테스트를 한다.

는 약 3만 6,000달러(약 4,200만 원)이며, 1년 생활비는 약 7만 달러(약 8,200만 원)가 든다.[21]

2) 하버드 리더십 교육의 핵심

하버드 리더십 교육의 핵심은 의사 결정을 위해 정보에 근거한 데이터를 분석하는 방법이다. 특히, 조직의 중간관리자로서 조직을 운영하는 관리 방법, 한 조직의 장으로서 리더십을 발휘하는 방법이 핵심이다. 사실 하버드에서 리더십 교육은 강의식 수업은 거의 없고 대부분 토론식 수업이며 스터디 그룹을 통해 배운 리더십을 실험해 볼 수 있는 다양한 프로그램을 제공한다. 필자의 경험과 서성교의 『하버드 리더십 노트』를 통해 하버드 리더십 교육의 일부를 소개한다.

케네디 스쿨에서는 왜 새로운 리더십이 필요한가? 그 이유는 리더십 부재(absence of leadership) 때문이라면서 하버드 케네디 스쿨에서 리더십을 가르치는 거겐(David Gergen: 현 하버드대학교 공공리더십센터 소장) 교수는 "모든 리더가 리더는 아니지만, 리더는 리더다(Not all leaders are leaders, but leaders are leaders)"라고 말하면서 이 시대가 요구하고 있는 종합예술로서의 리더십을 어떻게 함양시킬 것인가에 대해 등대와 같은 역할을 해 주었다. 그는 형식적으로 자리만 차지하고 있는 리더는 진정한 리더가 아니라, 제대로 된 리더십을 발휘하는 리더가 참된 리더라는 가르침을 주면서, 형식적인 리더는 많지만 올바른 리더십을 발휘하는 리더가 적다고 했다.

케네디 스쿨에서 말하는 리더십은 도전적인 기회 속에서 비전을 명확히 세워 현실을 돌파해 나가기 위해 조직과 사회를 동원하는 활동을 의미한다. 그리고 이러한 리더십은 학습에 의해 육성된다고 했다. 따라서 훌륭한 리더의 공통점으로 순수함에서 나오는 '소박함'과 확신을 가진 '정확함', 단호한 '인내'를 공통으로 꼽았다.

하버드의 리더십 교육은 교실에서 끝나지 않는다. 우리와 같은 동양 학생들은 주입식 암기에는 능하지만 분석적 사고에는 익숙하지 못하다. 그래서인지 토론식 수업에서 동양 학생들은 거의 자기 주장을 펴지 못할 뿐아니라 질문조차 하지 않는다. 단순히 영어만의 문제는 아니다. 우리도 하루 빨리 분석적 사고를 통한 토론의 활성화를 기해야 한다. 케네디 스쿨에서는 각종 세미나, 회의, 브라운 백 런치(brown bag

---

21) 아프리카 대륙 최초의 여성 대통령인 엘런 존슨 설리프(Elen Johnson Sirleaf) 라이베리아 대통령, 펠리페 칼데론(Felipe Calderon) 멕시코 대통령, 리셴룽(李顯龍) 싱가포르 총리 등 내노라 하는 해외 지도자들이 케네디 스쿨을 거쳐 갔다. 국내에서도 정계와 학계, 기업, 언론, 금융계의 주요 인사 200명 정도가 이곳을 졸업했다. 반기문 유엔 사무총장, 이현승 GE에너지코리아 사장 등이 그들이다. 더 자세한 정보는 www.ksg.harvard.edu에서 찾아볼 수 있다.

lunch: 간단한 점심을 먹으면서 하는 세미나)를 통해서도 이뤄진다.[22]

존경받는 리더는 많은 리더의 특징이 모여야 탄생하는 것으로 개인적인 특징과 상황이라는 시·공간적 요소와 절묘하게 맞아떨어져야 탄생할 수 있으며, 리더가 올바른 일을 하고 있다고 확신할 때 사람들은 추종한다고 했다. 따라서 훌륭한 리더의 통치술로 목표의 비전화, 조직의 가치를 바로 세우기, 동기부여 등을 교육의 핵심으로 내세운다.

3) 케네디 스쿨이 제시한 리더십 구성 요소

케네디 스쿨이 제시하는 리더십 구성 요소는 다음과 같다. 리더, 팔로어, 환경의 세 가지 형식적 요소와 비전, 목표, 전략과 같은 실질적 요소 등 두 가지로 대분류했다.

첫째, 형식적 요소 중 조직의 모든 부문을 관장하는 리더는 조직의 자원을 최적합하게 배분할 수 있는 유일한 위치에 있다. 하지만 리더가 충분한 노력과 기술을 갖고 있어도 팔로어들이 부족하면 리더십이 실패할 수 있다. 팔로어 없는 리더는 존재할 수 없다. 따라서 팔로어는 조직 구성원일 수도 있고 일반인일 수도 있다. 모름지기 리더라면 반드시 이 점을 기억해야 한다고 강조한다. 훌륭한 리더는 철저하게 환경을 이용한다. 리더십은 셀 수 없는 다양한 환경 속에서 발생한다. 우호적인 환경에서 리더십은 더 큰 효과가 나타날 것이다. 따라서 불리한 환경에서는 리더십이 실패하고 파묻힐 수도 있다.

둘째, 실질적 요소 중 명쾌한 비전은 성장의 원동력이다. 흑인 인권운동가였던 킹(Martin Luther King) 목사가 “나는 꿈이 있다(I have a dream)”라고 외쳤을 때 그의 비전은 꿈 그 자체였다. 자유와 평등이 실현되는 약속의 땅이며 흑인들의 비전이었던 것이다. 목표는 팔로어를 뛰게 하는 힘이다. 리더는 목표를 향해 개인적이고 적극적인 태도를 가져야 한다. 따라서 분위기를 쇄신하고, 이미지와 기대를 불어넣고, 구체적인 목표를 세우기 위해 리더는 영향력을 발휘해야 한다. 한편, 전략이 분명해야 혼란이 없다. 전략의 중요성을 제대로 인식하는 리더만이 장기적인 전략의 실행을 기획하고 실천하는 일에 최선을 다한다.

---

22) 특히, 케네디 스쿨에서는 세계의 리더를 초청해 강연을 듣는 ‘아르코 포럼(Arco Forum)이 유명하다. 빌 클린턴(Bill Clinton) 전 대통령, 앨 고어(Albert Arnold Gore, Jr.) 전 부통령, 넬슨 만델라(Nelson Rolihlahla Mandela) 전 남아공 대통령, 싱가포르 전 총리 리광야오(李光耀), 존 메이저(John Major) 전 영국 수상 등 세계적인 리더들이 그들의 리더십 경험을 학생들과 공유한다. 리더십 현장의 거인을 만나는 것, 그 자체만으로도 학생들에게는 커다란 도전이다.

그림 14-9 하버드대학교 케네디 스쿨

4) 하버드대 케네디 스쿨에서 강조한 일곱 가지 리더십

하버드에서 리더십 교육은 강의식 수업은 거의 없으며 대부분 토론식 수업이다. 그리고 스터디 그룹을 통해 배운 리더십을 실험해 볼 수 있는 다양한 프로그램 위주로 진행된다. 교육의 핵심은 데이터를 분석하는 방법, 중간관리자로서 조직을 운영하는 방법, 조직의 장(長)으로서 리더십을 발휘하는 방법이 핵심이다. 동시에 시대가 요구하고 있는 종합예술로서 리더십을 어떻게 함양시킬 것인가에 대해 고민하면서 '나침반', '등대'와 같은 역할을 추가적으로 설계하고 있다. 그럼 케네디스쿨에서 선정한 21세기 7대 리더십에 대해 세부적으로 소개한다.

(1) 성취적 리더십

전통적인 리더십 교육에서 최고의 유형으로 손꼽히는 것은 역시 성취적 리더십이다. 리더십의 존재 목적은 비전과 목표를 달성하는 것으로서 그렇지 못한 리더십은 실패한 것이다. 비전을 성취하는 리더십이 절대 필요한 것이다. 필자가 제2장 제2절에서 언급한 5도의 리더십 중 '태도 리더십'에 속하는 영역이다. 비전과 목표를 달성하는 '성취적 리더십', '피그말리온 리더십'을 강조하고 있으므로 이 교재의 제3장에서 자세히 다루고 있다.

(2) 변혁적 리더십

필자가 제2장 제2절에서 언급한 5도의 리더십 중 '속도의 리더십'에 속하는 영역으로 변화는 리더의 몫이라고 한 '변혁적 리더십'을 강조한다. 변혁적 리더십은 부하들과의 적극적인 교류를 통해 그들에게 비전을 제시하고 높은 이상과 가치관을 심어줌으로써 부하들에게 동기를 부여해 공유한 비전을 달성하게 한다는 것이다. 즉, 변혁적 리더십은 강요된 복종이나 거래적 관계를 통해서가 아니라 팔로어 스스로 자발적인 참여와 창의력을 고무하고 스스로 일할 수 있도록 책임과 권한을 부여해 개개인이 이러한 책임과 권한을 부여받고 있다는 확신을 갖게 하는 것이다. 그리고 강한 직무만족과 조직몰입을 통해 더 높은 조직 성과를 달성하도록 동기를 부여한다는 것이다. 자세한 내용은 이 교재의 제4장에서 다루고 있다.

(3) 도덕적 리더십

5도의 리더십 중 '정도 리더십'에 속하는 영역으로 도덕성이 리더십을 지탱하는 힘이라고 한 '도덕적 리더십'을 강조한다. 도덕성 우선의 리더십(ethical leadership)은 새로운 개념의 리더십은 아니다. 그러나 가장 강력한 리더십의 유형이다. 범세계적 분쟁과 환경 오염의 폐해와 같은 불확실한 미래에 직면한 지금, 인류 공동의 이익을 추구하는 리더십으로서 윤리적 요구는 현실적 필연이며 리더가 반드시 갖춰야 할 자기 수양이다. 간디의 비폭력 무저항운동, 만델라(Nelson R. Mandela)가 청춘을 감옥에서 보내면서 외친 인종 차별 철폐, 킹 목사의 인권운동, 테레사(Mother Teresa) 수녀의 빈민구제활동 등 도덕적 리더십의 사례는 끝이 없을 정도다. 이러한 도덕적 리더십은 가치에 기초한(value-based) 높은 수준의 리더십 형태다. 자세한 내용은 이 교재의 제6장에서 다루고 있다.

(4) 글로벌 리더십

5도의 리더십 중 '각도 리더십'에 속하는 영역으로 세계화는 피할 수 없는 현실이고 이에 따라 발생하는 국제 문제들을 해결하기 위한 보편적인 '글로벌 리더십'을 강조한다. 21세기는 글로벌 리더십의 시대라고 할 수 있다. 글로벌 리더십에 관한 명확한 정의는 없지만 글로벌 리더십은 "세계 무대를 겨냥해 조직의 전략적 방향을 설정하고 글로벌 역량을 갖춘 인재를 적재적소에 배치할 수 있는 역량"으로 정의할 수 있다. 지금 조직들은 국경 없이 상호 연결된 글로벌 시대의 출현으로 인해 엄청난 경쟁과 불확실성에 직면하고 있다. 이러한 상황 속에서 조직들이 지속적으로 생존·발전하기 위해서는 글로벌 차원의 역량을 갖춘 리더들을 육성하는 것이 절실히 요구된다. 해외 조직이 국내에 들어오고, 국내 조직이 해외로 진출하면서 지구촌 어느 곳에서나 세계 초일류 조직들과의 경쟁이 불가피해졌다. 자세한 내용은 이 교재의 제8장에서 다루고 있다.

(5) 창조적 리더십

5도의 리더십 중 '각도 리더십'에 속하는 영역으로 리더들은 통상의 결과를 넘어서는 창의적 결과를 추구하는 '창조적 리더십'을 강조한다. 변화하는 시대에 적응하기 위해 조직, 정책, 인사, 재무, 리더십도 변해야 한다. 계층제에 의한 획일적 통제 방식의 리더십으로는 직원들을 동기부여해서 이끌어 나가기 힘들다. 이처럼 변화의 흐름을 읽고 그 변화에 대응하기 위한 전략을 짜고 변화를 시도해서 오히려 변화를 기회로 바꿀 리더가 필요하다. 시대가 변하면 행정 기법이나 리더십도 진화하기 마련이다. 참여와 창조의 시대에 창조적으로 혁신을 이끌어 나갈 수 있는 방법을 강구해야 한다. 미래의 리더가 갖춰야 할 최고의 덕목은 '상상력'이다. 상상력을 증진시키기 위해 많이 읽고, 많이 보고, 많이 경험해야 한다. 자세한 내용은 이 교재의 제8장에서 다루고 있다.

(6) 여성 리더십

5도의 리더십 중 '온도 리더십'에 속하는 영역으로 이해관계의 다양화에 따른 갈등, 조정, 중재 능력을 위한 '모성 리더십', '서번트 리더십'을 강조한다. 최근 모성 리더십이 뜨고 있다. 필자는 여성 리더십을 모성 리더십으로 정정해 용어를 제안하려 한다. 사회의 고도화, 글로벌화로 인한 이해관계의 다양화로 갈등 조정, 중재 능력이 더 많이 필요해져서, 커뮤니케이션과 네트워크의 중요성이 증대되고 있는 업무환경으로 인해 직장인 10명 중 7명 가까이가 모성 리더십을 선호하고 있다. 모성 리더십은 감성을 기반으로 섬세하고 부드러우며, 공사 구분이 명확하고, 직무보다는 사람 간의 관계를 중요시하는 리더십이다. 자세한 내용은 이 교재의 제9장에서 다루고 있다.

(7) 위기관리 리더십

5도의 리더십 중 '각도 리더십'에 속하는 영역으로 위기관리는 리더의 수준과 인격에 대한 시금석이자, 능력에 대한 시험대이므로 '위기관리 리더십', '서바이벌 리더십'을 마지막 리더십 훈련으로 선택했다. 튼튼한 조직도 언제 위기가 닥칠지 모르므로 매일매일 위기라고 생각하고 대비하는 습관을 길러야 한다. 준비된 조직과 준비되지 않은 조직의 위기관리 대처 능력은 천지 차이다. 위기가 닥쳤을 때 빛나는 리더십이 있는 반면, 오히려 위축되는 리더십이 있다. 위기관리는 폭풍우가 휘몰아칠 때 현장에서 배워야 할 원칙이 아니다. 구름이 없는 맑은 하늘일 때 미리 배워서 익혀야 한다. 드골(Charles de André Joseph Marie de Gaulle)은 "위기가 닥칠 때 덕망을 갖춘 리더가 필요하다. 그는 책임이라는 쓰라린 환희를 추구한다"라고 말했다.

위기에 잘 대처하는 조직은 평소에도 정리정돈이 잘 되어 있다. 그들의 가치가 무엇인지, 조직 안에서 흐르는 주어진 일(mission)이 무엇인지 잘 알고 있다. 이는 조직의 존재 이유를 알기 때문이다. 위기관리가 제대로 되어 있지 않은 조직은 위기가 닥쳐오면 존재 이유를 모르고 무너지는 반면에 '잘 준비된 조직'은 더 강화된다. 자세한 내용은 이 교재의 제12장에서 다루고 있다.

생각의 장(coaching point)

GE의 크론토빌 연수원

미국 경제 격주간지 『포춘』은 2009년 9월 19일 글로벌 기업의 인재 양성 비결과 함께 세계 최대 인재 컨설팅 회사 휴잇(Hewett)과 리더십 개발 전문회사 RBL그룹 등과 함께 집계한 '최고의 인재를 양성하는 기업' 순위를 공개했다. 인재 양성에 아낌없이 투자하는 1위는 제너럴일렉트릭(GE)이 차지했다. 인재 양성을 위해 투자를 아끼지 않는 GE는 큰 돈을 들여 1983년 뉴욕에 52에이커 규모의 '크론토빌연수원(잭 웰치 리더십개발센터)'을 세웠다. 또 '온라인 리더십 워크숍'을 통해 30만 명이 넘는 직원들의 능력 개발에 힘쓰고 있다.[23)]

크론토빌(Crontonville)연수원은 HRD를 하고 있는 사람이라면 누구나 한 번 쯤은 가보고 싶은 곳이다. 가고 싶어도 쉽게 갈 수 없으니, 더욱 더 가보고 싶은 곳이다. 최고의 콘텐츠를 만들기 위해서는 최고들 하고만 손을 잡는다는 GE! 만들어진 최고의 콘텐츠는 최고의 강사진들에게 의해 세계 곳곳으로 퍼져 나가고 그 콘텐츠 아래 GE인들은 하나가 된다.

하지만 GE인들 역시 아무나 크론토빌연수원에 갈 수 없다. 조직 내에서 핵심 인재로 선발된 사람들과 인사고과에 의해 갈 수 있는 대상자들이 선정되고 그들은 연수원에서 교육을 받을 수 있다는 사실 하나만으로도 충분히 동기부여된다.[24)]

결국 이론이 전달되는 교육이 아닌, 실제 현업에서 발생되는 문제를 해결할 수 있는 이론적 배경과 다양한 도구(tool)들을 학습하고 교육 후에는 '해결안'을 가지고 나가게 되는 것이다. 그러니 어찌 시간시간 헛되이 보낼 수 있겠는가? GE 이멜트(J. Immelt) 회장은 회의 일정의 1/3을 연수원에서 보낸다고 한다. 각 경영진들과 전략을 짜고 공유하는 장으

---

23) 다우존스산업 평균지수에 편입된 30개 기업 중 4개 기업의 최고경영자(CEO)가 GE의 인재양성 프로그램을 거쳐 갔으며 보잉의 제임스 맥너니 최고경영자(CEO), 홈데포의 프랭크 블레이크 CEO 등이 대표적이다(아시아경제, 손현진, 2007. 9. 21.).

24) 오전 8시부터 저녁 7시까지 진행되는 강행군 속에서도, 넘쳐나는 과제 속에서도 누구 하나 불만이 없다. 이미, 그 시간은 개인의 개발과, 조직에서의 인정과 그리고 미래 필요하게 될 그 무언가를 보장해 주기 때문이다. 또한, 교육은 철저히 실무에서 발생될 수 있는 과제 해결 중심으로 이뤄진다고 한다.

로 활용하고 있는 것이다. 또한, 경영진이 강사로 참여하고 진행되는 교육에 CEO가 적극 관심을 갖고 있다는 것이 크론토빌연수원의 가치를 한층 더 높여 주고 있다.

행동(practice)과 습관(habit)의 장

명품 리더십 블로그와 카페를 찾아서

명품 리더십 블로그와 카페는 관심만 가진다면 많은 곳에서 찾을 수 있다. 그 중 필자가 관리하는 서강대학교 리더십센터의 카페(cafe.daum.net/leadershipandKJD)를 소개한다. 다음은 카페지기가 권장하는 3대 기본 원칙이다. 읽어 보고 판단하기 바란다.

첫째, 대가를 지불하라. 정보, 지혜, 열정, 시간, 기회 비용, 관심, 사랑, 고통…… 그것이 무엇이든 대가를 지불해야 얻어진다. 공짜로 얻은 것은 언젠가 어떤 형식으로 한꺼번에 대가를 지불하게 될 것이다. 진정성과 진실성이 없는 사랑을 거부하듯이 '아낌없이 주는 나무'의 철학을 본 카페에는 거부한다. 마주잡이 정보만 사냥하는 사람을 거부한다, 무재칠시(無財七施)를 아는가? 당신이 줄 수 있는 것이라면 당신도 함께 내어 놓아라.

둘째, 희생이 아니라 봉사다. 먼저 봉사부터 하고 시작하라. 자신이 바라는 대가보다 더 많은 것을 베풀도록 노력하라. 그러면 카페지기도 온전히 내어 놓을 것이다. 이미 이 카페는 많은 것을 보여 주었다. 이제 당신도 행동을 보여줄 차례다.

셋째, 상호 이익을 논하라. 당신이 자료에 목마른 의존적인 사람이라면 자신이 원하는 것을 얻기 위해 상호 이익의 혜택을 간파하라. 따라서 자신의 노력과 다른 사람의 노력의 결합을 시도하라. 의존적 사람에서 독립적 사람으로 그 다음이 중요하다. 바로 상호 이익적 사람이다. 나로 인해 불편하다면 그것은 서로에게 잘못하고 있는 것이다. 카페의 정보와 자료도 마찬가지다.

모든 카페가 그러하듯이 이 카페가 지향하는 3대 원칙을 고수한다면 독자 여러분은 귀중하고 최첨단의 리더십 자료와 동영상을 제공받을 수 있을 것이다. 지금 즉시 가입하라!

그림 14-10 김재득 교수의 서강 리더십 센터

참고 문헌

국내 문헌

구본형(2011), 깊은 인생(Deep Life), 휴머니스트.

구자홍(2006), 변화하는 시대의 효과적인 리더십, 미디어다음, 2006. 9. 12.

김광웅(2011), 서울대 리더십 강의: 이 시대의 진정한 지도자는 누구인가, 21세기북스.

김난도(2011), 아프니까 청춘이다: 인생 앞에 홀로 선 젊은 그대에게, 쌤앤파커스.

김성회(2011), 우리는 강한 리더를 원한다, 쌤앤파커스.

김웅락(2011), 인격적 감성으로 리더십을 재설계하라, 치우.

김재득(2000), 인간과 조직의 이해, 21세기.

———(2003), 정보사회의 인간관계, 박영사.

———(2008), 리더십, 대영문화사.

———(2009a), 리더십 워크북: 진단, 처방, 적용, 공동체.

———(2009b), 리더십의 정글에서 길 찾기:리더십플랜, 공동체.

———(2010), 하우 빅토리!, 비전 코리아.

———(2011), 성직자 리더십, 학위사.

나채훈(2010), 삼국지의 책사들, 바움.

류랑도(2006), 1 mission 3 role 성과 중심의 리더십, 웅진씽크빅.

류지성(2011),마음으로 리드하라: 공감을 부르는 리더십 36강,삼성경제연구소.

문근찬(2007), 리더십 산책, 한티미디어.

박경람(2007), 묘비명, 세상에 건네는 마지막 인사, 포럼.

박경철(2011), 시골의사 박경철의 자기혁명, 리더스북.

박수영 · 김재득 외(2004), 현대사회와 행정, 대영문화사.

박영만(2011), 인생 열전: 묘비명으로 본 삶의 의미, 프리윌.

박응식(2008), 머니투데이, 2008. 3. 18.

백기복(2005), 리더십 리뷰: 이론과 실제, 창민사.

———(2006a), 사례로 배우는 리더십, 국민대학교출판부.

———(2006b), 성취형 리더의 7가지 행동 법칙, 이지북.
백기복 외 (2009), 리더십의 이해, 창민사.
서성교(2003), 하버드 리더십 노트, 원앤원북스.
송봉모(2010), 미움이 그친 바로 그 순간, 바오로딸.
이무석(2011),나를 사랑하게 하는 자존감, 비전과 리더십.
이수형(2009), 대통령의 이미지 전략, 시간의 물레.
이외수(2011), 절대강자: 이외수의 인생 정면 대결법, 해냄출판사.
정연아(2011),매력은 설득이다 성공하는 여자들의 톱 시크릿, 랜덤하우스코리아
조신영(2008), 고단한 삶을 자유롭게 하는 쿠션,비전과 리더십
최 진(2007), 대통령 리더십 총론, 법문사.

국내 문헌(논문 및 기타)

김병문(2009), "한미의 대통령 연구 비교", 『한국행정학보』, 한국행정학회, Vol.43 No.2, 257-286.
김재득 · 이창원(2005), "경찰지구대장의 변혁적 리더십이 직무성과에 미치는 영향에 관한 연구," 한국정책과학학회보, 9(2), 66-68.
김태유,신문주 (2009)."정부의 유전자를 변화시켜라 :성공하는· 정부의 新공직인사론," 삼성경제연구소.
민경호 · 김동조(2001), "리더십 유형과 셀프 에피커시, 집단 에피커시 그리고 조직시민행동의 관계에 관한 연구," 2001년 6월 대한경영학회 발표논문집.
박종민(2008), "우리나라 역대 대통령들의 리더십", 『한국언론학보』, 한국언론학회, Vol.52 No.3, 151-180.
박종훈 · 박경아(2001), "리더십과 followership 간의 적합성이 조직유효성에 미치는 효과: 변혁적 리더십과 거래적 리더십 비교," 인사관리연구, 한국인사관리학회, 24(2), 87-115.
이문선 · 강영순(2000), "변혁적 리더십과 조직시민 행동 간의 자긍심 및 조직몰입의 매개 효과," 인사관리연구, 한국인사관리학회, 24(1), 33-57.
최연(2001), "자기희생적 리더십: 연구 현황과 과제," 인사관리연구, 24(2), 219-237.

국외 문헌(번역본)

닐스 플레깅, 박규호 옮김(2011), 언리더십: 자본주의 4.0 시대의 새로운 리더십, 흐름출판.

다케우치 가즈마사(2010), 김정환 옮김,평전 스티브잡스 VS 빌게이츠, 예인.

대니얼 골먼 외, 장석훈 옮김(2003), 감성의 리더십, 청림출판.

댄 알렌더(2007), 약함의 리더십, 복 있는 사람.

데이비드 로렌스 프레스턴, 김나현 옮김(2011), 자신감 쌓기 연습, 작은 씨앗.

데이빗 히넌, 워렌 베니스, 최경규 옮김(2000), 위대한 이인자들, 좋은책 만들기.

데일 카네기, 권오열 옮김(2007a), 데일카네기 성공대화론, 리베르.

———, 미래경제연구회 옮김(2008), 카네기 대화술, 선영사.

———, 전민식 옮김(2007e), 카네기 처세술, 종합출판 범우.

———,최염순 옮김(2007b), 카네기 명언집(보급판), 씨앗을 뿌리는 사람.

———, 최염순 옮김(2007c), 카네기 인간관계론(보급판), 씨앗을 뿌리는 사람.

———, 최염순 옮김(2007d), 카네기 스피치&커뮤니케이션(보급판), 씨앗을 뿌리는 사람.

도널드 클리프턴 · 폴라 넬슨, 홍석표 옮김(2007), 강점에 올인하라, 솔로몬북.

도몬 후유지, 이정환 옮김(2000), 도쿠가와 이에야스의 인간경영, 작가정신.

돈 허트슨 외, 문수민 옮김(2011), 1분 협상수업, 랜덤하우스코리아.

동팡즈(東方智), 허유영 옮김(2005), 1등 할 수밖에 없는 조조의 관리전략: 리더십의 귀재 조조의 10가지 인재 경영철학, 조선일보사.

딕 모리스, 홍수원 옮김(2003), 파워게임의 법칙, 세종서적.

딘 토즈볼드, 조민호 옮김(2007), 리더십의 심리학: MBA 리더십 에센스, 가산출판.

래리 도니손, 황태호 옮김(2001), 웨스트 포인트 리더십, 초당.

랜스 커크, 김명월 옮김(2005), 리더십의 명장 알렉산더, 한국경제신문.

램 차란, 한근태 옮김(2011), 리더십 파이프라인, 미래의창.

로버트 B. 디너,우문식 옮김(2011),긍정심리학 코칭 기술: 물푸레.

로버트 K. 그린리프, 강주헌 옮김(2001), 서번트 리더십 원전: 리더는 머슴이다(*The Power of Servant-Leadership*), 참솔.

로이 G. 윌리엄스 · 테렌스 E. 딜, 김광수 옮김(2005), 리더십 교과서: 오피니언 리더 12인이 말하는 성공하는 리더의 조건, 해바라기.

론 시몬스, 김규태 옮김(2003), 인격의 힘, 이지북.

론다 번, 하윤숙 옮김(2011), 시크릿 더 파워, 살림.

마곳 모렐 외, 신동희 옮김(2003), 실패한 탐험가 성공한 리더, 북하우스.

마리안 N. 루더만 외, 구자숙 외 옮김(2003), 21C 여성 리더십(성공하는 여성들의

5가지 테마), 위즈덤 아카데미.
마셜 골드스미스, 연호택 옮김(2011),리더십 바이블, 휘닉스.
마셜 랩, 스티븐 킨드(Marshall Loeb & Stephen Kinde), 황경희 옮김(2000), 천재 반을 위한 리더십(*Leadership for Dummies*), 비앤비북스.
마이클 샌델, 이창신 옮김(2010), 정의란 무엇인가, 김영사.
마이클 J. 겔브 외, 신선해 옮김(2008), 이노베이터 CEO 에디슨, 한언.
마이클 J. 골드버그, 박종영 옮김(2001), 에니어그램 성격의 리더십, 상상북스.
말린 캐로셀리, 조경순 옮김(2004), 리더십의 기술: 조직의 운명을 만들고 성공을 최대화하라, 지식공작소.
바버라 에런라이크,전미영 옮김(2011), 긍정의 배신, 부키.
바버라 켈러먼(2011), 김충선 외 옮김, 팔로워십, 더난출판사.
발타자르 그라시안 외, 박민수 옮김(2008), 세상을 보는 지혜, 둥지
보도 섀퍼, 이병서 옮김(2011), 돈: 경제가 어려울수록 꼭 필요한 자기경영, 북플러스.
브라이언 트레이시, 김정희 옮김(2004), (누구나 알고 있는) 성공의 습관, 이른아침.
———, 정범진 옮김(2003), 목표 그 성취의 기술, 김영사.
쉘린 리,정지훈(2011), 오픈 리더십: 공유하고 소통하고 개방하라, 한국경제신문사.
슈테판 클라인, 유영미 옮김(2007), 시간의 놀라운 발견, 웅진지식하우스.
스티븐 맨스필드, 김정수 옮김(2003), 윈스턴 처칠의 리더십: 결코 포기하지 마라, 청우.
스티븐 코비, 김경섭 옮김(2008), 성공하는 사람들의 일곱 가지 습관(개정판), 김영사.
———, 정병창 옮김(2009), 신뢰의 속도, 김영사.
스펜서 존슨, 이영진 옮김(2010), 누가 내 치즈를 옮겼을까?, 진명출판사.
신시아 샤피로, 공혜진 옮김(2007), 회사가 당신에게 알려 주지 않는 50가지 비밀, 서돌.
아서 코터렐 외, 나중길 옮김(2007), 리더십의 본질: 역사를 세운 18인의 지도자에게 배우는 불멸의 리더십, 한국물가정보.
앤드류 로버츠, 이은정 옮김(2003), CEO 히틀러와 처칠 리더십의 비밀, 휴먼앤북스.
앤서니 로빈스, 조진형 옮김(2008), 네 안에 잠든 거인을 깨워라, 씨앗을 뿌리는 사람.
와다 히데키, 이성수 옮김(2004), 자투리 시간이 인생을 바꾼다(時間活用法), 생각의 나무.
요시다 덴세, 구현숙 옮김(2010), 조직을 성공으로 이끄는 리더십 팔로워십, 멘토르.
울프 린케, 손병언 옮김(2005), 삐걱거려도 기름을 치지 말라, 한국산업훈련연구소.
워렌 베니스, 버트 나누스, 김원석 옮김(2006), 리더와 리더십, 황금부엉이.
워렌 베니스, 최경규 옮김(2000), 위대한 이인자들(*Co-leaders: The power of great partnerships*), 좋은책만들기.
이언 맥더모트, 박정길 옮김(2007), 코칭 바이블, 웅진 윙스.
제임스 C. 헌터, 김광수 옮김(2000), 리더십 키워드, 시대의 창.

———(2002), 서번트 리더십, 시대의 창.
존 러벅, 노지양 옮김(2007), 성찰, 21세기북스.
존 맥스웰, 강준민 옮김(2003), 리더십의 법칙, 비전과 리더십.
———, 김경섭 옮김(2009), 신뢰의 속도, 김영사.
———, 김성 옮김(2005), 당당한 리더로 키우는 청소년 리더십, 비전 코리아.
———, 김환영 옮김(2007a), 리더십 21가지 법칙: 실천편: 사람을 세우는 인재 경영, 청우.
———, 홍성화 옮김(2007b), 리더십 21가지 법칙: 사람을 세우는 인재 경영, 청우.
———, 홍성화 옮김(2010), 존 맥스웰 리더십 불변의 법칙, 비즈니스북스.
존 휘트모어, 김영순 옮김(2007), 코칭 리더십(성과 향상을 위한), 김영사.
주디 로즈너(2006), 여성이 리드하는 방법, 하버드 리뷰.
지그 지글러, 성공가이드 옮김(2005), 정상에서 만납시다, 산수야.
짐 콜린스, 워튼 포럼 옮김(2002a), 성공하는 기업들의 8가지 습관, 김영사.
———, 이무열 옮김(2002b), 좋은 기업을 넘어 위대한 기업으로(*Good to Great*), 김영사.
찰스 만쯔, 헨리 심스, 정일재 옮김(1995), 수퍼 리더십, 21세기북스.
캐슬린 홀 재미슨, 원혜영 옮김(2002), 대통령 만들기, 백산서당.
탈 벤 샤하르,노혜숙 옮김(2007), 해피어: 하버드대 행복학 강의, 위즈덤하우스.
테리 R. 베이컨, 김근주 옮김(2007), 굿 리더십: 사람들이 가장 원하는 리더, 비전 코리아.
톰 보틀러 보던, 노은정 옮김(2004), CEO의 책꽂이, 이레.
톰 피터스 외, 유승용 옮김(2007), (비즈니스 거장들) 리더십을 말하다, 늘푸른소나무.
파사 보즈, 박승범 옮김(2003), 전략의 기술(Alexander the great's Art of Strategy), 매일경제신문사.
페터 F. 키나우어, 배인섭 옮김(2007), (긍정의 힘을 키우는) 셀프 코칭 39, 미래의 창.
프레드 그린슈타인, 김기휘 옮김(2000), 위대한 대통령은 무엇이 다른가, 위즈덤하우스.
피터 브레그먼, 김세영 옮김(2011), 18분: 인생을 바꾸는 시간, 쌤앤파커스.
하워드 모건 · 필 하킨스 · 마셜 골드스미스, 홍의숙 · 이희경 옮김(2006), 리더십 코칭 50: 성공한 리더 뒤에는 탁월한 코치가 있다, 거름.
헨리 민츠버그, 현대경제연구원 옮김(2009), 변하지 않는 리더십의 원리와 기본, 21세기북스.

Bass, B. M.(1985). *Leadership and Performance beyond Expectations*. NY: The Free Press.

——(1990), *Bass and Stogdill's Handbook of Leadership: Theory, Research, and Managerial Application*(3rd ed.), NY: The Free Press.

Bass, B. M. & Avolio, B. J.(1990), The implications of transactional and transformational leadership for individual, team, and organizational development, *Research in Organizational Change and Development*, 4, 231-272.

——(1992), *Multifactor Leadership Questionnaire: Short form 6S*, Binghamton, NY: Center for Leadership Studies.

——(1993), Transformational leadership; A response critiques, In Chemers, M. M. & Ayman, R.(eds.), *Leadership Theory and Research: Perspectives and Directions*, CA: Academic Press.

Bennis, W. G. & Goldsmith(1994), *Learning and Lead*, Addison Wesley.

Bennis, W. G. & Nanus, B.(1985), *Leader: The Strategies for Taking Charge*, NY: Harper & Row.

Blanchard, K. H., Zigarmi, P., & Zigarmi, D.(1985), *Leadership and The One Minute Manager*, NY: William Morrow.

Conger, J. A., Kanungo, R. N., Menon, S. T. & Mathur, P.(1997), Measuring charisma: Dimensionality and validity of the Conger-Kanungo scale of charisma leadership, *Canadian Journal of Administration Science*, 14(3), 290-302.

Fiedler, F. E.(1967), *A Theory of Leadership Effectiveness*, NY: McGraw-Hill.

Fiedler, F. E. & Chemers, M. M.(1982), *Improving Leadership Effectiveness, The Leader Match Concept*(2nd ed.), NY: John Wiley.

Fiedler, F. E. & Garcia, J. E.(1987), New Approaches to *Effective Leadership: Cognitive Resources and Organizational Performance*, NY: John Wiley.

Fleishman, E. A.(1957), The Leadership Opinion Questionnaire. In Stogdill, R. M. & Coons, A. E.(eds.), *Leader Behavior: Its Description of Questionnaire and Measurement*, Columbus, Ohio: Ohio State Univ., Bureau of Business Research.

Fleishman, E. A., Mumford, M. D., Zaccaro, S. J., Levin, K. Y., Korotkin, A.

L., & Hein, M. B.(1991), Taxonomic efforts in description of leader behavior: A synthesis and functional interpretation, *Leadership Quarterly* 2(4), 245-287.

Gilbert, G. R. & Hyde, A. C.(1988), Followership and federal worker, *Public Administration Review*, Nov. 962-968.

Hater, J. J. & Bass, B. M.(1988), Superiors' evaluations and subordinates' perceptions of transformations and transactional leadership, *Journal of Applied Psychology*, 73, 695-702.

Hersey, P. & Blanchard, K. H.(1988), *Management of Organization Behavior: Utilizing Human Resource*(5th ed.), Englewood Cliffs, NJ.: Prentice-Hall.

House, R. J.(1995), Leadership in the twenty-first century: A Speculative Inquiry, In Howard, A.(eds.), *The Changing Nature of Work*, CA: Jossey-Bass.

House, R. J. & Avolio, B. J.(1993), Toward the integration of transformational, charismatic, visionary leadership, In Chemers, M. M. & Ayman, R.(eds.), *Leadership Theory and Research: Perspectives and Directions*, CA: Academic Press.

Keller, R. T.(1992), Transformational leadership and the performance of research and development project groups, *Journal of Management*, 18, 489-501.

Kelley, R. E.(1994), *The Power of Followership*, NY: Doubleday Dell.

Kouzes, J. M. & Posner, B. Z.(1993), *Credibility: How leaders gain and lose it, Why people demand it.* San Francisco, C. A.: Jossey-Bass.

Manz, C. & Sims, H. Jr.(1989), *Super Leadership: Leading Other to Lead Themselves*, Englewood Cliffs, NJ: Prentice Hall.

―――(1991), *Super Leadership: Beyond the Myth of Heroic Leadership, Organizational Dynamics.*

Meyer, J. P. & Allen, N. J.(1990), The measurement and antecedents of Affective, Continuance, and normative commitment to the organization, *Journal of Occupational Psychology*, 63(1), 1-18.

Myers, I. B. & McCaulley, M. H.(1989), *Manual: A Guide to The Development and Use of The Myers Briggs Type Indicators*, Cal.: Consulting Psychologists Press.

Pierce, J. L. Gardner, D. G. Dunham, R. B., & Cummings, L. L.(1989), Organization-based self-esteem; Construct definition, measurement and validation, *Academy of Management Journal*, 32(3), 622-648.

Podsakoff, P. M. & MacKenzie. S. B.(1994). An Examination of the psychometric properties and nomological validity of some revised and reduced substitutes for leadership scale, *Journal of Applied Psychology*, 79(5), 702-713.

———(1995). An Examination of substitute for leadership within a levels of analysis framework, *Leadership Quarterly*, 6, 289-328.

Podsakoff, P. M., MacKenzie, S. B., & Bommer, W. H.(1996), Transformational leader behaviors and substitutes for leadership as determinants of employee satisfaction, commitment, trust, and organizational citizenship behaviors, *Journal of Management*, 22(2), 259-298.

Porter, L. W., Steers, R. M., Mowday, R. T., & Boulian, P. V.(1974), Organizational commitment, job satisfaction, and turnover among psychiatric technicians, *Journal of Applied Psychology*, 59, 603-609.

Schriesheim, C. A., Neider, L. L. & Scandura, T. A.(1998), Delegation and leader-member exchange: Main effect, moderators, and measurement issues, *Academy of Management Journal*, 41, 298-318.

Seltzer, J. & Miller, L. E.(1990), Leader behavior and subordinate empowerment in human service organization, Paper, *Academy of Management*, S. F., CA.

Setton, R. P., Bennett, N., & Liden, R. C.(1996), Social exchange in organizations: Perceived organizational support, leader-member exchange, and employee reciprocity, *Journal of Applied Psychology*, 81, 219-227.

Shamir, B, House, R. J., & Arthur, M. B.(1993), The motivational effects of charismatic leadership: A self-concept based theory. *Organization Sciences*, 4(4), 577-594.

Spreitzer, G. M.(1995), Psychological empowerment in the workplace: Dimensions, measurement, and validation, *Academy of Management Journal*, 38(5), 1442-1465.

Stogdill, R. M.(1974), *Handbook of Leadership: A Survey of The Literature*, NY: The Free Press.

Trice, H. M. & Beyer, J. M.(1993), *The Culture of Work Organizations*, Englewood, NJ: Prentice Hall.

Yukl, G. A.(1989), *Leadership in Organizations*(2nd ed), Englewood Cliffs, NJ: Prentice Hall.

리더십 관련 연구단체 및 언론기관

CEO리포트/ http://www.ceoreport.co.kr/
Economy21/ http://www.economy21.co.kr/
Leaders MBA/ http://www.leadersmba.com/
LG경제연구원/ http://www.lgeri.com/
Mind Test/ http://www.mindtest.com/
The Greenleaf Center for Servant Leadership/ http://www.greenleaf.org/
The Institute for Servant Leadership/ http://www.servleader.org/
고려대학교 글로벌리더십센터 https://kugldc.org:502/GLDC2.0/index.jsp
김재득교수의 서강리더십센터/http://cafe.daum.net/leadershipandKJD
리더피아(LEADERPIA)/ http://www.leaderpia.com/
매일경제/ http://www.mk.co.kr/
미 육군사관학교/ Unite States Military Academy/ http://www.usma.edu/
미래인재개발원/ http://www.edu114.co.kr/
북코스모스/ http://www.bookcosmos.com/
사회정의 시민행동/www.casj.or.kr
삼성경제연구소/ http://www.seri.org/
서울대학교 공공리더십센터/http://leadership.snu.ac.kr/
세종리더십개발원/ http://www.sleadership.com/
숙명여자대학교, 숙명리더십개발원/ http://leadership.sookmyung.ac.kr/
에니어그램 파워/ http://www.9-mind.com
엑스퍼트컨설팅/ http://www.exc.co.kr/
연세대학교 리더십센터/ http://www2.yonsei.ac.kr/ylc/
이화리더십개발원/ http://www.ewhaleadership.net/intro.htm/
인간경영연구소/ http://www.yoontaeik.com/
인간과학연구소/ http://www.nlppower.co.kr/
조선일보/ http://www.chosun.com
조인스 카페/ http://cafe.joins.com/
중앙공무원교육원/ http://www.coti.go.kr/info/main6.jsp/
중앙일보/ http://www.joins.com/
지방행정연수원/ http://www.logodi.go.kr/
크레벤성공센터/ http://www.creven.org/
펀리더십협회/ http://funny.or.kr/
피닉스리더십센터/ http://www.briantracy.co.kr/

하버드대학교/ www.ksg.harvard.edu/
한겨레신문/ http://www.hani.co.kr/
한국NLP센터/ http://www.koreanlp.com/
한국경제신문/ http://www.hankyung.com/
한국리더십센터/ http://www.eklc.co.kr/index.asp/
한국리더십학교/ http://www.leadershipkorea.org/
한국리더십학회/ http://www.koral.or.kr/
한국심리검사연구소/ http://www.kpti.com/
한국에니어그램연구소/ http://www.enneagram.re.kr/
한국카네기연구소/ http://www.carnegie.co.kr/
한양대학교 한양리더십센터/ http://cli.hanyang.ac.kr/
휴 넷트/ http://www.hunet.co.kr/

찾아보기

ㄱ

ㄹ

ㅁ

ㅂ

ㅅ

ㅇ

ㅈ

ㅊ

ㅋ

ㅌ

ㅍ

ㅎ

저자 소개

김재득(金載得: Kim, Jae Deuk)

주요 경력

저자 김재득은 대구 출생으로 대륜고를 졸업했다. 경희대학교 행정학과에 입학한 후 미국 UNCW 연수와 케네디 스쿨 등에서 리더십을 공부하고, 최종적으로 경희대학교 대학원에서 인사·조직(리더십)을 전공하여 행정학박사 학위를 받았다.

기업체 교육연수팀장과 국회의원 비서관, 가톨릭대학교에서 연구교수를 지냈고, 코칭 리더(Coaching Leader), 국제 NLP 프랙티셔너(Practitioner), DISC 트레이너(Trainer)이기도 하다. 현재, 서강대학교 공공정책대학원 행정법무학과와 예수회센터 'G'리더십아카데미 부소장 겸 주임교수로 재직 중이다. 동시에 '침묵과 영혼의 소리를 찾는 사람'이란 미션으로 '공공리더십연구원'과 '사회정의시민행동(www.casj.or.kr)'을 이끌며 특강 및 관심 영역을 확장하고 있다.

주요 저서로는 『리더십』, 『하우! 빅토리』, 『리더십의 정글에서 길 찾기』, 『리더십 워크북』, 『성직자 리더십』, 『의사소통론』, 『인간과 조직의 이해』, 『현대사회와 행정』, 『정보사회와 인간관계』, 『조직행위론』, 『행정사례』, 『행정조직론』 등 27권의 저서와 수십 편의 논문이 있다.

주요 강의 및 연구 분야

1. 행정학 분야: 행정학총론, 조직(행태)론, 인사행정론, 조사통계론
2. 리더십 분야: 언(Un)-리더십, 셀프 리더십, 질문 리더십, 신뢰 리더십, 글로벌 리더십, 평신도 리더십, 창조적 리더십, 수신제가치국평천하의 리더십
3. 마인드 분야: NLP, DISC, Enneragram & Leadership 교육자 양성
4. 공동체 분야: 코칭과 교수법, 의사소통, 팔로어십, 팀 빌딩, 갈등관리, 설득과 협상

특강 문의 및 연락처

- E-mail_ leadership@sogang.ac.kr/leadership10@daum.net
- Cafe_Cafe.daum.net/leadershipandKJD(김재득 교수의 서강리더십센터)

리더십

개정판

펴낸날 / 제1판 제1쇄 2008년 6월 30일
제2판 제1쇄 2012년 1월 30일
제2판 제3쇄 2014년 7월 15일
지은이 / 김재득
펴낸이 / 임춘환
펴낸곳 / 도서출판 대영문화사
주소 / 서울 용산구 청파동 1가 178-2 ㊌ 140-869
등록 / 1975년 12월 26일 제3-16호
전화 / (02)716-3883, (02)714-3062
팩시밀리 / (02)703-3839
우체국 온라인 / 011353-02-009106

ISBN 978-89-7644-384-7

〔값 23,000원〕